현대 정치학 이론의 발전

Updating Development of Political Science Theory

현대 정치학 이론의 발전

한국정치학회 편

인간사랑

●○● 서문

이 책은 2006년도 한국정치학회 춘계 및 하계 학술대회에서 연구위원회가 직접 주관하여 기획한 패널의 학술논문들을 모아놓은 것이다. 2006년도 한국정치학회의 연구위원회를 담당하면서 이사진은 두 가지 기본방침을 정했다. 하나는, 한국정치학회가 학회로서의 본연의 모습을 가지기 위해서는 학술대회에서 정치학 이론에 대한 논의가 충실해야 한다는 공감대였다. 지난 몇 년 동안 한국정치 및 국제정치의 급격한 변동과 더불어, 학회가 주최하는 학술대회에서 정치 및 외교의 현안 내지 긴박한 쟁점들을 중심으로 논의를 전개해 왔던 점에 주목하면서 2006년 정치학회에서는 보다 이론적인 글들을 모아 학술적인 성과를 올려보자는 의견을 수렴했다. 김용호 회장께서는 이같은 작업이 그야말로 '돈이 안 되는' 사업인데도 불구하고 흔쾌히 응락하셨다. 그에 그치지 않고 이론화 작업을 학회의 가장 중요한 사업으로 삼아주셨다. 둘째로, 학회에서 진지하게 논의된 학술적 결과물들은 단지 학회에 참석한 분들만의 성과물이 아니라, 학회 회원은 물론 일반 정치학도들도 쉽게 접할 수 있는 출판물로 내는 게 좋겠다는 생각이었다. 학술회의 자료집이나 연구보고서에 그치지 않고 단행본의 형태로 출판해서 학술적 논의에 참여해 주신 분들의 성과를 빛나게 하고 보다 높은 수준의 학술적 논문으로 편집할 수 있도록 하자는 것이었다. 연구 이사진들이 기획한 의도를 훨씬 넘어서는 형태로 훌륭한 논문을 완성해 주신 선생님들의 노고에 이 자리를 빌려 감사드리는 바이다.

이같은 방침에 따라 학술회의를 구성하고 단행본을 준비함에 있어 연구 이사진은 두 가지 새로운 방식을 동원하였다. 하나는, 연구분과위원회를 형식적으로 구성하기보다는 소그룹별로 운영되고 있는 기존의 연구모임들을 적극적으로 활용하자는 안이었다. 학회 외부에서 독자적으로 활동하고 있던 연구모임들에게 인센티브를 제공하면서 학회의 기획의도를 전달하고 그룹 내에서 대표성이 있는 발표자들을 추천받았다. 이들 연구모임들은 정치학회 협력단체로 등록되었다. 이 책에 논문을 내주신 선생님들은 대부분 연구회에서 해당 분야의 최근 동향을 소개하셨고, 이를 더욱 발전시켜 학회에서 논문을 발표하셨다. 학회 세션을 구성함에 있어서도 대부분 연구회에 사회 및 토론자 섭외도 부탁을 드림으로써 내실있는 토의가 이루어지도록 유의하였다. 다른 한 가지는, 연구 이사진 측에서 단행본의 전체적인 구성을 생각해 가면서 종합적인 이론화 작업이 가능하도록 유의하였다. 그리하여 춘계 학술대회에서는 주로 정치학의 새로운 이론적 경향을 소개하고 이를 비판적으로 검토하는 데 주력하였고, 하계 학술대회에서는 춘계에서 다루지 못했던 지역연구의 새로운 경향들을 다시 조망해 보는 기회를 가졌다. 본 단행본은 이같은 연구결과를 수합하여 전반부는 정치학 이론의 새로운 경향을, 후반부에는 지역연구의 새로운 경향들을 소개하고 있다.

정치학 이론분야에서는 정치학 방법론의 신경향을 비판적으로 검토하는 한편, 합리적 선택이론과 신제도주의론 이후의 정치학 논쟁의 발전을 소개하는 거시적 담론을 우선 제공하였다. 이어 정치학 내 각 분야의 최근 이론적 경향을 소개하는 데 힘을 기울였다. 국제정치는 국제정치이론과 국제정치경제로 두 부분으로 나누어 글을 구성하였고, 정치사상은 크게 서양정치사상과 한국정치사상 분야로 나누었다. 정치과정 분야는 정당정치와 선거연구를 분리하여 논의하였다. 선진국 정치연구의 틀로서 복지국가론과 페미니즘 연구의 최근 동향을 논하였다. 지역연구 분야에서는 미국학, 유럽연구, 일본학, 중국정치를 비롯하여 동남아 및 동아시아 지역을 망라하였다. 러시아 연구를 포함시키지 못한 것이 마음에 걸린다.

연구 이사진들의 노력에도 불구하고 정치학의 모든 분야를 망라하는 단행본으로는 만들지 못했다는 아쉬움이 남는다. 큰 아량으로 이해를 구하는 바이다. 논문을 최종적으로 수합하고 단행본으로 만드는 데 있어 때로는 집필자분들께 논문의 수정을 요구한다든지 논문 제출을 독촉한다든지 하는 부담을 드렸다. 좋은 책을 만들고자 하는 연구 이사진들의 노력으로 널리 이해해 주셨으면 한다.

마지막으로 2006년도 한국정치학회를 이끄시면서 학술대회의 성과를 단행본으로까지 만들 수 있도록 아낌없는 지원과 격려를 해주신 김용호 회장님, 고상두 총무이사님께 심심한 감사를 드리는 바이다. 함께 연구이사를 맡아주시고 학회준비에 열과 성을 아끼지 않으신 동료 이사분들인 홍용표 교수, 곽진영 교수, 이현출 박사님께도 이 자리를 빌려 고개숙여 감사드리는 바이다. 정치학회의 학술적 성과를 단행본으로 출판하는 데 기꺼이 응해 주신 출판사 인간사랑의 결단이 없었으면 책 출판에 더 많은 시간이 소요되었을 것이다. 특히 이국재 부장께서는 원고가 늦어지고 인쇄작업이 늦어지는 것도 감내해 가면서 인내 있게 기다려 주셨다. 정치학회의 박현아 간사와 서울대 구유진 조교는 원고의 교정 및 필자들과의 연락 등에 분주한 시간을 보냈다. 많은 수고에 감사드린다. 조금은 늦어진 출판이 좋은 성과를 내기 위한 고통이었음을 관계자 모든 분들이 이해해 주시길 기원하는 바이다.

2007년 1월

2006년도 정치학회 연구이사진을 대표해서
서울대학교 국제대학원
박철희

차례

01

과학적 패권의 방법론적 네트워크: 현대 정치학방법론의 신화(神話)

김웅진(한국외국어대학교)

자료를 충분히 오랫동안 고문하면 자연이 자백하게 마련이다.

If you torture data long enough, Nature will confess.

그 문제야말로 여러 전문가들을 골치 아프게 만든 문제이지. 왜냐고? 괜찮은 풀이방법이 없었기 때문이지. 이제 셜록 홈즈의 방법이 있으니 더 이상 걱정하지 않아도 돼!

That is a question which has puzzled many an expert, and why? Because there was no reliable test. Now we have the Sherlock Holmes test, and there will no longer be any difficulty[Holmes to Watson, in A. Conan Doyle's *A Study of Scarlet*].[1]

---

1 필자가 1997/1998년 영국 엑시터 대학교(University of Exeter) 정치학과의 Leverhulme Fellow로서 학부 강의를 담당하고 있을 당시 수리경제학 교실 게시판에 붙어 있던 작은 쪽지로부터 옮긴 것들임.

Ⅰ. 논의의 맥락 : 방법론의 구획화

현대 정치학방법론 연구의 정향과 동향을 논의하기 위해서는 우선 방법론의 의미를 규정해야 한다. 그러나 방법론의 영역을 명백히 구획하기란 쉽지 않다. 왜냐하면 방법론의 엄정한 정의는 ① 특정한 과학체계 내에서 광범위하게 용인된 자료획득 및 분석방법과 ② 그러한 방법을 정당화하는 과학철학적 규준 및 협약으로 제한되나(김웅진 2005, 27) 실제로는 "강력한 문제풀이 기제(a powerful problem-solving machinery)", 즉 단순한 풀이방식뿐만 아니라 풀어야 할 문제의 본질적 성격[2]과 문제풀이의 인식론적 · 이론적 맥락을 모두 함축하는 의미로서 방법론이라는 용어를 사용하는 경우가 대부분이기 때문이다(Lakatos 1987, 4). 이 글에서는 현대 정치학방법론의 운용양태를 보다 포괄적으로 진단하기 위해 통상적 견해를 수용하여 라카토시(Lakatos 1987, 41)가 지칭한 "긍정적 유리스틱(positive heuristic)", 곧 "마땅히 따라야 할 길을 인도해 주는 분석규준"을 모두 방법론으로 받아들이기로 한다.

두 번째로, 현대 정치학방법론을 주도해 나가는 연구전통(research tradition)[3]이 과연 무엇인가에 관해서도 논란의 여지가 있다. 예컨대

[2] 존재론적 성격(ontological properties)과 순수한 논리적 측면에서의 구조적 성격(logical-structural properties).

[3] 연구영역, 연구문제와 연구문제를 풀기 위한 유리스틱을 공유하고 있는 통합적 과학체계(Laudan 1978, 81). 이 글에서는 연구전통을 라카토시의 연구 프로그램(research pro-

미국의 정치학방법론이 현대 정치학방법론을 대표한다고 본다면 이는 곧 미국 정치학 연구를 주도하여 온 경험과학방법론을 보편적인 주류(主流) 방법론으로 간주하는 셈이 된다. 물론 경험과학적 전통이 적어도 미국의 경우 '강한 과학(strong science)'[4]으로서의 위상을 확보하고 있다는 사실을 부정할 수는 없다. 그러나 강한 과학으로서의 미국의 경험과학적 전통에 과학적 보편성을 부여하기는 어렵다. 왜냐하면 과학적 보편성의 관념은 탈과학적·정치적 패권에 기반을 둔 과학 이데올로기의 소산이라는 것이 필자의 입장이기 때문이다. 즉, 과학적 시각이나 과학방법론의 보편성은 강한 과학이 자기 보위와 확대재생산에 요구되는 추종자들의 지지를 동원하기 위해 전개해 나가는 과학정치(the Politics of Science)[5]의 이념적 슬로건에 불과하다(김웅진 2001, 141-146). 또한 우리 정치학 연구에 있어서 미국 정치학의 제도적·귀속적 영향력을 회피할 수 없는 현실로 받아들인다 하더라도, 우리 정치학의 고유영역과 좌표를 새롭게 모색한다는 측면에서 미국의 정치학방법론에 논의를 제한한다는 것은 바람직하지 않다. 따라서 이 글에서는 현대 정치학방법론의 연구현황을 우리 정치학과 미국 정치학, 그리고 영국 정치학을 중심으로 간략히 요약해 보기로 한다.

---

gramme)이나 쿤(T. Kuhn)의 패러다임(paradigm)과 동일한 의미로 받아들이기로 한다.

4 공고히 구축된 유리스틱과 다수의 지지세력 및 추종자들을 확보함으로써 비단 과학사회뿐만 아니라 범사회적으로 권위와 영향력을 인증받고 있는 과학체계(김웅진 2001, 99-100). 풀러(Fuller 2000, 45)는 이를 "거대과학(Big Science)"이라 칭하고 있음.

5 과학사회 내에서 전개되는 모든 지식생산 행위의 정향과 경로를 통제하는 과학적·탈과학적 패권의 전개과정을 지칭하는 용어로서 사용된 것임. 김웅진(2001), 11-14 참조.

세 번째로, 현대 정치학방법론에 관한 성찰을 구체적인 방법론적 입장과 그에 따른 연구방법의 운용양태에 제한한다면 의미 있는 논의를 진행하기 어렵다. 왜냐하면 지난 십여 년에 걸쳐 몇 가지의 새로운 관측방법과 자료분석 방법, 예컨대 베이즈 위계생태 추론방법(Bayesian hierarchical ecological inference)[6]과 같이 보다 공교한 계량통계 분석방법들과 Boolean Algorithm(Ragin 1987 ; Ragin and Becker 1992), Fuzzy-Set Method(Ragin 2000)[7] 등 정성적 분석방법들이 제안되었으나 이들은 모두 인과기제(causal mechanism)의 추적 내지는 인과모형의 구축(causal modeling)이라는 경험과학 연구의 범주를 벗어나지 못했기 때문이다. 또한 1990년대 이후 오늘날에 이르기까지 미국 정치학의 가장 두드러진 방법론적 특징으로 간주되는 합리적 선택모형(rational choice model)의 확산 역시 1970년대 초엽에 도입된 방법론적 시각[8]이 점진적으로 부상한 것에 불과하며, 연구방법론의 본질적 전환을 시사하지는 않는다. 요컨대 풀려는 문제와 문제풀이 방식 자체는 거의 변화하지 않았기 때문에 최근에 제안된 새로운 방법들은 같은 구조의 집을 짓기 위한 보다 좋은 망치, 보다 좋은 톱의 성격을 벗어나지 못한다고 볼 수 있다. 보다 좋은 망치와 보다 좋은 톱, 다른 망치

6 Corder and Wolbrecht(2004).

7 Fuzzy-Set Method를 적용한 연구사례로서는 A. Perez-Linan, 2005, "Democratization and Constitutional Crises in Presidential Regimes, Toward Congressional Supremacy", *Comparative Political Studies* Vol. 38, No. 1 ; K. Bowman, F. Lehoucq and J. Mahoney, 2005, "Measuring Political Democracy, Case Expertise, Data Accuracy, and Central America", *Comparative Political Studies* Vol 38, No. 8을 들 수 있다.

8 라이커와 오드슈크(W. Riker and P. Ordeshook)의 *An Introduction to Positive Political Theory*(1973)의 출간을 합리적 선택모형 연구의 본격적 시발점으로 보아도 무방할 것이다.

와 다른 톱은 어디까지나 망치이며 톱일 뿐이다.

존재론적 · 인식론적 측면에 있어서도 상황은 크게 다르지 않다. 예컨대 2000년 경험과학적 편향성의 극복을 통해 방법론적 시각을 혁파할 것을 부르짖은 "페레스트로이카 씨(Mr. Perestroika)"와 동조자들의 주장[9]은 이미 수십 년 전부터 단속적으로 부상한 '방법론적 시각의 다양화'라는 구호의 또 다른 표출양상일 뿐이며, 거의 30년 전 알먼드(Almond and Genco 1977)가 강조한 "정치현상의 존재론적 본질(ontological properties of politics)"에 관한 전면적 성찰과 그에 따른 "화물숭배(cargo cult)"의 타파는 아직 다가갈 수 없는 신기루로 남아 있을 뿐이다.

이상과 같은 세 가지 측면을 고려하여 이 글에서는 현대 정치학 방법론에 관한 논의의 초점을 방법론적 시각을 통제하는 과학계 내의 방법론적 네트워크의 운용양태에 맞추기로 한다. 논의의 초점을 이렇게 잡은 까닭은, 연구전통의 방법론적 특성은 구체적인 연구방법이라기보다는 특정한 연구방법(론)을 수용하는 과학자들의 집단의식과 신념 속에서 도출될 수 있으며, 방법론적 네트워크는 바로 이러한 신념과 의식의 결정체이기 때문이다. 또한 과학계 내에서 명시적 · 암시적으로 작동하고 방법론적 네트워크를 해체할 때 정치학을 포함한 모든 과학연구의 추동력이 되고 있는 과학적 패권(scientific hegemony)의 본질을 탐색할 수 있다고 본다.

---

9 이들의 주장에 관해서는 http://groups.yahoo.com/group/perestroika_glasnost_warmhome과 K. Monroe, ed, 2005, *Perestroika : The Raucous Revolution in Political Science*, New Haven, Conn. : Yale University Press 참조.

Ⅱ. 현대 정치학방법론 연구의 현황

오늘날 정치학 연구를 포함한 모든 과학적 연구의 수월성은 주로 방법론적 정치성(精緻性)에 의해 판정되고 있다. 방법론적 정치성은 연구전통 내에서 타당성과 적실성을 광범위하게 인정받고 있는 분석규준을 충실히 준수함으로써 확보되며, 따라서 방법론적 일탈은 곧 비과학성이나 과학적 무능(無能)의 표징으로 간주된다. 이러한 상황 속에서는 방법론 자체에 대한 논의가 억압될 수밖에 없고, 지식생산과정은 주어진 분석규준의 반복적·무의식적 답습으로 점철된다. 즉, 이미 과학적 타당성이 인증된 연구방법론이나 방법에 대한 도전과 회의는 곧 연구전통 자체에 대한 도전으로 간주되기 때문에 대부분의 과학자들은 기존 연구방법을 추종함으로써 '과학자로서의 안정적 위상'을 유지하게 된다.

우리 정치학 연구에 있어서 방법론에 대한 논의가 지극히 미흡하다는 사실은 이미 오래 전 사르토리(Sartori 1970, 33)에 의해 지적된 "무의식적 사색(unconscious thinking)", 다시 말해서 '방법론의 습성화'가 어느 정도 널리 확산되었는가를 여실히 보여준다. 예컨대 1980년으로부터 2004년에 이르기까지 우리 정치학 연구를 대표하는 학술지 『한국정치학회보』와 『국제정치논총』에 게재된 방법론 논문은 각각 13편(점유율 1%)과 6편(점유율 0.6%)에 불과하다. 같은 기간 동안 두 학술지에 게재된 논문의 총수가 무려 1,243편과 979편에 달한다는 점을 고려할 때, 우리 정치학에 있어서 방법론 연구는 거의 이루어지지 않았다고 말해도 무방할 것이다(말미에 첨부된 <표 1>, <표 2> 참조).

미국 정치학의 경우에도 상황은 크게 다르지 않다. 방법론적 전환을 주도하여 온 비교정치와 국제정치 분야의 대표적 학술지 *World Politics*의 경우, 2000년 1월에 발간된 Vol. 52, no. 2로부터 2005년 1월에 발간된 Vol. 57, no. 2에 이르기까지 총 101편의 논문[10]이 게재되었으나 순수한 방법론 관련 논문은 단 1편에 불과하다.[11] 또한 강한 경험과학적 · 계량통계적 정향을 지녔을 뿐만 아니라, 1970－1980년대에 걸쳐 새로운 비교정치연구전략과 방법을 적극적으로 소개하였던 학술지 *Comparative Political Studies*를 살펴보면, Vol. 33, no. 1(2000년 2월)로부터 Vol. 38, no. 8(2005년 10월)에 이르기까지 게재된 총 320편의 논문[12] 가운데 방법론 관련 논문으로서는 E. Lieberman의 "Causal Inference in Historical Institutional Analysis : A Specification of Periodization Strategies"(34 : 9, 2001) 등 세 편밖에 찾을 수 없다.[13] 물론 미국정치학회(American Political Science Association)가 '페레스트로이카 선언'의 영향을 받아 2003년에 새로 창간한 학술지 *Perspectives on Politics*는 "중요한 문제에 대한 정치학적 통찰력(political insight on important problems)"을 확보한다는 측면에서 "엄정하고도 광범위한 기반

---

10 Review Article을 포함한 수치임.

11 G. Munck, 2001, "Comparative Politics: New Perspectives and Old Concerns", *World Politics* Vol. 53, No. 2.

12 Book Reviews가 포함된 수치임.

13 나머지 두 편은 앞의 각주 7)에서 언급한 Bowman · Lehoucq · Mahoney(2005) ; G. Munck and J. Verkuilen, 2002, "Conceptualizing and Measuring Democracy, Evaluating Alternative Indices", *Comparative Political Studies* Vol. 35, No. 1.

에 입각한 연구와 통합적 사고(rigorous, broad-based research and integrative thought)"[14]를 강조하고 있음에 따라 해석학적 시각 등 다양한 인식론적·방법론적 입장을 반영하는 논문들을 게재하여 왔으나 전체적으로 볼 때 순수한 방법론 논문이 차지하고 있는 비율은 *American Political Science Review*에 비해 약간 높을 뿐이다.[15] 한편 영국의 정치학 연구를 간략히 살펴보면, 영국정치학회(Political Studies Association of the United Kingdom)가 출간하는 학술지 *Political Studies*의 경우 2000년 3월에 출간된 Vol. 48, Issue 1부터 2006년 3월 Vol. 54, Issue 1에 이르기까지 5년간 게재된 총 264편의 논문[16] 가운데 순수한 방법론 논문은 단 한 편도 발견되지 않고 있으며, 굳이 관계된 논문을 찾자면 미국 정치학자 레이프하트(A. Lijphart)가 기고한 반론 "Debate : Measurement Validity and Institutional Engineering-Reflections on Rein Taagepera's Meta-Study"(51 : 1, 2003) 등 서너 편에 불과하다.[17]

이처럼 우리 정치학이나 미국, 영국 정치학에 있어서 모두 방법론 연구가 지극히 저조한 이유는 기존 연구방법론의 과학적 적실성

---

14 모든 *Perspectives on Politics*의 서두에 항상 소개되고 있는 Philosophy for Perspectives on Politics로부터 인용한 것임.

15 예컨대 2004년 6월에 출간된 Vol. 2, No. 2의 경우 Symposium : Two Paths to a Science of Politics라는 제하에 J. Granato and F. Scioli, "Puzzles, Proverbs, and Omega Matrix : The Scientific and Social Significance of Empirical Implications of Theoretical Models(EITM)" 등 세 편의 특별논문을 게재하고 있다.

16 Research Note와 반론(Reply)을 포함한 수치임.

17 J. Foweraker and R. Krznaric, 2000, "Measuring Liberal Democratic Performance : An Empirical and Conceptual Critique", *Political Studies* Vol. 48, Issue 4 ; A. Baumeister, 2003, "Habermas : Discourse and Cultural Diversity", *Political Studies* Vol. 51, Issue 4 ; D. Coole, 2005, "Rethinking Agency : A Phenomenological Approach to Embodiment and Agentic Capacities", *Political Studies* Vol. 53, Issue 1 등.

에 대한 정치학자들의 신뢰와 신념이 방법론적 논의에 대한 동기와 유인(誘因)을 제압할 정도로 공고히 구축되었기 때문이라고 말할 수 있다. 즉, 오늘날에 이르러 정치학방법론은 새로운 방법론적 시각을 모색하는 슬로건에도 불구하고 과학적 규준을 넘어서는 규범(norm)으로서의 위치를 차지하게 됨으로써 "방법론의 신화(the myth of methodology)"를 표출하고 있다. 요컨대 방법론, 보다 포괄적으로는 기존 연구전통의 과학적 적실성에 대한 강력한 신념이 광범위하게 사회화됨으로써 개별 정치학자들은 방법론적 사색과 회의 없이 자신이 속한 연구전통이 강요하는 유리스틱을 적극적으로 추종하는 경향을 보이고 있다. 카플란(Kaplan 1998, 24)에 따르면,

> … 방법론은 결코 과학적 진보의 충분조건이 될 수 없다. 근년에 들어 특히 행태과학자들 사이에 필자가 "방법론의 신화"라 칭하려는 현상, 즉 행태과학이 당면한 가장 심각한 문제는 "방법론적" 문제이며, 따라서 바른 방법을 사용하기만 한다면 과학적 진보가 신속히, 그리고 틀림없이 달성되리라는 신념이 널리 확산되는 현상이 나타났다 … 비록 건전한 [방법론적] 규준이라 해도 우매하게 강요될 수는 없다.

그렇다면 정치학자들이 이러한 방법적 강요를 자발적 · 습성적으로 수용하는 까닭은 무엇인가? 무엇이 정치학자들로 하여금 기존 유리스틱의 과학적 적실성에 대한 확신을 갖도록 유도하는가? 방법론의 신화, 더 나아가 성화(聖化)는 강한 연구전통의 본질적 속성인가?

Ⅲ-1. 연구전통과 유리스틱의 신화

하나의 연구전통이 안정적으로 구축되어 그에 입각한 지식생산이 광범위하게 진행되기 위해서는 다양한 조건이 요구되나 크게 보아 다음과 같은 네 가지로 요약될 수 있다. 첫째, 연구전통이 견지하고 있는 연구문제와 인식론적 · 이론적 중핵(中核), 그리고 문제풀이를 위한 유리스틱(방법론)의 적실성[18]에 대한 포괄적 합의를 들 수 있다. 둘째, 생산된 지식의 효용성에 대한 규범적 판단, 즉 사회적 공헌가능성에 대한 지식생산자들의 확신이 필요하다. 셋째, 특정한 연구전통의 수용이나 그러한 연구전통에 따라 결성된 과학사회에의 소속이 상당한 과학적 · 과학외적 실익을 보장해 줄 것이라는 합목적적 판단이 이루어져야 한다. 마지막으로 연구전통에 따라 진행되는 지식생산행위에 대한 지속적이자 전폭적인 정치적 후견(political patronage)이 보장되어야 한다. 이러한 네 가지 조건들 가운데에서 첫 번째 조건과 두 번째 조건을 과학적 신념(scientific belief)이라 부를 수 있으며, 세 번째와 네 번째 조건을 정치적 기대(political expectation)로서 규정할 수 있을 것이다. 따라서 어떤 연구전통이 강한 과학 혹은 주도과학(dominant science)의 위상을 획득하기 위해서는 개별 과학자들이나 과학

---

18 여기에서 '과학적 적실성'을 지닌 유리스틱이란 변칙현상(anomalies)들을 성공적으로 설명하고, 더 나아가 그러한 현상들을 연구 프로그램이 수용하고 있는 이론적 전제들을 뒷받침하는 적극적 증거로서 변환시킬 수 있는 방법론적 협약을 지칭하는 의미로 사용된 것임(Lakatos 1986, 4-6).

자 집단의 과학적 신념이 정치적 기대와 결합되어야 한다. 바꾸어 말해서 정치적 기대를 충족시키지 못하는 과학적 신념은 결코 과학행위의 추동력을 발휘할 수 없다.

최근 발생한 황우석의 줄기세포 조작사건은 바로 과학적 신념과 정치적 기대의 결합에 따른 과학정치의 동원능력을 여실히 보여주고 있다. 왜냐하면 황우석 사건은 전폭적인 정치사회적 후견을 획득한 과학자 집단이 과학적 신념을 국가권력에 힘입은 프로파간다를 통해 정당화하는 데 성공한 전형적 사례이기 때문이다. 즉, 줄기세포의 생산을 위한 "원천기술", 곧 독점적 유리스틱을 보유하고 있을 뿐만 아니라 그러한 원천기술에 입각하여 난치병 환자들의 치료에 적용될 수 있는 줄기세포를 실제로 생산할 수 있다는, 더 나아가 줄기세포가 반드시 생산되어야 할 사회적 필요성이 있다는 프로파간다는 줄기세포의 조작이 명백히 밝혀졌음에도 불구하고 황우석 연구진이 지닌 유리스틱의 적실성과 실효성에 대한 과학적 회의를 제압할 수 있을 정도로 강력한 호소력을 발휘한 것이 사실이다. 이러한 프로파간다는 황우석 연구진으로 하여금 정치적 후견을 완전히 상실하였음에도 불구하고 사회적 지지세력을 결집하는 데 성공하도록 만들었으며,[19] 이에 따라 그들의 유리스틱 자체에 대한 과학적 의문과 연구결과의 조작이라는 "학문적 범죄"[20]에 대한 비난은 과도한 사회적 기대로 인한

---

19 검찰수사를 통해 줄기세포의 조작이 최종적으로 확인되었음에도 불구하고 황우석 교수가 중국, 스웨덴 등지로부터 줄기세포 연구에 관한 "영입제의"를 받았다든가 국내 독지가들로부터 600억 원에 달하는 연구기금을 제안받았다는 등(서울, 연합뉴스)의 보도가 끊임없이 나오는 상황은 아직도 황우석에 대한 상당한 지지세력이 실재한다는 근거가 될 수 있다. http://www.donga.com/fbin/output?f=kas&code=ka_&n=200605120358 참조(검색일 : 2006년 5월 13일).

심리적 중압감, 어리석고 소박한 과학자의 성취욕구, 더 나아가 정치적 후원세력에 의한 압박 등 다양한 과학외적 면죄부를 통해 상당부분 완화되고 있는 실정이다.[21]

요컨대 연구전통의 과학적 정당성은 유리스틱의 적실성이 사회적으로 인증되는 과정에서 탈과학적이자 대중영합적인 슬로건으로 변질될 수 있고, 그러한 슬로건은 비단 과학자들뿐만 아니라 그들의 후원집단, 더 나아가 일반인들에게조차 일종의 신화로 자리잡게 마련이다. 따라서 논문조작이라는 황우석의 범죄는 줄기세포의 생산을 위한 '신화적 유리스틱'이 극히 일부분이나마 존재한다는 것이 판명될 경우 사회적으로 용서될 가능성이 높다. 다시 말해서 신화적 방법론은 그러한 방법론의 적용결과와 관계없이 과학적 정당성을 획득하는 것이 상례이다. 이처럼 연구전통이 본질적으로 정치적 속성을 갖고 있다면, 그 전환과정은 단순한 연구문제와 유리스틱의 전환과정이라기보다는 연구전통을 후원하는 과학외적 패권의 변동이라는 보다 광범위한 측면에서 논의되어야 한다. 그렇다면 과학적 패권에 입각한 연구전통은 어떠한 경로를 통해 구축되는가?

---

20 정운찬 서울대학교 총장은 2006년 1월 11일 "국민 여러분께 드리는 말씀"이라는 제하의 대국민 사과문에서 황우석의 논문조작을 "진리탐구를 본연의 사명으로 하는 대학사회에서는 도저히 용납할 수 없는 학문적 범죄행위"로 규정하였다.

21 "미국의 생명과학연구소 버냄 인스티튜트의 연구원인 에반 스나이더 박사는 '황교수 사건은 대중이나 정부로부터의 압력이 마치 과학이 할리우드인 양 과학자들로 하여금 코너를 돌지 않고 가로질러 가도록 강요함으로써 어떠한 결과가 빚어지는지를 보여주는 단적인 예'이며, '깊은 내면을 볼 때 황교수는 진짜로 환자들을 걱정하며 많은 기술을 가진 훌륭한 사람이라고 확신한다'면서 '그러나 그는 갈피를 못 잡은 채 잘못된 방향으로 내달리고 말았다'고 밝혔다"는 등의 보도(워싱턴, 연합뉴스)는 이러한 면죄부의 사례가 될 수 있다. http://www.donga.com/fbin/output?f=kas&code=ka_&n=200605130122 참조(검색일 : 2006년 5월 13일).

Ⅲ-2. 과학적 패권과 핵심체 : 연구전통의 구축과정

연구전통은 과학적 패권에 입각하여 형성된다. 즉, 연구영역을 규정하고 연구문제를 풀기 위한 유리스틱을 창출하는 주도세력, 곧 핵심체(core set)[22]가 과학행위의 거버넌스[23]를 공적(제도적) · 사적(귀속적)으로 통제할 수 있는 헤게모니를 획득할 경우에 한해 연구전통이 견고히 구축된다. 이러한 연구전통의 구축과정은 일단 과학사회 내에서 시작되어 과학외적 · 일반적 사회영역으로 확산되는 단계적이자 이중적인 지지의 동원과정이며, 정치적인 후원-수혜관계의 정립과정이라고 말할 수 있다.

그렇다면 연구전통을 주도하는 핵심체는 어떻게 부상되는가? 핵심체는 특정한 연구전통에 소속되어 있던 과학자 집단이 기존의 헤게모니 집단을 타파하거나 연구전통 자체를 거부하는 과학자 집단이 새로운 대항 과학체계를 성공적으로 구축함으로써 부상된다. 그런데 이러한 두 가지 경우에 있어서 모두 헤게모니의 획득은 순수한 과학적 경쟁으로 위장된 권위투쟁(authority struggle)을 통해 이루어진다. 즉, 보다 적실성이 큰 연구문제 내지는 보다 수월한 연구업적의 창출을

---

22 과학체계(과학사회) 내에서 연구문제와 유리스틱을 주도적으로 창출하고 그러한 유리스틱에 기반을 둔 과학행위의 네트워크를 구축 · 유지함으로써 추종자들의 지식생산을 패권적으로 통제하는 소규모의 강력한 지배집단. Brown(1988).

23 풀러(Fuller 2000, 45)는 과학체계를 광범위하게 일반화된 과학행위의 거버넌스 기제(a vehicle of global governance)로 규정한다.

위한 과학적 경쟁은 그러한 적실성이나 수월성을 공식적으로 인증하는 집단으로부터의 지지를 확보하기 위한 정치적 경쟁의 형태를 취한다. 예컨대 주요 학술지[24]를 통한 논문게재 건수, 논문의 인용 건수, 연구결과의 실용화를 통한 사회적 공헌의 수준(특허) 등 다양한 과학적 권위의 척도를 통해 표출되는 과학 헤게모니는 학회·연구기관·대학의 장(長)과 같은 제도적 위상에 수반된 영향력이나 거대자원보유 조직의 후원을 지향한 정치적 책략(political manoeuvre)을 통해 확보된다. 즉, 치열한 학회장 선거나 대학총장 선거, 연구소장의 직위를 얻기 위한 정치적 거래, 특정한 과학적 지식이 보장해 줄 수 있는 정치적·경제적 이득을 과장함으로써 국가나 대기업의 후원을 얻기 위한 다양한 프로파간다, 매스컴 조작 등은 모두 이러한 책략의 소산이라고 볼 수 있다.

과학적 권위에 수반되는 영향력과 유형적·무형적 자원은 추종집단의 동원과 확대에 요구되는 과학 헤게모니의 기반을 이룬다. 황우석에게 부여되었던 "최고 과학자" 혹은 "석좌교수"의 신분은 바로 이러한 헤게모니의 구체적 표상이며, 황우석의 연구진은 그들이 견지하고 있던 유리스틱의 과학성과 수월성에 관계없이 연구진에의 소속이 보장해 주는 실익에 대한 합목적적 계측을 통해 과학적 충성심(scientific allegiance)을 지속적으로 표출하게 되었다고 볼 수 있다. 과학적 충성심은 핵심체에 대한 귀속적 신뢰(ascriptive trust)와 결합하여 연구전통의 결속력을 강화시킨다. 예로서 황우석의 사과성명 발표에 배석한 연구원들의 감성적 분출[25]은 장기간에 걸친 헤게모니의 수용

---

24 이른바 "SSCI(SCI)급 학술지", "학술진흥재단 등재학술지" 등.

이 야기하는 신뢰와 정서적 결속력을 보여주는 좋은 사례가 된다. 즉, 과학 헤게모니는 과학사회 내에서 흔히 목도되는 도제(徒弟)관계와 같은 핵심체와의 귀속적 일체감을 통해 형성되는 방법론적 네트워크(methodological network)를 매개로 삼아 더욱 큰 침투력을 발휘된다. 이러한 네트워크는 보다 공식적인 제도적 네트워크의 이면적 결속망으로 작동함으로써 핵심체가 추종집단을 결성하고 유지해 나가는 비공식적 기제인 동시에 추종자들이 과학체계의 중심부로 접근하기 위해 흔히 선택하는 경로가 되며, 경우에 따라서는 제도적 네트워크에 비해 훨씬 강력한 통합성과 배타성을 표출한다(김웅진 2005, 55-56). 이렇게 볼 때, 어떤 연구전통의 과학적 적실성, 보다 근원적으로 과학성 그 자체는 헤게모니에 따른 정치적 상황종속성(political contingencies)을 반영한다고 말할 수 있다.[26] 과학성은 어디까지나 연구전통 내의 정치적 합의의 소산일 따름이며, 과학행위는 과학성보다는 사회성에 입각하여 진행되게 마련이다.

> **… 강력한 사회적 협약(social convention)으로서의 유리스틱을 단순히 준수한다 해서 생산된 지식의 과학적 타당성이 자동적으로 보장되는 것은 아니라는 점에 주목할 필요가 있다. 왜냐하면 개별 과학자나 과학**

---

25 황우석은 2006년 1월 12일 줄기세포 조작에 관한 대국민 사과성명을 발표하면서 연구원들을 배석시켰으며, 배석한 연구원 가운데 일부가 눈물을 흘리는 장면이 보도된 바 있다.

26 기실 과학성의 본질적 의미에 관해서는 아직 과학철학계 내에서도 합의가 이루어지지 않고 있으며, 단지 포퍼(Popper 1996, 37 ; 1999, 31-32)가 주장한 진술(지식)의 논박가능성(falsifiability) 내지는 합리적 재구축(rational reconstruction) 가능성 정도가 과학성의 구획기준으로 모호하게 수용되고 있을 뿐이다.

> 자 집단에 의해 생산된 지식의 과학적 타당성은 판정자들이 견지하고 있는 이론적 · 방법론적 정향과의 조응여부라는 표재적 기준을 넘어서는 보다 잠재적이자 강압적인 '사회적 기준'에 따라 최종적으로 판정되기 때문이다. 다시 말해서 포괄적인 정치사회 내에서 형성되는 실존인식의 이데올로기적 · 패권적 전범(典範)이 과학자들의 지식생산 행위를 통제한다고 볼 수 있다. 즉, 정치사회 체계가 견지하고 있는 보편적 인식의 전범은 당연히 그 하부체계인 과학체계로 유입되어 일정한 유형과 내역을 지닌 연구문제와 그 풀이방식을 선택하도록 강요하는 제어기제, 지식생산 행위의 표준화 · 획일화 기제로서 작동한다. 그리고 이러한 전범은 그것을 견지하고 있는 과학체계가 '풀어야만 할 연구문제', 즉 풀 것을 '사회적으로 요구받고 있는 연구문제'를 성공적으로 해결하는 한 안정적으로 수용된다(김웅진 2005, 40-42).

요컨대 모든 연구전통의 구축과정은 곧 과학 헤게모니의 형성과 전개과정이라고 볼 수 있으며, 안정적인 연구전통의 연구문제나 유리스틱의 전환은 그에 입각한 연구공정이 강력한 과학 헤게모니의 뒷받침, 더 나아가 광범위한 정치사회적 후원을 상실하지 않는 한 결코 이루어질 수 없다. 따라서 쿤이 패러다임의 혁명적 전환을 초래하는 동인으로 규정한 "변칙현상(anomalies)과의 조우"(Kuhn 1970, 52-66)는 정치적 변동이 수반되지 않는 한 연구전통 내의 헤게모니 집단에 의해 의도적으로 제어될 가능성이 매우 높다.

Ⅳ. 과학적 신념과 유리스틱의 변환

과학적 신념은 연구전통 내에서 전개되는 지식생산 행위의 통합성과 획일성에 대한 개별 과학자나 과학자 집단의 신뢰, 즉 ① 유리스틱의 과학적 적실성에 대한 확신과 ② 연구전통의 모든 구성원들이 그러한 유리스틱을 준수하는 가운데 지식생산 행위를 전개하리라는 확신[27]이 장기간에 걸쳐 "습성화된 심성(habits of mind)"을 지칭한다. 여기에서 "습성화된 심성"이란 유리스틱의 적실성에 대한 인지적 수용(cognitive adoption)과 그에 입각한 과학적 분석절차의 행태적 수용(behavioral adoption)이 반복적으로 이루어지도록 만드는 "견고히 구축된 무의식적 반응(entrenched responses that ordinarily occur without conscious attention)"을 의미한다(Margolis 1993, 7-8). 물론 이러한 과학적 신념은 위에서 언급한 바와 같이 특정한 연구전통에의 참여가 보장해 줄 수 있는 소득에 관한 합리적·상황적 계측의 소산인 과학적 신뢰(scientific trust)의 형성을 전제로 하며, 과학적 신뢰가 함축하고 있는 신뢰자의 기대가 어느 정도 지속적으로 충족되는가에 따라 그 강도가 결정된다. 바꾸어 말해서 기대충족의 수준과 지속성이 과학

27 보편적인 의미에 있어서 신뢰의 개념은 '대상의 속성에 대한 지속적 확신'과 '일정한 사회적 행위양상의 기대'라는 두 가지 측면을 포괄하고 있으며, 따라서 과학적 신뢰는 연구전통 내에서 특정한 유리스틱과 그에 따른 지식생산 행위의 타당성을 상호인증(mutual legitimation)하는 "공식적·비공식적 사회관계의 역동"의 심리적 기반이 된다고 볼 수 있다. 김웅진(2005), 39-44 ; 김우택·김지희(2002), 19 참조.

적 신념의 형성에 있어서 가장 핵심적인 요인으로 작용한다(김웅진 2005, 37-58).

연구전통은 이처럼 과학적 신념을 기반으로 강화되며, 역으로 과학적 신념의 약화는 연구전통의 붕괴로 연결된다. 따라서 연구전통의 거버넌스를 주도하는 핵심체들은 과학적 신념의 강화와 확산을 위한 다양한 정치적 전략을 강구하게 마련이다. 예컨대 충성도에 따른 연구자원, 연구기회, 또는 연구전통 내 사회적 위상의 배분뿐만 아니라 일탈의 저지와 일탈자들에 대한 공적·사적 제재 등은 모두 과학적 신념의 강화라는 맥락에서 이루어지고, 궁극적으로는 '신념의 이념화'를 목표로 한다. 이에 따라 과학적 신념은 과학 헤게모니의 정치적 영상(映像)이며(김웅진 2005, 42), 핵심체가 제안한 과학행위의 전범은 지식생산의 목표와 절차를 규제하는 규범으로서의 성격을 갖게 된다. 결국 잠정적이며 가변적인 과학적 신뢰를 견고한 과학적 신념으로 전환하기 위한 유리스틱의 성화(sacralization) 또는 신화화(mythicization)야말로 연구전통의 안정화를 지향한 과학정치의 핵심이라고 볼 수 있다.

과학적 신념은 본질적으로 직접적 관측이 불가능한 내재적 심성이기 때문에 어떤 연구전통이 과학적 신념을 어느 정도 동원하고 있는가를 판정하기란 쉽지 않다. 그러나 이처럼 "습성화된 심성"의 수준은 그것을 반영하는 보편적 행태정향(behavioral orientation)을 통해 우회적으로 파악될 수 있다. 예로서 소위 '정치학계로의 성공적 데뷔'를 위한 학회에서의 논문발표, 연구업적의 축적을 위한 학술지별 논문게재 점수 관리, 대학이나 연구소의 정규직을 얻기 위한 인맥구축 시도 등, 박사학위를 새롭게 획득한 신진 정치학자들이 공통적으로 보여주는 행위양상은 특정한 연구전통이 향유하고 있는 과학적 신뢰의 간접적 척도가 된다. 다시 말해서 이와 같은 행위양상을 반복적으로 표출하는 연구전통은 상당한 수준의 과학적 신념을 동원하는 데 더하여, 그에 속한 과학자들로 하여금 연구전통의 일원으로서의 강한 정체성을 갖도록 만드는 데 성공하였다고 볼 수 있다. 즉, 연구전통 내에서 실제로 표출되고 있는 과학행위의 보편적 양상을 반복적으로 인지하는 과학자들은 과학연구의 목표, 방법과 과정에 관한 정형적 이미지를 획득하게 되며(Margolis 1993, 10), 이러한 이미지에 따른 상호 동화(mutual assimilation)의 역동에 적극 참여함으로써 집단으로서의 정체성(collective identity), 더 나아가 그들이 견지하고 있는 유리스틱의 상대적 수월성에 대한 맹목적 신념을 갖게 된다. 줄기세포를 생산할 수 있는 "원천기술"을 분명히 보유하고 있으며 그러한 기술이 보존・발전되어야 한다는 황우석의 주장이나 세포의 핵을 제거하기 위한 이른바 "젓가락 기술"의 독창성에 대한 과장된 프로파간다는 유리스틱의 본질과 한계를 비교적 명확히 파악하고 있는 연구전통의 핵심체조차 맹목적 신념의 포로가 될 수 있다는 사실을 보여준다.

연구전통의 변환은 바로 이와 같은 집단적 정체성의 붕괴를 통해 야기된다. 즉, 집단적 정체성은 연구전통의 고유성을 보여주는 독특한 세계관(gestalt)[28]과 그에 입각한 유리스틱의 적극적 수용이라는 측면에서 형성되기 때문에, 연구전통의 변환은 곧 연구대상의 존재론

28 쿤은 패러다임 간의 "비교불가능성 명제(incommensurability thesis)"를 제시하면서 패러다임의 전환(paradigmatic shift)은 곧 세계관의 혁명적 변환을 의미한다고 주장한다. Kuhn(1970), 92-110, 144-159.

적 본질 및 유리스틱의 적실성에 대한 확신으로서의 과학적 신념과 그를 기반으로 한 집단적 정체성의 변환이라고 말할 수 있다. 이와 같은 집단적 정체성은 주로 사물을 특정한 방식으로 인지하고 해석하는 방법론적 습성(methodological habit)으로 표출된다.

> … 어떤 공동체를 결속시키는 힘이 과연 무엇인가에 관한 의문은 그러한 공동체 내에서 핵심적인 직관을 유도하는 습성화된 심성을 찾아냄으로써 해결된다. 공동체의 일원처럼 특정한 방식으로만 사물을 인지하는 경험을 갖고 있지 못한 외부인들에게는 이처럼 습성화된 심성이 아예 떠오르지 않거나 불합리하게 여겨진다. 이러한 맥락에서 볼 때 패러다임의 변환은 일종의 습성화된 심성의 변화이다(Margolis 1993, 23).

그렇다면 방법론적 습성은 어떻게 붕괴·전환되는가? 쿤(Kuhn 1977, 235)에 따르면 "전통의 철저한 수용(a thoroughgoing commitment to the tradition)"만이 세계관의 성공적 전환을 가능케 한다. 패러다임에 입각한 정상과학 연구(normal research)는 아무리 수월한 것이라 할지라도 일단 교육을 통해 전수되고 추후 직업적 과학행위를 통해 보강된 과학적 협약의 틀을 벗어나지 못하지만, 바로 이처럼 "수렴적이자 합의종속적(convergent and consensus-bound)"인 과학행위가 궁극적으로는 과학혁명을 가져온다는 것이다. 물론 패러다임에 대한 천착은 "무엇인가 잘못되었다(something has gone wrong with existing knowledge and belief)"[29]는 과학적 의문, 곧 성숙한 과학체계 내에서 자생적으로 발

---

29 Kuhn(1977), 235.

생하는 연구전통과 그것을 혁파하려는 새로운 과학적 시도 간의 "필수적 긴장(essential tension)"을 야기하며(Kuhn 1977, 227), 그에 따라 전통적 유리스틱으로로는 설명하기 어려운 이례와의 조우를 초래할 수 있다.

그러나 이례와의 조우를 통한 방법론적 습성의 타파는 연구전통 내에서 허락될 경우에만 가능하다. 즉, 이례와의 조우는 연구전통의 과학적·사회적 위상에 치명타를 입히지 않는 범위 내에서 조건적으로 허용될 뿐이다. 이러한 허용은 대개 두 가지 측면에서 이루어지는데, 그 첫 번째는 동료집단에 의한 허용이다. "습성화된 심성"은 앞서 언급한 것처럼 과학행위의 전개과정에 있어서 집단동학(group dynamics)의 원천이 되기 때문에 결코 개별적으로 극복될 수 없다. 모든 과학자 집단은 그들이 견지하고 있는 방법론적 입장을 보위함으로써 그간 생산하여 온 지식의 과학적 타당성과 '유능한 과학자'로서의 평가를 유지하려는 역동을 보이며,[30] 따라서 역동을 저해하는 시도에 대해 적극적으로 저항하게 마련이다. 그러한 저항은 주로 새로운 방법론적 제안에 대한 제재(학술지 게재 신청논문 심사에 있어서 낯선 연구방법을 사용한 논문의 '게재불가' 판정 등)나 배척(공동연구 프로젝트에 대한 참여거부 등)의 형태를 취한다. 즉, 방법론적 이단자 또는 범법과

---

30 러드윅(Rudwick 1985, 420)은 과학자들의 연구행위는 과학자로서의 신분유지에 결정적인 영향력을 행사하는 '유능함(competence)'에 대한 평가로부터 자유로울 수 없다고 주장한다. 그런데 유능함에 대한 평가는 중요한 연구결과의 생산 여부에 따라 이루어지며, 바로 이러한 중요성은 연구전통 내에서 합의된 유리스틱이나 과학계를 주도하는 집단에 의해 제안된 유리스틱의 사용여부에 따라 판정되기 때문에 핵심체와의 방법론적 연대는 과학자의 신분유지에 있어서 피할 수 없는 족쇄가 된다. 김웅진(2001), 120 참조.

학자(outlaw scientists)[31]들에게 '무능함의 표식'을 각인함으로써 지식생산의 동기를 심리적으로 위축시키거나 집단에의 잔류가 보장하는 실익에 대한 재계측을 암묵적으로 강요함으로써 집단으로의 회귀를 유도하게 된다. 두 번째로, 연구전통의 핵심체는 방법론적 일탈이 조직화될 경우 그러한 일탈이 연구전통 자체의 과학적·사회적 위상에 미치는 영향을 평가하게 마련이며, 만약 주도과학으로서의 위상을 훼손하는 것이라는 판단이 내려질 경우 강력한 충원적(充員的) 제재를 가하게 된다. 다시 말해서 핵심체의 과학적·이념적 정향에 대항하는 과학자들을 연구전통의 제도화 과정에서 선별적으로 배제함으로써 일탈의 재발을 방지하고 연구전통의 결속력을 강화하려 시도한다(김웅진 2005, 50). 그런데 이러한 제재는 비단 핵심체들에 의해서만 이루어지는 것이 아니라, 과거 수많은 진보적 마르크시스트들이 국가보안법에 의해 제재된 것처럼 핵심체들의 후원집단이 지닌 정치적 힘, 예컨대 국가권력을 통해 사회적으로 정당화된다.

한편 방법론적 변환이 곧바로 연구전통의 변환을 가져오는 것은 아니라는 점에 주목할 필요가 있다. 방법론적 변환은 그를 통해 생산된 새로운 지식이 기존 지식에 비해 수월하다는, 예로서 효용성에 있어서나 과학적 설명과 예측능력에 있어서 기존의 지식을 능가한다는 사회적 평가를 획득할 경우에 한해 연구전통의 변환을 가져온다.

---

31 범법과학은 연구전통 내에서 방법론적 측면에서의 조직화된 도전뿐만 아니라 연구문제의 상정에 있어서 일탈성의 생성, 그리고 이러한 일탈성의 집단화와 확산을 통해 구축된다. 즉, 어떤 연구전통 내에서 표출되는 문제의식과 유리스틱에 대한 도전이 새로운 분파집단이나 대항세력의 형성으로 구체화될 때 비로소 범법과학이 창출된다고 말할 수 있다. 김웅진(2001), 119.

즉, 이례를 설명할 수 있는 새로운 유리스틱은 바로 그러한 이례 자체가 "매우 중요한(more than non-trivial)" 것일 경우에 한해 적실성을 인정받게 된다. 다시 말해서 "현존하는 과학적 신념의 구조적 핵심과 명백히 상충"(Kuhn 1977, 236)할 뿐만 아니라 사회적으로 중요한 문제를 풀 수 있는 전혀 새로운 유리스틱의 도입만이 연구전통의 변환을 가져올 수 있다. 이러한 맥락에서 연구전통의 변환은 단순한 과학적 시각이나 유리스틱의 변환을 넘어서는 것이라고 말할 수 있다. 연구전통의 변환은 단계적 과정으로서, 일단 과학사회 내에서 변환의 인증이 이루어진 후 그러한 과학적 인증이 다시 사회적으로 인증됨으로써 종결된다. 사회적으로 인증되지 못한 연구전통의 변환은 본질적 변환으로 간주될 수 없다. 기존 유리스틱의 단순한 보정이나 수정은 연구전통의 기반을 이루는 과학적 신념, 더 나아가 그러한 과학적 신념을 뒷받침해 주는 정치사회적 후원의 변동을 수반하지 못하며, 오히려 연구전통의 강화를 초래할 따름이다.

V. 방법론적 시각의 개방과 범법과학의 조직화

앞서 논의한 바와 같이 "습성화된 방법론적 심성"에 기반을 둔 과학적 신념은 지식생산의 거버넌스에 요구되는 핵심적 요건이며, 연구전통의 공고화는 이러한 거버넌스를 주도하는 핵심체와 그들이 제안하는 유리스틱에 대한 추종자들의 지속적 확신과 지지에 입각하여 이루어진다. 모든 과학자들은 개인적이든 집단적이든 계서화된 연구 전통 내에서 핵심체에 의한 연구정향과 내역의 통제를 탈피할 수 없으며, 따라서 지식생산 행위는 지극히 효율적으로 작동하는 패권적 거버넌스의 범주 내에서만 안정적으로 이루어질 수 있다. 요컨대 과학행위와 그 소산으로서의 과학적 지식은 과학적 신념이라는 외피를 지닌 정치적·합목적적 순응성에 의해 적실성과 정당성을 획득하게 된다.

이처럼 습성화된 심성을 타파함으로써 방법론적 사고를 자극하는 "필수적 긴장"을 의도적으로 조성하지 않는 한 과학적 진보의 역동성을 확보하기란 불가능하다. 과학적 패권이 조영된 과학적 신뢰가 야기하는 지식생산 행위의 방법론적 답습성과 폐쇄성은 기존 유리스틱을 통한 설명의 실패를 단순한 일회적이자 우발적인 사건(incident)이 아니라 유리스틱에 내재된 과학적 한계의 필연적 소산으로 부각시킬 경우에 한해 극복될 수 있다. 창조적인 과학적 불신의 확산, 그리고 그에 따른 연구전통 내부의 갈등과 긴장이야말로 진정한 과학성의 표징이라고 말할 수 있다. 과학적 불신은 연구전통의 이론적·방법론적 위기를 초래하고, 위기는 그것을 극복하기 위한 대안의 선택을, 그리고 새로운 대안의 선택은 유리스틱의 총체적 변화를 가져오게 마련이다. 이러한 위기－선택－변화(*crisis, choice, and change*)[32]의 역동적 전환과정은 패권에 대한 과감한 도전의 과정과 일치한다. 그리고 그러한 도전의 성패여부는 폐쇄된 사고를 거부하는 '무능한'

---

[32] G. Almond, S. Flanagan, R. Mundt의 저서 *Crisis, Choice, and Change, Historical Studies of Political Development*(Boston : Little, Brown, 1973)의 제목을 차용한 것임.

범법과학자들의 창의성과 기존 유리스틱의 한계를 인지하고 있음에도 불구하고 제도권 과학자로서의 안정적 위상에 대한 집착 때문에 이를 밝히지 못하는 유능한 과학자들의 자기 성찰이 어떻게 유기적으로 연결되느냐에 달려 있다.

이러한 맥락에서 정치학 연구의 지평을 확장하기 위한 방법론적 시각의 개방은 과학적 추동력에 더하여 강한 정치적 의지를 요구한다. 모든 연구전통은 필연적으로 "과학행위에 사회적 이해관계를 주입함으로써 과학행위를 비과학적 협상책(non-scientific negotiating tactics)으로 전환"(Collins 1985, 144)하려 시도하게 마련이다. 따라서 유리스틱, 보다 포괄적으로 연구전통의 변환과 다양화를 모색하기 위해서는 이러한 협상책에 대응하기 위한 창조적 범법과학의 조직화가 촉구된다. 과학적 패권의 제재를 두려워한 "페레스트로이카 씨"는 아직 익명으로 남아 있으나, 그의 주장에 동조하는 미국 정치학자들이 비록 인터넷이라는 방공호 속에서나마 상당한 영향력을 발휘하고 있는 범법과학집단 groups.yahoo.com/group/perestroika_glasnost_warmhome을 성공적으로 결성하였다는 사실은 이러한 조직화의 가능성을 시사해 준다.

성공적인 과학자는 전통고수자이자 동시에 우상파괴자가 되어야 한다.

Very often the successful scientist must simultaneously display the characteristics of *the traditionalist* and of *the iconoclast*[Kuhn 1977, 227].

참고문헌

김우택 · 김지희. 2002. "신뢰의 개념과 신뢰연구의 맥락." 김우택 · 김지희 편. 『한국사회 신뢰와 불신의 구조』, 11-52. 서울 : 소화.

김웅진. 2001. 『신화와 성화 : 과학방법론의 패권정치』. 서울 : 전예원.

______. 2005. 『과학 헤게모니의 정치적 영상』. 서울 : 청목출판사.

Almond, G. and Genco, S. 1977. "Clouds, Clocks, and the Study of Politics." *World Politics* Vol. 29, No. 4.

Baumeister, A. 2003. "Habermas: Discourse and Cultural Diversity." *Political Studies* Vol. 51, Issue 4.

Bowman, K., Lehoucq, F. and Mahoney, J. 2005. "Measuring Political Democracy, Case Expertise, Data Accuracy, and Central America." *Comparative Political Studies* Vol. 38, No. 8.

Brown, J. 1988. "The Experimenter' Social Circle." *Philosophy of the Social Sciences*. Vol. 18, No. 1.

Collins, H. 1985. *Changing Order : Replication and Induction in Scientific Practice*. London: Sage.

Coole, D. 2005. "Rethinking Agency : A Phenomenological Approach to Embodiment and Agentic Capacities." *Political Studies* Vol. 53, Issue 1.

Corder, J. and Wolbrecht, C. 2004. "Using Prior Information to Aid Ecological Inference : A Bayesian Approach." in King, G., Rosen, R. and M. Tanner, eds. *Ecological Inferences: New Methodological Strategies*. Cambridge : Cambridge University Press.

Foweraker, J. and Krznaric, R. 2000. "Measuring Liberal Democratic Performance : An Empirical and Conceptual Critique." *Political Studies* Vol. 48, Issue 4.

Fuller, S. 2000. *The Governance of Science*. Buckingham and Philadelphia : Open University Press.

Granato, J. and Scioli, F. 2004. "Puzzles, Proverbs, and Omega Matrix : The Scientific and Social Significance of Empirical Implications of Theoretical Models (EITM)." *Perspectives on Politics* Vol. 2, No. 2.

Kaplan, A. 1998. *The Conduct of Inquiry*. New Bruswick and London : Transaction Publishers.

Kuhn, T. 1970. *The Structure of Scientific Revolutions*. Chicago : University of Chicago Press.

________. 1977. *The Essential Tension*. Chicago : University of Chicago Press.

Lakatos, I. 1986. *The Methodology of Scientific Research Programmes*. Cambridge : Cambridge University Press.

Laudan, L. 1978. *Progress and Its Problems, Towards a Theory of Scientific Growth*. Berkeley · LA · London : University of California Press.

Lieberman, E. 2001. "Causal Inference in Historical Institutional Analysis : A Specification of Periodization Strategies." *Comparative Political Studies* Vol. 34, No. 9.

Lijphart, A. 2003. "Debate : Measurement Validity and Institutional Engineering–Reflections on Rein Taagepera's Meta–Study." *Political Studies* Vol. 51, Issue 1.

Margolis, H. 1993. *Paradigms and Barriers*. Chicago : University of Chicago Press.

Monroe, ed. 2005. *Perestroika : The Raucous Revolution in Political Science*. New Haven, Conn. : Yale University Press.

Munck. G. 2001. "Comparative Politics : New Perspectives and Old Concerns." *World Politics* Vol. 53, No. 2.

________ and Verkuilen, J. 2002. "Conceptualizing and Measuring Democracy, Evaluating Alternative Indices." *Comparative Political Studies* Vol. 35, No. 1.

Perez–Linan, A. 2005. "Democratization and Constitutional Crises in Presidential Regimes, Toward Congressional Supremacy." *Comparative Political Studies* Vol. 38, No. 1.

Popper, K. 1996. *Conjecture and Refutations, The Growth of Scientific Knowledge*. London : Routledge.

________. 1999. *The Logic of Scientific Discovery*. London and New York : Routledge.

Ragin, C. 1987. *The Comparative Method, Moving Beyond Qualitative and Quantitative Strategies*. Berkeley · LA · London : University of California Press.

________. 2000. *Fuzzy-Set Social Science*. Chicago and London : University of Chicago Press.

________ and Becker, H. eds. 1992. *What Is A Case? Exploring the Foundations of Social Inquiry*. Cambridge and New York : Cambridge University Press.

Rudwick, M. 1985. *The Great Devonian Controversy : The Shaping of Scientific Knowledge among Gentlemanly Specialists*. Chicago : University of Chicago Press.

Sartori, G. 1970, "Concept Misformation in Comparative Politics." *American Political Science Review* Vol. 64, No. 4.

『한국정치학회보』 14집(1980)-38집 3호(2004).

『국제정치논총』 20집(1980)-44집 3호(2004).

American Political Science Review Vol. 94, No. 4(December 2000)-Vol. 98, No. 1(February 2004).

Comparative Political Studies Vol. 33. No. 1(February 2002)-Vol. 38. No. 8(October 2005).

Perspectives on Politics Vol. 1, No. 3(September 2003)-Vol 2, No. 2(June 2004).

Political Studies Vol. 48, Issue 1(March 2000)-Vol. 54, Issue 1(March 2006).

World Politics Vol. 52. No. 2(Janurary 2000)-Vol. 57. No. 2(January 2005).

http://groups.yahoo.com/group/perestroika_glasnost_warmhome.

부록

〈표 1〉『한국정치학회보』에 게재된 방법론 관계 논문 : 1980-2004

간행년(집 : 호)	논문제목	저자
1986(20: 1)	비교분석기법의 재조명 : 공간적 통제양식을 중심으로	김웅진
1987(21: 2)	한국정치학에서 『과학적 연구』의 의미 : 과학철학에 대한 반성과 제언	김광웅
1987(21: 2)	정치학의 과학화와 통계적 방법	이갑윤
1987(21: 2)	회귀분석 '신드롬' : 한국정치학의 연구방법론에 대한 기법적 진단	김웅진
1989(23: 2)	모형화 작업에 있어서 인과관계의 추론척도 : 실용성과 효용성에 대한 재성찰	김웅진
1990(24: 특)	지식생산경로의 폐쇄성 : 정치현실과 정치학적 시각	김웅진
1991(25: 1)	해석학 논쟁과 사회과학 방법론의 제문제	장원석
1993(27: 2[하])	방법론의 이론 종속성과 이론의 방법론 종속성 : 연구방법론의 성화와 지식의 화석화	김웅진
1995(29: 3)	과학적 발견의 정치사회적 정당화 : 적실성의 족쇄와 방법론적 구속성	김웅진
1999(33: 3)	지식의 축적과 연구전통의 진보 : 방법론적 네트워크를 중심으로	김웅진
1999(33: 4)	"유효정당수(Effective Number of Parties)" 계산법의 문제점 : 정당연합이론을 중심으로	진영재

2001(35: 4)	비교정치연구에 있어서 혼합체계 분석안의 방법론적 적실성: 인과추론방식을 중심으로	김지희
2004(38: 2)	한국 대통령 평가방법의 과학적 설계과정: 다속성 효용이론과 스윙기법을 중심으로	함성득 임동욱 곽승준

〈표 2〉『국제정치논총』에 게재된 방법론 관계 논문: 1980-2004

간행년(집: 호)	논문제목	저자
1980(20)	한국정치와 외교정책 분석: 비교방법의 적용과 문제점	신정현
1993(33: 1)	Boole의 대수학적 연산방식을 통한 정성적 비교분석: 기본전제와 절차	김웅진
1994(34: 2)	문제풀이, 범법과학과 과학의 진보-경험과학 연구방법론의 개방경로	김웅진
1995(35: 2)	Probit/Ordered Probit과 Event-Count 분석을 위한 방법-이해와 적용	주미영 이상환
1998(38: 1)	비교·지역연구에 있어서의 인과적 추론: 방법론적 쟁점과 대안적 연구전략의 모색	안승국
1998(38: 3)	국제정치문화연구 방법론 서설: 지식 이전의 국제정치학 연구노트	홍성민

02

합리적 선택이론의 성격*

정준표(영남대학교)

Ⅰ. 서론

지난 2000년 가을에 "Mr. Perestroika"란 익명의 인물이 인터넷을 통해 배포한 글을 통하여 시작된 소위 미국 정치학의 '페레스토로이카 운동(perestroika movement)'은 미국정치학회(American Political Science Association)의 민주적 책임성의 부재와 미국정치학회의 학술지 *American Political Science Review*에의 논문게재가 어떻게 승진과 밀접하게 관련되게 되었는지 등을 비판하는 등 여러 측면을 가지고 있지만, 지적 측면에서는 미국 정치학계가 방법과 수학적 정교화에 대해 과도한 강조를 한 것을 비판하고, 특정 방법의 패권(hegemony)을 지양하고 정치학 연구에서의 다원주의(pluralism)를 주장하고 있다.[1] 여기서 패권을

---

* 이 글은 2006년 2월 27일 한국정치학회 특별학술대회에서 발표한 동일 제목의 논문을 수정한 것임을 밝힌다. 당시 본 논문과 관련된 유익한 논평 혹은 발표를 해주신 김웅진 · 김재한 · 오명호 교수님께 감사드린다.

1 이 운동에 대한 보다 상세한 내용은 PS : Political Science and Politics(www.apsanet.org) 참고. 패권이 과연 미국정치학회에 존재하는지, 그리고 다원주의가 과연 다원주의를 주장하는 가장 중요한 이유인 '방법에 이끌린 연구(method-driven research)'에서 '문제에 이끌린 연구(problem-driven research)'로의 전환을 가져올 수 있는지에 대한

지니고 있다고 간주되는—이러한 판단이 옳든 그러든—대상 중의 하나가 합리적 선택이론이다.[2] 최소한 미국 정치학계에서는 합리적 선택이론이 그만큼 인정받고 있다는 증거이다. 하지만 우리나라의 경우는 합리적 선택이론가의 입장에서는 아쉽지만 전혀 그렇지 않다. 통계학적 방법도 그렇지만 합리적 선택이론 역시 소수파의 접근 방법이다.[3] 이 글이 합리적 선택이론의 '발전'을 다루지 않고 합리적 선택이론의 '성격'을 다루는 까닭도 이와 밀접한 관련이 있다. 합리적 선택이론의 발전을 전반적으로 다루기에는 패권적이라 불릴 만큼 최소한 양적인 측면에서 보아 합리적 선택이론의 적용영역이 너무나 확대되고 관련 논문들도 너무 많아 필자의 능력을 넘어서고,[4] 우리나라에서의 합리적 선택이론의 발전을 다루기에는 그 성과물도 많지 않고 개인적으로 '힘든' 상황에 빠질 것이 우려되기 때문이다.[5]

논의로는 Dryzek(2003) 참고.

2 다른 하나는 통계학적 방법이라고 할 수 있다. 고인이 된 라이커 교수는 생전에 합리적 선택모델에 대한 이해와 사용이 증가되면 정치학과 다른 사회과학에서 상당한 (과학적) 업적의 증가가 예견된다고 하였다(Riker 1990). 패권적이라 불릴 만큼 합리적 선택이론의 사용이 증가된 것은 라이커 교수의 예견이 맞았지만, 페레스트로이카 운동은 최소한 미국 정치학계의 상당수의 학자가 어떤 이유에서든 합리적 선택이론이 업적의 증가에 기여하지 못했다는 평가를 하고 있다는 것을 보여준다.

3 이미 1987년에 "회귀분석 신드롬"(김웅진 1987)이라는 용어를 사용했음으로 미루어 보아 통계적 기법에 한해서는 필자의 소수파란 견해에 김웅진 교수는 동의하지 않을지도 모르겠다.

4 하지만 이러한 많은 연구 성과물에도 불구하고 합리적 선택이론이 무엇이냐에 대한 논란이 끊임없이 이어지고 있다. 합리적 선택이론의 '성격'에 대한 규명이 미국학계에서도 여전히 필요한 것이다.

5 하지만 합리적 선택이론의 성격과 관련하여 구체적 예가 필요한 경우 국내 학자의 연구 성과물을 인용하였다. 합리적 선택이론의 한 분파라 할 공공선택이론(public choice theory)의 국내 연구 결과물에 대해서는 황수익·강원택(2005) 참고. 버지니아 대학을 모태로 한 대부분의 공공선택이론은 합리성의 실질적 내용으로 이기적 동기를 가

이 글의 목적은 합리적 선택이론의 '성격'을 다양한 측면에서 살펴봄으로써 합리적 선택이론을 둘러싼 논쟁을 (해결한다는 것이 아니라) 정리하여 앞으로의 논의가 보다 생산적으로 이루어지는 데 기여하는 것이다.

논의의 전개를 위하여 우선 '합리적 선택이론들(rational choice theories)'의 의미부터 밝혀보자. 오스트롬은 합리적 선택 접근(approach), 전통(tradition) 혹은 틀(framework)을 합리적 선택이론(theories) 및 모델(model)과 구분한다. 그녀에 따르면, 합리적 선택 접근(전통 혹은 틀)은 방법론적 개인주의(methodological individualism)에 근거하고, 개인은 행동의 전략을 선택하기 전에 그 행동의 기대 이득과 손실을 비교한다는 가정을 하는 모든 연구를 의미하고, 합리적 선택이론은 개인의 선택에 관련된 정보, 가치평가, 계산의 유형에 대한 연구자의 보다 구체적인 가정들을 의미하고, 합리적 선택이론의 모델은 한 이론에 관한 특정한 형식적 재현(formal representation)을 의미한다(Ostrom 1991). 즉, 이론들이 모여 전체로서 합리적 선택 접근을 구성한다는 것이다. 일단 이 정의를 (잠정적으로) 수용한다면 이 글에서 다룰 내용은 합리적 선택이라는 큰 틀 혹은 접근 내의 여러 이론 및 모델의 성격이다.[6]

이 글은 다음과 같이 구성되어 있다. 제2절은 철학적·추상적 논의에서 합리성, 특히 도구적 합리성에 관한 논의를 살펴보고, 구체적

정한다는 점에서 합리적 선택이론의 한 분파이며(Friedman 1996), 그 연구대상이 공적(public) 결정이라는 점에서도 가정생활, 종교 등 여러 분야를 연구대상으로 삼을 수 있는 합리적 선택이론의 하위 영역이라고 할 수 있다. 형식모형(formal model)에 근접한 국내 연구물에 대해서는 김재한(1994) 참고.

6 실재론(realism)적 입장에서 이론과 모델은 사실 크게 구분이 되지 않는다.

으로 합리적 선택이론 속의 합리성은 이와 다를 수 있음을 지적한다. 그리고 합리적 선택이론의 공통점을 밝히고, 합리성이 실질적인 측면에서 무엇을 의미하는가를 기준으로 합리적 선택이론을 분류해 본다. 제3절은 합리적 선택의 이론적 구조를 규명해 본다. 우선 합리적 선택이론에서 개인의 행동이 어떻게 설명하고자 하는 거시적 현상과 연결되는지를 살펴보고, 합리적 선택이론이 실제로 어떻게 결론을 도출하는지를 의사결정이론과 게임이론의 시각에서 논한다. 이 논의를 바탕으로 합리적 선택이론 내에서의 행위자의 합리성과 실세계의 행위자의 합리성과는 상당한 간극이 있다는 것을 밝힌다. 제4절에서는 합리적 선택이론의 한계를 복수의 균형의 존재가능성과 게임의 규칙 문제를 중심으로 논하고, 합리적 선택이론은 많은 경우 거시적 현상의 미시적 기제를 밝히는 데 도움이 되는 캐리커처(caricature)로서의 모델로 파악될 수 있다는 논의를 한다.

Ⅱ. 합리적 선택이론에서의 합리성

1. 도구적 합리성으로서의 합리적 선택이론의 (비)합리성

합리적 선택이론에서의 합리성(rationality)의 개념은 상당한 논쟁을 불러일으키는 개념이다. 우선 일상적인 의미에서의 합리성의 의미와 합리적 선택이론에서의 합리성의 의미는 중첩되는 부분도 많지만 상충되는 경우도 많다. 자살이 비합리적이라고 일상적으로 말하지만 일부 합리적 선택이론에서는 자살 역시 합리적 선택으로 간주된다. 철학적·규범적 차원에서의 합리성 역시 합리적 선택이론에서의 합리성과 구별된다. 철학적·규범적 차원의 논의는 인간이 어떻게 행동하는 것이 가장 바람직한가에 관한 것이라고 할 수 있다. 물론 규범적 차원의 논의라고 해도 현실의 인간이 전혀 따르지 못할 권고를 할 수는 없으므로 경험적 차원의 논의와 밀접한 관련을 가지지 않을 수 없다. 이런 측면에서 어떻게 행동하는 것이 합리적이냐에 대한 논의는 우리가 무엇을 어떻게 해야 하느냐에 관한 것뿐만 아니라, 우리 자신이 어떤 존재이고 어떤 존재가 되어야 하는가에 대한 분명한 대답이 나올 수 없는 끊임없는 논의라고 볼 수 있다.[7]

합리적 선택이론에서의 합리성이 주어진 목적을 달성하기 위한 최선의 수단을 찾는 것과 관련되는 '도구적 합리성(instrumental rationality)'을 중심으로 하고 있다는 것은 거의 모두가 인정하고 있으므로, 이 도구적 합리성을 엘스터(Elster)의 철학적 논의를 중심으로 살펴보고자 한다.[8]

엘스터에 따르면, 행위자의 행위를 합리적 선택으로 충분히 설명하기 위해서는 최적성(optimality), 일관성(consistency), 인과성(causality)의 세 조건을 충족시켜야 한다(Elster 1986 ; 1988). 합리성 개념의 구성요소인 행위자의 인지상태 혹은 믿음(belief : B), 일련의 목적 혹은 욕구

---

7 합리성의 여러 측면을 다룬 국내의 논문으로는 백완기(1983), 최종원(1995)을 참고하라.

8 이하 논의는 정준표(2003)에 의존하였음을 밝힌다.

(desire : D), 믿음의 바탕이 되는 증거 혹은 정보(information : I), 그리고 행위(behavior or action : A)를 중심으로 이를 설명하면 다음과 같다.

최적성은 (1) 행위자의 믿음(B)이 주어졌을 경우, 그의 행위(A)는 욕구(D)를 충족시키는 최적의 수단이다; (2) 행위자의 믿음(B)은 주어진 정보(I)에서 가질 수 있는 최선의 것이다; (3) 수집된 정보(I)의 양은 그의 욕구(D)를 고려할 때 최적의 양이다라는 3가지 조건으로 다시 나눌 수 있다. 일관성은 믿음과 욕구에 내적 모순(internal contradiction)이 존재하지 않고, 또한 주어진 믿음(B) 하에서 적절하게 (행위자 자신에 의해) 가중치가 부여된 모든 욕구(D)들을 전체적으로 만족시키는 최선의 행위(A)를 택할 때 충족된다. 전혀 성취할 수 없는 욕구라든지 예를 들어 "내가 비가 오지 않을 것이라고 믿으면 꼭 비가 온다"라고 믿고 우산을 가지고 가는 경우가 내적 모순이 있는 경우라면 의지박약 현상(weakness of the will, akrasia)은 욕구들을 전체적으로 만족시키는 행위를 선택하지 못하는 경우에 해당한다.[9] 인과성은 행위(A)가 믿음(B)과 욕구(D)에 의해 "올바른 방법"으로 야기(cause)되고, 믿음 역시 정보에 의해 "올바른 방법"으로 야기되어야 할 것을 요구한다. 데빗슨(Davidson)에 따르면 넓은 의미의 행동(behavior)은 의도적 측면을 갖는 의도적 행동(intentional behavior), 즉 행위(action)와 하품 등의 무의식적으로 이루어지는 단순행동(mere beha-

9 금연(X)하겠다고 생각하고는 실제 흡연(Y)하는 것이 이에 해당한다. 모든 것을 고려해 X가 최선의 선택이라고 생각하고는 막상 선택의 순간이 오면 그러한 더 나은 판단에 따르지 않는 것이다. 그런데 여기서 행위의 합리성을 평가하는 시간의 범위를 어떻게 잡을까라는 문제가 생긴다. 합리성은 이 경우 선택의 순간을 기준으로 평가된 것이 아니라 통시적(inter-temporal)으로 평가된 것이다.

vior)으로 대별될 수 있다. 의도적 행동, 즉 행위는 다시 의도적 행위(intentional action)와 비의도적 행위(unintended action)로 구분할 수 있다(Davidson 1979). 여기서 의도적 행위와 비의도적 행위는 행위의 기술(description)방식에 따라 구분되는 것으로서, 예를 들어 갑을 죽이려고 했는데 사람을 잘못 오인하여 을을 죽였다면 '살인'이라는 기술 하에서는 이 행위는 의도적 행위가 되나 '을을 해침'이라는 기술 하에서는 비의도적 행위가 되는 것이다. 그러나 의도적 행동, 즉 행위는 어떤 기술 하에서 반드시 의도적 측면을 갖는다는 점에서 단순한 행동과 구별된다. 비의도적 행위라고 하여 항상 합리적 선택으로 설명할 수 없는 것은 아니다라는 점은 위의 예에서 을을 갑으로 오인한 믿음이 충분한 이유가 있을 수 있다는 점에서 알 수 있다. 믿음과 욕구가 "올바른 방법"으로 행위를 야기하지 않는 예로서, 위기에 처한 암벽등반가가 밧줄을 놓음으로써 무게를 줄이고 자신의 안전도 도모할 수 있다는 생각 때문에 온몸이 마비되어 밧줄을 놓아 밧줄에 달려 있는 동료 등반가를 죽게 하는 경우를 들 수 있다. 믿음과 욕구가 있었지만 이 암벽등반가는 밧줄을 놓는 선택을 하지도 않았고 의도적으로 그렇게 하지도 않았던 것이다.

위에서 합리성의 개념을 도구적 합리성을 중심으로 살펴보았는데, 여기서는 욕구(혹은 목적)가 일관성을 갖추어야 한다는 것 외에 그 욕구의 실질적 내용에 대해서는 언급하지 않았다. 행위자가 만족시키고자 하는 일정한 욕구들을 가지고 있고 여기에 일정한 일관성이 존재하는 경우, 선택의 가능한 결과(outcomes)에 대한 행위자의 선호(preference)가 전이성(transitivity), 완전성(completeness) 등의 일정한 특성을 가진다는 말로 대신할 수 있다.[10] 욕구가 일정한 논리적 일관성을 갖추어야 한다는 형식적(formal) 요구 외에 욕구의 내용이 실질적(substantive)으로 어떠한가에 따라 합리성을 판단할 수도 있을 것이다.[11] 욕구가 단순히 일정한 일관성을 가질 것을 요구하는 경우 이를 "성긴 합리성(thin rationality)"의 요구라고 하면, "조밀한 합리성(thick rationality)"은 어떤 특정 내용의 욕구만을 합리적으로 간주하는 것에 해당한다. 합리적 선택이론에서 말하는 소위 "협의의 합리성(narrow rationality)"은 조밀한 합리성의 하나로서 물질적이고 이기적인 자기 이익(material selfish self-interest)의 추구만을 합리적이라고 가정하는 것이다.

위에서 다룬 내용 외에도 합리성의 개념에 대한 많은 논란이 존재한다. 예를 들어 믿음의 합리성에 대해 살펴보자.[12] 예를 들어 오

---

10 전이성은 임의의 세 결과에 대해 x를 y보다 선호(무차별한 경우 포함)하고 y를 z보다 선호할 경우, x는 z보다 선호되어야 한다는 것이다. 완전성은 모든 임의의 두 결과에 대해 둘 중 어느 것을 선호하는지 혹은 둘 사이에 무차별한 것인지를 행위자가 밝힐 수 있어야 한다는 것을 의미한다. 전이성을 위반하는 것은 비합리적이라고 대체로 간주할 수 있지만(x를 y보다 선호하는 경우, x를 위해 약간의 돈을 지불할 수 있을 것이다. x를 y보다 선호하고 y를 z보다 선호하지만, z를 x보다 선호하여 전이성을 위반하는 경우라면 y에서 x로 가기 위해, 또 x에서 z로 가기 위해, z에서 y로 가기 위해 약간씩 계속 지불한다면 돌고 돌아 결국은 엄청난 돈을 지불해야 할 것이다), 완전성은 이의 위반이 비합리적이라기보다는 전이성과 더불어 최선이 무엇인지를 항상 찾을 수 있게 하는 조건이 된다.

11 여기서 말하는 실질적·실체적 합리성의 개념은 사이몬(Simon 1985)의 실질적 혹은 객관적 합리성(substantive or objective rationality) 개념과 구분되어야 한다. 사이몬은 외부적 상황 및 행위자의 제약된 능력을 함께 고려할 때의 합리성을 절차적 혹은 제한된 합리성(procedural or bounded rationality)이라 하고, 이에 비해 상황요소만을 고려한 합리성을 실질적 혹은 객관적 합리성이라 정의한다. 이 글의 목적 중의 하나는 이러한 사이몬의 구분에 따르면 현실의 합리적 선택이론은 대부분 객관적 합리성에 기초한 것이 아니라 오히려 주관적, 제한된 합리성에 기초하고 있다는 것을 보이는 것이다.

12 햄린은 믿음, 욕구, 그리고 결정(decisions, 본문의 행위에 해당)이라는 3차원과 관련

늘날의 과학적 지식에 비추어 사실이 아닌 믿음도 합리적인가? 일상적 의미에서 우리는 비가 내리도록 하기 위해 기우제를 지내는 행위를 비합리적이라고 생각한다.[13] 그러나 실제 어떤 사회에서 기우제가 비를 내리게 한다고 믿고 있고, 그 믿음에 근거하여 기우제를 지냈다고 하자. 이러한 행동을 합리적이라고 볼 수 있는가? 믿음-합리성에 대한 해석은 상대주의(relativism) 논쟁과 밀접하게 연관되어 있다.[14] 우리와 다른 사회를 이해하기 위해서는 이러한 행동도 합리적이라고 불러야 하지 않을까? 주관적 믿음-합리성에 따르면 실제 개인이 가지고 있는 믿음에 따라 행동하는 경우 합리적이라 부를 수 있을 것이다.

이러한 철학적·추상적 수준에서의 합리성 개념이 여러 측면을 포함하고 있고 또한 상당한 논란의 대상이 될 뿐만 아니라, 합리성이 무엇이냐에 대한 논란을 일정한 방향으로 해결한다 하여도(예를 들어 성긴 합리성과 주관적-믿음 합리성을 합리성으로 인정하면서 최적성, 일관성, 인과성을 충족하는 것을 합리적으로 간주함) 이러한 합리성의 개념은 논리적으로 모순을 가질 뿐만 아니라 특정 상황에서는 행위를 설명하기에는 불충분하다. 예를 들어, 의사결정 전에 어느 정도의 정보수집을 하는 것이 합리적이냐의 문제는 합리적 선택의 내적 "개념적 문제"(conceptual problem, Knudsen 1993)를 드러내고 있다. 즉, 위에

하여 합리성의 개념을 수단-합리성(means-rationality), 믿음-합리성(belief-rationality), 목적-합리성(ends-rationality)으로 나누어 논의하고 있다(Hamlin 1986, Chapter 2).

13 기우제의 진정한 목적이 마을주민의 단합에 있다면 합리적이라고 말할 수 있을 것이다.

14 이에 대해서는 Hollis and Lukes(1982) 참고.

언급된 합리성의 개념으로는 어느 정도의 정보를 수집하는 것이 최적(optimal)이라는 것을 결정하지 못하기 때문이다. 정보의 한계가치가 정보수집의 한계비용과 일치해야 한다는 것은 모든 정보를 가지고 있는 행위자나 할 수 있는 것이지 정보를 찾고 있는 행위자가 할 수 있는 것은 아닌 것이다.[15] 또한 위에서 논한 합리성의 개념은 뒷장에서 자세히 살피듯이 의사결정의 상황에서는 충분할지 몰라도 '상호 의존의 결정상황(interdependent decision situation)'인 게임상황에서는 더 많은 제약을 요구한다.

이상과 같이 추상적·철학적 수준에서의 합리성 개념을 살펴보았다. 합리적 선택이론에 의한 실제의 연구에서는 그 관심을 주로 최적성의 조건, 그것도 주어진 믿음과 욕구 하에서 최선의 행동을 택했는가에 두게 된다. 엘스터는 합리적 선택이론에 의한 설명이 주로 많은 사람의 행동에 의해 구성되는 사회적·집단적 현상에 관한 것이기에 인과성의 원칙을 검증하는 것은 불가능할 뿐만 아니라 의미가 없다고 한다(Elster 1986).[16] 그런데 필자가 생각하기로는 규범적이 아니라 경험적·예측적 연구에서는 행위자의 실제 믿음(belief)과 욕구를—그것이 비록 위에서 논의된 바와는 달리 비합리적으로 형성되었을지라도—중심으로 최적의 행동을 택했는가에 관심을 둘 수밖에 없을 것이다.[17] 따라서 사회적·정치적 현상을 설명하려는 합리

---

15 이 문제를 인지하고 엘스터는 정보수집에 있어서의 최적성의 요구를 주어진 상황에 따라 결정되는 상한선과 하한선의 사이에서 정보를 수집해야 한다는 조건으로 대체하고 있다.

16 또한 일관성은 대체로 충족되는 것으로 가정된다고 한다. 한편, 의지박약 현상과 같은 보다 더 나은 판단에 따르지 않는 자기 파괴적 행동(self-destructive behavior)에 지금까지보다 더 많은 관심을 보여야 한다고 주장한다.

적 선택이론에서의 합리성은 앞에서 설명한 추상적 · 규범적 의미에서의 합리성과는 상당한 거리가 있을 수밖에 없다. 즉, 일상적으로 비합리적으로 생각되는 행위도 특정 합리적 선택이론에서는 합리적일 수 있는 것이다.

2. 합리적 선택이론의 범위

합리적 선택이론을 둘러싼 논쟁의 한 축에 무엇이 합리적 선택이론인가, 즉 특정 이론 혹은 모델을 합리적 선택 접근이라 부를 수 있는 근거가 무엇인가가 놓여 있다. 여러 합리적 선택이론의 공통성은 무엇인가? 물론 합리적 선택이론은 행위자의 도구적 합리성을 강조하고 있다. 도구적 합리성을 기준으로 합리적 선택이론을 정의하면 제한된 합리성(bounded rationality, Simon 1985) 혹은 전망이론(prospect theory, Kahneman and Tversky 1979)에 기초한 연구도 합리적 선택이론의 하나라고 볼 수 있다(Sen 2002). 이들 이론이 인간 행위의 도구적 합리성을 부인하는 것이 아니라, 인지적 능력의 한계 등으로 인해 인간의 실제 행위는 목적을 극대화하는 것에서 벗어날 수밖에 없다

---

17 하딘(Hardin 1995)의 경우, 인종적 갈등 및 폭력을 종족집단의 구성원이 가지고 있는 잘못된 믿음을 중심으로 설명하고 있다. 이러한 '분명히' 잘못된 믿음에 따른 (효율적인) 행동을 과연 합리적이라고 할 수 있는지는 의문이지만, 합리적 선택이론에서 합리성의 개념이 얼마나 다양하게 이해될 수 있는가를 보여주는 좋은 예라고 할 것이다. 물론 합리성의 개념이 이렇게 확장될 경우, 합리적 선택이론의 병리(?) 중 하나가 '사후적 이론 발전(post hoc theory development)'이라는 그린과 샤피로의 비판을 어느 정도는 수용해야 할 것이다(Green and Shapiro 1994, 34-35).

는 것이기 때문이다. 이같이 합리적 선택이론의 정의, 그리고 이 정의에 따른 합리적 선택 접근의 범위에 다양한 의견이 있을 수 있지만, 이 글에서는 합리적 선택이론을 (1) 개인의 의도적 행동을 강조하는 방법론적 개체주의(methodological individualism), (2) 안정되고 일관된(stable and consistent) 선호(혹은 목적), (3) 목적의 최대 달성 혹은 선호충족의 극대화라 할 수 있는 효용극대화(utility maximization)라는 3가지 가정에 기초한 이론으로 좁게 정의하고자 한다.[18] 이에 더해 합리적 선택이론은 형식·수학적 모델(formal/mathematical model)로 궁극적으로 변환될 수 있는 공리적 방법(axiomatic method)을 사용한다는 공통점을 지니고 있다고 할 수도 있을 것이다(Herne and Setälä 2004).[19] (2)와 (3)은 앞에서 언급한 '성긴 합리성'의 가정이라고 할 수 있다.[20]

---

18 이와 유사하게 MacDonald(2003)는 합리적 선택이론의 합리성 가정을 (1) 의도적 행동, (2) 일관된 선호, (3) 효용극대화로 파악한다. 이렇게 합리적 선택이론을 좁게 정의하면 앞에서 언급한 오스트롬의 정의와는 다르게 만족화 등에 의거한 이론은 배제된다.

19 그린과 샤피로 역시 합리적 선택이론의 전형적인 특징을 형식적·수학적 논리전개에서 찾는다(Green and Shapiro 1994, 10). 1에서 4까지의 정의를 따르면, 합리적 선택이론의 성과를 단순히 경험적으로 검증하거나 이를 응용하여 논의를 전개하는 수많은 연구는 합리적 선택이론에 포함되지 않게 되나 개별 연구가 아니라 일련의 연구를 대상으로 합리적 선택이론을 파악하면 이 정의가 큰 문제는 없을 것이다. 한편, 이 글의 관심대상은 아니지만 국내의 연구 성과물 중에는 이러한 논리전개가 잘못된 경우가 적지 않다. 또한 형식이론의 적용에서 멀어질수록 엄격한 논리적인 전개가 아니기 때문에 다양한 여러 가능성 중 특정 가능성을 합리적 선택의 결과라고 주장하는 경우도 적지 않다.

20 문우진(2005)은 단순한 실수였는지 혹은 다른 이유가 있는지 알 수 없지만 진한 합리성, 즉 본문의 조밀한 합리성을 도구적 합리성과 동일시한다. 선택대상에 대한 선호의 순서가 명확하여 '셈에 밝다'는 추가적 가정이 진한 합리성(혹은 도구적 합리성의 가정이라 할 때, 이 셈에 밝다는 것이 계산능력을 말하는 것인지 이기적이라는 의미인지 모호하지만, 필자의 정의에 따르면 성긴 합리성만을 가정해도 (이론 내에서는) 극대화를 위해서는 상당한 정도의 계산 혹은 추론능력을 필요로 한다.

합리적 선택이론은 우선 사회(정치)현상을 개인들의 의식적 행동의 특수한 배합의 결과로 파악하는 방법론적 개체주의에 입각해 있다(황수익 1989). 그리고 사회를 구성하는 각 개인은 어떤 '일관된(consistent)' 목표를 가지고—즉 의도적으로—이 목표를 달성하기 위해 가장 '효율적인(efficient)' 행동을 한다는 의미에서 '합리적(rational)'이라고 가정한다(P. Ordeshook 1986, 1). 개인의 목표는 각 개인의 행동의 가능한 '결과들(outcomes)'에 대한 '선호(preferences)'로서 표현할 수 있고, 이 경우 목표의 일관성은 이 선호가 전이성, 완전성 등의 바람직한 특성을 가진다는 말로 대신할 수 있다. 개인의 선호가 일정한 일관성을 충족할 경우 서수적 혹은 기수적 효용함수(ordinal or cardinal utility function)로써 가능한 결과에 대한 '효용(utility)'을 부여할 수 있고, 목표를 달성하기 위한 가장 효율적인 행동의 선택은 효용 극대화로 표현될 수 있다. 합리적 선택이론에서는 또한 특정 분석의 대상이 되는 기간 동안은 행위자의 목표 혹은 선호가 변하지 않고 안정적이라는 가정을 한다.[21]

위와 같이 3가지 공통된 가정으로 합리적 선택이론을 정의하면 합리적 선택이론은 예를 들어 게임이론과 동일시될 수 없다. 빈모어(Ken Binmore 1992, 482)는 게임의 참가자들이 왜 균형전략을 사용하

---

21 한 연구물에서 여러 합리적 선택 모델을 이용할 수 있지만, 개개의 모델 속에서는 결과에 대한 선호는 고정된 것으로 통상적으로 가정된다. 이에 비추어 보면, 예를 들어 북한 핵문제를 평화적으로 해결하기 위해서는 북한의 지도부가 특정한 유형(weak Hawkish)이라면, 한국을 비롯한 국제사회는 채찍과 사탕과자를 필요에 따라 적절히 사용하는 유형(Middle)이 되어야 한다는 김우상 교수의 분석(Kim 1995)은 이 모델에서 보면 한국을 포함한 국제사회가 선택할 전략을 제시한 것이 아니라, 선호(유형) 자체를 바꾸라는 권고에 해당하여 선호가 고정되어 있다는 가정에 근거하여 특정 정책을 제시하는 통상의 게임이론적 분석과는 차이가 있다.

느냐라는 질문에 대한 대답을 크게 두 가지로 분류한다. 첫째는 추론적 대답(eductive answer)으로서, 게임의 참가자들이 주의깊은 추론(reasoning)을 통해 균형전략에 도달한다는 것이다. 다른 하나는 진화적 대답(evolutive answer)으로서, 참가자들이 모든 것을 사전에 생각하여 균형에 도달하는 것이 아니라 제한된 합리성을 가진 근시안적 참가자들이 시행착오를 통해 진화적으로 특정 균형에 도달한다는 것이다. 이러한 진화적 대답에 기초한 게임이론은 위 정의상 합리적 선택이론이 아닌 것이다.[22] 마찬가지로 모든 형식이론이 합리적 선택이론은 아니다.

한편, 방법론적 개체(개인)주의가 사회로부터 고립되고 자족적인 천사(angel)로서의 개인을 상정(Somers 1998)하는 것은 아니다. 이에 대해서는 뒤에서 더 논의하겠지만, 여기서는 이와 유사한 자유주의자(liberal)의 자아에 대한 관념을 '무연고적 자아(unencumbered self)'라고 비판하는 샌들(Michael Sandel 1984)의 입장에 대한 반론을 살펴보고

---

22 하지만 게임이론에 비합리성 혹은 제한된 합리성을 도입하려는 시도 자체가 현실 세계의 인간의 합리성을 보다 잘 이해하게 해준다고 할 것이다. 한편, 본문에서와 같은 합리적 선택이론의 정의는 특정 연구 결과물이 과연 합리적 선택이론에 근거한 것인지 혹은 아닌 것인지에 대해 명확한 명시적 기준을 제시하는 것은 아니다. 예를 들어, 반복된 (다수의) 게임, 제한된 합리성의 도입에 의해 종속변수로서 문화(culture)의 발생을 설명하려는 최근의 경향(예 : Bednar and Page 2005)에서 행위자는 자신의 인지적 한계 내에서 효용을 극대화하고 있어 위 1, 2, 3의 기준에 명시적으로 위배되지는 않는다. 필자가 의도한 바는 일단 모델이 확정되면 그 모델 속의 모든 요소를 행위자가 인지하고 최선의 선택을 한다는 것으로서, 이에 따르면 이 경우는 합리적 선택이론이라고 할 수 없다. 행위자가 기계와 같이 행동할 가능성을 조금 도입하여 반복게임 속에서 '협력'의 발생 가능성을 밝힌 모델(Kreps, Milgrom, Roberts, and Wilson 1992) 역시 비합리적(non-rational) 행위자를 도입하고 있으므로 이 기준에 위배된다. 하지만 합리적 선택이론가들이 이러한 모델에 관심을 가지는 것은 당연하며, 이런 의미에서 위 본문의 정의는 너무 협애하다고 할 것이다.

자 한다. 롤스(John Rawls)를 비롯한 자유주의자들이 '목적에 앞서는 자아(the self prior to its ends)'를 강조한 것은 시간적 선후의 의미가 아니라, 어떤 목적도 다시 검토될 가능성에서 벗어날 수 없으며(Kymlicka 1989, 52−53), 자아는 그가 (현재) 가지고 있는 목적에 의해 완전히 규정될 수 없다는 개념적(conceptual) 의미이며(Dagger 1999), 자유주의적 자아 역시 연고적 자아라는 것이 반론의 요지이다. 아래 합리적 선택이론에서의 합리성의 실질적 내용 및 다음 장의 합리적 선택이론의 내적 구조에서 보듯이 합리적 선택이론에서 상정하는 개인 역시 정도의 차이는 있지만 연고적 자아이며, 천사가 아니라 현실 속의 인간인 것이다.[23]

3. 합리적 선택이론의 합리성의 실질적 내용

합리적 선택이론의 실제 연구에 있어서 욕구의 내용 또한 성긴 합리성에서부터 여러 가지 조밀한 합리성까지 개별 연구에 따라 합리성의 개념이 다양하게 정의되어 있다. 여기서 성긴 합리성과 조밀한 합리성의 구분 기준에 대해 조금 더 논의할 필요가 있다. 필자의

---

23 간혹 합리적 선택이론 속의 인간에게는 여러 선택지(alternatives)가 주어지므로 기회(opportunity)라는 의미에서의 자유는 있지만 극대화라는 가정 때문에 그 중 어떤 것을 선택할 절차(process)라는 의미에서의 자유는 없다고 하지만(cf. Sen 2002, 9−13), 이는 이론 혹은 모델을 현실과 동일시하기 때문이다. 합리적 선택이론이 그 안에서 원하는 만큼 인간의 자유를 풍부하게 다루지는 못하지만, 현실 속의 인간의 자유로운 행동의 결과를 이론을 통하여 이해하고, 설명하고, 때로는 예측하고자 하는 것이다. 이는 마치 어떤 사람의 행동을 설명하고 예측하는 것이 그 사람의 행동의 자유를 부정하는 것이 아님과 같다.

생각으로는 이 용어 자체가 상당한 오해를 불러일으키기 때문이다. 이 용어를 (필자가 아는 바로는) 최초로 도입한 페러존(Ferejohn 1991)에 따르면, 성긴 합리성에 의한 설명에서는 이론가는 행위자가 도구적 합리성을 가지고 '그들의 목적'을 추구하는 데 효율적 수단을 동원한다고 가정한다. 한편, 조밀한 합리성에 의한 설명에서는 이론가들은 일반적으로 행위자가 부, 소득, 권력, 직위에 따른 여러 혜택 등의 똑같은 종류의 것을 추구한다고 가정한다. 이렇게 볼 때, 페러존이 성긴 합리성의 예로 들고 있는 미시경제학의 소비자 이론 외에도 개인의 선호가 어떻게 사회적 선호로 집약되는가를 다루는 공리적 사회선택이론(axiomatic social choice theory), 죄수의 딜레마(prisoners' dilemma) 혹은 겁쟁이 게임(chicken game) 등의 예에서는 욕구(이 경우 욕구는 개인의 선호 혹은 효용함수로 대체되어 나타난다)가 실질적으로 어떤 내용을 반영하고 있는지에 대한 가정이 없다고 할 수 있으므로 성긴 합리성의 가정만으로도 유용한 결과를 도출한다고 할 것이다. 그러나 예를 들어 과연 특정 상황이 죄수의 딜레마냐 아니냐를 판단하기 위해서는 '그들을 목적' 자체를 이론가가 다소간 '조밀하게(thickly)' 서술해야 한다. 페러존의 정의에 따르면 이 경우는 과연 성긴 합리성의 가정을 하는 것인지 혹은 조밀한 합리성의 가정을 하는 것인지 불분명하다. 맥도날드(McDonald 2003)에 따르면 이 경우는 성긴 합리성의 가정이 된다. 맥도날드는 성긴 합리성의 가정은 행위자가 무엇을 추구하든 도구적 합리성을 갖추고 있으면 합리적이라고 가정하는 것을 의미한다고 보고, 성긴 합리성을 가정하는 이론들은 대체로 행위자의 선호에 대한 정확성을 추구하고, 특정 조밀한 합리성을 가정하는 이론들은 대체로 일반화를 추구한다고 한다. 행위자의 선호를 가능한 정확하게 파악하려면 실제 행위자의 선호에 대한 어느 정도 깊이 있는 연구를 해야 하므로 그 접근 자체는 상당히 조밀한(thick) 것이 되고 만다. 여기에서도 용어상의 혼란이 생길 수 있다. 한편, 성긴 합리성을 가정하는 이론들은 특별한 경우를 제외하고는 인간은 일반적으로 (실제로) 합리적으로 행동한다고 생각하고(domain rationality), 조밀한 합리성을 가정하는 이론에서는 실제 인간이 이론이 상정하는 바와 같이 합리적으로 움직이지 않더라도 '그런 것 같이(as-if)' 행동하면 충분하다고 한다(as-if rationality).[24] 맥도날드의 견해와는 달리 조밀한 합리성을 가정하는 연구가 일반화를 추구하기보다는 그 이론의 적용될 영역을 한정하는 경우가 얼마든지 있다. 올슨(Mancur Olson)의 이론이 한 예다. 그는 물질적 이익을 중심으로 '집단행동의 논리(the logic of collective action)'를 설명하면서 자신의 이론은 '비경제적 관심(noneconomic interests)'을 추구하는 로비집단에는 적용되기 어렵다고 한다(Olson 1965, 159). 메이휴(Mayhew 1974)의 연구에서도 재선(re-election) 추구라는 의원 행동의 동기에 대한 가정이 미국적 상황에서 적절하지만 영국이나 유럽의 국가에 적용하기는 어렵다고 한다(Katz-nelson and Weingast 2005).

이하에서는 이러한 혼란을 정리하는 의미에서 합리성의 실질적

---

24 페러존은 소비자가 형식적으로는 그것이 '효용(utility)'이라는 이름으로 불리는 무엇인가를 극대화하는 것 '같이(as though)' 행동한다는 가정에 근거하기 때문에 신고전 경제학의 소비자 이론은 성긴 합리성에 의한 설명이라고 한다. 이는 행동의 일관성만 있으면 합리적 선택이론을 적용할 수 있다는 견해에 가깝다. 따라서 페러존이 말하는 성긴 합리성에 근거한 이론들의 특징이 맥도날드에 따르면 조밀한 합리성에 근거한 이론들의 특징이 되어버린다. 이런 이유 때문에 필자는 여기서 상당한 지면을 할애하고 있는 것이다.

내용을 기준으로 하여 합리적 선택이론을 3가지로 구분하고(cf. Sen 2002, 30−31), 이를 성긴 합리성과 조밀한 합리성에 관한 지금까지의 논의와 관련시켜 보고자 한다.

• **합리적 선택이론 1** : 행동이 충분히 규칙적이어서 어떤 특정한 것을 극대화하는 것처럼 볼 수 있다면 그 행동은 합리적으로 간주할 수 있다.

• **합리적 선택이론 2** : 행위자의 자기 이익 혹은 관심(self−interest), 즉 자신의 관심(interest of the self, Rawls 1971, 127)을 극대화하는 것이 합리적이다.

• **합리적 선택이론 3** : 행위자의 자기 중심적 혹은 이기적 이익(self−centered or selfish interest), 즉 자신에 관한 관심(interest in the self, Rawls 1971, 127) 및 이와 밀접한 관련을 가진 특정한 것을 극대화하는 것이 합리적이다.[25]

위 3가지 이론유형 중 성긴 합리성의 가정은 주로 합리적 선택이론 <2>에 해당하고, 조밀한 합리성의 가정은 <3>에 해당한다. 합리

25 종종 행위자의 이기적 동기를 가정하고는 이기적이라는 의미를 확대하여 이타적 동기 역시 자기의 심리적 만족에 기여하므로 이에 의한 행동도 이기적이라 하여 사실은 합리적 선택이론 2의 합리성에 대한 가정을 하는 경우가 있어 잘못된 용어 사용 때문에 오해를 불러일으키는 경우도 있다. 이기적이라는 용어는 이타적이라는 용어가 있기에 그 의미가 분명해지는데, 이기적이라는 용어 속에 이타적인 것도 포함하는 것은 소위 "상관사 억제의 오류(fallacy of the suppressed correlatives)"를 범하는 것이다(Jerolmack and Popora 2004). 본문에서 사용된 '자기 이익(self−interest, 자기 관심)'이라는 용어도 오해를 불러올 소지가 있어 롤스의 용어를 빌려 이를 부연하여 설명하였다.

적 선택이론 <1>은 (페러존에 따르면 성긴 합리성에 해당하는) 경제학의 현시선호이론(revealed preference theory)이 한 예이고, 필자가 생각하기로는 (페러존에 따르면 조밀한 합리성에 해당하는) 기업이 이윤을 극대화한다는 가정에 근거한 이론도 여기에 해당한다. 기업이 사실상 이윤을 극대화하지 않지만, 이런 가정이 상당히 정확한 결과(예측)를 가져온다면 그 가정의 박진성(verisimilitude) 혹은 현실성(realisticness)은 문제가 되지 않는다는 '도구주의(instrumentalism)'적 견해를 수용하는 이론이라고 할 수 있다.[26] 이 경우 과연 예측이 정말 정확한가를 따져야 할 것이나 실제로 많은 이론가들은 이런 작업을 하지 않는다.[27]

---

26 프리드만(Friedman 1953)의 도구주의(instrumentalism) 견해와 가정 자체에 어느 정도의 현실성이 있어야 한다는 '현실주의자(realist)'의 견해 중 필자는 현실주의자에 속한다고 할 것이다. (사실 프리드만이 도구주의자라는 주장 또한 논란의 대상이 된다. 프리드만이 "이론은 그 가정의 현실성이 아니라 그 이론이 설명하고자 하는 현상들에 대한 예측력에 의해 평가되어야 한다"(8)고 주장하긴 했지만, 한편 동일한 논문에서 "이론 속의 가정들에 대한 적절한 질문은 그 가정들이 서술적으로 '현실적(realistic)'이냐가 아니라, 왜냐하면 가정들은 결코 그럴 수가 없으므로, 당장의 목적에 충분한 근사치(approximation)이냐이다(15)"라고도 말하고 있기 때문이다.) 가정 자체의 현실성을 요구하는 것은 이론의 핵심적 가정 속의 대상이 실제로 존재한다고 믿는 '과학적 실재론(scientific realism)'과는 구분되어야 한다고 생각하기에 필자는 '실재론자(realist)'가 아니라 현실주의자란 말을 사용하였지만, 과학철학(philosophy of science)을 깊이 연구하지 않았기에 어설픈 필자 나름의 과학철학을 제시하지는 않는다. 다만 합리적 선택이론을 도구주의 혹은 실증주의적 시각에서 보는 것보다는 과학적 실재론의 시각에서 보는 것이 더 적절하긴 하나 이 또한 너무 강하다는 입장이다. 하지만 필자는 지나친 상대주의(relativism)에 빠지는 것도 경계하고자 한다. 핸슨(Norwood Hansen)의 어찌 보면 새로도 보이고 양으로도 보이는 그림(김웅진 1995)을 예를 들어 호랑이나 코끼리로 볼 수는 없는 것이다.

27 합리적 선택이론의 분류상의 문제에도 불구하고 맥도날드의 논문의 가치는 합리적 선택이론가들이 모순되는 주장을 하지 않기 위해서는 그들 이론의 인식론적 기반을 명백히 해야 한다는 것을 보여준 것에 있다. 예를 들어, "여러 비현실적인(unrealistic) 가정을 사용하여 여러 경험적 상황에 적용될 수 있는 합리적 선택모델을 구성하였다. 독립변수와 종속변수와의 상관관계가 강하게 나타나므로, 이 결과는 인간이 합리적

사실 비현실적인 이론이 정확한 예측을 할 가능성이 어느 정도 있겠는가? 도구주의가 합리적 선택이론의 가정의 현실성 문제를 고려하지 않는 것은 그럴 수 있지만, 도구주의는 또한 그 이론에 의한 예측의 정확성을 따지는 것까지 이런 저런 이유로 회피할 수 있게끔 종종 (잘못) 해석된다(Friedman 1996). 합리적 선택이론 <2>에 의하면, 합리성의 실질적 내용은 문제가 되지 않으며, 그 실질적 내용이 무엇이든 도구적 합리성을 충족하면 합리적이 된다. 이러할 경우 타인에 대한 연민, 공정성을 따르려는 욕구 등을 자기 이익에 포함하여 소위 '사회학적 인간(homo sociologicus)'을 '경제학적 인간(homo economicus)'에 접붙일 수 있게 된다. 맥도날드는 아마도 합리적 선택이론 <2>가 행위자의 주관적 목적을 실질적으로 반영할 수 있어 가정의 현실성을 보다 확보할 수 있기에 성긴 합리성이 정확성에 기여한다고 한 것 같다. 맥도날드가 보기에는 합리적 선택이론 <2>는 과학적 실재론에 부합할 가능성이 더 큰 것이다.[28] 하지만 이미 언급한 것처럼

으로 행동한다는 것을 보여준다"고 주장하는 것은 모델을 구성할 때는 도구주의-경험주의(instrumentalist-empiricism)에 근거하다가 결과를 해석할 때는 이론적 가정이 실제 행위자의 성격을 서술한다는 과학적 실재론에 근거하는 비일관성을 보이는 것이다(MacDonald 2003).

28 과학적 실재론이 과학이론 속의 '관찰할 수 없는' 대상이 실제 존재한다는 존재론적(ontological) 믿음에 근거하는 것이라면, 합리적 선택이론의 합리성(실질적 내용에 관한 가정 및 극대화 가정)이 과연 자연과학에서의 (광학 현미경에 의해 그 존재가 이제는 확인된) 원자와 같이 관찰할 수 없는 대상인지 의심스럽다. 합리성의 가정에 의해 이론 내에서 도출된 결과를 검증하는 가추법(abduction)에 의해서만 그 가정(합리성)의 실제 존재 여부를 확인할 수 있는 것이 아니라, 그 가정 자체의 현실성을 다른 방법으로 확인할 수 있기 때문이다. 즉, 가정의 현실성 여부를 이야기하는 것 자체가 '관찰할 수 없는' 대상이라는 것을 부인하는 것이다. 이것이 필자가 과학적 실재론에 근거해 합리적 선택이론을 파악하기를 주저하는 이유 중의 하나다. 또 다른 이유는 사회과학의 실현가능한 목적을 필자는, 물론 경우에 따라서는 예측(pre-

합리적 선택이론 <3>의 경우에도 (비록 근사치일 수밖에 없지만) 현실적인(realistic) 가정으로서 조밀한 합리성이 도입될 수 있는 것이다. 합리적 선택이론 <2>의 경우에 오히려 가정의 현실성을 따지지 않고 사후적으로 적절한 행위자의 목적 혹은 선호를 부여하여 모든 것을 합리적 행동의 결과로 정당화시킬 가능성이 크다.[29] 그렇기 때문에 올슨도 모든 것을 합리적으로 간주하는 것의 위험성을 지적하였고(Olson 1965, 160), 다운즈(Anthony Downs)도 합리성의 실질적 내용을 확정하지 않는다면 개인의 행위는 (1) 항상 어떤 목적을 이루기 위한 것이고, (2) 그 행위의 결과가 이득보다는 손실을 더 가져온다면 그 행위를 하지 않았을 것이므로 항상 합리적이라는 내용 없는(Downs 1957, 6) 동어반복(tautology)에 빠질 위험성을 지적한 것이다. 실재론의 입장에서 보면 사후적 설명도 충분히 정당화될 수 있지만, 도구주의적 입장 혹은 예측과 설명의 구조를 동일시하는 실증주의적 입장에서는 사후적 설명은 용인되기 어렵다.[30] 필자의 입장은 합리적 선택이론 <2>의 입장이나, 경험적 연구에 있어서는 합리성의 실질적 내용뿐만 아니라 극대화의 가정도 어느 정도의 현실성이 있어야 한

---

diction)도 가능하겠지만, 이해(understanding)와 설명(explanation) 사이의 어느 지점으로 생각하기 때문이다.

29 이는 합리적 선택이론을 '합리적 선택 분석'과 '합리적 선택 해석'으로 구분한 문우진(2005)에 따르면 합리적 선택 해석의 위험이다.

30 주 17에서 합리적 선택이론의 '병리'에 의문부호를 찍은 이유가 실재론적 입장에서는 충분히 '사후적 이론 발전(post hoc theory development)'이 허용될 수 있기 때문이다. 합리적 선택이론들이 라카토스(Imre Lakatos)의 "연구 프로그램(research program)"이 아니라 로던(Lawrence Laudan)의 "연구 전통(research tradition)"을 구성한다는 견해(Herne and Setälä 2004) 역시 합리적 선택이론에 대한 사후적 이론 발전이라는 비판에 대응하기 위한 것이다.

다는 입장이다.[31] 그러나 합리적 선택이론 <2>의 입장은 <3>의 경우를 포함시킬 수 있다. 문제되는 상황에 따라서는 (모든) 행위자가 특정 목표를 추구한다고 가정하는 것이 그렇게 비현실적이지 않을 수 있기 때문이다. 특히 경험적 연구에서는 합리적 선택이론의 유용성 및 그 강력함은 상황에 따라 적절하게 행위자의 목적을 조밀하게 설정함으로써 이루어진다(정준표 1993). 선거연구 분야에서 "정치가의 목적은 당선의 확률을 제고하는 것이다"라는 가정이 그 한 예다. 이렇게 볼 때 합리성이라는 개념은 개인의 물질적 이익추구 외에도 다양한 측면을 포함할 수 있는 신축적 개념으로서 어떤 행동이 합리적이냐 아니냐는 상당 부분 정의(definition)의 문제라고 볼 수 있다.[32]

31 '오이를 거꾸로 먹어도 제멋(de gustibus non est disputandum)'이지만 오이를 거꾸로 먹는 것이 정말 그의 멋인가를 확인해야 한다.

32 하지만 이미 언급한 대로 정의의 문제라고 하여 그 문제시되고 있는 상황에서 실제 행위자가 가지고 있는 욕구 혹은 가지고 있을 것이라고 추정되는 욕구를 무시한다면 잘 된 경험적 연구가 되기는 어려울 것이다. 합리적 선택이론 2의 입장에서 보면 지역주의 투표를 두고 자기 지역 출신의 대통령을 뽑아야 재화의 분배나 인사에서 (내가) 이득을 볼 것이라는 유권자의 계산에서 비롯되었으니 합리적이라는 논의(조기숙 1997)는 무엇을 합리적이라고 보는가에 크게 달려 있다. 지역주의 투표라는 현상을 예측하는 것이 아니라, 사후적으로 그 원인을 찾는 입장에서는 문제는 유권자가 이러저러한 동기로 선택을 하니까 합리적이다가 아니라 과연 이러저러한 동기에서 선택하는가란 경험적 검증이 필요하다. 설문조사를 통해 이를 확인할 수도 있고, 그렇지 않다면 이러한 가정의 함의를 찾아 검증할 수도 있을 것이다. 예를 들어, 유권자의 거주지역보다는 출신지역이 지역주의 투표를 예측하는 데 더 유효하다면 경제적 동기보다는 심리적 혹은 사회적 동기가 더 중요하다는 (합리적 선택이론 2의 입장에서 여전히 합리적 선택으로 간주할 수 있지만, 굳이 그럴 필요는 없는) 잠정적 결론을 내릴 수도 있을 것이다.

Ⅲ. 합리적 선택이론의 이론적 구조

1. 합리적 선택이론의 내용적 구조

합리적 선택이론은 이미 언급한 바와 같이 의도적 혹은 목적지향적 행위자를 전제로 하고 있다.[33] 이러한 행위자는 특정의 정보와 아울러 선호, 가치, 혹은 효용을 가지고 일정한 주어진 제약 하에서 대안을 선택하는 것으로 간주된다. 이러한 행위자의 대안 선택, 혹은 행동을 집약(aggregation)하여 기술 혹은 설명하고자 하는 (거시적) 사회현상을 도출하는 것이 합리적 선택이론에 기반한 분석방법이라고 할 수 있다. 아래 <그림 1>은 이를 도식적으로 표현한 것이다.[34]

<그림 1>에서 나타난 합리적 선택의 제 요소 중 어느 부분이 개별 연구에서 핵심적 역할을 차지하는가는 개별 연구에 따라 다르게 나타난다. 예를 들어 셸링(Schelling 1978)의 인종 간의 주거분리 현상 및 죄수의 딜레마는 개인들의 선호의 배열이 가장 핵심적 요소이다.[35] 제도적 제약을 강조하는 연구는 각종 선거제도의 연구, 의회규칙의 영향 연구 등에서 잘 나타난다.[36] 레비는 합리적 선택이론의 핵

---

33 이하 논의는 정준표(2003)에 주로 의존하였음을 밝힌다.

34 유사한 논의로는 Friedman and Hechter(1988) 참고.

35 죄수의 딜레마의 경우 실제 연구의 대상이 되는 상황은 오히려 제도적 제약 혹은 기회비용에 중점이 놓여질 수 있다. 그러나 이러한 것을 감안하여 이를 게임으로 표현했을 때 죄수의 딜레마로 나타날 수 있다. 이렇게 실제 상황과 단절시켜 죄수의 딜레마를 볼 경우 선호의 배열이 딜레마를 가져온 것으로 볼 수 있다.

〈그림 1〉 합리적 선택이론의 도식적 구조

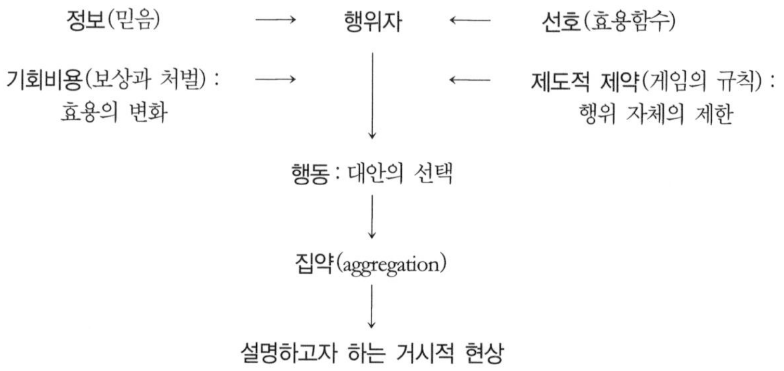

심은 행위자의 합리적 선택이라기보다는 오히려 <그림 1>의 기회비용에 해당하는 '희소성(scarcity)'과 <그림 1>의 게임의 규칙에 해당하는 '제도(institution)'라는 두 요소로부터 오는 행위의 제약이라고 하면서(Levi 1997) "제약된 선택"(choice-within-constraint, Ingram and Clay 2000)에서 선택보다는 제약의 요소를 강조하고 있다. 마찬가지로 외부적 제약을 강조하는 세츠와 페러존(Satz and Ferejohn 1994)은 개인의 믿음과 선호는 이 경우에 거의 무시될 수 있다고 하면서 합리적 선택이론이 심리학적 이론으로서 전혀 그럴듯하지 않아도 개인이 무엇인가를 극대화한다는 가정에서 합리적 선택이론을 적용할 수 있다고 한다. 그러나 외부적 제약이 아무리 강하다 하여도 개인의 믿음과 선호에 대한 가정이 어느 정도의 근사치에도 접근하지 못한다면 이 설명은 잘못된 설명일 수밖에 없다. 외부적 제약이 강한 경우 이

[36] 특정 요소를 강조한 연구 성과물의 예에 대한 보다 상세한 논의는 Friedman and Hechter(1988) 참고.

외부적 제약이 설명에서 중요한 역할을 하고, 이에 따라 행위자의 믿음과 선호는 언급할 가치조차 없을지 모르지만, 설명의 옳음은 행위자의 믿음과 선호에 대한 가정의 현실성에 의존하는 것이다(Hausman 1995).[37]

합리적 선택이론에서 행위자는 자신의 효용을 극대화하는 것을 목표로 하고 있으므로 이러한 개별 행위자의 행동의 집약결과인 거시적 현상은 대개의 경우 행위자에 의해 의도되지 않은 결과이다. 즉, 거시적 현상은 행위자의 의도를 넘어선 차원의 것이다(김용학 1996, 71). 물론 행위자는 어떤 결과가 나타날 것인지에 대해 어느 정도 인식은 하고 있을 것이다. 예를 들어 '죄수의 딜레마'에서는 비효율적인 결과가 초래될 것임을 추론능력을 갖춘 합리적 행위자는 알 수 있다. 이 경우 행위자가 비효율적인 결과를 가져오려고 '의도'하였다고 할 수는 없을 것이나 비효율적인 결과가 발생할 것은 알고 있다(그러나 게임의 구조상 이것을 피할 수 없다). 합리적 선택이론의 최대 강점은 이같이 거시적 결과(macro outcome)의 미시적 인과기제(micro causal mechanism)를 제공해 준다는 데서 찾을 수 있다. 개별 합리적 선택이론에 의한 연구를 평가하는 데 있어 가장 중요한 요소의 하나가 바로 개인의 행동과 사회적 결과가 어떻게 연결되었는가이다. 이 연결과정이 너무나 직접적일 경우, 그리고 전혀 예기치 못한 결과가 없을 때 미시적 기제를 제공한다는 의미에서의 합리적 선택이론의 가치가 떨어질 수밖에 없다. 셸링의 주거분리 모델은 개인이 자기 이웃에 인종

37 예를 들어 불이 나서 대피한다는 것은 불이 난 것을 몰랐다든지 불이 나도 상관없다고 생각하는 경우에는 나타나지 않는 행동이다(Hausman 1995).

적으로 다른 사람의 비율이 일정 한도를 넘어서면 이사를 간다는 약한 가정 하에서 인종적으로 날카롭게 분리된 주거형태가 나타난다는 것을 보여준다. 또한 죄수의 딜레마와 이와 연관된 집단행동의 논리(Olson 1965)는 공통의 이익이 존재하더라도 이것이 항상 성취될 수 없다는 것을 보임으로써 과거의 민중봉기, 혁명, 이익집단 활동 등의 현상에 대한 생각을 현저하게 변화시켰다. 형식이론, 특히 게임이론을 이용한 연구에서는 개인의 행동과 (설명하고자 하는) 균형결과 사이의 연계가 그렇게 명백하지 않다. 친한 사람으로부터의 충고는 받아들이되 사이가 나쁜 사람의 충고는 무시하는 상식적 행동은 신호게임(signalling game)이 그 메커니즘을 분명하게 보여준다.

한편, <그림 1>의 도식은 콜만의 논의에 따라 '거시에서 미시(macro-to-micro)', '개인에서 행동(individual-to-action)', '미시에서 거시(micro-to-macro)'의 3요소로 구성된 것으로 파악할 수 있다(Coleman 1990, Chapter 1). 이런 측면에서 보면 전체 이론이 다룰 수 있을 정도로 간단해야 한다는 측면에서, 또 '의도적 행동(purposive action)'의 의미를 정확히 한다는 의미에서 합리적 선택이론의 '개인에서 행동'이라는 구성요소는 될 수 있는 한 단순해야 하고, 이런 이유에서 합리적 선택이론에서는 효용극대화를 가정한다고 볼 수도 있다(Coleman 1990, 18-19). 이렇게 합리적 선택이론을 파악할 경우, 제4절에서 논하는 바와 같이 합리적 선택이론 내의 합리성은 현실의 불완전한 '합리성'을 단순화한 것이라고 볼 수 있다.

2. 합리적 선택이론의 연역적 구조

합리적 선택이론의 구조에 대한 지금까지의 논의가 합리적 선택이론에서 합리성의 의미를 그렇게 분명히 하지 못했다면, 합리적 선택이론의 구조를 의사결정이론(decision theory)과 게임이론(game theory)의 시각에서 살펴보는 것은 합리성의 의미를 분명히 할 뿐만 아니라 그 한계를 어느 정도 밝힐 수 있다. 엘스터는 합리성을 '모수적 합리성(parametric rationality)'과 '전략적 합리성(strategic rationality)'으로 구분하는데(Elster 1986), 모수적 합리성은 의사결정의 상황에서 나타나는 합리성이고, 전략적 합리성은 한 행위자의 행동뿐만 아니라 다른 행위자(들)의 행동도 그 상황의 결과에 영향을 미치는 상호 의존의 결정상황(interdependent decision situation), 즉 게임상황에서 나타나는 합리성이다. 합리적 선택이론가는 현실의 관심문제를 특정한 의사결정상황 혹은 게임상황으로 추상하여 모델을 구성한다. 개개의 합리적 선택이론은 비록 그것이 비형식적(informal) 이론이라 하더라도 풀어야 할 특정 의사결정 혹은 게임이론적 문제를 가지고 있다고 볼 수 있는 것이다. 문제를 푸는 것은 실제로는 연구자이지만, 모델 속의 행위자가 그 문제를 푸는 것으로 간주된다. 문제를 풀기 위해서는 문제가 풀릴 수 있는 성격을 갖추어야 하고 모델 속의 행위자 역시 문제를 풀 능력을 갖추어야 한다. 따라서 주어진 문제의 틀 내에서 문제를 풀기 위해서는 행위자의 목표(선호)가 일정한 일관성을 가지고 있어야 하고, 충분한 계산능력을 갖추어야 하므로 행위자는 고도의 합리성을 가지고 있는 것으로 간주된다. 예를 들어 햄린은 신고전경제학(neoclassical economics)의 대부분의 연구가 욕구의 형식적·실질적 내용과 관련하여 개인의 선호가 (1) 반사성(reflexivity), (2) 완전성(completeness), (3) 전이성(transitivity), (4) 연속성(continuity), (5) 불포만성(non-satiation), (6) 볼록성(convexity)을 만족하며, 모든 욕구 혹은 '이익(interest)'이 효용(utility)이라고 불리는 동일 단위로 계량화될 수 있다(commensurability)는 가정을 한다고 한다(Hamlin 1986).[38] 이러한 가정들은 미분 등 수학적 도구를 활용하여 의사결정의 상황에서 (효용) 극대화의 문제를 풀기 위한 것이라고 볼 수 있다.

의사결정 상황은 게임상황에서 게임의 참가자(player)가 소위 '자연(nature)'을 제외하고는 한 명뿐인 경우로 생각할 수 있으므로[39] 이하에서는 게임이론을 사용하는 경우에 나타나는 일반적인 특징을 들어 살펴보자. 주어진 현상을 게임으로 구성하기 위해서는 우선 게임의 참가자, 그들의 선호(효용함수), 선택 가능한 대안, 나타날 수 있는 결

---

[38] 또한 햄린은 이 효용이 (1) 사적(personal), (2) 전체적(global) (3) 통시적(intertemporal), (4) 기대적(expectational), (5) 결과론적(consequentialist), (6) 행동특정적(act-specific)인 성격을 가지고 있다고 한다. 효용의 이러한 측면은 당면한 모델 속의 문제 자체의 풀이와는 관계가 없으며, 모델 속의 문제풀이와 현실의 문제를 연관시켜 해석할 때 나타난다고 생각된다. 모델 속의 문제풀이는 통상 이러한 성격을 전부 만족시킨다. 예를 들어 이타적 동기가 포함되어도 행위자가 자기의 효용을 극대화한다는 점에서 사적이라 할 수 있고, 실제 어떤 의사결정의 규칙을 택할 것인지를 알기 위한 모델 내에서는 규칙 자체의 선택이 행동의 선택이 되는 것이다. 통시적이라는 표현 역시 실제 개인의 전 생애에 걸친 것이 아니라 할지라도 분석의 대상이 되는 기간을 통하여 모델 내에서는 통시적이 된다.

[39] 그렇다고 하여 의사결정 모델이 게임모델보다 풀기가 더 쉽다든지 유용성이 더 떨어진다고 일률적으로 말할 수 있는 것은 아니다. 게임모델의 복잡성은 한계가 있어 별다른 수학적 기법을 요구하지 않는 경우가 많으나 의사결정 모델은 오히려 고도의 수학적 기법을 사용하는 경우가 많다. 상호 의존의 상황일지라도 행위자의 수가 많은 경우, 게임모델보다는 의사결정 모델을 구성하는 것이 더 유용할 수도 있음은 물론이다.

과, 가지고 있는 정보, 게임의 진행순서 등등을 설정해야 한다. 즉, '게임의 규칙(rules of the game)'을 상정해야 한다. 이러한 현실에 대한 추상(abstraction)이 끝난 후에 나타나는 모델 속의 인간은 고도의 합리성(즉, 단순성)을 가지게 된다. 우선 참가자의 선호는 '기대효용이론(expected utility theory)'이 적용될 수 있도록 전이성, 완전성을 만족하는 등의 충분한 일관성을 갖추어야 하며,[40] (기대)효용을 계산하고 베이즈의 규칙(Bayes' Rule)에 따라 새로운 정보를 처리하여 믿음을 수정할 수 있는 고도의 계산력을 갖춘 존재가 되는 것이다. 게임이론적 모델에서의 참가자의 합리성은 게임이론적 분석의 가장 중요한 도구라고 할 수 있는 '균형(equilibrium)' 개념에 궁극적으로 반영된다. 여러 균형 개념 중 가장 기본적인 개념이 '내쉬균형(Nash equilibrium)'인데, 내쉬균형에서는 모든 게임의 참가자들이 다른 모든 게임 참가자들의 전략에 대해 자신의 기대효용을 극대화하는 전략을 선택하고 있다.[41] 만일 게임의 '해(solution)'를 분석자가 생각할 때 합리적이라고 가정한 이 게임의 참가자들이 택할 가능성이 매우, 매우 큰(very, very likely to choose) 전략조합(strategy profile)이라고 정의한

---

40 기대효용이론에 대해서는 Luce and Raiffa(1957) 참고.

41 내쉬균형에 대한 보다 상세한 설명 및 기타 여러 균형 개념에 대해서는 정준표(2000) 및 Morrow(1994) 참고. 한편, 내쉬균형 개념은 센(Sen 2002, 213-215)이 말하는 '자기 목적적 선택(self-goal choice)'이라는 가정을 반영하고 있다. 이 가정은 "각 개인의 선택행동은 자신의 목적을 즉각적으로 추구하는 것이며, 특히 이는 다른 사람들이 그들 자신의 목표를 추구하다는 것을 인정하는 것에 제약받지 않는다"는 것이다. 죄수의 딜레마 게임에서 단순히 효용극대화만 가정하고 상호 독립적인 효용극대화 가정에 해당하는 자기 목적적 선택이라는 가정을 하지 않으면 비효율적인 결과를 피할 수도 있게 된다. 행위자들이 의사소통을 할 수 있고 구속력 있는 협정을 맺을 수 있다고 가정하는 '협력 게임이론(cooperative game theory)'에서는 자기 목적적 선택이라는 가정이 완화된다.

다면(Kreps 1990a, 392), 어떤 전략조합이 게임의 해가 되기 위한 필요조건(necessary condition)이, 바로 그 전략조합이 내쉬균형이어야 한다는 것이 된다.[42] 필자는 해에 해당하는 "게임을 하는 유일하게 합리적인 방법(uniquely rational way to play the game)"이 모든 게임에서 항상 존재하지는 않는다는 입장이지만, 유일하게 합리적인 방법이 존재한다는 입장에서는 "합리성에 대한 공통지식(common knowledge of rationality : CKR)"뿐만 아니라 행위자의 믿음이 서로 상충되지 않을 것(consistent alignment of beliefs : CAB)을 필요로 한다.[43] 게임이론의 합리성의 요구가 실로 엄청난 것이다. 내쉬균형을 포함한 여러 균형 개념이 게임에서 어떤 결과가 나타나는지를 보여주는 개념이라면, 균형이 존재하지 않는다든지 복수의 균형이 존재하는 것은 합리적 선택이론 내에서의 합리성 개념이 '비결정적'(indeterminate, Elster 1986)임을 보여준다.

---

42 여기서 전략조합이란 게임의 모든 참가자들의 전략을 질서 있게 배열한 것이다. 만일 내쉬균형이 아닌 어떤 전략조합이 해라고 가정해 보자. 다른 참가자들이 그 전략조합이 규정하는 전략을 선택할 것이 어떤 참가자에게 명백하다면(즉, 굉장히 가능성이 크다면) 합리적인 그 참가자는 자신의 효용을 극대화하는 다른 전략을 선택할 것이고, 따라서 적어도 문제가 되는 전략조합에 규정된 이 참가자의 전략이 이 참가자에 의해 사용될 것이 다른 참가자에게는 명백할 수가 없으며, 그 전략조합이 내쉬균형이 아닌 한 이런 참가자는 항상 존재한다. 따라서 내쉬균형은 해가 되기 위한 필요조건이다(정준표 2000).

43 CKR은 (a) 모든 게임의 참가자가 (도구적으로) 합리적이며; (b) 이 사실 (a)를 모두 알고 있으며; (c) 모두가 합리적이라는 사실을 알고 있다는 사실 (b)를 모두가 알고 있고; (d) c를 모두가 알고 있고; … 는 식으로 무한히 계속될 수 있는 것을 말한다. CAB는 대략 동일한 정보를 가진 합리적인 게임의 참가자는 서로 다른 사고의 과정을 거칠 수 없다는 것에 해당한다. 보다 상세한 내용에 대해서는 Hargreaves Heap and Varoufakis(1995) 참고.

3. 현실과 현실의 추상으로서 합리적 선택이론

합리적 선택이론에서는 위에서 논의한 바와 같이 현실에 대한 추상이 끝난 후에 나타나는 모델 속의 행위자는 고도의 합리성을 가진 존재로 파악되는 반면, 통상 이렇게 모델을 구성하기 위해 외부적으로 주어진 것이라고 간주되는 선호와 초기의 믿음이 과연 합리적인가를 따지지는 않는다. 선택 가능한 대안 및 실현 가능한 결과의 집합 역시 추상화된다. 이 과정에서 위에 논한 철학적·규범적 의미에서의 합리성에 대비되는 비합리성은 제거되고 모델 속의 행위자는 고도의 합리성을 갖게 되는 것이다. 물론 현실의 인간이 어느 정도는 목적을 달성하기 위해 상당히 효율적인 수단을 선택하는 합리성을 가지고 있지 않다면 이러한 모델의 유용성은 미미하다고 할 것이다.[44] 사이몬은 수재보험 등 보험구입 행위는 신고전파 경제학자들의 예측(수재를 입을 객관적 확률에 의거한 비용·편익분석)과는 달리 수재를 입었다든지 그러한 경험을 가진 사람을 아는 사람들에 의해 주로 행해진다면서, 어떤 환경에서 현실의 특정 측면에 주의를 기울이게 되는지가 매우 중요하다고 하면서 극대화(maximization)에 기반을 둔 합리적 선택을 비판하고 있으나(Simon 1986), 이러한 행위자의 주관적

---

44 합리적 선택에 의한 설명이 적실성을 가지는 경우에 대한 논의가 이와 관련이 있다. 그린과 샤피로의 용어로는 '부문화된 보편주의(segmented universalism)'에 해당하는 것으로, 예를 들어 선택지의 수가 비교적 작고 결과가 상당히 중요하며 개인이 결과에 영향을 미칠 가능성이 상당히 높을 때 합리적 선택에 의한 설명이 성공적이기 쉽다는 것 등이다(Green and Shapiro 1994, 27-28 ; Taylor 1996).

인식을 이미 수용한 모델에서 극대화 대신에 만족화(satisfying)를 지향하는 것은 득보다는 오히려 잃는 것이 많다. 만족화의 문제는 그것이 잘 정의되어 있지 않고 예측이 예리하지 못하다는 데 있다. 이미 현실의 추상화를 통하여 행위자의 '비합리성'을 일정 부분 반영한 연후에 또다시 만족화라는 기준을 도입할 필요는 없는 것이다. 합리적 선택, 특히 게임이론적 모델이 최소한 이론적 수준에서 상당한 발전을 한 이유 중 하나가 분명한 연산의 규칙이 있다는 것이다(cf. Coleman 1990, 18−19).

기대효용이론에 대한 비판 역시 기대효용이론이 현실의 인간을 제대로 대변하지 못한다는 측면에서는 겸허히 수용해야 할 것이고, 문제가 되고 있는 상황에 따라서는 전망이론 혹은 '최대후회 최소화(minimax regret)' 등의 대안적 의사결정 방법을 사용하는 것이 더 적실성이 있을 것이다. 하지만 모델 내부라는 관점에서 보면 기대효용이론의 사용은 강점이지 약점이 아니다.[45] 기대효용이론을 사용하지 않는 경우를 생각해 보면, 모든 결과(outcomes)뿐만 아니라 이런 결과들이 발생할 확률과 함께 고려한 수많은 '복권(lottery)'들에 대한 선호를 확인하고 나서야 의사결정 혹은 게임상황에서 어떤 결과가 나올지 알 수 있을 것이다. 전망이론 혹은 제한된 합리성에 기반을 둔 만족화(satisfying)는 이 경우 과연 구체적으로 어떤 지침을 내릴 것인지 알기 어렵다. 결국 기대효용이론을 사용하는 것은 복잡한 문제를 단순화하고 보편적으로 적용할 기준을 제시해 주는 것으로, 모델 내부적 관점에서는 엄청난 강점이라고 할 수 있다.

---

[45] 합리적 선택이론에서 베이즈의 규칙 사용에 대해서도 유사한 논의가 적용될 수 있다.

한편, 모델(이론)과 현실과의 관련 측면에서 볼 때, 이미 상당한 추상을 거쳐 모델을 구성한 마당에 과연 세세한 심리적 요소까지를 다시 반영할 필요가 있는지는 의문이다. 틀짜기(framing)의 효과와 관련하여 이를 설명해 보자. 다음 예는 기대효용이론의 문제점을 분명히 보여준다(Tversky and Kahneman 1986) :

문제 3 :

다음과 같은 두 개의 동시적인 결정을 해야 한다. 두 결정을 모두 검토하고, 선호하는 대안에 표시하라.

결정 (1) : 다음 중에서 선택하라.

A. 240달러를 확실히 얻음(150명 중 84%가 선택)

B. 1,000달러를 얻을 확률이 25%이고 아무 것도 얻지 못할 확률이 75%임(16%)

결정 (2) : 다음 중에서 선택하라.

C. 750달러를 확실히 잃음(13%)

D. 1,000달러를 잃을 확률이 75%이고 아무 것도 잃지 않을 확률이 25%임(87%)

문제 4 :

다음에서 택하라.

A와 D : 240달러를 얻을 확률이 25%이고 760달러를 잃을 확률이 75%임(86명 중 0%)

B와 C : 250달러를 얻을 확률이 25%이고 750달러를 잃을 확률이 75%임(86명 중 100%)

<문제 3>에서 응답자의 73%가 A와 D를 한 묶음으로 하여 선택하였으나 <문제 4>에서는 <문제 3>에서 3%의 응답자만이 택한 B와 C의 묶음을 응답자 모두가 A와 D에 비해 더 나은 것으로 생각하여 선택한 것이다. 문제는 과연 합리적 선택 모델의 현실에 대한 추상화의 정도가 이런 정도로 세밀한 것인가에 달려 있다. 많은 합리적 선택 모델은 이미 언급한 대로 대체로 거시적 현상을 설명하기 위한 것이고, 이런 모델에서 가능한 결과 및 선택할 수 있는 대안은 현실에 비해 엄청나게 단순화되는 것이다. 레인은 인식적 과부하(cognitive overload)와 심리적 스트레스가 심한 상황에서 합리성의 적용은 문제가 있다고 한다(Lane 1996). 필자는 합리적 선택이론이 잘 적용될 수 있는 분야가 있고 그렇지 않은 분야가 있다는 '부문화된 보편주의(segmented universalism)'와 아울러 효용극대화의 합리성만으로는 충분한 설명이 되지 못할 수 있다는 '부분적 보편주의(partial universalism)'를 수용하는 입장이지만,[46] 합리적 선택 모델은 객관적 현실(objective reality)이 아니라 행위자에게 인식된 주관적 현실(subjective reality)을 모델 속에 반영한다고 본다면,[47] 레인이 말하는 상황에서도 합리적

46 부문화된 보편주의를 수용하는 경우에 '적용영역의 구체화(domain specification)'란 문제가 생기는데, 멍크는 여기에 대해 이론가들 사이에 합의가 없음을 지적하고 있다(Munck 2001). 필자의 생각으로는 표면상 대립된 견해는 적용의 목적에 대한 견해 차이의 반영이라고 생각되며, 경험과학 측면에서의 적용영역에 대해서는 상당한 합의가 이미 이루어져 있다고 생각되나(cf. Green and Shapiro 1996) 적용의 가능성이 적은 영역에서도 창조적 적용의 가능성이 있으므로 적용 가능영역을 미리 한정할 필요는 없다고 본다.

47 루빈스타인은 게임이 세상의 물리적 규칙(physical rules)을 묘사하는 것이 아니라면 게임이론적 모델은 참가자에게 '의미가 있다고(relevant)' 인식되는 요소만을 반영하여야 한다고 말한다(Rubinstein 1991).

선택이론이 항상 적용 불가능하다고 보기는 어렵다고 할 것이다.

현실의 인간은 합리적 선택이론 내에서 가정되는 합리성을 지니고 있지는 않다. 때로는 일관성 있는 선호를 가지고 있지도 않고, 모델 내에서의 고도의 도구적 합리성에 훨씬 못 미치는 도구적 합리성을 가지고 있다. 때로는 연구자가 생각하지도 못하는 전략을 사용하기도 하고 제도적 제약을 파괴하기도 하는, 합리적 선택이론에서 가정하는 합리성을 뛰어넘는 창조적 존재이기도 하다. 이러한 현실의 인간을 모델 속의 (정태적) 인간으로 변환시켜 정치적·사회적 현상을 이해하고 설명하는 것은 실로 어려운 작업일 수밖에 없다.

Ⅳ. 합리적 선택이론의 평가

1. 합리적 선택이론의 한계

합리적 선택이론의 한계는, 물론 두 가지가 서로 밀접하게 연결되어 있지만, 설명하고자 하는 현상과 이를 추상화한 모델의 관계라는 측면에서 파악될 수도 있고, 모델 내부에서 문제를 풀 도구 자체가 문제가 있다는 측면에서 파악될 수도 있다.

• 균형 개념의 문제

멍크(Munck 2001)는 합리적 선택이론의 한 갈래로서의 게임이론을 이론적 측면과 모델이라는 측면으로 나누어 분석하면서 이론적 측면의 문제로서 앞서 언급한 기대효용이론의 사용, 균형의 복수성 문제, 게임의 규칙과 관련된 문제 등 3가지를 들고 있다. 이 3가지 중 필자의 생각으로는 모델 내부의 문제는 오직 균형의 복수성 문제뿐인 것 같다.[48] 의사결정의 상황에서는 이런 문제가 생기지 않지만[49] 게임상황에서는 다수의 균형이 존재할 수 있다는 사실은, 멍크의 말을 빌리면 "기대효용 모델의 적용이 적절하다고 판단되는 상황에서도 게임이론은 완전한 설명을 필연적으로 제공하지는 않는다"는 것을 의미한다. 필자는 균형의 복수성이 게임이론의 한계라는 주장을 대체로 수긍하지만, (1) 현실 자체가 예측 혹은 설명이 불가능할 경우도 있으며, 또한 (2) 균형의 복수성이 합리성 외의 다른 측면에 관심을 기울이게 한 공헌도 무시할 수 없다고 본다. 유일한 (내쉬)균형이라 하여 무조건적으로 게임의 해로 간주할 수는 없지만,[50] 일단 균형이 하나밖에 없는 경우는 이를 해로 간주하면 복수의 균형이 존재할 경우 어떻게 해가 존재할 수 있는지가 논의의 대상이 된다. 소위 '균형의 정교화(refinement of equilibrium)' 외에도 사전협상(preplay negotiation), 참가자들의 과거의 경험(experience), 관습(convention), 참가자의 기대를 일치시키는 눈에 띄는(prominent) 초점(focal point)의 존

48 물론 균형이 존재하지 않는 경우도 있을 수 있다. 게임이론 자체의 문제로는 그밖에 '전략(strategy)' 및 '혼합전략(mixed strategy)' 등 게임이론의 기초적 개념 자체의 의미가 생각보다 불분명하다는 점을 들 수 있다. 이에 대해서는 Rubinstein(1991) 참고.

49 최선의 선택이 여러 개 있더라도 이들 모두가 행위자에게 동일한 효용을 줄 수밖에 없다.

50 이에 대한 예로는 Kreps(1990a), 416-417 참고. 물론 이 예는 "가장 큰 수를 말하라"라는 게임을 포함하는 매우 인위적인 것이다.

재 등이 복수의 균형이 있는 경우에도 게임의 참가자들이 어느 특정의 균형 속의 전략을 선택하게 하는 이유가 될 수 있다.[51] 게임이론의 비결정성(indeterminacy)으로 나타나는 합리성의 한계를 이와 같이 보충하려는 노력은 부분적 보편주의(Green and Shapiro 1994, 26-27)로 나타난다. 합리성 외에도 사회적 관습, 규범, 아이디어, 문화적 특성 등등의 다른 요소들도 고려되어야 주어진 현상에 대한 적절한 설명을 할 수 있다는 이런 인식이 신제도주의의 한 분파라고 할 수 있는 소위 '합리적 선택 제도주의(rational choice institutionalism)' 등장의 한 배경이 된다.[52] 물론 비게임이론적 요소(non-game theoretic factors)를 도입하는 것이 궁극적으로 게임이론의 일관성을 해칠 것이라는 우려도 있지만(Munck 2001),[53] 이 또한 게임이론이 무엇이냐에 대한 견해에

51 이에 대한 보다 상세한 설명은 Kreps(1990b), 정준표(2000) 등을 참고.

52 합리적 선택 제도주의의 발전 및 그 연구성과에 대해서는 Weingast(2002) 참고. Yee(1997)는 이런 움직임을 물질적이 아니라 규범, 아이디어, 믿음 등의 정신적 요소를 강조한다는 점과 이 움직임이 엄청난 유행을 타고 있다는 점에서 "Ideational Tempest"라 부르고 있는데, 이와 관련한 합리적 선택이론의 연구성과에 대해서는 Calvert(2002) 참고. 한편, 이러한 연구들이 궁극적으로는 문화나 정체성(identity)의 변화를 설명하는 것이 아니라, 이미 변화된 정체성을 모델 속에서 주어진 것으로 받아들인다는 비판에 대해서는 Johnson(2002) 참고.

53 신제도주의에서 제도(institution)의 개념은 확장에 확장을 거듭하여 공식적 규칙뿐만 아니라 규범, 아이디어, 문화 등등 모든 정신적 요소를 포함하는 방향으로 가고 있고, 경우에 따라서는 이러한 요소들이 행위자의 효용(선호)에 반영되기도 하고, 유일한 균형을 얻기 위해 부가적으로(additively) 균형의 선택에 이용되기도 한다. 문제를 축소해 형식모델을 사용하기 편한 곳은 이를 사용하고, 그것이 어려울 경우는 비공식적 이야기로 적당히 얼버무릴 가능성도 항상 존재한다. 제도의 제약을 강조하다 보니 궁극적으로 개인의 선택에 남는 것은 별 의미 없는 것일 수도 있다. 비교방법(comparative method)과 형식이론의 장점을 취해 가장 좋은 종합(synthesis)을 이룩하려는 목적이 오히려 거꾸로 가장 나쁜 종합이 될 가능성도 있는 것이다(Mahoney 2000).

따라 다르게 해석될 여지도 있으며, 뒤에 논의할 소위 '게임의 규칙'이 어디서 오느냐의 문제와 비교해 볼 때 그렇게 중요한 문제는 아니라고 본다. 한편, 게임의 해의 존재가 사회적 관습, 규범, 과거의 경험, 초점 등에 의존한다는 것은 인간의 합리성이 "합리적이길 의도하나 거기에 미치지 못하는(intendedly rational, but only limitedly so)" "제한된 합리성(bounded rationality)"이며 "회고적(retrospective)" 합리성임을 보여준다고 할 수도 있다.[54]

• 게임의 규칙문제

게임이론으로 본 합리적 선택이론의 가장 큰 한계(?)는 '게임의 규칙'이 외부적으로 주어져 있다고 가정하는 것이다. 게임이론적 모델을 구성하기 위해서는 게임의 참가자, 그들의 선호(효용함수), 선택 가능한 대안, 나타날 수 있는 결과, 가지고 있는 정보, 게임의 진행순서 등등을 우선 결정해야 하는 것이다. 이러한 게임의 규칙은 어디에서 오는가? 게임이론이 게임이론적 모델을 구성하는 데 있어서는 이러이러한 요소가 필요하다는 것을 알려주고, 게임이론적 연구결과들은 연구자가 새로 만들 모델이 풀릴 수 있는 문제인가에 대한 대강의 아이디어를 제공하지만 게임의 규칙을 구체적으로 어떻게 만들 것인가에 대한 지침은 제공하지 않는다. 그러나 이것은 아래에

54 Kreps(1990b), Chapter 6. 그는 더 나아가 균형의 정교화에서 응용되는 것과 같이 연역(deduction) 및 전망(prospection)을 적용하여 균형의 복수문제를 해결하는 것 역시 무엇보다도 회고적이고 제한된 사고의 예라고까지 주장한다(153). 이러한 견해에 따르면, 결국 합리적 선택이론의 (모델 내의) 합리성은 현실에서의 인간의 제한된 합리성을 단순화시킨 것이 된다.

논의하는 바와 같이 게임이론의 한계가 아니라 모든 형식모델의 한계라고 볼 수 있다. 한계에 의문부호를 찍은 이유가 여기에 있다.

멍크는 이미 언급한 대로 게임이론을 게임이론의 이론부분과 모델부분으로 나누어 게임이론을 비판적으로 고찰하는데(Munck 2001), 사실 게임의 규칙을 상정하는 것이 바로 (형식)모델을 구성하는 것에 해당하므로 이 이분법이 과연 적절한지는 의심스럽다. 게임이론적 모델이 형식모델(formal model)이라는 사실에서 여러 가지 장점이 나온다. 형식모델에서는 그 모델의 가정, 결론 및 가정에서부터 결론의 도출과정을 명백하게 제시해야 하며, 분명한 논리에 의해 결론이 가정으로부터 도출되어야 한다. 따라서 형식모델에서는 암묵적 가정 및 불명확한 논리를 배제할 수 있고, 가정이 달라지면 정확히 어떤 식으로 결론이 변경되는지를 알 수 있다. 이러한 형식모델의 사용이 지식의 축적에 기여하는 바가 크다는 것은 다시 말할 필요가 없을 것이다.[55]

그러나 형식모델에서 사용되는 연역적 논리(deductive logic) 그 자

55 형식모델의 특징 및 그 장점에 대해서는 김재한(1994) 참고. 형식모델을 요구하는 것은 일상적 언어에 의한 잘못된 논의를 밝혀 소위 제2종 오류(Type II)를 줄이는 데는 기여하지만, 한편으로는 형식화가 어려운 일상적 용어를 사용한 타당한 논의를 배제하는 소위 제1종 오류(Type I error)를 범할 가능성이 있다(Powell 2002)는 단점도 고려해야 할 것이다. 멍크는 지식의 축적이 과연 합리적 선택이론가들이 주장하는 만큼 이루어지고 있는가에 회의를 표한다(Munck 2001). 여기서 문제는 '지식'의 의미가 무엇인가에 달려 있다. 합리적 선택이론가들은 예를 들어 모델이 불완전정보(incomplete information)를 가정할 경우 완벽·완전정보(perfect and complete information)를 가정한 경우에 비해 그 결과가 어떻게 달라지는가를 알게 될 경우 지식의 축적이 이루어진다고 보며, 이런 측면에서는 분명히 지식의 축적이 가능하다. 또한 지식 축적의 주장은 다른 접근방법을 사용할 때와 비교하여 이해되어야 할 것이다.

체로 세상의 진실을 발견하게 하지는 않는다. 중요한 것은 그 모델의 가정이 얼마나 현실과 부합하느냐이다. 결국 게임이론적 모델이 형식모델이라면 게임의 규칙은 모델의 가정이다. 게임이론적 모델이 현실에 대한 설명력을 가지려면 결국 게임의 규칙을 잘 설정해야 한다. 이는 게임이론의 문제가 아니라 연구자의 문제이다. 모든 이론 혹은 모델은 현실 혹은 현실의 일부를 이해·설명하기 위해 현실로부터 '추상(abstraction)'한 것이다. 추상은 실질적으로 중요하다고 생각되는 부분만을 추출하는 것이다. 추상화의 정도가 너무 심해도 현실에 대한 의미 있는 분석이 될 수 없고, 추상화의 정도가 너무 약한 경우에도 모델의 복잡성만 더해지지 현실의 이해에 도움이 되지 않는다. 주어진 상황에 대한 게임의 전개형 혹은 전략형을 구성하는 것 역시 추상화를 필요로 한다. 게임이론적 모델은 게다가 그 게임을 풀 수 있기 위해서는 다른 모델보다 더 단순해야 할 경우가 많다. 참가자를 누구로 할 것인가? 누가 언제 움직이며, 각 참가자에게 가능한 행동은 무엇인가?[56] 참가자의 몫은 어떻게 설정할 것인가? 불완전정보를 도입한다면 어떤 형식으로 도입할 것인가? 이런 근본적 질문에 대답하기 위해서는 게임이론적 지식도 필요하지만 주어진 상황에 대한 깊이 있는 지식도 필요하다.[57]

---

56 어떤 행동을 택할 경우 강력한 제재를 높은 확률로 받는다고 할 때, 이 행동을 아예 불가능하다고 보고 행위자가 택할 수 있는 대안에서 제외할 수도 있고, 이러한 행동의 선택가능성과 그에 따른 처벌의 강도와 확률을 모델 속에 포함시킬 수도 있다. 즉, 제3절 <그림 1>의 제도적 제약과 기회비용의 구분 역시 이미 구성된 모델 내에서나 분명해지는 것이다.

57 이런 측면에서 보면 상황에 대한 깊은 지식(in-depth knowledge)과 아울러 연역적 논리를 강조하는 소위 "Analytic Narrative"(Bates *et al.* 1998)는 새삼스러운 것이 아

합리적 선택이론에 대한 비판으로는 이외에도 여러 가지가 있다. 합리적 선택이론의 약점으로 흔히 행위자의 목표 혹은 선호를 주어진 것으로 간주하는 점을 든다. 그러나 필자는 경우에 따라서는 선호의 변화를 모델 속에 포함할 수 있다고 보나 그것은 원하는 결과를 얻기 위해 자의적으로 사용될 수밖에 없다는 것을 강조하고 싶다. 한편, 합리적 선택이론에서는 모델 속에서의 결과에 대한 선호는 변하지 않지만 대안에 대한 '유인된 선호(induced preference)'는 변화할 수 있음을 알아야 한다. 사실 구성주의(constructivism)적 시각 혹은 역사제도주의(historical institutionalism)적 시각에서 합리적 선택이론의 외생적으로 주어진 선호에 대한 가정을 비판하는 경우가 많으나 그들의 실제 연구에서 과연 외생적으로 주어진 선호에 해당하는 것이 없는 것인지는 의문이다.[58] 행위자의 선호 외에도 사용할 수 있는 전략 등 게임의 규칙이 고정되어 있어 변하지 않는다는 가정 역시 자의적 결과를 도출하는 것을 막는다는 점에서 위와 마찬가지의 논의를 전개할 수 있다. 한편, 현실에 일정한 규칙성(regularity)이 없는 경우, 합리적 선택이론은 사후적 설명(post hoc explanation)을 가능하게 할지언정 예측을 가능하게 하지는 않는다는 것이 필자의 견해이다.[59]

니다. 이것이 새삼스럽게 느껴지는 이유는 지금까지의 합리적 선택이론이 투표, 선거 등 게임의 규칙이 비교적 분명히 드러나는 매우 구조화된 상황에 적용되거나 혹은 뒤에 언급되는 "캐리커처로서의 모델"에 관심을 기울였기 때문이다.

58 국제관계 분야이긴 하나 이와 관련된 논의로는 Clark(1998)과 Sterling-Folker(2000) 참고.

59 물론 규칙성은 생각지도 않은 측면에서 발견될 수도 있다. 루빈스타인은 색깔을 구분할 수 있는 한 살짜리 자기 딸에게 청색, 적색, 녹색의 3직육면체를 무작위로 배열하고 딸이 과연 일관성 있는 선택을 하는가를 알아보기 위한 실험을 약 12번 했는데, 딸의 선택에 아무런 일관성이 없다고 생각했으나 결국 딸이 색깔이 아니라

그러나 과연 이것이 합리적 선택만의 문제인지는 의문이다. 기타 모델구성에 있어서 사소한 차이가 그 결론에 있어 상당한 차이를 가져올 수 있다는 것도 문제이다(Kreps 1990b, Chapter 5).

2. 합리적 선택이론의 해석

합리적 선택이론을 어떻게 볼 것인가? 지금까지 한번도 강조하지 않았기에 필자는 무엇보다도 합리적 선택이론의 해석학적(hermeneutical or interpretive) 측면을 강조하고 싶다. 사회적 현상을 이해하는 것은 그 현상에 관련된 행위자들의 믿음과 선호를 그들의 행동과 '합리적'으로 연결시키는 것을 필요로 한다. 합리적 선택이론은 현실의 행위자의 믿음과 선호를 재구성(reconstruct)하여 사회현상을 합리적 행동의 결과로 파악함으로써 그 사회현상을 이해하고자 하는 것이다. 이러한 올바른 이해를 위해서는 행위자의 주관적 믿음과 선호를 될 수 있는 한 정확하게 재구성할 필요가 있다.[60]

왼쪽, 중간, 오른쪽이라는 위치 선택에 있어 항상 왼쪽을 선택하는 엄청난 일관성을 보였다는 것을 깨달았다고 한다(Rubinstein 1991). 친한 사람으로부터의 충고는 받아들이되 사이가 나쁜 사람의 충고를 무시하는 현상도 규칙성의 한 예이고, 이미 언급한 대로 이는 신호게임이 그 메커니즘을 잘 밝혀주고 있다

60 물론, 행위자가 일정한 합리성(논리적 사고능력과 행동의 의도성)을 지니고 있다는 전제를 당연히 필요로 한다. 이러한 전제를 부인하고서는 사회현상을 이해할 수 없다. 만일 행위자의 믿음과 선호를 직접적으로 확인할 길이 없다면, 경제학의 현시선호이론에서와 같이 행위자의 행동을 합리적으로 만드는 믿음과 선호를 행위자에게 부여해야 할 것이다. 이러한 믿음과 선호가 유효하게 행위자의 행동을 미래에도 예측하게 한다면 행위자는 그러한 믿음과 선호를 가진 것으로 추정될 수 있다.

이미 제2절에서 언급하였지만, 합리적 선택이론에서 개인은 사회와 멀리 떨어져 있는 고립된 존재가 아니다. 합리적 선택을 실제로 적용하는 데 있어서는 행위자의 선호, 믿음, 실현 가능한 결과의 집합, 선택 가능한 대안, 행동의 순서 등등을 결정해야 한다. 행위자가 특정 대안을 대안으로 생각하고 특정 선호와 믿음을 가지는 것 자체가 바로 그가 사회적 존재라는 것을 의미한다. 게임이론에서 참가자가 다른 참가자의 몫(payoffs)을 모르는 등의 불완전정보(incomplete information) 상황을 '자연(Nature)'이 먼저 행위자의 '유형(types)'을 결정하는 식으로 변환시킬 수 있는 까닭도 바로 이 참가자들이 상징을 공유하는 사회적 존재로 가정되기 때문이다.

한편, 합리적 선택이론은 현실을 총체적으로 설명하고 예측하기보다는 오히려 현실의 특정 측면을 부각시켜 그 효과를 파악하려는 목적에서 사용되는 경우가 많다. 기버드와 베리언(Gibbard and Varian 1978)은 모델을 크게 '근사치로서의 모델(models as approximations)'과 '캐리커처로서의 모델(models as caricatures)'로 나눈다. 근사치로서의 모델의 목표가 취급가능성(tractability)이 허용하는 한 현실을 될 수 있는 한 왜곡시키지 않는 데 비해 캐리커처로서의 모델은 때로는 고의적으로 현실을 왜곡하기도 한다. 예를 들어 스펜스는 학위를 얻는 이유가 교육을 받는 것이 그 자체 직업을 수행하는 데 도움이 되어서가 아니라 단순히 자신의 능력에 관한 신호(signal)라는 가정을 하고 이러한 가정의 함의를 분석한다(Spence 1974). 올슨의 집단행동의 논리 역시 캐리커처로서의 모델로 볼 수 있다. 합리적 선택이론가들이 합리적 선택이론의 경험적 적실성의 한계에 대해 반박하면서 '다른 조건이 변하지 않은 한(ceteris paribus)'이라는 가정을 자주 드는 것도 바로 이 때문이다. 근사치로서의 모델보다는 캐리커처로서의 모델이 경험적 가설을 만드는 데 도움이 될 뿐만 아니라, 엘스터(Elster 2000)가 강조하는 거시적 현상의 미시적 메커니즘의 발견에 기여하였음은 물론이다. 게임이론적 모델 역시 많은 경우 근사치로서의 모델이 아니라 캐리커처로서의 모델이라고 할 수 있다. 캐리커처로서의 모델을 구성하는 것은 반사실적 세상(counterfactual world)을 구성하는 것에 해당한다. 이러한 모델은 실제세계(real world)의 추상(abstraction)이나 단순화(simplification)만을 통하여 구성하는 것이 아니다(Sugden 2000). 인종적 주거분리 현상을 설명하기 위해 셸링(Schelling 1978)이 사용한 바둑판(checkerboard) 모델처럼 아주 '비현실적' 가정이 사용될 수도 있는 것이다.[61] 이러한 가정을 통해 얻은 모델 속에서의 인종분리라는 결과는 실제로 존재하는 도시의 인종분리 현상과 더불어 모델 속의 미시적 메커니즘이 실제로 작동하고 있다는 신뢰를 주게 된다. 한편, 모델 속에서는 이 미시적 메커니즘을 실제의 세계에서보다는 훨씬 더 명백히 볼 수 있게 된다.

합리적 선택이론을 어떻게 보아야 할 것인가에 대해 정확한 답이 있는 것은 아니다. 이 글에서는 합리적 선택이론의 여러 측면에 관한 다양한 논의를 전개함으로써 합리적 선택이론에 대한 관심을 제고하고 합리적 선택이론에 관한 생산적 대화를 유도하기 위해 노력하였다.

---

61 여기서의 비현실성은 물론 제2절에서 논의된 합리성에 관한 비현실성과는 다른 차원의 것이다.

참고문헌

김용학. 1996. 『사회구조와 행위』. 서울: 나남.
김웅진. 1987. "한국정치학의 대상과 방법: 회귀분석 '신드롬'-한국정치학의 연구방법론에 대한 기법적 진단-." 『한국정치학회보』 21집 2호, 203-217.
_____. 1995. "과학적 발견의 정치사회적 정당화-적실성의 족쇄와 방법론적 구속성-." 『한국정치학회보』 29집 3호, 295-310.
김재한. 1994. "한국정치외교연구의 형식모형적 접근의 현황." 김웅진 편. 『방법. 방법론과 한국정치학』. 서울: 한울.
문우진. 2005. "지역본위투표와 합리적 선택이론: 공간모형분석." 『한국과 국제정치』 21권 3호, 151-186.
백완기. 1983. "합리성에 관한 소고." 『한국정치학회보』 7집, 395-414.
정준표. 1993. "집단행동과 게임이론." 『한국정치학회보』 27집 2호, 109-139.
_____. 2000. "국제정치경제와 게임이론." 여정동 · 이종찬 편. 『현대국제정치경제』. 서울: 법문사.
_____. 2003. "합리적 선택이론에 있어서 합리성의 개념." 『대한정치학회보』 11집 2호, 415-439.
조기숙. 1997. "지역주의 논쟁: 비판이론적 시각에 대한 비판." 『한국정치학회보』 31집 2호, 203-232.
최종원. 1995. "합리성과 정책연구." 『한국정책학회보』 4권 2호, 131-160.
황수익. 1989. "사회행위의 의도되지 않은 결과. 기능적 설명. 그리고 개인주의적 설명." 『한국정치학회보』 23집, 372-384.
_____ · 강원택. 2005. "공공선택론." 김세균 · 박찬욱 · 백창재 편. 『정치학의 대상과 방법』. 서울: 박영사.

Bates, Robert H., Greif. Avner. Levi. Margaret. Rosenthal. Jean-Laurent. and Barry R. Weingast. 1998. *Analytic Narratives*. Princeton : Princeton University Press.

Bednar, Jenna, and Scott Page. 2005. "Can Games(s) Theory Explain Culture? The Emergence of Cultural Behavior Within Multiple Games." *Rationality and Society*. forthcoming.

Binmore, Ken. 1992. *Fun and Games : A Text on Game Theory*. Lexington. MA : D. C. Heath.

Calvert, Randall. 2002. "Identity. Expression. and Rational Choice Theory." in Katznelson. Ira. and Helen V. Miller. *Political Science : State of the Discipline*. New York : W. W. Norton.

Coleman, James S. 1990. *Foundations of Social Theory*. Cambridge. M.A. : Belknap Press of Harvard University Press.

Dagger, Richard. 1999. "The Sandelian Republic and the Encumbered Self." *Review of Politics* 61(2), 181-208.

Davidson, Donald. 1979. *Essays on Actions and Events*. Oxford : Oxford University Press.

Downs, Anthony. 1957. *An Economic Theory of Democracy*. New York : Harper and Row.

Dryzek, John. S. 2003. "A Pox on Perestroika. A Hex on Hegemony : Toward a Critical Political Science." Working Paper.

Elster, J. 1986. "Introduction." in Elster J., ed. *Rational Choice*. N.Y. : New York University Press.

_____. 1988. "The Nature and Scope of Rational-Choice Explanation." in Ullmann-Margalit. E., ed. Science and Reflection 3, 51-65.

_____. 2000. "Rational Choice History : A Case of Excessive Ambition." *American Political Science Review* 94(3), 685-695.

Ferejohn, John. 1991. "Rationality and Interpretation : Parliamentary Elections in Early Stuart England." in Monroe. Kristen Renwick. ed. *The Economic Approach to Politics : A Critical Reassessment of the Theory of Rational Action*. New York : Harper Collins.

Friedman, Debra, and Michael Hechter. 1988. "The Contribution of Rational Choice Theory to Macrosociological Research." *Sociological Theory* 6, 207–224.

_____. Jeffrey. 1996. "Introduction : Economic Approaches to Politics." in Friedman. Jeffrey. ed. *The Rational Choice Controversy : Economic Models of Politics Reconsidered.* New Haven : Yale University Press.

_____. Milton. 1953. "Methodology of Positive Economics." in Friedman. Milton. eds. *Essays in Positive Economics.* Chicago : University of Chicago Press.

Gibbard, Allan. and Hal R. Varian. 1978. "Economic Models." *Journal of Philosophy* 75(11), 664–677.

Green, Donald P., and Ian Shapiro. 1994. *Pathologies of Rational Choice Theory : A Critique of Applications in Political Science.* New Haven : Yale University Press.

_____ and Ian Shapiro. 1996. "Pathologies Revisited : Reflections on Our Critics." in Friedman. Jeffrey. ed. *The Rational Choice Controversy : Economic Models of Politics Reconsidered.* New Haven. M. A. : Yale University Press.

Hamlin, A.P. 1986. *Ethics. Economics. and the State.* Brighton : Wheatsheaf Books.

Hardin, Russell. 1995. *One for All.* Princeton. New Jersey : Princeton University Press

Hargreaves Heap. Shaun P. 1989. *Rationality in Economics.* Oxford : Blackwell.

_____ and Yanis Varoufakis. 1995. *Game Theory : A Cri-tical Introduction.* New York : Routledge.

Hausman, Daniel. M. 1995. "Rational Choice and Social Theory : A Comment." *Journal of Philosophy* 92(2), 96–102.

Herne, Kaisa. and Maija Setälä. 2004. "A Response to the Critique of Rational Choice : Lakatos' and Laudan's Conceptions Applied." *Inquiry* 47, 67–85.

Hollis, M., and Lukes S. eds. 1982. *Rationality and Relativism.* Oxford : Blackwell.

Ingram, Paul. and Karen Clay. 2000. "Choice–within–Constraints New Institutionalism and Implications for Sociology." *Annual Review of Sociology* 26, 525–546.

Jerolmack, Colin. and Douglas Porpora. 2004. "Religion. Rationality. and Experience : A Response to the New Rational Choice Theory of Religion." *Sociological Theory* 22(1), 140–160.

Johnson, James. 2002. "How Conceptual Problems Migrate : Rational Choice. Interpretation. and the Hazards of Pluralism." *Annual Review of Political Science* 5, 223–248.

Kahneman, Daniel. and Amos Tversky. 1979. "Prospect Theory : An Analysis of Decision under Risk". *Econometrica* 47(2), 263–291.

Katznelson, Ira. Barry R. Weingast. 2005. "Intersection Between Historical and Rational Choice Institutionalism." in Katznelson. Ira. and Barry R. Weingast. eds. *Preferences and Situations.* New York : Russell Sage Foundation.

Kim, Woosang. 1995. "South Korea's Foreign Policy Strategies toward Main Actors in the Northeast Asia." in Kim, Heemin, and Woosang Kim, eds. *Rationality and Politics in the Korean Peninsula.* International Society for Korean Studies Research Series Vol. Ⅱ.

Knudsen, Christian. 1983. "Equilibrium. Perfect Rationality and the Problem of Self–reference in Economics." in Mäki, Uskali, Gustafsson, Bo, and Christian Knudsen, eds. *Rationality, Institutions and Economic Methodology.* New York : Routledge.

Kreps, D. M., P. Milgrom, J. Roberts. and R. Wilson. 1982. "Rational Cooperation in the Finitely–Repeated Prisoners' Dilemma." *Journal of Economic Theory* 27, 245–252.

Kreps, David M. 1990a. *A Course in Microeconomic Theory.* New York : Oxford University Press.

_____. 1990b. *Game Theory and Economic Modelling.* New York : Oxford University Press.

Kymlicka, Will. 1989. *Liberalism. Community and the Culture.* Oxford : Clarendon Press.

Lane, Robert E. 1996. "What Rational Choice Explains." in Friedman. Jeffrey. ed. *The Rational Choice Controversy : Economic Models of Politics Reconsidered.* New Haven : Yale University Press.

Levi, Margaret. 1997. "A Model. a Method. and a Map : Rational Choice in Comparative Historical Analysis." in Lichbach, Mark Irving, and Alan S. Zuckerman, eds. *Comparative Politics : Rationality. Culture. and Structure.* Cambridge : Cambridge University Press.

Luce, Duncan R., and Howard Raiffa. 1957. *Games and Decisions.* New York : John Wily.

MacDonald, Paul K. 2003. "Useful Fiction or Miracle Maker : The Competing Epistemological Foundations of Rational Choice Theory." *American Political Science Review* 97(4), 551-565.

Mahoney, James. 2000. "Rational Choice Theory and the Comparative Method : An Emerging Synthesis?" *Studies in Comparative International Development* 35 (2), 83-94.

Mayhew, David. 1974. *Congress : The Electoral Connection.* New Haven, Conn. : Yale University Press.

Morrow, James D. 1994. *Game Theory for Political Scientists.* Princeton. New Jersey : Princeton University Press.

Munck, Geraldo L. 2001. "Game Theory and Comparative Politics." *World Politics* 53, 173-204.

Olson, M. Jr. 1965. *The Logic of Collective Action.* Cambridge, M.A. : Harvard Univ. Press.

Ordeshook, Peter. 1986. *Game Theory and Political Theory.* Cambridge : Cambridge Univ. Press.

Ostrom, Elinor. 1991. "Rational Choice and Institutional Analysis : Toward Complementarity." *American Political Science Review* 85(1), 237-243.

Powell, Robert. 2002. "Game Theory. International Relations Theory. and the Hobbesian Stylization." in Katznelson. Ira. and Helen V. Miller. eds. *Political Science : State of the Discipline.* New York : W. W. Norton.

Rawls, John. 1971. *A Theory of Justice.* Cambridge. Massachusetts : Belknap Press of Harvard Univ. Press.

Riker, William H. 1990. "Political Science and Rational Choice." in Alt, James E., and Kenneth A. Shepsle. eds. *Perspectives on Positive Political Economy.*

Cambridge. New York : Cambridge University Press.

Rubinstein, Ariel. 1991. "Comments on the Interpretation of Game Theory." *Econometrica* 59(4), 909–924.

Sandel, Michael. 1984. "The Procedural Republic and the Unencumbered Self." *Political Theory* 12, 81–96.

Satz, Debra., and John Ferejohn. 1994. "Rational Choice and Social Theory." *Journal of Philosophy* 91(2), 71–87.

Schelling, T.C. 1978. *Micromotives and Macrobehavior.* New York : Norton.

Sen, Amartya. 2002. *Rationality and Freedom.* Cambridge. Massachusetts : Belknap Press of Harvard Univ. Press.

Simon, H. A. 1985. "Human Nature in Politics : The Dialogue of Psychology with Political Science." *American Political Science Review* 79, 293–304.

_____. 1986. Rationality in Psychology and Economics." in Hogarth. Robin M., and Melvin W. Reder. eds. *Rational Choice : the Contrast between Economics and Psychology.* Chicago : University of Chicago Press.

Somers, Margaret R. 1998. "'We're No Angels' : Realism. Rational Choice. and Relationality in Social Science." *American Journal of Sociology* 104(3), 722–784.

Spence, M. 1974. *Market Signalling : Information Transfer in Hiring and Related Screening Processes.* Cambridge : Harvard University Press.

Sterling–Folker, Jennifer. 2000. "Competing Paradigms or Birds of a Feather? Constructivism and Neoliberal Institutionalism Compared." *International Studies Quarterly* 44. 97–119.

Sugden, Robert. 2000. "Credible Worlds : The Status of Theoretical Models in Economics." *Journal of Economic Methodology* 7, 1–31.

Taylor, Michael. 1996. "When Rationality Fails." in Friedman. Jeffrey. ed. *The Rational Choice Controversy : Economic Models of Politics Reconsidered.* New Haven : Yale University Press.

Tversky, Amos, and Daniel Kahneman. 1986. "The Framing of Decisions and the Psychology of Choice." in Elster J., ed. *Rational Choice.* N.Y. : New York University Press.

van Damme, Eric. 1998. "On the State of the Art in Game Theory : An

Interview with Robert Aumann." *Games and Economic Behavior* 24 : 181–210.

Weingast, Barry, R. 2002. "Rational–Choice Institutionalism." in Katznelson. Ira. and Helen V. Miller. eds. *Political Science : State of the Discipline*. New York : W. W. Norton.

Yee, Albert S. 1997. "Thick Rationality and the Missing 'Brute Fact' : The Limits of Rationalist Incorporations of Norms and Ideas." *Journal of Politics* 59(4), 1001–1039.

03

역사적 신제도주의와 현대 정치학 연구: 1990년대 중반 이후의 동향

김기석(강원대학교)

Ⅰ. 들어가는 말

신제도주의는 1980년대 이후 사회과학의 연구에 있어 연구자들 사이에 폭넓게 공유되는 주류 접근법으로 등장하였다. 말하자면 대개의 정치, 경제 및 사회적 현상의 연구자들 사이에 제도 혹은 조직이 사람들의 정치적 삶의 핵심적 부분을 구성한다는 점에 대한 일종의 합의가 생겨난 것이다. 그러면서도 신제도론 이론의 발전과정이 가진 가장 큰 특징 중 하나는 그것이 여타의 이론들처럼 어떤 특정한 선구적 이론가나 저작을 통해 제기되고 점차 영향력을 넓혀간 것이 아니라, 많은 분야에서 상호작용이 없이도 자발적으로 생겨났다는 점이다. 또한 이러한 동시적인 관심의 전환은 개별적인 하위분야에서도 나타났다(즉, Hall 1986과 Shepsle 1986을 비교). 따라서 신제도론은 연구자들의 이론적 지향, 연구방법, 연구테마 등 중요한 측면에서 차별성을 갖는 몇 가지 서로 다른 연구전통으로 나뉘어 발전하였으며,[1] 역사적 신제도주의는 그 핵심 접근법 중 하나이다.

---

[1] 사실 신제도주의의 분류방식은 연구자에 따라 실로 다양하다. 하지만 본 연구에서는

잘 알려져 있듯이 신제도주의가 가지고 있던 이론적 문제의식의 핵심은 기존의 행태주의, 구조 기능주의 혹은 마르크시즘 접근법이 가지고 있던 소위 몰제도적(institution-free) 인식, 말하자면 집단의 선호와 힘의 상호작용이 정치적 결과를 설명할 수 있다는 기본 인식이었으며, 이는 정치학의 영역에서 각기 다른 국가의 맥락에서 지속적이고 독특한 방법으로 행태를 구성하는 사회경제적·정치적 구조를 지속적으로 무시하는 결과를 가져왔다. 신제도주의는 기본적으로 이런 인식 속에서 무시 혹은 경시되어 왔던 제도의 분석적 중요성을 되살리려는 노력이었다.

신제도주의의 중요한 하위영역 중 하나를 구성하는 역사적 신제도주의는 이론적 인식, 방법론, 연구테마, 주요 연구자 등 여러 가지 측면에서 하나의 독자적인 접근법을 구성하며, 본 논문은 그러한 역사적 신제도주의의 핵심 속성들을 체계적으로 살펴보고 그 최근 연구동향을 정리해 봄으로써 그것이 이론적 접근법으로서 지니는 잠재력을 평가해 보는 것이 기본 목적이다. 그러한 연구목적을 달성하기 위하여 이 논문은 다음과 같이 구성된다. 우선 역사적 신제도주의의 핵심적인 이론적 속성과 연구테마 그리고 방법론 등을 역사적 신제도주의라는 이름에 내재한 세 가지 속성, 즉 제도에 대한 연구, 새로운 접근, 그리고 역사의 중시 등으로 나누어 살펴본다. 그리고 나서 1990년대 이후 역사적 신제도주의가 어떠한 방법으로 분석적 문제점들을 극복하고자 노력하고 있는지를 분석한다. 여기서는 기본적으

가장 보편적인 분류법, 즉 코엘블이나 홀과 테일러가 사용한 역사적 신제도주의, 합리적 선택 신제도주의, 그리고 사회학적 신제도주의의 3분법을 사용한다(Koelble 1995 ; Hall and Taylor 1997 참조).

로 여타 신제도주의와의 절충적 시도라는 흐름에 주목해서 그와 관련해 새롭게 등장한 연구테마, 그리고 방법 등을 제도변화의 이론화 시도와 아이디어의 역할에 대한 이론적 관심을 중심으로 고찰한다. 마지막으로 연구결과를 요약하고, 한국의 역사적 신제도주의는 어떠한 모습을 띠고 전개되어 왔으며 어떠한 문제점을 가지고 있는지를 살펴보고 앞으로의 과제를 제시하는 것으로 논문을 마무리하고자 한다.

Ⅱ. 역사적 신제도주의의 테마

연구의 범위[2]나 이미 출판된 문헌의 분량에 비추어 볼 때 역사적

[2] 캠벨은 최근 발간된 책에서 그동안 신제도주의자들의 중요한 연구대상이 되었던 주제들을 일목요연하게 제시하였는데 그 내용은 다음과 같다. 박물관이나 여타의 문화조직, 현대기업의 등장, 노동조합의 조직, 소수민족 보호정책(affirmative action)의 채택, 기업관리 모형의 확산, 기업 거버넌스 유형의 발전, 건강관리 체계의 등장, 시장의 창출, 재산권의 변화, 경제체제와 민족국가의 성장, 경제·재정·사회·기술 및 여타의 공공정책 결정, 사회운동의 성장, 집단의 자연자원 보존능력, 국가의 경제적 성취도 및 위기에 대한 대응능력 차이, 국가별 혹은 국제적 안보체제의 작동, 시민권의 확산, 세계문화의 전파, 지구화의 효과 등이다. 각각의 주제를 다룬 문헌들의 소개는 Campbell 2004, iii ff 4를 참조할 것. 또 피어슨과 스카치폴은 스크로넥, 한센, 홀, 콜리어 등의 저작을 대표적 업적으로 소개한 뒤 민주주의로의 이행, 권위주의의 등장 및 퇴조, 국내정치와 국제정치의 접점, 복지국가의 기원과 발전, 정치의 사회적 정체성, 여성권리의 정치동학, 경제체제의 기원과 발전, 그리고 사회운동 및 혁명의 원인과 결과 등을 역사적 신제도론자들의 주요 관심영역으로 제시하고 있다(Pierson and Skocpol 2002, 693-694 참조).

신제도주의의 연구테마들을 간략히 정리하는 것은 쉽지 않은 일이다. 따라서 본 연구에서는 아주 간단한 방법, 즉 "역사적 신제도주의"라는 타이틀이 가진 의미를 분석하는 것으로부터 논의를 풀어가고자 한다. "역사적 신제도주의"라는 표현은 크게 세 가지의 핵심 속성을 가진다. '제도'에 대한 분석적 관심, 그것도 뭔가 '새로운' 형태의 관심, 그리고 '역사'를 중심으로 한 분석이 그것이다. 이를 보다 체계적으로 표현한다면 (1) 왜 제도를 연구하는가? (2) 신제도주의는 구제도주의 및 기존 이론들과 무엇이 다른가? 그리고 (3) 왜 역사를 강조하가라는 밀접히 연관된 세 질문을 포함한다.

1. 초기 역사적 신제도주의

(1) 왜 제도에 주목하는가?

역사적 신제도론은 새로 만들어진 것이 아니라, 스타인모와 그의 동료들이 『정치의 구조화(*Structuring Politics*)』라는 제목으로 특정한 유형의 이론적 관심과 그에 입각한 사례연구들을 묶어내면서 그에 대해 역사적 신제도론이라는 이름을 부여하고[3] 그 기본성격을 정리해냄으로써 하나의 이론체계로 부각되었다. 말하자면 역사적 신제도주의라는 타이틀이 사용되기 이전에도 정치학에는 역사적 신제도주의

[3] 스타인모에 따르면 '역사적 신제도주의'라는 표현은 이를 합리적 신제도주의로부터 구별하기 위해 스카치폴이 사용한 것을 빌려온 것이라고 한다(Steinmo and Thelen 1992, 미주 4 참조).

'적'인 접근법의 문제의식과 방법론 등 핵심 요소들을 포함하는 연구들이 존재하였던 것이다. 이 연구들은 주로 행태주의나 합리적 선택 이론 혹은 마르크시즘과 같은 주요 이론들에 대한 '비판'과 '대안'이라는 형태로 제기되었으며, 주요 국가들의 행정적 · 법적 · 정치적 구조에 대한 세밀한 구성적 연구(configurative study)[4]에 주안점을 두었던 구제도주의 전통의 연장선상에 있었다.

신제도주의의 등장을 분석하는 선구적인 논문에서 마치와 올슨은 정치학의 기존 연구의 문제들을 종합적으로 비판[5]하면서 신제도주의를 기존의 연구에서는 경시되었던 정부 혹은 정부 내 부서들 간의 관계, 의회, 정당, 사법부, 헌법, 선거경쟁의 규칙 등 다양한 공식적 제도장치들을 자율적이면서도 일관성을 가진 행위자로 위치시킴으로써 정치현상을 정치적 변인들을 중심으로 연구하려는 움직임으로 해석하였다(March and Olsen 1984, 735-738). 물론 공식적 제도 중심의 인식은 곧바로 자율적인 조직, 기업, 문화, 인식적 혹은 해석적 틀에 이르기까지 폭이 넓어졌다(김기석 2003 참조).

그러한 신제도론의 기본 문제의식이 반영하고 있듯이 정치학 분야의 신제도론자들이 기존 이론에 대하여 제기한 핵심적인 문제는 정치적 결정이 과연 행위자들의 선호를 단순히 결집함으로써 이루어지는가의 문제였다(Immergut 1998, 11-14). 즉 신제도론자들의 인식은

---

4 즉 구제도주의는 규범적인 입장에서 당시 국가들의 각기 다른 제도적 구성을 평면적으로 서술하거나 비교 및 대조한다는 의미에서 약간의 비교분석을 포함하였다. 그러나 구제도주의는 중간수준의 범주 개발이나 진정한 비교연구, 그리고 설명적 이론을 발전시키지는 않았다.

5 맥락주의(contextualism), 환원주의(reductionism), 공리주의(utilitarianism), 기능주의(functionalism), 그리고 도구주의(instrumentalism) 등이다.

개인 혹은 집단의 이익을 단순히 결집하여 정치적 결과가 산출되는 것이 아니라 정치제도를 통해서 매개됨으로써 비로소 특정한 결과를 낳게 된다는 것이었다. 물론 이것이 제도가 행동을 결정한다는 의미는 아니다. 제도는 단지 행위자들이 왜 특정한 형태의 선택을 하는가를 이해하도록 돕는 행위의 맥락을 제공해 줄 뿐인 것이다.

그렇다고 신제도론자들이 제도에 부여하는 분석적 중요성이 제도라는 정치현상을 설명하는 단순한 또 다른 변인의 하나라거나 단지 "제도 역시 중요하다"라는 정도는 아니다. 오히려 그들이 주목하는 제도는 행위자들의 전략뿐만 아니라 그들의 목표를 형성하고 그들의 협력 및 갈등관계를 매개함으로써 정치적 상황을 구조화하고 정치적 결과에 자취를 남기는, 말하자면 정치현상을 생산하는 핵심 변인인 것이다(Thelen and Steinmo 1992, 9 ; Koelble 1995, 239 참조). 특히 역사적 신제도주의자들은 정치적 투쟁이 제도 내에서 발생하기도 하고 미래의 특정한 제도적 유형을 놓고 발생하기도 하기 때문에 제도는 정치투쟁 자체의 유형과 성격에 커다란 영향을 미치는 구조로 작용한다고 본다. 여기에 바로 정치현상으로서의 제도연구의 당위성이 존재하는 것이다.

1970년대 이후 역사적 신제도론의 형태를 띤 접근법은 다양한 정치적 여건들에 적용되어 왔지만, 경험적 연구에서 이 접근법에 매력을 부여한 것은 국가에 따라 정책이 다르면서도 한 국가 내에서는 정책유형이 지속되는 것을 설명할 수 있는 이론적 토대를 제공하였다는 점이었다. 특히 1970년대의 석유위기에 대한 정책 대응방식이나 그 성과가 국가마다 매우 달랐다는 사실은 행태주의, 구조 기능주의, 그리고 근대화론이나 정치발전론의 분위기 속에서 소위 '수렴화 가설'의 낙관적 함의에 젖어 있던 서구 연구자들에게 국가 간 차별성이라는 새로운 연구테마를 제공하였으며, 이런 문제의식은 이후 역사적 신제도주의라는 타이틀 하에 묶여진 많은 연구결과들을 낳았다. 물론 이러한 행태주의적 연구는 물론 마르크시즘이나 구조 기능주의류의 연구들이 지향하였던 거대 이론화의 실패를 반영하는 것이기도 하였다(Rothstein 1996).

예컨대 중범위 이론의 수준에서 국가와 사회의 관계를 구조화하는 제도적 배열을 분석함으로써 국가중심적 시각과 사회중심적 시각을 체계적으로 종합하는 연구가 등장하였는가 하면(Katzenstein 1978), "공통주제와 관련한 변이"의 근원을 보이는 중간수준의 변인에 초점을 맞춤으로써 포괄적인 국가 간의 규칙성을 추적하는 거대 이론과 특정한 국가사례의 구체적 설명 사이에 중요한 분석적 교량을 건설하는 연구성과도 생산됐다(Hall 1986). 보다 거시적으로 다원주의적 전통 속에서 정치분석의 외곽으로 밀려났던 국가의 분석적 중요성을 복원하려는 시도가 등장하여 큰 반향을 불러일으켰으며(Evans, Rueschemyer, Skocpol 1986), 네오 마르크스주의자들까지도 국가의 구체적인 조직형태에 주목하기 시작했다(Therbon 1978 ; Wright 1978). 조직이론가들은 조직문화의 중요성을 발견하였고(Meyer and Rowan 1977), 국제정치학자들은 국제체제의 중요성에 착목하였으며(Krasner 1983), 정치경제학자들은 "게임의 법칙"이 갖는 의미를 발견하기도 했다(North 1990 ; Levi 1988). 다양한 형태로 제도가 사회과학 연구에 다시 복귀한 것이다.

(2) 무엇이 새로운가?

이런 신제도론자들의 문제의식에 대해 일부 기성학자들은 이미 오랫동안 제도를 연구해 왔던 정치학의 전통 속에서 신제도론이 과연 새로운 접근법인가라는 본질적인 의문을 제기했다(Thelen and Steinmo 1992 ; Koelble 1995, 231). 플라톤, 아리스토텔레스는 물론 마키아벨리, 로크, 루소, 홉스 그리고 유사한 성향의 많은 연구자들이 가졌던 주요 관심사 중 하나는 바로 '어떤 정치제도가 최상의 사회와 개인을 만드는가'였으며, 19세기 말 정치학이 현대적인 학문영역으로 등장할 때도 그러한 고전적 전통은 큰 영향을 미쳤다는 것이다. 오히려 정치학에서 제도에 대한 관심이 미약해진 것은 비교적 최근에 행태주의나 집단주의적 이론들이 성행한 이후이며, 게다가 그런 동안에도 사실 제도에 대한 분석적 관심은 지속돼 왔다는 것이다(Thelen and Steinmo 1992 ; Rothstein 1996 참조).

이런 문제제기에 대해 신제도주의자들은 우선 제도의 공식적이고 정태적인 모습을 서술하는 데 주로 관심을 가졌던 구제도론에 비해 신제도론은 제도의 "관계적 성격"을 강조한다고 말한다(Hall 1986, 19). 즉 국가나 사회적 제도 그 자체의 공식적 구성이나 성격보다 어떻게 주어진 제도의 형태가 행위자들 사이의 권력을 배분하고 나아가 정치적 상호작용을 구성하는가의 문제가 더 중요하다고 보는 것이다.

이런 인식은 "중간수준(intermediate-, middle-, mid- 또는 meso-level)"의 제도에 대한 강조와 연계된다. 사실 신제도주의 문헌들에서 제도의 정의는 다양하다.[6] 제도는 공식 조직이나 법, 비공식적 규칙이나 규범은 물론 문화까지 포함한 행위를 구조짓는 거의 모든 과정과 절차 등을 포괄한다. 신제도론자들은 성향에 따라 각기 다른 제도의 정의를 사용하지만, 이런 다양한 수준의 제도들이 자신들이 설명하고자 하는 정치적 결과를 산출하는 데 영향을 미친다는 가정을 공유한다. 그러면서도 특히 역사적 신제도주의자들이 강조하는 것은 어떻게 중간수준의 제도가 거시적인 구조를 매개함으로써 개별적 혹은 집단적 행위자들의 행위에 영향을 미치고, 궁극적으로는 정치적 혹은 정책적 결과를 산출하는가인 것이다. 이런 문제의식을 토대로 역사적 신제도주의자들은 개별 정치체제에 대한 연구보다 국가 간 비교연구를 중시하며, 이 역시 신제도주의를 개별 국가의 법적·행정적·정치적 제도의 연구에 중점을 두었던 구제도주의와 구별짓는[7] 중요한 속성이 된다는 것이다. 그리고 특히 역사적 신제도주의는 아래에서 언급할 경로의존성 개념의 중요성과 함께 이상과 같은 이론적·방법론적 특성들이 적절히 조합됨으로써 하나의 이론체계로서 구성된다고 본다.

2. 왜 역사를 중시하는가?

다른 분파의 신제도주의와 비교하여 역사적 신제도주의를 특징

---

6 제도 개념의 다양성과 관련한 논의는 김기석(2003)을 참조.

7 신·구제도주의의 차이에 대한 체계적인 비교는 DiMaggio and Powell(1991)을 참조할 것.

짓는 가장 중요한 속성 중 하나는 이 접근법이 연역적인 방법보다 귀납적인 방법을 사용하며 역사를 연구대상으로 한다는 점이다. 이러한 역사중심적 접근법을 택하였을 때 역사가가 아닌 사회과학자로서의 연구자는 크게 두 가지 문제에 직면한다. 하나는 연구가 평면적인 역사서술에 그치는 문제이며, 이는 기본적으로 역사연구를 사회과학적으로 수행하는 문제와 직결된다. 다른 하나는 역사연구의 특성 내지 장점을 극대화하는 문제이다. 이에 대해 역사적 신제도주의자들은 다음과 같은 해법을 내놓고 있다.

(1) 거시적이면서도 현실세계의 구체적인 문제에 대한 관심

역사적 신제도주의자들은 기본적으로 역사 속에서 관찰되는 현실세계의 특정한 문제들을 구체적으로 이해하고 설명하는 데 관심을 갖는다(Steinmo 2001, 2-3). 특히 이들은 역사적으로 매우 중요하거나 놀라운 유형, 사건, 제도적 모습 등이 국가마다 서로 다르게 나타나는 것을 설명하는 데 이론적 흥미를 가지는 것이다. 이들이 제기하는 이론적 질문은 예컨대 왜 역사적으로 중요한 사건이 발생하였는가 또는 발생하지 않았는가? 혹은 왜 특정한 구조나 유형이 특정한 시간이나 장소에서는 생겨났는데 다른 시간이나 장소에서는 생겨나지 않았는가? 왜 혁명은 특정한 시기에 특정한 사회에서는 발생하고 다른 시기나 사회에서는 발생하지 않았는가? 왜 복지국가의 발전경로는 국가들마다 다른가? 그리고 왜 어떠한 조건에서 체제는 변화하는가? 공공정책은 왜 국가에 따라 다른가? 등과 같은 것이다(Pierson and Skocpol 2002, 696-697). 물론 이는 역사학 혹은 사회학의 비교역사 연구기법으로부터도 영향을 받은 것이며, 기존 이론의 예측과 달리 나타나는 현상에 분석적 초점을 맞추는 합리적 선택이론의 연역적 문제제기 방식[8]과 대비되는 부분이기도 하다(Thelen 1999).

이같이 현실세계의 사건들에 대한 거시적 조망은 중요한 이론적 장점을 가진다. 우선 거시적 문제들에 대한 연구는 인간들이 속해 있고 그들 삶의 역정을 구조짓는 사회구조적인 문제들에 대한 근본적인 지식을 제공한다. 미시적인 문제들에 얽매여 보다 중요한 문제들을 도외시하는, 말하자면 나무에 몰입하다 숲을 보지 못하는 우를 범하지 않는 것이다. 아울러 그런 연구들은 정치현상에 대한 규범적 이론가들과 경험적 연구자들 사이에 가로놓여 있는 건너기 어려운 강을 잇는 다리의 효과도 가진다. 예컨대 현대 복지국가의 발전에 대한 연구들은 기본적으로 평등, 민주주의, 그리고 자유와 같은 중요한 규범적 가치들에 대한 신념과 관심을 바탕으로 한 것이었다. 말하자면 이들의 연구는 규범적 가치들을 추구하는 경험적 연구와 선택적 친화력을 가지는 것이다. 또 근본적이고 실질적인 현실세계의 딜레마들을 다룸으로써 역사적 신제도주의자들은 보다 미시적인 연구들을 통해 검증될 수 있는 가설을 제공하기도 한다(Pierson and Skocpol 2002, 697-698 참조).

물론 그런 문제제기 방식은 이론적 약점의 원인이 되기도 한다. 무엇보다도 연구성과들이 서로 다른 시대와 장소 그리고 분야 등으로 분산됨으로써 연구들 사이에 연계성이 부족해지고, 따라서 일관

---

8 예컨대 왜 노조는 자신들의 집단적 이익에 반하는 선택을 하게 되는가? 왜 개인들은 정치적 몰락을 재촉하는 선택을 하는가? 왜 정당들은 당장의 선거에서의 패배를 예측하면서도 그에 임하는가?

성 있고 체계적인 이론적 지식을 축적하는 데 어려움을 초래하는 것이다.

(2) 시간의 분석적 중요성에 대한 주목

두 번째로 역사적 신제도론자들은 역사로 투영된 시간이 사회현상에 미치는 영향을 다양한 방법으로 연구과정 및 결과에 반영하고자 노력한다. 기본적으로 이들이 주목하는 역사는 과거의 특정한 시점에 존재했던 경험적 사실보다는 시간이 경과하면서 진행하는 과정이다. 왜냐하면 역사적 사건은 활동사진(moving pictures)의 형태로 볼 때 올바른 이해와 해석이 가능하며, 정지된 사진(snap shot)의 형태로는 그 풍부한 함의와 과정이 포착되기 어렵기 때문이다(Pierson 2000a).

- **경로의존성(path dependence)과 제도적 안정성**

제도적 안정성은 모든 제도주의 이론의 중심 교의이다. 대부분의 제도 관련 아이디어들은 그것이 지속성을 갖는 실체로서 행위자의 의지에 따라 쉽사리 변화될 수 없다는 점에 공감하는 것이다. 만약 제도가 권력구조 혹은 사회 세력관계에 따라 쉽사리 변화된다면 제도분석은 무의미할 것이다(Rothstein 1996). 중요한 변인이 아니기 때문이다. 문헌들에서 제도적 안정성에 대한 설명은 다양하다. 예컨대 경제학적 접근은 기존 제도에 대한 투하비용, 변화 이후의 결과에 대한 불가예측성, 그리고 변화과정의 높은 비용발생 등을 제도변화를 저해하는 요인으로 든다. 그리고 본질적으로 제도란 어떠한 행위자도 그 변화를 원치 않는 말하자면 균형점(equilibrium)이기 때문에 잘 변화하지 않는다는 것이다.

역사적 신제도론은 경로의존성을 보다 강조한다. 사실 경로의존성은 신제도론의 핵심 개념이지만 학자들 간에 그 언어적 정의에 대한 합의는 별로 없고 일반적으로 정치제도가 가지고 있는 자기 강화적(self-reinforcing) 경향[9]을 의미하였다(Pierson 2000a, 75-76 ; Greener 2005, 62-63). 말하자면 제도는 일단 형성되면 자기 강화적 환류(feedback)과정을 통해 강한 관성(inertia)과 점성(stickiness)을 가지며, 따라서 이후의 사건에 여러 가지 형태로 영향을 미친다는 의미이다(Pierson 2000b, 252-253).

일견 단순해 보이는 경로의존성 개념은 사실 역사적 신제도주의 이론체계에서 복합적이고 중심적인 함의를 가진다. 우선 경로의존성 개념은 정치현상의 시간적(temporal) 혹은 순서적(sequencing) 분석의 중요성을 내포한다(Pierson 2000a). 이는 제기된 경험적 문제들에 대한 인과적 설명을 추구하는 과정에서 현상 발생의 시간적 순위나 순서가 실질적인 정치적 결과에 심대한 영향을 미친다는 의미이다. 시간 및 역사로 연계되는 인과성(historical causation)이 형성되는 것이다. 따라서 경로의존적인 역사 진행과정에서 T1 시점에 사건 A가 T2 시점의 사건 B보다 먼저 발생한다면 A는 B의 선택지를 제한하는 효과를 가진다. 그 역의 경우라면 B는 A의 선택지를 제한하게 된다. 말하자면 T1 시점에 발생하느냐 T2 시점에 발생하느냐에 따라 A(혹은

9 피어슨은 경로의존성 개념을 경제학자들의 이익점증(increasing returns)과 긍정적 환류(positive feedback)의 개념을 이용하여 체계적으로 이론화하였다. 이에 대해서는 뒤에서 자세하게 논의할 것이다.

B)의 선택지의 숫자나 종류는 달라지며, 이것이 궁극적인 결과에 영향을 미치는 것이다. 제외된 선택지를 채택하였을 때 일어날 수 있는 결과의 가능성이 배제되기 때문이다.

연장선상에서 경로의존성은 서로 다른 역사적 배경과 특성을 가진 나라들의 제도적 구성이 현실적으로 다를 수밖에 없다는 것을 암시한다(Hall and Taylor 1996). 말하자면 여러 정치체제를 관통하는 공통적인 작동원리를 추구하는 행태주의나 합리적 선택이론으로부터 역사적 신제도주의가 구별되는 출발점을 제공하는 것이다. 또 제도의 경로의존적 성격에 주목한 역사적 신제도주의자들은 제도에 내재된(embedded) 권력을 중시한다. 이들은 역사적 유산으로서의 기존 제도 내에는 정치행위자 혹은 정치집단 간의 정치권력 배분양상이 내재되어 있고, 이는 특정 집단에게 유리하게 작용하는 반면 다른 집단에게는 불리하게 작용하는 경향을 가진다는 것이다. 그 제도 하에서 유리한 집단은 지배 엘리트이고, 따라서 자신에게 주어진 정치권력을 활용하여 제도변화에 저항하거나 최소한 소극적인 태도를 보일 것이다. 일단 형성된 제도는 변화하기 어려운 것이다. 이런 방식으로 경로의존성 개념은 역사적 신제도주의자들의 제도에 대한 정의는 물론 제도적 안정성의 원천을 설명하기도 한다.

궁극적으로 이런 경로의존성 개념의 함의들을 종합하면 그것은 결국 "역사란 중요하다(history matters)"는 역사적 신제도론의 중심 명제 그것이 된다. 이것이 경로의존성 개념이 역사적 신제도주의에서 차지하는 이론적 위치를 웅변적으로 설명해 주는 부분인 것이다.

• **중대한 기로**(critical juncture, conjuncture)**와 제도변화**

제도가 영원불멸하다면 이 역시 제도분석의 이론적 가치를 반감시킬 것이다. 제도 자체는 물론이고 그를 둘러싼 행위자들의 전략과 상호작용이 지극히 정태적이고 제한적일 수밖에 없기 때문이다. 따라서 제도는 잘 변화하지 않지만 특정한 조건 하에서 특정한 방식으로 변화하기 때문에 정치학적 연구의 대상으로서 가치를 가지는 것이다.

그런 의미에서 제도변화의 경로의존적 안정성을 전제하는 역사적 신제도주의자들에게도 제도변화는 분석의 핵심 대상이다. 역사적 경험에 비추어 볼 때도 제도변화는 정치발전, 체제변화, 새로운 제도의 발생, 공공정책의 변화 등 다양한 형태로 끊임없이 발생하는 것이다. 구딘은 제도가 세 가지 이유 때문에 변화한다고 주장하였다. 하나는 순수한 우연 혹은 예상되지 못한 환경 하에서이다. 예를 들면 별개의 제도 사이의 상호작용은 전혀 기대하지 못한 새로운 유형의 제도를 낳기도 한다. 두 번째 유형은 진화론적 변화이다. 단적으로 말해서 특정한 단계의 사회적 발전에 가장 잘 맞는 제도가 특정한 종류의 선택기제의 작동을 통해 살아남게 된다는 것이다. 물론 그 과정은 점진적이다. 세 번째, 제도는 행위자의 의도적 설계(engineering)에 의해 변화하기도 한다(Goodin 1996).

두 번째 유형이 경로의존적 변화를 의미한다면 역사적 신제도주의자들이 실질적인 제도변화와 관련하여 가장 많은 분석적 관심을 기울여 온 것은 첫 번째 유형이다. 이때 구딘이 '우연'이라고 표현한 것을 역사적 신제도론자들은 분석적으로 "특정한 시점과 특정한 유형의 인과적 연계관계가 결합함으로써 나타나는 상호작용 효과"로 구체화한다(Pierson and Skocpol 2002, 702). 말하자면 이는 핵심 변인 혹은 핵심 행위자들 사이의 상호작용이 특정한 시간적 조건 하에서 특정한 결과를 생산하게 되며, 시간이 경과하면 변화될 수도 있음을 의미하는 것이다. 여기서 시간은 분석적으로 정치적 결과에 영향을 미치는 변인들의 특정 유형의 배열(arrangement)과 인과적 연결고리를 종합적으로 의미한다. 그러므로 시간의 경과란 그 배열 및 인과적 연계관계의 변화를 종합적으로 포함하는 것이다.

그러면서도 현실세계에서의 제도변화 과정과 관련하여 역사적 신제도주의자들이 주목하는 것은 소위 중대한 기로(conjuncture) 혹은 관문(threshold)이다. 말하자면 비록 장기간에 걸쳐서 변화의 압력이 작용한다고 하더라도 실질적인 변화는 소위 핵심 다수(critical mass) 혹은 핵심 요인(key causal factors)이 등장한 시점에 비교적 급작스럽게 이루어진다는 것이다.[10] 물론 이 중대한 기로에서는 정책결정자의 역할이 중요하다. 정책결정자는 위기적 상황, 높은 시간적 압력 하에서 상당한 가능성을 가진 대안들을 검토하여 결정을 내려야 하는 것이다. 이 결정은 이후 제도의 형태와 기능 등에 중대한 영향을 미치는 것이 사실이다(Calder and Ye 2004, 196-199).

그렇다고 하더라도 변화가 가시화된 시점에만 연구의 초점을 맞출 경우 장기간에 걸쳐 실제로 변화에 영향을 미친 핵심 변인을 놓친 채 일시적이고 부분적인 변인들을 통해 현상을 설명하는 우를 범할

10 이런 유형의 변화와 관련하여 정치학 문헌들에서 가장 보편적으로 인용되는 개념은 크래스너의 "분절된 균형(punctuated equilibrium)"이다. Krasner(1984) 참조.

가능성이 생긴다. 왜냐하면 일부 중요한 사회경제적 변화들은 느린 속도로 변화하기 때문에 시간적 범위를 엄격히 제한할 경우 연구자의 시야에 들어오지 않게 되어 마치 고정된 변인인 것처럼 착각할 수 있는 것이다. 그렇지만 인구변화, 문자해득률, 기술, 재정적 조건, 국가 간 경쟁력 등과 같은 변인들은 단기적으로는 그 변화가 쉽사리 눈에 들어오지 않지만 장기적 측면에서 제도적 구조에 의해 영향을 받거나 제도변화에 영향을 미치는 중요한 변인들이며, 따라서 분석에 적절히 포함될 필요가 있다는 것이다(Pierson and Skocpol 2002, 703-704).

(3) 맥락(context)과 구성(configuration)의 중시

역사적 신제도주의자들의 분석대상이 되는 제도는 일반적으로 합리적 선택 신제도주의자들의 분석에 나타나는 단일한 제도(예컨대 의회의 위원회 제도, 투표방식, 권력구조 등)가 아니다. 역사적 신제도주의자들은 제도의 효과를 분석하되 공식적·비공식적 제도, 조직구조 및 정책적 특성 등 다양한 요소를 갖는 제도의 구성요소 간 상호작용, 전체 구성 혹은 맥락을 중심으로 분석한다. 따라서 제도가 행위자나 정책에 미치는 효과는 특정한(혹은 가장 중요한) 제도에 의해서가 아니라, 이런 다양한 제도들의 상호작용에 의해 나타나는 것이다.

다양한 제도적 구성 그리고 제도 간 복합적 상호작용 속에서 나타나는 정치적 효과 혹은 제도 자체의 변화는 행위자의 계산에 의해 예상된 형태로 나타나기 어렵다. 복잡한 제도들의 복합적 결과를 계산하는 과정에서 행위자들은 곧잘 잘못된 판단을 하거나 실수를 저지르기도 하는 것이다.[11] 이는 역사적으로 흔한 현상이다. 또 제도변화는 경로의존적이기 때문에 새로운 제도가 생겨나기보다는 기존 제도에 덧붙여서 나타나는 경우가 훨씬 흔하다. 조건에 따라서는 같은 제도를 새로운 행위자들이 전혀 다른 형태로 이용하기도 한다. 따라서 역사적 신제도주의자들은 기능적 필요에 따라 정해진 경로 혹은 행위자들의 전략적 선택에 따라 정해지는 결과들보다는 특정한 시점의 특정한 제도적 맥락 속에서 나타나는 우연적이거나 의도하지 않은 정치적 결과를 중요시한다(Rothstein 1996 ; Pierson and Skocpol 2002 ; Thelen and Steinmo 1992). 마치와 올슨의 표현을 빌린다면 기능주의적 이론들이 가진 역사의 효율성(efficiency of history) 가정을 거부하는 것이며(March and Olson 1984, 740-741), 오히려 현실적 정치상황의 복잡성을 반영하는 다양한 변인들 사이의 관계와 상호작용을 이론적 설명의 토대로 삼고자 하는 것이다.

---

11 Rothstein이 스웨덴의 사례연구를 통해서 보인 것이 좋은 예이다. 말하자면 스웨덴 노조지도자들은 겐트 시스템이 장기적으로 자신들의 조직이익에 긍정적인 영향을 미칠 것이라는 사실을 몰랐기 때문에 겐트 시스템을 거부하고 국가가 운영하는 시스템을 요구했다는 것이다(Rothstein 1992 참조).

Ⅲ. 최근의 연구경향

1. 신제도주의의 "제2의 경향(the second movement)": 이론적 절충

1990년대 후반 이후 역사적 신제도주의 내에서 나타나고 있는 새로운 경향은 무엇보다 신제도주의 내 다른 분파와의 절충적 연구가 활발하게 시도되고 있다는 점이다. 연구자들은 신제도주의의 분파 간 차별성을 강조하는 기존 주장들이 과장된 측면이 있음을 주장한다. 즉, 세 이론의 차별성은 생각보다 크지 않으며, 따라서 각 분파 간 대화나 통찰력의 상호 교환은 불가능한 것이 아니라고 본다(Thelen 1999 ; Campbell and Pedersen 2004 ; Katznelson and Weingast 2004 ; Immergut 1998). 대표적인 역사적 신제도론자들인 피어슨과 스카치폴은 "역사적 신제도주의는 방법론적 발전의 의미깊은 새로운 단계를 경험하고 있는데, 그것이 가진 정치현상의 본질에 대한 관심과 이론적 절충주의는 인접한 접근법들과의 상호 교류 및 상승작용을 향한 가능성을 동시에 열고 있다"고 주장한다(Pierson and Skocpol 2002, 696). 홀과 테일러 역시 역사적·합리적 선택, 그리고 사회학적 신제도주의는 상호 의견교환과 이해를 통해 각각의 접근법만으로는 풀기 어려운 분석적 문제들을 다른 접근법의 도움으로 풀어나갈 수 있다고 본다(Hall and Taylor 1997). 카즈넬슨과 와인개스트는 이를 양 접근법 사이의 "생산적인 경계 허물기(productive erosion of boundaries)"로 부르면서 그것이 생산적인 결과를 가져올 수 있음을 역설한다(Katznelson and Weingast 2004, 1-2).

물론 이런 절충주의에 대한 비판도 없지 않다. 말하자면 신제도론의 각 분파들은 인식론, 목적론 혹은 방법론적으로 너무나 다른 전통에 서 있기 때문에 상호 절충의 시도는 그다지 생산적이지 못할 것이라는 지적이다(Hay and Wincott 1998).[12] 하지만 다른 신제도주의 이론의 논리와 방법론을 접목하여 스스로의 한계를 극복하려는 시도는 1990년대 중반 이후 활발하게 이루어지고 있으며, 소위 신제도주의 연구의 "제2의 경향"[13]으로까지 지칭되고 있다(Campbell and Pedersen 2001).

이런 움직임은 기본적으로 역사적 신제도주의에 대한 비판에 대응하고 핵심 연구테마들에 대한 완성도 있는 연구성과를 이루려는 시도이다. 예컨대 1992년 논문에서 스타인모와 그의 동료들은 역사적 신제도주의의 새로운 연구영역으로서 제도적 동태주의를 제시하고 그 구체적인 테마로 안정적 제도 내에서의 정책변화, 변화의 대상으로서의 제도, 그리고 제도적 제약 속에서의 아이디어 혁신 등 세 가지를 든 바 있다(Thelen and Steinmo 1992 참조). 이후로도 이 문제들은 여전히 숙제로 남아 있다. 아울러 역사적 신제도론 연구에서 최근 나타나고 있는 변화 중 하나는 제도 혹은 정책변화에 미치는 아이디어의 영향 및 역할에 대한 관심이다. 이는 사회학적 신제도주의와의 절충이라는 측면이 강한 주제로서, 이미 역사적 신제도주의 내

---

12 Hay and Wincott의 비판에 대한 반론은 Hall and Taylor(1998)을 볼 것.

13 이 표현은 그런 움직임이 역사적 신제도주의에만 국한된 것이 아니라 합리적 선택 신제도주의나 사회학적 신제도주의 내에서도 비슷한 움직임이 나타나고 있음을 의미한다.

에 존재하던 아이디어의 중요성에 대한 인식을 사회학적 신제도주의 이론들이 가지는 보다 폭넓은 함의들과 접목함으로써 이론화하려는 것이다.

또 공통의 연구주제에 대해 신제도주의 내 각 분파의 이론적 장점을 종합하여 현실적 설명력과 이론적 완성도를 겸비한 종합적인 연구를 지향하는 사례도 나타나고 있다. 서구 여러 나라에서 1980년대 이후 신자유주의적 정책의 등장을 제도론적으로 접근한 캠벨과 페더슨이 편집한 책은 좋은 예로서 기존에 한 분파의 학자들끼리만 주로 시도하던 공동 테마에 대한 연구를 여러 분파의 학자들이 함께 시도한다. 따라서 책에 실린 논문들은 게임이론으로부터 역사적 신제도론은 물론 해석학적 접근에 이르기까지 다양한 방법론을 채택한다. 이 논문들의 연구성과를 종합하면서 캠벨과 페더슨은 제2의 경향의 핵심은 결국 신제도주의의 분파 간 절충이라고 주장하면서 그 실질적인 방법[14]까지 정리해내고 있다(Campbell and Pedersen 2004).

2. 제도변화의 이론

역사적 신제도주의는 독자적인 이론영역을 개척하면서 행태주의,

14 방법은 (1) 연구자들이 각 접근법 중 가장 나은 설명력을 갖는 맥락을 밝혀내 각 접근법의 인과적 주장들을 연계하는 방법, (2) 각 접근법들의 경계를 허물거나 초월할 수 있는 가능성을 제시함으로써 접근법들의 통찰력을 섞는 방법, (3) 모든 접근법에 공통적으로 중심적인 분석적 문제들을 밝혀내 다루는 방법, 그리고 (4) 각 접근법의 특정 요소를 다른 접근법이 흡수하는 방법 등이다. 구체적인 내용은 Campbell and Pederson(2004), 263-269 참조.

구조 기능주의, 합리적 선택이론 등 기존 이론에 대한 비판 못지않게 합리적 선택 신제도주의와의 차별성 부각에 힘써왔다. 행태주의가 퇴조하고 합리적 선택이론(혹은 합리적 선택 신제도론)이 미국학계의 주류로 등장한 1980년대 이후 상대적으로 소수였던 역사적 신제도론자들의 입장에서 그와의 차별성 및 관계 설정은 이론적 위상을 정립하는 데 중요한 과제[15]였다. 그리고 이는 서술적 연구에 그칠 수도 있는 역사중심적 접근법에 이론적 긴장감을 불러일으키는 데 큰 역할을 한 것도 사실이다(Pierson and Skocpol 2002, 714).

상반된 이론적 전통에 서 있는 두 이론이 여러 측면에서 차별성을 보이는 것은 당연하다. 예컨대 합리적 선택 신제도주의는 정치를 일련의 '집단행위의 딜레마'로 이해하는 데 비해, 역사적 신제도주의자들은 구체적인 역사적 과정의 산물 혹은 유산으로 본다. 제도 개념도 전자의 경우 집단행위의 딜레마를 해소하는 기제로 보고 그 기능에 초점을 맞추는 데 반해, 후자는 권력투쟁 과정으로 이해하고 그 기원에 관심을 가진다(Thelen 1999, 382). 방법론적 측면에서도 연역적 방법에 입각한 엄밀한 가설검증과 일반화 가능한 이론건설을 지향하는 전자에 비해 후자는 귀납적 방법을 사용해 구체적인 역사적 사실에 대한 설명을 시도한다.

그럼에도 불구하고 양 접근법의 차별성이 가장 부각된 것은 선호 형성[16] 및 제도의 이론적 위치문제였다. 합리적 선택이론가들에게 있

---

15 역사적 신제도론에 관한 저작들은 대개 합리적 선택 신제도론과의 차별성을 설명하는 데 일정한 지면을 할애하곤 한다.

16 선호의 형성문제와 관련해서는 선호를 외적으로 주어지는 것으로 간주했던 합리적 선택이론에 대한 비판이 거셌으며, 따라서 합리적 선택 신제도론자들이 여타 분파들

어 행위자들의 선호는 제도의 성격과 상관없이 외적으로 주어지는 것이었다. 반면 역사적 신제도주의자들은 외적으로 주어지는 선호는 역사적 사실이 아니며, 현실세계에서는 제도가 행위자들의 선호형성을 매개한다고 주장한다. 또한 합리적 선택 신제도론의 기능주의적 설명에 대한 반론으로서 역사적 신제도주의자들은 제도의 생성과 변화에 대한 인과론적 설명의 필요성을 강조해 왔다. 말하자면 전자는 제도를 주로 매개변인으로 보았던 반면(Shepsle 1986 ; Weingast 1996 참조), 후자는 종속변인으로서의 정치제도 역시 중요한 연구대상이어야 함을 강조한 것이다(Thelen and Steinmo 1992).

제도변화의 이론 건설은 1990년대 중반 이후 신제도주의 연구에서 가장 중요한 테마 중 하나이다. 신제도주의의 결정적 문제가 제도변화에 대한 적절한 이론의 부재라는 데 대해서는 별 이견이 없었기 때문이다(Thelen and Steinmo 1992, 15). 역사적 신제도주의 관점에서 제도변화의 설명을 어렵게 하는 원인은 바로 이 이론이 경로의존성 개념을 토대로 변화보다는 지속성에 무게 중심을 두고 있기 때문이다. 그러면서도 현실세계에서는 중대한 국면에서 단절적 형태로 제도변화가 실현된다고 설명하였다. 말하자면 서로 모순적인 두 개념이 이론적 연계가 취약한 상태로 병렬되어 있었던 것이다. 그런 측면에서 본다면 결국 제도변화에 대한 설명은 경로의존적 점진성(evolutionary change)과 중대한 기로에서의 단절적 변화(punctuated evol-

과의 이론적 대화에 보다 적극적이었던 분야라고 할 수 있다. 따라서 본 논문에서는 그에 대한 구체적인 논의는 생략한다. 한 가지 예를 든다면 최근 연구들은 선호, 시간, 그리고 제도가 상호 연계된 소위 "상황적으로 형성된 선호(situationally induced preferences)"에 주목한다(Katznelson and Weingast 2005 참조).

ution) 사이에서 어떻게 양자의 경험적·논리적 타당성을 조화시킬 것인가가 핵심 테마[17]일 수밖에 없다.

이와 관련한 주목할 만한 시도는 경로의존성 개념의 적극적인 이론화이다. 특히 피어슨이 시도한 제도연구의 "시간적 및 순서적" 측면의 이론화가 가장 눈에 띈다. 그는 역사적 신제도론이 가진 이론 건설의 부재라는 문제점을 허심탄회하게 인정한 위에 합리적 선택이론[18]의 통찰력을 수용하여 이론화를 시도함으로써 보다 적극적인 방식으로 문제에 대응하였다.

피어슨은 기본적으로 단순히 "역사란 중요하다"고 주장하는 것으로는 불충분하고 왜, 어디서, 그리고 어떻게 특정한 정치적 결과가 산출되었는지를 설명할 필요가 있다고 강조하면서 그것은 변인 중심적인(variable-centered) 정치학 분석에 '언제', 즉 시간과 순서라는 요인을 가미함으로써 가능성이 커진다고 주장한다(Pierson 2000a, 72-73). 피어슨이 시도한 경로의존성 개념에 있어서 이론화의 핵심은 제도의 "자기 강화적" 경향과 "긍정적 환류"의 효과를 경제학자들의 "이익 점증"의 개념을 통해 체계화하고 그것이 정치현상 연구에 적용 가능함을 보이는 것이다(Pierson 2000b). 즉 이익 점증의 메커니즘은 한 번 선택된 제도를 계속 유지하는 선택지와 그로부터 이탈하는 선택

---

17 이런 의미에서 보면 제도변화의 메커니즘을 이해하기 위해서는 제도의 재생산 및 유지과정에 대한 정확한 이해가 필요하다는 텔렌의 주장은 경로의존성 개념을 이론화하려는 피어슨의 문제의식과 같은 맥락에서 제도변화의 이론화라는 과제의 출발점을 잘 지적하고 있다(Thelen 1999 참조).

18 그러나 이러한 시도에는 명확한 한계를 긋고 있다. 피어슨이 접목하고자 하는 합리적 선택 신제도주의 이론은 게임이론에 토대를 둔 이론들이 아닌 노스 계열의 신제도주의 경제학 이론이다.

지 사이의 상대적 비용을 전자에게 유리하게 함으로써 실현되며, 그런 경향은 소위 긍정적 환류과정(positive feedback)을 거쳐 점차 강화된다는 것이다. 그런데 집단적 행위, 조직행위, 행위자 간 권력의 비대칭성 및 정치적 권위의 역할, 그리고 복잡성과 불투명성 등의 특징을 가지고 있는 정치현상에는 이런 이익 점증의 과정이 보편적이며, 따라서 이 개념은 정치현상의 설명에 충분히 적용 가능하다는 것이다(Pierson 2000b).

특히 피어슨은 중대한 기로와 경로의존성을 하나의 연계된 과정으로 파악한다. 말하자면 결정적 계기를 통해 만들어진 제도는 경로의존적 과정을 통해 일정기간 동안 재생산되며, 어느 정도 시간이 경과하면 다시 이 제도에 새로운 변화의 압력이 가해지고 이것이 결정적 계기를 낳게 되는 형태이다. 그러나 그가 보이는 이론적 관심의 대부분은 중대한 기로보다는 경로의존적 변화에 쏠려 있다.

이러한 피어슨의 인식은 텔렌에 의해서도 공유되며 경험적 연구를 통해서 뒷받침된다. 그녀의 최근 연구는 포괄적인 관점에서 제도의 발생과 유지 그리고 변화과정을 시간의 경과에 따라 종합적으로 분석함으로써 제도변화의 전반적인 밑그림을 그려내고자 시도한다(Thelen 2004, 4). 독일, 영국, 미국 및 일본의 기술자 훈련 시스템의 생성 및 변화과정을 비교·분석하면서 텔렌은 특정한 역사적 사건이나 중요한 계기가 각 국가들의 기술자 훈련 시스템을 각기 다른 발전경로 위에 올려놓았음을 보인다. 그러나 보다 중요한 점은 기존 제도가 항상 경제적 혹은 정치적 갈등의 일부분을 미해결인 상태로 남겨둠으로써 각 제도가 끊임없는 변화의 과정을 겪게 된다는 점이다. 제도변화의 과정은 “기존의 안정적인 제도에 새로운 정책적 요소를 보태는" 층화(layering)나 "새로운 정책목표를 채택하거나 제도가 수행하는 역할에 변화를 가져올 새로운 행위자를 받아들이는" 전환(conversion)을 통해서 일어나며, 이런 변화들은 제도발전의 전반적인 경로를 바꿀 수도 있다고 본다(Thelen 2004, 35). 비록 결정적 계기(conjuncture)의 중요성을 부정하지는 않으나 그것이 제도변화의 주된 형태는 아님을 주장하는 것이다. 연장선상에서 텔렌은 훈련 시스템 변화의 양상을 처음 그 시스템이 도입될 시점과 연계시킴으로써 경로의존적 제도변화의 기본틀에서 이탈하지는 않고 있다.

그러나 제도변화의 이론적 설명은 아직도 시작단계이며 많은 과제가 남아 있다. 위에서 소개한 피어슨이나 텔렌의 저작은 제도변화의 이론화에 중요한 공헌임이 틀림없다. 그들은 이론적 혹은 경험적 연구를 통해 경로의존적인 제도적 안정성과 중대한 기로에서의 제도변화를 유기적으로 연결하고자 시도하였고 그 조건들을 찾아내고자 했다. 하지만 여전히 의문은 남는다. 예컨대 과연 우리는 어느 정도의 시간적 범위를 준거틀로 하여 제도변화를 분석할 것인가? 우리가 시간의 경과에 따라 추적해야 하는 중요한 제도적 차원은 무엇인가? 어떤 조건에서 경로의존적 메커니즘이 중대한 기로로 변화되는가? 어떠한 조건이 기존 제도의 실패 및 변화와 새로운 제도의 생성을 차별화시키는가? 등이다. 이러한 핵심적 문제들에 대한 판단을 여전히 개별 연구자들에게 맡겨야 하는 이상 제도변화의 이론화는 아직도 많은 과제를 남겨두고 있는 것이다.

3. 문화적 제약 및 아이디어의 역할

제도의 역할을 거시적 구조와 행위자의 행위의 매개체로 이론화하는 역사적 신제도주의와 문화나 규범 같은 보다 거시적인 제도에 의한 행위의 제약을 핵심 테마로 하는 사회학적 신제도주의는 정책적 아이디어와 실행이 기존의 문화, 가치, 혹은 관습 등에 의해 어느 정도 제약을 받으며, 궁극적으로는 아이디어가 제도변화에 어떠한 영향을 미치는가라는 테마를 중심으로 절충을 시도하고 있다. 말하자면 아이디어가 정책결과에 미치는 영향에 주목하는 것이다(Immergut 1998, 17 ; Campbell 1998 ; 2004).

사실 마르크스주의의 물질주의적 시각과 베버의 역사 비교분석 방법을 토대로 정치경제적 행위자들의 물질적 이해가 정치를 추동하는 기본적인 요소이며, 이러한 이해관계는 제도에 의해 결정된다는 인식을 가지고 있던 역사적 신제도주의자들에게 아이디어는 핵심 주제는 아니었다(Campbell 1998, 379). 하지만 일부 선구적 연구자들에 의해 정책 아이디어의 중요성이 지적되기 시작하고 점차 공공정책에 영향을 미치는 중요 변인으로서의 위치를 얻으면서 역사적 신제도주의의 논리구조 내에 이를 편입하여 이론적 설명력을 높이려는 시도들이 나타났다. 그러나 연구들은 기본적으로 아이디어의 실행은 제도에 의해 제약을 받는다는 역사적 신제도주의의 기본 틀에 머물러 있었다. 예컨대 1930년대 스웨덴, 영국, 미국에서 케인즈주의 경제학자들이 정책결정 과정에 대한 접근기회와 방식의 차이가 상당히 다른 유형의 케인즈주의를 귀결하였음을 보였던 위어와 스카치폴의 연구, 또 연방주의와 의회의 분절적 구성방식 같은 미국의 제도적 특성이 적극적인 고용정책을 사실상 어렵게 만들었음을 보였던 위어가 제시한 "제한된 혁신(bounded innovation)" 개념 등은 어떻게 새로운 아이디어가 제도적 구성에 의해 매개되는지가 초점이었다(Weir and Skocpol 1985 ; Weir 1992 참조).

그러나 최근 일부 연구자들은 아이디어가 단지 제도의 제약을 받는 변인으로서 뿐만 아니라 정치적 결과를 생산하는 과정에 보다 다양한 역할을 할 수 있음에 주목하기 시작하였으며, 이 부분이 바로 사회학적 신제도주의자[19]들과의 대화의 접점이었다. 이들은 정책결정자들이 자신들의 정책 아이디어가 직면한 문제에 대해 좋은 해결책이라는 식으로 주의깊게 아이디어를 구성해냄으로써 엘리트나 일반대중들을 설득하려 한다는 현실에 착안하여 아이디어가 정책의제를 만들어내고 제도변화를 추동할 수 있는 개념적 틀로서도 작용할 수 있다는 점을 강조하면서 이를 귀납적 혹은 연역적 방법을 통해 이론화하고 있다.

예컨대, 일찍이 비교정치경제학의 아이디어 중심 연구로의 변화 경향을 지적하였던 블라이스는 스웨덴 모델의 변형과정에 대한 연구를 통해 아이디어가 정치적 결정에 영향을 미치는 세 가지 방법을 보였다(Blyth 1997 ; 2001 참조). 첫 번째는 불확실성을 줄이고 정치행위자들에게 개혁의 모형을 제시하는 "제도적 청사진(institutional blue-

---

19 사회학적 신제도주의자들이 역사적 신제도주의자들과 구별되는 가장 큰 특징은 행위자의 행위가 물질적 이해관계보다는 제도화된 일상적 과정, 습관, 의식, 사회적 역할에 대한 의식(cue), 문화적 맥락 등에 의해 영향을 받는다고 보는 점이다. 사회학적 신제도주의에 대해서는 논문에 인용된 다양한 review article들을 참조하면 된다.

print)"으로서의 역할이다. 말하자면 경제적 아이디어는 행위자의 이익, 제도를 통한 기회, 그리고 당면한 경제적 압력 등에 대한 기본적인 이해를 제공함으로써 행위자들이 정치·경제·사회적 이해관계를 조정하고 연합세력을 형성하도록 돕는 것이다. 두 번째는 홀 역시 지적한 바 있는 소위 "인식적 잠금장치(cognitive lock)"의 역할로서 시간의 경과에 따라 현존 제도와 정책을 재생산하는 기능이다. 홀은 정책 패러다임은 "정책목표와 그 실현을 위해 사용될 방법은 물론 자신들이 해결하려는 문제의 본질이 무엇인지까지도 구체적으로 제시하는 아이디어의 틀"이라고 정의하면서 지배적 정책 패러다임은 정책결정자들에게 "세계관"과 "인과적 신념(무엇이 가능하고 무엇이 가능하지 않은가에 대한)"을 제공함으로써 기존 제도에 안정성을 부여하는 역할을 한다는 것이다(Hall 1993, 279). 세 번째는 이런 논리의 연장선상에서 "행위자들에게 현존의 제도적 구성과 분배유형에 대해 도전할 수 있는", 말하자면 개혁의 필요성에 대한 사회적 담론을 만들어낼 수 있는 강력한 이데올로기적 무기로서의 역할이다(Blyth 2001, 4). 이 경우 담론이 성공적이려면 사회구성원들이 공유한 문화적 혹은 이데올로기적 이해에 잘 들어맞도록 전략적으로 구성될 필요가 있는 것이다.

또 캠벨은 아이디어가 역사적 신제도주의자들에 의해 주로 규범적 의미만을 가졌던 데 대해 사회학적 신제도주의자들의 인식론적 수준의 논의를 접목하고 또한 정책 논쟁과정에서 나타나는 시간적 차원, 즉 논쟁에 선행하는가 아니면 논쟁 이후에 진행되는가의 여부를 4사분면(2×2 matrix)을 통해 상호 접합하여 패러다임, 대중적 감정, 정책 프로그램 그리고 정책의 틀로서의 역할 등 네 가지를 제시하였다. 여기서 정책 논쟁에 선행한다는 것은 바로 아이디어의 적극적인 역할을 의미한다. 그리고 그는 이 개념적 틀이 유용함을 보이기 위하여 1970년대 후반부터 1980년대 초반에 걸쳐 미국에서 소위 공급경제학이 정책적으로 실현되는 과정을 각각의 역할을 통해 분석하고 있다(Campbell 1998 참조).

나아가 정책 아이디어와 제도의 인과관계 자체를 뒤바꾸는 연구 역시 시도되고 있다. 말하자면 정책 아이디어가 제도의 변화나 정책 결과에 미치는 영향에 대한 관심으로부터 제도가 정책 아이디어의 형성에 미치는 영향에 주목하는 것이다. 초기 미국과 프랑스 철도 건설과정의 차별성에 주목한 도빈의 연구는 그 좋은 예이다. 그는 미국의 경우, 사적 자본이 철도 건설과정에 주도적 역할을 하였으며, 국가는 단지 이들 사이의 이익을 조정하는 역할만 한 데 비해 프랑스에서는 국가가 건설자본을 조달하고 시행하였으며, 사적 자본들을 국가적 목표 하에 결집시키는 역할을 하였다고 주장한다. 그의 연구에서 흥미로운 부분은 바로 이런 철도 건설과정의 차별성이 흔히 생각하는 미국의 자유방임적 사고와 프랑스의 국가중심적 사고의 산물이 아니라는 점을 역사적 증거를 통해 밝히고(말하자면 그런 사고는 철도건설 이후에 확산된 것임을 증거를 통해 보이고), 실제 차별성을 만들어낸 것은 정치 권위나 정부 공식제도의 집중적이고 분산적인 배분양상의 결과임을 입증하는 것이다. 말하자면 국가제도가 정책 아이디어의 양상을 결정하였음을 주장하는 것이다(Dobbin 2004 참조).

이러한 성과에도 불구하고 아이디어와 제도변화의 관계를 설명하기 위해서는 여전히 풀어야 할 숙제가 남아 있다. 아이디어와 관련한 문헌들은 항상 어떻게 아이디어와 이익을 구별할 것인가라는 개념적 문제제기에 직면해 왔는데, 이 문제는 여전히 해답을 찾지 못한 상태이다(Campbell 1998, 377). 또 앞서 언급한 최근 연구성과들에 의해 과연 아이디어가 어떠한 방식으로 영향을 미치는가는 어느 정도 밝혀졌지만 여전히 구체적으로 어떠한 메커니즘을 통해서 영향을 미치는지는 명확하지 않다. 또 아이디어의 역할을 구체적으로 연구할 방법론 역시 아직 그다지 잘 정리되지 못한 상태이다. 말하자면 아이디어와 제도의 관계 연구에 있어 제기되었던 기본적 수준의 개념적 · 방법론적 문제의 상당 부분은 여전히 남아 있는 것이다.

Ⅳ. 맺는 말 : 전망 그리고 한국에서의 역사적 신제도주의

이제까지 역사적 신제도주의의 기본적인 문제의식과 핵심 이론, 그리고 최근의 연구경향을 개략적으로 살펴보았다. 역사적 신제도주의는 일련의 연구자들이 독립적인 연구주제와 영역 및 방법론을 구축하였음을 확인하였다. 이에 못지않게 역사적 신제도주의는 이론 건설 혹은 이론적 성과와 관련한 많은 비판을 받아왔다. 엄밀한 인과적 관계에 대한 인식이 부족하며, 이론으로서의 일반화 가능성 혹은 예측력이라는 핵심 속성을 가지지 못했다는 것이다. 역사적 사례를 대상으로 하는 연구는 시간적 혹은 공간적 지평을 넓혀 문제를 완화한다 하더라도 기본적으로 사례 부족으로 인한 이론 건설의 어려움[20]으로부터 자유로울 수 없다. 이론이 취약하면 지식은 축적[21]되기 어렵다. 아무리 훌륭한 연구성과라 하더라도 다음의 연구를 위한 기초가 되지 못하는 것이다.

그런 문제점을 해소하기 위한 시도가 최근 활발히 이루어지고 있음을 본 연구를 통해 확인하였다. 소위 "제2의 경향"으로 불리는 연구들이 시도하는 것은 신제도론 분야의 세 이론이 제도의 정치적 역할과 변화 등에 대한 보다 나은 이해를 위해 서로 대화와 절충을 시도하는 것이며, 역사적 신제도주의자들 역시 이에 적극 참여하고 있다. 이제 막 시작된 그 노력들의 성과를 평가하기는 아직 이르다. 하지만 여러 학자들의 필요성에 대한 공감과 긍정적인 전망에도 불구하고 이전의 경험들을 통해 우리는 서로 다른 이론적 전통과 가정, 그리고 방법론을 가지고 있는 이론들의 절충 시도가 반드시 성공적인 결과를 낳는 것만은 아니라는 점을 알고 있다. 쉽지 않은 작업인 것이다.

이제까지의 성과로 미루어 볼 때, 이론적 절충의 시도가 새로운 연구주제를 제시하고 방법론적 문제의 일부분을 해소하는 데 일조하는 것은 분명하다. 위에서 제시한 경로의존성 개념을 활용한 제도변화의 설명이나 아이디어의 역할과 같은 분야는 분명 상당한 성과가 기대되는 흥미로운 주제이며, 합리적 선택 신제도주의 이론이나 사

[20] 합리적 선택이론가들은 역사적 신제도주의 자작들에 대해 사례 부족(small N problem)이나 검증 불가능성(unfalsifiability) 문제와 연계된 이론 건설 노력의 부재 혹은 미시적 기반(micro-foundation)의 결여 같은 부분을 끊임없이 비판하였다(Immergut 1998 참조).

[21] 피어슨과 스카치폴은 역사적 신제도주의 연구들 역시 이론적으로 엄밀한 정의를 개발하고 방법론적 수단들을 적절히 활용함으로써 지식의 축적이 가능해졌다고 주장한다(Pierson and Skocpol 2002, 713-718 참조).

회학적 신제도주의 이론들의 통찰력을 빌려옴으로써 이론적 완성도나 현실적 설명력을 높이는 데 부분적으로 성공을 거두고 있는 것으로 보인다.

그러나 그것이 역사적 신제도주의 접근법의 이론적 문제를 근본적으로 해소할 것으로 기대하는 것은 성급하다. 본질적으로 특수성과 맥락을 중요시하고 제도적 혹은 정책적 결과의 국가 간 차이에 주목하고 있는 역사적 신제도주의 이론의 입장에서 모든 국가 혹은 특정한 속성을 공유한 일부 국가들에 공통적으로 적용될 거시적 이론화는 지향하지도 가능하지도 않은 작업이다. 그럼에도 불구하고 연구자의 통찰력을 바탕으로 역사에 대한 거시적 관찰을 수행함으로써 여러 사회를 관통하는 이론적 틀을 만들어내라는 이 이론에 대한 사회과학적 이론화의 요구는 없어지지 않을 것이다. 비록 개별 사례들에 대해 보다 설득력 있는 설명을 제시한다고 하더라도 연구의 축적을 통해 제도변화에 대한 보편적이고 검증 가능한 가설을 만들어내지 못한다면 역사적 신제도론은 이론적 통찰력 있는 접근법으로서는 한계가 있을 것이다. 절충적 시도에 대한 영국 학자들의 짧지만 의미 있는 경고나 또 보다 일반적인 차원에서 이머것의 "보다 나은 접근법이 개발되지 않으면 이 이론은 비교정치학 연구에서 주변화될 수도 있다"는 차가운 지적은 정도의 차이는 있지만 여전히 유효한 것으로 보인다(Hay and Winscott 1998 참조; Immergut 1998, 27).

역사적 신제도주의는 현재 한국 내에서도 가장 보편적인 접근법의 하나이다. 체계적인 통계적 연구를 통해 뒷받침될 필요가 있지만 필자의 경험으로 볼 때 1990년대 후반 이후 한국에서의 석·박사 연구논문, 그리고 전문학술지에 투고되거나 수록된 논문들의 상당수가 역사적 신제도주의에 토대를 둔 논문임을 명시적 혹은 묵시적으로 표방하고 있었다. 하지만 이들 저작 중 이제까지 소개한 역사적 신제도주의의 기본적인 문제의식과 연구테마, 그리고 연구방법 등을 충실히 적용한 연구보다는 단지 그 중 일부 요소만을 표면적으로 답습한 채 생산된 연구가 다수라는 느낌이다. 말하자면 연구자들은 다양한 형태의 제도 중 어느 한 가지에 대한 역사적 서술만으로도 쉽사리 해당 연구가 역사적 신제도주의에 입각한 연구라고 주장하는 사례가 적지 않은 것이 현실이다.

어떤 의미에서 한국에서의 신제도주의 수용은 기형적인 형태로 이루어졌다. 역사적 신제도주의의 발전은 기본적으로 합리적 선택 신제도주의와의 건강한 긴장관계가 토대였으나 한국에서는 합리적 선택 신제도주의 계열의 연구도 수적으로 많지 않은 상태에서 그나마 최소한의 이론적 대화도 거의 없이 역사적 신제도주의가 일방적으로 수용된 측면이 강하다. 따라서 역사적 신제도주의가 합리적 선택 신제도주의에 비해 가진 상대적인 이론적 유용성이나 취약성에 대한 인식도 그만큼 약한 것으로 보인다. 단지 여타 이론들에 비해 손쉽거나 혹은 진지한 노력 없이도 이해하고 활용할 수 있는 접근법이라는 잘못된 인식이 질보다는 양적으로 풍부한 연구가 생산되는 배경일 수도 있다는 우려를 지울 수 없다. 보다 진지한 경험적 연구의 축적이 필요하다.

참고문헌

김기석. 2003. "신제도론의 이론적 쟁점 : 제도개념의 다양성과 관련하여." 『한국과 국제정치』 19권 3호.

Béland, Daniel. 2005. "Framing the Ownership Society : Ideas, Institutions, and Neo-Liberal Social Policy." Paper presented for the Annual Meeting of the International Sociological Association. Chicago. September.

Blyth, Mark. 1997. "Any More Bright Ideas? The Ideational Turn of Comparative Political Economy." *Comparative Politics* 29(2).

Blyth, Mark. 2001. "The Transformation of the Swedish Model : Economic Ideas, Distributional Conflict and Institutional Change." *World Politics* 54 (October).

Calder, Kent, and Min Ye. 2004. "Regionalism and Critical Junctures : Explaining the Organization Gap in Northeast Asia." *Journal of East Asian Studies* 4.

Campbell, John L. 1998. "Institutional Analysis and the Role of Ideas in Political Economy." *Theory and Society* 27.

_____ and Ove K. Pedersen. 2001. "The Second Movement in Institutional Analysis." in John L. Campbell and Ove K. Pedersen, eds. *The Rise of Neoliberalism and Institutional Analysis*. Princeton : Princeton University Press.

_____. 2004. *Institutional Change and Globalization*. Princeton : Princeton University Press.

Dobbin, Frank. 2004. "How Institutions Create Ideas : Notion of Public and

Private Efficiency From Early France and American Railroad." Typescript.

Evans, Peter, Dietrich Rueschemeyer, and Theda Skocpol. 1985. *Bringing the State Back In*. Cambridge : Cambridge University Press.

Granovetter, Mark. 1985. "Economic Action and Social Structure : The Problem of Embeddedness." *American Journal of Sociology* 91(3).

Greener, Ian. 2005. "The Potential of Path Dependence in Political Studies." *Politics* 25(1).

Grendstadt, Gunnar, and Per Selle. 1995. "Cultural Theory and the New Institutionalism." *Journal of Theoretical Politics* 7(1).

Hall, Peter A., and Rosemary C. R. Taylor. 1996. "Political Science and the Three New Institutionalisms." *Political Studies* 44(4).

_____. 1992. "The Movement from Keynesianism to Monetarism : Institutional Analysis and British Economic Policy in the 1970s." in Sven Steinmo, et al., eds. *Structuring Politics : Historical Institutionalism in Comparative Perspective*. Cambridge : Cambridge University Press.

Hay, Colin, and Daniel Wincott. 1998. "Structure, Agency, and Historical Institutionalism." *Political Studies* 46(5).

Immergut, Ellen M. 1998. "The Theoretical Core of the New Institutionalism." *Politics and Society* 26 : (1).

Katznelson, Ira, and Barry R. Weingast. 2005. "Intersections Between Historical and Rational Choice Institutionalism." in Ira Katznelson and Barry R. Weingast, eds. *Preference and Situation : Points of Intersections Between Historical and Rational Choice Institutionalisms*. Russel Sage Foundation Publications.

Koelble, Thomas A. 1995. "The New Institutionalism in Political Science and Sociology." *Comparative Politics* 27(2).

Krasner, Stephen. 1984. "Approaches to the State : Alternative Conceptions and Historical Dynamics." *Comparative Politics* 16.

Mahoney, James. 2000. "Path Dependence in Historical Sociology." *Theory and Society* 29.

March, James G., and Johan P. Olsen. 1989. *Rediscovering Institutions : The Organizational Basis of Politics*. New York : Free Press.

Marsh, David, Elizabeth Batters, and Heather Savigny. "Historical Institutionalism : Beyond Pierson and Skocpol." Typescript.

Pierson, Paul. 2000a. "Not Just What, but When : Timing and Sequence in Political Processes," *Studies in American Political Development* 14.

_____. 2000b. "Increasing Returns, Path Dependence, and the Study of Politics." *American Political Science Review* 94(2).

_____. and Theda Skocpol. 2002. "Historical Institutionalism in Contemporary Political Science." in Ira Katznelson and Helen V. Milner, eds. *Political Science : The State of the Discipline III*. N.Y. : American Political Science Association.

Pontusson, Jonas. 1995. "From Comparative Public Policy to Political Economy : Putting Political Institutions in Their Place and Taking Interests Seriously." *Comparative Political Studies* 28(2).

Rothstein, Bo. 1996. "Political Institutions : An Overview." in Robert E. Goodin and Hans-Dieter Klingemann, eds. *A New Handbook of Political Science*. Oxford : Oxford University Press.

Scharpf, Fritz W. 2000. "Institutions in Comparative Policy Research." *Comparative Political Studies* 33(6/7).

Shepsle, Kenneth. 1989. "Studying Institutions : Some Lessons from the Rational Choice Approach." *Journal of Theoretical Politics* 1(2).

Steinmo, Sven. 2001. "The New Institutionalism," in Barry Clark, and Joe Foweraker, eds. *The Encyclopedia of Democratic Thought*. London : Routledge.

Thelen, Kathleen. 1999. "Historical Institutionalism in Comparative Politics." *Annual Review of Political Science* 2.

_____ and Sven Steinmo. 1992. "Historical Institutionalism in Comparative Perspective." in Sven Steinmo, et al., eds. *Structuring Politics : Historical Institutionalism in Comparative Perspective*. Cambridge : Cambridge University Press.

_____. 2004. *How Institutions Evolve : The Political Economy of Skills in Germany, Britain, the United States, and Japan*. Cambridge : Cambridge University Press.

Weingast, Barry R. 1996. "Political Institutions : Rational Choice Perspective." in Goodin and Hans-Dieter Klingermann, eds. *A New Handbook of Political*

Science. Oxford : Oxford University Press.

Wier, Margaret. 1992. "Ideas and the Politics of Bounded Rationality." in Sven Steinmo, et al., eds. *Structuring Politics: Historical Institutionalism in Comparative Analysis*. N.Y. : Cambridge University Press.

_____ and Theda Skocpol. 1985. "State Structures and the Possibilities for Keynsian Responses to the Great Depression in Sweden, Britain and the United States." in Peter Evans, et al. eds. *Bringing the State Back In*. N.Y. : Cambridge University Press.

04

현대 국제정치 이론의 흐름과 쟁점

전재성(서울대학교) · **민병원**(서울산업대학교)

Ⅰ. 서론

국제정치 이론은 변화하는 국제정치의 모습을 반영할 수밖에 없다. 또한 국제정치를 바라보는 이론가의 관심과 가치관도 반영할 수밖에 없다. 기존의 국제정치 이론이 20세기의 국제정치 현실, 특히 냉전기 국제정치의 현실을 반영하고 주로 구미의 이론적 · 정책적 관심을 반영해 왔다면, 21세기에 접어든 지금, 새로운 국제정치 이론들은 변화된 국제정치의 현실과 다양한 이론가들의 관심을 반영하고 있다. 현재의 국제정치 이론이 근대국가 체제의 지속적인 관심사들, 즉 국가들의 안보에 대한 관심과 협력의 가능성, 국제제도의 발전 등을 계속 논의하고 있으나 다른 한편으로는 탈냉전으로 창출된 미국의 단극적 세계질서, 세계화, 정보화, 민주화, 그리고 테러와 같은 초국적 위협 등의 현실을 반영하고 있기도 하다. 또한 그간의 초강대국 위주의 국제정치 이론에서 벗어나 여러 지역, 다양한 나라의 현실적 관심과 가치관을 기초로 하고 있는 다양한 문제의식이 이론화 작업 속에 깃들어 있다.

현대의 국제정치 이론은 이러한 현실적 · 이론적 관심을 반영하면서 지속적으로 그 관심영역과 초점을 변화시켜 나가고 있다. 국제정치 현상에 대한 과거의 논의들이 주로 국가를 중심으로 하는 정형화된 국제질서의 모습을 이론화하는 데 초점을 맞추었다면, 오늘날의 논의들은 그로부터 일탈하는 단위체와 구조의 여러 가지 변환들을 다루고 있다. 국제정치 현상의 새로운 존재론적 고민은 그것을 어떻게 바라보아야 하는가의 인식론적 고민과도 밀접하게 연관되어 있는데, 이러한 고민은 분석수준에 대한 새로운 논의들과도 밀접하게 연계되어 있다. 오늘날의 국제정치는 국가 단위체의 수준을 넘어서서 설명의 메커니즘을 위한 미시적 분석이 활발하게 이루어지고 있다. 또한 이론의 전체적인 모습을 과학적 진보라는 관점에서 조망하려는 메타이론적 평가들도 이루어지고 있는데, 지금까지의 이론작업들이 축적을 거듭하면서 얼마만큼 발전되어 왔는가를 들여다 보는 일 역시 최근의 국제정치 이론에서 중요한 주제로 다루어지고 있다.

본 논문은 현재 다양하게 전개되고 있는 국제정치의 많은 이론들을 우리의 관심에 맞추어 나름대로 정리해 보고 그 전개상황의 특징과 쟁점을 살펴보고자 한다. 논문의 앞부분에서는 미국 주도의 단극적 세계질서의 대두, 세계정치의 제도화의 증가, 문화와 문명, 정체성의 중요성 증가 등과 같은 새로운 현상이 국제정치 이론에 어떠한 지속성과 변화를 가져오고 있는지를 분석할 것이다. 논문의 후반부에서는 현대의 국제정치 이론이 전개되는 과정에서 두드러지게 나타나고 있는 몇 가지 이슈들을 중점적으로 파헤쳐 보고자 한다. 지면의 제약이 있기는 하지만 이러한 이슈들이 왜, 그리고 어떠한 맥락에서 오늘날의 국제정치 이론에서 부각되고 있는가를 살펴볼 예정이다. 첫 번째 항목에서는 탈근대시대에 들어와 새롭게 재규정되고 있는 국제정치의 '판' 또는 시스템의 모습과 단위체의 존재론적 의미를 짚어본다. 이어서 두 번째 이슈는 인식론적 문제로서, 기존의 국제정치 이론에서 드러난 개인, 국가, 시스템의 분석수준에 관한 논의가 어떤 방향으로 진전되고 있는가를 논의하게 될 것이다. 마지막으로는 방법론적인 문제를 다루고자 하는데, 그동안 미국을 중심으로 활발하게 이루어져 왔던 과학적 방법의 공과를 훑어보고, 그로부터 라카토스식의 과학적 진보관념이 국제정치 이론에도 적용되는가를 논의하도록 하겠다.

Ⅱ. 21세기 국제정치학 이론계의 전반적 특징

국제정치학 이론은 국제정치 현실의 변화를 반영한다. 국제정치학 이론이 제1차 세계대전 이후 영국의 패권유지와 미국의 새로운 세력강화 필요성의 와중에서 최초로 형성되기 시작하였고, 이후 제2차 세계대전이 종식되면서 전후의 질서형성과 냉전기 미소의 대립을 배경으로 현재 우리가 이용하는 국제정치학 이론이 본격적으로 만들어졌다는 것은 잘 알려진 사실이다. 이러한 국제정치학 이론의 발전은 그 근저에 이론가의 현실적·규범적 관심을 깔고 있으며, 이론의 발전은 각 국가 혹은 지역의 이론가 집단의 크기와 수준에 따라 결정되어 왔다. 현대 국제정치학 이론이 미국의 사회과학이라는 규범적 비판은 어쩔 수 없이 강대국의 관점을 반영해 온 국제정치학 이론계의 현실을 반영하는 말이다.

21세기에 들어선 지금 국제정치학 이론은 새롭게 변화하고 있는 국제정치의 현실을 반영하면서 발전·변화하고 있다. 현재의 국제정치학 이론가들의 관심을 끌고 있는 변화들을 나열해 보자면 냉전종식 이후 세계적 세력배분 구조의 변화, 미국 패권체제의 국제정치적 구조의 공고화, 테러, 마약, 환경과 같은 주권국가를 넘어서는 많은 초국적 문제들의 발생, 기존의 군사적 안보 이외의 다양한 인간안보 문제의 중요성 증가, 미국의 일방주의적 외교정책, 국제적 제도화의 발전으로 인한 상호 의존관계의 증가, 세계화, 문화의 중요성 증가와 다문화 간 충돌 혹은 융합현상, 세계적 차원의 민주화 증가, 정보화의 발전으로 인한 지구적 의사소통체제 발전 등의 현상을 들 수 있다.

이러한 새로운 현실은 기존의 관심과 일정한 연속성과 단절성을 가지고 있다. 냉전기와 마찬가지로 현대의 국제정치 이론 역시 주권국가의 중요성, 군사적 안보의 강조, 상호 의존의 증가 등에 관심을 기울이고 있다. 그러나 이러한 연속성에도 불구하고 새롭게 대두한 국제정치 현상을 분석하기 위한 새로운 이론적 요소들이 증가한 것도 사실이다. 우선 냉전이 종식되고 미국의 단극체제가 출현하면서 많은 새로운 문제들이 대두하였다. 즉, 단극체제의 속성은 무엇인가? 단극체제 혹은 패권체제 하 미국 외교정책의 특징은 어떻게 설명할 수 있는가? 또한 9·11테러의 발생과 더불어 새롭게 대두된 지구적 인간안보 문제들, 즉 환경, 마약, 인권, 여성, 난민 등의 문제 또한 많은 문제를 제기하였다. 즉, 주권국가의 권능을 넘어선 문제들을 어떻게 해결해야 하는가? 국가주권을 넘어선 새로운 질서와 권위가 출현하고 있는가? 이를 다루는 국제제도들의 증가와 국가 이외의 새로운 행위자들의 출현은 근대 국제질서의 조직원리에 어떠한 변화를 야기하고 있는가? 더욱이 이러한 초주권적 문제들이 경제적·정치적·사회문화적 세계화를 타고 더욱 확대되고 있는데, 이는 지구질서에 어떠한 변화를 가져오고 있는가? 이러한 변화는 과연 근대 국제질서를 넘어서는 탈근대 이행을 가져온다고 볼 수 있는가? 또한 세계화는 여기에 대처하는 각 지역과 국가들의 대처양식과 관련하여 새로운 변화를 가져오고 있다. 그러면서 각 지역과 국가들, 집단들의 문화와 정체성을 둘러싼 급격한 변화와 저항이 중요해지고 있다. 과연 문화와 정체성의 변화는 국제질서의 변화에 어떠한 영향을 미치는가? 문화와 정체성의 변화를 촉발하는 새로운 권력요소들, 즉 강성권력뿐만 아니라 연성권력 혹은 매력의 근원과 행사양식은 어떠한가? 정보화로 인한 행위자들 간 의사소통의 급격한 양적·질적 증가 역시 많은 변화를 가져오고 있다. 이러한 정보화의 영향은 국제정치에서 어떻게 나타나고 있는가? 이상과 같은 질문들과 기존의 이론들, 혹은 새로운 이론들의 증가는 탈냉전, 반테러기에 새롭게 대두되고 있는 이론적 질문들이다.

냉전기까지 발전해 온 현실주의, 자유주의, 구성주의는 여전히 이러한 문제들을 다루기 위해 일정한 발전을 보이고 있다. 현실주의는 공격적 현실주의, 방어적 현실주의, 그리고 수정 현실주의 등으로 분화되면서 많은 변화를 가져오고 있다. 자유주의는 복합 상호 의존론, 국제레짐론, 국제제도론의 형태로 발전하여 오다가 현재는 거버넌스의 개념을 본격적으로 사용하고 있다. 구성주의는 메타이론적 비판에서 더 나아가 보다 구체적인 경험적 연구성과를 축적하고 있다. 그밖에 영국의 국제사회학파와 비판이론 등의 논의도 발전하고 있다. 이러한 상황 속에서 나타나는 하나의 특징은 미국 중심의 국제정치 이론계의 발전이 한층 다양화되고 있다는 것이다. 우선 유럽의 국제정치 이론계의 발전이 지속되고 있다. 영국의 국제사회학파나 비판이론 등은 물론이고 대륙의 철학, 특히 탈근대이론에 영향을 받은 많은 학자들이 국제정치를 설명하기 위하여 많은 노력을 기울이고 있다. 이들은 푸코, 데리다, 부르디외 등의 논의를 차용하여 새로운 국제정치 현상을 설명하려고 노력하고 있고, 유럽대륙, 특히 북유럽 국가들에서 많은 활동을 보이고 있다.

둘째, 유럽을 넘어선 세계적 차원의 국제정치 이론의 발전이 서서히 시작되고 있다. 구미 이외 국가들의 문명과 문화가 중요해지고, 특히 중동지역의 국제정치가 테러와 자원을 매개로 전 세계에 많은 영향을 미치게 됨에 따라 구미 이외 지역에서 시도되고 있는 많은 국제정치 이론의 모습이 주의를 끌고 있다.

셋째, 국제정치학 이외의 학문분야에서의 학문발전이 국제정치학 이론화 작업에 많은 영향을 주고 있다. 여태까지 국제정치학의 발전이 주로 20세기 후반 실증주의의 영향을 압도적으로 받아왔다면, 현재의 국제정치학은 훨씬 복잡한 인접분야의 학문성과를 다양하게 섭취하고 있다. 즉, 철학과 사회학 분야의 탈근대이론, 사회과학 전반에 걸친 거버넌스 이론, 네트워크 이론, 인지심리학, 그리고 자연과학 분야의 복잡계 이론, 양자물리 이론, 사회생물학 이론 등 다양한 이론들이 국제정치학의 이론화에 영향을 주고 있다.

Ⅲ. 주제별 국제정치학 이론의 전개와 내용

1. 공격적 현실주의와 방어적 현실주의, 수정 현실주의

현실주의는 고전적 현실주의 단계를 거쳐 왈츠(Waltz)로 대표되는 신현실주의의 단계를 거쳐왔다. 왈츠가 주도한 신현실주의의 여러 이론들이 냉전기 국제정치 및 미국의 외교정책과 관련이 깊은 것이었다면 탈냉전기 이후의 신현실주의자들, 특히 미어샤이머(Mearsheimer)가 주도하는 미국의 신현실주의는 탈냉전, 미주도의 국제질서에 대한 관심에서 비롯된 이론이라고 할 수 있다. 탈냉전기 신현실주의는 흔히 공격적 현실주의와 방어적 현실주의로 분류된다.[1] 이는 왈츠의 이론화에서 더욱 세분화된 것으로 국가 외교정책의 근본 동기에 대한 상반된 관점에서 분류된 것이다. 왈츠에 의해 주장된 신현실주의는 논란의 여지는 있지만 국가의 의도를 기본적으로 방어적이라고 본다. 즉, 국가의 근본 의도가 자국의 안전보장이라는 것이다. 의도가 방어적이라고 해도 행동은 공격적일 수도 있고 방어적일 수도 있다. 공격적 현실주의와 방어적 현실주의 이론의 내용상 차이는 바로 여기에서 비롯된다. 미어샤이머로 대표되는 공격적 현실주의자들은 "최선의 방어는 공격"이라는 가설을 중시한다. 즉, 국가들은 자

---

[1] 공격적 현실주의와 방어적 현실주의에 관해서는 Lynn－Jones(1995, 1998)；Snyder(1991)；Brooks(1997)；Elman(1996)；Taliaferro(2000, 2001)；Frankel(1996)；Rose(1998)；Glaser(1994, 1997) 등 참조.

국의 안보를 보장받기 위해 가능한 한 세력을 확장해 놓으려고 한다는 것이다. 국제정치는 기본적으로 배반과 상대적 이득의 논리에 기반해 있다는 주장이 이러한 가설의 기본이 된다. 국가들이 다른 국가들과 맺은 조약이나 약속을 배반할 때, 이를 제재할 수 있는 효과적인 수단이 없는 것이 근대 국제정치 조직원리의 결론이다. 또한 한 국가의 이득은 다른 국가들의 이득과 비교해 볼 때에만 의미를 가질 수 있다. 상대적 이득의 논리이다. 따라서 언제 있을지 모르는 배반에 대비하고 상대적 이득을 극대화하기 위해서는 공격적 외교정책이 반드시 필요하다는 것이 공격적 현실주의자들의 주장이다.

공격적 외교정책은 다양한 형태로 나타날 수 있다. 영토를 확장해 놓는 것도 하나의 정책이고, 군사력을 증진시켜 놓는 것도 하나의 정책이다. 또한 상대방의 방어능력을 약화시키기 위해 강압외교를 추진할 수도 있고, 상대방의 군사력을 제한하기 위한 다양한 제도적 장치를 마련하는 것도 효과적인 수단이다. 이러한 경우 외관상으로는 공격적이고 팽창적인 외교정책으로 보일지 모르지만, 기본적인 목적은 자국의 방어를 위한 방어적이라는 것이 공격적 현실주의의 기본 가정이다.

미어샤이머는 인류 역사상 완전한 패권은 아직 존재한 적이 없으며, 미국 역시 현 시대의 단극을 구성하기는 하나 절대적 안보를 보장받은 패권국가라고 보지는 않는다. 따라서 해양세력으로서의 지리적 이점에도 불구하고 점차 안보 불안을 많이 느끼게 되며, 이에 대한 외교정책의 주된 특징이 예방으로서의 공격 혹은 방어적 동기에서 비롯된 팽창이라는 것이다. 이렇게 볼 때 테러사태 이후 미국이 보이고 있는 공격적 외교정책, 일방주의적 양태들이 제국적 팽창욕구에서 비롯되었다기보다는 하나의 근대국가로서의 방어논리에서 비롯되었다고 보는 논리적 귀결이 발생한다.

방어적 현실주의자들은 공격적 현실주의자들과 국가의 외교정책의 의도에 대한 가정에서는 견해를 같이 한다. 그러나 방어적 목적을 가진 국가의 외교정책이 반드시 공격적인 모습으로 표출될 수밖에 없다는 결론에 대해서는 견해를 달리한다. 즉, 방어적 의도를 가진 국가들의 안보 딜레마가 다양한 제도적 장치를 통해 해결될 수 있다는 것이다. 배반과 상대적 이득의 중요성은 인정하더라도 이를 막을 수 있는 평시의 견제 메커니즘이 있을 수 있다는 것이다. 군비통제, 비확산체제, 조기경보 체제 등 다양한 협력안보의 제도들은 상대방의 의도를 수시로 확인하고, 쌍방의 약속이 지켜지고 있는가를 확인할 수 있는 기제들이다. 만약 국가들이 진정으로 방어적 의도만을 가지고 있다면 이러한 안보 딜레마는 해결될 수 있다는 것이다.

방어적 현실주의의 관점에서 보면 상대방 국가의 내정이나 정권의 성격에 대한 간섭은 허용되지 않는다. 모든 국가는 국가의 성격이나 이데올로기와 상관없이 존재의 근거가 있는 것이며, 상대방이 자신의 국익을 추진할 수 있는 권리를 가지고 있음을 인정해야 한다. 만약 상대방이 자신과 다른 이념을 가지고 있다고 해서 존립근거를 공격하고 내정에 간섭하면 이는 국가의 방어적 의도를 배반하는 것이 되며, 이러한 경우 방어적 현실주의는 성립되지 않는다.

한편, 수정 현실주의(modified realism)는 공격적 현실주의와 방어적 현실주의 모두를 비판하면서 국제정치를 설명하기 위한 다른 변수들을 도입한다. 스나이더(Snyder 1991)가 논의한 과대팽창론 역시 수정 현실주의의 하나의 예이다. 스나이더는 국가의 과대팽창에 관한 기존의 공격적 현실주의, 인지이론 등을 비판하고 국내정치에서 갈등집단들이 보이는 담합현상(logrolling)을 강조하였다. 자카리아(Zakaria 1999) 역시 공격적 현실주의와 방어적 현실주의, 그리고 고전적 현실주의의 가정들을 비판하면서 국가의 외교정책에 중요한 국내정치의 변수를 도입할 것을 주장하였다. 19세기 후반 미국이 상대적으로 저팽창하였다는 점을 설명하면서 자카리아는 국가 중심의 현실주의(state-centered realism)의 논의를 통해 국내정치에서의 변수를 고려하지 않고 외교정책을 설명하는 것이 심각한 결함을 가지고 있다는 점을 부각시켰다.

이상과 같은 신현실주의의 분화는 현실주의의 설명력을 높이는 결과를 가져온 것이 사실이다. 기존에 안보 딜레마와 공격적 수인의 딜레마적 설명이 혼재되어 존재하고 국가의 팽창에 대한 다양한 설명이 제기되어 혼란스럽던 상황을 정리하면서 설명력을 높인 것이다. 또한 국내정치 변수의 일정한 수준의 도입을 주장하여 분석수준간 연계를 모색하고 있는 것도 중요한 변화라고 할 수 있다. 그러나 신현실주의 일반에서 지적된 바처럼 현실주의 패러다임이 과학적·실증적 설명에 치우쳐 이론의 규범적·실천적 성격을 상실해 가는 것은 피할 수 없는 단점이다. 특히 고전적 현실주의가 가지고 있던 설명적 관점들과 규범적 관심을 잃어 외교정책을 이끄는 실천지에 대한 이론화 작업이 약화되었다. 이는 테러 이후 미국의 일방주의에 대한 미국 국제정치 학계의 견해와 궤를 같이하는 것으로, 미국의 신현실주의는 테러 이후 미국의 외교정책에 대한 문제해결적 관심에 국한되어 이를 근본적으로 비판할 수 있는 견해를 상대적으로 외면하고 있다고 보아야 할 것이다. 특히 공격적 현실주의를 받아들일 경우 21세기 미국의 일방주의적·팽창주의적 외교정책이 미국의 안보를 위한 불가피한 정책이라는 암묵적 전제를 함께 수용할 수밖에 없다는 사실에 유의할 필요가 있다.

2. 제국론

21세기 국제정치는 무엇보다 미국의 단극체제 혹은 패권체제와 미국의 일방주의적 외교, 그리고 테러사태 이후 미국이 보이고 있는 초주권적 혹은 내정간섭적 외교정책의 양태이다. 근대국가의 주권이 무엇보다 영토적 보전과 내정불간섭에 기초하고 있다고 볼 때, 테러와 같은 초국적 위협에 대처하기 위해 초국적 외교정책이 불가피하다는 미국의 논리는 국가주권의 시대로부터 제국주권의 시대로 이행하고 있다는 인식을 가능하게 하였다. 그리고 이러한 현실의 변화는 국제정치 이론에서 21세기 제국론의 발전과 연결되었다.

현재의 제국론은 19세기 제국주의론과는 구별된다. 이전의 제국주의가 19세기 말의 자본주의적 팽창을 대상으로 이론화된 이론이었다면, 지금의 제국론은 전반적인 국가주권의 이행현상을 바탕으로 보다 포괄적으로 이해된 제국론이라고 할 수 있다. 그리고 이러한 제국론과 관련하여 많은 이론가들이 각자의 이론을 제시하고 있다. 일례로 네그리(Negri)와 하트(Hardt)는 제국에 관한 가장 포괄적인 견해를 보여주고 있다고 생각된다.[2] 네그리와 하트는 전 지구적 시장, 전

[2] Hardt and Negri(2000) 참조. 네그리와 하트는 제국을 제국주의와 엄격히 구별하면서 제국의 조건을 제시한다. 첫째, 제국은 영토적 경계를 설정하지 않는다. 제국 밖이라는 지리적 개념이 성립되지 않는다는 것이다. 제국은 당시에 알려진 지리적 공

지구적 생산 네트워크와 더불어 전 지구적 질서가 등장했다고 본다. 이러한 지배의 주체에 제국이 있으며, 이는 전 지구적 관계를 효과적으로 규제하는 주권권력을 소유하고 있다. 즉 제국주권의 사실이다. 국민국가의 주권이 쇠퇴하였다고 해서 주권현상 자체가 쇠퇴한 것은 아니므로 앞으로의 시대에서 주권의 소재가 어디인가, 그리고 제국주권의 실체가 과거 국가주권의 실체와 어떻게 다른가를 밝혀내는 것이 더욱 중요한 일이 된다.

찰머스 존슨(Johnson 2004) 역시 미국을 제국적 관점에서 파악하고 있다. 존슨은 미국이 보유하고 있는 700개 이상의 해외기지들이 단순한 군사기지의 성격을 넘어 미국의 정치적 · 경제적 · 이념적 · 문화적 영향력을 확산시키는 거점의 역할을 하고 있다고 본다. 각 기지의 군사지도자들은 미국적 가치를 확산시키고 미국기업들의 진출을 안전하게 만드는 보호역을 수행한다는 것이다. 마치 로마제국 속주의 지방행정관과 같이 해외주둔 기지의 군사지도자들은 21세기 미국의 제국의 권력을 유지시키기 위해 군사공간을 지배하고 있다는 것이다. 존슨은 미국의 제국적 힘이 군국주의와 비밀주의에 기반하고 있으며, 소련의 제국주의와 마찬가지로 이데올로기적 경직성으로 인한 내부의 경제적 모순, 제국주의적 팽창, 개혁에 대한 무능력의 암

간을 적어도 이론적으로 총괄하는 개념이다. 로마도 그러했고, 스페인과 영국도 실제의 힘과는 별도로 이론적으로는 전 지구를 총괄하는 개념이었다. 복수의 제국이 존재한다고 하여도 제국의 이념적 기초가 지리적 보편성인 한, 제국의 정치질서는 모든 것을 포괄할 수밖에 없다. 둘째, 제국은 역사를 효과적으로 중지시키고 그럼으로써 현재의 상태를 고정시킨다. 제국은 자신의 지배를 역사적 운동 속에서 일시적 계기로서가 아니라 어떠한 시간적 경계도 없는, 그러한 의미에서 역사를 벗어난 곳에 위치시킨다. 그만큼 제국의 질서는 이론적으로 영원하며 절대선이다.

적 요소를 가지고 있다고 본다. 존슨은 미국의 제국적 힘의 기반이 군사력이며, 군사력과 다국적 기업, 개혁성이 거부된 내적 정치체제가 미국제국의 본질이라는 견해를 로마와의 비교를 통해 논의하고 있다.

미제국의 전략으로 다자주의 세계전략을 주장하는 논자들은 일방주의적 제국전략을 비판한다. 미국이 일방주의적 군사주의의 길을 가다보면 미국에 반대하는 동맹의 결성이 만들어지고, 미국의 지배력이 약화되며, 패권의 몰락이 다가올 것이라고 보고 있다. 미국의 세계전략의 목표인 본토 및 동맹국 방위와 반테러전쟁, 그리고 대량살상무기 확산방지라는 목표는 긴요한 것이지만 이를 추구하는 방법에 있어 일방주의, 선제공격, 군사주의는 잘못되었다는 것이다. 블린켄(Blinken 2003/2004)은 미국의 선제공격론이 근본적으로 그릇되었다고 본다. 선제공격과 예방공격이 혼돈되고 있으며, 선제공격을 합리화할 수 있는 자세하고 설득력 있는 논리도 만들어지지 않았다는 것이다. 이러한 상태에서 미국이 계속 선제공격을 추구하다 보면 결국 공격받는 국가들이 무장해제하고 미국에 굴복하기는커녕 오히려 더욱 자위력을 강화하는 방향으로 나아갈 것이라고 본다. 북한이 대표적인 예로서, 미국이 선제공격의 위협을 가하면 가할수록 더욱 대량살상무기 개발에 의존한다는 것이다. 더욱이 선제공격의 정당성 논리가 일반화되면 미국 이외의 국가들, 특히 이스라엘이나 중국, 러시아 등 분쟁에 휘말려 있는 국가들 모두가 선제공격을 주장할 수 있다는 것이다. 이러한 혼란된 안보상황 속에서 미국이 지도력을 유지하기는 어려울 것이라는 주장이다. 오히려 이들 불법국가들이 대량살상무기를 개발할 의지를 가질 수 없도록 적절한 보상을 가하는 한

편, 반확산 레짐을 철저히 보완하는 것이 더 현실적인 방안이라고 주장하고 있다.

브레진스키(Brzezinski 2004) 역시 『거대한 체스판』에서 미국의 제국적 지위와 역량을 역사의 필연으로 보고 있다. 그러나 제국을 유지하고 관리해 나가는 방법으로서 부시 행정부의 현 제국전략을 비판하고 있다. 특히 미국이 테러와의 전쟁에서 테러에 대한 일방주의적 선제공격을 가하는 것보다 테러의 정치적 원인을 밝히고 이에 대한 다각적 노력을 기울여 나가는 것이 중요하다고 보고 있다. 브레진스키 역시 블린켄처럼 선제공격과 예방공격을 구별하고 있으며, 선제공격의 섣부른 사용은 문제를 초래할 것으로 보고 있다. 테러 역시 "다른 수단에 의한 정치의 연장"이므로 테러에 대한 정치적 대응이 선행되어야 하며, 군사적 대응만으로는 부족하다는 논지이다. 더욱이 미국의 일방주의적 대응은 근본적으로 잘못되어 있으며, 동맹경시의 전략은 실패할 것이라고 경고한다. 브레진스키는 미국이 신유럽과 구유럽을 나누는 등의 일방주의적 동맹관을 가지고 있는 것을 비판하며, 오히려 유라시아 전역을 연결하는 범대륙적 안보망(Trans-Eurasian Security System : TESS)을 구축하여야 한다고 본다. 유럽과 중국이 강대한 세력이기는 하나 향후 미국이 주도권을 가질 것이라고 보면 유럽과 나토, 러시아와 종국적으로는 중국을 연결하는 범세계적 안보망을 추진하는 책임 있는 주체로서 미국의 역할이 반드시 필요하다는 논지이다.

임마누엘 월러슈타인(Wallerstein 2004)의 관점은 미제국에 대한 비판이라기보다는 미제국이 발을 딛고 있는 자본주의 세계경제 체제에 대한 비판이며, 미제국의 몰락에 대한 비관론은 미제국의 역량에 대한 것이라기보다는 자본주의 체제의 필연적 몰락에 관한 것이다. 월러슈타인의 반복되는 주장의 핵심은 자본주의 경체제체가 현재 돌이킬 수 없는 세 가지 축적위기에 직면해 있다는 것이다. 첫째는 실질임금 수준의 증가와 민주화이다. 농촌부문에서의 값싼 노동력 투입이 불가능한 상황에서 생산비용에서 실질임금이 차지하는 비중이 늘어 축적위기가 심화된다는 것이다. 둘째, 환경문제로 인한 비용의 외부화의 모순이다. 환경문제를 피하기 위해 모든 비용의 총체적인 내부화가 필요하나 이는 개별 회사들의 이윤압박을 더욱 심화시킬 것이기 때문에 축적위기를 심화시킨다는 것이다. 셋째, 과세영역의 문제로 대중들의 교육, 보건, 소득에 대한 욕구충족의 필요성으로 재분배과세가 증가한다는 것이다. 이 또한 자본축적에 대한 구조적 압력으로 작용한다는 것이다. 9·11테러 이후 제기된 미국의 제국성에 관한 월러슈타인의 관점은 지극히 냉랭하다. 월러슈타인은 미국의 1990년대 경제호황이 지극히 일시적이며, 사실은 1970년대 이후 장기적 침체가 더욱 중요하다는 것이다. 서서히 침몰해 가고 있는 세계경제의 모순에 대한 반응이 테러이며, 이에 대한 미국의 반응 역시 대단히 퇴행적이라는 것이다. 그 특징으로 월러슈타인은 미국 군사력의 한계, 세계 나머지 지역의 뿌리 깊은 반미감정, 흥청망청하던 1990년대 경제가 낳은 후유증, 미국 민족주의의 모순적인 압력들, 그리고 미국의 시민적 자유전통의 취약성을 논하고 있다.

비관론에 대해 신중한 모색론이 다른 쪽에 자리잡고 있다. 대표적인 인물이 나이얼 퍼거슨(Ferguson 2004)이다. 영국제국의 역사와 21세기 미국 간의 비유를 사용하고 있는 퍼거슨 역시 미국이 자유주의적 제국으로서 등장하는 것이 필연적이라고 보고 있다. 현재 세계적으로 많은 문제들, 특히 테러의 문제가 등장했는데, 이러한 문제를 해결하기 위해서는 소위 전 지구적 공공재를 생산하는 주체가 필요하다는 것이다. 미국은 전 지구적 공공재를 제공하는 제국으로서 등장하고 있으며, 이 과정에서 생겨난 무리한 선제공격론, 국제연합과의 충돌 등은 시간이 지나면서 해결될 수 있는 문제라고 보고 있다. 미국이 제국으로서 역할을 하지 못하면 다자적 안정성이 확보되기 어렵고, 오히려 무극적 세계(apolarity)와 혼돈이 초래할 것이라는 점에서 퍼거슨의 전망은 미국의 제국적 역할을 강하게 옹호하고 있다. 지금이야말로 미국민이 제국민으로서의 책임감과 자세를 가지고 보다 적극적으로 영국이 했던 제국의 역할을 이어받아야 할 때라고 주장하고 있다.

아이켄베리(Ikenberry 2002)와 나이(Nye 2002) 역시 미국의 군사주의적 일방주의를 비판하고 있으나 건강한 제국 건설의 가능성은 강하게 기대하고 있다. 향후 미국의 고민이 고립주의와 국제주의의 대립이 아니라 일방주의적 국제주의와 다자주의적 국제주의가 될 것이라는 나이의 판단은 제국으로의 길의 불가피성과 더불어 바람직한 제국론을 논한 것으로 보아야 할 것이다. 나이는 미국경제의 장기적 생산성이 그대로 유지되고 미국사회가 쇠퇴하지 않으며, 미국인들이 자신의 힘만 믿고 일방적이며 오만한 태도를 보여 풍부한 연성권력의 자원을 함부로 낭비하지 않으며, 일련의 파멸적인 사태가 일어나면서 미국인들이 고립주의로 흐르지 않으며, 폭넓은 시각으로 다자주의적 절차를 따르는 전략을 수립할 것이라고 본다. 무엇보다 미국의 장기적 패권은 단순한 경성권력이 아닌 미국문화와 이념에 대한 전 세계인의 동의에 의해 지켜나가야 한다는 것이다. 이러한 미국의 매력의 기반이 되는 것은 미국의 자유주의, 민주주의, 다자주의라는 것이다.

에찌오니(Etzioni 2004)는 미국의 제국적 행태를 비판하면서 하나의 대안으로 지구적 공동체주의를 주장한다. 이는 범세계주의적 민주주의 논의와 맞닿아 있는 것으로, 에찌오니는 9·11 테러 이후 변화되는 국제정치의 모습을 정의하면서 초국가적 현상이 증대하고 규범적 관심이 증대되고 있다고 본다. 그러나 전 지구적 정부, 국가가 출현하기가 어려우므로 현재로서는 각 사회의 자율성에 대한 일정한 제한이 필요하다고 하고 있다. 또한 연성권력의 중요성이 증가하며 세속주의보다 종교의 역할이 증가하는 특징을 보이고 있는데, 이러한 상황에서 지구적 리더십을 가지기 위해서는 제국적 모델보다 지구적 차원에서의 공동체주의가 중요해질 것이라고 논의하고 있다.

제국론은 현재 미국이, 혹은 앞으로 미국을 대신하게 될 지구적 패권이 주도하게 될 세계질서의 한 가능성을 보여준다는 점에서 분석적·설명적 유용성이 있는 것이 사실이다. 주권의 소재가 근대의 국민국가를 넘어서 제국으로 옮아갈 가능성이 사실상 존재하기 때문이다. 이러한 가능성은 한 정치집단이 지구를 지배할 수 있는 기술적 기반이 마련되었다는 점과 초국가적·초주권적으로 대처하지 않으면 안 되는 초국가적 위협이 존재하고 있다는 점에서 더욱 강화된다. 그러나 이러한 제국론의 설명적 유용성이 제국의 출현에 대한 규범적 비판의 필요성을 무디게 할 수는 없다. 사실상 제국의 출현이 세계 국민국가의 주권성을 침해할 가능성에 대해 날카롭게 비판하는 이론가들이 존재하는 것도 사실이지만, 주권의 출현이 지구적 공공재를 생산하여 전 지구적 효용을 가져오게 될 것이라는 제국지지론이 존재하는 것도 사실이다. 제국론을 분석함에 있어서 설명이론과 규범이론의 차이점을 명확히 인식하고 향후의 세계정치의 질서에 대한 비판적 안목을 가지는 것이 중요해지고 있다 할 것이다.

3. 주권론

21세기의 국제정치는 '국제(international)'를 구성하는 근본단위와 주권의 소재, 그리고 국제정치의 조직원리에 대해 근본적인 재성찰을 요구하는 많은 현상들이 발생하고 있다. 앞서 논한 초국가적 위협의 대두와 이에 대한 초국가적 대응, 제국적 현상의 발생 등은 물론이고 세계화, 제도화의 증가, 지구적 정체성의 증가 등의 현상 역시 국제정치적 현상에서 지구정치적 현상으로 이행해 가는 모습들을 보다 구체적으로 보여주고 있다. 제국, 신중세, 다층적 거버넌스 등의 개념화가 이러한 변화의 단면을 보여준다. 이러한 소위 탈근대적 이행의 가능성은 근대 국제정치의 단위와 조직원리에 대해 재성찰이 필요함을 보여주었다.

지금까지 국제정치 이론은 1648년의 웨스트팔리아 조약을 근대의 시작으로 보고 이를 기점으로 이론화 작업을 해온 것이 사실이다. 그러나 탈근대 이행의 문제가 대두되면서 근대 이행에 대한 재성찰은 물론, 근대 국제정치의 본질에 대한 새로운 의문을 제기하는 학자가 많아졌다.[3] 크래스너(Krasner)는 국가의 주권을 네 가지로 세

3 이혜정(2004) ; Jackson(1990) ; Osiander(1994) ; Krasner(1999) 등 참조.

분하여 근대국가의 주권성을 보다 구체적으로 논의할 것을 요구하였고, 더구나 약소국들은 자국의 주권적 이익을 보호하기 위해 주권의 일부를 강대국에게 양도하는 협약을 체결하기도 한다는 점을 강조하였다. 크래스너는 세계적으로 다른 발전과 내용을 보이고 있는 국가주권이 다양성에 대한 경험적 고찰을 위하여 아시아, 홍콩, 중국 양안관계, 보스니아, 팔레스타인 등의 사례를 분석하고, 획일적인 국가주권이 가지는 가정에 대해 비판하고 있다.[4]

주권에 대한 논의는 영국의 국제사회학파나 구성주의의 논의에서 이미 보다 다양하게 분석되어 왔다. 오시앤더(Osiander)의 논의나 웨버(Weber)의 논의는 이러한 주권의 사회적 구성측면을 강조하여 근대 국제정치의 다양성과 탈근대 이행의 논의에 자극을 주고 있다. 특히 웨버의 편집서는 제국주의(David Strang), 아랍국가 체제(Michael Barnett), 필라델피안 체제(Daniel Deudney), 비공식 제국체제 하에서의 동독(Alexander Wendt, Daniel Friedheim) 등에 대한 경험적 연구를 통해 주권의 다양한 형태를 분석하고 있다.

테쉬케(Teschke 2003)의 연구 역시 웨스트팔리아 조약이 가지는 근대적 분절성에 대해 근본적인 의문을 제기하고 있다. 그는 근대 이행의 문제를 브레너(Robert Brenner)의 이론을 따라 사회적 소유관계에서 파악함으로써 '긴 16세기'가 근대 세계체제에 어떻게 작용하였는지, 그리고 근대 이행이 중세적 소유관계와 절대주의 왕조라는 정치적 상부구조 사이에서 어떠한 이행의 과정을 거쳤는지를 설명하고 있다.

---

4 Krasner(1991 ; 2001) 참조.

그밖에도 무척 다양한 주권연구가 나오고 있다. 이러한 주권연구는 21세기 국제정치가 근본적인 조직원리의 변화와 주권의 소재지, 더 나아가 주권이라는 현상 자체가 변화하고 있음을 보여주고 있다. 이러한 논의는 지구정치를 배타적인 주권체들의 관계로 보는 관점에서 벗어나 권력 자체가 네트워크적으로 분산 소유되면서도 연계되는 과정에 대한 상상력을 요구하고 있다. 향후의 국제정치가 만약 탈근대 이행을 거치게 된다면 이는 앞서 논의한 제국모델을 따르거나 혹은 주권의 개념변화에 기반한 네트워크적 정치체의 모습을 띠게 될 수도 있다는 사실을 인식할 필요가 있다.

4. 자유주의와 글로벌 거버넌스 이론

냉전종식 이후 군사 중심의 국제관계가 변화되고 이슈영역이 확장되면서 자유주의자들이 강조해 온 국력과 군사 이익의 다변성, 이슈영역의 복합성에 대한 관심이 증가하였다. 또한 국제제도의 수와 역할이 증가하고 국제관계의 제도화 수준이 높아지면서 단순한 제도화를 넘어선 규범적 변화, 법제화(legalization) 등의 현상 또한 주목을 받게 되었다. 냉전기 자유주의가 착안해 온 국제관계의 특징이 복합상호 의존, 국제레짐, 그리고 국제제도라면 행위자의 다층성과 이슈영역의 다변화를 반영하는 개념이 거버넌스이다.

거버넌스의 개념은 국민국가 중심의 통치체제가 국내외적으로 약화되면서 통치의 중심과 대상이 다양화되는 현상을 설명하기 위하여 고안되었다. 국가의 약화는 지구적 차원에서 세계화, 정보화와 더불어 가속화되었고, 국내적으로는 민주화의 촉진으로 인하여 심화되었다. 국가 이하의 차원에서 개인과 시민사회, 시장과 이익집단의 역할이 강화되었고, 국가 이상의 차원에서 국제기구, 국제레짐, 국제법, 초국적 시민사회의 역할이 강화되면서 국가의 자율성이 약화되었다. 통치의 현상은 정부에서 거버넌스(from government to governance)로 통치의 주체가 변화되었고, 정부 없는 거버넌스 현상(governance without government)이 주목받게 되었다.[5] 더불어 국가 혹은 정부 이외의 단위들이 통치현상에 참여하는 공치 혹은 협치(coordination, cogoverning)가 국가단원적 통치를 대체하게 되었다.

정치질서의 형태를 위계(hierarchy)와 무정부상태(anarchy)로 구분해 볼 때 그 사이에 자율적 통치(self-governing)와 복합질서(heterarchy)를 상정할 수 있는데, 자율적 통치의 모델을 자기 규율적 시장으로 본다면 다양한 주체들 간의 복합적 질서인 후자를 거버넌스의 한 양상으로 볼 수 있을 것이다(Jessop 2003). 문제는 다양하고 상이한 주체들 간의 관계에 대한 것인데, 이들 주체들이 무정부적으로도 위계적으로 연결되어 있지 않고 수평, 수직적 차원에서 대단히 복합적인 관계를 가지므로 이를 네트워크의 개념으로 연결하기도 한다.

따라서 거버넌스의 현상은 다양한 주체들이 위계적으로나 무정부적으로 연결되지 않고 네트워크적으로 연결되어 정치질서를 이루는 현상이라고 볼 수 있다. 정치질서가 사람에 의한 통치(rule by man)에서 법/국가에 의한 통치(rule by law)로 발전하여 온 것이 근대 이행이

---

5 Rosenau and Czempiel(1992) ; Rosecrance(1999) ; Drucker(1993) ; Fountain(2001) 등 참조.

라면, 이후 네트워크를 통한 통치(rule through network)로 발전되었고, 이를 거버넌스라는 개념으로 통칭하고 있는 것이 현재의 상황이다.

거버넌스는 분석수준에 따라 세계적 수준의 문제를 해결하는 글로벌 거버넌스, 인접국가 간 지역문제를 해결하는 지역 거버넌스(regional governance), 개별 국가 내부에서 새로운 국정운영 방안을 찾는 국가 거버넌스(national governance), 그리고 지역공동체에서 시민참여와 지역발전을 모색하는 로컬 거버넌스(local governance) 등으로 나누어 생각해 볼 수 있다(최성욱 2004, 239-261, 246).

냉전의 종식 혹은 세계의 양극적 세력배분 구조의 종식은 미소의 대립으로 경색되어 있던 각 차원, 각 현안에서의 협력을 활성화하는 계기가 되었다. 예를 들어 국제제도의 차원에서 냉전기 거의 모든 국제제도들은 미소의 대립구도를 지속시키기 위한 수단으로 사용되어 미국 주도의 국제제도들과 소련 주도의 국제제도들로 나뉘어 있었다. 보편적 목적을 가진 세계적 차원의 국제제도들, 예를 들어 국제연합은 미국과 소련의 대립으로 인하여 안전보장이사회의 상임이사국 간 합의가 도출되기 어려운 상황에서 국제적 현안을 해결하는 데 큰 도움이 되지 못하였다. 그러나 미소의 냉전이 종식되면서 1990년대 국제연합의 부활이 이루어졌고, 국제연합은 세계 각 지역의 문제를 해결하는 데 많은 역할을 하게 되었다.

그러나 세력배분 구조의 변화가 국제적 제도의 활성화를 가져오는 현상은 예전에도 있었다. 즉, 대립적 구도의 변화가 거버넌스적 현상을 반드시 불러오는 것은 아니다. 정부의 힘이 상대적으로 약화되고 다른 다양한 행위자가 자생적·협력적 질서를 창출하는 것은 20세기 후반의 독특한 현상이라고 볼 수 있다. 그만큼 비국가행위자들의 권능이 증가된 것이다. 이는 역시 민주화와 정보화의 영향으로 개인, 시민사회, 기업, 이익집단 등 비국가행위자의 힘이 증가된 것에 기인하며, 특히 국경을 넘는 이들 행위자들의 행동으로 초국적 시민사회, 국제 NGO, 다국적 기업, 초국경의 사이버공간 등과 같은 새로운 주체와 행동영역이 개척되면서 일어난 상황이다.

또한 냉전의 종식으로 인하여 그간 도외시되었거나 상대적으로 덜 심각하게 보였던 많은 국제 현안들이 전면에 등장하게 되었다. 환경, 마약, 인권, 경제위기, 그리고 테러와 같이 국경을 넘어 초국적으로 확산되는 문제들이 본질상 초국가적이기 때문에 이에 대처하는 방식 또한 초국적으로 이루어져야 했던 것이다. 과거 냉전적 대립은 세계를 양대 진영으로 나누고, 초국적 문제를 진정으로 초국적으로 대처하지 못했던 상황을 극복하고 국경을 모르는 문제들에 대해 다양한 방식으로 대처하는 것이 가능해진 것이다. 문제의 초국가성과 더불어 관련 행위자의 다양성 또한 증가되었다. 일례를 들어 환경문제는 개인, 주민집단, 전문가들의 인식공동체(epistemic community), 기업, 환경단체, 국가, 그리고 환경 관련 국제기구가 모두 중요한 역할을 하는 복합적 현안이다. 어느 한 행위자가 절대적 권능을 행사하지 못하고 서로의 이해관계가 함께 조정되어야 하기에 거버넌스적 문제해결 방식이 대두된다.

이와 같이 국가 간 정치(international or interstate politics)가 세계정치 혹은 지구정치(world politics or global politics)로, 그리고 더 나아가 글로벌 거버넌스(global governance)로 변해가는 현상은 많은 국제정치학자들에게 이론적 도전을 제공해 주고 있다. 거버넌스가 "권력의 기본요소인 사회적 삶과 특징들을 이끌고 규제하고 통제하는 규칙과 구조, 제도"를 의미한다고 할 때, 글로벌 거버넌스는 "어떻게 지구적 차원의 행동이 규제되고 어떻게 지구적 차원의 질서가 생산되는가"의 문제라고 볼 수 있다(Barnett and Duvall 2005).

그러나 글로벌 거버넌스의 논의가 자유주의의 전유물은 아니다. 지구정치의 모습이 거버넌스의 양상을 띤다고 해서 권력정치적 모습이 완전히 사라지는 것은 아니기 때문이다. 오히려 권력의 작동양상을 조금 더 세부적으로 살펴볼 경우, 글로벌 거버넌스에서의 권력작동은 좀더 미세하고, 간접적이며, 전체적이 되는 것을 알 수 있다. 제솝(Jessop 2003)의 경우 탈포드주의 시대에 새로운 자본주의 국가의 형태로 슘페터적 근로복지 경쟁 레짐이 등장하고 있다고 보고, 세계화 시대에 국가가 차지하는 비중이 감소하고 있다고 본다. 또한 거버넌스의 형태로 축적 레짐이 변화하고, 기존의 질서가 위계질서나 무정부상태적 질서에서 복합질서(heterarchy)로 변화하고 있다는 점을 지적한다. 그러나 거버넌스 혹은 네트워크가 증가한다고 해서 국가의 실제적 권력이 감소하는 것은 아닌데, 이는 국가가 다양한 거버넌스 체제들 혹은 네트워크들의 조정역할을 하기 때문이며, 이는 메타 거버넌스(metagovernance)의 레짐의 기능이라고 볼 수 있다는 것이다.

바넷과 듀발(Barnett and Duvall 2005)도 거버넌스 양식에서의 권력의 작동방식이 형태의 변화를 가져왔지만 권력정치적 현상 자체가 감소했다고 보는 것은 성급하다는 입장이다. 권력은 행위자 간 관계의 측면에서 관계적 권력으로 작동할 수도 있으나 제도와 구조 속에서 소위 제도적 권력과 구조적 권력으로 작동하기도 하기 때문이다. 거버넌스 체제 하에서는 권력현상이 좀더 제도적이고 구조적으로 나타나고 있기 때문에 어떠한 행위자가 근본적인 메타 권력을 소유하고 행사하는가가 글로벌 거버넌스의 국제정치 현상을 파악하는 데 핵심적이라는 것이다.

결국 문제는 거버넌스가 가지는 설명적・분석적 유용성은 인정하되 그럼으로써 오히려 불명확해지는 거버넌스의 정치적 성격, 좀더 정확하게는 권력정치적 성격을 어떻게 정확히 파악하는가 하는 것이다. 만약 글로벌 거버넌스론의 규범적 부분의 문제를 정확히 파악하고 있지 못하면 자유주의자들이 논하는 바 다층적・자발적 질서의 강화가 영구적 갈등해소에 접근하고 있다는 낙관론을 무비판적으로 받아들일 가능성이 있다. 이는 현재 질서의 현상유지를 지지하는 결과를 낳게 되고, 이는 이러한 거버넌스를 실제로 주도하는 미국 주도의 메타 거버넌스의 실체에 무감하게 되는 결과를 가져올 수도 있다.

5. 세계화와 문화, 구성주의 국제정치 이론

21세기에 들어 세계화는 모든 지역, 모든 이슈영역에서 광범위하게 진행되고 있다. 이는 국제정치를 구성하는 기본 단위에 대한 인식, 단위의 구성요소 중 군사력, 경제력과 같이 눈에 보이는 부분 이외에 문화, 정체성, 문명 등 눈에 보이지 않는 요소들에 대한 중요성을 부각시켰다. 크라우스와 렌위크(Kraus and Renwick 1996)는 세계화 시대의 정체성 문제를 본격적으로 다루면서 세계화의 시대에 정체성 문제가 본격적으로 대두됨에 따라 기존의 영토기반 국민정체성에 대한 문제제기가 필요해지고 있다고 논의하고 있다. 국가정체성 이외에

민족주의, 인종, 성정체성이 더욱 중요해지며, 중동, 유럽, 사하라 이남 등의 경우를 경험적으로 분석하고 있다.

세계화와 더불어 가장 두드러진 논의는 국가의 자율성 약화이다. 이러한 논의는 국제정치경제에서 시장의 지구화, 금융의 세계화 등의 논의와 함께 이미 낯익은 논의가 되었다. 예를 들어 쿠시마노(Cusimano 2000)는 국가주권을 넘어선 문제들, 즉 마약, 핵 암거래, 테러, 난민, 환경, 다국적 기업, NGO 등의 문제를 논하면서 초주권적(trans-sovereign)이라는 용어가 가장 적합하다고 주장하고 있다.

그러나 국제정치 이론의 차원에서 단위의 변화는 위에서 논한 다양한 패러다임과 함께 많은 시사점을 던져주고 있다. 예를 들어 슬로터(Slaughter 2004) 같은 경우는 국가의 상대적 약화를 주장하기는 하지만 국가 전체가 약화되기보다는 국가가 분절화(disaggregated)되어 정부 내 각 부문별로 초국가적·전문가적·관료적 연계를 맺는 현상에 주목하고 있다. 이러한 논의는 국가의 약화와 비국가행위자의 증가에 대한 일반적 논의보다 더욱 구체적인 국가 변화를 논의하는 하나의 예이다.

세계화는 또한 이에 대한 각 지역별, 국가별 대응의 편차에 주목하게 만들고, 그 대응의 양식에서 비단 경제적·정치적 대응이 아닌 문화적·사회적 대응양식을 중요하게 만든다. 세계화로 인해 체제적 통합이 가속화되는 데 비해, 정치집단의 문화와 인간의 마음은 이에 저항하며 국제정치의 모습을 더욱 복잡하게 만들고 있기 때문이다. 세계화에 대한 가장 극단적인 저항의 형태가 테러로 표현되는 현상을 목격하면서 헌팅턴과 같은 이론가는 국제정치가 문명 간 정치로 변화되는 현상을 지적하였다. 그러나 헌팅턴의 추상적 차원의 논의가 가지는 문제점을 보완하고 보다 더 정교한 패러다임을 만들기 위하여 문명론에 대한 관심이 높아지고 있는 것도 하나의 추세라 하겠다. 예를 들어 토마스(Thomas 2005)는 세계화와 더불어 세계적 차원의 세속화에 대한 각 지역의 반발이 모든 지역에 걸쳐서 나타나고 있다고 본다. 이는 유럽 중심의 근대화가 가져온 세속주의가 세계화의 문제를 해결해 주지 못한 것에 대한 반발이며, 이러한 문명적 전환이 국제정치의 중요 요소로 대두되고 있다는 것이다. 그리고 테러는 이러한 세계화와 세속주의에 대한 반발의 한 형태라는 것이 토마스의 견해이다. 또한 기존의 국제정치 이론은 근대 유럽의 경험에 지나치게 몰두한 나머지 종교가 주는 역할에 대해 무관심했으며, 앞으로는 문명의 기초를 이루는 종교에 대한 관심이 필요하고, 종교적 요소가 국제정치에 주는 역할을 이론화해야 한다고 주장하고 있다.[6]

정체성, 문화, 이념, 지식의 중요성이 증가하면서 이에 대한 하나의 개념화가 연성권력(soft power) 혹은 매력의 개념으로 정착되어 국제정치의 논리에 적용되고 있는 것도 하나의 중요한 특징이다. 나이에 의해 발전되고 있는 연성권력 개념의 등장은 기존의 군사력, 경제력과 같은 경성권력 이외에 지식, 이념, 문화, 정책과 같은 부문이 더욱 중요해지고 있음을 보여주는 변화이다.[7] 나이의 연성권력 개념은 세계화와 민주화, 그리고 정보화 시대에 새로운 국력의 표준을 보여주는 중요한 개념이다. 더 나아가 연성권력 중 정보, 그리고 지식의 측면을 강조하는 것이 정보화 시대의 중요한 측면이며, 이는 국제

---

6 Petito and Pavlos(2003)도 참조.

7 Nye(1990 ; 2000 ; 2002 ; 2004) 등 참조.

관계에서 정보외교 혹은 지식외교의 출현과 강화로 이어지고 있다. 정보혁명이 전반적인 외교양상의 변화 혹은 외교혁명(Revolution in Diplomatic Affairs : RDA)이라 불리는 변화를 가져오고 있는 것은 틀림없는 사실이다. 소위 디지털 외교(digital diplomacy), 원거리 외교(tele-diplomacy), 버추얼 외교(virtual diplomacy), 사이버 외교(cyber diplomacy), 네트워크 외교(network diplomacy), 촉매외교(catalytic diplomacy), 탈근대 외교(postmodern diplomacy) 등으로 변화된 외교의 모습들이다.[8] 과거 외교가 군사력과 경제력에 주로 기반하여 소위 강압외교(coercive diplomacy), 달러외교(dollar diplomacy)가 각광받았다면, 21세기 정보력을 얼마나 잘 활용하는가 하는 것이 21세기 외교의 관건이 되고 있다.

연성권력의 중요성은 이론적 측면에서 뿐만 아니라 실제적 측면에서도 매우 중요한 이론적 주제가 되었다. 미국은 부시 행정부 1기에 들어 군사적 선제공격에 의한 반테러전을 수행하였으나 2003년 이라크 전쟁 이후의 전후처리 과정에서 많은 어려움을 겪은 바 있다. 미국은 부시 행정부 2기에 들어 국무부 중심의 변환외교를 추진하고 있는데, 이러한 변환외교의 핵심이 연성권력이다. 정책적 측면에서 어떻게 하면 연성권력을 강화할 수 있는가, 연성권력의 강화는 어떠한 측면에서 연성권력 간 균형을 불러오는가, 미국의 패권에 대항하는 맞균형은 과연 연성권력 균형의 모습을 취할 것인가 하는 문제들이 제기되고 있다.[9]

이와 관련하여 21세기 권력의 표준에 대한 논의가 포괄적으로

8 김상배(2002) ; Wilson(2004) 등 참조.

9 Brooks(2005) ; Pape(2005) ; Paul(2005) 등 참조.

진행되기도 하였는데, 예를 들어 2005년 영국의 국제정치 학술지인 『밀레니엄(*Millennium*)』은 권력에 관한 특집호를 통하여 각 이론의 주요 패러다임이 보는 권력관, 그리고 연성권력의 중요한 내용에 관한 분석을 싣고 있다.[10]

세계화와 민주화, 정보화의 추세에 따라 정체성과 문화의 변수가 중요해지면서 21세기 국제정치학 이론의 중심에 다가가고 있는 패러다임은 역시 구성주의이다. 구성주의는 웬트(Wendt)의 일련의 작업과 크라토크빌(Kratochwil), 오누프(Onuf)의 업적이 합쳐지면서 21세기 국제정치의 변화를 설명하는 중요한 패러다임으로 자리잡고 있다. 제퍼스(Zehfuss 2002)는 구성주의가 웬트, 크라토크빌, 오누프의 세 이론으로 구성되어 있다고 보며 그 내용을 상술하고 있다. 구성주의는 1980년대 후반의 개념화 단계, 1990년대의 메타 이론적 논의의 강화 단계, 그리고 1990년대 후반부터의 경험적 연구와 비판적 검토의 단계를 거치고 있다고 보인다.[11] 최근에 출간된 구찌니와 리앤더(Guzzini and Leander)의 『구성주의와 국제관계(*Constructivism and International Relations* 2006)』는 그간의 구성주의에 대한 다양한 비판과 웬트 자신의 비판적 논의들이 포함된 책이다.

구성주의는 그간 현실주의, 자유주의의 존재론적 기반에 대한 메

10 *Millennium*의 "Special Issue : Facets of Power in International Relations" 중 Mattern (2005)은 연성권력을 사회언어적 측면에서 분석함으로써 연성권력의 중요성을 강조하고 연성권력에 대한 논의를 심화시키고 있다.

11 구성주의를 기반으로 한 경험적 연구는 양적으로 많은 발전을 해왔다. 예를 들어 Acharya(2004) ; Barnett(1993, 1996) ; Fierke and Jorgenson(2001) ; Finnemore(1996) ; Finnemore and Sikkink(1998) ; Katzenstein(1996) ; Klotz(1995) ; Lapid and Kratochwil(1996) ; Zehfuss(2002) 등 참조.

타 이론적 비판을 제기하면서 국제정치 이론의 단계를 한층 발전시킨 중요한 역할을 해왔다. 그러나 구성주의가 메타 이론적 역할을 어느 정도 소진해 가고 하나의 적극적 이론으로 자리잡을 수 있는가를 두고 그간 많은 비판이 행해져 왔다. 즉, 물질주의와 구성주의의 관계, 구성주의 인식론의 근거에 대한 논쟁, 구성주의가 반박 가능한 가설을 생산해내어 경험적 연구를 이끌 수 있는가의 문제, 구성주의가 합리주의에 비해 얼마나 많은 설명력을 가지는가의 문제 등이 그러한 비판의 예들이다. 또한 구성주의가 이론 자체로서 얼마나 튼튼한 기반을 가지고 있는가 하는 것 또한 논의되어 왔다. 구성주의 행위자와 구조 간의 상호관계를 강조하지만 관계의 쌍방향성을 어떻게 동시에 설명할 수 있는가, 구성주의가 표방하는 실재의 사회적 구성이 과연 철학적으로 단단한 기반을 가지는가 하는 것도 많은 이들의 비판의 대상이 되었다.[12] 향후 구성주의의 주축을 이루는 이론가들이 이러한 비판을 어떻게 수용하여 구성주의 패러다임을 발전시킬 수 있는가 하는 것이 중요한 과제로 남아 있다고 하겠다. 웬트의 경우 양자물리학의 가정들을 받아들여 물질과 의식에 관한 고전물리학적 해석을 넘어서는 양자물리학적 해석을 원용하고자 하고 있다. 행위자의 의식과 물질적 구조의 관계를 재해석하고 의식의 주체와 객체 간의 관계에 대한 상호 의존성을 부각시키고자 하는 것이다(Wendt 2006). 이러한 노력이 물리학적 시사를 넘어 인간과 사회에 대한 구체적인 연구를 얼마만큼 진전시킬 수 있을지 관심 있게 보아야 할

---

12 Adler(197) ; Checkel(1998) ; Katzenstein(1996) ; Zehfuss(2002) ; Guzzini(2000, 2005) ; Hopf(1998) 등 참조.

필요가 있을 것이다.

한편, 영국의 국제사회학파는 국제관계를 이루는 사회적 기반에 대한 역사적·철학적 연구를 통하여 근대 국제정치의 이해에 많은 공헌을 해왔다. 그리고 이러한 연구성과는 세계화 시대에 중시되는 문화, 정체성, 기초제도(primary institutions)의 요소들에 대한 시각에서 향후에도 주목받는 패러다임으로 남아 있다. 국제사회학파에 관해서는 1992년 『밀레니엄(*Millennium*)』의 특집호가 "국제사회를 넘어서(Beyond International Society)"라는 주제로 국제사회학파를 다루고 1992년 유럽정치연구협회(European Consortium for Political Research : ECPR)에서 역시 특집으로 국제사회학파를 다루어 1998년 B. A. 로버슨(Robersons) 편집의 『국제사회와 국제관계 이론의 발전(*International Society and the Development of International Relations Theory*)』(1998)이 출간되는 등 기존의 연구에 대한 재평가와 방향모색이 이루어져 왔다. 던(Dunne), 엡(Epp), 잭슨(Jackson), 렝거(Rengger), 위버(Wæver) 등의 학자들이 활동하기 시작하였고, 부잔(Buzan), 잭슨(Jackson), 린클레이터(Linklater) 등도 국제사회학파와 관심을 공유하고 있다.

최근 부잔(2004)은 국제사회학파의 이론적 관심이 구성주의와 중첩되고 구성주의의 개념화의 성과에 국제사회학파의 성과가 미치지 못하는 점이 증가하여 향후의 이론화 작업에 많은 노력이 필요하다고 논한 바 있다. 특히 부잔은 21세기 세계화 시대에 국제사회학파가 어떠한 이론적 관점을 제공할 수 있는가가 관건이라는 점을 강조하며, 이러한 과제를 위하여 국가행위자와 비국가행위자의 관계, 세계사회의 개념과 국제사회의 개념을 조화시키는 것이 중요하다는 점을 지적하고 있다.

Ⅳ. 국제정치 이론과 메타 이론

1. 국제정치의 '판'과 단위체 : 존재론적 재고찰

제2차 세계대전이 끝난 후 반세기에 걸쳐 세계정치를 지배해 왔던 냉전구조가 와해되면서 사람들은 자신들이 서 있는 장소, 즉 세계와 국가의 존재론적 의미에 대해 다시 되새기기 시작했다. 오랫동안 초강대국을 중심으로 하는 양극화 구조의 틀 속에 너무나 익숙해져 있던 사람들에게 있어서 냉전시대는 이해하기에 별로 어렵지 않은 퍼즐이었다. 개개의 국가 또는 국민들에게 있어서 동맹과 갈등, 무역과 인적 교류의 국제관계는 특별한 고민 없이 극화된 진영 속에서 선택할 수 있는 것이었기 때문이다. 이처럼 제약된 환경 속에서 이루어져 온 냉전시대의 국제관계는 오랫동안 큰 변동 없이 유지되어 왔던 까닭에 국제관계의 모습은 분명하고도 단순한 것이었다. 국가는 합리적인 결정을 내리는 단위체로 여겨졌고, 세계는 그러한 국가들로 구성된 '판'이었다. 냉전시대에는 모든 것이 미국과 소련을 중심으로 하는 양대 위계질서 구조 속에서 질서정연한 모습으로 존재하고 있었던 것이다.

따라서 탈냉전시대의 국제관계에 있어서 이러한 존재론적 명료함에 대한 재고와 성찰이 가장 먼저 이루어져 왔다. 세계화의 추세가 가속화되면서 냉전시대의 분명했던 존재의식은 서서히 복잡하고 불확실한 형태로 바뀌어 가기 시작했으며, 세계정치의 단위체와 장소에 대한 새로운 자리매김이 이루어지게 되었다(Rosenau 1990 ; Jervis 1997 ; Hopmann 1998). 단위체의 문제는 바로 '국가'의 변모를 일컫는데, 지난 수백 년간 세계정치의 주된 행위자 역할을 담당해 왔던 국가의 역할과 능력에 대한 재평가는 국제관계 이론의 가장 우선적인 관심사가 되었다. 또한 이러한 국가들 사이의 상호작용, 즉 국제관계의 실제 행위들이 이루어지는 장소, 즉 에쿠메네(ecumene)를 새로운 형태로 재조명하기 위한 노력들도 이어졌다. 21세기에 들어와 전 세계를 충격으로 몰아넣었던 9·11사태는 이러한 존재론적 의식변화의 절정을 이루게 된 상징적인 사건이었고, 세계정치의 근본적인 변화를 단위체와 '판'을 중심으로 하여 새롭게 인식하게끔 만든 결정적인 계기가 되었다.

세계화와 탈냉전의 국제관계 이론에 있어서 가장 이슈가 되었던 단위체 논쟁은 무엇보다도 전통적인 근대국가의 존재에 대한 것이었다. 초강대국을 중심으로 하는 위계질서 체계가 무너지면서 진영 사이의 경계선과 국가 간 경계가 와해되어 왔고, 대내적으로도 정당성의 원천이 다양해지고 비정부기구들의 활동이 빈번해지면서 국가의 존립 자체는 안과 밖으로 상반된 세력들 사이에서 통제력과 영향력을 대폭 상실하게 되었다. 수잔 스트레인지(Susan Strange)는 전통적인 국민국가들이 세계정치의 전면으로부터 '퇴각(retreat)'하게 되었으며, 그 권력과 권한은 국가 하부단위체 또는 초국가단체로 분산되어 왔다고 주장했다(Strange 1996). 대외적으로도 많은 나라들은 국제기구 또는 레짐의 요구에 스스로를 맞추어야 하는 소위 '황금구속복(golden straitjacket)'의 제약으로 더욱 압박을 받게 되었고, 정보화의 영향으로 말미암아 '전자투자가 집단(electronic herds)'이라 불리는 국제금융 세력들은 국경을 넘나들며 국가의 통제력을 무력화시키고 있다. 이러한 추세로 말미암아 주권의 아성 속에서 굳건하게 지탱되어 온 국민국가의 기능과 역할은 크게 제약될 수밖에 없었다(Friedman 1999 ; Kenichi 1999).

스트레인지를 필두로 하는 국가 쇠퇴론자들은 근대 국제관계의 시발점인 웨스트팔리아 체제가 이제 사망했다고 선고하면서 지난 350여 년 이상 세계를 지탱해 온 웨스트팔리아 체제가 전 지구적 차원의 생태계, 금융, 사회질서를 제대로 유지하는 데 총체적으로 실패해 왔다는 점에서 과거를 '실패한 웨스트팔리아 체제(Westfailure)'라고 폄하해 왔다(Strange 1999). 이처럼 쇠퇴하는 국가의 권력은 NGO, 초국적 기업, 전 지구적 조직범죄 단체, 국제기구 등 다양한 단위체들로 이전되고 있다. 국제기구의 역할은 지난 수십 년 동안 급속하게 증가되어 IMF나 세계은행과 같은 경제기구들뿐만 아니라 무력을 동원한 인도주의적 개입활동들도 부쩍 눈에 띄고 있다. 이처럼 국민국가의 권력은 하위 국가단위체, 독립적인 규제기구, 복합단위체 등 다양한 형태로 분산되고 있다(Mathews 1997). 이제 근대 국민국가는 세계화의 도전 속으로 내몰리면서 전통적인 주권관념은 더 이상 보전되기 어렵게 되었는데, 이는 새로운 존재론적 고민을 안고 있는 국제관계 이론이 규명해야 할 첫 번째 과제임에 틀림없다.

러기(John Ruggie)는 근대국가의 토대를 이루어 온 '영토성(territoriality)' 개념을 파헤침으로써 이러한 탈근대 담론의 서두를 이끌어 왔다. 그는 근대국가의 영토적 기반이야말로 단절적이고 배타적인 속성의 원천으로서, 세계화는 바로 이러한 기반을 무너뜨리는 '영토성의 해체(unbundled territoriality)'를 의미한다고 주장한다. 다양한 비국가행위자, 유럽연합과 같은 통합의 움직임, 국경을 넘나드는 경제 및 생태계의 세계화 등이 이러한 영토성의 해체를 나타내는 대표적 현상들이다(Ruggie 1993, 172-174). 비국가행위자들의 등장을 주축으로 한 단위체들의 다변화는 세계정치 속의 정체성, 즉 구성원들의 존재의식에 큰 충격을 전해주게 되었고, 나아가 국제정치 속에서 일어나는 협력 및 갈등의 패턴에도 많은 변화를 주기 시작했다(O'Neill 외 2004, 157-159). 지금까지 국제정치 이론의 논의 속에서 국제기구나 레짐 등과 같은 다양한 행위자들의 등장에 대한 관심들이 오래 전부터 있어왔지만, '국가'라는 전통적인 틀을 넘어서는 '대안'으로서의 행위자 집단에 대한 본격적인 고찰은 탈근대시대에 들어와서야 활성화되었다.

이처럼 급속하게 전개되는 국가체제의 와해에 대한 진단은 동시에 반대의 입장으로부터 심각한 도전을 받고 있기도 하다. 현실주의를 비롯한 많은 전통 국제정치 이론가들은 '국가'라는 단위체가 세계화의 충격으로 인해 상당한 영향을 받기는 했지만 여전히 세계정치의 핵심적인 행위자로 남아 있다는 사실을 강조하고 있다(Waltz 1999, 696).[13] 피터 에반스(Peter Evans)는 세계수준에서의 생산과 교류가 증가한다고 해서 국가의 쇠퇴가 필연적으로 뒤따른다는 논리는 설득력이 없다고 주장하고 있다. 오히려 세계화로 인해서 국가의 역할이 오히려 증가하는 부분도 있다고 하는데, 경험적으로 보면 세계화의 도

---

13 왈츠는 국제정치가 여전히 '국가 간(inter-national)' 영역을 벗어나지 못하고 있으며, 전(全) 지구적 정치가 아직도 국가 중심의 정치를 대체하지 못하고 있다고 본다. 세계화 속에서 국가는 생존할 수도 있고 그렇지 못할 수도 있는데, 그것은 전적으로 국가의 능력에 달려 있다는 것이 왈츠의 주장이다(Waltz 1999, 697-698).

전에 대한 국가적 대응이라는 오늘날의 화두만 놓고 본다면 에반스의 반론에 타당성이 있어 보인다(Evans 1997, 74-82). 학자들이 국민국가의 쇠퇴를 쉽게 받아들이지 않는 이유 중의 하나로서 근대국가체제가 원래부터 내포하고 있던 변화의 가능성을 들 수 있다. 예를 들어 웨스트팔리아 체제는 엄격한 주권원칙에 기반을 두고 운영되어 왔다고 보기는 어려우며, 신성로마제국과 같이 비(非)근대국가적 정체체제들이 공존하는 형태로 유연하게 유지되어 왔다는 주장도 제기되고 있다(Osiander 2001, 269-273).

사실상 웨스트팔리아 체제 내에서도 여러 가지 유형의 다양한 정치체제들이 공존해 왔다는 점에 대해서 그동안의 국가중심적 시각에서는 별 주의를 기울이지 않았다. 크래스너(Stephen Krasner)는 이 체제 내부에서조차 다양한 협의와 계약, 위협, 강압 등의 방법을 통하여 그 핵심 요소였던 주권원칙이 수없이 위반되어 왔다는 점을 강조한다. 다시 말해 세계화 시대의 탈국가, 탈주권 현상은 새삼스러운 것이 아니며, 동일한 맥락에서 국가가 '쇠퇴'했다고 판단할만한 이유도 없다는 것이다. 웨스트팔리아 체제는 완벽하지 않은 형태로 수백년간 유지되어 왔으며, 강대국들 사이의 이해관계를 기반으로 작동해 왔다. 크래스너의 표현대로 웨스트팔리아 주권모델은 필요에 따라 '타협을 통해 수시로 변화하는(compromised)' 방식으로 지탱되어 왔던 것이다(Krasner 1995/1996, 117, 124-140). 이러한 주장은 국제정치 이론가들에게 세계화 시대의 단위체에 대한 보다 정교한 논의를 요구하게 되었는데, 국가행위자의 영향이 감소하면서도 여전히 국가의 활동이 활발하게 이루어지고 있는 '복합적' 현상에 대한 새로운 설명과 이론들이 탈근대시대의 논의에서 중심축으로 이루고 있다.

국가의 복합적 변화에 대한 오늘날의 논의 중에서 가장 활발하게 이루어지고 있는 주제 중의 하나가 네트워크 국가론이다. 마뉴엘 카스텔(Manuel Castells)은 유럽연합을 모델로 삼아 네트워크 국가(network state)의 개념을 규정하고 있는데, 그에 따르면 이것은 '합법적 폭력을 행사할 수 있는 권한을 네트워크상에서 공유하는 국가'이다. 이러한 네트워크 국가 내에서는 군사나 경제 등 영역별로 지역적 불균형 현상이 존재하기는 하지만 어떠한 지역도 다른 지역을 무시한 채 일방적으로 정책을 강요할 수 없는 상호 의존성을 특징으로 한다. 유럽연합은 오늘날 가장 앞선 형태의 통합이 진행되고 있는 곳으로서, 연방주의(federalism)와 국가 연합주의(confederacy)의 논리가 공존하면서 정책능력과 정당성의 원천이 초국가 단위체들과 기존 정부들, 그리고 하부 단위체들 사이에 분산되어 있다. 카스텔은 이러한 네트워크 국가모델이 세계화의 도전에 대응하기 위한 기존 국가들의 노력으로서 나타난 결과라고 이해하고 있다(Castells 2000 ; Carnoy and Castells 2001).[14] 사회학적 시각을 도입하여 국제관계에서 실험되고 있는 네트워크 단위체의 속성을 연구하고 있는 크리스토퍼 안셀(Christopher Ansell)은 보다 체계적인 네트워크 국가이론을 제시하고 있다. 그는 하나의 노드가 다수의 노드를 지배하는 전통적인 위계질서의 모습에 대비되는 네트워크 구조의 특징을 다 대 다(many-to-many)의 연

14 진보적 시각에서 바라보는 네트워크 국가는 국내, 지역사회의 압력과 요구에 대해 대응하면서 자본축적과 사회적 이익의 지배 확보라는 차원에서 글로벌 네트워크에 통합되어 왔다. 이렇게 볼 때 네트워크 국가는 산업화 시대에서 정보화 시대로 이전하는 과정에서 일어나는 사회적 투쟁과 지정학적 전략의 산물이라는 것이 카노이와 카스텔의 견해이다(Carnoy and Castells 2001).

결망에서 찾으면서 이를 '복합형 네트워크(heter-archy)'라고 명명하고 있다(Ansell 2000).

네트워크 국가의 등장과 더불어 국가 단위체의 변화를 보여주는 또 다른 이론으로서 앤-매리 슬로터(Anne-Marie Slaughter)의 정부 간 네트워크(government networks)론을 들 수 있다. 제시카 매튜스(Jessica Methews)와 같은 신중세주의자들은 글로벌 거버넌스가 '정부 없는 거버넌스(government without governance)'라는 점을 강조하고 있지만, 슬로터는 세계정치 속의 네트워크 속에 국가 단위체가 여전히 중요한 노드로 자리잡고 있다는 점을 부각시킨다(Slaughter 1997, 195).[15] 이러한 입장은 국가들 사이의 문제를 해결하기 위해 국제규범과 제도의 창출을 주장하는 신자유주의적 제도주의와도 차별화되고 있으며, 세계화 시대의 국가의 존재가 안고 있는 딜레마, 즉 국가의 쇠퇴와 지속성이라는 문제에 대한 자유주의적 대안의 일환으로서 주목받고 있다. 과거의 자유주의적 상호 의존론이 국가 중심의 단순한 네트워크의 모습을 그리고 있었다면, 슬로터의 정부 간 네트워크 이론은 정부의 기능적 분화에 따른 연계성과 국가를 포함하는 다층적 그물망의 모습을 동시에 그려내고 있다는 점에서 한층 더 발전된 형태의 논의라고 할 수 있다.

---

15 슬로터는 제2차 세계대전 직후에 구축된 세계질서는 완전히 실패했다고 진단한다. UN을 중심으로 이루어진 당시의 질서는 중앙집중식 권위체제에다가 위계질서형 조직과 제도들로 구성되어 있었으며, 보편적인 구성원 시스템을 지니고 있었다. 이러한 구조는 제대로 작동하지도 않을 뿐더러 최악의 경우에는 대단히 위험한 것이었다. 주권을 소유하고 있는 개개의 국가들은 자신들보다 상위의 초국가적 권위를 받아들이려 하지 않을 것이기 때문이었다. 결국 전후의 질서는 하나의 '괴물(chimera)'과도 같은 것이었다(Slaughter 1997, 183).

세계정치 속의 단위체에 관한 이러한 여러 이론들은 결국 국가의 동적 측면에 관한 시대적 고찰이라고 할 수 있다. 안으로부터의 다양한 도전과 세계화라는 대외적 곤경으로 인하여 위기에 처한 근대 국민국가의 모델이 어떤 식으로 변해가고 있는가를 추적하고 있는 것이다. 로즈노가 묘사했듯이 국가 내부의 분열과 외부의 통합이 동시에 이루어지는 '분합(分合, fragmegration)'의 추세 속에서 국제정치 이론가들은 행위 단위체들의 존재론적 위상을 재정립하기 위한 논의들을 계속하고 있다(Rosenau 1990, 2003). 근대국가 체제를 지탱해 왔던 주권의 원리는 이제 폐쇄적인 웨스트팔리아 모델로부터 벗어나 세계화 시대에 맞춘 새로운 개방형으로 변모하고 있으며, 단위체들 간의 상호 의존과 허술한 경계선, 그리고 국경을 손쉽게 넘나드는 초국가적 기구들을 그 특징으로 한다. 이러한 노력들을 통하여 국민국가는 끊임없이 스스로를 새로운 변화시키면서 내부 및 외부환경에 적응해 가는 현대의 국제정치 단위체로서 규정되고 있는 것이다(Ansell and Weber 1999, 78-83).

이처럼 세계화의 추세 및 그로 인한 국민국가의 변환은 각자 별개의 과정이 아니라 상호 밀접하게 중첩된 하나의 현상으로서 이해할 필요가 있다. 통합과 분리라는 세계화의 모순적인 관계 속에서 주권의 원리는 모호해지고 국민국가는 점차 변화해 왔지만 이와 동시에 국가 역시 세계화의 추세가 가속화되도록 하는 데 일조해 왔다. 근대 국민국가는 다층적 거버넌스를 특징으로 하는 전 지구적 네트워크 속에 '내재된(embedded)' 형태로 존재해 왔다(Held and McGrew 1998, 242 ; Ansell and Weber 1999, 89). 전 지구적 '판'과 그 속에서 활동하는 '하나의' 단위체인 국가는 서로를 변화시키고 재구성하고 있는 것이다. 동시에 국민국가는 국가 하부 단위체 및 초국가 단체와 같은 새로운 거버넌스의 단위체들 사이에서 과거와 같은 통제자의 역할을 벗어나 분야별, 이슈별로 다양한 기능을 담당하는 하나의 '중재자(broker)'로서 자리매김하고 있기도 하다(Held 2000 ; Clark 1998, 497). 이제 세계정치 속의 존재론은 네트워크 '판' 속에서 상호작용하는 하위 네트워크 단위체들의 공간, 즉 하나의 에쿠메네를 중심으로 이루어지고 있는 것이다(Axford 2004).

2. 국제정치 이론의 분석수준과 인식론

국제정치 이론의 흐름 속에서 발견할 수 있는 흥미로운 점 중의 하나는 분석수준의 다양성과 변화이다. 전후 이러한 맥락에서 가장 원조격으로 여겨지고 있는 케네스 왈츠(Kenneth N. Waltz)의 전쟁연구는 분석수준에 관한 논의의 시발점이 되었다. 그는 전쟁을 야기하는 원인을 인간적 속성, 국가, 그리고 국제체제의 3가지 수준으로 나누어 살펴봄으로써 후대의 학자들에게 문제에 접근하는 기본 프레임을 확실하게 제시하였다(Waltz 1959 ; Singer 1961 ; 신욱희 1995 ; Onuf 1995). 아직까지도 국제정치 이론에서 이루어지고 있는 대부분의 연구작업들이 이러한 왈츠의 3가지 분석수준을 벗어나지 못하고 있다는 점도 그의 영향이 얼마나 지대한가를 잘 보여준다. 하지만 탈근대시대에 들어와 이러한 왈츠의 분류법에 대한 비판적 고찰이 크게 늘어나고 있어서 국제정치 분석의 인식론적 관점에서 주목할 필요가 있다 하겠다.[16]

왈츠 자신은 이후 『국제정치 이론(*Theory of International Politics*)』(1979)에서 자신의 구조적 현실주의 이론을 정립함으로써 본격적으로 국제정치 이론의 분석수준을 확대하는 데 기여하게 된다. 이전까지의 현실주의 분석들이 국가를 중심으로 해왔다면, 왈츠의 이론은 구조적 변수를 강조함으로써 단위체와 구조의 관계를 보다 선명하게 그려내고자 하였다. 마찬가지로 로버트 길핀(Robert Gilpin)의 주기이론 역시 국제정치 시스템의 거시적 변화가 어떻게 일어나는가를 이론화함으로써 현실주의 이론을 한 단계 발전시키는 데 기여하였다. 특히 그의 이론은 한계비용과 같은 정책결정자 수준의 미시적 변수를 이용하여 국가와 시스템의 거시적 변화를 설명해내려 했다는 점에서 적어도 분석수준에 있어서는 이전의 작업들에 비해 세련된 모습을 보여주었다(Gilpin 1981). 비록 신고전파 경제학의 전제조건들에 의존하기는 했지만 거시적 현상의 설명 '메커니즘'을 제시하려 했다는 점에서 국제정치 이론의 한 획을 긋고 있다.

왈츠의 구조이론이 제시된 이후 세계는 많은 변화를 겪어왔다. 특히 상호 의존론이나 민주평화론과 같은 자유주의 이론들이 활발하게 등장하면서 분석수준의 관점에서 국가의 내부동인을 중요시하는 성향이 두드러졌다. 이것은 이왕의 현실주의가 국가에서 구조로 외연을 확대한 것과는 정반대의 현상이었다. 자유주의 이론가들은 국제

---

16 일부 학자들은 분석행위 자체의 수준은 '분석수준(level of analysis)'으로, 그리고 분석의 대상이 갖는 수준을 '분석단위(unit of analysis)'로 구분하고 있기도 하다. 이러한 논의는 나름대로의 명확한 논리적 근거를 갖추고 있기는 하지만(Yurdusev 1993), 본 논문에서는 용어 사용상의 혼동을 막기 위해 '분석수준'으로 통일하여 사용하기로 한다.

정치를 설명하는 데 있어 현실주의자들과 유사한 전제조건들을 공유하고 있었지만 거시적 현상에 대한 과학적 설명에 있어서는 한발 앞서 있었다. 이는 그들의 분석수준이 미시적인 단위체를 대상으로 하고 있었기 때문이다. 자유주의 이론에서는 주로 국내정치나 이익집단 등의 관계로부터 국가의 정책결정을 설명했는데, 이처럼 독립변수군을 국내정치에서 찾는 성향은 국제관계와 비교정치의 상호 연관성을 드러내는 계기가 되었다(Keohane and Milner 1996 ; Evans 외 1993 ; Fearon 1998 ; Caporaso 1997). 이러한 추세는 오늘날에도 지속되어 전쟁이나 무역 등과 같은 국제정치의 패턴들을 설명하는 데 있어서 국내정치적 속성을 주요 독립변수로 제시하는 연구들이 주종을 이루고 있다.

국내정치적 변수군과 더불어 국제관계의 현상을 설명하는 데 더욱 미시적인 수준에서의 분석도 국제정치 이론의 중요한 축을 이루어 왔다. 외교정책 결정에 관한 이론들이 바로 이러한 미시적 분석의 대표적인 사례인데, 지금까지의 외교정책 이론들이 앨리슨(Graham Allison)의 틀을 중심으로 하는 개인 또는 집단차원에서의 원인들을 밝혀내는 데 주안점을 두어왔다(Allison and Zelikow 2005). 또한 최근에 들어와 심리학에서의 과학적 연구를 적극적으로 도입하여 정책결정자들의 특성을 분석하는 시도들이 활발하게 이루어지고 있는데, 특히 전망이론(prospect theory)과 같은 미시적 분석은 기존의 합리적 선택이론의 패러다임을 넘어서 비정상적으로 여겨졌던 국제관계의 많은 현상들을 설명해내는 중요한 도구로 자리잡고 있다(Boettcher III 1995 ; 2004 ; Levy 1997). 이와 같이 분석수준이 미시적 수준으로 내려갈수록 왈츠가 경고했던 환원주의(reductionism)의 위험은 점점 커지겠지만 설명력은 훨씬 더 강화되는 경향이 있다. 특히 수많은 전제 조건들에 의존해서 추론해야만 하는 거시적 분석에 비해 미시적 분석은 상대적으로 자유롭다는 장점도 있다는 점에서 오늘날 많은 사회과학자들이 선호하고 있다.

하지만 국제정치의 원인군을 밝혀내는 데 있어서 왈츠의 구도를 지금까지 아무런 수정 없이 원용하는 추세에 대한 반성도 아울러 증가해 왔다(Walker 1993). 즉 개인, 국가, 국제체제라는 주요 독립변수군으로 나누어 그 중 하나 또는 둘 이상의 변수군을 설정하여 국제정치의 제 현상을 설명하려는 시도가 과연 바람직한가에 대한 의문들이 제기되고 있는 것이다. 이러한 변수군들이 단순하게 일방적으로, 또는 여러 변수군들이 평행을 이루면서 국제정치의 제 현상을 만들어낸다는 구상은 너무 단순하지 않는가 하는 의문인 것이다. 이러한 문제의식을 바탕으로 하여 등장한 것이 바로 양면게임(two-level games) 이론이었다(Putnam 1988). 이러한 이론들은 분석수준을 단순하게 나누어 한 가지를 택하는 과거의 관행으로부터 벗어나 국내수준과 대외수준을 유기적으로 연계시켜 분석해야 한다는 문제의식을 바탕으로 한다. 국제 정치경제와 군사문제에서 이루어지는 많은 협상과 갈등에 대한 경험적 연구가 이러한 양면게임 이론을 원용하여 분석되고 있는 것은 그만큼 이러한 복합적 분석틀의 설명력이 강력하다는 것을 잘 보여주고 있다.

앞에서 논의했던 단위체의 속성변화에 관한 주제에서도 잠깐 언급했지만, 국제관계에서의 네트워크 구조는 최근에 들어와 집중적인 관심을 받고 있는 현상이다. 분석수준에서도 이러한 맥락에서 유사한 경향이 두드러지게 나타나고 있는데, 이것은 바로 단위체의 '속성' 자체보다는 그들 사이의 '관계'를 주된 분석수준으로 삼는 여러 저작으로부터 발견된다. 홀리스(Martin Hollis)와 스미스(Steve Smith)는 체계와 단위체라는 양대 구분에 더하여 '상호작용의 체제(system of interaction)'라는 새로운 종류의 분석단위를 상정하고 있다(Hollis and Smith 1990). 또한 부잔(Buzan)과 동료들 역시 구조와 단위체 사이에 '상호작용'을 분석수준으로 설정함으로써 시스템을 설명하는 3대 축—단위체, 상호작용, 구조—을 체계적으로 활용해야 한다는 점을 강조하였다(Buzan 외 1993). 이러한 구분은 왈츠나 싱어의 초기 분석수준 유형화로부터 한 단계 더 발전한 형태의 구분법으로서, '상호작용'이라는 보이지 않는 차원에서의 변수군들을 상정했다는 점에서 중요한 의미를 지닌다.

한편 분석수준의 문제와 관련하여 지금까지의 국제관계 이론에서 가장 큰 전환점은 알렉산더 웬트(Alexander Wendt)의 구성주의적 접근으로부터 만들어지게 되었다. 1987년의 논문에서 그는 '행위자(agents)'와 '구조'의 변증법적 상호관계를 강조하면서 어느 일방에 치우친 분석보다는 양방향적인 관계를 보아야 한다는 점을 강조하였다. 기든스(Anthony Giddens)의 구조화 이론을 원용한 그의 행위자-구조이론은 그동안 행위자→구조와 같은 미시경제학적 접근방식(합리적 선택이론이나 길핀의 주기이론 등), 또는 구조→행위자와 같은 거시적 분석(왈츠의 신현실주의)의 일방적 인과관계를 넘어서서 구조↔행위자의 쌍방향 영향을 중시하였다(Wendt 1987 ; 1999). 이러한 구도는 분명 현실을 대표(represent)하는 데 있어서 이전의 단순한 구도에 비해 훨씬 더 강력한 것으로 여겨졌고, 이에 맞추어 많은 경험적 연구들이 뒤따르게 되었다.

하지만 웬트의 정교한 이론화에도 불구하고 실제 경험적인 연구는 상대적으로 미미하게 이루어져 왔다. 이러한 문제는 행위자-구조의 쌍방향 인과관계를 실제의 분석작업에 있어서 조작화(operationalization)하기가 거의 불가능하다는 데 기인한다(O'Neill 외 2004, 168-169).[17] 설명변수군과 종속변수가 동시에 영향을 미치는 관계는 얼핏 그럴 듯하지만 이를 모델화하는 일은 그리 쉽지 않다. 현실 데이터나 사례를 가지고 이러한 쌍방향 관계를 입증하기 위해서는 세련된 이론뿐만 아니라 그에 부합되는 정교한 연구방법이 동반되어야 하는데, 웬트와 구성주의적 접근방법에서는 실제의 국제정치 현상을 분석하는 데 있어서 이러한 연구방법을 구체적으로 제시하지 못했던 것이다. 이러한 이유로 인하여 웬트는 자신의 이론에 버팀목이 되었던 비판이론으로부터 벗어나 현실주의와 자유주의의 기본입장을 일부 수용하게 된다(Hopf 1998 ; Ray 2001). 특히 인과관계의 설정에 있어 그동안 구성주의의 핵심이었던 쌍방향 관계 대신에 전통적인 단방향 관계, 즉 주류 이론들의 '과학적 방법'을 받아들임으로써 자신의 행위자-구조이론을 격하시키는 결과를 초래하게 되었다.

한편 시더맨(Lars-Erik Cederman)이나 액셀로드(Robert Axelrod), 로즈노, 저비스 등 복잡계이론을 국제정치의 분석에 접목시키려는 학자들은 이러한 분석수준의 문제에 대해 구성주의 이론보다 훨씬 더 현실성 있는 대안을 제시하고 있다. 이들은 주어진 거시적 현상을

17 계량분석에 있어서도 독립변수군과 종속변수의 쌍방향관계를 전제로 한 모델은 연립방정식(simultaneous equations)을 이용하여 기술적으로 복잡한 형태를 띤다. 모델이 복잡해질수록 전제조건도 늘어나면서 현실과의 관계도 대단히 민감해지면서 모델의 일반적 적응성이나 예측성이 현저하게 감소하게 된다.

분석하는 데 있어서 기본적으로 미시적인 수준에서 분석하되 단위체들 사이의 상호작용에 주안점을 둔다. 그럼으로써 환원주의의 덫에 빠지지 않으면서도 시스템의 구성원들 사이에 일어나는 동적 관계를 설명하고자 한다(Cederman 1997 ; Axelrod 1997 ; Jervis 1997 ; Rosenau 2003). 즉 행위자들 사이의 관계를 설정하는 규칙들을 설정한 후에 이러한 규칙들이 어떻게 미시적 수준에서 작용하면서 우리가 미처 예측하지 못했던 거시적 현상들을 만들어내는가의 메커니즘을 제공하고자 한다. 이러한 시각은 왈츠와 같이 구조를 주어진 대상으로 간주하는 오류를 범하지 않으면서도 합리적 선택이론과 같이 환원주의로 귀착되지도 않는다. 웬트는 이러한 양 극단 사이에서 유기적인 연계성을 이론화하는 데 성공했지만 그것이 현실적으로 어떻게 가능한가에 대한 인식론적 작업에서는 미흡한 성과만을 남겼다. 이러한 점에서 자연과학으로부터 시작된 복잡계 이론이 앞으로 국제정치현상을 설명하는 데 있어 공헌할 수 있는 여지는 매우 크다 하겠다.

3. 과학적 방법의 딜레마 : 국제정치 이론은 진보하는가?

현대 국제정치 이론에서 뜨거운 쟁점으로 떠오르고 있는 또 하나의 주제는 과학적 진보에 관한 것이다. 이미 1960년대의 '제2의 논쟁' 및 1980년대 말의 '제3의 논쟁'을 통해 정치학의 영역에서 방법론과 인식론에 대한 접전이 있었지만 아직까지도 패러다임의 차이로 인한 간극은 쉽사리 메워지지 않고 있다. 국제정치 이론을 포함하는 정치학 전반에 걸쳐 '과학'의 이름으로 다양한 패러다임 사이의 통합을 시도했던 가장 큰 노력은 킹(Gary King), 코헤인(Robert O. Keohane), 버바(Sidney Verba)의 1994년 저작이었는데, 이것이 출간된 이후 비교정치 및 국제정치 분야에서 다시 한 번 과학적 방법 및 과학적 진보에 대한 논의들이 활발하게 이루어지기 시작했다(King 외 1994 ; Laitin 외 1995). 이러한 분위기는 다시 국제정치 이론의 영역으로도 확대되어 1990년대 말부터는 국제정치 이론의 과학적 성과를 평가하려는 여러 노력들이 나타나게 되었다.

킹, 코헤인, 버바의 저서가 계량적 접근방법과 사례분석 등 다양한 연구방법에 기반을 둔 학자들의 공동저작이기는 했지만, 대체로 통계분석의 기초를 이루는 과학철학적 인식론을 질적(qualitative) 연구에 대해서도 적용하려는 시도로 인하여 많은 반발에 부딪히게 되었다. 사실상 그들의 입장은 사례의 수(N)를 증가시킴으로써 과학적 일반화에 가장 장애가 되는 데이터의 문제를 해결하려 했다는 점에서 한계를 보이고 있다. 이러한 입장은 기본적으로 데이터의 비중(weights)이라는 문제를 등한시함으로써 수많은 역사가들이나 사례분석가들이 중시하는 사건이나 사례에 대한 심도 있는 분석을 어렵게 만들었다. 또한 연구의 궁극적 종착점인 '이론'의 통합성이나 정교함보다는 그것을 검증하기 위한 데이터나 절차에 더 초점을 맞춤으로써 본말이 전도되었다는 비판도 있다(Laitin 외 1995). 1990년대 초반 이후에 벌어지고 있는 이러한 '과학적 접근법'의 근본 속성에 대한 고민들은 국제정치 이론의 영역으로도 확대되어 어떤 과학적 방법이 가장 합리적인가에 관한 지속적인 논쟁을 유발시키고 있다.

오래 전에 스탠리 호프만은 국제정치 이론이 '미국의 사회과학'이라고 비판한 바 있다(Hoffmann 1977, 45-47). 이는 과학만이 진리를 얻기 위한 유일한 방법이라는 확신을 기반으로 하여 자연과학과 경제학 등 경성과학(hard science)을 적극적으로 도입하려 했던 미국의 분위기에 대한 성찰적인 비판이었다. 이러한 기준이 여전히 타당하다면 국제정치 이론은 여전히 '미국식' 사회과학이라고 할 수 있다(Smith 2000, 392-393). 신현실주의와 신자유주의, 심지어 일부 구성주의 학자들을 포함하는 미국의 주류 국제정치 이론들은 적어도 방법론에 관한 한 '과학'만이 유일한 해답이라는 데 공감하고 있는 듯하다. 따라서 합리적 선택이론과 같은 공리적 접근방식이나 계량 데이터를 이용한 통계분석들이 수많은 국제정치 이론의 수립에 있어서 주된 도구가 되고 있다. 최근에 들어와서는 컴퓨터 시뮬레이션을 이용한 복잡한 모델도 적극 활용되고 있어서 '과학적 방법'의 영역이 점차 확산되고 있는 추세이다(Cederman 1997 ; Axelrod 1997). 이러한 과학적 접근법을 중심으로 하여 질적 분석을 포섭하기 위한 킹, 코헤인, 버바의 저서 역시 전형적인 미국식 과학관념을 기반으로 한 것이었다.

킹, 코헤인, 버바는 주류 정치학 이론의 관점에서 가장 비과학적이라고 여겨지는 단일 사례분석 또는 비교연구 등 질적 연구를 하는 학자들을 대상으로 하여 "사례를 늘림으로써 타당한 일반화를 추구하라"는 과제를 부여한다. 그럼으로써 여타의 주류 방법론과 함께 과학적 접근방식의 통합을 이룰 수 있다는 확신을 지니고 있었다. 이러한 독단적 주장은 비교정치학을 중심으로 하여 많은 질적 연구자들 또는 해석학의 방법을 선호하는 학자들의 거센 반발을 불러일으키기도 했지만, 동시에 소위 '과학'이라고 알려져 있는 주류 접근방식 내부에서조차 분열과 문제점들을 야기하기도 했다. 그동안 무비판적으로 미국의 국제정치 이론을 지배해 왔던 공리적 접근방식이나 통계적 방법, 그리고 그러한 과학적 방법의 기반이 되는 수많은 데이터들에 여러 문제점들이 발견되면서 과학적 국제정치 이론에 관한 논쟁들은 앞으로도 뜨겁게 지속될 전망이다.

과학적 접근방법의 내부적인 문제를 잘 보여주는 대표적인 사례가 데이터 처리에 관한 논쟁이다. 그동안 다양한 국제정치 이론을 검증하는 데 있어서 사건기록 또는 계량 데이터의 축적은 큰 도움을 주어왔다. 예를 들어 민주평화론이나 상호 의존을 통한 평화론 등 오늘날의 대표적인 이론을 검증하고 그 외연을 확대시키는 데 연도별 국가쌍(dyad years) 데이터가 많이 사용되어 왔다. 이러한 데이터들은 분쟁에 관한 Correlates of War(COW), 정권의 성격에 관한 Polity III, GDP 수준을 보여주는 Penn World Tables, IMF 무역 데이터 등 다양한 원래의 소스로부터 컴파일링을 통해 개별 국가의 속성으로 변환되고, 이들 국가들을 다시 한 쌍씩 묶으면 매년 연도별 국가쌍이 만들어지게 된다. 국제정치 이론을 연구하는 많은 학자들은 이러한 데이터를 주로 사용하여 자신들의 이론적 주장을 검증하는 표준화된 관행을 수립해 왔다.

데이터만 놓고 본다면 이와 같은 데이터 컴파일링 방식은 여러 가지 문제를 낳는다. 가장 심각한 문제는 일반화된 국제정치 이론을 검증하는 데 있어 이 정도 규모의 데이터만으로는 충분하지 않다는 점이다. 사례수는 많다고 할지라도 변수의 수가 지나치게 한정되어 있는 까닭에 추가적인 데이터의 수집 없이는 이러한 데이터 부족문제를 쉽사리 해결할 수 없다. 물론 다양한 소스로부터 데이터를 추출하여 분석이 가능한 형태로 가공함으로써 데이터의 표준화를 꾀하고, 나아가 학자들 사이에 중복 투자를 방지하기 위한 노력들은 과학적 연구의 기초를 다진다는 점에서 상당수 학자들에 의해 적극 장려되어 왔다(Hauck 외 1995). 그러나 수집된 데이터들은 대부분 '관찰이 가능한(observable)' 데이터만을 의미하기 때문에 결국 '관찰할 수 없는(unobservable)' 데이터들은 이론 속에 포함시키기도 어렵다는 고질적인 문제가 있다.[18] 이를 위해 학자들은 변수의 '조작화(operationalization)'를 중시하면서 이론적 관념을 분석이 가능한 변수로 바꾸는 타당한 절차에 대해서도 논의해 왔다. 예를 들어 민주평화론에 사용되는 분쟁 데이터의 경우 어느 정도의 인명이 희생되면 '전쟁'으로 분류하는가에 대한 기준이 아직도 불분명한 상황이다. 이러한 문제는 '평화', '민주주의', '상호 의존' 등과 같이 국제정치 이론의 핵심적인 개념에서도 동시에 나타난다. 소위 '과학적 접근방법'을 고수하는 국제정치 이론가들의 입장에서는 이러한 이론적 개념과 과학적 분석의 실질적인 연계성에 대해 고민해야 할 필요가 있다 하겠다.

유용한 데이터의 부족도 문제가 되지만 사례의 수가 너무 많아서 문제가 되기도 한다. 국제정치 이론에서 많이 사용되는 분쟁 관련 데이터의 경우, 지난 200여 년간의 연도별 국가쌍을 모두 모으면 거의 50만 개 이상의 사례가 된다. 대단히 방대하기는 하지만 이들 국가쌍 중에 이론적으로 큰 의미가 없는 것들이 대부분이라는 것이 큰

---

18 분쟁 관련 데이터들은 기껏해야 지난 200년의 기간 이내에서 수집된 것들이 까닭에 그 이전 시기의 분쟁 패턴에 관해서는 아무 것도 말해주지 못한다. 이러한 한계는 민주평화론과 같이 경험적 데이터만을 중시하는 국제정치 이론의 경우 일반화에 대단히 제약을 받을 수밖에 없다는 점을 말해준다. 이러한 문제는 적어도 다른 접근방식, 예를 들어 사례분석이나 반사실적 분석, 사고실험과 같이 다양한 방법을 통해 보완될 필요가 있다.

문제이기도 하다. 이러한 국가쌍들 중에 상호작용이 이루어지는 경우는 대략 10% 내외이므로 이 방대한 사례들을 적절한 수로 선별하는 작업 또한 필요하다. 예를 들어 국경을 맞댄 국가쌍 또는 적어도 한쪽이 강대국인 국가쌍을 선별하여 적절한 규모의 집합 데이터를 만드는 방법이 권고되고 있다(Lemke and Reed 2001). 물론 이러한 선별방법이 측정과정에서 생기는 오류나 선택의 편향성(selection bias) 문제까지 치유해 줄 수는 없다. 또한 집합(pooled) 데이터를 이용한 모델링에서 나타날 수 있는 왜곡현상에 대한 논쟁도 국제정치 이론의 방법론 측면에서 더욱 가열되고 있다(Green 외 2001 ; Oneal and Russett 2001 ; Beck and Katz 2001). 국제정치의 연구가 이와 같이 데이터와 엄밀한 분석방법을 동원하여 과학적 접근방법을 구축하는 데 많은 노력을 기울이고 있지만 사회과학의 일 분야로서 궁극적인 목표를 달성하기에는 아직도 가야 할 길이 멀기만 하다.

미국 중심의 과학적 접근방식이 지닌 이러한 문제점을 고려한다면 적어도 당분간은 다양한 접근방식들 사이의 대화와 타협을 쉽사리 기대하기는 어려울 것으로 보인다. 특히 합리주의적 주류 접근방식에 대해 구성주의 일각에서는 '과학의 독백(monologue of science)'이라고 비판하고 있다(Kratochwil 2003). 사실 정치학 중에서도 국제정치 분야는 과학적 접근에 대한 지나친 집착으로 인하여 이론의 진정한 통합과 발전에 제약을 받고 있다. 이러한 방법론적 과학 편향성은 이론적으로 현실주의 또는 신현실주의와 결합함으로써 그것만이 유일한 대안이라는 '근본주의적 신화(foundational myth)'를 낳고 말았다(Smith 2000, 378−379). 이러한 신화는 냉전시대를 거치면서 정점에 도달했고 또 지금의 탈냉전시대에도 여전히 살아남아 있지만, 과학적 간결성(parsimony)에 대한 기대가 무너지면서 탈근대의 복합적 패러다임에 대한 담론들이 서서히 고개를 들고 있다(Jervis 1997 ; Rosenau 2003).

이러한 맥락에서 최근에 들어와 본격화되고 있는 국제정치 이론의 과학적 진보에 관한 논의들은 매우 바람직스러운 현상이라 할 수 있다. 국제정치 이론의 과학적 방법과 진보에 대한 논의는 평가의 기준이 무엇인가에 대한 문제로부터 시작되었는데, 이는 쿤(Kuhn)의 상대주의를 넘어 '연구 프로그램(research program)'이라 불리는 이론군(群)의 내부에서 일어나는 경험적 콘텐츠의 증가를 기준으로 과학적 진보 여부를 판단해야 한다는 라카토스(Imre Lakatos)의 과학철학으로부터 큰 영향을 받았다. 즉 국제정치 이론의 핵심 전제(hard cores)와 반증 불가능한 보조가설들(negative heuristics), 반증 가능한 보조가설들(positive heuristics) 등을 규명하고 경험적 콘텐츠의 증가를 통한 과학적 진보가 이루어졌는가를 개개 이론별로 검토하는 작업들이 여러 차례 이루어져 왔다(Elman and Elman 2003 ; Lake 2002 ; James 2002 ; Vasquez 1998). 이러한 노력들은 현실주의 이론에서 가장 활발하게 이루어지고 있지만, 자유주의 학파나 일부 영국학파의 경우에도 라카토스의 기준에 따라 과학적 진보가 어느 정도 이루어지고 있는가를 살펴보려는 시도들이 있다(Moravcsik 2003 ; Devlen 외 2005).

물론 모든 학자들이 국제정치 이론의 과학적 진보를 긍정적으로 평가하는 것도 아니고 또 라카토스의 기준에 대해 거부감을 보이기도 한다. 어떤 학자들의 경우에는 라카토스 대신에 보다 현실적인 기준을 제시하는 래리 라우든(Larry Laudan)의 기준을 적용할 것을 제안하기도 한다(Moravcsik 2003). 또 다른 학자들의 경우에는 현실주의나 자유주의 내부의 자체적인 분열 또는 패러다임을 넘나드는 이론의 중첩현상 등으로 인하여 국제정치 이론의 과학적 진보를 올바로 파악하기가 불가능하다는 시각도 있다(Brooks 1997 ; Schweller and Priess 1997 ; Moravcsik 2003). 그렇지만 이와 같은 여러 난관에도 불구하고 국제정치 이론은 지금까지 반세기에 걸쳐 꾸준하게 발전해 왔다. 비록 이러한 발전이 라카토스의 기준에 따라 '과학적 진보'라고 규정할 수 있는가에 대해서는 여전히 논란의 여지가 있지만 이론적 · 방법론적으로 더욱 세련된 모습을 갖추어 가고 있는 것만큼은 분명하다 하겠다.

V. 결 론

본 논문은 21세기 국제정치 이론의 흐름을 살펴보고 그 속에서 여러 쟁점을 설명해 보고자 하였다. 국제정치 이론은 변화하는 현실을 민감하게 반영하며, 또한 국제정치 이론가의 실천적 관심과 규범적 견해에 의해 일정 부분 영향을 받을 수밖에 없다. 21세기 국제정치 이론은 탈냉전 이후 미주도의 세계질서 및 단극체제, 세계화, 정보화, 민주화, 테러와 같은 인간안보 위협의 증가라는 새로운 현상을 반영하고 있다. 이러한 변화는 냉전기에 발전하여 온 다양한 국제정치 이론들에 새로운 변화를 일으킬 뿐만 아니라 예전과는 다른 이론들을 생산하기도 한다.

현대의 국제정치 이론은 또한 다른 인접학문 분과의 발전의 영향을 밀접하게 받기도 한다. 이러한 영향은 현재 존재하는 국제정치 이론의 메타 이론적 기반, 즉 존재론과 인식론을 다시 생각하게 하고, 그러한 고찰의 과정에서 기존의 이론을 발전시키기도 하고 새로운 이론을 만들어내기도 한다. 본 논문은 현대의 국제정치 이론이 이러한 영향을 받아 어떻게 변화되어 왔는지 설명하고자 하였다. 또한 그 바탕 위에서 현대의 국제정치 이론이 메타 이론적 관점에서 어떤 이슈들을 집중적으로 논의하고 있는가를 살펴보았다. 탈근대시대의 국제정치 이론들은 복잡한 현실에 대한 존재론적 고민만큼이나 인식론적 · 이론적 · 방법론적인 고뇌와 담론을 통해 지속적으로 현실을 재규정하고 현실을 이해하는 데 기여하고 있다. 본 논문에서는 이러한 최근의 모습들을 담아내고자 노력하였다.

우리는 현대의 국제정치 이론을 고찰함에 있어 이론의 경향들에 대한 분류법, 이론이 중시하는 현실의 측면들, 설명적 이론의 뒤에 감추어져 있는 규범적 관심들을 보다 예리하게 파헤칠 필요가 있다. 설명적 · 분석적 이론을 우리 나름의 관점에서 재정리하고 비판할 때, 이를 바탕으로 향후의 현실에 대한 우리의 가치관을 투영할 수 있기 때문이다. 이렇게 보면 본 논문에서 살펴본 현대의 국제정치 이론들은 단순한 소개의 차원에서 이루어진 것이 아니라, 보다 넓은 관점에서 전 지구적 · 지역적 · 국가적 차원에서 요구되는 시대적 문제점을 짚어보고 그것을 바탕으로 하여 보다 나은 미래를 구축할 수 있을 것이라는 우리들의 기대를 반영하고 있다. 나아가 이러한 기대 위에서 지금까지 국제정치학의 주류를 형성해 왔던 서구 중심의 이론에 대한 비판과 우리의 현실에 맞는 대안의 이론에 대한 탐색을 균형 있게 이루어내는 일이야말로 앞으로 우리 앞에 놓인 새로운 과제가 아닐 수 없다.

참고문헌

김상배. 2002. "정보화시대의 외교: 개념화와 모색." 『한국정치학회보』 36집 3호, 269-289.

신욱희. 1995. "분석수준과 분석단위체 관한 새로운 논의." 김달중 · 박상섭 · 황병무 공편. 『국제정치학의 새로운 영역과 쟁점』, 25-51. 서울: 나남출판.

양준희. 2001. "왈츠의 신현실주의에 대한 웬트의 구성주의의 도전." 『국제정치논총』 41집 3호, 25-46.

이혜정. 2004. "주권과 국제관계이론." 『세계정치』 25권 1호, 123-157.

정진영. 2000. "국제정치 이론논쟁의 현황과 전망: 새로운 이론적 통합의 향방." 『국제정치논총』 40집 3호, 5-38.

조정환. 2002. 『지구제국』. 서울: 갈무리.

최성욱. 2004. "거버넌스 개념에 대한 비판적 고찰: 한국행정학계의 거버넌스 연구경향분석." 『정부학 연구』 10권 1호, 239-261.

Acharya, Amitav. 2004. "How Ideas Spread: Whose Norms Matters? Norm Localization and Institutional Change in Asian Regionalism." *International Organization* 58(2).

Adler, Emanuel. 1997. "Seizing the Middle Ground: Constructivism in World Politics." *European Journal of International Relations* 3(3), 319-64.

Allison, Graham and Philip Zelikow. 1999. *Essence of Decision: Explaining the Cuban Missile Crisis*. New York: Longman. 김태현 역. 2005. 『결정의 엣센스』. 서울: 모음북스.

_____. "The Impact of Globalization on National and International Security."

Joseph S. Nye and John D. Donahue, eds. *Governance in a Globalizing World*. Washington D.C. : Brookings Institution Press.

Ansell, Christopher K. 2000. "The Networked Polity : Regional Development in Western Europe." *Governance* 13(3), 303–333.

_____ and Steven Weber. 1999. "Organizing International Politics : Sovereignty and Open Systems." *International Political Science Review* 20(1), 73–93.

Art, Robert J. 2003. *A Grand Strategy for America*. Ithaca, N.Y. : Cornell University Press.

Axelrod, Robert. 1997. *The Complexity of Cooperation : Agent–Based Models of Competition and Collaboration*. Princeton : Princeton University Press.

Axford, Barrie. 2004. "Global Civil Society or 'Networked Globality' : Beyond the Territorialist and Societalist Paradigm." *Globalizations* 1(2), 249–264.

Barnett, Michael and Duvall, Raymond. 2005. "Power in Global Governance." Michael Barnett and Raymond Duvall, eds. *Power in Global Governance*. Cambridge : Cambridge University Press.

_____. 1993. "Institutions, Roles, and Disorder : The Case of the Arab States System." *International Studies Quarterly* 37(3).

_____. 1996. "Identity and alliances in the Middle East." P. J. Katzenstein, ed. *The Culture of National Security : Norms and Identity in World Politics*. New York : Columbia University Press.

Beck, Nathaniel and Jonathan N. Katz. 2001. "Throwing Out the Baby with the Bath Water : A Comment on Green, Kim, and Yoon." *International Organization* 55(2), 487–495.

Berger, Thomas U. 1996. "Norms, Identity, and National Security in Germany and Japan." P. J. Katzenstein, ed. *The Culture of National Security : Norms and Identity in World Politics*. New York : Columbia University Press.

Betts, Richard K. 1997. "Should Strategic Studies Survive?" *World Politics* 50, 7–33.

Biersteker, Thomas J. and Cynthia Weber, eds. 1996. *State Sovereignty as Social Construct*. Cambridge : Cambridge University Press.

Blinken, Anthony J. 2003/2004. "From Preemption to Engagement." *Survival*

45(4), 33-60.

Bloom, William. 1993. *Personal Identity, National Identity, and International Relations*. Cambridge : Cambridge University Press.

Boettcher Ⅲ, William A. 1995. "Context, Methods, Numbers, and Words : Prospect Theory in International Relations." *Journal of Conflict Resolution* 39(3), 561-583.

_____. 2004. "The Prospects for Prospect Theory : An Empirical Evaluation of International Relations Applications of Framing and Loss Aversion." *Political Psychology* 25(3), 331-362.

Brooks, Stephen G. 1997. "Dueling Realisms." *International Organization* 51(3), 445-477.

_____ and William C. Wohlforth. 2005. "Hard Times for Soft Balancing." *International Security* 30(1).

Brown, Chris. 2002. Sovereignty, *Rights and Justice : International Political Theory Today*. Cambridge : Polity Press.

Brzezinski, Zbigniew. 2004. 김명섭 역. 『제국의 선택』. 서울 : 황금가지.

Bukovansky, M. 1996. "Identity and Agency in the International System." E. Lee and W. Kim, eds. *Recasting International Relations Paradigms*. Seoul : KAIS.

Buzan, Barry and Richard Little. 1994. "The Idea of International System : Theory Meets History." *International Political Science Review* 15(3).

_____, Charles Jones and Richard Little. 1993. *The Logic of Anarchy : Neorealism to Structural Realism*. New York : Columbia University Press.

_____. 2004. *From International to World Society? : English School Theory and the Social Structure of Globalization*. Cambridge : Cambridge University Press.

_____, Ole Waever and Jaap de Wilde. 1998. Security : *A New Framework for Analysis*. Boulder, Colorado : Lynne Rienner Publishers.

Caporaso, James A. 1997. "Across the Great Divide : Integrating Comparative and International Politics." *International Studies Quarterly* 41, 563-592.

Caprioli, Mary and Mark A. Boyer. 2001. "Gender, Violence, and International Crisis." *Journal of Conflict Resolution* 54(4), 503-518.

Carnoy, Martin and Manuel Castells. 2001. "Globalization, the Knowledge Society, and the Network State : Poulantzas at the Millennium." *Global Networks* 1(1), 1–18.

Castells, Manuel. 2000. *End of Millennium*. Oxford : Blackwell.

Cederman, Lars–Erik. 1997. *Emergent Actors in World Politics : How States and Nations Develop and Dissolve*. Princeton : Princeton University Press.

Checkel, Jeffrey T. 1998. "The Constructivist Turn in International Relations Theory." *World Politics* 50, 324–48.

_____. 1997. *Ideas and International Political Change : Soviet/Russian Behavior and The End of the Cold War*. New Haven : Yale University Press.

Chernoff, Fred. 2002. "Scientific Realism as a Meta–Theory of International Relations." *International Studies Quarterly* 46, 189–207.

Clark, Ian. 1998. "Beyond the Great Divide : Globalization and the Theory of International Relations." *Review of International Studies* 24, 479–498.

Cohen, Eliot A. 2004. "History and the Hyperpower." *Foreign Affairs* 84(4), 49–63.

Colin, Dueck. 2004. "New Perspectives on American Grand Strategy : A Review Essay." *International Security* 28(4), 197–216

Cox, Robert W. with Michael G. Schechter. 2002. *The Political Economy of a Plural World : Critical Reflections on Power, Morals and Civilization*. London : Routledge.

_____. with Timothy J. Sinclair. 1996. *Approaches to World Order*. Cambridge : Cambridge University Press.

Cruz, Consuelo. 2000. "Identity and Persuasion : How Nations Remember Their Pasts and Make Their Futures." *World Politics* 52, 275–312.

Cusimano, Maryann K. 2000. *Beyond Sovereignty : Issues for a Global Agenda*. Boston : Bedford/St. Martin's.

Daniel, Byman. 2003. "Constructing a Democratic Iraq : Challenges and Opportunities." *International Security* 28(1), 47–78.

Devlen, Balkan, Patrick James and Özgür Özdamar. 2005. "The English School, International Relations, and Progress." *International Studies Review* 7, 171–197.

Dizard, Jr., Wilson P. 2004. *Inventing Public Diplomacy : The Story of the U.S. Information Agency*. Boulder : Lynne Rienner Publisher.

Drucker, Peter F. 1993. *Post-Capitalist Society*. New York : Harper Business.

Dunne, Tim. 1998. *Inventing International Society : A History of the English School*. London : Macmillan.

_____. 1999. "A British School of International Relations." B. Barry, A. Brown and J. Hayward, eds. *The British Study of Politics in the Twentieth Century*. Oxford : OUP/British Academy.

_____. 1995. "International Society-Theoretical Promises Fulfilled?" *Cooperation and Conflict* 30(2).

_____. 1995. "The Social Construction of International Society." *European Journal of International Relations* 1(3).

Elman, Colin and Miriam Fendius Elman, eds. 2003. *Progress in International Relations Theory : Appraising the Field*. Cambridge : MIT Press.

_____. 1996. "Horses for Courses : Why *Not* Neorealist Theories of Foreign Policy?" *Security Studies* 6(1), 7-53.

Etzioni, Amitai. 2004. *From Empire to Community*. New York : Palgrave Macmillan.

Evans, Peter, Harold Jacobson and Robert Putnam, eds. 1993. *Double Edged Diplomacy : International Bargaining and Domestic Politics*. Berkeley : University of California Press.

_____. 1997. "The Eclipse of the State? Reflections on Stateness in an Era of Globalization." *World Politics* 50, 62-87.

Falk, Richard A. 1995. *On Humane Governance*. University Park, PA : Penn State Press.

Fearon, James D. 1998. "Domestic Politics, Foreign Policy, and Theories of International Relations." *Annual Review of Political Science* 1, 289-313.

Ferguson, Niall. 2004. *Colossus : The Price of America's Empire*. New York : Penguin Books.

Fierke, Karin M. and Knod Erik Jorgensen, eds. 2001, *Constructing International Relations : The Next Generation*, London : M. E. Sharpe.

Finnemore, Martha and Kathryn Sikkink. 1998. "International Norm Dynamics and Political Change." *International Organization* 52(4), 887-917.

_____. 1996. "Constructing Norms of Humanitarian Intervention." P. J. Katzenstein, ed. *The Culture of National Security : Norms and Identity in World Politics*. New York : Columbia University Press.

_____. 1996. *National Interests in International Society*. Ithaca : Cornell University Press.

Fountain, Jane E. 2001. *Building the Virtual State : Information Technology and Institutional Change*. Washington, D. C. : Brookings Institution Press.

Frankel, Benjamin. 1996. "Restating the Realist Case : An Introduction." *Security Studies* 5(3).

Friedman, Gil and Harvey Starr. eds. 1997. *Agency, Structure and International Politics*. New York : Routledge.

Friedman, Thomas L. 1999. *The Lexus and the Olive Tree*. New York : Anchor Books. 2003. 신동욱 역. 『렉서스와 올리브나무』. 서울 : 창해.

Gaddis, John. 2003. 박건영 역. 『새로 쓰는 냉전의 역사』. 서울 : 사회평론.

Gill, Stephen. 1993. *Gramsci, Historical Materialism and International Relations*. Cambridge : Cambridge University Press.

Gilpin, Robert. 1981. *War and Change in World Politics*. Cambridge : Cambridge University Press.

Glaser, Charles L. 1994. "Realists as Optimists : Cooperation as Self-Help." *International Security* 19(3).

_____. 1997. "The Security Dilemma Revisited." *World Politics* 50(2), 171-201.

Goldstein, Judith and Robert O. Keohane. 1993. *Ideas and Foreign Policy : Beliefs, Institutions, and Political Change*. Ithaca, N.Y. : Cornell University Press.

Goss, Sue. 2001. *Making Local Governance Work : Networks, Relationships and the Management of Change*, New York : Palgrave.

Green, Donald P., Soo Yeon Kim and David H. Yoon. 2001. "Dirty Pool." *International Organization* 55(2), 441-468.

Guzzini, Stefano and Anna Leander. 2006. *Constructivism and International Rela-*

tions : Alexander Wendt and his Critics. New York : Routledge.

_____. 2000. "A Reconstruction of Constructivism in International Relations." *European Journal of International Relations* 6(2).

_____. 2005. "The Concept of Power : a Constructivist Analysis," *Millennium* 33(3).

Hardt, Michael and Antonio Negri. 2001. *Empire*. Cambridge : Harvard University Press.

Hauck, Robert J-P. *et al.* 1995. "Verification/Replication." *PS : Political Science and Politics* 28(3), 443-499.

Held, David, Anthony McGrew, David Goldblatt, and Jonathan Perraton. 1999. *Global Transformations*. Stanford, CA : Stanford University Press. 조효제 역. 2002. 『전지구적 변환』. 서울 : 창작과 비평사.

_____. 1996. *Democracy and the Global Order*. Stanford, CA : Stanford University Press.

Hewson, Martin, and Timothy J. Sinclair. 1999. *Approaches to Global Governance Theory*. Albany : State University of New York Press.

Hoffmann, Stanley. 1977. "An American Social Science : International Relations." *Daedalus : Journal of American Academy of Arts and Sciences* 106(3), 41-60.

Hollis, Martin and Steve Smith. 1990. *Explaining and Understanding International Relations*. Oxford : Oxford University Press.

Holzcheiter, Anna. 2005. "Discourse as Capability : Non-State Actors' Capital in Global Governance." *Millennium* 33(3).

Hopf, Ted. 1998. "The Promise of Constructivism in International Relations Theory." *International Security* 23(1), 171-200.

Hopmann, P. Terrence. 1998. "Complexity and Uncertainty in International Systems." *Mershon International Studies Review* 42, 313-316.

Hyndman, Jennifer. 2001. "Towards a Feminist Geopolitics." *The Canadian Geographer* 45(2), 210-222.

Ikenberry, G. John, ed. 2002. *America Unrivaled : The Future of the Balance of Power*. Ithaca, N.Y. : Cornell University Press.

Jackson, Robert H. 1993. *Quasi-states : Sovereignty, International Relations and the*

Third World. Cambridge : Cambridge University Press.

Jackson, Robert. 1987. "Quasi-states, Dual Regimes, and Neoclassical Theory." *International Organization* 41, 519-549.

James, Patrick. 2002. *International Relations and Scientific Progress : Structural Realism Reconsidered*. Columbus : The Ohio State University Press.

Jervis, Robert. 1997. *System Effects : Complexity in Political and Social Life*. Princeton : Princeton University Press.

Jessop, Bob. 2003. *The Future of the Capitalist State*. Cambridge : Polity Press.

John, Arquilla. 1999. *The Emergence of Noopolitik : Toward an American Information Strategy*. RAND.

Johnson, Charlmers. 2004. 안병진 역. 『제국의 슬픔』. 서울 : 삼우반.

Katzenstein, Peter J. 1996. *The Culture of National Security : Norms and Identity in World Politics*. New York : Columbia University Press.

Kenichi, Ohmae 저 · 박길부 역. 1999. 『국가의 종말』. Kenichi, Ohmae. 1995. *The End of the Nation State*. New York : Free Press. 박길부 역. 1999. 『국가의 종말』. 서울 : 한언.

Keohane, Robert and Helen V. Milner, eds. 1996. *Internationalization and Domestic Politics*. Cambridge : Cambridge University Press.

_____ and Lisa L. Martin. 1995. "The Promise of Institutionalist Theory." *International Security* 20(1), 39-51.

_____. 1986. "Reciprocity in International Relations." *International Organization* 40(1), 1-27.

Keyman, E. Fuat. 1997. *Globalization, State, Identity/Difference : Toward a Critical Social Theory of International Relations*. New Jersey : Humanities Press.

King, Gary, Robert O. Keohane, and Sidney Verba. 1994. *Designing Social Inquiry : Scientific Inference in Qualitative Research*. Princeton : Princeton University Press.

Klotz, Audie. 1995. *Norms in International Relations : The Struggle against Apartheid*. Ithaca, N.Y. : Cornell University Press.

Knorr, Klaus and James N. Rosenau, eds. 1969. *Contending Approaches to International Politics*. Princeton : Princeton University Press.

Knudsen, Tonny Brems. 2000. "Theory of Society or Society of Theorists? With Tim Dunne in the English School." *Cooperation and Conflict* 35(2).

Krasner, Stephen D. 1995/1996. "Compromising Westphalia." *International Security* 20(3), 115–151.

_____. ed. 2001. *Problematic Sovereignty : Contested Rules and Political Possibilities.* New York : Columbia University Press.

_____. 1999. *Sovereignty : Organized Hypocrisy.* Princeton : Princeton University Press.

Kratochwil, Friedrich. 2003. "The Monologue of 'Science'." *International Studies Review* 5, 124–128.

Krause, Jill and Neil Renwick, eds. 1996. *Identities in International Relations*, London : Macmillan Press.

Kupchan, Charles A. 2002. *The End of the American Era : U. S. Foreign Policy and the Geopolitics of the Twenty–first Century.* New York : Knopf.

Laitin, David D., James A. Caporaso, David Collier, Ronald Rogowski, Sidney Tarrow, Gary King, Robert O. Keohane and Sidney Verba. 1995. "The Qualitative–Quantitative Disputation : Gary King, Robert O. Keohane, and Sidney Verba's *Designing Social Inquiry : Scientific Inference in Qualitative Research.*" *American Political Science Review* 89(2), 454–481.

Lake, David A. 2002. "Progress in International Relations : Beyond Paradigms in the Study of Institutions." Michael Brecher and Frank P. Harvey, eds. *Realism and Institutionalism in International Studies*, 135–152. Ann Arbor : The University of Michigan Press.

Lapid, Yosef, and Friedrich V. Kratochwil, eds. 1996. *The Return of Culture and Identity in IR Theory.* Boulder : Lynne Rienner.

_____. 1989. "The Third Debate : On the Prospects of International Theory in a Post–Positivist Era." *International Studies Quarterly* 33, 235–254.

Lemke, Douglas and William Reed. 2001. "The Relevance of Politically Relevant Dyads." *Journal of Conflict Resolution* 45(1), 126–144.

Levy, Jack S. 1997. "Prospect Theory, Rational Choice, and International Relations." *International Studies Quarterly* 41, 87–112.

Little, Richard. 1998. "International System, International Society and World Society : A Re-evaluation of the English School." B. A. Roberson, ed. *International Society and the Development of International Relations Theory*. London : Pinter.

_____. 1995. "Neorealism and the English School : A Methodological, Ontological and Theoretical Reassessment." *European Journal of International Relations* 1(1).

_____. 2000. "The English School's Contribution to the Study of International Relations." *European Journal of International Relations* 6(3).

Lynn-Jones, Sean M. 1998. "Realism and America's Rise : A Review Essay." *International Security* 33(2), 157-183.

_____ and Steven E. Miller. 1995. "Preface." Michael E. Br-own, Lynn-Jones, and Steven E. Miller, eds. *The Perils of Anarchy : Contemporary Realism and International Security*. Cambridge : MIT Press.

_____, Sean M. 1995. "Offense-Defense Theory and Its Critics." *Security Studies* 4(4), 660-695.

Mahnken, Thomas G. and James R. Fitz Simonds. 2003. "Revolutionary Ambivalence : Understanding Officer Attitudes toward Transformation." *International Security* 28(2), 112-148.

Mathews, Jessica T. 1997. "Power Shift." *Foreign Affairs* 76(1), 50-66.

Mattern, Janice Bially. 2005. "Why 'Soft Power' Isn't So Soft : Representational Force and the Sociolinguistic Construction of Attraction in World Politics." *Millennium* 33(3).

Mearsheimer, John J. 1994/1995. "The False Promise of International Institutions." *International Security* 19(3), 5-49.

Moravcsik, Andrew. 2003. "Liberal International Relations Theory : A Scientific Assessment." Colin Elman and Miriam Fendius Elman, eds. *Progress in International Relations Theory : Appraising the Field*, 159-204. Cambridge : MIT Press.

Nau, Henry R. 2002. *At Home Abroad : Identity and Power in American Foreign Policy*. Ithaca, N.Y. : Cornell University Press.

Nye, Joseph S. 1990. *Bound to Lead : The Changing Nature of American Power.* New York : Basic Books.

_____ and John D. Donahue. 2000. *Governance in a Globalizing World.* Washington, D.C. : Brookings Publications.

_____. 2004. *Soft Power : The Means to Success in World Politics.* New York : Public Affairs.

_____. 2002. *The Paradox of American Power : Why the World's Only Superpower Can't Go It Alone.* New York : Oxford University Press.

O'Neill, Kate, Jörg Balsiger and Stacy D. VanDeveer. 2004. "Actors, Norms, and Impact : Recent International Cooperation Theory and the Influence of the Agent-Structure Debate." *Annual Review of Political Science* 7, 149-175.

Oneal, John R. and Bruce Russett. 2001. "Clear and Clean : The Fixed Effects of the Liberal Peace." *International Organization* 55(2), 469-485.

Onuf, Nicholas. 1995. "Levels." *European Journal of International Relations* 1(1), 35-58.

Osiander, Andreas. 1994. *The States System of Europe, 1640-1990 : Peacemaking and the Conditions of International Stability.* Oxford : Clarendon Press.

Pape, Robert A. 2005. "Soft Balancing against the United States." *International Security* 30(1).

Paul, T. V. 2005, "Soft Balancing in the Age of U. S. Primacy." *International Security* 30(1).

Petito, Fabio and Hatzopoulos Pavlos, eds. 2003. *Religion in International Relations : The Return from Exile.* New York : Palgrave Macmillan.

Posen. Barry R. 2003. "Command of the Commons : The Military Foundation of U.S. Hegemony." *International Security* 28(1), 4-46.

Putnam, Robert D. 1988. "Diplomacy and Domestic Politics : The Logic of Two-Level Games." *International Organization* 42(3), 427-460.

Ray, James Lee. 2001. "Integrating Levels of Analysis in World Politics." *Journal of Theoretical Politics* 13(4), 355-388.

Raymond, Gregory A. 1997. "Problems and Prospects in the Study of International Norms." *Mershon International Studies Review* 41, 205−245.

Reus−Smit, Christian. 1997. "The Constitutional Structure of International Society and the Nature of Fundamental Institutions." *International Organization* 51(4), 555−579.

Rose, Gideon. 1998. "Neoclassical Realism and Theories of Foreign Policy." *World Politics* 51(1), 144−172.

Rosecrance, Richard. 2001. "Has Realism Become Cost−Benefit Analysis? A Review Essay." *International Security* 26(2), 132−155.

_____. 1999. *The Rise of the Virtual State : Wealth and Power in the Coming Century*. New York : Basic Books.

Rosenau, James N. 1990. *Turbulence in World Politics : A Theory of Change and Continuity*. Princeton : Princeton University Press.

_____. 2003. *Distant Proximities : Dynamics Beyond Globalization*. Princeton : Princeton University Press.

_____ and Ernst−Otto Czempiel, eds. 1992. *Governance Without Government : Order and Change in World Politics*. Cambridge : Cambridge Univ-ersity Press.

Ruggie, John Gerard. 1993. "Territoriality and Beyond : Problematizing Modernity in International Relations." *International Organization* 47(1), 139−174.

Schweller, Randall L. and David Priess. 1997. "A Tale of Two Realisms : Expanding the Institutions Debate." *Mershon International Studies Review* 41, 1−32.

Singer, J. David. 1961. "The Level−of−Analysis Problem in International Relations." *World Politics* 14(1), 77−92.

Slaughter, Anne−Marie. 1997. "The Real New World Order" *Foreign Affairs* 76(5), 183−197.

_____. 2004. *A New World Order*. Princeton : Princeton University Press.

Smith, Steve. 2000. "The Discipline of International Relations : Still an American Social Science?" *British Journal of Politics and International Relations* 2(3), 374−402.

Snyder, Glenn H. 1996. "Process variables in Neorealist Theory." *Security Studies* 5(3), 167−192.

_____. 2002, "Mearsheimer's World–Offensive Realism and the Struggle for Security : A Review Essay." *International Security* 27(1).

Snyder, Jack. 1991. *Myths of Empire : Domestic Politics and International Ambition.* Ithaca, N.Y. : Cornell University Press.

Strange, Susan. 1996. *The Retreat of the State : The Diffusion of Power in the World Economy.* Cambridge : Cambridge University Press.

Strange, Susan. 1999. "The West failure System." *Review of International Studies* 25, 345–354.

Taliaferro, Jeffrey W. 2000/2001, "Security Seeking under Anarchy : Defensive Realism Revisited." *International Security* 25(3), 128–161.

Teschke, Benno. 2003. *The Myth of 1648 : Class, Geopolitics and the Making of Modern International Relations,* London : Verso.

Thomas, Scott M. 2005. *The Global Resurgence of Religion and the Transformation of International Relations : The Struggle for the Soul of the Twenty–First Century.* New York : Palgrave Macmillan.

Tickner, J. Ann. 1996. "A Critique of Morgenthau's Principles of Political Realism." In Robert Art and Robert Jervis. eds. *International Politics.* New York : Harper Collins.

Todd, Emmanuel. 2003. 주경철 역. 『제국의 몰락』. 서울 : 까치.

Urry, John. 2003. *Global Complexity.* Cambridge : Polity Press.

Vasquez, John A. 1998. *The Power of Power Politics : From Classical Realism to Neotraditionalism.* Cambridge : Cambridge University Press.

Wallerstein, Immanuel. 2004. *The Edeline of American Power : The US in a Chaotic World.* 한기욱 · 정범진 역. 『미국 패권의 몰락』. 서울 : 창비.

Walker, R. B. J. 1993. *Inside/Outside : International Relations as Political Theory.* Cambridge : Cambridge University Press.

Waltz, Kenneth N. 1959. *Man, the State and War : A Theoretical Analysis.* New York : Columbia University Press.

_____. 1979. *Theory of International Politics.* Reading, MA : Addison–Wesley.

_____. 1999. "Globalization and Governance." *PS : Political Science and Politics* 32(4), 693–700.

Wendt, Alexander and Raymond Duvall. 1989. "Institutions and International Order." Rosenau, James N. and Ernst–Otto Czempiel, eds. 1992. *Governance Without Government : Order and Change in World Politics*. Cambridge : Cambride University Press.

_____. 1987. "The Agent–Structure Problem in International Relations Theory." *International Organization* 41(3), 335–370.

_____. 1994. "Collective Identity Formation and the International State." *American Political Science Review* 88(2), 384–395.

_____. 1995. "Constructing International Politics." *International Security* 20(1), 71–81.

_____. 1999. *Social Theory of International Politics*. Cambridge : Cambridge University Press.

_____. 2006. "Social Theory as a Cartesian Science : an Auto–critique from a Quantum Perspective." Stefano Guzzini and Anna Leander, eds. *Constructivism and International Relations : Alexander Wendt and his Critics*. New York : Routledge.

Wilkinson, Rorden. ed. 2005. *The Global Governance Reader*. Great Britain : Routledge.

Yurdusev, A. Yuri. 1993. "'Level of Analysis' and 'Unit of Analysis' : A Case for Distinction." *Millennium : Journal of International Studies* 22(1), 77–88.

Zakaria, Fareed. 1999. *From Wealth to Power : The Unusual Origins of America's World Role*. New Jersey : Princeton University Press.

Zehfuss, Maja. 2002. *Constructivism in International Relations : The Politics of Reality*. Cambridge : Cambridge University Press.

05

국제정치경제(IPE) 연구동향과 쟁점: 1990년대 후반 이후 미국의 논의를 중심으로

문 돈(경희대학교)

Ⅰ. 서론: 국제정치경제(IPE)란 무엇인가?

국제정치경제(International Political Economy: IPE)가 정치학, 보다 구체적으로 국제정치학의 한 분야로 독자 정립된 것은 약 30년에 지나지 않는다. 짧은 역사에도 불구하고 IPE는 정치학의 여타 분야에 비해 상대적으로 비약적인 발전을 해왔다고 할 수 있다. 이는 한편으로 국제정치에서 경제적 이슈가 가지는 중요성이 지속적으로 증대해온 객관적 현실을 반영하는 것이고, 다른 한편으로는 IPE가 자신의 방법론, 분석틀, 주요 연구주제에 대해 대략적인 합의를 형성하고 이에 입각하여 생산적인 연구와 논쟁을 발전시켜 온 결과라 할 수 있다.[1] 군사안보적 연구를 상위 정치(High Politics), 경제사회적 연구를 하위 정치(Low Politics)로 구분하고 전자에 더 큰 의미를 부여했던 기존의 분류법은 이미 낙후한 것이 되었다. 미국의 국제정치학자들

---

1 IPE 분야는 정치학의 여러 분야들 가운데 가장 적극적으로 경제학적 방법론을 차용한 분야 중 하나라고 할 수 있을 것이다. 실증주의적 접근법에 대해 연구자들 사이에 보편적인 합의가 존재하고 있다고 볼 수 있으며, 또한 게임이론, 통계적 분석방법, 비교사례 분석방법(comparative case study) 등이 광범위하게 사용되고 있다.

(박사과정의 학생들을 포함하여) 가운데 자신을 IPE 연구자로 규정하는 사람의 숫자가 군사안보 연구자의 수를 능가한 지 오래되었으며, 학계 직업시장(job market)에서도 후자보다 전자를 선호하는 경향이 두드러지게 되었는데, 이는 냉전종식 이후 미국의 국제정치 연구동향을 일정하게 반영하는 것으로 볼 수 있다. 이러한 IPE 중시현상은 우리나라에서도 예외가 아니어서 거의 대부분의 정치학과/국제관계학과는 기초적 수준과 발전된 수준의 IPE 과목들을 개설하고 있으며, 대학원에서 IPE 분야를 전공하는 학생의 수 역시 꾸준히 늘어왔다.

이러한 양적·질적 발전에도 불구하고 IPE 분야가 구체적으로 어떠한 범위로 한정되는지, 또는 여타 분야와 어떤 차별성을 가지고 있는지에 대해서는 여전히 모호한 면이 없지 않다. IPE를 하나의 분야로 규정해 왔던 가장 큰 근거는 무엇보다 연구주제상의 유사성이라고 할 수 있는데, 무역, 금융(환율제도를 포함한), 직접투자의 3가지를 흔히 IPE의 전통적 연구주제라고 규정해 왔다. 그러나 IPE는 그 용어 자체가 지칭하는 것처럼 정치와 경제의 상호작용, 혹은 국가와 시장의 상호작용이 국제적 차원에서 미치는 효과 및 그 역의 효과에 대한 모든 연구를 의미한다. 따라서 이 개념규정은 한편으로는 정치와 경제의 상호작용에 대한 학제 간 연구의 성격을 전제하고 있으며, 다른 한편으로는 국내적 수준과 국제적 수준의 상호작용에 대한 중층적 연구의 성격을 전제하고 있다.

IPE의 교재로 가장 많이 사용되는 책 가운데 하나인 프리덴(Frieden)과 레이크(Lake)의 *International Political Economy : Perspectives on Global Power and Wealth*(2000)은 IPE의 상이한 접근법(approach)과 이론적 시각

(theoretical view)을 다음과 같이 제시하고 있다. 먼저, IPE의 접근법과 관련하여 국제/국내적 차원(international/domestic level)과 국가/사회적 차원(state/society level)으로 구분하고 각 차원의 조합을 통해 국제정치적 시각(International political view, 권력분포와 같은 국제정치적 요소가 개별국가에 미치는 규정성을 강조), 국제경제적 시각(International economic view, 국제적 차원의 사회경제적 요소가 개별국가에 미치는 규정성을 강조), 국내제도적 시각(Domestic institutional view, 국내정치적 제도적 요소가 국가정책 결정 및 국제적 차원에 미치는 규정성을 강조), 국내사회적 시각(Domestic societal view, 국내의 사회경제적 요소가 국가정책 결정 및 국제적 차원에 미치는 규정성을 강조)의 4가지 접근법을 제시하고 있다. 이론적 시각과 관련해서는 개인을 비롯한 사적 경제행위자를 중심적 행위자로 간주하는 자유주의(Liberalism), 계급을 강조하는 마르크시즘(Marxism), 그리고 국가를 중심적 행위자로 보는 현실주의(Realism)의 3가지 대안적 시각을 제시한다.

이상의 접근법 및 이론적 시각의 구분은 여전히 일정한 타당성을 지니고 있기는 하지만 주로 패권안정 이론과 관련된 1980년대 IPE의 논쟁지형을 반영하는 것이며, 1990년대와 2000년대의 새로운 연구주제와 쟁점들을 포착하고 범주화하는 데 한계를 지니고 있다. 첫째, 국제적 수준과 국내적 수준, 혹은 정치(국가)적 차원과 경제사회적 차원으로 범주화된 접근법상의 구분은 과거와 같이 어떠한 접근법이 더 우월한가에 대한 논쟁의 성격을 벗어나서 이제 각 차원의 상호작용을 통일적으로 파악해야 할 필요성에 대해 폭넓은 공감대가 확보되었다고 볼 수 있다. 즉, 특정한 차원에 대한 일면적 분석만으로는 불완전할 수밖에 없으며, 통일적 이해를 궁극적으로 지향해야 할 목표로 상정하는 데 대다수의 연구자들이 동의하고 있다는 것이다. 물론 각 연구자의 분석대상과 주된 관심사에 따라 어떤 규정력에 보다 큰 강조와 방점을 찍느냐 하는 것은 다를 수 있으나, 각 차원과 수준 간의 유기적인 상호작용을 포착하는 것이 보다 완성도 높고 진전된 설명력을 가지리라는 것에는 의문의 여지가 없다.

둘째, 현실주의, 자유주의, 마르크시즘으로 제시된 IPE의 이론적 시각은 더욱 많은 수정을 요구하는 부분이라 할 수 있는데, 그 이유는 국제정치의 기본적 이론지형이 상당한 변화를 거쳐왔고 또 거치는 중에 있기 때문이다. 먼저 신자유주의적 제도주의(neo−liberal institutionalism)라는 모호한 명칭 하에 통합되었던 자유주의적 사조(liberalist perspective)는 국가를 기본단위로 간주하고 국가 간 제도를 통한 협력적/갈등적 상호작용에 초점을 맞추는 "국가중심적 신제도주의적 접근(state−centered neo−institutionalist approach)"과 국가 이외의 단위들, 특히 국내적·국제적 행위자 및 그들 간의 네트워크에 초점을 맞추어 이들의 행위가 미치는 영향에 주목하는 신자유주의적 접근(neo−liberalist approach)으로 분화되었다고 할 수 있다.[2] 또한 자유주의와 현

---

2 국제정치이론 논쟁에서 중요한 위치를 점하고 있는 1980년대와 1990년대의 신현실주의−신자유주의적 제도주의 간 논쟁에서 Keohane을 중심으로 개진된 신자유주의적 제도주의의 입장은 실제로 여기서 국가중심적 신제도주의의 시각이라 할 수 있다. Grieco가 지적한 바와 같이 Keohane의 입장은 신현실주의의 주요한 전제들(예를 들어 국제관계에서 국가 중심성의 인정, 이기적이고 합리적인 단일 행위자로서의 국가에 대한 전제 등)을 거의 수용했다는 점에서 실제로 신현실주의의 주장과 상당부분 일치하고 있다. 단 합리적 행위자로서의 국가들이 자신의 이익을 추구하기 위해 제도의 건설과 운영을 통해 협력을 달성할 수 있다는 점에서 신현실주의의 비관적 전망과 확연한 차별성을 보여준다. 한편, 현재 부각되는 신자유주의적 접근은 국가이익 및 선호의 형성이 기본적으로 국내의 집단 간 경쟁을 통해 형성됨을 강조하고 국제관계의 중심적 행위자와 그 분석의 출발점을 국가 자체보다 국내의 집단 혹은 그들 간의 국

실주의 전체를 하나로 묶는 합리주의(rationalism)적 성격에 대항하여 이익(interest), 아이디어(idea), 정체성(identity) 등의 구성적 성격을 강조하는 구성주의(Constructivism)가 중요한 사조 중의 하나로 등장하게 되었다. 끝으로 마르크시즘은 사회주의권의 몰락 및 지구화의 진전 속에 그 이론적 영향력이 급속히 위축되었으며, 이제는 국제정치경제의 주요한 이론적 시각 가운데 하나로서의 지위를 거의 상실하고 주변화되었다고 볼 수 있다.

IPE의 이론에 국한하여 살펴볼 때 흥미로운 것은, 국제정치이론 논쟁의 지형에서는 활발한 구성주의의 주장이 IPE 분야 내에서는 두드러진 연구성과를 보여주지 못하고 있다는 점이다.[3] 즉, 1998년 *International Organization* 특집호가 제시한 바 있는 제3세대 이론논쟁으로서의 합리주의-구성주의 논쟁은 아직 IPE 분야 내부에서는 두드러지게 발견되지 않는다는 것이다. 필자가 보기에 IPE의 내부 논쟁으로 주목되는 것은 신자유주의적 제도주의로부터 분화된 신제도주의적 접근과 신자유주의적 접근 사이의 논쟁이라 할 수 있는데, 양자는 대립적이라기보다는 상호 보완적 성격으로 IPE 논의를 풍부하게 하는 데 기여할 것으로 기대된다.

제적 연대망에서 찾고 있다는 점에서 접근법의 본질적 차별성을 지닌다고 할 수 있다. Neo-liberal Approach를 독자적인 연구 패러다임으로 정립하려는 시도에 관해서는 Slaughter(1997, 2000), Moravcsik(1997, 1999) 등을 참조할 것.

3 이러한 원인이 구성주의의 연구대상이 아직 정치경제적 주제로 충분히 발전하지 못한 이론 발전의 초기적 상황을 반영하는 것인지, 아니면 구성주의의 약점으로 지속적으로 지적된 바 있는 수미일관한 연구 패러다임(research paradigm)을 제시하지 못하는(혹은 제시하지 않는) 내재적 한계(혹은 특성) 때문인지는 좀더 두고 볼 일이다. 반면, 구성주의적 논의가 활발한 영역은 INGO와 Global Civil Society에 관한 연구라 할 수 있는데, 이는 IPE의 새로운 연구분야로 간주할 수 있겠다.

이 글은 IPE라는 학문분야가 정치학의 한 연구분야로서 어떻게 발전해 가고 있는지 개략적으로 살펴보고, 1990년대 후반 이후 중요한 연구성과와 동향은 무엇인지 소개하는 것을 그 목적으로 한다. 현재 IPE 연구의 특징으로 가장 중요하게 지적할 수 있는 것은 그 주제와 범위가 비약적으로 확장되었다는 점인데, 과거의 무역, 금융, 투자와 같은 전통적 주제를 뛰어넘어 지구화, 글로벌 거버넌스, 국제기구와 국제적 비정부기구(INGO), 국제법제화(International Legalization), 합리적 국제제도의 디자인(Rational Design of International Institutions) 등 새롭고 다양한 주제들이 IPE의 연구대상으로 자리잡게 되었다. 또한 국제적 차원과 국내적 차원의 상호작용에 대한 연구를 강조함으로써 비교정치, 국내정치(특히 미국정치) 등 정치학 내 인접분야와의 통합력이 강화되는 추세에 있으며, 나아가 경제학, 법학, 사회학 등 인접학문과의 공동작업 역시 그 중요성이 강조되는 추세라 할 것이다. 끝으로, 1980년대의 IPE 핵심논쟁이었던 패권안정론, 혹은 현실주의-제도주의 논쟁과 같은 거대 규모 이론에 대한 관심보다는 미시적이고 구체적인 차원의 중소 규모 이론 및 그에 대한 엄격한 검증 작업을 중시하는 경향을 발견할 수 있다. 특히 통계적 검증과 포멀 모델링(formal modeling) 등을 이용한 방법론적 엄밀성을 더욱 강조하고 있으며, 이를 통해 이론적 추상성을 극복하고 실증적 경험적 연구를 발전시키고자 한다는 점에 주목할 필요가 있다.

이 글에서는 현재 IPE의 주요한 논의주제로 제기되고 있다고 판단되는 (1) 지구화 논쟁(Globalization Debate), (2) 국내-국제적 차원의 상호작용에 대한 연구(Domestic-International Interactions), 그리고 (3) 국가 간 상호작용과 국제제도에 대한 연구(International Interactions and International Institutions)의 3가지 주제를 중심으로 논의를 전개하고자 한다. 엄청나게 확대된 IPE의 연구대상과 풍부한 연구결과물들을 고려할 때, 주제의 선택과 소개에 있어 일정한 자의성과 편협함은 피할 수 없는 일일 것이다. 이 글은 1990년대 후반 이후 미국의 연구에 대한 기술을 중심으로 한다는 점에서 그 범위와 한계를 명확히 하고자 한다. 시기적으로 더욱 포괄적이고 영미 중심성을 벗어난 다양한 시각과 성과에 대한 소개가 잇따르기를 기대한다. 끝으로 결론을 대신하여 한국에서의 최근 IPE 연구동향과 그 문제점을 간략하게 검토해 볼 것이다.

Ⅱ. 지구화 논쟁(Globalization Debate)

지구화란 상품과 서비스, 아이디어 등이 교환되는 국가 간 장벽이 감소하여 국경을 초월한 국가와 사회 간의 상호 의존성이 확대되고 심화되는 과정을 의미한다.[4] 여기서의 '확대'란 상호 의존의 지리적 포괄범위가 넓어짐을 의미하며, '심화'란 상호작용의 빈도와 강도가 증가함을 의미한다(Cohn 2003, 417). 지구화의 진전이 미치는 국

[4] 지구화(Globalization)는 우리나라에서 '세계화'라는 용어와 혼용되고 있는데, 이 글에서도 양자를 엄밀히 구분하여 사용하지는 않겠다. 단, 두 용어 모두 국제화(internationalization)의 용어가 전제하고 있는 국가 중심적 접근과 구별되고 있음을 확인하고자 한다.

제적·국내적 효과와 관련하여 다양한 논쟁이 진행되어 왔는데, 최근의 지구화 경향이 새로운 패러다임의 출현인가에 대한 논쟁, 지구화가 국가의 권력과 정책 자율성에 미치는 영향에 대한 논쟁(Sovereignty at Bay), 지구화의 진전이 국내의 불평등을 심화시키고 국내의 노동조건, 환경, 사회복지 등을 하락시키는가에 관한 논쟁(Race to the Bottom), 그리고 연대 네트워크의 형성을 통한 지구적 차원의 시민사회가 등장하고 있으며 그 영향력은 얼마나 큰가에 관한 논쟁(Global Civil Society) 등 상호 연관된 포괄적인 주제들을 다루고 있다.[5/6]

먼저 현재 진행되는 지구화의 성격에 관해서는 여전히 국제체제에서 국가의 중심성을 강조하고(Waltz 1999) 국제적 경제통합의 정도가 일국 내의 그것에 비해 현저히 낮다는 점을 강조하는(Hirst and Thompson 1999) 경향으로부터 지구화가 국제정치의 근본적인 변화와 그 연구 패러다임의 변화를 가져오고 있다는 주장(Cerny 1996 ; Clark 1999 ; Scholte 1999 ; Mittelman 2002)에 이르기까지 폭넓은 편차를 보여준다. 일부의 경제학자들은 현재의 지구화가 100년 전의 금융과 무역

---

5 지구화 논쟁에 관한 전반적인 정리 및 각 쟁점에 대한 간략한 소개로는 Miles Kahler(2002), Held and McGrew(2003) 등을 참조할 것.

6 지구화 논의가 국제화(internationalization) 논의와 구분되는 중요한 근거 가운데 하나는, 기존 국제정치학의 국가 중심성을 탈피하여 새롭게 등장하는 국경초월적(transnational) 집단 및 그들 간의 연대망을 새로운 국제정치의 행위자로서 중시한다는 점이다. 주로 규범적 정향성에 기초를 두고 있는 비정부국제기구들(norm-based INGOs : international non-governmental organizations)의 활동, 즉 환경, 인권, 인도주의적 지원, 문화, 노동, 여성, 지구적 불평등과 같은 활동을 연구대상으로 하여 이들 간의 국제적 네트워크가 형성하는 지구적 차원의 시민사회에 주목한다. INGO, Global Advocacy Network, Global Civil Society 등의 주제는 최근 IPE 논의의 일부분으로 간주되기는 하지만 여기서는 지면 제약과 본 글의 논지상 생략하기로 하겠다. 이에 관한 기본적 논의로 Finnemore and Sikkink(1998), Keck and Sikkink(1998) 등을 참조할 것.

통합 정도에 비해 질적으로 구별될 만큼 진전된 것은 아니라고 주장한다(Sachs and Warner 1995 ; Rodik 1998a). 그러나 상당수의 IPE 연구자들은 20세기 후반 이후의 지구화가 경제적 통합뿐만 아니라 사회적 · 문화적 통합화 경향을 가지고 있으며, 기술적 혁신, 교통과 통신상의 거래비용 감소, 지구적인 생산 네트워크의 구축, 자본 이동의 규모와 그 자율성의 정도, 국제적 혹은 초국가적 국제기구의 등장과 역할 강화 등 여러 측면에서 19세기의 경제 의존과는 상당한 차별성을 지닌다는 것에 공감하고 있다(Baldwin and Martin 1999 ; Border *et al.* 1999 ; Keohane and Nye 2000 ; Meyer 2000).

국제적 요소에 의한 제약이 강해짐에 따라 국가권력의 자율성이 침해되고 과거에 행사해 왔던 정책의 선택폭이 제한되게 된다는 주장(Strange 1997 ; Evans 1997)은 국제자본의 이동성 강화, 국가-다국적기업(MNC) 간의 협상력 변화, 그리고 국내 경제정책의 제약 등에 초점을 맞추어 논의를 전개해 왔다. 유럽의 통화제도와 관련하여 세계적 자본시장의 등장과 기술적 변화가 일국적 자본통제에 제약을 가하는 현상에 대한 분석(Eichengreen and Frieden 2001), 국제자본의 이동성이 국내 경제정책에 미치는 효과에 대한 연구(Edwards 1999 ; Moosley 2000), 그리고 국제 자본시장의 대규모 이동성에서 기인하는 금융체제의 불안정성 문제(Bordo *et al.* 2001) 등이 중요한 연구들이다. 반면, 여전히 성장과 분배를 위한 경제정책을 수립하고 집행하는 데 있어 국가의 중심적인 역할을 강조하는 견해(Weiss 1998 ; Chang 2002)도 제기된다. 이러한 연구들은 특히 국제정치학자와 국제경제학자들 간의 활발한 공동작업을 통해 이루어지고 있다는 점에 주목할 필요가 있다. 국제금융 및 환율제도와 관련한 경제적 이론들이 직접 적용되거나 경제학에서 축적된 데이터들이 사용되고 있으며, 국제정치학 저널 못지않게 국제경제학 저널에서 이러한 글들을 많이 발견하게 된다.

지구화와 관련하여 가장 크게 정치학자들의 관심을 끌고 있으며 또 치열하게 논란이 되는 주제는 아마도 지구화가 국내 사회경제적 조건에 미치는 영향, 보다 구체적으로 복지국가 체제에 미치는 영향에 관한 논쟁이라 할 수 있다. 지구화가 국내의 불평등을 심화시키고 복지국가의 종식을 가져온다는 주장은 주로 다음의 두 가지 논거에 기초해 있는데, 첫째는 복지비용의 증대가 노동가격을 상승시키는 압력으로 작용하여 수출경쟁력을 약화시키며, 둘째 생산자본 및 금융자본의 자유로운 이동으로 인해 정부의 세금징수가 어려워지거나 세수를 증대시키려는 노력을 제약받게 된다는 것이다(Cerny 1995 ; Drumberg 1998 ; Evans 1997). 지구화가 지나치게 진전됨으로써 사회통합의 근저와 재원을 소진시키게 된다는 주장이나(Rodrik 1997) 투자의 유치를 위한 경쟁이 복지국가의 위축과 사회, 노동, 환경조건의 하향화, 혹은 국내 빈부격차의 확대로 귀결될 것이라는 전망(Strange 1996 ; Gruber 2004), 보다 구체적인 경험적 분석으로서 해외투자의 확대와 산업공동화에 따른 미국 내 저숙련 노동자 임금의 실질적 하락에 대한 분석(Kapstein 2000) 등도 모두 지구화의 부정적 측면들에 주목하는 연구들이다.

복지국가 축소론에 대한 비판 역시 광범위하게 개진되고 있는데, 비판론자들은 정치한 통계적 방법을 사용한 실증적 연구를 토대로 선진국에서 복지국가가 축소되는 것이 아니며, 반대로 사회보장 비용 및 관련 정부지출이 1970년대 이후 지속적으로 확대되는 경향에 있음을 지적한다. 개릿(Garrett)의 연구는 OECD 국가들에서 지구화(보다 정확히는 무역과 투자의 개방화)에 의해 손해를 보는 집단들을 보호하고 보상하기 위해 국가의 개입과 복지지출이 오히려 증대되는 추세에 있음을 보여준다(Garrett 1998). 지구화에 의한 복지국가 후퇴에 대한 논의는 제2차 세계대전 후 개방화된 국제경제질서의 국내적 토대였던 '포섭된 자유주의(Embedded Liberalism)'(Ruggie 1982)가 과연 잠식되고 있는가에 대한 논의와 맞물려 있다. 실제로 포섭된 자유주의의 주창자였던 러기(Ruggie)는 현재의 경향이 국내적으로 형성된 사회적 대타협의 근저를 위협할 수 있으며, 이것이 개방적 국제경제질서의 역풍으로 작용할 수 있음을 경계하고 있다(Ruggie 1997). 이러한 주장에 대해 헤이(Hays) 등은 미시적 차원의 테스트를 통해 무역의 확대와 정부지출 증가 사이에 강한 상관관계가 존재한다고 주장하면서 향후 서비스 부문의 국제적 경쟁이 격화되면서 정부의 개입은 더 늘어날 가능성이 높다고 전망한다(Hays *et al.* 2005).

여기서 특히 주목할 것은 지구화가 복지국가에 미치는 효과에 대한 논쟁이 지속되면서 보다 엄밀한 방법론(주로 통계적 방법)을 적용해 나가고 논의의 축적을 통해 합의된 성과들이 나타난다는 점이다. 예를 들어, 초기에 선진국만을 대상으로 했던 연구가 비교정치의 관점에서 다양한 국가들로 확대되고 있고(Garrett 2001), 개발도상국가에서는 잉여노동의 존재와 노동자의 집단행동의 문제 때문에 개방의 효과가 노동자들에게 특히 불리한 방식으로 나타나게 된다는 주장도 제기된다(Rudra 2002). 독립변수인 개방화 정도를 측정하는 지표로서 수출과 수입, 자본의 이동 등을 세분화하여 고찰하거나(Hays *et al.* 2005), 종속변수인 국가정책을 조세정책과 복지정책으로 구분하는 것 등이 그 예이다(Swank 2002). 나아가 사회복지를 위한 국가개입과 정부지출을 소극적 복지정책(예를 들어 실업보험), 적극적 복지정책(직업훈련과 재배치), 사회적 약자에 대한 보편적 복지정책(노인과 아동 등), 그리고 사회간접자본 투자(교육 투자와 인프라스트럭쳐 건설) 등으로 범주화하여 각 정책에 대한 국내집단들의 상이한 선호도를 분석하기도 한다(Burgoon 2001). 또한 복지국가의 약화가 개방 확대(지구화)의 효과에 의한 것이라기보다는 탈산업화(deindustrialization)—농업과 제조업으로부터 서비스업, 정보산업으로의 산업구조의 변화—와 밀접한 연관이 있다는 주장 또한 설득력 있게 개진된다(Iversen and Cusack 2000).

복지국가 후퇴 논란에서 알 수 있는 것처럼 상당수의 정치경제학자들은 '바닥으로의 질주(race to the bottom)'의 주장과 같이 지구화의 효과가 모든 국가들에게 전일적으로 나타나는가에 대해 회의적인 시각을 보인다. 지구화의 효과는 국내제도, 역사적으로 축적된 경험, 존재하는 사회경제적 세력의 조직화 정도 및 연대의 정도, 정책선택, 경로 의존성(path-dependence) 등 다양한 국내정치적 변수에 매개되어 발현되는 것이며, 따라서 각 국가의 내적 · 제도적 변수들을 고려하지 않고는 나타나는 결과들을 올바로 이해하거나 예측할 수 없으리라는 것이다. 이러한 논의는 최근의 비교정치학에서 주요하게 다루고 있는 『자본주의의 다양성(*Varieties of Capitalism*)』(2001)의 논지와 밀접하게 맞닿아 있으며, 지구화 논쟁과 관련한 국제정치경제 연구가 비교정치(비교정치경제)의 연구와 긴밀하게 결합되어 진행될 수밖에 없음을 확인시켜 주는 것이다.

Ⅲ. 국내-국제적 차원의 상호작용에 대한 연구

프리덴과 마틴은 IPE 분야를 전반적으로 개괄하면서 국내적 차원과 국제적 차원의 상호작용을 통합적으로 고찰하는 것을 IPE의 중요한 공헌이자 당면한 IPE 연구의 핵심적 도전과제라고 지적한 바 있다(Frieden and Martin 2002). 아울러 국내-국제 차원의 상호작용에 대한 연구는 국내정치와 국제정치의 각 영역에서 상당 정도 진전된 연구가 축적되었기에 가능한 것이며, 미국정치, 특히 미국의 대외정책 결정과정에 대한 상세하고 진전된 연구가 그 밑바탕이 되고 있음을 강조하고 있다. 논리적 차원에서 볼 때, 상호작용은 국내적 변수가 국가의 대외정책 및 국가 간 상호작용에 미치는 영향(second image), 그리고 그 역의 영향(second image reversed)으로 구분할 수 있는데, 먼저 후자에 관한 논의부터 살펴보기로 하자.

국제적 변수의 국내적 효과에 대한 연구(밖에서 안으로의 효과)는 앞절에서 지적한 바 있는 지구화의 국내 정치경제적 효과에 대한 논의와 중첩되므로 여기서는 간략히 다루겠다. 전통적인 IPE의 주제인 통상정책과 관련하여 대표적인 것은, 국제경제에서의 개방성/폐쇄성의 변화가 국내의 각 집단에게 상이한 정책선호(자유무역/보호주의)를 발생시키고 집단의 정치적 영향력이 강화됨으로써 정책결정에 영향을 미친다는 것을 주장한 로고스키(Rogowski 1989)의 연구라 할 것이다.

경제적/기술적 변화, 자유로운 자본의 이동, 혹은 국제경제 체제에서 개별 국가의 지위 변화 등 외부적 요소의 변화는 국내 행위자의 선호와 행동을 변화시키거나, 국가가 사용할 수 있는 정책수단의 범위를 변화시키거나(Eichengreen 1996), 국내의 제도를 변화시키는 등(예를 들어 자본 이동성이 강화됨에 따라 인플레이션의 압력을 제어하고 자본유입을 활성화하기 위해 중앙은행의 독립성을 강화하는 경향에 대한 연구인 Clark and Hallerberg 2000 ; Clark 2001) 다양한 경로를 통해 국가의 행동에 영향을 미치게 되는 것이다. 또한 새롭게 등장하거나 강화되는 국제제도나 국제기구가 각 국가들의 경제성장, 경제개혁, 국내집단 간 연대와 대립의 구조, 국내정치 등에 미치는 영향에 대해서도 연구가 진행되고 있는데, IMF 프로그램이 경제성장과 경제개발에 미치는 효과(Przeworski and Vreeland 2000 ; Vreeland 2003)나 강한 구속력의 WTO 분쟁해결 제도가 국내집단 연대 및 국내정치에 미치는 영향에 대한 연구(Goldstein and Martin 2000 ; Smith 2000b) 등을 예로 들 수 있다.

지난 10년간 IPE 연구에서 가장 많은 성과를 발견할 수 있는 분야 가운데 하나는 국내적 변수의 국제적 효과에 대한 연구(안에서 밖으로의 효과), 즉 국내의 이익, 집단, 제도 등이 국가의 대외경제정책 결정에 어떠한 영향을 미치며 국제적 차원에서 어떠한 결과를 가져오는가에 대한 연구라 할 것이다. 그리고 이 분야는 단일한 행위자로서의 국가, 이익을 극대화하기 위한 합리적 행위자로서의 국가라는 신제도주의의 중요한 이론적 전제를 해체함으로써(소위 open the black box) 국가이익의 근거와 실체를 국내정치의 맥락에서 구체화하려는 시도라는 점에서 신자유주의적 접근법(neo-liberalist approach)이 IPE에 크게 기여하는 부분이기도 하다.

대중적 관심과 정치적 민감도가 가장 높은 통상정책과 관련하여 가장 많은 연구가 진행되었으며, 이외에도 통화정책, 산업정책, 해외 투자유치정책 등과 관련하여 연구가 활발하게 이루어지고 있다. 국내변수에 관한 연구는 이익-조직화-국내제도라는 3가지 추상수준으로 나누어 살펴볼 수 있다. 특정한 경제정책을 둘러싸고 걸려 있는 개인적, 집단별 이해(interest)의 크기와 강도(intensity)는 어떠한가, 이해관계가 어떠한 방식으로 조직화(organization)되고 있는가, 그리고 이익이 취합되고(aggregation), 위임되고(delegation), 대표되는(representation) 정치적 제도화의 과정은 이익의 실현에 어떠한 영향을 미치게 되는가 등을 구체적으로 분석하는 것이다.

먼저 경제정책에 대한 개인적·집단적 이해를 파악하는 것으로서, 계급별 접근(Factoral Approach : Stopler-Samuelson Model)이나 산업별 접근(Sectoral Approach : Ricardo-Viner Model)의 경제학적 모델로부터 직접적으로 무역정책에 관한 선호도를 추론하는 방식에서 벗어나 광범위한 다수를 대상으로 한 서베이나 여론조사를 통해 실질적인 정책 선호도 및 그 강도를 측정하려는 시도들을 주목할 필요가 있다(Gabel 2001 ; Scheve and Slaughter 2001 ; O'rourke and Simmot 2002). 그러나 집단적 이해관계는 자체로 실현되는 것이 아니라 조직화를 거쳐 실현되며, 조직화에는 항상 집단행동의 문제(collective action problem)가 따르게 된다. 계급별, 산업별, 혹은 기업별 라인 가운데 어떤 라인에 입각하여 집단행동이 조직화되는가는 국가들마다 상당한 편차가 존재하며, 이에 따라 사회세력 간 연합형성, 집단이익의 동질성 정도와 강도, 보호주의 정책의 요구 정도 역시 국가마다 상이하게 나타나게 된다(Hiscox 2001).

개인적·집단적 선호도가 정책을 통해 구체화되고 실질적인 이익으로 실현되기 위해서는 국내의 정치제도를 통해서만 가능하다. 미국 의회 등에서의 무역정책과 관련한 투표가 계급별 선호에 따라 이루어지는가 산업별 선호에 따라 이루어지는가(Baldwin and Magee 2000), 또는 정당 이데올로기에 따라 이루어지는가(Poole and Rosenthal 1997)에 대한 연구, 이익집단이 의회를 통해 이익을 실현하는 메커니즘으로서의 선택효과(selection effect)와 영향력 효과(influence effect)에 대한 연구(Fordham and McKeown 2003) 등은 이러한 연구의 예라 할 것이다.

프리덴과 마틴(Frieden and Martin 2002)은 정치제도를 선거제도(electoral institutions), 입법제도(legislative institutions), 관료제도(bureaucratic institutions)로 세분화하고, 각 제도에서 나타나는 특징과 차별성이 대외경제정책의 결정 및 실행에 영향을 미친다고 본다. 선거제도와 관련하여 상이한 형태의 선거제도(예를 들어 비례대표제, 단순다수제, 중대선거구제, 소선거구제 등)가 투표자, 이익집단, 정치인의 행동에 어떤 영향을 미치는가를 탐색하거나(Alt and Gilligan 1994 ; McGillivrary 1997 ; Dutt 2002) 입법제도의 측면에서 입법기구 내에서 벌어지는 의제설정(agenda setting), 거부권(veto power), 의결순서, 위원회(committee)제도, 분할정부(divided government), 정당규율(party discipline), 연립정부 여부, 입법부와 행정부의 상이한 정책 선호도 등 제도적 변수들이 무역정책, 산업정책, 또는 환율정책 등에 어떤 영향을 미치는가를 고찰한다(Bailey *et al.* 1997 ; Bernhard and Leblang 1999 ; Karol 2000). 관료제도와 관련해서는 주요 관료조직에 부여된 위임성과 독립성이 정책의 수립과 집행, 실적에 미치는 영향에 대한 연구로서 미국의 ITC(International Trade Commission)나 USTR(US Trade Representative)의 역할과 효과에 대한 연구(Hiscox 1999), 유럽집행위원회(European Commission)나 유럽재판소(European Court of Justice)가 유럽통합에서 수행하는 역할에 관한 연구(Alter 1998 ; Mattli and Slaughter 1998 ; Stone and Brunell 1998), 그리고 중앙은행의 독립성에 관한 연구 등 다양한 주제가 연구되고 있다(Clark and Reichert 1998 ; Clark and Hallerberg 2000 ; Broz 2002).

이상에서 살펴본 바와 같이 이익, 이익의 조직화, 정치제도(선거, 입법, 관료제도)가 국가의 정책결정과 국제정치경제에 미치는 영향에 대한 연구는 최근 IPE 연구 가운데 가장 많은 성과를 보이는 부분이라고 할 수 있다. 그리고 이러한 연구의 상당부분이 미국정치의 연구결과를 적극적으로 수용한 것이거나 혹은 미국정치 분야와의 공동연구를 통해 이루어진 것이라는 점에 유의할 필요가 있다. IPE 연구와 미국정치(특히 외교정책 연구) 연구가 긴밀히 결합되고 있는 현재의 추세를 반영하고 있는 것이다.

그러나 이에 수반되는 한계 역시 명확히 할 필요가 있겠다. 먼저 비교정치 혹은 지역연구의 관점에 입각하여 개별 국가 및 지역들의 차별적이고 독특한 국내정치적 요소들에 대한 연구로 풍부화되지 못한다면 이러한 IPE 연구는 지속적인 미국편향성이라는 덫에 걸릴 가능성이 높다. 더구나 미국과 같은 주도적인 패권국가의 경우 현실의 국제정치경제에 직접적인 영향력을 행사함으로써 안에서 밖으로의 규정성이 큰 반면, 대다수 국가는 밖에서 안으로의 규정성이 더 강하게 작용할 수밖에 없다는 질적인 차별성을 간과해서는 안 된다. 따라서 미국을 제외한 대다수의 국가에서 자국 혹은 지역의 상이한 조건과 국제체제상의 위치 등을 고려하여 국내적 차원과 국제적 차원을 결합시켜 이해하려는 시도는 이제 막 시작단계에 있다고 할 수 있을 것이다.

Ⅳ. 국가 간 상호작용(International Interaction) 및 국제제도에 관한 연구(International Institutions)

앞절에서 소개한 국제-국내적 상호작용에 대한 연구는 대부분 일국적 차원에서의 상호작용에 초점을 맞추고 있는 반면, 국제체제적 차원에서 벌어지는 국가들 간의 상호작용과 그 환경으로서의 국제제도의 수준까지(third image) 자신의 분석수준을 확장하지는 않고 있다. 국가 간 상호작용에 대한 연구는 국가를 단일하고 이기적인 합리적 행위자로 간주하고 국가 간 협력과 갈등을 중심적으로 고찰하는 신제도주의자(부분적으로는 신현실주의자)들에 의해 주로 연구되어 온 분야라 할 수 있다. 국제체제에 의해 주어지는 기회와 제약요건은 무엇이며, 타국과의 협상, 강제, 설득의 과정이 국제정치경제에 미치는 결과는 무엇인가를 분석하는 것으로서 게임이론과 협상이론(bargaining theory)의 틀을 사용하는 경우가 많다.

국가들 간 상호작용의 결과에 영향을 미치는 변수로서 이익의 구조(incentive structure), 게임의 기본적 형태, 참가자의 수, 행위자의 유형(type), 신념(belief)과 불확실성(uncertainty)의 문제 등을 들 수 있는데, 레이크와 파웰이 편집한 *International Relations : A Strategic-Choice Approach*(Lake and Powell 1999) 속에 수록된 논문들은 이러한 주제에 관한 최근의 논의를 보여주고 있다. 초기의 연구가 주로 전략적 구조(strategic structure)를 구성하는 게임의 기본적 형태(죄수의 딜레마 유형인가, 성 간 대결게임 유형인가, 혹은 코디네이션 게임 유형인가 등)를 구분하고 이에 따른 국가 간 협력의 가능성과 곤란함을 타진하는 데 주력하는 것이었다면(Stein 1990, Snidal 1985), 최근의 논의는 불확실성 하에서 시그널링(signaling)과 평판이 국가 간 협력에 미치는 효과(Morrow 1999), 협정의 비준과 같은 국내적 동의절차를 국가 간 협상에서의 일종의 불확실성 문제로 간주하고 이것이 협상에 미치는 영향(Downs and Rocke 1995 ; Martin 2000), 또는 상이한 레짐 유형(즉, 행위자의 타입)이 협상의 성패에 미치는 영향 등을 분석하는 것으로 확대되고 있다.

이와 관련하여 최근에 활발하게 연구되는 주제로서 민주주의 레짐 타입이 국가 간 경제협력과 무역자유화를 촉진시키게 되는 인과관계를 규명하려는 노력을 들 수 있다. 이러한 연구는 민주평화론(Democratic Peace)의 IPE 버전이라고 할 수 있는 것으로서, 민주주의 하에서는 정부의 결정에 대한 의회의 거부권이 존재하기 때문에 오히려 상호 양보의 폭이 넓어지게 되며, 따라서 민주주의–민주주의 국가 쌍(pair)이 여타 레짐의 쌍에 비해 무역자유화의 정도가 높아지게 되거나(Mansfield, Milner and Rosendorff 2000) 민주주의 국가 간에 무역자유화 협정의 체결이 더욱 빈번하게 이루어진다고(Mansfield, Milner and Rosendorff 2002) 주장한다. 또한 개발도상국에서도 중간 투표자(median voter)와 소비자의 복리증진 요구를 반영해야 하기 때문에 민주주의 체제가 무역자유화에 더 적극적으로 된다고 주장한다(Milner and Kubota 2005).

IPE 분야에서 국가 간 협상에 대한 연구는 다자/지역 무역레짐의 형성 및 변화과정에서의 협상에 대해 일정한 연구가 진행되어 왔으나(Odell 2000 ; Odell eds. 2006), 아직까지 미진한 부분이 많으며, 앞으로도 더욱 발전이 기대되는 분야이다. 이론적 차원에서 볼 때, 현재까지 경제학에서 개발된 협상이론이 지니는 근본적 한계—행위자 간의 타협이 가능한 위닝 셋(winning set)의 범위만을 제시할 수 있을 뿐 실질적인 타협의 지점을 제시할 수 없다는 한계—를 뛰어넘는 시도는 여전히 제한적이다. IPE에서 많이 활용되고 있는 푸트남(Putnam)의 양면게임(two-level game) 역시 초기의 열광적 반응에 비해(Evans *et al.* eds. 1993) 이론적 진전이 지속적으로 이루어졌다고 보기는 어렵다. 잘 확립된 이론적 분석틀을 개발하고 이를 현실의 협상분석에 적용하는 실증적 연구가 보다 활성화될 필요가 있다. 또한 자국의 이익을 실현하기 위한 협력과 갈등의 측면이 공존하는 국제협상에서 그 결과를 규정하는 주요한 조건 가운데 하나인 힘의 불균형(Steinberg 2002), 협력이 창출하는 불균등한 분배적 결과 등을 어떻게 모델링할 것인가(Fearon 1998)의 문제도 차후의 중요한 연구과제 가운데 하나이다.

국제체제의 수준에서 벌어지는 국가 간의 상호작용은 진공상태에서 이루어지는 것이 아니라, 국가들의 전략적 행위에 영향을 미치는 인위적으로 조성된 환경과 조건 하에서 이루어진다. 이러한 외적 환경과 조건을 포괄하여 국제제도(international institution)라 칭할 수 있다. 국제제도는 국가들 사이에 발생하는 문제를 해결하고 협력을 촉진하기 위해 역사적으로 형성되거나 의도적 계약에 의해 창출되는 산물이라는 점에서 그 자체가 하나의 균형점(equilibrium)이며, 또한 국가들의 전략적 상호작용이 일정한 균형점에 도달하게 되는 외적 조건으로 작용한다는 점에서 양면적인 분석을 요구한다(Snidal 1996). 물론 아나키 상태의 국제체제에서 작동하는 국제제도는 일국 내에서 작동하는 국내제도에 비해 그 대표성과 위임성, 강제성 등이 취약하다는 것은 부정할 수 없는 사실이다. 그러나 국제제도가 차지하는 위상이 비약적으로 강화되고 개별 국가에 대한 구속력이 현저히 증대되고 있는 현대의 국제정치에서 국제제도에 대한 분석과 연구의 중요성은 아무리 강조해도 지나치지 않을 것이다.

그렇다면 IPE 분야에서 국제제도나 국제기구에 대한 연구는 어떠했는가? 주지하듯이 1980년대 국제정치학에 제도주의 이론을 도입하여 국제제도를 주된 연구대상으로 삼았던 신제도주의는 거래비용 경제학(transaction cost economics)의 직접적인 영향을 받아왔다. 거래비용 경제학이 다양한 유형의 거래비용과 이에 조응하는 상이한 제도적 틀에 대해 탐색해 왔다면, 국제정치 이론에서 신제도주의는 한 종류의 거래비용의 문제, 즉 속임수(cheating)를 탐지하고 감시(monitoring)하는 문제에만 초점을 맞추어 왔다고 할 수 있다.

이러한 한계는 초기의 신제도주의가 신현실주의와 투쟁하기 위해 사용했던 이론적 틀인 죄수의 딜레마와 분권화된 협력이론(decentralized cooperation theory)과 밀접한 관계가 있다. 즉 이들에게 국제제도란 속임수에 대한 정보의 수집과 전달, 교환을 담당하는 일종의 감시체제(monitoring system)이며, 정보의 전달통로 역할을 담당하는 국제제도는 일반적으로 개별 국가로부터 위임받은 집중화된 권력과 위계적 조직구조를 갖출 필요가 없는 것으로 간주되었던 것이다(Keohane 1984; Oye 1986; Axelrod and Keohane 1986; Lipson 1993). 이러한 접근으로는 현실의 국제정치에서 비약적으로 확장되고 강화되고 공식화되는 국제제도를 설명할 수 없는 객관적인 한계에 봉착하게 된다. 또한 추상 이론의 차원에서 레짐과 제도에 접근함으로써 조직적 실체와 기능을 가진 구체적인 국제제도를 파악하고 분석하는 데 소홀하게 되었다. 즉, "제도 없는 제도주의"라는 역설적인 상황이 전개되었던 것이다.

이러한 초기적 한계를 극복하는 데 기여한 것이 "불완전 계약(incomplete contract)이론"과 "교섭비용(bargaining cost) 이론"이다. 윌리암슨(Williamson 1989)은 계약의 당사자가 모든 미래의 상황을 포괄하는 완전한 계약을 사전에 마련할 수 없다고 강조하고, 따라서 미래의 이행을 내포하는 모든 계약은 본질적으로 불완전하다고 주장했다. 또한 불완전 계약의 조건 하에서 발생할 수 있는 문제들에 관한 규칙을 사전에 마련함으로써(예를 들어 예측불가능한 상황이 발생할 때의 문제해결, 분쟁의 해결, 계약의 해석과 적용의 방법과 절차를 마련함으로써) 불완전 계약의 공백을 메울 수 있다고 보았다. 계약의 불완전성을 극복할 제도적 틀을 사전에 마련함으로써 개별의 문제가 발생할 때마다 처음부터 새로 협상해야 하는 번거로움과 비용을 줄일 수 있다는 것이다. 불완전 계약이론의 핵심적 주장은 국제정치학자들에 의해 적극적으로 수용되어졌는데(Garrett 1992 ; Garrett and Weingast 1993), 이들은 불완전 계약이론을 적용하여 공식성(formalization)과 집중성(centralization), 독립성(independence)을 가진 특수한 제도로서 국제기구(organization)를 설명하거나(Abbott and Snidal 1998), 개별 국가의 행위를 상당 정도 통제할 수 있는 집중된 권한과 위임성을 가지는 초국가적 제도(supranational institutions)의 등장(Gruber 2000)을 설명할 수 있다고 보았다.

거래비용과 관련하여 또 다른 흥미로운 논의는 교섭의 장(bargaining forum)으로서 국제제도가 수행하는 역할에 대한 고찰이다. 피어론

(Fearon 1998)은 레짐(regime)이 감시(monitoring)와 실행(enforcement)을 보조함으로써 협력을 촉진하는 측면보다 교섭의 비용(bargaining cost)을 줄여줌으로써 협력에 기여하는 측면에 보다 주목할 필요가 있다고 주장한다. 그의 주장에 따르면, 국제제도의 존재는 협상을 원활히 할 절차와 초점(focal point)을 제공함으로써 협상의 비용을 줄여줌과 동시에 협상의 실패가 가져올 정치적 비용을 증가시켜 줌으로써 국제협력을 촉진할 수 있다는 것이다. 협상을 촉진하는 국제제도의 역할은 특히 제도의 기본적 틀을 짜는 초기 협상과정에서, 주요한 규칙의 변화와 관련된 협상과정에서, 그리고 협상이 심각한 분배적 결과를 초래하는 경우에 특히 중요한 의미를 지닌다.

신제도주의 이론은 분권적이고 비공식화된 제도에 대한 강조에서 위계적이고 공식화된 국제기구에 대한 강조로, 협력을 촉진하는 제도의 역할(facilitation role)에 대한 강조에서 국가 간 관계를 통할하는 역할(governance role)에 대한 강조로 점차 연구의 초점을 이동시켜 왔다. 이러한 연속선상에서 최근에 제기된 것이 국제법제화(International Legalization, *International Organization*, 2000. Summer. Special Issues)와 합리적 제도의 디자인(The Rational Design of Institutions, *International Organization*, 2001. Summer. Special Issues)에 관한 논의이다. 제도주의의 관점에서 볼 때, 국제법제화란 높은 수준의 구속성, 엄밀성, 위임성을 특징으로 하는 특수한 형태의 제도화이며, 따라서 합리적 국가들이 상호작용의 거래비용을 줄이고 효율성을 높이기 위한 수단으로 채택한 일종의 계약으로 간주할 수 있다. 현대의 국제정치에서 이러한 법제화가 진행되는 원인은 무엇인지, 이슈별 · 지역별로 법제화의 진전에 두드러진 편차가 발생하는 요인은 무엇인지, 그리고 법제화가 발생시키는 효율성 효과와 분배적 효과는 무엇인지 등을 연구하는 것이 향후의 연구과제라 할 것이다. 합리적 제도의 디자인에 관한 논의는, 국가들이 이익실현을 위해 최적화된 제도적 형태를 고안하기 위해 고려해야 할 주요한 변수들[예를 들어 가입규칙(membership), 관련 이슈의 범위(scope), 집중화(centralization) 정도, 통제의 정도(control), 탄력성의 정도(flexibility)] 등을 정리하고, 이를 다양한 이슈영역의 국제제도(무역, 금융, 환경, 안보기구 등)에 적용하여 그 차별성을 파악하려는 시도라 할 수 있다. 아직은 인과관계의 파악보다 패턴의 발견에 주목하는 수준이기는 하지만, 실체와 특성을 지닌 제도와 국제기구를 구체적으로 분석하여 기존 논의의 추상성을 극복하고자 한다는 점에서 그 가치를 찾을 수 있다.

이상과 같은 국제정치 제도주의 이론의 발전과정과 그 한계를 고려한다면 IPE 연구에서 주요 국제경제기구(예를 들어 GATT/WTO, IMF, World Bank, G-7, OECD)에 대한 실증적 연구가 빈약하다는 사실은 놀랄 만한 일이 아니다. 실제로 국제경제기구의 구조와 특성, 운영원리 등에 대한 연구는 주로 국제경제법학자들의 전유물이었으며[예를 들어 Jackson(1997), Palmeter and Mavroidis(1999)의 WTO에 대한 연구 등], 법리적 기술과 해석, 개별 사례에 대한 분석을 통해 일반적 법원칙을 확립하는 것과 같은 법학적 접근은 가설을 검증하여 인과관계를 규명한다는 사회과학적 접근과 상당한 차이가 있었던 것이 사실이다. 지역적·국제적 경제기구들에 대한 연구, 특히 이들 기구의 역할과 기능을 파악하고 제도에서 산출되는 국내적·국제적 효과를 분석하는 것은 IPE의 핵심적 연구주제로서 강조될 필요가 있다.

비교적 IPE의 연구가 진전된 주제인 유럽연합과 유럽 통화통합에 대한 연구(Moravcsik 1998 ; Henning 1998 ; Mattli 1999 ; Eichengreen and Frieden 2001), 다자주의와 지역주의에 관한 연구(Mansfield and Milner 1997, 1999 ; Mansfield and Reinhardt 2003 ; Chase 2003 ; Pomfret 1997 ; Ozden and Reinhardt 2002), 다자 간 무역체제가 실제로 무역을 증대시키고 회원국의 개방정책을 촉진시키는가에 대한 연구(Rosa 2002a, 2002b ; Goldstein 2005), 그리고 GATT/WTO 분쟁해결제도에 관한 연구(Bagwell and Staiger 1999 ; Maggi 1999 ; Reinhardt 1999 ; Smith 2000a ; Busch 2000 ; Bush and Reinhardt 2002) 등을 더욱 진전시키고 그 적용의 범위를 확대해 나가려는 노력 역시 요구된다. 아울러 신제도주의적 접근이 일반적으로 간과해 왔던 문제인 국제제도에서 관철되는 권력(power)의 문제(Fearon 1998 ; Oatley and Nabors 1998 ; Gruber 2000 ; Barnett and Duvall eds. 2005)와 그로부터 파생되는 불균등한 분배적 결과문제 등에 대해서도 그 연구의 필요성이 절실하다고 하겠다.

V. 결론을 대신하여 : 한국에서의 IPE 연구

간략하게나마 우리나라의 IPE 연구현황과 제기되는 과제들에 관해 살펴보는 것으로 글을 맺겠다. 학부와 대학원의 교육과정에 IPE가 확고한 하나의 분야로 자리잡았음에 반해 연구분야로서의 IPE는 아직 상당히 미흡한 수준에 머물러 있는 것이 사실이다. 연구현황과 관련하여 첫 번째로 지적할 것은 연구의 숫자 자체가 놀라울 정도로 작다는 점이다. 2000년 이후 출판된 『한국정치학회보』와 『국제정치논총』의 논문들을 검색해 본 결과 수록 논문들 가운데 IPE 분야의 논문은 극히 미미한 비중만을 차지하고 있다. 잠정적인 수치이기는 하지만 직접적인 IPE의 주제들을 다룬 경우는 5%에도 미치지 못하였으며, IPE 주제와 일정하게 관련된 비교정치, 미국정치, 정치이론, 그리고 한국정치의 논문을 모두 포함하는 경우에도 채 10%에 미치지 못하였다. IPE 주제의 낮은 출판비율, 그리고 IPE 관련 주제를 전문적으로 다루는 학술지(예를 들어 *International Organization*과 같은)가 출간되기 어려운 현실은 우리의 IPE 연구가 대단히 척박한 상황에 놓여 있음을 증명하는 것이다.

둘째, 대다수의 IPE 연구가 강한 정책지향성을 가지고 있으며, 당장 눈앞에서 진행되는 현실적 이슈들을 주로 다루고 있다는 점이다. 물론 정책지향성과 현실 이슈에 대한 관심이 그 자체로 문제가 될 것은 없다. 그러나 이러한 경향이 지나치게 되면 중장기적 연구과제를 설정하고 누적적인 연구를 통해 기반을 쌓아가는 작업은 아무래도 등한시되기 쉽다. 또한 이러한 편향은 가설을 수립하고 경험적·실증적 연구를 통해 인과관계를 규명하고자 하는 사회과학의 기본적 방법론에 충실하기보다 객관적 사실에 대한 기술, 자료의 정리, 혹은 근거에 의해 충분히 뒷받침되지 못하는 주장과 정책 제안으로 귀결될 가능성이 높다.

셋째, (앞서 지적한 바 있듯이) 최근의 IPE 연구가 정치학 내 인접분야 및 인접 학문분야와 긴밀한 공동연구를 요구하고 있음에 반하여 아직 우리나라에서는 공동작업이 거의 이루어지지 못하고 있다. IPE의 특성상 경제학과의 공동연구를 통해 얻을 수 있는 이점이 적지 않음에도 불구하고(방법론상의 엄밀성, 데이터의 확보와 분석, 복잡한 통계적 기법의 적용 등) 두 분야 사이의 공동연구가 이루어지지 않고 있는 것은 심각한 문제가 아닐 수 없다. 또한 법학, 사회학 등의 여타 학문분야와의 공동작업은 그 시도조차 발견하기 어려운 실정이다.

마지막으로 지적할 문제점은, 아직까지 상당수의 연구가 미국과 유럽의 선진적 논의를 한국에 도입하여 소개하는 데 머물고 있다는 점이다. 선진적 논의와 논쟁을 소개하는 것 자체가 우리의 학문적 발전에 기여하는 바가 적지 않을 것이다. 그럼에도 불구하고 그것은 출발점으로서의 의미는 있을지언정 그 자체가 목표가 될 수는 없는 것이다. 한국에서의 IPE 연구가 지향해야 할 목표는 한국을 대상으로 한 IPE 연구, 즉 한국에서 국가와 시장의 상호작용이 국제적 차원에서 발생시키는 효과 및 그 역의 효과에 대한 연구, 한국에서 국내적 차원과 국제적 차원의 상호작용에 대한 분석, 나아가 궁극적으로는 국제정치경제 질서 속에서 한국 정치경제의 전망과 발전방향을 모색하는 작업이 되어야 하기 때문이다.

앞서 3가지 논의주제로 제시한 바 있는 지구화 논쟁, 국내적 차원과 국제적 차원의 상호작용에 대한 연구, 그리고 국가 간 상호작용과 국제경제제도에 대한 연구 등은 모두 한국의 IPE 연구를 위한 중요한 토대가 될 수 있다. 지구화가 미치는 국내의 사회경제적 조건의 변화는 현재 우리 사회에서 '양극화 논쟁'이라는 대단히 정치화된 논쟁으로 현상하고 있다. 정치가가 아닌 학자(IPE 연구자)로서의 임무는 현재의 양극화 추세가 과연 한국에서 실제로 진행되고 있는 것인지, 만일 양극화가 진행되고 있다면 그것이 진정으로 지구화의 효과에 의한 것인지, 지구화의 추세는 실제로 한국에서 복지국가의 후퇴를 강제하는 것인지, 이를 촉진하거나 억제하는 국내의 정치적 · 제도적 변수들은 무엇인지에 대해 실증적 연구를 바탕으로 답하는 것이다.

국내적 차원과 국제적 차원의 상호작용에 대한 연구는 한국의 IPE 연구가 가장 주력해야 할 분야이며, 또한 그 성과를 시급히 축적할 필요가 있는 분야이다. 한국에서 통상정책을 둘러싼 계급과 집단 간의 갈등은 이제 국가적 통합력을 위협하는 수준에까지 이르렀음에 반하여 이에 대한 학문적 분석은 아직도 초보적 단계를 벗어나지 못하고 있다. 중간 투표자(Median voter)로서의 일반 국민들은 현재의 무역정책(예를 들어 농산물 개방, 한-미 FTA, 한-일 스크린 쿼터 축소, 서비스 시장개방 등)에 대해 어떤 생각을 하고 있는지, 그것이 시간적으로나 공간적으로 어떤 변화의 추이를 보여주고 있는지, 다중을 대상으로 한 체계적인 서베이조차 변변히 수행된 적이 없다. 계층, 계급, 직업, 세대, 지지정당 등 집단의 차원에서 이해관계가 어떻게 조직되거나 표출되고 있는지에 대해서도 아직 우리는 모르는 것이 많다. 선거제도, 입법제도, 관료제도와 같은 국내의 정치제도에 의해 개별적 · 집단적 · 국민적 이해관계가 어떻게 대표되고 위임되고 집중(혹은 왜곡)되는지 역시 우리에게는 거의 미지의 영역으로 남아 있다. 미국과 달리 국제적 규정성이 압도적으로 강한 우리나라의 경우 이해관계의 형성과 조직화, 정치제도를 통한 실현의 메커니즘이 어떤 차별성을 지니는지 연구해야 할 것이다. 또한 한국에 미치는 정치적 · 경제적 파장이 중대한 여러 국제협상의 경과와 결과, 그리고 한국이 참여한 여러 WTO 분쟁의 사례 등에 관련해서도 아직 우리가 분석해야 할 내용이 산적해 있다.

이상의 문제제기는 우리의 IPE 연구가 가지는 초보성을 자조하거나 비난하고자 함이 아니다. 오히려 정반대로 현실이 우리에게 더욱 풍부하고 흥미진진한 도전의 과제들을 던져주고 있음을 말하고자 함이다. 필자를 비롯한 모든 IPE 연구자들의 분투를 촉구하며 글을 마친다.

참고문헌

Abbott, Kenneth and Duncan Snidal. 1998. "Why States Act through Formal International Organizations." *Journal of Conflict Resolution*, Vol. 42. 3−32.

Alt. James E. and Michael Gilligan. 1994. "The Political Economy of Trading States." *Journal of Political Philosophy* 2 : 2.

Alter, Karen J. 1998. "Who are the 'Masters of the Treaty?' European Governments and the ECJ." *International Organization*, Vol. 52(1).

Axelrod, Robert and Robert O. Keohane. 1986. "Achieving Cooperation Under Anarchy." in Kenneth Oye ed. *Cooperation Under Anarchy*. Princeton, NJ : Princeton University Press.

Bagwell, Kyle, and Robert Staiger. 1999. "An Economic Theory of GATT." *American Economic Review* 89(1) : 215−48.

Bailey, Michael, Judith Goldstein, and Barry Weingast. 1997. "The Institutional Roots of American Trade Policy." *World Politics* 49(3) : 309−38.

Baldwin Richard E. and Christopher S. Magee. 2000. "Is Trade Policy for Sale? Congressional Voting on Recent Trade Bills." *Public Choice*. 105(1−2).

_____ and Phillippe Martin. 1999. "Two Waves of Globalization : Superficial Similarities, Fundamental Differences." NBER Working Paper No. 6904.

Barnett, Michael and Raymond Duvall. eds. 2005. *Power in Global Governace*. Cambridge University Press.

Bernhard, William, and David Leblang. 1999. "Democratic Institutions and Exchange−Rage Commitments." *International organization* 53(1) 71−97.

Bordo, Michael, Barry Eichengreen and Douglas Irwin. 1999. "Is Globalization

Today Really Different from Globalization a Hundred Years Ago?" Brookings Trade Forum 1999.

_____, Barry Eichengreen, Daniela Klingebiel and M.S. Martinez-Peria, 2001. "Is the Crisis Problem Growing More Severe?" *Economic Policy* 32(Spring) : 53-82.

Broz, Lawrence J. 2002. "Political System Transparency and Monetary Commitment Regimes." *International Organization* 56 : 4.

Burgoon, Brain. 2001. "Globalization and Welfare Compensation : Disentangling the Ties that Bind." *International Organization* 55(3) : 509-551.

Busch, Marc. 2000. "Democracy, Consultation, and the Paneling of Disputes under GATT." *Journal of Conflict Resolution* 44(4) : 425-46.

_____ and Eric Reinhardt. 2002. "Testing International Trade Law : Empirical Studies of GATT/WTO Dispute Settlement." in Daniel L. M. Kennedy and James D. Southwick, eds., *The Political Economy of International Trade Law : Essay in Honor of Robert E. Hudec*. New York : Cambridge University Press.

Cerny, Philip G. 1995. "Globalization and the Changing Logic of Collective Action." *International Organization* 49(4) : 595-625.

_____. 1996. "Globalization and Other Stories : The Search for a New Paradigm for International Relations." *International Journal* 51(Autumn).

Chang, Ha-Joon. 2002. *Globalisation, Economic Development and the Role of the State*. Zed Books.

Chase, Kerry. 2003. "Economic Interests and Regional Trading Agreements : The Case of NAFTA." *International Organization* 57 : 1.

Clark, Ian. 1999. *Globalization and International Relations Theory*. Oxford and New York : Oxford University Press

Clark, William Roberts. 2001. "Partisan and Electoral Motivations and the Choice of Monetary Institutions Under Fully Mobile Capital," *International Organization* 56(4).

_____ and Usha N. Reichert. 1998. "International and Domestic Constraints on Political Business Cycles in OECD Economics." *International Organization*

52 : 87–120.

_____ and Mark Hallerberg. 2000. "Mobile Capital, Domestic Institutions, and Electorally Induced Monetary and Fiscal Policy." *American Political Science Review* 94(2, June) : 323–46.

Cohn, Theodore. 2003. *Global Political Economy*. Longman Publishers.

Downs and Rocke. 1995. *Optimal Imperfection*. Princeton University Press.

Drumberg, Isabelle. 1998. "Double Jeopardy, Globalization, Liberalization, and the Fiscal Squeeze." *World Development* 26(4) : 591–605.

Dutt, Pushan, and Devashish Mitra. 2002. "Endogenous Trade Policy Through Majority Voting : An Empirical Investigation." *Journal of International Economics* 58(1) : 107–33.

Edwards, Sebastian. 1999. "How Effective are Capital Controls?" *Journal of Economic Perspectives* 13(March) : 65–84.

Eichengreen, Barry. 1996. *Globalizing Capital*. Princeton University Press.

_____ and Jeffry Frieden. eds. 2001. *The Political Economy of European Monetary Unification*, 2nd edition. Westview.

Evans, Peter. 1997. "The Eclipse of the State? Reflections on Stateness in an Era of Globalization." *World Politics* 50(1) : 62–87.

_____, Harold K. Jacobson, and Robert D. Putnam. eds. 1993. *Double–Edged Diplomacy : International Bargaining and Domestic Politics*. University of California Press.

Fearon, James D. 1998. "Bargaining, Enforcement, and International Cooperation." *International Organization* 52. 269–305.

Finnemore, Martha and Kathryn Sikkink. 1998. "International Norm Dynamics and Political Change." *International Organization* 52(4) Autumn.

Fordham, Benjamin O. and Timothy J. McKeown. 2003. "Selection and Influence : Interest Groups and Congressional Voting on Trade Policy." *International Organization*, 57(summer).

Frieden, Jeffry A. and David A. Lake. 2000. eds. *International Political Economy : Perspectives on Global Power and Wealth*, 4th edition. St. Martins Press.

_____ and Lisa Martin. 2002 "International Political Economy : Global and

Domestic Interactions" in Katznelson and Milner eds. *Political Science : The State of the Discipline*. American Political Science Association.

Gabel, Matthew. 2001. "Divided Opinion, Common Currency : The Political Economy of Public Support for EMU." in Barry Eichengreen and Jeffy Frieden eds. *The Political Economy of European Monetary Unification*, 2d edition. Boulder, CO : Westview.

Garrett, Geoffrey. 1992. "International Cooperation and Institutional Choice : The European Communities Internal Market." *International Organization* Vol. 46, No. 2. Summer.

_____. 1998. *Partisan Politics in the Global Economy*. Cambridge : Cambridge University Press.

_____. 2001. "Globalization and Government Spending Around the World." *Studies in Comparative International Development* 35(4) : 3-29.

_____ and Barry R. Weingast. 1993. "Ideas, Interests, and Institutions : Constructing the ECs Internal Market." In Judith Goldstein and Robert O. Keohane eds., *Ideas and Foreign Policy : Beliefs, Institutions, and Political Change*. Ithaca : Cornell University Press.

Goldstein, Judith and Lisa L. Martin. 2000. "Legalization, Trade Liberalization and Domestic Politics : A Cautionary Note." *International Organization* Vol. 54, No. 3. summer.

_____. 2005. "Membership has its Privileges : Understanding the Effects of the GATT/WTO" a paper presented at PIPES, University of Chicago.

Gruber, Lloyd. 2000. *Ruling the World : Power Politics and the Rise of Supranational Institution*. Princeton, N.J : Princeton University Press.

_____. 2004 "Do we really know about Globalization Benefits the Poor?" A paper presented at the annual meeting of American Political Science Assoc -iation.

Hall, Peter and David Soskice. eds. 2001. *Varieties of Capitalism*. New York : Oxford University Press.

Hays, Jude C., Sean D. Ehrlich, and Clint Peinhardt. 2005. "Government Spending and Public Support for Trade in the OECD : An Empirical Test of the Embedded Liberalism Thesis." *International Organization* 59(2) : 473-494.

Held, David and Anthony G. McGrew. 2003. *The Global Transformation Reader : An Introduction to the Globalization Debate*. 2nd edition. Polity Press.

Henning, C. Randall. 1998. "Systemic Conflict and Regional Monetary Integration : The Case of Europe." *International Organization* 52(3) : 537-73.

Hirst, Paul and Grahame Thompson. 1999. *Globalization in Question : The International Economy and the Possibilities of Governance*, 2nd edition. Cambridge, U.K : Polity Press.

Hiscox, Micahel J. 1999. "The Magical Bullet? The RTAA, Institutional Reform, and Trade Liberalization." *International Organization* 53 : 4.

_____. 2001. "Class versus Industry Cleavages : Inter-Industry Factor Mobility and the Politics of Trade." *International Organization* 55 : 1.

International Organization. 1998. winter. special issues.

_____. 2000. summer. special issues.

_____. 2001. summer. special issues

Iversen, Torben, and Thomas R. Cusack. 2000. "The Causes of Welfare State Expansion : Deindustrialization or Globalization?" *World Politics* 52(April).

Jackson, John H. 1997. "The World Trading System : Law and Policy of International Economic Relations." Second Edition, The MIT Press.

Kahler, Miles. "The State of the State in World Politics," in Katznelson and Milner eds. *Political Science : The State of the Discipline*. American Political Science Association.

Karol, David. 2000. "Divided Government and U.S. Trade Policy : Much Ado About Nothing?" *International Organization* 54(4).

Kapstein Ethan B. 2000. "Winners and Losers in the Global Economy." *International Organization* 54 (spring).

Keck, M. E. and K. Sikkink. 1998. *Activists beyond Borders : Advocacy Networks in International Politics*. Ithaca, Cornell University Press.

Keohane, Robert O. 1984. *After Hegemony*. Princeton, N.J : Princeton University Press.

_____ and J. S. Nye, Jr. 2000. "Globalization : What's New? What's Not? (And So What?)." *Foreign Policy*. 118(Spring) : 104–120.

Lake, David A., and Robert Powell. 1999. "International Relations : A Strategic–Choice Approach." in David A. Lake and Robert Powell, eds. *Strategic Choice and International Relations*. Princeton, N.J : Princeton University Press.

Lipson, Charles. 1993. "International Cooperation in Economic and Security Affairs." in David Baldwin ed. *Neorealism and Neoliberalism : The Contemporary Debate*. NY : Columbia University Press.

Maggi, Giovanni. 1999. "The Role of Multilateral Institutions in International Trade Cooperation." *American Economic Review* 89(1) : 190–214.

Mattli, Walter. 1999. *The Logic of Regional Integration : Europe and Beyond*. Cambridge University Press.

_____ and Anne–Marie Slaughter. 1998. "Revisiting the ECJ." *International Organization* 52 : 1 Winter.

Mansfield, Edward and Helen V. Milner. eds. 1997. *The Political Economy of Regionalism*. Columbia University Press.

_____ and Helen V. Milner. 1999. "The New Wave of Regionalism." *International Organization*. 53(3).

_____, Helen V. Milner, and B. Peter Rosendorff, 2000. "Free to Trade : D emocracies, Autocracies, and International Trade." *American Political Science Review* 94(2) : 305–22.

_____, Helen V. Milner, and B. Peter Rosendorff, 2002. "Why Democracies Cooperate More : Electral Control and International Trade Agreement." *International Organization* 56(Summer).

_____ and Eric Reinhardt. 2003. "Multilateral Determinants of Regionalism : The Effects of GATT/WTO on the Formation of Preferential Trading Arrangements." *International Organization* 57(Fall).

Martin, Lisa L. 2000. *Democratic Commitments : Legislatures and International Cooperation*. Princeton, N.J : Princeton University Press.

_____ and Beth Simmons. 1998. "Theories and Empirical Studies of International Institutions." *International Organization* 52(3) : 729–57.

Mattli, Walter and Anne-Marie Slaughter. 1998. "Revisiting the ECJ." *International Organization* 52 : 1(Winter)

McGillivray, Fiona. 1997. "Party Discipline as a Determinant of the Endogenous Formation of Tariffs." AJPS 41 : 2.

McGlen, Nancy. 1980. "The Impact of Parenthood on Political Participation." *Western Political Quarterly* 33 : 297-313.

Meyer, John W. 2000. "Globalization : Sources and Effects on Nation States and Societies." *International Sociology* 15(June) : 233-248.

Milner, Helen V. 1997. Interests, Institutions, and Information : Domestic Politics and International Relations. Princeton, N.J : Princeton University Press.

_____. 2002. "The State of the State in World Politics." in Katznelson and Milner eds. *Political Science : The State of the Discipline*. American Political Science Association.

_____ and Keiko Kubota. 2005. "Why the Move to Free Trade? Democracy and Trade Policy in the Developing Countries." *International Organization* 59(1) : 107-143.

Mittelman, James H. 2002. "Globalization : An Ascendant Paradigm?" *International Studies Perspectives* 3(February) : 1-14.

Moosley, Layna. 2000. "Room to Move : International Financial Markets and National Welfare States" *International Organization* 54 : (4).

Moravcsik, Andrew, 1997. "Taking Preferences Seriously : A Liberal Theory of International Politics," *International Organization* 52(4).

_____. 1998. *The Choice For Europe : Social Purpose and State Power From Messina to Maastricht*. Ithaca, New York : Cornell University Press.

_____. 1999. "A New Statecraft? Supranational Entrepreneurs and International Cooperation." *International Organization* 53(2) : 267-306.

Morrow, James D. 1999. "The Strategic Setting of Choices : Signaling, Commitment, and Negotiation in International Politics." in David A. Lake and Robert Powell, eds. *Strategic Choices and International Relations*. Princeton, N. J. : Princeton University Press.

Oatley, Thomas and Robert Nabors. 1998. "Redistributive Cooperation : Market

Failure, Wealth Transfers, and the Basle Accord." *International Organization*, 52 : 35–54.

Odell, John S. 2000. *Negotiating the World Economy*. Cornell University Press.

_____. ed. 2006 *Negotiating Trade : Developing Countries in the WTO and NAFTA*. Cambridge University Press.

O'rourke, Kevin H., and Richard Sinnot. 2002. "The Determinants of Individual Trade Policy Preferences : international Survey Evidence." in Susan M. Collins and Dani Rodrik eds, *Brookings Trade Forum* : 2001, Washington, D. C. : Brookings Institution.

Oye, Kenneth A. 1986. *Cooperation Under Anarchy*. Princeton, N.J : Princeton University Press.

Ozden, Caglar, and Eric Reinhardt. 2002. "The Perversity of Preferences : The Generalized System of Preferences and Developing Country Trade Policies, 1976–2000." Working Paper 2955. Washington, D.C. : World Bank.

Palmeter, David and Petros C. Mavroidis. 1999. *Dispute Settlement in the World Trade Organization : Practice and Procedure*. Hague, Kluwer Law International.

Pomfret. Richard. 1997. *The Economics of Regional Trading Arrangements*. New York. Oxford University Press.

Poole, Keith T. and Howard Rosenthal. 1997. *Congress : A Political Economic History of Roll–Call Voting*. New York : Oxford University Press.

Przeworski, Adam, and James Vreeland. 2000. The Effect of IMF Programs on Economic Growth. *Journal of Development Economics* 62(2) : 385–421.

Reinhardt, Eric. 1999. "Adjudication without Enforcement in GATT Disputes." Harvard University Conference on Institutional Design, Dispute Settlement, and International Trade, Cambridge, MA.

Reinhardt, Eric. 2001. "Adjudication without Enforcement in GATT Disputes." *Journal of Conflict Resolution* 45 : 2(April).

Rodrik, Dani. 1997. *Has Globalization Gone Too Far?* Washington, D.C : Institute for International Economics.

_____. 1998a. "The Debate over Globalization : How to Move Forward by Looking Backward?" Harvard University.

_____. 1998b. Why Do More Open Economies Have Bigger Government? *Journal of Political Economy* 106(5) : 997−1033.

Rogowski, Ronald. 1989. *Commerce and Coalitions : How Trade Affects Domestic Political Alignments*, Princeton University Press

Rose, Andrew. 2002a. "Do We Really Know that the WTO Increases Trade?" Working Paper 9273. Cambridge, Mass. : National Bureau of Economic Research.

_____. 2002b. "Do WTO Members Have More Liberal Trade Policy?" Working Paper 9347. Cambridge, Mass. : National Bureau of Economic Research.

Rudra, Nita 2002. "Globalization and the decline of the Welfare State in Less−Developed Countries." *International Organization* 56(2) : 411−445.

Ruggie, John G. 1982. "International Regimes, Transactions, and Change : Embedded Liberalism in the Postwar Economic Order." *International Organization* 36(2) : 195−231.

_____. 1997. "Globalization and the Embedded Liberalism Compromise : The End of an Era?" Working Paper 97/1. Cologne, Germany : Max Planck Institut f§ r Gesellschaftsforschung.

Sachs, Jeffrey and Andrew Warner 1995. "Economic Reform and the Process of Global Integration." Brookings Papers on Economic Activity 1.

Scheve, Kenneth, and Matthew Slaughter. 2001. "What Explains Individual Trade−Policy Preferences?" *Journal of International Economics* 54(2) : 267−92.

Scholte, J. A. 1999. "Globalisation : Prospects for a Paradigm Shift." M. Shaw ed. in *Politics and Globalisation : Knowledge, Ethics and Agency*, London and New York : Routledge.

Simmons, Beth A. 2000. "The Legalization of International Monetary Affairs." *International Organization* 54(3) : 573−602.

Slaughter, Anne−Marie. 1997. "The Real New World Order." *Foreign Affairs* 76(5).

_____. 2000. "Governing the Global Economy through Government Networks." in Michael Byers ed. *The Role of Law in International Politics : Essays in International Relations and International Law*, Oxford University Press.

Smith, James McCall. 2000a. "The Politics of Dispute Settlement Design : Explaining Legalism in Regional Trade Pacts." *International Organization* 54(1): 137−80.

_____. 2000b. "Domestic Politics and WTO DS Reform." A paper presented at the 2000 annual meeting of the American Political Science Association, Washington. D.C. August 31−September 3.

Snidal, Duncan. 1985. "Coordination Versus Prisoner's Dilemma : Implications for International Cooperation and Regimes." *American Political Science Review* 79.

Snidal, Duncan. 1996. "Political Economy and International Institutions." *International Review of Law and Economics* 16 : 121−137.

Stein, Arthur. 1990. *Why Nations Cooperate : Circumstances and Choices in International Relations*. Ithaca, London : Cornell University Press.

Steinberg, Richard H. 2002. "In the Shadow of Law or Power? Consensus−Based Bargaining and Outcomes in the GATT/WTO." *International Organization* 56(2) : 339−374.

Stone, Sweet A. and Thomas L. Brunell. 1998. "Constructing a Supranational Constitution." *American Political Science Review* 92 : 1

Strange. Susan. 1996 *The Retreat of the State : The Diffusion of Power in the World Economy*. Cambridge University Press.

_____. 1997. "The Erosion of the State." *Current History*. 96(613) : 365−69.

Swank, Duane. 2002. *Global Capital, Political Institutions, and Policy Change in Developed Welfare States*. Cambridge, UK : Cambridge University Press.

Vreeland, James. 2003. *The IMF and Economic Development*. Cambridge : Cambridge University Press.

Waltz, Kenneth. N. 1999. "Globalization and Governance." *Political Science & Politics* 23(December) : 693−700.

Williamson, Oliver E. 1989. "Transaction Cost Economics." in R. Schmalensee and R.D. Willig eds. *Handbook of Industrial Organization* Vol. 1. Elsevier Science Publishers B.V.

Weiss, Linda. 1998. *The Myth of the Powerless State : Governing the Economy in a*

Global Era. Polity Press. 박형준 역. 2002. 『국가몰락의 신화 : 세계화 시대의 국가운영』.

06 현대 정치사상의 흐름: 복지국가, 근대성, 자유주의 그리고 그 너머

김비환(성균관대학교)

Ⅰ. 현대 정치사상의 배경과 쟁점들

이 글의 목적은 현대 정치사상의 흐름을 복지국가의 개혁을 둘러싼 논쟁, 정치학 행태주의의 성쇠와 분석적 정치철학의 대두, 근대성에 대한 포스트모더니즘의 도전, 자유주의의 내적 분화와 자유주의에 대한 공동체주의의 도전, 페미니즘의 진화와 세계화의 정치사상적 함의를 중심으로 개관해 보고 현대 정치사상의 가까운 미래를 전망해 보는 것이다. 현대 정치사상에는 이슬람 정치사상이나 구동구권 지역의 정치사상, 아프리카 및 남아메리카의 토착적 정치사상, 실존주의 정치사상, 평화사상, 그리고 녹색사상 등이 다 포함되지만 이 사조들의 보편적 영향력이 상대적으로 낮은 점을 감안하여 논의에서 제외하였다.[1] 이 장에서는 먼저 20세기 정치사상의 배경과 쟁점들을 간단히 개관하고자 한다.

20세기, 특히 그 전반부는 그 어느 때보다도 이데올로기적인 시대였다. 다양한 이데올로기들이 제각각 '정치적인 것'의 의미를 규정

---

[1] 이 사조들을 제외한 이유에는 이 사조들에 대한 필자의 무지도 한몫했다.

했으며, 이상적인 집단적 삶에 대한 비전을 제시함으로써 다중의 지지와 충성을 확보하려고 시도했다. 대부분의 정치적 사유가 정치 이데올로기들이 제공한 인식틀과 용어들을 사용했으며, 역사적인 정치적 실험들 또한 이데올로기적 구조에 입각하여 수행되었다.

하지만 20세기가 '이데올로기 시대'였다고 해서 이데올로기가 정치현실과 대중의 의식 및 태도를 '일방적으로' 결정했다고는 볼 수 없다. 다양한 정치 이데올로기들이 역사적 의미를 갖는 중대 사건들로 인해 형성·변형되고 소멸되기도 했기 때문이다. 보다 순수하고 정통적인 형태로 발생했던 이데올로기들은 크고 작은 현실변화로 인해 스스로를 재구성 또는 변형시켜야 할 필요에 직면했으며, 또 실제로 그런 변형을 겪기도 했다. 그리하여 20세기의 이데올로기들은 수많은 내적 분화를 겪은 동시에 다른 이데올로기들과의 이종접합 또는 타협을 통해 변종들을 양산, 매우 복잡한 이념적 지형도를 형성하게 되었다.

그런데 20세기 중반에 이르러 '이데올로기 시대'는 어느 정도 소강상태에 접어들었다. 제도적으로는 복지국가가 황금시대를 맞이했고, 계급투쟁과 맞물려 있었던 '이데올로기 정치'는 역사의 수면 아래로 가라앉은 듯했다. 정치학 분야에서는 행태주의가 흥기하면서 정치철학은 '이데올로기 시대'의 종언과 함께 사라져야 할 반과학인 형이상학적 허구로 치부되기에 이르렀다.[2] 명료한 개념규정과 엄밀한

2 하지만 정치철학적 연구방법은 소수의 뛰어난 학자들에 의해 계속 수행되고 있었다. 레오 스트라우스(Leo Strauss), 뵈겔린(Eric Voeglin), 아렌트(H. Arendt), 주브넬(B. de Jouvenel), 마르쿠제(H. Marcuse) 등이 그 대표적 인물들이었는데, 이들은 양차 대전 사이와 제2차 세계대전 이후 유럽에서 미국으로 이주했던 학자들로서 대체로 비자

논리의 추구를 통해 행태주의 정치학을 보조하면서 명맥을 유지할 수 있을 뿐이라는 지적은 그나마도 다행스런 주장이었다.[3]

하지만 복지국가의 안정적 정착과 정치학 행태주의의 흥기와 맞물린 '이데올로기 시대의 종언'은 오래 가지 않았다. 1960년대부터 시작된 복지국가의 위기와 '민주주의적 정당성'의 위기, 그리고 다양한 신좌파적 사회운동과 민권운동 및 반전운동의 연쇄적 분출은 역설적으로 복지국가의 성숙과 정치학 행태주의의 성공이 경제성장과 냉전에 바탕을 둔 서구사회 내부의 '일시적' 타협과 안정에 달려 있었다는 사실을 확인시켜 주었다. 복지국가의 성장과 행태주의의 성공에 기여한 사회정치적 조건이 붕괴되기 시작하자 복지국가의 개혁을 둘러싼 좌/우의 논쟁이 다시 불붙기 시작했으며, 한때 비난의 대상으로서든 지지의 대상으로서든 모든 정치학자들의 관심을 집중시켰던 행태주의의 중심성에도 균열이 일기 시작했다.

먼저 정치학 행태주의와 관련, 행태주의를 주도했던 이스튼(D. Easton) 자신에 의한 '정치학의 새로운 혁명' 선언은 행태주의의 후퇴를 가속시켰고,[4] 1970년대에 라틴아메리카에서 발원한 "자아준거적",

---

유주의적이거나 반자유주의적인 입장을 취하고 있었다. 이들은 행태주의가 위세를 떨치고 있었던 와중에 행태주의 정치학의 한계를 비판하면서 정치철학 분야에서 적지 않은 제자들을 배출해냈다. 행태주의 혁명 시기 정치철학의 상황에 대해서는 다음을 볼 것. I. Berlin, "Does Political Theory Still Exist", in P. Laslett & W. G. Runciman (eds.), *Philosophy, Politics and Society*, 2nd series(Oxford : Blackwell, 1964), 1−33 ; D. Germino, "The Revival of Political Theory", *Journal of Politics* 25(1963), 437−60.

3 M. Macdonald, "The Language of Political Theory", in A. Flew(ed.) *Logic and Language*, 1st series(Oxford : Oxford University Press, 1951) ; T. Weldon, *The Vocabulary of Politics*(Harmonsworth : Penguin Books, 1953).

4 D. Easton, "The New Revolution in Political Science", *The American Political Science Review*, vol. 68, no. 4(1969).

"저발전의 발전"(A. Frank)이론은 서구적 발전이론의 유럽중심주의와 문화적 억압성을 폭로함으로써 행태주의적 비교정치학의 가치중립성에 대한 비판의 신호탄이 되었다.[5] 영미에서 1970년대 들어 롤스(J. Rawls)의 『정의론』을 필두로 하여 쏟아지기 시작한 정치철학적 역작들은 일면에 있어 당대의 정치 · 사회적 위기들에 수수방관했던 행태주의의 적실성에 대한 근본적인 회의를 반영한 것으로 이해할 수도 있다.

하지만 정치학 행태주의는 정치철학에 순전히 부정적인 영향만을 미친 것은 아니었다. 정치학 행태주의 단계를 거치면서 정치철학은 개념적 명료성과 논리적 엄밀성을 훨씬 더 의식적으로 추구할 수 있게 되었기 때문이다. 개념적 명료성과 논리적 엄밀성은 행태주의 혁명 이후 정치철학자들의 공통적인 관심사가 되어 정치철학의 규범적 성격과 결합, 이른바 '분석적' 정치철학이라는 하나의 뚜렷한 학문적 경향을 형성하게 되었다.

20세기 중반 이후 물줄기를 형성하기 시작하여 1970년대에 들어서면서부터 현대 정치철학의 대세로 자리잡게 된 분석적 정치철학은 20세기 전반기의 이데올로기적 정치이론들과는 근본적인 차이가 있다. 분석적 정치철학은 특수한 사회계급과 분파의 목표를 추구하거나 사회의 권력관계를 해부하는 이데올로기적 정치 이해와 달리, 자유롭고 합리적이며 책임감 있는 시민의 관점에서 일반원칙들(general principles)을 수립하여 그로부터 실천적 권고사항들을 도출해내는 방

5 이에 대한 자세한 논의로는 다음을 볼 것. 김비환, 『포스트모던 시대의 정치와 문화』(박영사, 2005), 1장.

식을 취한다. 따라서 그것은 시민들로 하여금 현실적인 정치문제들에 대해 더 분명하고 일관되게 사고할 수 있도록 돕는 것일 뿐, 특정한 계급의 이익을 대변하거나 옹호할 목적을 갖는 것은 아니다.[6]

전체적으로 볼 때, 분석적 정치철학은 자유주의적인 성격이 두드러지지만 내부적으로 다양한 정치적 입장들로 분화되어 있다.[7] 자본주의 시장을 강력히 옹호하는 자유지상주의를 한 극단으로 하고 계획경제에 입각한 평등주의적 사회주의를 또 다른 극단으로 할 정도로 폭넓은 스펙트럼을 형성하고 있다. 때문에 변증법을 포기하고 비마르크스주의적 경제학과 철학으로부터 분석방법을 원용하여 마르크스주의를 재구성한 '분석적 마르크스주의'가 포함되어 있는가 하면(Elster ; Roemer), 자본주의적 최소국가론자들과 무정부주의자들 그리고 공공선택이론가들까지도 포함하고 있다(R. Nozick ; J. Hospers ; M. Rothbard ; J. Buchanan & G. Tullock).[8]

정치학 행태주의의 흥기와 퇴조라는 학문 내적인 상황과는 별도로 복지국가의 위기와 후퇴는 20세기 후반 정치철학의 가장 중요한 이론적 · 현실적 배경을 제공했다. 복지국가 체제는 윤리학적으로는 주로 공리주의에 입각해 있었으며,[9] 이데올로기적으로는 사회주의적 평등주의와 자유주의적 개인주의의 화해로 간주되었고, 계급적으로는

---

6 D. Miller & R. Dagger, "Utilitarianism and beyond : contemporary analytical political theory", in T. Ball and R. Bellamy(eds.), *Twentieth-Century Political Thought*(Cambridge : Cambridge University Press), 446-69 : 448.

7 Miller & Dagger, 위의 글, 448.

8 Miller & Dagger, 위의 책, 449.

9 Miller & Dagger, 위의 책, 451.

자본가계급과 노동계급 간 타협의 산물, 혹은 사회적 동요에 대한 정치인들과 공무원들의 공포 및 야심찬 의도에 의해 추진된 것으로 이해되곤 한다.[10] 그리고 제1차 세계대전을 겪은 이후 부국강병을 도모하기 위해 시민들의 충성을 확보할 필요가 있었기 때문에 추진된 측면도 있었다. 복지국가의 이와 같은 복합적 성격은 복지국가가 서서히 위기에 처하기 시작하자 복지국가를 이루고 있던 다양한 구성원리들을 지지하는 입장들과 반대하는 입장들 사이의 논쟁을 자극한 요인으로 작용했다.

장기적으로 볼 때 복지국가의 위기와 후퇴는 신좌익보다는 자유시장경제와 작은 정부를 선호한 신우익세력에게 더 유리한 배경을 제공했다. 복지국가의 위기는 1973년과 1974년의 오일쇼크로 인한 전 세계적인 경제침체와 맞물리면서 신우익세력이 대두하게 된 중요한 계기가 되었으며, 세계경제의 신자유주의화 추세를 자극한 제도적·현실적 배경이 되었다. 신우익의 흥기는 닉슨의 핑퐁외교로 상징화되는 냉전의 후퇴와 중첩되면서 자유주의 사회 내부의 모순을 자극시킨 동시에 현대 정치철학, 특히 자유주의 정치철학의 내적 분화도 가속시켰다.

복지국가를 뒷받침했던 공리주의 공공철학 역시 20세기 후반기 정치철학의 진화에 심대한 영향을 미친 요소였다. 공리주의는 1970년대에 진입하면서 일단의 칸트적 자유주의자들로부터 심도 있는 비판에 직면하게 되었는바, 공리주의자들과 비판자들 사이의 논쟁은 20세기 후반 영미 정치철학의 중요한 한 축을 이루었다.

---

10 A. Giddens, *Beyond Left and Right*(Cambridge : Polity Press, 1994), 136.

복지국가와 정치학 행태주의의 성쇠 외에도 20세기 후반 정치철학의 전개에 큰 영향을 미친 요인으로는 니체와 하이데거의 철학에 영향을 받은 포스트모더니즘의 대두, 냉전의 대두와 종식, 아리스토텔레스와 헤겔의 영향을 받은 공동체주의의 도전 그리고 세계화 현상을 들 수 있다. 포스트모더니즘은 근대적 인식체계와 합리성, 곧 근대성 자체를 문제시함으로써 자유민주주의 정치원리의 정당성에 의문을 제기했으며, 냉전체제의 확립은 전체주의에 대한 정치철학적 대응을 야기했고(H. Arendt ; C. Friedrich ; Z. Brezezinski), 냉전체제의 해체는 자유주의 진영의 내적 분화 또는 분열을 촉진했으며, 공동체주의는 근대사회의 지배적인 가치관으로 군림해 온 자유주의에 의미심장한 도전을 제기했다. 그리고 세계화는 그동안 전혀 문제시되지 않았던 정치학의 전통적인 범주와 개념들에 근본적인 수정을 가해야 할 필요성을 부각시킨 동시에, 한때 포스트모더니즘의 도전으로 위태롭게 되었던 근대성의 지위를 다시 회복시킬 수 있는 계기를 제공했다. 그리고 페미니즘은 19세기 후반부터 지속적으로 서구 정치철학 내의 한 가지 테마를 형성해 오다가 1980년대부터는 새로운 변화를 맞이하게 되는데, 기존의 정치이론들을 비판하면서도 그로부터 많은 자원을 흡수, 현대 정치철학의 주요 테마로 자리잡게 되었다.

Ⅱ. 복지국가의 개혁과 신우익의 대두

주지하듯이 1960년대부터 1970년대까지는 복지국가의 개혁을 둘러싼 논쟁이 본격적으로 전개되었다. 신좌파로 불리는 일단의 정치세력들은 서유럽의 중앙집권적 복지국가와 동유럽의 국가사회주의는 둘 다 심대한 결함이 있다고 비판하면서 다중의 정치참여가 실현될 수 있는 새로운 민주정치 형태를 추구하기 시작했다. 신좌익세력은 중앙정부의 권력과 활동을 확대함으로써 빈곤과 착취를 폐지하려 했던 전통적인 좌익에 반대했기 때문에 "반과료주의적 좌파", "반국가주의적 좌파", "반관료주의적 급진파", "분권주의적 사회주의자" 혹은 "참여민주주의자" 등으로 불리게 되었다.[11]

신좌파에 의해 주도된 참여민주주의 운동은 사상적으로는 아리스토텔레스와 루소 및 코올(G. D. H. Cole), 그리고 부분적으로는 마르크스주의적 문제의식을 복구·결합시킨 형태로 나타났다. 신좌파는 복지국가 체제에서 일반시민들은 자신의 삶에 중요한 영향을 미치는 정책들을 결정하는 데 전혀 발언권과 결정권을 갖지 못했다고 지적하면서 대의민주주의의 형식성을 비판했다. 유럽 각국은 언론과 출판의 자유, 의회, 자유선거 제도를 갖추고 있었음에도 불구하고 소수만이 정책결정권을 행사했기 때문에 중앙집권적인 관료적 복

---

11 D. Kramer, *Participatory Democracy : Developing Ideas of the Political Left*(Cambridge, MA : Schenkman Publishing Company, 1972), 15.

지국가로 전락했다는 것이다. 그들은 이런 체제 대신에 정책결정과 입법과정에서 일반시민들이 제 목소리를 낼 수 있는 '진정한' 민주주의 형태를 선호했다.

이들 중 보다 진보적인 세력은 권력을 중앙정부에서 하위단위로 이양해야 한다고 주장하는 데 그치지 않고 기업경영 권력까지도 소유주와 경영자들로부터 근로자들과 소비자들에게 이양해야 한다고 주장했다. 이른바 "산업민주주의(industrial democracy)" 혹은 "일터민주주의(workplace democracy)"로 개념화된 이 흐름은 몇몇 탁월한 이론가들의 체계화 과정을 통해 전통적인 대의민주주의를 보완 또는 대체할 수 있는 유력한 대안으로 급부상했다. 이들이 발전시킨 참여민주주의 이론은 이웃공동체의 자치나 지역분권주의와 같은 맥락에서도 적용될 수 있었지만, 일차적으로는 산업과 직장의 정책결정 과정에서 지향해야 할 목표로 강조되었다.

맥퍼슨(C. B. Macpherson), 페이트만(C. Pateman), 달(R. Dahl)과 같은 1960년대와 1970년대의 참여민주주의 이론가들은 직장, 학교, 행정, 환경 등 다양한 삶의 영역에서 표출되고 있었던 집단적 불만과 소외감의 해소기제로서 '참여'에 주목하는 한편, '참여'를 주로 '선거에서의 투표'로 국한시켜 이해했던 당시의 다원주의적 · 엘리트주의적 민주주의 이론에 중대한 도전을 가하기 시작했다.[12]

맥퍼슨은 선거과정을 통해 집단들 간의 균형을 잡는 "균형민주주의(equilibrium democracy)"를 "과점적 시장(oligopolistic market)"에 비유하

12 이들 중 달은 다원주의자로 출발했지만 1970년대에 접어들면서 다원주의를 비판하고 산업에서의 참여민주주의를 옹호하게 된다.

면서 "균형민주주의"에서의 "정치적 재화에 대한 수요는 주로 공급자들(엘리트)에 의해 결정된다"고 비판했다.[13] 그리고 한때 다원주의를 표방했던 달은 1982년의 『다원주의적 민주주의의 딜레마 : 자율성 대통제』에서 다원주의자들이 정치영역 바깥의 불평등을 쉽게 간과해 버릴 뿐만 아니라, 이런 불평등들을 집단들 사이의 권력투쟁의 불가피한 특징으로 간주해 버리는 경향이 있다고 비판했다. 나아가서 그는 다원주의적 접근은 민주주의를 정치권력 장악을 위한 엘리트들 간의 경쟁으로 파악함으로써 대의(代議)와 참여의 원리를 기껏해야 엘리트 선출을 위한 도구로, 나아가서는 참여를 사회적 안정을 위협하는 요소로 간주했다고 비판했다.

맥퍼슨과 페이트만과 같은 참여민주주의 이론가들은 자유주의적 대의민주주의의 결함과 한계를 극복할 수 있는 실천적 가능성을 1960년대의 참여의 폭발 속에서 확인했는바, 참여민주주의 이론에 대한 그들의 관심은 그런 실천적 동력을 안내할 수 있는 이론적 틀이 필요하다는 인식에서부터 발전했다고 볼 수 있다. 그리고 참여민주주의 이론의 정립을 위해서는 당시의 주류 이론을 극복할 필요가 있었기 때문에 자유주의적 대의민주주의에 대한 비판은 참여민주주의 이론의 중요한 일부가 되었다.

참여민주주의론은 고전적 공화주의 사상으로부터 자양분을 빨아들이는 한편, 현대인들의 도덕능력과 사회적 권력관계를 반영하며 더 현실적이고 세련된 참여민주주의 사상을 정립해 나갔다. 바하라

---

13 C. B. Macpherson, *The Life and Times of Liberal Democracy*(Oxford : Oxford University Press, 1977), 89–92.

하(P. Bachrach)와 보츠위닉(A. Botwinick)은 페이트만, 바버(B. Barber), 그린버그(E. Greenberg) 등의 참여이론들을 비판하면서 보다 참여민주주의적인 사회로의 변동을 위해 사회의 권력관계에 주목할 것을 역설하고 계급투쟁을 체제변동의 동력으로 삼을 것을 제안했다.[14] 실질적인 권력불평등을 문제시하지 않는 채 참여민주주의 사회의 이상적 특징만을 강조하는 것은 유토피안적인 도피일 뿐이라는 이유에서였다.

그리고 굴드(C. Gould)는 이전까지의 참여민주주의 이론과 정치이론들을 종합적으로 검토·비판하면서 참여민주주의의 굳건한 존재론적 기초를 확립하고 사회의 모든 영역을 참여적 민주주의 체제로 전화시킬 것을 주장한다.[15] 그는 자유와 평등 개념을 보다 '적극적인 의미'로 재구성함으로써 민주주의를 정치적 영역을 넘어 사회경제적 영역에까지 적용될 수 있는 원리로 삼아야 한다고 주장한다.

하지만 참여민주주의 이론이 공허한 유토피아 이론이 아닌 실현 가능한 대안이 되기 위해서는 다음과 같은 몇 가지 과제가 남아 있다.[16] 첫째, 참여민주주의가 목표로 추구하는 '자기 발전(self-development)'의 구체적 내용을 명확히 제시해서 검증을 받아야 한다. 둘째, 민주주의 사회의 시민들은 정치적으로 수동적일 뿐만 아니라 공적인 문제들에 대해 그다지 관심이 없다는 경험적 연구들의 지적을 실질

---

14 P. Bachrach & A. Botwinick, *Power and Empowerment : A Radical Theory of Participatory Democracy*(Philadelphia : Temple University Press, 1992).

15 C. Gould, *Rethinking Democracy : Freedom and Social Cooperation in Politics, Economy and Society*(Cambridge : Cambridge University Press, 1989),

16 이에 대해서는 필자의 앞의 책 7장 "참여민주주의 정치이론"을 참조할 것.

적으로 극복할 수 있는 방안을 찾아야 한다. 셋째, 참여의 성격은 결국 참여가 이루어지는 문화적 맥락에 의해 조건지어지기 때문에 자본주의적이며 경쟁적인 문화 속에서 공동선을 지향한 참여가 이루어지기 어렵다는 비판을 극복해야 한다. 넷째, 참여민주주의적인 결사체들—기업, 지역사회 등의 기초단체 등—이 자기 집단 중심적이 될 가능성이 있다는 비판을 극복해야 한다. 그리고 마지막으로는 참여는 쌍방향의 영향력 행사를 포함하는바, 오히려 상층부의 의도를 하층집단에 전달하거나 관철시키는 수단이 될 수 있다는 우려를 불식시킬 수 있어야 한다.

참여민주주의 사상과 연관된 또 하나의 중요한 사상적 조류는 공화주의 전통의 부활이다. 공화주의 정치사상은 고대 그리스와 로마의 공화주의 정치사상(Aristotle ; Cicero), 르네상스와 근대 초의 마키아벨리와 해링턴(J. Harrington), 루소, 월스톤크라프트(M. Wollstonecraft), 매디슨(J. Madison)을 거쳐 오늘에 이르고 있는바, 자유주의 정치를 보완하거나 대체할 수 있는 정치전통으로서 적지 않은 학자들로부터 큰 관심을 받고 있다.[17] 공화주의 전통은 오늘날 아렌트(H. Arendt), 테일러(C. Taylor), 샌들(M. Sandel), 스키너(Q. Skinner), 페팃(P. Pettit) 등과 같은 학자들에 의해 계승·재구성됨으로써 개인의 권리와 프라이버시를 강조하는 자유주의 정치를 좀더 '공적인 것'과 '공동선'을 중심으로 한 참여정치로 개선하는 데 활용되고 있다.

오늘날 부활한 공화주의 정치전통은 부분적으로는 자유주의와 대

---

17 공화주의 전통의 형성과 주요 개념에 대한 개관으로는 다음을 볼 것. I. Honohan, *Civic Republicanism*(London : Routledge, 2002).

립각을 세우고 있는 공동체주의 실천철학과 중첩된다. 하지만 공동체주의와 공화주의의 문제의식 사이에는 적지 않은 차이가 있다. 공동체주의는 공동체의 문화적 동질성이나 다수문화의 통합성을 보호하는 데 역점을 두고 있다. 다시 말해 공동체의 지배적인 가치체계에 입각하여 사회를 통합시키고 보존하는 것이 주된 목적이다. 다수문화가 공존하고 있는 다원주의 사회 속에서 공동체주의적인 정치의 실현방식은 뜨거운 논란의 대상이 되고 있다. 하지만 국가적 차원의 공동선 정치보다는 지방분권적인 소규모의 지역적 공동선 정치가 더 공동체주의에 부합하는 것같아 보인다. 그러므로 국가적 수준에서 공동체주의적 공동선 정치를 논할 경우, 그것은 지배문화의 가치체계에 입각한 온정주의적 정치형태를 취할 가능성이 있다고 비판되기도 한다.

공동체주의와 달리 공화주의는 문화적 일체성이나 통합보다는 국가와 그 법률에 대한 지지와 헌신 및 참여주의적 공공정신을 강조한다. 하지만 문화적인 일체감이 없이 국가에 대한 헌신과 충성이 어느 정도 깊이가 있을지는 의문으로 남아 있다. 문화적인 깊이를 결여한 채 국가에 대한 헌신과 충성만을 갖춘 덕스러운 민주시민의 참여에 의해 작동하는 공화주의 정치는 민주주의 형태를 취할 수 있다. 하지만 문화와 인간의 삶은 분리되기 어렵다는 기본 사실을 생각해 볼 때, 비문화적·애국적 참여를 통해 집약되는 다수의사는 (암묵적으로) 소수문화에 대한 억압과 착취를 정당화할 수 있기 때문에 현대 사회의 문화적 다양성을 억압할 수 있는 가능성을 열어놓고 있다. 그러므로 애국주의와 문화적 다양성을 동시에 실현할 수 있는 가능성을 찾는 것이 현대 공화주의의 중요한 과제라고 할 수 있다.

공화주의는 법이론적 분야에서도 자유주의와 대립하는 동시에 보완적인 관계에 있다. 자유주의는 개인 권리의 절대성을 강조하는 경향이 있지만 권리의 기원이나 원천에 대해서는 비교적 무관심하다. 따라서 권리의 정당성에 관한 문제를 남겨두고 있다. 반면에 공화주의는 권리의 기원과 원천을 잘 밝혀주고 있다. 인민의 참여와 심의 그리고 합의를 통해 권리가 생성되고 퇴출되는 과정을 설명해 주는 장점이 있다. 권리의 기원과 성격에 관하여 자유주의와 공화주의가 이처럼 대립관계에 있다. 하지만 이 두 가지를 결합할 경우 민주적 자치와 자유주의적 법치는 이상적으로 통합될 수 있는 여지가 있다. 그러므로 현대 공화주의 사상의 또 한 가지 과제는 다원주의적 배경하에서 자유주의와의 통합을 시도해 보는 것이다.

복지국가의 개혁과 관련, 복지국가를 뒷받침했던 공리주의 공공철학에 대한 비판은 1970년대 이후 (정치)철학계의 한 가지 주요 테마를 이룬다. 주지하듯이 19세기 초반 벤담과 제임스 밀을 중심으로 한 철학적 급진주의자들은 좋은 통치와 정책은 그 영향을 받는 모든 사람들의 집합적 행복을 극대화시켜 주는 것이라고 주장하는 공리주의를 표방했다. 영국에서 1830년대부터 시작하여 1870년대까지 계속된 일련의 법제개혁과 경제정책의 변화는 공리주의 철학을 적용한 결과였다. 공리주의는 19세기 말 헤겔 철학의 세례를 받은 영국의 관념론적 사상가들이 대학에서 큰 영향력을 행사하게 되면서 일시 위축되었다.[18] 하지만 20세기에 들어서는 제2차 세계대전 이후까지도 후생 경제학자들과 도덕철학자들 사이에서 각광을 받았다.[19] 예컨대,

18 대표적인 관념론 철학자들로는 F. H. Bradley와 T. H. Green을 들 수 있다.

도덕철학자 헤어(R. Hare)는 도덕판단을 보편적인 규범에 따른 판단으로 규정하고, 보편규범은 모든 사람들의 선호를 동등하게 고려하는 동시에 극대 충족을 촉구한다는 공리주의를 표방했다. 심지어 지금은 반공리주의자로 잘 알려진 롤스마저도 1950년대까지는 일종의 규칙-공리주의(rule-utilitarianism)를 지지했다.[20]

하지만 공리주의는 1970년대에 들어서면서 집중적인 비판의 대상으로 변했다. 특히 자유주의 정치철학에서 공리주의적 결과주의(consequentialism)와 칸트주의적 의무론(Kantian deontology)의 대립은 자유주의의 새로운 패러다임 형성에 기여한 중요한 계기를 제공했다. 공리주의에 대한 칸트주의 자유주의자들의 비판은 당시에 진행되고 있었던 자유주의의 분화와 맞물린 결과 두 가지 유형으로 분리되었다. 그 한 가지는 공리주의는 거부하지만 복지국가는 지지하는 자유주의자들의 비판이었고, 다른 한 가지는 공리주의와 복지국가 모두를 거부하는 자유지상주의자들의 비판이었다.

『정의론』(1971)에서 개진된 롤스의 자유주의는 첫째 유형에 속하는 가장 영향력 있는 이론이었던 반면, 노직(R. Nozick)의 『아나키, 국가 그리고 유토피아』(1974)는 둘째 유형에 속하는 가장 인상적인 이론이었다. 이들은 둘 다 칸트주의 도덕철학에 입각하여 공리주의와의 대결을 시도하는 한편으로 의무론적(권리중심적) 자유주의를 정립했다. 법철학적 분야에서는 드워킨(R. Dworkin)의 권리중심적 법철학이 롤스에 비견될 수 있는 중요한 업적으로서, 그의 시도는 롤스,

---

19 Miller & Dagger, 앞의 글, 450.

20 Miller & Dagger, 위의 글, 450.

노직과 같이 인간의 합리성과 도덕적 평등을 강조한 칸트주의 도덕철학의 입장에서 그동안의 주류 법이론들이었던 실증주의와 공리주의를 비판하는 데서 출발했다.

자유주의 정치철학에서 공리주의적 결과주의와 칸트주의적 의무론의 대립은 자유주의의 새로운 패러다임 형성에 기여한 중요한 계기를 제공했다. 공리주의는 모든 개인들의 선호를 동등하게 취급한다는 점에서 평등주의적이었지만, 최대다수의 최대행복(효용)을 극대화하는 과정에서 개인들의 고유성을 무시하고 소수의 권익을 유린할 위험성을 내포하고 있었다. 따라서 그것은 개인의 도덕적 존엄성과 평등성을 충분히 보호해 줄 수 없는 한계가 있었다. 그러므로 롤스, 노직 그리고 드워킨과 같은 칸트주의 자유주의자들은 공동체 전체의 편익을 위한다는 명목으로도 결코 침해돼서는 안 될 개인의 기본권을 보호할 수 있는 자유주의, 곧 의무론적 자유주의를 재구성했다. 그 자유주의는 개인의 합리성과 자유 그리고 평등한 존엄성의 보호를 사회구성을 위한 기본적인 상호 의무로 천명한 자유주의를 의미한다.

한편, 복지국가의 위기는 1973년부터 4년에 걸쳐 진행된 오일쇼크에 의해 더욱 심화됨으로써 자유시장경제와 작은 정부를 옹호하는 신우익사상의 대두와 확산을 자극했다. 신우익은 자유시장경제와 작은 정부를 지지한다는 공통성을 제외하고는 서로 이질적인 철학적·윤리학적·방법론적 입장을 견지하는 다양한 사조들의 느슨한 집합이었다. 신우익사상의 내부에는 시카고 경제학파, 오스트리아 경제학파, 버지니아 공공선택학파를 비롯하여 노직, 랜드, 호스퍼스와 같은 자유지상주의자들과 무정부주의적 자본주의(anarchro-capitalism)를 옹호한 로쓰바드(M. Rothbard)와 같은 인물들도 포함되었다.[21] 때문에 인식론적으로나 윤리학적으로 도저히 융합될 수 없는 다양한 입장들이 시장경제와 작은 정부를 지지한다는 공통분모 때문에 신우익사상으로 분류되었다. 인식론적으로는 실증주의적인 경향과 직관적 · 성찰적인 경향이 공존했으며, 윤리학적으로 공리주의적 결과주의와 칸트주의적 의무론이 뒤섞여 있었다. 그러므로 제도적인 수준에서는 비슷한 목표를 추구했지만 그 제도들을 정당화하는 논리는 결코 융합될 수 없을 정도로 천차만별이었다.

신자유주의를 구현한 대처리즘과 신보수주의를 구현한 레이거노믹스는 신우익의 두 기둥으로서 1970년대 말과 1980년대 초부터 서구사회의 정치 · 경제 · 행정개혁을 위한 모델로 부상했다. 이로부터 세계경제는 신자유주의화라는 강력한 추세를 타기 시작했으며, 이를 통해 신우익의 자유주의 사상은 롤스와 드워킨 등의 평등주의적 복지자유주의에 더욱 예리한 대립각을 세운 현대 자유주의의 강력한 한 가지 흐름으로 굳어지게 되었다.[22]

---

21 신우익의 자유주의 사상에 대해서는 다음을 참조할 것. 김비환, 『자유지상주의자들, 자유주의자들 그리고 민주주주의자들』(성균관대학교 출판부 2005), 1부 4장.

22 현대 자유주의의 내적 분화에 관해서는 김비환의 위의 책을 제1부를 참조할 것.

Ⅲ. 근대성을 넘어 : 포스트모더니즘

서구에서 1960년대와 1970년대는 혼돈의 시기였다. 주지하듯이 이 시기는 복지국가의 위기가 구체화되기 시작하고 환경, 반전, 평화, 민권운동 등 사회·정치적 동요가 노골화되고 있었던 때였다. 정치학적으로는 행태주의의 거센 바람이 지나간 이후 다양한 정치학적 경향들이 새롭게 출현하던 때였으며,[23] 약 100년간 서구의 공식적인 공공철학으로 군림했던 공리주의의 패권이 무너지기 시작했던 때였다. 그리고 자유시장경제로의 복귀와 작은 정부를 주장하는 신우익이 부상하기 시작하면서 자유주의 사회와 자유주의 이론 전통 내에서 분화가 가속화되기 시작한 때였다.

포스트모더니즘과 공동체주의는 이런 시대적 전환의 특징들에 가세하여 정치사상의 이념지형을 더욱 복잡다단하게 만든 동시에 현대 정치사상을 더욱 풍부히 만든 의미심장한 물결이었다. 이 새로운 사조들에 의해 그동안 자기 만족적이며 무반성적으로 존재해 왔던 근

---

23 행태주의 혁명이 일단락된 이후 정치학 내의 다양한 흐름들에 대해서는 다음을 참고할 것. J. Farr, J. Dryzek & S. Leonard, "Introduction", in J. Farr, J. Dryzek & S. Leonard(eds.), *Political Science in History*(Cambridge : Cambridge University Press, 1995), 1-18 ; D. Ricci, *The Tragedy of Political Science : Politics, Scholarship, and Democracy*(New Haven, CT : Yale University Press, 1984) ; R. Seidelman & E. Harpham, *Disenchanted Realists : Political Science and the American Crisis 1884-1984*(Albany : State University of New York Press, 1985) ; W. Riker, *Political Choice and Rational Choice*(In Alt and Shepsle, 1990), 163-81.

대적 사조들은 자의 반 타의 반으로 근본적인 자기 성찰에 돌입하게 되었다. 포스트모더니즘과 공동체주의가 근대성에 내재된 자기 성찰성의 발로인가 아니면 근본적으로 새로운 반근대적이거나 탈근대적인 사유방식의 표현인가에 대해서는 논란이 있을 수 있다. 하지만 이 두 물결들은 근대적 인식체계와 그 제도적 구현체인 근대사회의 근본토대를 비판하거나 해체시키려 함으로써 현대 정치사상 내에서 가장 급진적이며 일탈적인 위치를 점유, 20세기 후반 현대 정치사상에서 가장 주목할 만한 위치를 차지하게 되었다.

포스트모더니즘은 특히 1800년대 말과 1900년대 초반의 유럽철학에 심대한 영향을 미친 두 명의 철학적 거인들인 니체와 하이데거에 깊은 영향을 받았다. 이 두 거인들의 관계는 지극히 난해한 문제이다. 하지만 이들이 모두 서구의 근대성을 서구역사의 정점 혹은 전환점으로 파악했다는 것에는 별다른 이견이 없다.[24] 그들은 근대적 의식과 사회생활 형태들은 궁극적으로 정당성이 없고, 따라서 스스로를 안정화시킬 수 없다는 믿음을 공유했다. 이들에 의하면 근대는 해결할 수 없는 위기의 시기이자 새로운 역사의 새벽녘으로서 인간과 세계의 관계가 새롭게 변형된, 말하자면 전혀 새로운 경험양식이 출현하기 시작한 시기, 한 마디로 근대성을 '넘어서는' 과도기이다.[25]

니체는 특히 서구의 문화와 문명이 애초부터 초월적 실재(transcen-

---

24 P. Dew, "Postmodernism : pathologies of modernity from Nietzsche to the post-structuralists", in T. Ball and R. Bellamy(eds.), 앞의 책, 343-67 : 346.

25 P. Dew, 위의 글, 346.

dental reality), 곧 초시간적 · 보편적 진리의 존재를 가정함으로써 불구화되었다고 진단한다. 이런 초월적 진리에 대한 신념은 어떠한 편견도 없이 그 진리에 접근할 수 있는 순수한 인식주체와 그 주체에 의해 알려지는 대상이 존재한다는 이분법적 인식관계를 전제한다. 니체는 인식과 행위의 '주체'라는 관념은 인간의 행위를 유발하는 감정, 이익, 충동과 같은 또 다른 (서로 갈등하는) 요소들을 가려버림으로써 인간 실존을 구성하는 정신적인 것과 육체적인 것의 복잡한 상호 얽힘을 (인식주체와 대상의 관계로) 추상화시켜 버렸다고 비판한다. 그 관념은 유동적이고 다양한 현상세계의 배후에 (인식되어야 할) 궁극적인 진리의 세계가 있다는 아이디어와 직결되어 있다.

듀(P. Dew)에 의하면, 니체 사상의 힘은 그의 자연주의적이고 반이원주의적인 세계관에 있다기보다는 그의 계보학적인 방법, 곧 주체(성)를 형성하는 기저적 권력투쟁에 집중함으로써 플라톤/기독교 전통의 "금욕적 이상들" 속에 구축되어 들어간 자기 파괴적인 동력—곧, 세계초월적 진리의 관념—을 들춰내는 데 있다.[26] 니체에 의하면 객관적인 과학지식과 세속주의라는 근대적 관념들은 결국 서구의 '자기 부정적인', '진리에의 의지(will-to-truth)'의 한 가지 표현에 지나지 않는다.

실존적 재앙인 세속주의에 직면하여 니체는 '권력에의 의지(will-to-power)'를 통한 창조적 자기 초극—가치와 의미의 창조—을 해결책으로 제시한다. 하지만 대다수의 근대인들은 그럴 능력이 없기 때문에 허무주의(nihilism) 상태에서 무기력한 삶을 산다. 그들은 더 이

---

26 P. Dew, 위의 글, 437.

상 전승된 가치들을 믿지도 않고 새로운 가치들을 창조할 능력도 없다. 따라서 니체는 자유민주주의의 이념들은 단순히 군집정신(herd-mentality), 곧 자기 부정적인 플라톤/기독교 가치들을 다른 식으로 표현한 것에 지나지 않는다고 본다.

이와 같은 위기에 대한 니체의 최종적인 대답은 영겁회귀(perpetual, cyclical becoming)의 세계를 후회와 두려움 없이 긍정하라는 촉구이다. 근대 서구사회의 위기에 대한 이와 같은 니체의 대응책이 어떤 제도적 형태로 구체화될 수 있는지는 지극히 불분명하다. 그럼에도 불구하고 서구의 형이상학적 진리관념에 대한 그의 비판은 상대주의와 관점주의(perspectivism)를 확산시켰으며, 의식세계의 이면에 대한 그의 예리한 통찰은 주체에 대한 포스트모던적 의혹의 모델이 되었고, "동일자의 영겁회귀(eternal return of the same)" 교리는 목적론적 역사관에 대한 교정책이 되었으며, 그의 실험적이고 묵시록적인 스타일은 포스트모더니즘의 지적 스타일에 중대한 영향을 미쳤다.[27]

하이데거 역시 서구의 형이상학적 전통이 소진되었다는 니체의 평가를 공유했으며, 근대문화의 위기는 오직 새로운 근본적 시작을 통해서만 해결될 수 있다고 보았다.[28] 하이데거는 철학이 현재의 당면한 긴급문제에 대처해야 한다고 믿었지만 이제까지의 근대철학으로서는 그렇게 할 수 없다고 확신했다. 그가 필요하다고 생각했던 것은 우리가 출발한 곳을 넘어서서 이제까지 은폐되어 온(covering up) 철학의 진정한 주제에 도달하는 것이었다. 다시 말해 근본적인 역사

27 P. Dew, 위의 글, 348.

28 P. Dew, 위의 글, 348.

비판(fundamental historical critique)을 통해 그동안 주체/객체 양극성을 통해 경험을 재구성해 온 서구철학의 전통을 해체하고, 인간은 일차적으로 대상과 마주선 주체로서 존재하기보다는 "존재(Being)"에 대한 선이해(pre-understanding)에 입각하여 세계에 실천적으로 관여하는 존재(Dasein)임을 보여주는 동시에 그동안 오해 또는 망각되어 온 "존재(Being)"의 역사에 대면하는 것이다.

하이데거에 의하면 서구철학은 소크라테스 이전 그 기원에서부터 "존재망각(forgetfulness of Being)"의 과오를 저질러 왔다. "존재"는 그 본질에 있어 노출(disclosure)과 자기 은폐(self-concealment)의 유희, 곧 "사건(event)"이지만, 서구 형이상학 내에서 일종의 근원적인 "초(超)실재(super-entity)"—개별적으로 존재하는 것들에 대립된, 어떤 것들이 존재한다는 (이론화할 수 없는) 사실 자체로서 모든 것들의 근거이자 원인—로 간주되었고, 나아가서는 "지속적인 현존(enduring presence)"이란 관점에서 이해되었다.[29] 현상세계에 대한 플라톤의 묘사로부터 시작된 "현존"의 특권적 지위가 마침내 "존재"의 점진적 망각을 초래하게 된 것이다.

하이데거는 그 결과로 인간의 거주처를 에워싼 지역이 '자연(nature)'으로 변형되고 나아가서는 산업적 이용을 위한 천연자원의 보고로 변형되었다고 폭로한다.[30] 테크놀로지는 인간의 목적을 달성하기 위한 중립적인 수단이 아니라 지배와 통제의 수단이다. 그리하여 (테크놀로지를 통해 표현되는) 근대적 삶을 특징짓는 권력과 효율성에

---

29 P. Dew, 위의 글, 350

30 P. Dew, 위의 글, 350.

대한 냉혹한 집착은 시간과 공간과 언어의 울림을 봉쇄함으로써 우리를 의미가 고갈된 세계 속에서 방황하게 만든다.

근대성에 대한 하이데거의 진단은 니체와 친화성이 있지만 기질적으로는 상당한 거리가 있다. 니체는 "권력에의 의지"와 스스로 가치를 창조하는 "초인"의 관념에 기대는 반면, 하이데거는 "존재"의 목소리를 주의 깊게 경청할 것을 권고한다.[31] 그는 테크놀로지 시대의 니힐리즘은 결국 존재의 문제를 다시 일깨울 것이라고 기대한다. 그는 인간이 세계에 대한 경외감과 감수성을 회복할 수 있을 때에야 구원될 수 있을 것이라고 보는바, 새로운 신(new divinity)은 그때서야 출현할 것이라고 한다. 이런 관점에서 보면 니체에 의한 형이상학의 분쇄는 (의지력 외의 더 고차적인 것을 인정하지 않기 때문에) 형이상학적 사고의 정점을 표현한 것으로 볼 수 있다.

간략히 살펴보았듯이 니체와 하이데거는 근대적 인식체계와 그에 입각해 있는 합리주의적 도덕 · 정치규범들은 피상적이며, 따라서 실패할 수밖에 없다고 보고, 그 인식체계를 기원에서부터 해체하려고 시도함으로써 포스트모더니즘의 철학적 기원을 열었다. 니체는 원자화되고 뿌리를 잃은 근대인들의 경험을 더 극단적으로 밀고 나가 근대적 자율성 관념을 새로운 가치와 의미의 창조능력으로까지 격상시킴으로써, 그리고 하이데거는 근대세계의 황폐한 상황을 "고향상실(homelessness)"로 묘사하여 근대과학과 테크놀로지의 도구적 광란이 인간의 의미세계를 파괴했다고 봄으로써 공히 근대성과 그 실천적 · 제도적 형태들에 대한 근본적인 반성기회를 제공했다.

31 P. Dew, 위의 글, 351.

니체와 하이데거의 영향은 프랑스와 영미에서 다르게 나타났다. 프랑스에서는 푸코(M. Foucault), 료타르(F. Lyotard), 데리다(J. Derrida)로 대표되는 탈구조주의적 포스트모더니즘으로 표현되었다. 니체로부터 목전의 경험적 증거를 믿지 말고 배후에서 작용하는 구조와 힘을 찾아야 한다는 것과, 사회·역사과정에 대한 분석에 있어 발전, 방향 그리고 목적과 같은 관념들을 모두 불신해야 한다는 것을 학습한 푸코는 포스트모던 정치철학의 비옥한 토양을 제공했다.[32] 특히 지식과 권력 간 관계에 대한 그의 논의는 매우 중요하다. 그는 권력은 궁극적으로 국가 내에 존재한다는 전통적인 관념과 단절했다. 그리하여 각각이 자체의 역사와 진로 그리고 전술을 갖는 아주 작은 권력구조들로부터 보다 큰 권력구조들로 상승하면서, 이런 권력구조들이 더욱 일반적인 권력들이나 지구적인 지배형태들에 의해 어떻게 계속적으로 허용되고 식민화되며, 이용되거나 퇴출되고, 변형되며 대체되는지를 밝히고자 했다.

상이한 맥락이나 사회적 상황 속에서 미시적 권력관계들이 어떻게 작동하는가를 섬세히 살펴본 푸코는 개개의 특수한 맥락 속에서 사회적 통제(혹은 지배)를 수행하기 위한 테크닉 및 관행들은 성문화한 지식체계(담론형태들)와 밀접한 관계가 있다는 결론에 도달했다. 감옥, 정신병동, 병원, 정신과 의사의 진료실과 같은 장소들은 계급지배라는 체계적인 전략과 상관없이 서로 흩어진 채 단편적으로 권력이 조직화되는 장소들이다. 이런 장소들 내에서 일어나는 일들은 어떤 포괄적인 일반이론에 의거하여 이해할 수 있는 성질의 것이 아

---

[32] P. Dew, 위의 글, 352.

니다. 인간의 몸은 더 이상 환원되어질 수 없는 "장소(site)"로서, 궁극적으로 모든 형태의 억압들이 각인되는 장소이다. 그러므로 푸코는 어떠한 권력관계도 저항이 없을 수 없으며, 어떤 유토피아적 계획도 권력/지식관계를 비억압인 방식으로 지양할 수 있다고 보지 않는다.

푸코의 유일한 해결책은 인간적 담론의 개방적 특질들을 탐구·구축함으로써 국지화된 권력담론이 지배하고 있는 곳에서 지식이 생산되고 구성되는 방식에 개입하는 것이다. 동성애와 죄수들에 관한 푸코의 저술들은 국가제도 차원의 개혁을 목표로 하고 있는 것이 아니라, 조직화된 억압을 발생·유지시키는 제도와 테크닉 그리고 담론들에 대한 국지적인 저항을 장려하고 고양시키는 것이다. 포코는 이런 다면적이고 국지적인 저항방식을 통해서만 자본주의에 대한 지구적 도전이 새로운 형태의 자본주의적 억압성을 발생시키지 않고 수행될 수 있다고 믿었다.[33]

료타르는 언어학적 시각에서 푸코와 유사한 주장을 폈다. 그는 언어에 대한 근대주의자들의 관심을 극단에까지 밀고 가서 언어를 극단적으로 분산시킨다. 료타르에 의하면, 사회적 유대가 언어적이기는 하지만 하나의 실(언어)로 엮어져 있는 것이 아니라 정해지지 않은 수의 언어게임들에 의해 엮어져 있다.[34] 우리들의 삶은 수많은 언어게임들이 교차하는 곳에서 영위되는바, 반드시 안정된 언어조

33 D. Harvey, "The Condition of Postmodernity", in S. Hall, D. Held and T. McGrew (eds.), *Modernity and Its Future*, 256–71 : 260. 이 책에 수록된 Harvey의 글은 그의 책 *The Condition of Postmodernity*(Oxford : Blackwell, 1989), 39–65에서 발췌된 것임.

34 D. Harvey, 위의 글, 260.

합(language combinations)들을 확립하지도 않으며, 우리가 확립한 언어 조합들도 반드시 소통 가능하지는 않다. 그 결과 "사회적 주체 자체가 이러한 언어게임들의 확산 속에서 해체되어 버린 듯 보인다."

사회적인 것들이 유연한 언어게임들의 네트워크 속으로 원자화되어 들어간 상황은 우리 각자가 처해 있는 상황—가정, 공장, 교회, 길거리, 선술집 등—에 따라 아주 다른 코드체계에 호소할 수 있다는 것을 시사한다.[35] 푸코와 비슷하게 료타르는 지식이 가장 중요한 생산적 힘임을 인정하고 있기 때문에, 그의 과제는 이질적인 언어게임들 내의 수많은 담화요소들(narrative elements) 속에 분산되어 있는 권력의 소재를 확인하는 것이다. 그는 푸코처럼 일상적인 대화의 (잠재적인) 개방적 특질들을 인정하는데, 그 이유는 일상적 대화과정에서는 규칙들이 변경됨으로써 발언을 최대한으로 융통성 있게 할 수 있기 때문이다. 그는 일상적 대화의 개방성과 일정영역 내에서 허용될 수 있는 것과 그렇지 않는 것을 구분하는 제도들—푸코의 비담론영역들(non-discursive domains)—의 엄격성 사이에 존재하는 모순을 중시한다. 법률영역, 학문영역, 과학 및 관료적 통치영역 그리고 군사영역 등 모든 영역들은 나름대로의 방식으로 발언의 내용과 방식을 규정한다. 하지만 료타르가 볼 때, 제도들이 잠재적인 언어의 구사(moves)에 부과하는 제약들은 결코 단번에 확정되지 않는다. 그 제약들 자체가 제도의 안과 밖에서의 언어전략들의 관심대상이자 잠정적 결과물이기 때문이다. 그러므로 료타르는 제도들을 성급히 구체화(reification)하려 해서는 안 되고, 분화된 언어게임들의 수행이 어떻

[35] D. Harvey, 위의 글, 261.

게 제도적 언어와 권력을 수립하게 되는지를 먼저 확인해야 한다고 주장한다.[36] 다시 말해 만일 서로 다른 많은 언어게임들, 곧 이질적인 요소들이 있다면 우리는 또한 그것들이 파편적인 제도들을 발생시킨다는 국지적 결정론(local determinism)을 인정해야 한다고 본다.

그는 탈산업사회적 정보사회로의 이행에 대한 벨(D. Bell)과 뚜레인(A. Touraine)의 설명에 의거하여 드라마틱한 사회 · 정치적 변동의 중심 속에서 대두하고 있는 포스트모던 사유를 선진자본주의 사회의 커뮤니케이션 언어들 속에 위치시킨다.[37] 그리하여 그 지식의 생산과 확산과 활용을 위한 새로운 테크놀로지들을 "생산의 가장 중요한 힘"으로서 간주한다. 하지만 이런 상황에서는 지식이 매우 다양한 방식으로 코드화될 수밖에 없는 문제가 발생하게 되는바, 이와 같은 료타르의 분석은 모더니즘이 커뮤니케이션의 기술적 · 사회적 조건변화로 인해 변했다는 것을 시사한다.[38]

하이데거로부터 깊은 영향을 받은 데리다 또한 해체주의적 방법을 사용함으로써 포스트모던 사고에 강력한 영향을 미쳤다. 해체주의는 철학적 입장이라기보다는 오히려 텍스트에 대해 사고하고 텍스트를 독해하는 한 가지 방법이다.[39] 텍스트를 작성하거나 단어들을 사용하는 작가들은 그들이 마주치는 모든 다른 텍스트들과 단어들에 입각하여 그 일을 수행하는 데 독자들 또한 작가들의 텍스트와 단어들을 똑같은 방식으로 취급한다. 그러므로 문화적 삶은 다른 텍스트

---

36 D. Harvey, 위의 글, 261.

37 D. Harvey, 위의 글, 262.

38 D. Harvey, 위의 글, 262-3.

39 D. Harvey, 위의 글, 263 참조.

들과 서로 교차하면서 또 다른 텍스트들을 산출해내는 일련의 텍스트들로서 파악될 수 있다. 텍스트들 사이의 상호 얽힘은 그 자체의 삶을 만들어낸다. 우리가 쓰는 것은 우리의 의도와는 상관없는 의미들을 전달하며, 우리가 쓰는 단어들 또한 우리가 의미하는 것을 말해줄 수 없다. 따라서 텍스트들 사이의 영구적인 상호 얽힘과 그것들이 의미하는 바는 우리의 통제를 초월해 있기 때문에 텍스트를 마스터한다는 것은 부질없는 헛수고일 뿐이다. 언어는 우리를 통해 작용하고 있는 것이다. 이런 사실을 인정하면서 해체주의의적 충동은 한 텍스트를 살핌으로써 다른 텍스트들 찾고, 한 텍스트를 다른 텍스트로 해체시키거나 구성한다.

그러므로 데리다는 콜라주/몽타주를 포스트모던 담론의 으뜸가는 형식으로 간주한다. 그림, 건축, 사진을 막론하고 콜라주/몽타주에 내재된 이질성은 그 이미지를 수용하는 우리들을 자극함으로써 획일적이지도 않고 안정적이지도 않은 의미를 산출하도록 자극한다. 텍스트의 생산자들 공히 의미를 산출하는 데 참여한다. 이 과정처럼 문화생산자의 권위를 최소화하는 것은 대중참여의 기회를 제공함으로써 문화적 가치에 대한 민주적 결정기회를 창출하는 장점이 있다.[40] 비록 어느 정도의 지리멸렬함과 시장조작의 취약성을 감수해야 하지만 말이다.

포스트모더니스트들이 주장하듯이 세계에 대한 통일된 표상(representation)을 기대할 수 없고, 또 세계를 연관과 분화로 가득 찬 하나의 전체로서 묘사할 수 없으며, 오직 영구히 변화하는 파편들로만

40 D. Harvey, 위의 글, 263.

묘사할 수 있다면 세계에 대해 어떻게 일관되게 대응할 수 있을 것인가? 이에 대한 포스트모더니스트들의 대답은 매우 단순하다. 정합적인 표상과 일관된 행위는 억압적이거나 환상에 지나지 않기 때문에—따라서 스스로를 해체시킨다—어떤 범지구적인 기획을 추구해서는 안 되고, 공유된 역사와 전통을 갖는 지역적 공동체 속에서만 특별한 의미를 가질 수 있는 실용적인 대응을 하는 것이다.[41]

지금까지 살펴본 바와 같이 파편화(fragmentation), 일시성(ephemerality) 그리고 국지성(locality)을 긍정적으로 수용하는 포스트모던 사고의 특징은 모든 것들을 하나의 보편적 체계 속에 편입시키는 보편언어(meta-language), 보편담론(meta-narrative) 혹은 보편이론(meta-theory)이 있다는 믿음에 대한 거부이다. 포스트모더니스트들은 이런 보편언어들이나 이론들의 '전체화시키는(totalizing)' 효과에 주목하고, 그 기원에서부터 서구의 철학전통에 내재되어 온 보편주의의적 합리성 개념을 해체하려 시도했다.

사회과학과 관련, 영미에서의 포스트모더니즘은 크게 세 가지 흐름으로 표현되었다.[42] 로티로 대표되는 첫째 입장은 서구의 주류 인식론적 전통을 형성해 온 형이상학적 토대주의를 비판하고, 반토대주의적 실용주의에 입각하여 자유민주주의 체제의 우연성과 성격을 설명하는 입장이다. 이 입장에서 볼 때는 토대주의, 곧 보편담론의 거부가 자유민주주의 체제를 정당화하는 데 특별히 문제가 되지 않는다. 자유민주주의 체제는 북아메리카 부르주아지의 특별한 경험과

41 D. Harvey, 위의 글, 264.

42 P. Dew, 앞의 글, 357-60.

열망을 반영한 것으로, 그에 대한 정당화는 오직 지역적 공동체, 곧 북아메리카의 특수한 해석적 공동체를 맥락으로 해서만 올바르게 수행될 수 있기 때문이다.

코널리(W. Connolly)로 대변되는 둘째 흐름은 포스트모더니즘을 기존의 사회·정치제도들의 적실성이나 정당성을 의문시하기 위한 토대로 간주하지만, 기존 제도들에 대한 전체적이고 철저한 조사의 필요성을 제기하지는 않는다. 이 입장은 '타자'의 요구와 입장에 대해 좀더 수용적인 정의관 구성이 필요하다고 보고, '차이의 다면적인 정치화(multifarious politicization)'에 입각한 '전투적인 자유주의(militant liberalism)'를 주창한다.

버틀러(J. Butler)로 대표되는 셋째 흐름은 주관성의 재형성과 바람직한 사회관계의 변형과 관련하여 좀더 드라마틱한 견해를 제시한다. 버틀러는 정치를 근거짓는 성(性)의 존재론(ontology of gender)은 없으며, 오히려 존재론들이 규범적 명령으로 작용하는 기성의 정치 맥락 속에서 움직인다고 본다. 이런 관점에서 보면 성(gender)에 관한 정의와 관행은 하나의 구성물이기 때문에 성정체성을 교란시킨다는 소극적인 목적이 아니고서는 어떤 특정한 구성물을 반대할 이유를 찾기 어렵다. 버틀러의 이와 같은 입장은 포스트모던 사고의 한 가지 문제점을 보여주는바, 그의 이름으로 저항이 수행되는 '타자(Other)'는 무능한 존재로서 망각되든지 비합리주의적인 찬양의 대상이 되든지 극단적인 존재로 인식될 뿐이다.[43]

지금까지 간략히 개관한 포스트모더니즘은 하나의 사회·정치이

43 P. Dew, 위의 글, 359.

론이란 관점에서 볼 때 한 가지 역설을 포함하고 있다.[44] 포스트모더니즘은 근대세계에 대한 위기감을 시대전환의 전조로서 과장하는 경향이 있다. 하지만 포스트모더니즘이 취하는 관점주의 혹은 상대주의는 역사에 관해 그와 같은 포괄적인 주장을 불가능하게 한다. 료타르의 『포스트모던 상황』은 그와 같은 기본적인 모순—거대담론의 종말에 관한 거대담론을 말하고 있기 때문에—을 노정하고 있는 대표적인 경우다. 듀에 의하면 포스트모던 사고는 근대주의와 근대성을 대체하려고 열중한 나머지 (근대성의 핵심 특징인) 과거에 대한 과장된 거부감을 드러내는 동시에 미래지향적 초월의 동력을 과시한다.[45]

근대성의 위기에 대한 포스트모더니즘의 해체적 비판에 대해 하버마스는 근대성 내에서 근대성의 위기를 돌파할 수 있는 자원을 발굴하여 대응하고자 한다. 그는 포스트모더니즘의 상대주의와 패배주의에 대항하여 계몽주의 기획을 옹호한다. 그는 근대사회가 위기에 처해 있다는 사실을 인정한다는 점에서 어느 정도 포스트모더니즘의 근대성 비판을 수용한다. 하지만 포스트모더니스트들과 달리 근대사회의 위기는 근대성 자체의 결함에 기인하기보다는 "역사에서의 이성의 왜곡된 실현"과 복잡한 관계와 사건들에 대해 단순화된 모종의 보편담론을 적용한 데서 기인한 것으로 본다.[46] 하버마스가 볼 때 근대성에 대한 포스트모더니스트들의 부정적 평가는 이성 자체를 제

---

44 P. Dew, 위의 글, 364.

45 P. Dew, 위의 글, 364.

46 D. Harvey, 앞의 글, 264.

한된 '도구적' 이성과 동일시한 데서 기인한다. 일단 도구적 이성을 이성 자체로 오인하게 되면 그에 대한 저항은 오직 비이성적인 힘들을 통해 수행될 수밖에 없다.[47] 그에 따라 전적으로 스스로를 객관화하고 규제할 수 있는 반성능력으로 규정된 주관성을 붕괴시키기 위해 광기와 에로티시즘 그리고 디오니소스적인 것에 호소하게 된다.

하버마스에 의하면 합리성은 도구적 계산과 통제를 향한 충동을 통해서만 발현되지 않는다. 합리성은 언어적 의사소통 과정에서 발생하는 타당성 요구들(validity claims)을 제기하고, 그에 대응하며, 또 그것을 평가할 수 있는 능력을 통해서도 발현된다. 이 대화적 의사소통을 통해 대화의 당사자들은 필히 상호 이해의 목표에 도달하려고 하는데, 이로부터 합의에 의한 규범적 진술을 마련함으로써 보편화시키는 이성의 역할을 일상적 삶 속에 근거 짓는다. 이런 메커니즘을 통해 "의사소통적 이성"은 위기에 처한 근대사회의 "복수의 힘(an avenging force)", 곧 구제적 힘으로 작용한다.[48]

하버마스에 의하면, 자본주의 형태이건 관료적 사회주의 형태이건 근대성은 도구적 이성에 의해 생활세계가 식민화된 상황으로 특징화된다. 하지만 이 상황은 근대적 이성의 잠재력을 제한적이고 일방적인 방식으로, 다시 말해 생활세계에서의 의사소통적 합리성을 도외시한 채 도구적인 합리성만을 일방적으로 실현한 결과이기 때문에 원칙적으로 교정될 수 있다. 따라서 근대성 자체를 포기할 필요가 전혀 없다.[49]

---

47 P. Dew, 앞의 글, 360.

48 D. Harvey, 앞의 글, 264.

기딘스(A. Giddens), 라쉬(S. Lasch) 그리고 벡(U. Beck) 또한 하버마스와는 다른 맥락이지만 탈근대성이라는 불연속적 개념보다는 "성찰적 근대화(reflexive modernization)"라는 연속적인 개념을 선호한다.[50] 이들은 근대화 과정에서 획득한 성찰적 능력을 통해 그동안의 산업화와 같은 단순 근대화(simple modernization) 과정이 산출한 "위기" 혹은 "제조된 불확실성(manufactured uncertainty)"을 극복하는 또 다른—하지만 연속적인—근대화가 진행되고 있다고 본다.

Ⅳ. 자유주의를 넘어 : 공동체주의와 페미니즘

현대 정치사상들 중에서 가장 지배적인 사상전통을 형성하고 있

---

49 1980년대 만년의 푸코와 1990년대의 데리다는 이전의 포스트모던 입장으로부터 급선회하는 양상을 보여준다. 푸코는 권력 개념에 대비된 자유 개념에 깊은 관심을 가지게 됨으로써 자의식적이고 합목적적인 주관성 관념을 (반보편주의적 방식으로) 수용할 가능성을 내비쳤다. 그리고 데리다는 상대화할 수 없는 것은 아무 것도 없다는 초기의 입장에서 급선회하여 하나의 사명(call), 곧 메시아적 호소(불가능한 것의 경험—해체 자체의 무조건적인 전제조건—으로 보이는)란 관념을 정교화하고, 정의에 관한 관념은 무제한적이고 계산할 수 없는 책임의식에 의존한다고 주장했다. 그런데 이와 같은 데리다의 입장 변화는 하이데거의 "존재망각"을 "근원적인 윤리적 관계에 대한 망각"으로 대체시킨 레비나스(E. Levinas)의 영향과 무관하지 않다. 이에 대해서는 P. Dew의 위의 글을 볼 것(362-3).

50 U. Beck, A. Giddens and S. Lasch, *Reflexive Modernization*(Cambridge : Polity 1994) ; A. Giddens, *Beyond Left and Right*(Cambridge : Polity 1994), 80-7 ; U. Beck, *Risk Society : Towards a New Modernity*(London : Sage Publications LTD, 1992), Part III.

는 것이 자유주의라는 데에는 이의가 없을 것이다. 현대 자유주의는 자연권적 자유주의, 공리주의적 자유주의 그리고 칸트주의적 자유주의 및 아리스토텔레주의적 자유주의 등으로 분화되어 있을 뿐만 아니라, 국가의 성격과 관련해서는 중립적 자유주의와 완전주의적 자유주의로, 그리고 제도적 차원에서는 복지자유주의와 신우익 자유주의 등으로 구분될 수 있다.[51] 따라서 자유주의 내부상황만 보더라도 그 지형도는 매우 복잡하다고 할 수 있겠는데, 포스트모더니즘과 공동체주의 그리고 페미니즘의 도전은 자유주의 내부의 스펙트럼뿐만 아니라 자유주의를 포함한 현대 정치사사상 전체의 지형도를 더욱 복잡하고 풍부하게 만들었다. 예컨대, 로티의 '포스트모던 부르주아 자유주의'는 포스트모던 반토대주의와 실용주의를 자유주의에 접합시킨 결과 형성된 가장 최근의 자유주의 형태로서 근대 정치형태에 대한 포스트모던 정당화라는 매우 아이러니한 성격을 띠고 있으며, 현대 자유주의의 스펙트럼뿐만 아니라 현대 정치사상의 지형도를 더욱 복잡다기하게 만들었다.

1980년대에 들어서면서 롤스의 자유주의적 『정의론』이 노정하는 보편주의와 (인간관의) 모순성을 본격적으로 비판함으로써 현대 정치사상계의 가장 흥미로운 논쟁인 자유주의/공동체주의 논쟁을 촉발시킨 매킨타이어와 샌들의 공동체주의 역시 그 자체로서 중요한 현대 정치사상의 한 가지 흐름으로 굳어졌을 뿐만 아니라, 자유주의 내의 자기 반성을 촉구함으로써 자유주의의 토대와 목표를 더욱 확고

---

51 현대 자유주의의 다양한 스펙트럼에 대해서는 다음 책을 볼 것. 김비환, 『자유지상주의자들, 자유주의자들 그리고 민주주의자들』, 제1부 ; J. Gray, *Liberalism*(Minneapolis : University of Minnesota Press, 1986), chapter. 6.

히 하는 한편 자유주의의 내용을 더욱 풍부히 만드는 데 기여했다. 예를 들어 라즈(J. Raz), 너스바움(M. Nussbaum), 갈스톤(W. Galston), 샐키버(Salkever), 마씨도(S. Macedo) 등은 아리스토텔레스주의에 입각하여 자유주의를 재해석함으로써 자유주의적 공동체주의 혹은 공동체주의적 자유주의라는 통합적 정치사상을 구성해냈다. 왈저(M. Walzer) 또한 헤겔주의를 원용한 '문화특정적(culture-specific)' 해석방법을 정의론에 적용하여 '복합적 평등'으로서의 정의관을 확립, 자유주의와 공동체주의의 교차점에 배치시킬 수 있는 독특한 정치사상을 구성함으로써 현대 정치사상의 다양화에 기여했다. 이 장에서는 자유주의에 대해 공동체주의자들과 페미니스트들이 제기한 주요한 쟁점들을 간략히 살펴봄으로써 현대 정치사상의 흐름에 대한 이해를 제고시켜 보고자 한다.

오늘날의 공동체주의자들은 현대사회의 수많은 사회적·윤리적 문제들의 주된 원인이 개인주의적 자유주의 문화의 확산과 그로 인한 공동체와 공동선 관념의 쇠퇴에 있다고 진단한다.[52] 개인의 자유와 권리에 기초한 담론과 문화는 사회를 더욱 원자화시키고 공동선에 대해 무관심하게 만들며, 전통적인 권위를 위축시키고 공적인 것을 사적인 것에 종속시키는 경향을 확산시켰다고 본다. 나아가서 자유주의 문화가 조장하는 도덕적 상대주의와 회의주의는 공동체의 유

52 개인주의의 유해한 영향들에 대한 관심이 새로운 것은 아니다. 루소, 헤겔, 토크빌, 퇴니스, 뒤르캠 등의 관념주의자들은 일찍이 개인주의의 폐해에 대해 깊은 우려를 표명했다. 하지만 개인주의에 대한 비판이 새로운 활력을 얻게 되고 공동체와 공동선 관념의 쇠퇴에 새로운 경종이 울리게 된 것은 현대 공동체주의자들의 기여라고 할 수 있다.

대를 해체시켜 불신과 소외 및 불안과 고독을 불러일으킴으로써 각종 범죄를 유발하는 원인이 되고 있다고 개탄한다.

공동체주의자들은 자유주의가 개인들이 서로를 분리되고 고립된 이방인들로 대하도록 부추기거나, 실상은 서로 결합되어 있고 상호 의존적인 개인들의 공동체를 "이방인들의 군집"에 불과한 것으로 잘못 묘사함으로써 공동체의 해체와 소멸을 가속화시키고 있다고 주장한다.[53] 이들에 따르면 공동체는 자유주의자들이 비판한 것과는 달리 개인들에게 자신이 누구인가에 관한 의식 곧 정체감을 심어주는 동시에 삶의 가치와 목적을 가질 수 있게 해주는 의미의 요람이다. 그뿐만 아니라 생활에 활력과 즐거움을 주는 공동참여의 공간이자 미덕과 예절을 학습시켜 주는 배움의 공간이기도 하다. 하지만 자유주의 문화의 확산은 공동체를 개인의 자유와 권리를 억압하기만 하는 미몽과 억압의 세력인 것처럼 인식하게 만들어 버렸다는 것이 이들 공동체주의자들의 생각이다.

현대의 공동체주의자들은 자유주의자 롤스의 『정의론』(1971)과 노직의 『아나키, 국가, 유토피아』(1974)가 출판된 이후 자유주의에 대해 다음과 같은 몇 가지 중요한 쟁점을 제기했다.[54] 첫째, 자유주의자들은 인간을 사회 이전에 이미 완전한 존재로서, 다시 말해 온전한 자신의 정체성과 욕구체계를 지닌 자포적 존재(self-contained)로 보며, 이성 또한 구체적인 사회·정치·문화적 맥락으로부터 독립하

53 M. Walzer, "The Communitarian Critique of Liberalism", *Political Theory* 18, 6-9.

54 S. Mulhall & A. Swift, *Liberals and Communitarians*(Oxford : Blackwell, 1992) ; D. Miller & R. Dagger, 앞의 글, 465-6.

여 스스로 판단하고 선택할 수 있는 추상적 실체로서 파악한다. 이는 어떤 선(가치)이나 목적에 대한 관심도 개인의 정체성 형성에 영향을 미칠 수 없다는 것을 의미하며, 구체적인 개인의 도덕과 공동생활의 규범을 확보함에 있어 이성이 맡을 수 있는 역할에 대해 강렬한 의구심을 불러일으킨다. 이런 관점에서 보면 전 인류에게 타당한 보편적인 원리와 도덕을 구성하려는 계몽주의의 기획은 이미 실패하도록 운명지어져 있었다고 볼 수 있다. 공동체주의자들은 이런 문제에 대한 사유는 궁극적으로 공유된 전통 및 관행들과 독립적으로 진행할 수 없다.

둘째, 개인의 권리 및 정의를 강조하는 자유주의적 입장은 시민적 의무와 공동선을 희생시킨 결과이다. 그것은 결함이 있는 공동체 형태들에서나 필요한 구제적인 덕목이다.

셋째, 정의와 권리들에 관한 자유주의의 추상적이고 보편주의적인 이론들은 개인들이 공적인 삶보다는 사적인 삶으로 후퇴하도록 조장했고, 타인들에 대해 자신의 권리만을 비타협적으로 강조하는 풍조를 조장했다. 다시 말해 공동선 의식이나 시민들이 서로 만날 수 있는 공동의 토대를 없애버렸다. 그리하여 통약 불가능한 도덕적 입장들 사이의 갈등이 첨예화되어 오늘날의 정치를 "다른 수단에 의해 수행되는 내전"으로 만들어 버렸다.[55] 매킨타이어에 의하면, 이와 같은 상황에서 우리가 할 수 있는 최선의 노력은 "의견 차이를 인정하기로 동의하면서 시민성과 지적·도덕적 삶이 우리에게 이미 닥쳐온

55 A. MacIntyre, *After Virtue : A Study of Moral Theory*(Notre Dame : University of Notre Dame University, 1981), 253.

새로운 암흑시대를 통해 지속될 수 있도록 지역공동체 형태를 조성하는 것"일 뿐이다.[56]

이와 같은 공동체주의자들의 통렬한 비판에 직면하여 자유주의자들은 서로 중첩된 다음과 같은 세 가지 주장으로 응수한다.[57] 첫째, 공동체주의자들은 자유주의 이론의 추상성을 잘못 이해했다. 자유주의/공동체주의 논쟁의 직접 당사자인 롤스에 의하면, 개인의 핵심적 실체는 여하한 목적보다 앞선다는 자유주의적 자아관은, 샌들이 비판하듯이, 자아의 본질에 대한 형이상학적인 주장이 아니다. 그것은 "무지의 장막" 뒤에서 정의의 원리들을 선택하는 당사자들을 대표하는 방식일 뿐이다. 또한 목적을 선택할 수 있는 자아로서의 개인관은 개인이 (부분적으로) 개인을 구성하는 (선택된 것이 아닌) 애착관계와 사회적 환경의 산물이라는 것을 부인하는 것은 아니라고 응수한다.

롤스와 밀(J. S. Mill)로부터 영감을 얻은 킴릭카(W. Kymlicka)는 자유주의가 공동체주의자들의 비판에 대처할 수 있는 충분한 자원을 소유하고 있다고 주장한다.[58] 그는 현대 자유주의자들이 개인의 자아가 이미 주어진 공동체 안에 존재한다는 것과 인간은 사회적 존재라는 것을 부인하지 않는다고 응수한다. 킴릭카에 의하면, 현대의 자유주의자들에게 정말로 중요한 것은 "우리가 사회의 관행과 전통 속에 아무리 깊이 연루되어 있을지라도 우리는 그런 관행들이 진정 가치

56 A. MacIntyre, 위의 책, 263.

57 D. Miller and R. Dagger, 위의 글, 466-7.

58 W. Kymlicka, "Liberalism and Communitarianism", *Canadian Journal of Philosophy* 18, no. 2(1988), 181-203.

있는 것인가를 의문시할 수 있다고 느낀다는 점이다."[59] 다시 말해 추상적 자아관을 통해 자유주의자들이 말하고 싶은 것은 우리의 자아가 그 자아가 추구하는 목적보다 앞선 실체라는 점이 아니라, 어떤 목표나 목적도 재검토할 수 있다는 것이다.

이와 연관된 둘째 응수는, 자유주의자들이 귀속과 정체 그리고 공동체에 더 많은 관심을 보여야 한다는 것을 인정하지만, 그런 요소들에 대한 관심은 기존의 자유주의 이론들 내에서도 완벽하게 표현될 수 있다는 주장이다.

셋째, 자유주의자들은 공동체 규범과 공동선을 강조하는 공동체주의는 공동체 내에 존재하는 악덕과 결함들—불관용과 착취 등—을 백안시할 뿐만 아니라 개인의 자유와 권리를 지나치게 억압할 수 있다고 응수한다. 모든 공동체들이 다 무차별적으로 좋거나 바람직한 것은 아니다. 전통시대의 수많은 공동체들은 불평등하며 위계적인 신분제를 채택하고 있었으며, 더구나 적지 않은 공동체들이 매우 억압적이고 착취적인 성격을 갖고 있었다. 이런 공동체들이 개인주의적이 아니었고 상호 의존적인 특성을 지니고 있었다고 해서 자유주의 질서보다 더 바람직했거나 좋았다고 주장하는 것은 전혀 설득력이 없다. 공동체주의자들이 이런 악덕들의 존재를 인정하지 않는 사실은 그들의 비판이 왜곡되었음을 말해준다. 거트만(A. Gutmann)은 공동체주의자들의 이런 태도에 대해 "그들은 우리가 예루살렘에 살기를 원하지만, 마녀의 존재는 믿지 않기를 바란다"고 비꼰다.[60] 자유

---

59 W. Kymlicka, 위의 글, 191.

60 A. Gutmann, "The Communitarian Critics of Liberalism", in S. Avineri and A. de-

주의자들이 정의론과 권리이론에서 추상화와 보편주의를 취하고 있다면, 그것은 공동체주의자들이 무비판적으로 수용하거나 의도적으로 눈감아 버리는 지역적 편견들을 초월할(rise above) 필요가 있기 때문이라는 것이다.

특히 이 마지막 응수에 대해 공동체주의자들은 수용적인 태도를 보였다. 그 결과 샌들을 위시한 몇몇 공동체주의자들은 공동체주의라는 명칭 대신에 '공화주의'라는 명칭을 선호하게 되었다. 그들은 고전적 혹은 공민적 공화주의 전통에 자신을 결부시킴으로써 자신이 모든 형태의 공동체들을 다 수용하는 것은 아니라는 것을 분명히 했다. 그리고 동시에 자신들과 자유주의 입장에서 '공민적 공화주의'를 수용한 이들—드워킨(R. Dworkin), 스키너(Q. Skinner), 페팃(P. Pettit)—과의 괴리를 좁혔다. 또 다른 이들은 공동체주의라는 이름을 견지하지만, 자유주의자들의 역비판에 직면해서 개인의 권리와 시민적 책임 사이의 균형을 맞추려고 시도했다.[61] 그리고 때로는 공동체생활의 이상—개인적으로 추구하는 것과 타인들의 필요나 열망을 통합시켜 실현시키는 삶—에 더 가까이 가려는 희망을 강조하기도 했다.

자유주의에 대한 비판으로서 그릇되었든 옳았든 오늘날의 공동체주의는 자유주의에 대비되는 중요한 사상전통으로서의 위상을 확립하는 데 일정한 성공을 거두었다. 공동체주의가 주로 자유주의 비판에 초점을 두어온 관계로 자체의 고유한 정치이론을 개발하는 데

Shalit(eds.), *Communitarianism and Individualism*(Oxford : Oxford University Press, 1992, 133. D. Miller and R. Dagger, 앞의 글, 467에서 재인용.

61 A. Etzioni(ed.), *The New Golden Rule : Community and Morality in a Democratic Society* (New York, 1997).

는 그다지 성공적이지 못했던 것은 사실이다. 그럼에도 불구하고 자유주의의 결함과 한계를 심도 있게 지적함으로써 자유주의 질서를 교정 또는 보완할 수 있는 중요한 견제세력으로서의 가치를 충분히 인정받고 있다. 유럽과 미국을 잇는 공동체주의 네트워크가 구축되고 공동체주의적 수사와 논리를 구사하는 많은 정당들—특히 클린턴 행정부와 블레어의 노동당—이 등장하고 있다는 사실은 공동체주의가 자유주의를 견제하는 실천철학으로서의 위상을 굳혀가고 있음을 입증해 준다.

오늘날 공동체주의와는 다른 맥락에서 독립적인 하나의 정치사상 전통을 형성하고 있는 도발적인 흐름은 페미니즘이다. 오늘날의 페미니즘은 내적으로 많은 분화를 이루고 있어 페미니즘과 자유주의가 반드시 대립각을 세운다고 보기는 어렵다. 하지만 자유주의적 페미니즘은 페미니즘 스펙트럼에서 한정된 공간을 차지하고 있는바, 자유주의적 페미니즘을 제외하면 페미니즘은 비자유주의적이거나 반자유주의적인 성격을 강하게 드러낸다. 마르크스주의/사회주의 페미니즘과 급진적 페미니즘이 그런 경우로, 이런 부류의 페미니즘은 자유주의적 페미니즘은 물론 자유주의 자체와 날카로운 대립각을 세우고 있다. 그러므로 이 장의 남은 부분에서는 페미니즘의 진화과정과 문제의식을 간략히 살펴봄으로써 현대 정치사상의 지형도를 더 보완해 보고자 한다.[62]

---

62 페미니즘에 대한 종합적인 개관으로는 다음을 참조할 것. S. James, "Feminisms", in T. Ball and R. Bellamy(eds.), *Twentieth-Century Political Thought*(Cambridge : Cambridge University Press), 493-516 ; S. DeLue, *Political Thinking, Political Theory, and Civil Society*, 2nd edition(Longman, 2002).

수잔 제임스에 의하면 페미니즘은 19세기 중반 이래 세 물결을 형성하며 진화해 왔다.[63] 19세기 중반부터 1930년 사이에 첫째 물결이 있었고, 1930년대부터 1970년대까지 두 번째 물결이 있었으며, 1980년대 후반 이후 계속되고 있는 세 번째 물결이 있다.

첫째 물결은 페미니즘의 문제의식이 참으로 다채롭게 펼쳐진 시기였다. 유럽과 미국에서 일어난 여성의 권리 캠페인, 미국에서 에마 골드만(E. Goldmann)에 의한 여성의 성적 자유에 대한 옹호, 러시아에서 콜론타이(A. Kollontai)가 주도한 여성노동 개혁 및 여성해방운동 등 다양한 관심들이 표출되었다. 미국과 유럽에서의 여성의 다양한 권리—교육, 복지, 투표, 동등한 법적 지위 등—를 요구했던 캠페인은 광의로 볼 때 자유주의적 틀 내에서 움직였으며, 정치·경제적 개혁을 중요시했다. 반면, 엥겔스의 영향을 받은 콜론타이는 여성은 무엇보다 가정에서 수행하는 노동에 의해 불이익을 받는다고 간파하고 광범위한 법적 개혁을 시도하여 여성을 '삼중 부담'—임금노동, 가정부, 그리고 어머니라는 삼중 역할—에서 구제하려 시도했다. 그에 의하면 프롤레타리아 독재는 가정을 폐지하게 될 것이며, 그와 더불어 부르주아 성도덕도 폐지될 것이라고 보았다.

여성의 예종상태가 전통적인 가정에 뿌리를 두고 있으며, 여성 남성 모두에게 성적 자유가 중요하다는 콜론타이의 믿음은 에마 골드만에 의해 발전되어 훨씬 더 광범위한 정치적 결과들을 낳게 되었다.

63 이 시기구분과 관련하여 조심할 것은 동일한 시기에도 다양한 운동 또는 흐름들이 있었다는 것이다. 그리고 각 물결 사이의 비연속성이 지나치게 부각될 수 있다는 점도 미리 알아둘 필요가 있다. 각 물결들 사이에는 의미심장한 변화가 있지만 상당한 연속성도 있기 때문이다.

1910년까지의 저술에서 골드만은 여성이 교육과 일을 매개로 하여 공공영역에 진입하게 되면 성적인 친밀성을 통해서만 발현될 수 있는 자유를 방해하는 국가로 흡수된다고 주장했다. 골드만은 자유란 에로틱한 자기 표현의 결실이라 믿었기 때문에 여성들이 남편의 성적 소유물로부터 해방되는 한에서 그런 자유를 얻을 수 있다고 주장했다. 따라서 그녀는 여성들이 공공영역 바깥에 머물러야 한다고 주장하면서, 여성들은 독립을 판 대가로 얻게 되는 재정적 안전 때문에 이끌려 들어간 결혼제도를 거부해야 한다고 강변했다.

간략히 살펴보았듯이, 페미니즘의 첫 물결은 둘째 셋째 물결을 통해 더 분명하게 분화되어 나타난 페미니즘의 다양한 싹들이 돋아난 시기였다고 할 수 있다. 하지만 그 중에서도 이론과 실천의 양 측면에서 가장 중요하고 지속적인 영향을 미친 것은 자유주의적 흐름이었다. 하지만 여성의 예종을 결혼과 가정이란 제도에서 찾고 성적인 것의 이슈를 강조한 콜론타이와 골드만 역시 페미니즘의 진화에서 중요한 지위를 차지한다. 이 두 사람의 사고논리는 특히 1970년대와 1980년대 오스트레일리아와 유럽 그리고 미국의 페미니스트들에 의해 채택·발전되었다.

대략 1930년대부터 시작된 둘째 물결은 첫 물결 동안의 결실을 공고화한 시기다. 이 시기에는 페미니즘의 발전이 페미니즘이란 이름으로 수행된 것이 아니라, 주로 남성성과 여성성의 구성에 대한 보봐르(Simone de Beauvoir)의 헤겔주의적인 설명과, 1960년대 말부터 1970년대에 걸쳐 구미에서 분출한 급진정치와 마르크스주의 그리고 가부장주의 문화이론으로부터 큰 영향을 받았다.[64] 구미에서 발생한 민권운동이나 학생운동과 같은 급진 정치운동들은 소수집단이 받아

온 다양한 불이익과 착취에 대한 의식을 고양시켰다. 그리하여 여성학자들로 하여금 이중기준(double standard), 피임, 양육과 같은 '개인적인' 테마들을 탐구할 기회를 준 동시에 성차별의 경험을 그들이 지지하는 이론적 · 정치적 접근방법에 비추어 해석하도록 자극했다.

그리고 여성들이 처한 곤경의 많은 원인들이 여성의 열악한 경제적 상황에 기인했기 때문에 많은 페미니스트들은 마르크스주의에 매료되었다. 하지만 마르크스주의는 여성이 자본주의에 의해서뿐만 아니라 남성에 의해 지배되고 있다는 자명한 사실—경제적으로 최하위층의 남성마저도 여성을 그의 타자로 인식하고 있는 사실을 통해서 알 수 있다—을 간과하는 한계가 있었기 때문에 일부 페미니스트들은 가부장주의에 관한 이론으로 마르크스주의적 페미니즘을 보완코자 했거나 가부장주의에 대한 독자적인 페미니즘을 발전시켰다. 그리하여 이 시기 동안 서로 구분되면서도 서로를 규정하는 몇 가지 입장들이 확립되었는바, 그 중 중요한 것들은 자유주의적 페미니즘, 마르크스주의/사회주의적 페미니즘, 그리고 급진 페미니즘이었다.

이 시기 동안 특기할 만한 것은 보봐르가 『제2의 성』(1949 ; 1953, 영어본 ; 1972, 영어 재판본)을 통해 페미니즘의 발전에 중요한 공헌을 했다는 점이다.[65] 그녀는 주인/노예관계에 대한 헤겔의 설명을 확장시켜 수천 년 동안 지속되어 온 여성의 예속적 지위를 설명하고자 했다. 그녀에 의하면 주체는 타자에 대립해서만 자신을 본질적인 것으로 수립할 수 있다. 주체가 되기 위해 각 의식은 승인을 필요로 하

[64] S. James, 위의 글, 503.

[65] S. James, 위의 글, 504.

는데, 주체는 타자를 지배하여 대상으로 바꿈으로써 그 승인을 얻을 수 있다. 공적인 영역에서 남성은 투쟁을 통해 주체가 되려고 하는데 이 전투로부터 주인과 노예가 탄생한다. 하지만 이 투쟁에는 모든 남성을 주인으로 만드는 한 가지 차원이 더 존재한다. 여성들은 남성 주체를 승인할 수 있는 의식적인 존재이다. 하지만 주체성을 얻기 위해 남성을 대상화시키려고 투쟁하지 않고 오히려 자신들이 지배되는 것을 허락한다. 심지어는 자신의 예속화에 협조한다. 따라서 남성들은 여성들에 대항하여 싸울 필요가 없다. 여성들은 스스로 협조적인 타자가 되었기 때문이다.

여성의 항구적인 예종적 지위의 기원과 남성성과 여성성에 대한 문화적 이미지들을 그린 보봐르의 『제2의 성』은 여성들이 불이익을 받는 다양한 방식들에 대해 많은 이론가들에게 깊은 영감을 주었다.[66] 특히 여성을 남성의 타자로 묘사한 그녀의 방식은 성차의식(性差意識)을 형성하는 성차화(性差化)된 결사(gendered association)에 관한 이론적 설명으로 발전되었다. 남녀의 위계적인 관계는 일련의 상징적인 짝들—정신과 육체, 공적인 것과 사적인 것, 이성과 감정—에 의해 표현된다고 한 그녀의 주장은 제2물결의 페미니즘에 가치 있는 해석적 도구를 제공함으로써 정치철학에 기여했다. "사람은 여성으로 태어나는 것이 아니라 여성으로 되어가는 것이다"라고 한 보봐르의 유명한 말은 "사회적 구성(social construction)"의 문제를 페미니즘을 포함한 정치철학의 핵심적인 이슈로 부각시켰다.[67]

---

66 S. James, 위의 글, 503.
67 S. James, 위의 글, 504.

1980년대 후반부터 진행되고 있는 페미니즘의 셋째 물결은 정치·경제적 제도들을 넘어서 가정생활과 성관계는 물론 여성성 표현의 다양한 방식들에까지 관심을 보인 둘째 물결의 연장선상에서 이해할 수 있는 동시에, 성차(性差)에 입각해 있는 문화적 관행들에 대한 자체의 고유한 해석방식을 산출해냄으로써 둘째 물결과 차별성을 갖기도 한다.[68]

셋째 물결은 무엇보다 두 가지 이론적 변화에 의해 특징지어진다. 그 한 가지는 첫째 둘째 물결의 페미니즘 이론들이 은연중 백인 중산계급의 이해관계에만 집중함으로써 여성들 사이에 엄연히 존재하는 '차이(difference)'를 간과해 버렸다는 자각을 반영한다.[69] 앞 세대의 페미니즘 이론들은 상이한 맥락에서 영위되는 여성들의 다양한 삶을 고려하지 않는다. 그러므로 셋째 물결의 페미니즘 이론들은 국적, 계급, 종교, 성적 취향, 민족과 같은 요소들에 있어서의 차이와 여성들이 겪은 차별과 억압의 미묘한 차이들을 전면에 부각시킴으로써 여성들이 겪는 불이익의 본질에 대한 총체적인 설명에 종지부를 찍었다. 예를 들어 포르노그래피가 어떤 여성들은 억압하는 반면, 어떤 여성들에게는 능력을 준다면 그것을 통째로 비난하기는 어렵다.

셋째 물결의 페미니즘이 겪은 또 다른 놀라운 이론적 변화는 그동안의 페미니즘이 초점을 맞춰온 남성과 여성 사이의 차이를 문제시한 것이다.[70] 여성으로 존재할 수 있는 다양한 존재방식들이 있고,

---

68 S. James, 위의 글, 511-6.

69 S. James, 위의 글, 513.

70 S. James, 위의 글, 513.

또 각각의 존재방식들이 특수한 사회·역사적 맥락 속에서 구성되어지는 것이라면, 이런 논리를 좀더 밀고 나가서 성적 차이를 사회적 구성물—보봐르가 제시한 바와 같이—로 해석해서는 안 되는가? 이런 의문에 대해 숙고하는 과정에서 최근의 페미니스트들은 신체상으로 결정된 성적 특징들과 사회적으로 결정된 성차를 구분하는 대신에 신체적 성과 사회적 성 사이의 구분을 축소시키거나 붕괴시켜 버렸다. 그리하여 남성성과 여성성을 본질적으로 고정된 것이 아니라 문화적으로 승인된 (가변적인) 성차성(性差性)을 반영한 행위를 통해 표현되는 것으로 본다.

최근에 일어나고 있는 페미니즘 내부의 이론적 변화는 현대 정치철학의 다른 조류들, 예컨대 정체성 문제와 연관된 다문화주의 이론 및 정신분석 이론과 결합된 포스트모더니즘의 영향을 반영한 것으로, 페미니즘이 근대성의 거시정치(macro-politics)에 대비되는(일상생활 속에서 소그룹 단위로 수행되는) 포스트모던 미시정치(micro-politics) 형태와 일치하는 경향이 있다.

요컨대, 현대의 페미니즘 이론들은 그들이 접촉하는 다양한 비페미니즘 이론들과 상호 영향을 주고받으며 이론적 진화와 분화를 계속하고 있는바, 하나의 강력하고도 도발적인 정치사상적 조류로서의 페미니즘은 이런 확장된 (이론들의) 관계망 속에서 보다 더 잘 이해할 수 있다. 그리고 이런 분위기 속에서 현대 정치철학에 가장 독창적이고 자극적인 기여를 하고 있다.[71]

---

71 홀버그(M. Halberg)에 따르면 페미니즘 이론 내에는 극복할 수 없는 세 가지 긴장이 존재한다고 한다. 첫째는 객관주의와 상대주의의 긴장이다. 만일 때로 모순적일 수밖에 없는 많은 '여성적 관점들'이 있다는 것을 인정하면 어느 것이 더 객관적인

V. 글을 맺으며

서구 정치사상의 전통을 구성하는 대부분의 정치사상과 마찬가지로 20세기 후반 서양 정치사상의 흐름은 세계사적 의미를 갖는 사건이나 사태와 밀접한 관계에 있다. 복지국가의 후퇴, 냉전의 종식, 포스트모더니즘 예술과 문학의 대두, 다원주의와 공동체운동의 확산, 여성운동의 활성화, 그리고 세계화 등은 20세기 후반의 서구정치사상에 큰 영향을 미쳤고 또 그로부터 영향을 받은 사건들로서, 이 글에서 다룬 다양한 정치사상들의 형성과 변형에 큰 영향을 미쳤다. 이런 관점에서 보면 현재 진행되고 있는 정보화와 세계화과정 역시 정치사상 전반에 의미심장한 영향을 미칠 것이고, 또 정치사상으로부터 어느 정도 영향을 받을 것이라는 것을 예상할 수 있다. 예컨대, 세계화는 전통적으로 가장 중요한 정치학의 연구대상이 되어온 국가

입장인지를 결정할 수 있는 방법은 없다. 홀버그는 페미니즘은 이런 내적 긴장을 결코 해결할 수 없다고 주장한다. 둘째는 페미니즘이 지식의 기초로 강조하는 '경험' 개념이 지극히 모호하다는 점이다. 경험은 언제나 경험이 발생하는 맥락들에 의해 영향을 받는바, 모든 여성들에게 동일한 경험은 없다. 하지만 이 점에 대한 홀버그의 주장은 최근에 전개되고 있는 페미니즘 이론에는 해당되지 않는 듯 보인다. 최근의 이론들은 차이와 다양성에 초점을 맞추고 있기 때문이다. 하지만 다양성과 차이를 강조할 경우 객관주의와 상대주의의 긴장이 다시 부각된다. 셋째는 철학적·과학적 개념들은 전적으로 성차(性差)를 전제하고 있다는 페미니스트적인 아이디어는 그릇되었다는 것이다. 하지만 홀버그는 과학에 대한 페미니즘 철학의 도전은 이전에 무시되어 온 집단들과 문제들을 인식하도록 해주기 때문에 매우 가치가 크다는 것을 인정한다. M. Halberg, "Feminist Epistemology : an Impossible Project", *Radical Philosophy*, No. 53, Autumn, 3－6.

의 위상과 주권의 성격, 국제질서, 민주주의, 생태문제와 인권문제 등 다방면에서 이미 과거와는 다른 인식방식과 대응방식을 요구함으로써 현대 정치사상 내의 진화를 자극하고 있다.

이런 변화를 예상할 수 있음에도 불구하고 21세기 초반 현대 서양 정치사상의 큰 줄기는 자유주의를 대세로 하고—물론 내부의 다양성은 매우 중요하다—이에 다양한 사조들이 테마나 이슈별로 자유주의와 대립각을 세우며 공존하는 백가쟁명의 형세를 보일 가능성이 크다. 1990년대에 들어서 그 기세가 한풀 꺾이긴 했지만 포스트모더니즘이 제기한 문제의식은 여전히 타당성이 있는바, 그 지적·문화적·정치적 힘을 과소평가해서는 안 될 것이다. 그리고 마찬가지로 우리가 살고 있는 이 시대에 공동체의식이 소멸되었거나 소멸되어 가고 있다는 우려가 그 어느 때보다 강하게 표출되고 있고 지역공동체에 대한 관심이 더욱 고조되고 있는 사실은 공동체주의가 자유주의의 독주를 견제하거나 보완할 수 있는 중요한 사조로서 지속적인 영향을 미칠 것임을 말해주고 있다.

페미니즘과 정체성 정치사상의 경우에는 그 내부의 '차이'와 다양성이 극대화됨으로써 다소 혼란스러운 양상을 보일 가능성이 없지 않다. 그럼에도 불구하고 페미니즘이 남성(성)과 여성(성)의 관계에 대한 변화된 (그리고 광범위하게 확산된) 의식을 토대로 하고 있는 만큼, 그리고 19세기 중반 이후 오랜 진화과정을 통해 안정된 사상전통으로 확립되어 온 만큼 다른 유력한 정치사상들과 공존·공명하며 현대 정치사상의 지형도를 풍부히 할 것이 틀림없다.

이 글은 여러 가지 점에서 미흡하다. 무엇보다 다양한 정치사상 전통을 더 짜임새 있고 압축적으로 논의하지 못했으며, 어떤 부분에서는 주로 이차자료에 기댈 수밖에 없을 정도로 필자의 지식이 모자란 면도 있었다. 하지만 무엇보다 아쉬운 점은 이 글에서 다뤄진 서구 정치사상의 조류들이 한국적 맥락에서 어떤 의미를 가지는가에 대한 논의가 이루어지지 않았고, 특히 유교전통과 어떤 관계를 맺어 왔으며 또 맺을 수 있는가를 다루지 않았다는 점이다. 이 주제는 매우 흥미 있는 것이지만 별도의 연구가 필요하다고 보아 이 글에서는 다루지 않았다.

참고문헌

김비환. 2005. 『포스트모던 시대의 정치와 문화』. 박영사.

_____. 2005. 『자유지상주의자들, 자유주의자들 그리고 민주주주의자들』. 성균관대학교 출판부.

A. Etzioni ed. 1997. *The New Golden Rule : Community and Morality in a Democratic Society*. New York.

A. Giddens. 1994. *Beyond Left and Right*. Cambridge : Polity Press.

A. Gutmann. 1992. "The Communitarian Critics of Liberalism." in S. Avineri and A. deShalit eds. *Communitarianism and Individualism*. Oxford : Oxford University Press.

A. MacIntyre. 1981. *After Virtue : A Study of Moral Theory*. Notre Dame : University of Notre Dame University.

C. B. Macpherson. 1977. *The Life and Times of Liberal Democracy*. Oxford : Oxford University Press.

C. Gould. 1989. *Rethinking Democracy : Freedom and Social Cooperation in Politics, Economy and Society*. Cambridge : Cambridge University Press.

D. Easton. 1969. "The New Rwvolution in Political Science." *The American Political Science Review* 68(4).

D. Germino. 1963. "The Revival of Political Theory." *Journal of Politics* 25.

D. Harvey. 1992. "The Condition of Postmodernity." in S. Hall, D. Held and T. McGrew eds. *Modernity and Its Future*.

D. Kramer. 1972. *Participatory Democracy : Developing Ideas of the Political Left*. Cambridge, MA : Schenkman Publishing Company.

D. Miller and R. Dagger. 2003. "Utilitarianism and beyond : contemporary analytical political theory." in T. Ball and R. Bellamy eds. *Twentieth-Century Political Thought.* Cambridge : Cambridge University Press.

D. Ricci. 1984. *The Tragedy of Political Science : Politics, Scholarship, and Democracy.* New Haven, C.T. : Yale University Press.

I. Berlin. 1964. "Does Political Theory Still Exist." in P. Laslett & W. G. Runciman eds. *Philosophy, Politics and Society*, 2nd series. Oxford : Blackwell.

I. Honohan. 2002. *Civic Republicanism.* London : Routledge.

J. Farr, J. Dryzek and S. Leonard. 1995. "Introduction." in J. Farr, J. Dryzek and S. Leonard eds. *Political Science in History.* Cambridge : Cambridge University Press.

J. Gray. 1986. *Liberalism.* Minneapolis : University of Minnesota Press.

M. Halberg. 1989. "Feminist Epistemology : an Impossible Project." *Radical Philosophy* 53(Autumn).

M. Macdonal. 1951. "The Language of Political Theory." in A. Flew ed. *Logic and Language.* 1st series. Oxford : Oxford University Press.

M. Sandel. 1982. *Liberalism and the Limits of Justice.* Cambridge : University of Cambridge Press.

M. Walzer. 1989. "The Communitarian Critique of Liberalism." *Political Theory* 18.

P. Bachrach and A. Botwinick. 1992. *Power and Empowerment : A Radical Theory of Participatory Democracy.* Philadelphia : Temple University Press.

P. Dew. 2003. "Postmodernism : pathologies of modernity from Nietzsche to the post-structuralists." in T. Ball and R. Bellamy eds. *Twentieth-Century Political Thought.* Cambridge : Cambridge University Press.

R. Seidelman and E. Harpham. 1985. *Disenchanted Realists : Political Science and the American Crisis 1884-1984.* Albany : State University of New York Press.

S. DeLue. 2002. *Political Thinking, Political Theory, and Civil Society.* 2nd edition. Longman.

S. James. 2003. "Feminisms." in T. Ball and R. Bellamy eds. *Twentieth-Century*

Political Thought. Cambridge : Cambridge University Press.

S. Mulhall and A. Swift. 1992. *Liberals and Communitarians*. Oxford : Blackwell.

T. Weldon. 1953. *The Vocabulary of Politics*. Harmonsworth : Penguin Books.

U. Beck, A. Giddens and S. Lasch. 1994. *Reflexive Modernization*. Cambridge : Polity.

U. Beck. 1992. *Risk Society : Towards a New Modernity*. London : Sage Publications LTD.

W. Kymlicka. 1988. "Liberalism and Communitarianism." *Canadian Journal of Philosophy* 18(2).

W. Riker. 1990. *Political Choice and Rational Choice*. In Alt and Shepsle.

07

한국 정치사상의 재성찰

부남철(영산대학교)

Ⅰ. 서론

한국정치사상은 무엇인가? 이런 질문에 대해 아직 분명하게 대답할 수 없지만 한국정치사상 분야 연구의 현황과 과제, 이론적 동향을 점검하는 데 있어서 생각해 보지 않을 수 없는 문제이기도 하다. 그간 한국 정치학계에서는 계기가 있을 때 정치학의 현황과 과제를 점검하는 학술작업을 해왔는데, 그 중에서 한국정치학회가 1977년에 "한국 정치발전과 정치학"이라는 주제로 개최한 연례학술대회는 한국 정치사상 분야가 주목받는 계기가 되었다. 한국 정치발전과 정치학이라는 학술주제는 당시 정치학이 당면한 두 가지 과제인바, 한국의 정치학이 어떻게 한국의 정치에 기여할 수 있는가라는 문제와 학문으로서 한국의 정치학을 이론적으로 재점검해 본다는 취지였다. 이와 관련하여 "주체적 또는 자아준거적인 정치학"(문승익 1979, 45), "한국정치와 사상에 공헌할 수 있는 연구"(서정갑 1978, 11)의 필요성 등이 거론되면서 한국정치사상은 점차 한국 정치학의 정체성을 추구하는 상징적인 분야로 기대를 받게 되었다.[1] 이 시기를 전후하여 『한국정치 사상사』라는 제목의 저술들이 등장하기 시작했고(최창규 1972 ;

박충석 1982) 학술논문도 증가되었으나 서술주제와 대상은 주로 조선시대 유교정치에 관한 것이었다. 이러한 성과에 대해 학계에서는 연구대상에 있어서는 시대적으로 "한국 고유의 전통사상"과 "현대사상"으로의 영역 확대(한승조 1985), "방법론적으로 관념별·개념별 연구가 필요하다"는 제안이 있었다(조찬래 1987). 이런 상황에서 1987년에 출판된 『조선조 정치사상 연구』는 주목할 만한 시도였다. 이 책은 시기적으로 여말선초로부터 한말의 유교정치사상까지를 10인의 공저로 출판한 것인데,[2] 학자들이 공동 저술에 참여한다는 것 자체가 토론하고 논의할 수 있는 학적 공동체가 형성되어 가고 있다는 의미로 해석할 수 있기 때문이다. 이후에도 정치학자들이 특정 시대와 주제에 대해 연구한 저술들이 출판되었지만, 1991년에 김영국 외 14인 공저로 출판된 『한국정치사상』 또한 이 분야의 연구활동에 있어서 발전의 계기가 되었다.[3] 유교정치사상으로부터 학생운동과 같은 현대

---

1 1980년대까지 한국의 정치학계에서 한국정치사상사 분야는 분류상 정치이론에 속하기보다는 한국 정치의 한 분야로 인식되었다. 1983년(1981년 초판) 중판된 김영국 편, 『현대정치학의 대상과 방법』(서울: 법문사, 1983)의 서술 목차의 다음과 같은 분류가 그런 경향을 반영한다. 서양정치사상, 과학적 정치학. 비교정치, 정치과정, 정책학. 국제정치, 소련정치. 중국정치, 한국정치. 이런 경향은 당시의 정치학에 대한 일반 분류 방식이었던 "정치이론 및 사상. 비교정치. 국제정치. 한국정치"에 따른다고 하더라도 한국정치사상사는 지역연구(Area Studies) 등의 분야에 소속되었다.

2 한국정치외교사학회, 『조선조정치사상연구』(서울: 평민사, 1987). 이 책은 동시에 한국정치외교사학회 논총 제4집이다. 서술내용은 역성혁명(홍순창), 사화와 반정(김만규), 율곡(정태현), 조선 성리학(손문호), 실학(김한식), 개화(김운태), 척사논의(이택휘), 대외관(유근호), 동학(신복룡), 의병(김호성) 등이다.

3 김영국 외, 『한국정치사상』(서울: 박영사, 1991). 서술내용은 유교국가주의(손문호), 조광조(손문호), 정조조 천주교 비판(김홍우), 대원군과 고종(김영수), 최익현(김갑천), 갑오농민혁명운동(정기영), 한말 민족운동의 계보(김영국), 일제 하 여성운동(전미영), 조소앙(김용호), 해방정국(심지연), 안재홍(정윤재), 유신체제(손학규), 80년대

적 쟁점까지 서술한 것으로 한국정치사상 연구의 시대적 스펙트럼을 확대했다는 평가를 받았다. 시대별로 중요한 쟁점을 선정하고 서술했다기보다는 참여한 연구자들의 관심에 따라 서술주제가 선정되었다는 한계가 있었지만, 한국정치사상 연구주제가 무엇인가를 함께 고민하면서 서술하고자 했던 의도를 주목할 수 있다. 이후 한국정치사상사 연구 촉진의 계기가 된 것은 1996년 한국정치학회 하계학술대회였다. 물론 그 이전에도 한국정치사상에 관한 학술모임이 있었고 한국정치학회 월례발표회에서 관련 논문들이 발표되었지만, 한국정치학회의 학술대회에서 "한국정치사상"만을 위한 독립된 분과 발표회를 둔 것은 처음이었다. 1996년의 한국정치학회의 슬로건이 "정치학의 토착화, 정치학의 실학화"[4]였기 때문에 한국정치사상을 한국정치학회 차원에서 새롭게 조명하고 지원해 주자는 분위기가 형성되

학생운동(최문성), 80년대 민주화(임혁백), 주체사상(김연각, 손호철) 등이다.

4 신정현, "1996년도 한국정치학회 활동내용", 한국정치학회, 『한국정치학회오십년사: 1953-2003』, 617. 여기서 토착화라는 것은 "한국정치학이 해방 이후 외국(구미)학계로부터 도입, 소개된 많은 이론과 개념 및 방법들을 주체적으로 수용, 소화시켜 '우리 것들'로 만드는 창조적 과정을 증진시켜 나가는 것을 의미한다. 우리 것들로 만든다는 것은 도입된 이론, 개념, 방법들이 한국의 정치상황을 실증적·과학적으로 분석·이해하는 데 보다 많은 적실성을 갖도록 하는 일종의 '지적 쇄신작업'을 함축한다(신정현, 회장취임사, "한국정치학의 과제: 토착화와 실학화", 『한국정치학보』 30집 1호, 1990, 14). 1996년 6월 27일 한국정치학회 하계학술대회 주제는 "현대 한국정치의 재성찰: 전근대성, 근대성, 탈근대성"이었고, "조선전반기의 개혁사상(사회 김운태)"이라는 소주제로 부남철(조선건국기 역성혁명가의 개혁사상: 정도전의 민본정치를 중심으로), 전락희(여말선초의 개혁사상), 김석근(개혁과 혁명 그리고 주자학—여말선초를 산 정몽주와 정도전의 현실인식과 비젼) 등이 발표를 했고, 이를 포함하여 "조선의 개혁사상과 정치변동"이라는 부분에 "조선후기의 개혁사상의 고찰(배병삼)", "동학의 개벽사상(오문환)", "현대공동체이론과 동학(노태구)", 조선말기의 근대적 정치스펙트럼(구종서), "대원군 집정기 관료의 구성과 운용의 성격(안외순)" 등을 내용을 포함하는 한국정치학회 편, 『한국정치의 재성찰』(서울: 한울, 1996)이 출판되었다.

었다. 그리고 이러한 주장이 서양정치사상을 전공한 중진학자들에 의해 제기되었다는 점이 중요하다고 할 수 있다. 이를 계기로 1995년에 결성된 "한국정치사상연구회"가 1997년에 "한국정치사상학회"로 발족하였다. 그 설립 취지문에서 기존의 정치사상 연구에 대한 이론적 반성을 바탕으로 "동·서양 및 한국의 정치사상에 대한 종합적 연구를 추구한다"는 것이 그 핵심이었다. 이후 학술대회, 월례발표회와 학회지 『정치사상 연구』를 통하여 애초에 목적했던 바가 실천되고 있다. 또한 2001년에는 한국·동양정치사상사 연구를 위한 학회가 출범하였다. 이후 학계의 당면 과제는 학자들이 다수 참여하는 한국정치사상사에 대한 통사적 차원의 교재를 만드는 것이었다.[5]

지금까지 한국의 정치학에 대한 점검 또는 평가작업을 할 때는 어떤 계기가 있었다. 한국정치학의 "30년" 또는 "50년"과 같이 일정 기간 동안의 학계 성과를 점검할 때, "학회 운영방향에 대한 학회장과 집행부의 의지", 또는 한국정치학사에 대한 연구[6] 등이 그런 계기로 작용했다. 이런 차원에서 2003년에 출판된 『한국정치학회 오십년

---

[5] 이를 위해 한국 동양정치사상사 학회에서 한국정치사상사 현황과 과제와 한국정치사상사 서술 방법에 관한 학술발표와 토론이 있었다. 2002년에 간행된 『동양정치사상사』 창간호에 발표된 "한국정치사상 연구의 현황과 과제"(부남철 2003, 3월)는 2001년 9월 22일에 개최된 한국, 동양정치사상사학회 정례학술대회, "한국정치사상사, 무엇을 어떻게 가르칠 것인가"라는 주제 하에 발표된 내용이다. 또한 동양정치사상사 제2호에서는 통사편찬에 대한 일종의 설계도라고 할 수 있는 "한국정치사상사 집필을 위한 예비적 담론"(신복룡 2002, 9월)이 나오게 되었고, 이러한 설계를 바탕으로 한국·동양정치사상사학회 엮음, 『한국정치사상사: 단군부터 해방까지』(서울: 백산서당, 2005)가 출판되었다.

[6] 김영국 편, 『현대정치학의 대상과 방법』(서울: 법문사, 1981), 김계수 외, 『한국정치연구의 대상과 방법』(서울: 한울, 1993) 등이 한국 정치학 이론적 경향과 현황을 전반적으로 정리한 것이다.

사 : 1953-2003』는 한국정치학사에 대한 역사적 자료이고 종합적인 학술정리라고 할 수 있다.[7] 이 책에는 정치학의 이론적 쟁점과 연구 현황에 관해 각각 서술한 부분이 있다. 한국정치사상에 대해서는 "한국, 동양정치사상, 사상사 학사"(박충석 2003, 129-176)라는 제목으로 한국정치사상 연구방법론과 2003년까지의 연구현황이 상세하게 서술되어 있다.[8] 이렇게 한국정치사상사 분야에 대한 상당한 논의가 있었는데, 이제 다시 한국정치사상 분야의 이론적 동향을 진단해 보는 것은 나름대로의 계기가 있었기 때문이다. 그것은 통사로서의 『한국정치사상사』가 출판되었다는 점이다. 물론 그 이전에 개별 연구자들에 의해서 한국정치사상 또는 사상사라는 제목으로 연구서들이 출판되었지만,[9] 이 책은 한국·동양정치사상사학회 차원에서 그 작업의 필요성이 제기되었고, 오랫동안 준비와 토론을 거쳐 나온 공동의 작업이라는 데 의미가 있었다. 통사 『한국정치사상사』는 한국정치사상 연구의 현재 수준을 그대로 보여주는 지표라고 할 수 있다. 이런

---

7 이 책의 제3장(33-365) "한국정치학사"는 (1) 한국정치학사 총론(한배호), (2) 정치학 방법론과 정치이론(이정복), (3) 한국, 동양정치사상. 사상사 학사(박충석), (4) 서양정치사상연구 50년(임효선), (5) 한국정치 연구 50년(손호철), (6) 비교정치학의 연구동향(정희채), (7) 국제정치(김용구), (8) 행정학사(백완기)로 구성되어 있다.

8 또한 같은 시기에 한국정치사상 연구현황에 관해서는 배병삼, "한국정치사상 연구의 동향과 전망", 『국학연구』, 제3집(2003년 12월)의 내용을 참고할 수 있다.

9 2002년에 출판된 이재석 외 11명 공저의 『한국정치사상사』(서울 : 집문당, 2002)는 1997년부터 서술방향과 내용에 대한 논의가 있었고 집필진이 정해졌다. 서술주제는 단군신화, 삼국시대의 정치사상, 훈요십조와 시무28조(김석근), 고려말 조선초기의 정치사상(김영수), 정도전, 조광조(부남철), 이황(김명하), 이이(배병삼), 송시열(이영춘), 정약용(배병삼), 최한기(안외순), 척사위정론(이재석), 개화파(이원영), 동학(오문환), 종용은(정용대), 김구(정경환) 등에 관한 것이었다. 서술의 방법은 각 주제에 대한 기존의 연구성과를 소개하고, 관련 주제 또는 사상에 대해 전반적으로 설명하는 방식이었다.

성과에서 볼 수 있는 바와 같이 이제 한국정치사상에 관한 연구자들이 증가했고, 연구대상의 시대적 스펙트럼이 확대되었으며, 다양한 방법론 또는 관점이 나오게 되었다. 바로 이런 상황에서 잠시 숨을 고르고 한국정치사상은 무엇이고 그것을 어떻게 연구하고 교육할 것인가를 이론적으로 성찰해 보는 작업은 그 다음 단계의 발전을 위해 필요하다고 생각한다.

Ⅱ. 한국정치사상의 정체성과 연구방법

한국정치사상은 무엇인가? 어린이들을 위한 동화 『이상한 나라의 엘리스』에는 정체성에 대해 질문하는 대화가 등장한다. 약을 먹으면 몸이 커지거나 작아지면서 몸의 모습이 변해버린 엘리스에게 애벌레가 이렇게 질문했다. “너는 누구냐?”[10] 자기 자신도 곧 몸의 형태가 변할 애벌레가 이런 질문을 했다. 이와 같은 상징적 질문에는 몸의 변화와 정체성 문제가 들어 있다. 한국정치사상의 정체성을 알기 위해 고민할 때 다음과 같은 2가지 문제가 뒤섞여 있다. 그것은 “한국적인 것은 무엇인가?”라는 질문에 대답하는 것이다. 그리고 정치학의 한 분야로서 “한국정치사상은 무엇인가?”를 고민해야 한다. 그렇지만 문제는 “한국적인 것” 그리고 “정치사상적 연구방법”이라는 것

10 루이스 캐럴 · 손영미 역, 『이상한 나라의 엘리스』(서울 : 시공사, 2003), pp. 61-63.

에는 어떤 고유한 요소가 있겠지만 그렇다고 해서 그것이 연구자들에 의해 발견되기를 기다리고 있는 전적으로 고정불변의 대상은 아니라는 점이다.

1. 한국정치사상의 정체성

한국정치사상 연구에 있어서 정체성 문제가 왜 논의되어야 하는가? 이런 문제제기는 한국정치사상 연구에 있어서 "왜 한국적 시각이 필요한가?"라는 질문과 연관이 있다. 이에 대한 학계의 대답은 "이론적 · 현실적 적실성을 확보하기 위한 것"(강광식 2005)이었다. 또한 "우리의 역사와 사상을 우리 자신의 눈으로 바라보는 '자아준거적인' 태도와 행동이 필요하다(정윤재 1999, 23)는 지적이나 한국정치사상 연구에 있어서 학문적 비자주성(정윤재 1999, 35)에 대한 지적도 같은 맥락에서 나온 것이다. 한국의 정치학 그리고 정치사상 연구의 빈곤원인으로 학계의 "서구중심주의"를 지적한 연구(강정인 2000)도 결국은 같은 문제의식에 기반하고 있다. 한국의 정치학에 있어서, 그리고 한국정치사상 연구에 있어서 정체성이 없다는 것에 대한 우려는 곧 한국의 정치현실에 조응하는 이론적 틀이 없다는 것에 대한 우려와 동일한 것이다. 그리고 그 자리를 대신 차지하고 있는 서구중심주의적 연구경향의 문제를 지적한 것이다. 한국정치사상 연구와 교육에 있어서 그것이 필요한 이유는 그것이 우리의 것이기 때문이라기보다는 이론적으로 바로 보는 정치학, 정치사상을 위해서라는 것이다. 여기서 "한국적"이라는 것은 시대에 그 대상과 범위가 변한다는 생각할 필요가 있다. 그래서 고정된 실체로서의 그것을 잡을 수는 없는 것이다. 다만, 그것을 찾는 노력을 멈출 수 없는 이유는 그렇게 하는 과정에서 한국정치사상을 제대로 보는 학문적 태도가 유지되기 때문이다. 한국정치사상의 정체성이라는 것은 한국 사람만이 찾을 수 있는 것이 아니라, 이 분야를 연구하는 학자들이 학문적으로 함께 추구해야 할 이론화 작업의 하나이다. 그래서 최근 한국학(Korean Studies)이라는 분야에서 활동하는 외국인 학자들도 함께 고민할 수 있는 문제인 것이다.[11] 그러면 한국정치사상의 정체성을 구성하는 요소들은 무엇일까? 이에 대해서는 더 많은 논의가 필요하겠지만 우선 방법론 차원에서 제기된 쟁점들을 정리해 본다.

2. 정치사상과 정치사상사

분류한다는 것은 이론화의 첫 단계라고 할 수 있는 중요한 작업이다. 분류하는 행위 그 자체는 이미 나름대로의 이론이나 관점을 드러내는 것이다. 위에서 인용한 박충석 교수의 글 "한국, 동양정치

---

11 최근에 외국학자들에 의한 한국학 연구성과에 있어서 한국정치사상 연구에서도 참고할 만한 자료들이 증가하고 있다. 조선 후기 유교와 천주교의 관계에 대해서 연구한 Don Baker(2004), 조선건국기에 유불의 혼재상황, 또는 신유학의 도입에도 불구하고 불교와 전통적 유교가 조선전기에 상당부분 지속된 상황을 서술한 John Duncan(1999), 그리고 한국정치사상에서는 비교적 연구가 적었던 주제인 조선시대의 무속 등에 대해 연구한 Bouderwijn Walraven(1999), 조선시대 불교에 대해 연구했고 지눌전집을 영역한 Robert E. Buswell(1983), 조선시대 유교와 가족, 성리학에 대해 연구한 Martina Deuchler(1992) 등의 연구는 한국정치사상 연구주제와 관련성이 높고 특히 참고할 만하다.

사상, 사상사 학사"라는 긴 제목은 "사상"과 "사상사"의 차이에 대한 학계의 다양한 관점 또는 이견을 섬세하게 배려하면서 서술한 것이다.[12] 현재 학계에는 한국정치사상을 정치이론으로 접근하는 관점에서는 "정치사상"이라는 용어를, "정치사의 입장에서 장치사상사를 다루는 입장"에서는 정치사상사라는 용어를 은연중에 선호하는 경향이 있다. 한국정치사상(사)에 관한 저술이나 논문의 제목 또는 학회의 명칭을 보면 "정치사상" 또는 "정치사상사"라고 되어 있는데, 이는 나름대로 접근경향의 차이를 염두에 두고 그렇게 한 것이다. 둘을 분명하게 구별하기는 어렵고 또 양자의 차이를 의식하지 않고 사용하는 경우가 있으나, 정치사상의 관점에서는 관념이나 개념 등의 분석에 초점을 두는 정치이론의 측면을 주목하고, 정치사상사의 관점에서는 정치사적 요소를 종합적으로 고려하는 경향이 있다는 것이다. 한편 한국정치사상 분야에서도 시대적으로 고대와 근현대 등을 종합적으로 다룬 통사적 성격의 공동 저술에서 "정치사상사"라고 되어 있는 경우는 다수의 연구자들이 참여하기 때문에 사상과 사상사에 대한 서술 관점의 차이를 구태여 부각시키지 않은 점이 있다. 한편 정치사상의 역사라고 하는 관점에서 정치이론적 시각을 중시하면서 정치사상사라는 용어를 사용하기도 한다. 정치사상의 관점이지만 "정치사상사"라는 제목으로 된 것은 세바인(George H. Sabine)의 저술에서와 같이 "정치이론의 역사(A History of Political Theory)"라는 의미

12 이에 관해서는 다음과 같은 지적이 있었다. "정윤재의 경우는 정치사상을 정치이론으로 보고 있고 최창규, 박충석, 이택휘, 신복룡의 경우는 정치사의 입장에서 정치사상사를 다루고 있다"(신복룡, "한국정치사상사" 집필을 위한 예비적 담론. 『동양정치사상사』, 제1권 2호[2002. 9]. 18-19. 각주 6).

로서 해석할 수 있다.[13] 또한 한국의 유학에 관한 연구에 있어서도 "유학사"라고 할 경우에도 이는 위에서 사상의 관점에서 분류한 바와 같은 맥락에서 역사적 사실보다는 "유학의 학설사"를 칭하기도 한다.[14] 한국의 정치학계에서는 미국 정치학의 영향 때문이라는 지적이 있으나 정치사상을 정치이론에 포함하여 이해하는 경향이 주도적이었다.[15]

한편, 정치사상을 정치이론으로 이해하는 관점의 연구는 주로 정치사상가의 저술을 대상으로 그 속에 담겨 있는 핵심 개념 등을 분석·서술하는 데 초점을 둔다. 예를 들면 정도전의 『삼봉집』에 들어 있는 「조선경국전」, 「경제문감」, 그리고 「불씨잡편」과 같은 논평 등이 중요한 분석자료가 되는 것이다. 그리고 이런 연구는 서양정치사상에 있어서 "위대한 사상가 연구(The Great Studies)"와 같은 맥락에 있다. 그렇기 때문에 연구자료를 분석할 때도 『조선왕조실록』, 『고려사』 등과 같은 역사적 자료보다는 사상가의 저술, 문집 등을 우선 주목한다. 그렇지만 정치사와의 연관성을 주목하는 관점과의 차이 또

13 그런 예로서 김계수, 『구미정치사상사』(서울 : 일조각, 1983)가 있는데, 책은 정치사상을 정치이론의 한 부분으로 이해하고 서술한 것이다. 제1장 "정치이론(political theory)이란 무엇인가?"(pp. 2-5 참고).

14 이병도, 『조선유학사』(서울 : 아세아문화사, 1987), 현상윤, 『조선유학사』(서울 : 현음사, 1982) 등이 이런 경향이라고 할 수 있다.

15 "미국서는 정치사상(political thought 혹은 political philosophy)을 정치이론(political theory)이라는 이름으로 강의해 왔다." 서정갑, "미국정치학의 특성과 한국정치사상의 연구상황", 『한국정치학회보』 제12집(1978) p. 6 ; 데이비드 이스톤(David Easton)도 1983년 4월 29일에 한국정치학회 초청강연에서 정치이론에는 과학적 정치이론 이외에 위대한 사상가에 대한 연구, 방법론, 이데올로기에 대한 연구 등을 포함한다는 견해를 표명하였다(David Easton, "The Role of Political Theory in Political Science", 1983년 4월 29일. 한국정치학회 외국학자 초청강연회. 서강대학교).

는 경계가 그렇게 분명하지는 않다. 연구자의 경향에 따라, 또는 연구주제에 따라 그 경계가 사실상 모호하다. 그리고 학계에서는 구태여 양자를 구별하는 것도 실익이 없다고 보고 양자의 혼합적 관계를 인정하는 경향이 있다. 정치사에서 정치사상으로, 그리고 정치사상에서 정치사로의 순환을 거치는 과정에서 이론적 발전을 기대할 수 있다는 것이다. 학계의 기존 연구성과를 축적하면서 발전하려면 다양한 경향이 병존할 필요가 있음을 대부분 인정한다. 정치사상이 정치이론과 정치사 중에서 어느 쪽인지 하나만 고르라는 것은 관념 속의 구분이다. 실존의 한국정치사상 학계에는 양쪽의 경향이 다 존재하고 있고 그 경계 또한 막연하다.

그럼에도 불구하고 그 중에 하나를 선택해야만 한다면 필자는 한국정치사상은 정치이론 쪽으로 구분하는 것이 현 단계의 정치학 경향에 부응하는 것이라고 판단한다. 택일적인 선택이 아니라 선후의 관계로 보면 정치사상 연구에 있어서는 사상적 요인이 우선적 주목의 대상이고 역사적 쟁점은 그 다음 단계의 문제라고 생각한다. 실제와 사실의 문제도 중요하다. 그렇지만 가설으로서의 “자연상태”가 실존했는가를 역사적으로 검증하는 수고를 들이지 않아도 그 다음 단계의 정치이론을 전개할 수 있는 차원과 이론적 필요가 존재한다. 정도전이 구상한 “총재정치론”이 단지 설계도에 불과했어도 이런 정치적 구상은 한국정치사상에 있어서 중대한 의미를 갖는다. 그렇다고 해서 정치현실의 세계를 외면하자는 것이 아니다. 그리고 정치적 사건의 실제 원인과 결과를 소홀히 하자는 것도 아니다. 다만 정치사상의 영역에는 정치적 사실을 넘어서는 정치사상가의 상상력, 관념, 미래의 정치세계에 대한 청사진이 있다는 것이고, 이를 이론적으로 개념화하고 재해석하는 데 있어서 실존의 세계를 넘어서는 관념의 자유가 필요하다는 것이다.

3. 한국적인 것과 한국정치사상

한국정치사상 현황을 분석한 결과를 보면 연구주제, 대상이 주로 조선시대 유교정치에 집중되어 있다. 그런데 이 주제 연구자들이 빈번하게 듣게 되는 질문은 중국의 유교와 한국의 유교가 어떻게 다르냐는 것이다. 조선시대의 유교정치를 설명할 때 『논어』, 『맹자』, 그리고 주자의 저술을 근거로 제시하는 학자들이 주로 받게 되는 질문이다. 한국적인 유교가 무엇인지를 골라내기기 쉽지 않다는 것이다. 이와 관련하여 이 분야의 학계에서는 한국적이라고 할 수 있는 그 무엇을 "특수성"이라는 용어로, 그리고 중국, 한국, 일본이 공유하는 그 전체적인 것을 "보편성"이라는 용어로 구분하여 설명해 왔다. 그런 구분 속에서 우선 특수성에 대해 주목하자는 지적이 있다. 보편성도 좋지만 "한국, 중국, 일본은 문화, 사상의 역사적 발전양식이 병렬적 발전의 성격을 강하게 지니고 있어 연구에 있어서도 한국, 중국, 일본의 독자적 문화, 사상의 발전에 유의하는 것이 자연스럽다"(박충석 2003, 136)는 것이다. 그리고 이런 사례에 대해 "주자학의 경우를 보더라도 중국에서는 12세기 후반에 체계화되나 한국에서는 16세기 후반 퇴계의 단계에 이르러서야 주자학에 대한 체계적 인식이 구축되며, 일본의 경우는 17세기 후반에 이르러서 주자학에 대한 체계적인 이해가 진행되기 시작하였다"(박충석 2003, 136)는 점을 지적하였다.

이렇게 특수성을 주목하는 것에 대해 한편으로는 보편성에 대한 고려도 필요하다는 지적도 있다. 이황을 강의할 때 송대 주자에 대해, 그리고 선진 유학에 대해 소급해서 논의해야 하는 상황이 발생하는 것을 생각하면 그렇다는 것이다. 그리고 "한, 중, 일 삼국과 베트남은 서로 통하는 바가 많기 때문에 이런 나라에 대한 정치사상 연구에 있어서 보편성을 고려치 않을 수 없다"는 것이다(이원택 2002, 한국동양정치사상사학회소식). 물론 이런 특수와 보편에 대한 논의는 대립적이라기보다는 양자를 함께 고려해야 한다는 차원의 지적들이다. 그리고 양자의 보완적 관계에 대해서는 학계에서 공감하고 있다. 그럼에도 불구하고 정치사상에 있어서 한국적인 것의 내용이 무엇인가에 대해서는 아직 해명되지 않고 있다. 문제제기 부분에서 지적한 바와 같이, 정체성 자체가 시대와 관점에 따라 달라진다는 점을 이해하지만 그렇다고 하더라도 근본적인 질문을 피해갈 수는 없는 것이다.

4. 한국정치사상 연구방법의 사례 : 내재주의적 방법

위와 같은 문제에 대해 박충석 교수는 『한국정치학회 오십년사』에 기고한 글에서 나름대로의 방식을 제안하고 있다. 우선 사상의 관념과 개념 연구에 주목하여 개별 사상가의 사상에 착안하자는 것이다. 그에 대한 관념, 개념의 분석을 토대로 추상화된 정치철학의 길을 간다는 것이다. 그런 다음 이런 것이 실천적인 정치사상으로서 의미를 갖기 위해 "사상을 형성하는 주요 관념들이 역사적으로 어떻게 의미변화하고 있는가?"라는 질문을 통해 그 사상의 역사적 변용을 주목한다는 것이다. 이렇게 하면서 사상의 정치, 경제, 사회적 기초와의 상호작용에 착안하면서 사상의 역사적 역동성을 실체적으로 파악한다는 것이다(박충석 2003, 130-133). 이런 접근방식은 위에서 지적한 특수와 보편, 또는 "개별주의적 어프로치"와 "보편주의적 어프로치"를 단계적으로 수렴·종합하는 의미도 있다. 박충석 교수에 의하면 일차적으로 역사적 개체에 착안해야(개별주의적 어프로치) 한다는 것이다. 그런 다음 지적 축적의 추상화 단계 과정을 거쳐 보편적 원리(가치와 규범)에 접근한다는 것이다(박충석 2003. 132-133). 이런 접근은 아직 연구가 되지 않은 개별 사상을 정치사상적으로 분석하는 작업을 통하여 점차 보편적 원리에 접근하고, 이것이 다시 현실의 역사, 상황에 적용되고, 그것이 변용된 측면을 거듭 연구하자는 순환적 관점을 유지하는 것이다.

그러면 처음으로 시작되는 개별적 정치사상 사례는 어떻게 접근해야 하는가? 이에 대해 박충석 교수는 일차적으로 개별주의적 어프로치를 인정한다면 그 "연구방법은 연구대상 속에 있다"고 설명한다. 이는 앞에서 나온 용어이지만 "자아준거적인 학문적 입장"과 같은 맥락인데, 이런 방식을 "연구의 내재주의적 입장"(박충석 2003, 133)이라고 표현한다. 연구자가 도달해 있는 현재의 시점이 아니라 그 자체로서 즉물적으로 파악하는 것, 또는 가치자유의 학문적 태도를 말하는 것이다. 이런 쟁점에 대해 방법론적으로 학자들 사이에는 특수와 보편, 그리고 개별주의와 보편주의가 대립적인 것이 아니라, 이는 단지 연구에서 우선적으로 주목할 관점에서의 차이 정도로 인식하고 있다. 그리고 정치사상이 역사적 사실을 통하여 어떻게 반영되었고 변용되었는가를 살펴야 한다는 점에 대해 공감하고 있다. 여기서 문제가 되는 것은 그런 연구태도의 문제가 아니라 그 내용에 관한 것이다. 이 점에서 바로 위에서 지적한 "한국정치사상에 있어서 내재주의적 입장"(박충석 2003, 133)에 대한 논의가 필요한 것이다. 그 내재적인 것이 무엇인가를 생각해 보자는 것이다. 이에 대해 박충석 교수는 "정치사상, 사상사를 연구대상으로 할 때 그 속에 어떤 형태의 사유양식이 내재해 있는가, 또는 기조를 이루고 있는가에 착안하게 된다"는 마루야마 마사오의 견해를 인용하였다(박충석 2003, 134). 그렇게 해서 찾아지는 사유양식의 기조라는 것은 "인간, 자연을 어떻게 인식하고 있는가?, 현실인식, 가치이념, 질서관, 실천론 등이 어떤 형태로 구축되어 있는가? 사유양식의 특징이 현실을 어떻게 규정하고 있는가? 등과 같은 질문이라는 것이다. 그리고 이를 사회의 정치·경제·사회적 기초와의 구조적 연관해서 착안하고 다시 현실의 구체적인 정치, 경제, 사회로부터의 반작용을 거치고, 이는 다시 사상의 의미변화 초래한다는 것이다(박충석 2003, 134).

5. 한국정치사상 연구를 위한 제안들

또한 한국정치사상 서술과 자료해석 등에 있어서 다양한 제안들이 있었다. 우선 정치사상 연구의 적실성 제고를 위한 "정치언어의 역사적 연구방법"(강광식 1998, 4-7)을 주목하는 관점이 있다. 그것은 "정치사상을 일종의 '언어행위' 내지 '담론'으로 간주한다"는 스키너

(Quentin Skinner)와 포칵(J.G.A. Pocock)의 접근방식을 참고한 것으로, "정치사상사 기술에 있어서 구구한 설명보다는 각 정치언어의 문법 체계를 이해하고 이로써 그 발언이 가지는 정치적 함의를 규정하는 것이 중요한 과제"라고 보는 것이다(강광식 2005, 한국동양정치사상사학회소식). 그러나 "텍스트"를 그것이 나온 또는 처한 "콘텍스트"에서 보자는 주장의 실효성에 의문을 제기하는 견해도 있다. 스키너는 특정 텍스트가 나오게 된 그 시대상황을 정밀하게 추적해서 텍스트의 본뜻이 무엇인가를 텍스트 밖의 환경과 연관지어서 도출해내는 자료활용법을 제시했지만, 이를 조선에 적용할 때 이런 작업은 구체성을 결여한 채 막연한 외곽조사에 그칠 가능성도 있다는 것이다(조민 2002, 한국동양정치사상사학회소식).

그 다음으로는 정치사상과 언어의 중요성을 주목하는 견해가 있다.[16] 기본적으로 말로 이루어지는 정치의 본령에 접근하기 위해서는 기존의 문헌 위주의 분석에서 탈피해야 한다는 것이다. 참고로 『논어』의 마지막 문장을 인용해 본다. "사람이 하는 말을 알지 못하면 그 사람을 알아볼 수 없다(不知言이면 無以知人이라)." 이 문장을 전락희 교수는 "말을 알고, 사람을 알고, 마침내 가야 할 길을 알기 위해 배우지 않으면 안 된다"는 뜻으로 종합적으로 해석했다.[17] 정치사상에서 언어의 중요성을 지적한다는 것은 말을 통해 살아 움직이는 정치의 세계에 대한 연구가 필요함에도 불구하고 문헌분석으로 치우

16 김홍우, "한국정치사상연구의 새로운 지평", 한국 · 동양정치사상사학회 엮음, 한국정치사상사 : 단군에서 해방까지(서울 : 집문당, 2005), p. 730.

17 전락희, "정신적 생애와 독서인", 한국동양정치사상사학회소식, 제2권 1호, 2002년 12월 31일.

치면서 정치에 대한 연구가 정치의 본질에서 멀어지고 있음을 우려한 견해라고 할 수 있다. 최근 정치사상 분야에서는 공론정치라는 주제에 대한 연구가 늘고 있다. 특히 조선시대의 공론정치에 대한 연구는 당시의 군주, 관료들의 정책결정에서 볼 수 있는 공론을 통한 합의와 설득의 문제를 주목함으로써 조선시대의 그것이 사적인, 또는 무원칙의 결정이 아니라 공적인 정치과정이었음을 밝히는 데 중점을 두는 경향이다.

한편, 정치사상의 비교연구를 주목하자는 경향도 있다.[18] 위에서 지적했던 바와 같이 한국정치사상 연구에 있어서 빠지기 쉬운 함정은 주관적인 관점이다. 이런 오류 또는 위험을 피하기 위해 도움이 되는 것이 비교의 관점이라고 할 수 있다. 비교정치 분야에서도 "왜 비교하는가"라는 유명한 질문을 제기하고 있지만, 결국 비교라는 것은 좀더 본질에 접근하기 위한 안전한 방법이라고 할 수 있다. "분류"라는 것과 함께 "비교"라는 것이 이론화 작업의 유용한 분석도구라고 할 수 있고, 이는 정치사상 연구에도 참고가 된다. 특히 이런 시도는 한국, 중국, 일본처럼 사상적 공통성과 차이점이 있을 수 있는 대상에 대한 연구에 있어서도 유용할 것으로 평가된다.

한국의 인물사를 정치사상가의 시각에서 정리한 전기정치학적 연구관점도 있다(신복룡 1999). 현재 정치학의 학문적 분류에 있어서 아

18 정치사상사 연구가 객관성, 설득력, 균형감각을 갖추기 위해서는 역시 비교사상적인 방법론이 필요하고 효율적이다(김석근 2002/12/31 2권 1호 한국 동양정치사상사학회 제1회 국제학술회의. "동아시아 근대사와 정치리더쉽 : 한국, 일본, 중국의 비교연구, 그 의미와 성과) ; 이런 작업에 대해 박충석 교수는 한국의 문화, 사상의 발전과 밀접한 연관성을 갖는 중국, 일본의 정치사상과 비교연구. 이런 비교연구의 장점은 한국정치사상의 특수성과 보편성을 해명(박충석 2003, 135).

직 전기정치학이라는 용어는 익숙치 않은데, "정치(사)학자가 정치가(정치가, 군인, 혁명가)의 일대기를 통하여 정치학적 의미를 도출하는 학문"(신복룡 1999, 51-52)이라고 한다. 이러한 접근은 사상가의 생애와 사상에 대한 일종의 평전에 접근하는 경향이 있어서 개념 분석을 중시하는 서양정치사상 연구의 "위대한 사상가 연구(The Great Studies)"와는 다르다. 한편 이러한 연구는 정치가, 정치사상가의 관념적 구상에 대한 분석에 더하여 개인적 또는 사적인 동기, 당시의 상황 등도 분석요소로 주목하는 특징이 있다.

이렇게 한국정치사상 분야에 존재하는 접근방식에서의 차이가 있는데, 이에 대해 박충석 교수는 외국에서도 정치사상 연구에 있어서 "하나의 독립된 학문(discipline)으로서 시민권을 가지고 있다든가, 또는 이 분야의 학계가 공유하는 연구방법론상의 정설이 있다든가 하는 것은 아니다"라고 하면서 한국정치사상은 정치학의 하나의 분과로서 그 속에 존재하는 학풍의 다양성을 인정하지 않을 수 없다고 지적하였다(박충석 2003, 130).

여기까지 한국정치사상의 연구방법론과 관련된 쟁점들을 정리해 보면, 어떻게 하면 그 정체성 문제에 접근할 수 있을까, 또는 어떻게 하면 정치사상의 핵심을 바로 볼 수 있을까 하는 문제의식이 주류를 이루었다고 할 수 있다. 이제 한국정치사상은 무엇인가라는 학문적 정체성 탐구는 한국정치학자들 사이에서 그 연구대상, 범위, 방법 등에 대해 공유하는 학문적 인식, 분석의 방식이나 태도가 있느냐의 문제로 초점을 두는 것이 필요하다. 물론 관점의 다양성이 필요하지만, 한국정치사상 분야에서 정치학자들 사이에 공유하는 최소한의 그 어떤 것이 필요하다고 생각한다. 시대가 변하고 연구대상이 변하고 있는데 고정불변의 한국정치사상의 어떤 정체성을 발굴하자는 것이 아니다. 그것은 어쩌면 영원히 불가능할지도 모른다. 다만 학문으로서 정치학자들 사이에서 공유하는 가치관과 연구태도, 관점을 만들어 가는 노력이 필요하다는 것이다. 그것은 모두가 합의해야 할 것은 아니지만 학적 공동체가 가져야할 최소한의 접근태도, 공유하는 용어, 이론적 전제들이 필요하다는 것이다.

Ⅲ. 통사와 연구경향

2005년에 한국·동양정치사상사학회에서 출판한 통사는 지금까지의 한국정치사상 연구의 성과를 반영한다는 의미가 있다. 그러면서 한국정치사상 연구자들의 학문적 이상과 연구의 현실을 알 수 있게 해주는 지표이기도 하다. 이를 출판하기 위해 그간 학계에서는 어떤 주제를 어떻게 서술할 것인가에 관한 주제 발표와 토론이 있었다.[19] 그런 자료 중에서 『동양정치사상사』 1권 2호에 게재된 "『한국

---

19 한국·동양정치사상사학회는 2001년 9월 22일 <한국정치사상사, 무엇을 어떻게 가르칠 것인가>라는 주제로 "한국정치사상사, 교수와 교재 시론: 협동강의 사례를 중심으로(김석근, 이원택, 박현모, 정용화)", "한국정치사상사, 연구현황과 과제(부남철)"라는 2건의 연구발표를 진행했다. 또한 2002년 7월 22일에는 <한국정치사상사 교재개발을 위한 학술대회>를 개최했고, "한국정치사상사, 어떻게 서술할 것인가(부남철)", "한국정치사상사 강의와 연구를 위한 시론: 서울대 협동강의에 대한 보고서"(박현모)라는 주제 발표가 있었다. 다시 2002년 11월 2일에는 <통사차원의 한국정치사상사 교재개발>이라는 취지로 "정치사상사 연구의 대상과 방법"(강광식), "한국

정치사상사』 집필을 위한 예비적 담론"(신복룡 2002)은 통사를 만들어 내기 위한 일종의 설계도라고 하는 점에서 참고할 필요가 있다. 기존에 출판된 통사와 그 이전에 이를 출판하기 위해 논의했던 자료를 비교 검토하는 것은 학계의 이상과 현실, 그리고 현재의 연구경향을 파악하는 데 도움이 된다.

우선 (1) 기존의 한국정치사상 연구에 있어서 연구의 중요성은 늘 지적되었지만 비교적 덜 연구된 분야가 있는데, 그것은 도교에 관한 것, 그리고 특히 고려시대의 도참사상 등에 관한 것이다. 예비적 담론목차에도 "제4장 도교 자연에 대한 인식의 출발"이라고 되어 있으나 통사에서 이 부분에 대해 서술한 내용은 없다. 한국정치사상사에 있어서 전통적인 요소로 흔히 유, 불, 선을 거론한다. 유교에 관해서는 위에서 정치사상적으로 분석할 측면이 많기 때문에 한국정치사상 연구는 이 주제에 집중되어 있다. 그러나 도교에 관한 연구는 부족하다. 특히 고려시대의 도참사상에 관한 부분은 당시의 실제 정치의 세계에서 중대한 영향을 미쳤기 때문에 빼놓을 없는 연구대상이라고 할 수 있다. 사실, 이에 대해서는 한국정치사상 전공자들의 기존의 연구성과에서도 거의 찾기 어려운 형편이었다. 이런 학계의 경향을 통사도 그대로 반영한 것이다. 초기의 불교에 관한 내용에 있어서 예비적 고찰목차에는 원효와 의상이 독립적으로 서술될 수 있는 분야로 구분되어 있었지만 통사에는 "나말여초의 정치사상"에 포함되어 서술되었다. 이후 통사에서 불교에 관한 내용은 고려 호국불교의 정치사상과 정도전의 불교 비판론에 관한 부분이 있지만

정치사상사 집필을 위한 예비적 담론"(신복룡)이라는 주제발표가 있었다.

조선시대의 불교에 관해 서술한 부분은 없다. 도교, 무속에 관한 서술도 극히 적다.

⑵ 또한 김부식과 최승로 대한 서술이 비교적 부족하다. 고려시대는 이념적으로도 유불선이 이념적으로 대립 없이 공존했었고, 정치적으로 필요할 때 이런 요소들이 상황에 따라서 선택적으로 활용되었다. 그리고 고려시대에는 불교가 정치적으로 주도적인 위치에 있었다고 인정되고 있지만, 그럼에도 불구하고 역시 정치의 세계에서는 유교적 교양을 갖춘 지식인들이 주도적인 역할을 했다. 최승로는 불교의 세속화에 대해 특히 불교의 정치적 확대에 대한 비판을 통해 불교를 종교영역으로 돌려놓으려고 했다는 점에서 주목할 만하다. 또한 김부식은 『삼국사기』의 저자로서 당시의 정치이념을 반영한다는 점에서 중요하다.

⑶ 조선시대에 있어서는 김시습에 관한 서술에 대해서도 문제를 제기할 수 있다. 단지 예비적 담론목차에 있었는데 통사에는 서술되지 않았다는 그 점을 지적하려는 것은 아니다. 김시습을 언급하지 않은 것 자체가 이미 조선시대 정치사상사에 대한 서술의 단편성을 반영한 것이라고 할 수 있다. 예비적 담론에서는 고려시대를 "중세시대 : 교정의 갈등과 공존", 조선후기 이전을 "근세 : 주자 성리학의 논변"이라고 그 편명을 정했다. 통사에서는 "고려시대 : 초월과 세속의 정치사상", "조선시대 (I) : 정치와 도덕의 긴장"이라고 그 편명을 정했다. 이런 취지에서 본다면 고려시대는 불교와 유교 정치사상의 관계를, 조선시대에는 유교 정치이념과 현실정치와의 긴장관계에 주목을 한 것으로 기대되었다. 그런데 문제는 여말선초에는 물론 조선시대에도 여전히 불교가 조선에 존속했다는 점이다. 그리고 나름대

로 정치권과의 관계를 유지하고 있었다. 휴정의 『선가귀감』에는 불교의 정치적 입장을 선명하게 서술한 내용이 있다. 김시습을 유교의 도학자적 관점에서 보면, 선명하게 사림(士林)의 길을 간 것도 아니고 또 나중에 불교와 관계를 맺었기 때문에 그다지 중요하지 않을 수 있다. 그렇지만 그는 당시에 지식인들 사이에서 유불이 혼합적이었고 병존했던 경향을 반영하는 사례인 것이다. 그가 살았던 시대에는 여전히 불교가 생활 속에 남아 있으면서 종교적 기능을 담당하고 있었고, 또 유학자들이 불교에 대한 신앙심을 유지하기도 했던 실제의 사조를 반영한다는 점이다. 조선시대 유교정치사상을 연구함에 있어서 정몽주, 길재, 김숙자, 김굉필, 조광조, 이황 등으로 이어지는 유학의 학문적 계보에 따라 연구를 한다면 이것이 유학사와 다른 점이 있을 것인가? 조선시대를 서술할 때 유교의 주도적인 경향만을 서술한다면 고려시대는 불교, 조선시대에는 유교라는 단선적 인식을 반복하는 경우가 된다. 조선시대에도 불교가 있었고 도교가 있었고 무속이 있었고 또 유교의 다양한 경향이 존재했다. 그런 점에서 김시습을 서술에서 누락한 것은 단순한 것 같지만 사실은 한국정치사상이 아직도 다른 학문과 구별되는 나름대로의 연구방법론 또는 정체성이 미약한 측면을 드러낸 것이라고 할 수 있다.

(4) 앞으로의 과제이지만 한국정치사상은 현대 정치사상까지 확대될 필요가 있다. 통사에서는 3·1운동 전후까지 서술되어 있다. 근대, 현대 정치사상 부분은 한국정치사상이 서양정치사상 연구와 만날 수 있는 지점이다. 물론 현대적 관점에서 또는 현대적인 도구로 전통을 재단하는 것은 곤란하지만, 연구결과로서 전통적 영역의 한국정치사상은 현대적인 쟁점에까지 연결되어 있어야 한다. 정치이론의

역사라는 말이 있듯이, 과거의 정치사상에 관한 정치이론은 과거의 것으로 분절된 것이 아니라 그 다음 시대의 정치사상에 관한 이론과 연결될 필요가 있다. 그렇게 됨으로써 진정한 "한국정치사상사"라고 할 수 있다.

위에서 지적한 바와 같은 통사의 서술은 한국정치사상 분야의 기존 연구현황을 반영하는 것이라고 할 수 있다. 이상적으로 구상을 할 수 있지만 아직 연구가 부족한 영역은 어쩔 수 없을 것이다. 통사가 논문집 모임이 아니고 하나의 책이라면 일관하는 어떤 정신이 있어야 함은 물론이다. 통일성에 대한 요구가 지나치면 정치세계의 본질을 해칠 수 있다는 지적도 있었지만, 그럼에도 불구하고 이 책을 읽는 사람은 공저라고 해도 일정 부분 공유하는 서술관점이 있을 것으로 기대할 것이다. 또한 자료 이용과 해석에 있어서 학술적 엄밀성이 요구된다.

Ⅳ. 한국정치사상과 유교정치

한국정치학계에는 위에서 논의한 바와 같이 한국 정치학의 정체성과 관련하여 한국정치사상을 주목해 왔다. 1990년 이전에도 위에서 지적한 바와 같이 단행본 형태로 된 한국정치사상에 관한 학술서가 다수 출판되어 있었다. 그렇지만 정치사상 전공이 아닌 일반 정치학자들은 조선시대 유교정치를 대상으로 하는 정치사상적 연구가 가능할 것인가라는 의구심을 갖고 있었다. 시기적으로 조선시대를 연구대상으로 할 때 그것이 기존의 역사학이나 철학분야의 그것과 어떻게 다를 것인가를 우려했던 것이다. 또한 한국철학이나 역사학 분야의 학자들이 정치학계의 논문을 인용하는 경우도 드물었다. 다만 역사나 철학분야에서 근현대 한국정치사 연구에 관해서는 정치학자의 참여를 인정하는 분위기였다. 그리고 좀더 확장하면, 조선시대까지도 정치사의 관점에서 접근하는 정도는 가능한 것으로 인식되었다.

그렇지만 정치사상 연구라고 할 때는 문제가 달랐다. 서양에서 온 학문인 정치학의 정치사상 관점에서 어떻게 조선시대 유교에 관한 연구를 할 수 있는지 걱정했다. 결국 정치사상 연구자들은 한국의 정치학자들에게 그리고 한국철학, 역사학 분야의 학자들에게 정치사상 나름의 그 무엇을 보여줘야 했다. 그간 위에서 지적한 바와 같이 한국정치사상 연구자들이 정치사상에 관한 여러 권의 책을 출판했고, 『한국정치학회보』, 『정치사상 연구』, 『동양정치사상사』, 『한국정치외교사학논총』 등의 학술지에 한국정치사상에 관한 많은 논문을 게재했다. 그리고 2005년에 통사 『한국정치사상사』를 학회 차원에서 출판했다. 이런 성과를 보면서 필자는 학회 차원에서 종합적 · 통사적 저술의 출판을 지속적으로 추구하고, 동시에 이 분야 전공자들의 주제별 전문 저술의 출판이 격려되어야 한다고 생각하게 되었다. 기왕에 학회에서는 일부의 의견이지만 "유교"를 중심으로 한국정치사상사를 써보자는 주장이 제기된 바 있었다(손문호 2001). 필자도 이런 주장에 동감하면서 단독 저술의 형태라면 우선 유교를 중심으로 한국정치사상에 관해 서술하는 작업이 필요하다고 생각하게 되었다.

이에 더하여 방법론적으로는 위에서 논의했던 정치'사상'의 관점에서 '개념' 중심으로 서술하는 것이 한국정치사상의 특징을 드러내는 데 유리하다고 제안해 본다. 이렇게 생각한 이유는 한국정치사상의 여러 연구주제나 분야 중에서 정치사상적으로 분석할 수 있는 내용이 많은 유교정치에 우선 주목하고 이를 개념별로 정리하는 작업이 한국정치사상의 정체성을 단계적으로 형성하는 데 효과적이라고 판단했기 때문이다. 시기적으로는 나말여초로부터 현대에 이르기까지 한국정치사상이 전개되었던 바를 유교정치라는 단일한 관점을 유지하면서 서술해 보자는 것이다. 이렇게 하면 유교정치사상 이외의 다른 주제를 소홀히 하는 한계가 있을 수 있다. 그렇지만 그런 것들을 유교와의 관련성 측면에서 서술할 수 있을 것이다. 유교정치와 도교, 불교, 그리고 천주교에 관련된 쟁점을 서술하는 방식을 도입하는 것이다. 이런 관점에서 한국정치사상사를 유교정치를 중심으로 개념에 초점을 두어 서술한다면 유교에서 말하는 "정치", "정치권위", "정치와 종교"는 핵심적 대상이 될 것으로 생각한다.

1. 유교에서 "정치"란 무엇인가?

그간 현대 정치학의 연구대상과 방법에 관한 논의가 있었고, 정치학자들 사이에는 그것에 관해 대체적으로 공감할 수 있는 인식이 형성되어 있다. 그러나 정치사상에 있어서는 그것이 동양이나 한국에 관한 주제일 때는 그 연구대상과 방법에 대한 공통의 인식을 찾기가 어렵다. 서양 정치사상의 경우는 기존에 상당한 연구성과가 있기 때문에 그런 논란이 적지만, 정치학 분야에서 동양이나 한국의 고전자료를 접근할 때 그것을 왜 정치학 분야에서 연구해야 하는가라는 질문을 여러 곳에서 받게 된다. 먼저, 유교의 고전인 사서삼경은 동양철학 분야인데 왜 정치학자가 연구해야 하는가라는 질문을 받는다. 퇴계나 율곡에 대한 연구는 철학이나 유학사의 영역이라고 생각하는 것이다. 그래서 한국정치사상에서도 철학의 분야와는 다른 나름대로 정치학의 관점에서 연구해야 할 이론적 근거를 제시할 필요가 있다.

이런 점에서 한국정치사상 연구대상이나 자료 중에서 우선 정치학과 밀접하게 연관성이 있는 주제로서 유교정치와 그 고전들을 주목할 필요가 있다. 실제로 한국정치사상 연구는 조선시대 유교정치와 동일시될 정도로 이 주제에 연구가 집중되고 있다. 그 이유는 연구자료가 풍부하다는 것 이외에도 유교 자체가 곧 정치사상이라고 할 정도로 정치학에 관한 풍부한 개념과 정치운영에 대한 구상을 가지고 있기 때문이다. 유교의 고전들과 조선시대 학자, 정치인들의 저술을 보면 유교의 근본정신은 곧 좋은 정치에 대한 구상이라고 해석할 수 있는 측면이 있다. 고전적인 유교에는 정치사상적으로 분석할 수 있는 개념이 풍부하다. 그리고 유교는 조선시대에는 국가의 통치이념이었기 때문에 정치사상과의 관련성이 높다. 현대 정치학 연구에 있어서도 한국적인 특성의 한 원천으로 과거의 유교적 정치문화 유산 등을 지적하고 있다. 이런 관점에서 한국정치사상 연구에 있어서 우선적으로 분석할 주제는 유교에서 말하는 "정치"는 어떤 것인지를 파악하는 것이라고 생각한다.

『논어』 위정편에 이런 말이 있다. "어떤 이가 공자에게 말했다.

'선생님께서는 어찌 정치를 안 하십니까?' 공자께서 말씀하셨다. '『서경』에 효에 관해 이런 말이 있다. 오직 효도하고 형제에게 우애하여 정치에 베푼다고 했으니, 이런 것도 또한 일종의 정치를 하고 있는 것인데 어찌 꼭 정치를 해야만 정치를 한다고 할 수 있겠는가?"(或謂孔子曰 子는 奚不爲政이시니잇고. 子曰 書云孝乎인저 惟孝하며 友于兄弟하여 施於有政이라하니 是亦爲政이니 奚其爲爲政이리오.) 집에서 효도하고 있는 것도 일종의 정치라고 한 공자의 정치에 대한 인식은 조선의 유교정치에도 그대로 전승되었다. 정약용의 『목민심서』 애민육조에는 "혼인을 장려하는 정책"에 논한 부분이 있다. 목민관이 나서서 "혼인할 나이가 넘었는데 아직 못하는 자는 관에서 성혼을 시키도록 해야 한다"는 내용이다.[20] 지금의 관점에서 보면 개인이 집안에서 할 일인 혼인문제가 어떻게 정치와 연관이 있으며 혼인을 시키는 것이 정부가 할 일인가를 의아하게 생각할 수 있다. 그렇지만 당시에는 그것이 정치의 영역으로 여겨졌다. 『논어』의 주제는 어질 인(仁)이라고 모두 인정하는 바인데, 또 그것을 실천하는 방법이 공자에게는 바로 정치였음을 기억할 필요가 있다. 맹자의 인정론 또는 민본정치에 대한 꿈은 약간 표현의 차이는 있을지라도 그 추구하는 정신은 곧 조선시대의 정치에 영향을 미쳤다. 그리고 현대 한국정치는 그 정신적 유산을 이어받고 있다. 이런 점에서 한국정치사상의 우선적 과제는 유교의 고전을 받아들이고 그것을 나름대로 실제 정치에 적용했던 조선시대 정치의 모습을 복원해내는 것이다. 그것이 한국정치사상의 정체성을 다 설명할 순 없어도 나름대로의 한국정치사상을 시작하는 첫

---

20 정약용 저, 민족문화추진회 편역, 『목심심서』(서울 : 솔, 1998), pp. 164-167.

단계라고 할 수 있고, 그것을 통하여 그 이후의 유교적 정치사상 그리고 한국정치사상으로 확대될 수 있다.

2. 정치권위

한국정치사상 연구에 있어서 정치학 연구의 특징을 잘 반영할 수 있는 주제가 군주에 대한 연구라고 할 수 있다. 이런 주제를 좀더 확대하면 정치권위 또는 리더십에 관한 연구로 발전할 수 있지만 그 기본이 될 수 있는 것이 군주권에 관한 연구다.

(1) 우선 정치사상적으로 분석할 수 있는 유교적 정치권위의 기원에 관한 것이다. 『맹자』나 『서경』에는 군주의 정치권위라는 것은 하늘이 부여하는 것이지만 또한 그것은 민의 의지를 반영한 것이라는 내용으로 설명되어 있다. 학계에서는 이를 유교적 민본주의 등으로 해석해 오고 있다. 이러한 민본주의는 조선의 유교정치에도 그대로 강조되어 있어서 조선의 유교적 학자관료들은 군주정치의 근본방향을 민본주의에 두었다. 또한 정약용도 군주의 정치권위의 기원과 그 정당성에 대해서도 민을 근거로 설정한 바 있다. 이러한 내용들에 대한 분석은 조선의 유교적 군주권의 성격을 설명하는 중요한 작업이라고 할 수 있다.

(2) 그 다음으로는 최고의 정치권위라고 할 수 있는 군주권의 이동에 대해서도 연구할 내용이 있다. 유교적 군주권은 가내상속이 당연한 것으로 여겨져 왔으나 최초에는 현자, 유덕자군주론이 그 근거

였다. 그런 유덕자 사이의 선양이 군주권 이동의 형태였다. 이러한 방식이 유교적 민본주의를 반영하는 것이지만 그 이후 군주권은 가내상속으로 변경되었다. 이 점에 대해서 정도전은 군주권의 가내상속의 근거로서 대권경쟁으로 인한 정치적 불안정 해결 대안으로 그것을 해석했다. 그는 당시의 군주권, 그리고 권력이 사적인 소유가 아니라 유교적인 정치의 세계에서 현실적 필요에 의해 정상적으로 이루어지는 정치행위라고 해석한 것이다.

⑶ 그 다음으로 세습 군주권의 권위를 보완하는 장치에 관한 것이다. 이에 대해서는 경연이라는 군주에 대한 학습기관이 현실의 통치자를 유덕자로 만드는 제도적 방안으로 중시되었던 점을 주목할 필요가 있다. 경연에서 현자들과 학습을 함으로써 군주의 지성을 보완한다는 의미가 있다. 물론 경연에서 학습해야 할 지식의 내용에 있어서 통치에 대한 지식보다는 인성, 마음의 수양 측면에 더 초점을 두는 경향이 후에 등장했지만, 덕성과 지성을 군주의 정치권위의 근거들로 파악했던 유교정치사상의 경향을 보여주는 쟁점들이다.

⑷ 그 다음으로는 군주권의 견제, 억제를 위한 장치들을 주목할 필요가 있다. 이런 장치에는 군주의 정치를 비판하는 기능을 가진 관료의 간쟁을 받아들이는 일, 정책결정에 대한 비판 허용, 관료들과의 협의, 여론 존중 태도 등이 중시되고 있다.

3. 정치와 종교

서양정치사상에서 국가와 교회의 관계 등이 중요한 분석대상이지만, 한국정치사상에서는 전통적으로 정치영역을 유교가 대표하였고 종교영역은 불교가 반영했다. 그렇기 때문에 유불관계를 통하여 정치와 종교의 관계를 조명할 수 있다.[21] 그리고 조선후기에 들어와서 천주교 등이 도입되면서 정치의 영역과 서구적 의미의 종교 사이의 갈등이 발생했었다. 이러한 주제에 관하여 우선 주도적 정치이념으로서 유교와 이단논쟁이 중요하다. 물론 유학의 학설의 입장에서 이단논쟁에 접근하는 것이 선행되겠지만, 분석의 초점은 그러한 논쟁 속에 들어 있는 정치적인 측면을 주목할 필요가 있다.

여말에 신유학자들에 의한 이단배척 경향이 강화되기 전까지는 대체로 유, 불, 선이 공존했던 것으로 알려지고 있다. 물론 고려시대에 불교계 인사들이 세속의 정치에 영향력을 행사한 것 등을 유학자 관료들이 비판한 적은 있었지만 근본적으로 불교의 존재를 부인하는 정도는 아니었다. 그러다가 고려 말기에 체제 비판과 맞물려서 신유학자들의 불교 비판이 강화되었는데, 그 이론적 비판의 절정은 정도전의 「불씨잡변」이다. 특히 정치사상적으로 정도전의 이 글이 중요한 것은 유학자들이 주장하는 이단론 이외에 유교와 불교의 정치적 유용성을 비교한 점이다. 그는 유교는 정치권위 유지에 도움이 되지만 불교는 도움이 되지 않는다고 주장했다. 그러면서 이런 불교의 경향을 『맹자』에 나오는 무부무군(無父無君)이라는 말로 비판했다. 이러한 유학자들의 비판에 대해 승려인 기화가 불교를 옹호하면서 불교와 유교가 근본정신에 있어서는 동일함을 역설한 『유석질의론』,

---

21 물론 서구에서 천주교가 도입되기 이전의 조선에는 현대적 의미의 종교(religion)에 해당되는 것은 존재하지 않았다는 견해도 있다(Don Baker 2004).

『현정론』 등이 주목할 만하다. 그 이후 선조시대에 휴정이 주장한바, 불교계 인사들은 국가의 주도적인 이념인 유교에 대해 잘 알아야 함을 강조한 경향 등에 대해 참고할 필요가 있다. 유학자들의 불교 비판에 대해 불교계에서는 어떻게 대응했는지, 유학자들은 왜 불교를 이단으로 배척했는지를 정치적 관점에서 파악할 필요가 있다. 유학적 입장에서는 이론적으로 이단으로 규정된 것을 비판한 것이라고 해석할 수 있으나 정치학적 관점에서는 불교를 억압한 데에는, 그리고 좀더 포괄적으로 종교를 억압한 데에는 정치적인 이유가 있었음을 주목할 필요가 있다. 종교적 신앙심을 가진 사람들이 군주보다 위에 있는 권위의 존재를 인정하는 것이 정치권위의 유지에 위험하다고 판단했던 것들이 그러한 해석의 예라고 할 수 있다.

또한 조선시대 불교의 정치적 기능을 생각해 볼 필요가 있다. 물론 유학자들이 정책의 차원에서 불교를 억압했지만 불교는 한쪽에서 존재하고 있었다. 그것은 정치적·사회적으로 종교가 여전히 필요했기 때문이었다. 국가적으로는 국가의전 행사를 대행하는 일, 마음을 위로하는 일, 기복 등과 같은 부분에서 여전히 종교로서의 불교에 대한 필요가 존재했고, 그런 상황에서 불교는 종교로서 존재했다. 그러면서 불교계는 기존의 정치권위를 인정하고 현실적으로 정치권에서 요구하는 군사적 기능까지도 수행했다.

V. 결론

이상과 같이 한국정치사상의 정체성에 대한 문제를 연구방법론 차원에서 제기된 쟁점을 중심으로 살펴보고, 최근에 한국·동양정치사상사학회에서 공동으로 출판한 통사에 대한 필자의 의견을 서술했다. 그런 다음에 유교정치를 정치이론에 속하는 정치사상의 관점에서 개념별로 분석·서술하는 작업을 제안하였다. 이미 언급한 바와 같이 한국정치사상의 정체성이라는 것은 한국적인 것과 서양의 그것을 구별하자는 것이 아니라 정치학의 이론적 적실성을 높이자는 의도에서 추구된 것이었다. 이런 점에서 한국정치사상 연구 분야라고 해서 서구적인 연구관점을 배격하는 고립적인 태도는 곤란하다고 생각한다. 그리고 한국정치사상을 정치학의 학문분과로서 그 이론적 수준을 높이기 위해서는 학문적으로 안전하고 타당한 연구방법론 모색이 강조될 필요가 있다.

필자는 기존에 주장된 견해인바, 개체주의부터 시작하자는, 그리고 연구대상 속에 내재하는 방법론에 주목하자는 것에 동의한다. 그러면서 사상에 대한 이러한 개별적 연구가 개념의 추상화의 사다리를 높이 올라가는 보편주의를 지향해야 한다고 생각한다. 이런 점에서 특수성과 보편성, 개별주의와 보편주의는 정치사상 연구방법론에 있어서 상호 대립적인 관점이기보다는 이론화를 위해 같은 줄에 있는 시작과 끝일뿐이라고 생각한다. 결국은 같은 목적을 지향하기 때문이다. 그러면서 한국정치사상 연구는 우선 정치이론의 차원에서 개념별 연구가 먼저 시도되는 것이 필요하다고 생각한다. 그렇다고 해서 정치사에 관한 연구나 자료를 덜 중요하게 파악하는 것이 아니라, 연구의 순서에서는 개념별 연구가 먼저 시도될 필요가 있다는 것이다. 이런 생각에서 우선 유교정치사상에서 주목할 만한 3개의 개념을 생각해 보았다.

또한 필자는 한국정치사상 분야는 역사학과 철학으로부터 독립해야 한다고 생각해 왔다. 이것은 위의 분야들과 학문적으로 대립하자는 것이 아니라 정치학으로서의 한국정치사상은 정치의 세계를 이해하는 효과적인 방법론이 필요하다고 보기 때문이다. 그리고 그것을 통해 역사학, 철학과는 구별되는 어떤 것을 이론적으로 도출해낼 수 있어야 한다고 생각한다. 조선시대 유교를 연구대상으로 했을 때, 역사학이나 철학분야에서 그 분야 나름의 학문적 정향에 따른 설명이 있을 것이고, 정치사상은 또 나름대로 문제의식과 관점에 따라 설명할 수 있다는 것이다. 그런데 연구방법론상의 정체성이 부족했기 때문에 연구결과와 그 해석에 있어서 차이를 발견하기 어려웠다. 이런 점에서 한국정치사상 나름의 학문적 정체성이 필요하다. 그런 다음에는 역사, 철학분야와의 학문적인 교류와 협력이 활성화될 필요하다고 생각한다. 그렇게 되기 위해서는 한국정치사상 분야에서 지속적으로 설득력 있는 연구성과를 내야 한다. 한국정치사상의 정체성이라는 것이 학문적 소통을 방해하는 독선적인 것이 된다면 오히려 없는 것만 못한 상황이 된다. 그 정체성이라는 것은 변하는 유동적인 것임을 망각할 수 없다.

이런 전제 하에 필자는 앞으로 한국정치사상의 정체성을 추구하면서 이론적 수준을 높이기 위한 제안을 생각해 보았다. (1) 우선 처음으로 돌아가야 한다고 생각한다. 그것은 정치학의 제일의 질문인바, 끝임 없이 "정치란 무엇인가?"를 생각해야 한다는 것이다. 조선시대의 일부 유학자, 정치가들은 정치라는 것은 군주나 양반의 사적 소유물이 아닌 그 어떤 것이어야 한다고 생각했었다. 그리고 정치를 삶의 수준을 높이기 위한 일로 생각했다. 그렇게 했던 사람들의 사색과 행동을 과거로부터 지금까지 "정치"의 관점에서 평가하고, 서술하고, 그런 바탕 위에서 인간이 추구하는 가치의 기준들을 제시하는 작업이 필요하다고 본다. 궁극적으로 이런 과정을 통하여 정치는 인본주의적 가치를 추구하는 것임을, 정치적인 것은 인간적인 것임을 입증해야 한다고 생각한다. (2) 그 다음으로는 이미 학계에서 지적되었지만 말하는 실제의 정치를 주목해야 한다고 생각한다. 인간은 말을 통하여 사색해 왔고 그 말을 문자로 옮겼다. 그래서 말은 정치현장에 가장 가깝게 있었다. 이런 의미에서 조선시대에 있었던 언로, 토론, 권력의 억제, 설득 등에 대한 연구는 여전히 중요하다고 생각한다. (3) 한국정치사상을 개념적으로 정리하는 작업이 필요하다고 생각한다. 개념의 형성, 그리고 그것이 변화한 일련의 내용들을 서술・정리하는 작업이 필요하다. 이런 일종의 정치사상에 대한 서술 작업은 당위적 처방에 우선한다고 생각한다. 그런 다음에 (4) 현대사를 받아들여야 한다고 한다. 정치현실에서 제기되는 단순하고도 분명한 질문들이 많이 있다. 한국정치사상 연구자들은 이에 대한 즉각적인 대답을 할 수는 없을지라도 시대의 과제와 그 방향에 대해 논의할 수 있는 단서들을 제시할 의무는 있다고 본다. 최근까지 국내 그리고 국제사회에는 중대한 사상적 변혁이 있었다. 민주화, 사회주의 약화, 사회 양극화, 문명의 갈등, 인간과 자연의 관계에 대한 문제 등이 계속 나오고 있다. 이러한 시대의 질문에 대한 대답은 정치사상의 몫이고, 그것에 대한 부분적인 단서는 과거의 한국정치사상사에 대한 성찰에 나온다고 생각한다.

참고문헌

강광식 외. 1998. “조선시대 개혁사상연구: 정치적 담론분석을 중심으로.” 『한국정신문화연구원 연구논총』 98-9.

_____. 2002. “정치사상사 연구의 대상과 방법: 한국정치사상사의 학문적 정체성 모색을 위한 시론.” 『동양정치사상사』 1권 2호.

_____. 2005. “한국정치사상사의 학문적 정체성을 위해 그 방법론적 적실성 문제를 다시 되새겨본다.” 『한국·동양정치사상사학회소식』 5권 1호.

강정인. 2000. “서구중심주의에 대한 시론적 고찰: 현대 한국정치사상의 빈곤원인에 대한 탐색.” 『한국과 국제정치』 16권 1호.

김계수. 1983. 『구미정치사상사』. 서울: 일조각.

_____ 외. 1993. 『한국정치연구의 대상과 방법』. 서울: 한울.

김영국 편. 1983. 『현대정치학의 대상과 방법』. 서울: 법문사.

_____ 외. 1991. 『한국정치사상』. 서울: 박영사.

김홍우. 2005. “한국정치사상연구의 새로운 지평.” 한국·동양정치사상사학회 엮음. 『한국정치사상사: 단군에서 해방까지』 서울: 집문당.

문승익. 1979. “한국정치학의 정립문제: 정치이론의 경우.” 연례학술대회 발표논문 한국정치학회.

박충석. 2003. “한국, 동양정치사상, 사상사 학사.” 한국정치학회 편. 『한국정치학회오십년사』 한국정치학회.

배병삼. 2001. “공자의 정치관과 권력론.” 『정치사상연구』 5집 가을호.

_____. 2003. “한국정치사상 연구의 동향과 전망: 정치학계의 연구성과를 중심으로.” 『국학연구』 3집.

부남철. 1991. “조선전기 군주권 유지를 위한 이념정책.” 『한국정치학회보』 20

집 1호.
_____. 2003. "유교적 학자군주 정조의 종교정책." 『한국정치학회보』 37권 2호.
서정갑. 1978. "미국정치학의 특성과 한국정치사상의 연구상황." 『한국정치학회보』 제12집.
손문호. 2001. "한국정치사상사 연구의 현황과 문제점." 한국 동양정치사상사학회 학술회의 및 창립총회 발표회. 한성대학교. 5월.
신복룡. 1999. 『한국정치사상가 : 전기정치학을 위한 시론』. 서울 : 집문당.
_____. 2002. "한국정치사상사 집필을 위한 예비적 담론." 『동양정치사상사』. 1권 2호.
신정현. 1996. "한국정치학의 과제 : 토착화와 실학화." 『한국정치학회보』 30집 1호.
이병도. 1987. 『한국유학사』. 서울 : 아세아문화사.
이재석 외. 2002. 『한국정치사상사』. 서울 : 집문당.
전락희. 2002. "정신적 생애와 독서인." 『한국동양정치사상사학회소식』 2권 1호.
정약용. 1998. 민족문화추진회 편역. 『목민심서』. 서울 : 솔.
정윤재 외. 1999. 『한국정치사상의 비교연구』. 성남 : 한국정신문화연구원.
조찬래. 1995. "정치사상연구의 50년사 : 현황, 경향 및 문제점." 『한국정치학회보』 29집 4호.
최창규. 1972. 『근대한국정치사상사』. 서울 : 일조각.
캐럴 루이스 · 손영미 역. 2003. 『이상한 나라의 엘리스』. 서울 : 시공사.
한국 동양정치사상사학회 엮음. 2005. 『한국정치사상사 : 단군에서 해방까지』. 서울 : 백산서당.
_____ 발행. 2001. 한국정치사상사학회소식. 1권 1호(9월 1일). "한국 · 동양정치사상사학회 설립 취지문."
_____ 발행. 2002. 한국정치사상사학회소식. 3권 1호(12월 31일). "통사차원의 한국정치사상사 교재개발", 강광식, 김석근, 김영작, 김한식, 김홍우, 정윤재, 이원택, 유미림, 조민 외.
_____. 2002. 한국정치사상사학회소식. 2권 2호(9월 30일). "'한국정치사상사' 어떻게 서술할 것인가?"
한국정치외교사학회. 1987. 『조선조정치사상연구』. 서울 : 평민사.

한국정치학회 신정현 외 엮음. 1996. 『한국정치의 재성찰』. 서울 : 한울아카데미.

한국정치학회. 2003. 『한국정치학오십년사 : 1953−2003』. 서울 : 한국정치학회.

한국정치학회 소식. 1983. 7권 2호(6월 10일). 데이빗 E. 이스톤 "정치학에 있어서 정치이론의 역할."

한승조. 1985. "한국정치사상사 서설 : 한국정치사상의 범위와 내용, 방법." 『제6회 한미합동학술대회논문집』. 한국정치학회.

현상윤. 1982. 『조선유학사』. 서울 : 현음사.

Baker, Don. 2004. "Christianity and the invention of Korean Religion : From Ritual to Theology." Symposium on "The Impact of Christianity on Korean Culture." the Center for Korean Studies. UCLA. May.

Buswell, Robert E. 1983. Jr. *The Korean Approach to Zen : The Collected Work of Chinul*. Honolulu : University of Hawaii Press.

Deuchler, Martiana. 1992. *The Confucian Transformation of Korea : A Study of Society and Ideology*. Cambridge : Harvard University Press.

Duncan, John B. 1999. *The Origins of the Chosun Dynasty*. Seattle : University of Washington Press.

Walraven, Boudewijn. 1999. "Popular Religion in a Confucianized Society." in Ja Hyun Kim Haboush and Martina Deuchler. eds. *Culture and The State in Late Choson Korea*. Cambridge : Harvard Univ. Press.

08

정당과 정당정치 연구의 흐름

김수진(이화여자대학교)

Ⅰ. 개관

대의민주주의의 제도적 골격이 20세기 초 선진 민주국가에 확립된 이래 줄곧 정당은 민주적 정치과정의 중추적인 역할을 수행해 왔다. "정당 없는 현대 민주주의는 생각할 수 없다"는 샷스나이더(Schattschneider 1942, 1)의 단언은 민주화의 물결이 전 세계로 확산되고 있던 20세기 말 당대의 대표적 정당학자에 의해 다음과 같이 반복되고 있다.

> 역사가 오랜 민주국가이든 신생 민주국가이든 현대 민주국가의 정치는 정당정치이다. 달리 표현한다면 20세기는 단지 민주화의 세기, 민주주의의 세기일 뿐만 아니라 정당 민주주의의 세기인 것이다(Mair 1997, 125).

따라서 정당에 관한 연구가 정치학 연구, 특히 비교정치학 연구 분야의 핵심 주제가 되어 온 것은 당연하다 할 것이다. 오스트로골스키(Ostrogorski 1902), 미헬스(Michels 1911) 같은 20세기 초의 선구적 연구자를 배출한 이후 비교정치학 연구가 본격화되었던 제2차 세계대전 이후 정당에 대한 연구 역시 그 황금기를 맞았다.

그러나 마이어(Mair 1997, vii)의 지적처럼 지난 50년 동안 정당에 대한 연구가 항상 활기를 띠었던 것은 아니었고, 정치환경의 변화에 따라 상대적인 부침을 거듭해 왔다. 듀베르제로부터 립셋(Lipset)과 로칸(Rokkan)을 거쳐 사르토리(Sartori)에 이르는 20여 년 동안 정당 연구는 대단히 활성화되었고, 이후 정당과 정당체계 비교연구를 이끌어 갈 핵심 개념과 분석모형들이 이 시기에 거의 대부분 만들어졌다.

1970년대 중반 이후 1980년대를 거치면서 정당에 대한 연구는 상대적 쇠퇴기를 맞은 것처럼 보였다. 그것은 이 시기에 선진 민주국가를 중심으로 확산되었던 신사회운동에 힘입어 시민사회의 공적 기능이 강화되고 또 코포라티즘이라 일컬어지는 이익중재 양식이 성장하자 정치학 연구의 관심이 이 현상에 폭발적으로 집중되었던 데 크게 기인했다. 민주적 정치과정이 이루어지는 공간을 국가, 정치사회, 시민사회라는 추상적 공간으로 나누어 볼 때 1970년대와 1980년대는 국가와 시민사회에 관한 연구가 정치사회에 관한 연구를 상대적으로 압도했던 시기였다고 할 수 있을 것이다.

시민사회와 시민운동에 관한 연구는 이후 대의민주주의의 퇴조와 참여민주주의의 확산에 관한 연구와 맞물려 지금까지 지속되고 있고 민주주의 양식에 관한 다양한 이론적 모색으로 이어지고 있다. 그러나 정치학 연구의 이러한 추세가 정당에 대한 관심을 더욱 약화시키지는 않은 것처럼 보인다. 마이어(Mair 1997)의 지적처럼 정당에 관한 연구는 1990년대 이후 다시 활력을 되찾고 있다. 선진 민주국가 정당정치와 정당체계, 정당조직의 변화에 관한 심층적 연구가 비단 활발해지고 있을 뿐만 아니라, 민주화 물결의 확산에 따라 출현한 세계 전역의 신생 민주국가 정당정치에 대한 연구 역시 활성화되고 있다. 이런 추세에 힘입어 마침내 1995년에는 정당과 정당체계에 대한 비교연구 성과를 집중적으로 게재할 목적으로 *Party Politics*라는 저널이 출현했다.

정당 연구 조류가 이처럼 시대적 부침을 거듭해 왔던 반면, 비교정당 연구는 지난 한 세기 동안 변함없이 서유럽 출신 정치학자들이 주도해 왔다. 이미 앞에 언급했던 정당 연구의 선구자들뿐만 아니라 마이어(Peter Mair ; 아일란드), 카츠(Richard Katz ; 영국), 파네비앙코(Angelo Panebianco ; 이탈리아), 바르톨리니(Stefano Bartolini ; 이탈리아), 웨어(Alan Ware ; 영국), 다알더(Hans Daalder ; 네덜란드), 바이메(Kalus von Beyme ; 독일) 등 지난 한 세대 동안 비교정당정치 연구를 주도해 온 핵심 연구자들은 거의 모두 서유럽 출신 정치학자들이다. 이것은 무엇보다 정당정치 연구의 비옥한 토양을 제공해 주고 있는 서유럽 의회민주주의의 제도적 특성에 기인한다 할 것이다.

미국 정치학자들의 정당 연구는 상대적으로 활발하지 못하다. 이 현상은 특히 정당과 밀접한 연관을 맺고 있는 선거에 대한 연구가 미국에서 대단히 활성화되어 온 것과 대조적이다. 미국정치학회(APSA)는 1983년 이후 10년 간격으로 정치학 연구동향과 성과에 대한 보고서를 발행해 왔다. 1993년의 보고서에는 비교정당정치 연구의 동향과 성과를 집약하고 분석하는 데 독립된 한 장(chapter)을 할애한 바 있다(Janda 1993). 그러나 지난 2002년 간행된 최신 보고서에서 정당은 대단히 미미하게 취급되고 있다. 이 보고서는 미국 정당에 대한 연구성과를 지극히 제한적으로 취급하고 있을 뿐, 서유럽을 위시한 기타 지역 정당정치에 관한 연구는 일체 다루지 않고 있다(Fiorina 2002).

미국 정치학의 정당연구에 대한 이와 같은 홀대는 어쩌면 정당과 정당체계에 관한 지난 수십 년 동안의 연구가 이론적으로 심각한 답보상태에 머물러 있는 점에 대한 실망감의 반영인지도 모른다. 잔다의 지적처럼 "국내외를 막론하고 정당학자들은 정당이론의 부재를 여전히 한탄하고 있다"(Janda 1993, 181). 과학적으로 보다 정교한 이론을 추구하는 학문적 경향을 갈수록 강화하고 있는 미국 정치학계로서는 이론적 답보상태를 면치 못하고 있는 정당 연구분야를 애써 무시하고 싶었는지도 모른다.

그러나 지난 반세기 동안 축적된 정당과 정당정치에 관한 연구성과들이 이론화 수준이 낮다는 이유만으로 과소평가되어서는 안 된다. 정치학과 사회과학의 목표를 과학적 이론의 확립과 그에 입각한 예측이라는 협소한 영역에 국한시키는 학자라면 정당정치 연구성과에 불만을 가질 수 있을 것이다. 그러나 만약 우리가 정치학과 사회과학 연구의 목적을 사회·정치현상과 그 동태적 변화에 대한 이해(*Verstehen*)에 둘 경우 정당학자들이 이루어낸 연구업적을 높이 평가하지 않을 수 없다. 정당과 정당체계에 관한 연구들은 예측을 목적으로 한 이론화 작업보다는 정당과 정당정치에 관한 다양한 현상들에 대한 이해를 돕기 위한 개념을 만들고 다양한 모델과 유형분류를 발전시키려는 노력을 중심으로 진행되어 왔다.

따라서 정당정치 연구동향에 관한 이 글의 분석 역시 고전적 연구자들이 확립시킨 핵심 개념과 분석틀을 논의의 출발점으로 삼은 다음 그에 뒤이은 연구경향을 추적해 가는 전략을 취하기로 한다.

Ⅱ. 고전적 연구

1. 듀베르제(Duverger 1954 ; original 1951)

1951년 첫 출간된 듀베르제의 이 저서는 두말할 필요 없이 현대 정당에 관한 연구의 선구적 저작이다. 그는 이 책에서 정당정치 연구의 두 핵심 영역을 정당과 정당체계로 나누어서 제시하고 있는데, 이 구분 자체야말로 지금까지 정당 연구의 전범이 되고 있다. 듀베르제로부터 25년 후 또 다른 고전을 저술한 사르토리(Sartori 1976) 역시 두베르제의 이 구분법을 충실히 재현하고 있다.

듀베르제는 또 이 책에서 간부정당(cadre party)과 대중정당(mass party)을 개념화해서 뚜렷이 대비시킴으로써 이후 전개될 정당조직 유형화의 터전을 제공했다. 한편 정당조직의 이와 같은 차이는 정당 기원의 차이(의회 내 정당 혹은 의회 외 정당)에 우선적으로 연유한다는 듀베르제의 관찰은 이후 라팔롬바라와 웨이너(LaPalombara and Weiner 1966)에 의해 보다 상세한 연구가 이루어지게 된다.

듀베르제는 또 대중정당의 조직을 좌파 이데올로기와 연계시키는 한편 권위의 중앙집중화와 정당결속력의 강화 등을 대중정당의 조직적 특성으로 파악했다. 듀베르제의 이 연구를 이어받아 바이메(von Beyme 1986)는 대중정당 당원이 되려는 유인을 정치적 · 물질적 · 이념적 유인 등으로 나누어 분석한 다음 이념적 유인이 대중정당 성장의 결정적 요인이었음을 밝혀낸다. 이로써 대중정당의 성장은 역사적으로 이데올로기의 대립과 밀접하게 연관되어 있음이 분명해졌다. 그렇다면 이념대결의 약화는 자연스럽게 대중정당의 쇠퇴로 이어질 것이라는 추정 역시 가능해진다.

듀베르제는 비록 수량적 기준이라는 단순한 지표에 의거했지만 정당체계를 일당제, 양당제, 다당제로 분류해서 제시함으로써 정당체계 연구의 선구적 기초 역시 제공했다. 이후 다양한 학자들이 여러 가지 정성적(qualitative) 기준을 정당체계 유형분류를 위해 도입했지만 정당의 수는 정당체계 구분의 일차적 기준으로 남게 된다.

듀베르제의 선구적 연구는 다알더의 표현처럼 많은 오류와 약점을 지닌 "훼손된 고전(battered classic)"(Daalder 1983, 10)일지도 모른다. 그러나 그의 이 저술은 이처럼 여러 면에서 이후 정당정치 연구의 전범을 제공한 선구적 연구였다.

2. 립셋과 로칸(Lipset and Rokkan 1966)

지난 수십 년 간의 정당정치 연구에 지대한 영향을 끼친 또 하나의 고전은 균열구조와 정당체계, 그리고 유권자 결속의 다양한 유형에 관한 모형을 제시한 립셋과 로칸의 이 논문이다. 이 논문은 서유럽 국가들이 20세기 초 다양한 정당체계를 발전시킨 사회적·제도적 요인을 규명하고 있을 뿐만 아니라, 정당체계 확립과 동태적 변화를 연구하는 데 대단히 유용한 분석도구를 제공해 줌으로써 향후 이 분야에서 이루어진 방대한 연구성과의 기틀을 마련했다.

이들은 서양 역사가 발전시킨 네 가지 핵심 균열을 각국의 정당체계와 연계시키지만 사회균열이 자동적으로 정당체계로 전환된다고 보지는 않는다. 사회균열이 정당체계로 전환하기 위해 반드시 거쳐야 할 제도적 관문(thresholds)을 설정함으로써 자신들의 논의가 사회구조 결정론으로 환원하는 것을 방지한다. 사르토리(Sartori 1968, 175)는 이 제도적 관문이야말로 이들의 연구에서 사회구조가 아니라 정치를 독립변인으로 자리잡게 만든 주요소라고 지적한다.

정당체계에 관한 이들의 고전적 저작에서 또 주목해야 할 것은 소위 결빙(freezing)명제이다. 즉 서구의 정당체계는 1920년대에 확립되어 그대로 결빙되었으며, 그 결과 1960년대 중반의 정당체계는 본질적으로 1920년대의 그것과 다름이 없다는 것이다. 정당체계의 이처럼 놀라운 지속성에 관해 이 논문이 심층적인 해명을 시도하지는 않는다. 이들은 다만 1920년대 의회민주주의 제도와 정당체계의 확립과 더불어 정치시장이 기존 정당들에 의해 완전히 장악됨에 따라 신생정당이 새로 침투할 공간이 사실상 없어졌다고 보고 있다.

립셋과 로칸의 선구적 연구를 본받아 균열구조의 특성과 그 동태적 변화, 그리고 그에 따른 정당체계의 확립과 변화에 대한 수많은 연구가 그후 쏟아졌다. 1970년대 초 로칸이 불의의 사고로 타계한 후 그에게 헌정되었던 로즈(Rose 1974)의 편서는 그 대표적 사례일 것이다. 카르보넨과 쿠늘(Karvonen and Kuhnle 2001)의 최근 저작은 로칸과 립셋의 선구적 연구가 후기산업사회 국면에서도 여전히 유용한 분석틀이 되어주고 있음을 입증한다.

이 논문에서 주장된 계급균열의 보편성은 립셋의 다른 연구에서 보다 심층적으로 또 다양한 각도에서 다루어지게 된다. 립셋은 그의 다른 대표 저술에서 “현대 민주국가의 정당들은 기본적으로 민주적 방식으로 전환된 계급투쟁을 대표한다"(Lipset 1981, 230)고 단언함으로써 계급균열의 일차적 규정성을 재삼 강조한다. 이것은 다른 한편 노동자 혹은 좌파정당이 부재한 미국 정당정치의 "예외적 현상"에 대한 립셋의 또 다른 탐색으로 이어진다(Lipset 1983). 립셋과 마크스(Lipset and Marks 2000)의 최신 저술은 사회주의 정당이 미국에 성공적으로 자리잡지 못한 까닭에 대한 보다 심층적이고 포괄적인 해명을 시도하고 있다. 1983년의 논문이 단순히 봉건유제 영향의 유무에 과도하게 경도되어 있었던 반면, 최근의 저술은 정치문화, 정치제도와 구조, 노동조직, 전략적 선택 등 포괄적인 요인 분석을 통해 미국에서 사회주의 정당이 뿌리내리는 데 실패한 원인을 규명하고 있다.

3. 사르토리(Sartori 1976)

정당과 정당체계에 관한 사르토리의 이 책은 출판과 함께 그때까지 듀베르제의 책이 차지하고 있던 고전적 지위를 이어받아서 지금까지의 모든 정당 관련 연구를 대표하는 최고의 저작으로 남아 있다.

사르토리는 현대 정당의 출현을 의회에 책임을 지는 정부(responsible government)로부터 민의에 부응하는 정부(responsive government)로의 역사적 이행과 연결시켜 파악한다. 그는 또 정당을 편협한 사익에 봉사하는 분파(faction)와 달리 공동체 전체의 공익에 봉사하는 조직으로 간주함으로써 정당의 근본 기능을 명확히 하는 한편 그 존재의 정당성을 부여한다.

사르토리에 의하면 정당체계는 복수의 정당들로 구성되지만 단순히 정당들의 숫자만으로 특성화되지 않는다. 즉 "정당체계는 구체적으로 정당 간 경쟁이 초래하는 '상호작용의 체계(system of interactions)'를 뜻한다"(Sartori 1976, 44). 바로 이 상호작용의 유형과 방식이 특정 정당체계를 다른 정당체계와 구분지어 주는 핵심 요소가 된다.

정당의 개념과 기능, 정당체계의 특성에 관해 치밀한 분석을 한 다음 사르토리는 정당체계 유형에 대한 분류를 시도한다. 듀베르제 이후 정당체계 분류의 일차적 기준이 되어온 수량적 기준을 그는 일단 받아들이지만 여기에 이념적 분극화(polarization) 수준과 반체제정당(anti-system party)의 존재라는 정성적(qualitative) 기준을 추가해서 포괄적이고 분석적으로 유용한 정당체계 유형을 확립했다. 그의 체계유형은 달(Dahl 1966)과 라팔롬바라/웨이너(LaPalombara and Weiner 1966)가 제시했던 정성적 분류, 그리고 블론델(Blonden 1968)이 제시했던 융합적 분류방식을 크게 능가하는 분류로 평가받아 왔다. 그 결과 선진 민주국가 정당체계 변화에 관한 이후의 논의는 대체로 사르토리의 유형분류를 중심으로 전개되게 된다.

한편 사르토리의 체계유형 중 주목할 만한 것 중의 하나가 지배정당 체계(predominant party system)이다. 민주적 경쟁이 제도화되어 있는 국가들 중 한 정당이 장기간 동안 권력을 독점하는 경우가 이에 해당된다. 이 유형을 확정짓는 데는 어쩔 수 없이 수량적 기준이 동원되어야 하고 또 그 기준은 주관적이고 자의적일 수밖에 없다. 사르토리는 한 정당이 세 차례 연속적 선거에서 절대다수 의석을 획득하면 지배정당 체계가 확립되었다고 간주하지만 그 기준은 논쟁적일 수밖에 없다. 민주국가에 이와 같은 사례가 존재하는 한 따로 분류할 수밖에 없겠지만 보다 세련된 분류기준이 요청되는 연구영역이다.

펨펠(Pempel 1990)이 편집한 책은 이처럼 "흔치 않은 민주국가" 사례들을 집중적으로 다루고 있는 흔치 않은 정당 연구서이지만 사르토리의 짧은 분석을 크게 능가하는 연구결실을 보여주지는 못하고 있다.

Ⅲ. 정당조직과 그 변화에 관한 연구

1. 정당제도화론(party institutionalization)

듀베르제를 비롯한 현대 정당 연구의 선구자들은 대체로 현대 정당의 출현을 대의민주주의 확립, 특히 선거권 확대와 밀접히 연관되어 있다고 본다(Duverger 1954 ; LaPalombara and Weiner 1966). 일단 출현한 정당이 그 존재가치와 안정성을 획득하는 과정을 제도화라고 할 수 있다(Huntington 1965, 394). 잔다(Janda 1980, 19)에 의하면 한 정당이 한 시적인 지도자와 구별되는 사회조직으로서의 가치를 대중으로부터 부여받는 수준이 곧 정당제도화의 수준이다.

정당제도화의 의미와 그 수준에 관한 연구는 이외에도 다양하게 이루어졌다. 로즈와 마키(Rose and Mackie 1988)는 한 정당의 제도화 여부를 전국 규모 선거에 3회 이상 참가했느냐를 기준으로 결정한다. 그들은 또 신생정당의 제도화 가능성을 높여주는 요인으로 민주적·경쟁적 선거제도 확립과 정당조직 시기의 근접성, 비례대표제 도입의 정도, 조직된 사회집단과의 연계 여부, 최초 선거에서의 득표력 등 네 가지를 제시한다.

정당제도화는 정당조직에 관한 파네비앙코(Panebianco 1988)의 연구에도 핵심 개념이 되고 있다. 정당은 우선 제도화의 수준에 따라 구분해 볼 수 있다고 주장하는 파네비앙코는 정당 생성방식의 차이가 제도화의 수준을 결정하고 그에 따라 정당유형을 구분해 준다고 본다. 그에 의하면 정당 생성 초기에 강력한 중앙세력이 먼저 존재한 후 이들이 조직을 전국적으로 침투시킨 경우(penetration)가 지방의 여러 세력이 연합해서 궁극적으로 전국적 리더십을 확립한 경우(diffusion)에 비해 강력한 제도화를 성취할 수 있다고 보았다. 또 정당 생성 당시 외부 세력에 기대어 조직을 정당화한 유형(external legitimation)보다 스스로의 힘으로 조직을 정당화한 유형(internal legitimation)이 보다 강력하게 제도화를 이룰 수 있다고 보았다. 파네비앙코는 이 두 지표를 기준으로 정당조직을 네 유형으로 나누어 제시하고 있다(Panebianco 1988, 49-68).

정당제도화와 관련해서 우리의 흥미를 끄는 파네비앙코의 또 다른 지표는 카리스마적 지도자의 존재 여부이다. 카리스마적 지도자의 힘에 의해 생성된 카리스마 정당은 강력한 중앙집권력을 과시하지만 정당조직은 지극히 불안정하고 또 제도화의 수준도 극히 낮다. 그 결과 카리스마 정당은 카리스마적 지도자와 정치생명을 같이 하는 강한 경향을 띤다(Panebianco 1988, 65-67).

선진 민주국가 정당제도화와 관련한 이런 논의들은 80년대 이후 신생 민주국가 정당정치 연구에 중요한 지침을 제공하고 있다. 이들 중 가장 주목할 만한 연구가 남미 신생 민주국가의 정당체계를 비교연구한 메인웨어링과 스컬리(Mainwaring and Scully 1995)의 연구이다. 이들은 서론에서 남미 정당체계를 비교할 개념적 도구로 제도화 수준을 제시하고 각국 정당제도화의 다양한 수준을 분석한 다음 정당제도화 수준을 민주주의 공고화 수준에 직접 연계시킨다. 아래에 간략히 언급하겠지만 정당제도화 개념은 최근 민주화 이후 한국 정당정치를 분석하는 데도 활용되고 있다.

2. 포괄정당(catch-all party)론

정당정치에 관한 고전적 연구에 힘입어 대중정당은 대의민주주의 정치과정을 대표하는 정당조직 양태로 광범위하게 인식되었다. 키르흐하이머(Kirchheimer 1966)의 포괄정당론은 대중정당의 수명이 대의민주주의의 수명과 결코 같을 수 없음을 가장 먼저 일깨워 주었다.

키르흐하이머는 서구의 주요 정당들이 대중정당과 이념적·조직적 특성을 본질적으로 달리하는 새로운 정당으로 바뀌고 있음을 일찌감치 간파하고 이처럼 새롭게 성장하는 정당유형에 포괄정당(catch-all party)이라는 명칭을 부여했다. 그의 이 선구적 연구는 이후 본격화될 정당조직의 동태적 변화에 관한 다양한 연구의 서막을 알리는 것이었다.

그는 대중정당과 구별되는 포괄정당의 다섯 가지 특징으로 이념성의 현저한 약화, 상층 지도부의 리더십 강화, 개별 당원의 당내 비중과 역할 약화, 특정 사회세력에 대한 의존도 감소, 그리고 다양한 이익집단들과 정당과의 유대 강화 등을 들었다. 이렇게 볼 때 서구

주요 정당들의 포괄정당으로의 변신은 단순히 이념적 변신이나 지지 기반의 확충만을 의미하는 것이 아니었다. 오히려 정당의 조직적 특성이 근본적으로 변하고 있음을 뜻했던 것이다.

서구 정당들이 50년대 후반 이후 이와 같은 특징을 지니는 포괄정당으로 바뀌고 있다는 키르흐하이머의 주장을 경험적으로 입증하는 데는 디트리히(Dittrich 1983)가 주장하듯 적지 않은 분석적 어려움이 존재한다. 또 70년대 서구 정당정치의 변화양상을 분석한 다음 이것이 키르흐하이머의 예측과 일치하지 않는다고 제시한 월리네츠(Wolinetz 1979)의 비판 역시 부분적으로 타당하다.

그러나 키르흐하이머의 포괄정당론은 궁극적으로 카르텔 정당으로 이어지는 서구 정당조직 변화의 방향을 일찌감치 제시한 선도 연구로서 명백한 가치를 지닌다. 이와 관련해 주목할 만한 최근 연구는 아마 크루웰(Krouwel 2003)의 논문일 것이다. 키르흐하이머의 포괄정당 개념 출현의 배경과 그 이론적·경험적 함의에 관해 아마도 가장 심층적인 분석을 행한 이 논문에서 그는 현대 민주정치 과정에서 원칙에 입각한 반대와 경쟁의 실종, 정치의 국가 경영 차원으로의 축소, 현실 정치 담당자의 전문가집단화, 정당조직과 시민사회와의 연계 단절, 정치 무관심과 냉소주의 증대라는 오늘날 대의정치가 직면하고 있는 심각한 도전들을 키르흐하이머의 포괄정당론이 이미 불길하게 예견하고 있었다고 지적한다.

3. 선거전문가 정당(electoral-professional party)론

파네비앙코(Panebianco 1988)는 키르흐하이머와 조금 다른 각도에서 정당조직의 변화를 파악하고 있다. 그는 키르흐하이머의 분석이 무엇보다 정당조직의 전문가집단화(professionalization) 경향을 간과하고 있다고 지적한 다음 정당조직의 변화방향을 관료적 대중정당(mass bureaucratic parties)으로부터 선거전문가 정당(electoral-professional parties)으로의 변화로 규정한다. 대중정당에 대한 고전적 연구자들이 정당 내부의 관료조직에 주목했던 반면, 오늘날 정당조직은 선거 승리를 목표로 한 전문인들이 이끌고 있다는 것이다. 또 정당의 조직적 양태 역시 강력한 위계질서를 갖춘 당원 중심 조직으로부터 수직적 연계가 느슨한 선거정당으로 바뀌었다는 것이다. 파네비앙코에 의하면 이러한 변화는 사회계층의 장기적 변화와 기술발전에 따른 정치 커뮤니케이션 체제의 재편 등이 초래한 결과이다.

키르흐하이머의 포괄정당론과 마찬가지로 선거전문가 정당론 역시 정당조직의 이와 같은 변화를 부정적으로 평가한다. 선거전문가 정당으로의 조직변화는 무엇보다 민주적 정치과정의 중심 조직으로서 정당의 지위를 약화시킨다. 사회의 이익을 집약해서 표출하거나 정책대안을 형성하는 정당의 중심 기능은 현저히 약화되고 그에 따라 시민들의 집합적 정체성 역시 약화된다. 파네비앙코에 의하면 정당은 위기에 처하게 된다는 것이다.

4. 카르텔 정당(cartel party)론

정당조직 변화의 내용과 성격에 관한 연구는 1990년대에 마이어와 카츠가 주도한 카르텔 정당(cartel party)론으로 이어졌다(Mair 1994 ; Katz and Mair 1995 ; Mair 1997). 이들은 정당조직에 관한 고전적 연구로부터 키르흐하이머에 이르는 연구성과들을 종합한 다음 정당조직의 새로운 변화양상에 대한 자신들의 분석을 추가해서 지난 한 세기 동안 서구 정당조직의 변화 흐름을 시계열별로 개념적으로 구분해서 제시한다. 즉 정당조직은 지난 한 세기 동안 간부(혹은 엘리트)정당으로부터 대중정당으로 변화했다가 다시 포괄정당을 거쳐 카르텔 정당으로 변화해 왔다는 것이다.

이들은 이 네 가지 정당조직의 유형들을 각각 국가와 시민사회라는 추상화된 공간 속에 자리매김하는 한편 그 핵심 기능을 대조적으로 제시하고 있다. 1970년대 이후 출현한 카르텔 정당은 시민사회와의 거리를 더욱 멀리 하되 그 대신 국가와는 보다 긴밀하게 결합해서 국가의 대리인(agent) 역할을 수행한다. 카르텔 정당에서 당원의 비중은 현저히 축소되고 당 지도부의 자율적 지도력은 더욱 강화되며 정당활동 경비의 당비 의존도는 현저히 감소하는 반면, 국고보조금을 비롯한 국가 지원에 대한 정당의 의존도는 커진다.

마이어와 카츠의 카르텔 정당론은 분명히 포괄정당론과 선거전문가 정당론이 제시하는 정당조직 변화방향의 연장선 위에 서 있다. 그러나 이들과의 차이점 역시 두드러진다. 포괄정당과 선거전문가정당의 우선적인 관심과 목표는 선거에서의 승리이다. 반면 카르텔 정당의 경우 선거에서의 승리보다 정부구성에 참여하는 데 더 큰 비중을 둔다. 따라서 카르텔 정당들 간의 관계는 경쟁적이라기보다 담합적이다.

마이어와 카츠는 또 대중정당으로부터 카르텔 정당에 이르는 정당조직의 변화를 정당의 쇠퇴로 평가하려는 경향에 동의하지 않는다. 이들에 의하면 대중정당에서 포괄정당으로 변화함으로써 정당은 더 이상 특수한 지지층의 특별한 요구에 얽매이지 않게 되었으며, 정당 지도자들은 그들의 목표인 선거 승리와 집권을 위해 보다 유연한 전술을 동원할 수 있게 되었다. 그 결과 정당들의 환경에 대한 적응력과 대중에 대한 통제력은 갈수록 강화되었다고 이들은 주장한다(Mair 1997, 13).

보다 구체적으로 이들은 정당조직을 시민사회와 연계된 기층조직(parties on the ground), 중앙조직(parties in central office), 그리고 정부조직(parties in public office)의 세 수준으로 나누어서 파악할 것을 제안한 다음 정당의 쇠퇴는 오직 기층조직 수준에서 일어났을 뿐 중앙조직과 정부조직의 수준에서 정당의 위상은 오히려 강화되었다고 주장한다. 즉 정당 쇠퇴의 근거로 일반적으로 지적되어 온 정당일체감(party identity) 약화, 투표유동성(electoral volatility) 증대, 투표율과 유권자에 대한 당원비율의 지속적 감소 등은 분명 정당의 대의기능 약화를 반영한다. 그러나 정당은 그 대신 정부기구와 정부자원에 대한 접근성을 더욱 강화시켰다. 마이어와 카츠는 정당조직의 이와 같은 변화는 정당의 쇠퇴라기보다는 변화하는 정치환경에 대한 정당조직의 적극적 적응의 결과로 봐야 한다고 주장한다. 이들의 이와 같은 주장은 달톤과 와텐버그(Dalton and Watternberg 2000)의 최근 연구에 의해 그

대로 뒷받침되고 있다. 이들 역시 정당을 세 수준으로 나누어 분석한 다음 정당 쇠퇴의 징후는 유권자와의 관계에서만 강력할 뿐 정당조직 자체, 그리고 정부와 정당 수준에서 정당은 여전히 강력하다고 결론짓는다.

그러나 카츠와 마이어가 정당의 일반적 쇠퇴론에 비록 동의하지는 않지만 카르텔 정당으로의 변모를 결코 긍정적으로 평가하지는 않는다. 이와 관련해 마이어의 다음과 같은 언급에 주목할 필요가 있다.

> 금세기가 끝이 나는 시점에 특히 역사가 오랜 많은 정당민주국가들이 눈에 띄게 건강하지 못한 증세를 보이기 시작한다는 것은 갈수록 분명해지고 있다. 현대 민주국가에서 정당의 중요성은 여전하지만 정당민주주의 자체가 갈수록 말썽 많은 민주주의의 모습을 띠어가고 있다 (Mair 1997, 126).

카르텔 정당론은 서구 정당조직의 특징과 그 변화에 대한 새로운 논쟁거리(예컨대, Koole 1996)를 제공하고 또 그에 입각한 많은 후속 연구들을 촉발시켰다(예컨대, Kitschelt 2000 ; Blyth and Katz 2005).

그런데 카르텔 정당론이 신생민주국가 정치학자들에게 특히 주목받는 것은 이것이 신생민주국가 정당조직의 특성을 분석하는 데 잠재적으로 유용한 개념일 수 있기 때문이다. 많은 신생 민주국가의 정당들은 시민사회의 미성숙으로 인해 대중정당의 사회적 기초가 대체로 빈약하고 그 결과 새 정당들은 주로 정치 엘리트들 주도로 조직된다. 따라서 신생 민주국가에서 대중정당의 성장은 억제되는 반면 정당조직은 포괄정당 혹은 나아가 카르텔 정당의 특성을 강하게 띠게 된다(Mackie 1995). 이와 같은 현상은 민주화 이후 한국 정당정치에서도 전형적으로 발견된다. 카르텔 정당이라는 개념을 활용해서 한국 정당과 정당체제의 특성을 분석하려는 시도가 최근 증가하는 것은 따라서 자연스러운 일이다.

Ⅳ. 정당체계의 동태적 변화에 관한 연구와 논쟁

사실 립셋과 로칸이 서구 정당체계의 결빙을 주장하고 있을 때 정당체계의 안정성을 위협하는 중요한 사회적·문화적 변화가 이미 선진 민주국가에서 일어나고 있었다. 그 결과 사르토리가 정당체계의 유형을 제시했던 1970년대 중반에는 이미 서구 여러 나라에서 새로운 성격의 군소 정당들이 속속 출현하기 시작했다. 무엇이 이러한 변화를 초래했는가.

우선 전후 케인즈주의에 입각한 경제운용의 확산과 그에 따른 계급 타협의 확대는 좌-우 계급갈등을 대폭 약화시켰다. 또 1950년대와 1960년대에 그 절정에 달했던 선진자본주의의 황금기는 전반적인 풍요를 가져 왔고 또 사회복지 보편적 확산의 물적 토대를 제공해 주었다. 이와 같은 경제적 풍요와 복지의 확산은 대중의 가치관에 중요한 변화를 일으켜 소위 탈물질주의의 가치관을 확산시켰다. 이 새로운 가치관은 1960년대 말 선진자본주의 국가를 휩쓸었던 학생운동과 저항운동으로 폭발적으로 분출되더니 급기야 신사회운동으로 조직되고 확산함으로써 선진 민주국가 정치과정에 중요한 변화를 초래했다.

이와 같은 변화의 성격과 원인에 대한 연구와 분석은 이 시기 정치학과 사회과학의 핵심 연구대상이 되었다. 그리고 이러한 변화가 정당정치를 어떻게 변화시키고 있는지에 대한 연구와 논쟁이 1970년대 이후 정당 관련 연구의 큰 흐름을 형성하게 되었다.

이 시기 선진국에 확산되었던 가치관의 변화를 "탈물질주의의 조용한 혁명"으로 파악한 잉글하트(Inglehart 1971)는 이후 이 분야 연구를 주도하면서 이 가치관의 변화가 심화되고 또 공간적으로 범세계적으로 확산되는 과정을 추적해 왔다(Inglehart 1977, 1997).

이와 같은 사회·경제·문화적 변화가 초래한 정치적 결과는 투표유동성(electoral volatility)의 증가, 정당결속력의 약화(dealignment) 혹은 재편(realignment), 새로운 균열의 확산에 따른 정당체계의 파편화 등으로 집약되었다. 이에 관한 다양한 경험적 분석이 이 시기 진행되었으며, 그 두드러진 성과물이 달톤과 플라나간(Dalton and Flanagan 1984)에 의해 집약되었다.

한편 키트쉘트(Kitschelt 1994)는 탈물질주의 대 물질주의라는 균열보다 탈산업시대의 새로운 균열로 좌파 자유지상주의(left-libertarianism) 대 우파 권위주의(right-authoritarianism)의 대립을 제시한다. 그는 이 새로운 균열이 어떻게 정당들 간의 이념적 대립을 다변화시키고 또 정당체계의 파편화를 증대시키는지 분석한다.

이와 같은 사회·경제·문화·정치적 변화들이 정당체계에 끼치는 영향에 관해 실로 다양한 주장과 논쟁이 전개되었다. 그리고 그 논쟁의 중심에 자리잡은 것은 정당체계 결빙의 지속 여부였다. 과연 1970년대 이후 서구 정당체계는 본질적으로 변모했는가.

로즈와 어윈(Rose and Urwin 1970)은 1945년부터 1969년까지 서구 국가들이 치른 선거자료를 토대로 결빙 명제의 타당성을 입증하려 한 바 있었다. 반면 매기어(Maguire 1983)와 페데르센(Pedersen 1979 ; Pedersen 1983)은 1970년 이후 투표유동성의 현저한 증가로 인해 정당체계의 안정성이 현저히 약화되었다고 주장했다. 샤미르(Shamir 1984)는 한발 더 나아가 정당체계가 애초부터 결빙된 적이 없었다고 주장하며 립셋과 로칸의 주장을 근본적으로 부정했다.

이처럼 정당체계가 근본적으로 바뀌고 있다는 주장에서 한발 더 나아가 서구 정당이 쇠퇴의 과정에 들어섰다는 주장 역시 제기되었다. 로슨과 머클(Lawson and Merkl 1988)은 모든 민주국가에서 단일이슈 운동이 성장하고 특수한 이익집단이 정당과 유사한 지위를 획득하고 또 군소정당들이 기존 주요 정당에 대항해서 급작스러운 약진을 함으로써 정당체계가 근본적으로 변모하고 있을 뿐만 아니라 정당 자체가 쇠퇴하고 있다고 주장했다. 레이터(Reiter 1989)는 경제적 풍요, 코포라티즘, 매스 미디어의 발달, 탈산업주의, 새로운 정치 이슈와 균열, 포괄정당화 등이 정당의 쇠퇴를 초래하는 독립변인들이라고 주장했다.

이와 같은 변화론과 쇠퇴론에 대항해서 정당체계의 지속성을 강조한 연구들 역시 같은 시기에 많이 나왔다. 바르톨리니와 마이어(Bartolini and Mair 1990)는 1885년부터 1985년 사이 13개 서구 국가들에서 치러진 303차례의 선거결과를 분석한 다음 유동성보다 안정성이 보다 일반적인 흐름이었다고 결론지으며 결빙 명제를 옹호했다.

이와 별도로 마이어(Mair 1997, 52)는 녹색당이나 신파시스트 정당 등 수많은 군소 정당들이 1970년대 이후 서구 각국에 출현했음에도 불구하고 정당체계가 근본적으로 변화하지는 않았다는 주장의 근거로 정당체계에 대한 사르토리의 고전적 정의를 다시 상기시킨다. 즉 한 정당의 단순한 출현이나 소멸이 정당체계의 변동을 의미하지는 않는다는 것이다. 특정 정당의 출현이나 소멸에 의해 체계 전체의 경쟁양상 혹은 정부구성의 패턴이 근본적으로 바뀌었다면 정당체계가 바뀌었다고 얘기할 수 있지만 군소 정당의 부침이나 정당지지 양상의 재편에 의해 정당체계는 바뀌지 않는다는 것이다. 그에 따르면 변화하는 환경에 적응해서 조직을 변모시키고 또 유권자를 새로이 통제하는 수단을 발전시켜 온 정당의 능력에 의해 선진 민주국가의 정당체계는 놀라운 지속력을 보여주고 있다.

비슷한 시기에 정당체계에 관한 저서를 낸 웨어(Ware 1996, 12-13) 역시 조심스럽게 정당체계의 상대적 안정성을 강조하고 있다. 그는 미래의 정당정치가 과거의 정당정치와 본질적으로 다를 바 없으리라고 정치학자들이 자신 있게 예측하기는 힘든 상황이 되었음을 인정한다. 그럼에도 불구하고 그는 정당과 정당체계의 지속성이 여태까지의 특징이었으며, 앞으로도 상당 기간 그러하리라고 예견하고 있다. 그리고 이 예측은 그로부터 6년 후 웹(Webb 2002)의 관찰에 의해 대체로 그대로 수용되고 있다. 그에 의하면 서구 정당체계의 파편화와 분극화는 급진 좌-우 정당의 출현 등으로 분명히 진행되어 왔다. 그러나 정당체계의 전반적인 안정성은 변함이 없다고 웹은 결론짓는다.

종합적으로 볼 때 서구 정당체계의 근본적 변화론이라든가 정당 쇠퇴론은 경험현상을 다소 부풀려서 제기한 주장들인 것처럼 보인다. 그러나 서구 정당체계의 안정성과 지속성을 지나치게 강조할 경우, 지난 수십 년 동안 서구 정당정치가 보여온 중요한 변화를 또한 간과할 위험이 있다.

첫째, 균열구조의 다변화가 정당체계를 파편화시키고 정치의제와 이념경쟁의 축을 다양화·다변화시켰다는 것은 명백한 사실이다. 녹색당의 조직과 성장, 또 다른 한편으로 신우익정당의 성장이 비록 정당체계에 근본적 변화를 초래하지는 않았더라도 이들의 출현이 서구 정당정치에 끼친 충격과 영향을 무시할 수는 없다. 이들 정당에 대한 수많은 최근 연구들이야말로 그 충격과 영향을 실증하고 있다 할 것이다.

둘째, 웹(Webb 2002)의 지적처럼 좌-우 주요 정당들 간의 이념적 거리는 최근 현저히 줄어들었다. 그런데 그 근본원인은 좌파 사회민주정당의 쇠퇴에서 찾아야 할 것이다. 1970년대 말 자본주의 위기와 그에 이은 자본주의 생산양식과 생산조직의 급격한 변모, 그리고 세계화로 표상되는 교환양식의 격변은 보수 우파정당들에게는 신자유주의라는 정책대안을 발전시킬 계기를 제공해 주었지만 사회민주주의 정당들은 상당 기간 동안 케인즈주의를 대체할 이념적 정책적 대안 마련에 골몰했으나 그 결과는 신통치 않았다. 사회민주주의 정당들의 정체성 위기와 부인할 수 없는 쇠퇴가 그 뒤를 이었다. 사회민주주의의 위기와 쇠퇴에 관한 많은 연구들은 1990년대 이후 쏟아져 나왔다(예컨대, Piven 1991 ; Kitschelt 1994 ; Glyn 2001). 사회민주주의가 궁극적 대안으로 제시한 제3의 길과 이를 둘러싼 논쟁이 그 뒤를 이었다(Giddens 1998 ; Giddens 2000 ; Panitch and Leys 1997). 또 이 논쟁과 더불어 탈산업사회 국면에서 좌-우 이념적 구별이 과연 어떤 의미를 갖느냐는 보다 근본적인 논쟁 역시 같은 시기에 불거졌다(Giddens 1994; Bobbio 1996).

셋째, 웹을 위시한 정당학자들의 지적처럼 서구 정당체계가 현저히 사르토리의 온건다원주의 체계(moderate pluralism)로 수렴하고 있다면 사르토리 분류의 분석적 가치(heuristic value)는 전에 비해 현저히 축소될 수밖에 없다. 이탈리아, 독일, 스웨덴의 정당체계를 같은 유형으로 묶어놓는 유형분류가 어떤 분석적 효용이 있는지 묻지 않을 수 없다. 이것은 서구 정당체계가 근본적으로 바뀌었든 안 바뀌었든 사르토리를 뛰어넘는 새로운 정당체계 분류기준이 필요해졌다는 것을 암시한다.

V. 기타 주목할 만한 연구들

미국 정당과 정당정치에 관한 최근 연구들 중 서구 정당정치 변화에 관한 연구경향과 대조적인 연구들이 발견되는 점은 매우 흥미롭다. 계급정치의 퇴조와 사회민주주의의 쇠퇴를 서구 정당학자들이 분석하고 있음에 반해서 최근 미국의 정당연구가들은 계급정치의 강화와 정당의 부활을 주장하고 있다.

우선 헤더링턴(Hetherington 2000)은 1990년대 들어 특히 정치 엘리트들 사이에 분극화가 심해졌고, 그 결과 정당 간의 이념적 차별성에 대한 대중의 인지도가 커졌다고 분석한다. 그에 따라 유권자들의 선택에서 인물보다 정당이 차지하는 비중이 상대적으로 커졌다는 것이다. 폴슨(Paulson 2000) 역시 1990년대 말 미국정치에서 정당이 부활하는 징후가 확연하다는 연구결과를 내놓았다. 또 스톤캐쉬(Stonecash 2000)는 1990년대의 미국 빈곤층이 1950–1960년대 빈곤층보다 더 강력하게 민주당을 지지하고 있다고 분석한 다음 계급이 미국정치에 행사하는 영향력이 그만큼 더 커졌다고 결론을 내린다. 이러한 연구들과 더불어 사회균열과 정당체계에 관한 립셋–로칸의 고전적 분석을 적용한 본격 연구서가 출간되었다.

맨자와 브룩스(Manza and Brooks 2000)의 연구는 사회균열과 정당체계에 관한 무려 30년 만의 연구서이다. 이들 역시 미국정치에서 최근 계급균열이 퇴조하기는커녕 오히려 지속적으로 강화되고 있다고 결론을 내리고 있다.

신생 민주국가 정당정치에 대한 연구 역시 착실히 진행되고 있고, 그 연구성과들은 충실히 축적되고 있다. 메인웨어링과 스칼리(Mainwaring and Scully 1995), 키트쉘트(Kitschelt, *et al.* 1999), 그리고 디아만두로스와 군터(Diamandouros and Gunther 2001)의 연구는 각각 남미, 동유럽, 그리고 남유럽 신생 민주국가들의 정당정치에 관한 대표적 연구서들이다. 이들 연구가 특정 지역 테두리 내에서 행해진 비교연구들인 반면, 다이아몬드와 군터(Diamond and Gunther 2001)가 편집한 최근 연구서는 이와 같은 지역경계를 뛰어넘어 유럽, 남미, 아시아 지역 정당정치와 민주주의를 비교연구한 보기 드문 저작으로서 비교정당정치 연구의 새로운 지평을 열어주고 있다.

Ⅵ. 민주이행 이후 한국정당정치 연구의 경향

정당과 정당정치에 대한 한국 정치학계의 연구는 민주화가 지체된 만큼 활발하지 못했던 것이 사실이다. 1987년 민주화는 정치학 연구를 활성화시키는 계기를 마련해 주었고, 그 이후 정당과 정당정치에 관한 연구 역시 양적으로나 질적으로 주목할 만한 발전을 거듭해 왔다.

그러나 정치학의 다른 분야와 비교해서 정당과 정당정치에 관한 순수 학술적인 연구는 상대적으로 저조했다고 보는 것이 냉정한 평가일 것이다. 예컨대 1988년부터 2005년까지 『한국정치학회보』에 실린 1,182편에 달하는 논문들(서평은 제외) 중 정당과 정당정치에 관한 논문은 모두 40편에 불과하다. 이들 중 거의 절반에 달하는 19편은 외국 정당에 관한 논문들이었고, 한 편은 사례분석이 아닌 순수 이론 연구였다. 이 19편의 논문들은 한 편을 제외하고 모두 한 국가의 정당정치 혹은 한 국가의 단일정당에 관한 연구를 수행했다.

외국사례에 관해 유일한 비교연구를 수행한 진영재(1997)는 정당제도화와 체제선택과의 연관관계를 밝혀보기 위해 선진 민주국가들 중 15개 국가에 대한 비교분석을 수행했다. 또 다른 순수 이론적 논문에서 진영재(1999)는 정당체계 결정을 위해 활용되는 유효정당수 계산법이 함축하고 있는 이론적 문제점을 끄집어내기 위한 분석을 시도했다.

한국 정당정치를 다룬 나머지 20편의 논문들 중 외국 사례와 비교연구를 수행한 논문은 단 두 편이다. 곽진영(1998)은 한국, 미국, 일본의 정당체제를 사회이익 반영유형을 중심으로 비교·분석해서 각 정당체제의 특이성을 제시했다. 한편 권순미(2004)는 한국과 일본의 노동정치가 각각 최근 상이한 발전 패턴을 보이는 현상을 비교·분석해서 그 원인을 규명하려 시도했다.

한국 정당정치에 관한 나머지 논문들 중 연구가 가장 많이 행해진 것은 지역주의에 관한 논문들(6편)이었고, 그 뒤를 정당민주화 혹은 후보자 선출방식에 관한 연구(4편)들이 이었으며, 진보정당에 관한 2편의 연구가 또한 그 뒤를 이었다.

물론 『한국정치학회보』에 실린 논문들이 국내 정치학 연구의 경향과 수준을 완전히 대표한다고 할 수는 없으며, 정당정치에 관한 연구 역시 그러하다. 그러나 위에 제시한 자료를 통해 정당정치 연구에 대한 우리 학계의 연구수준과 관심영역을 미루어 짐작할 수 있으리라 사료된다.

사실 지역주의, 정당개혁, 진보정당에 관한 연구는 민주이행 이후 정당학자들이 가장 많이 다루어 온 주제들이다. 이는 정당정치 연구동향에 관한 다른 논문의 개괄에서도 드러난다. 예컨대, 곽진영(2001)은 민주화 이후 한국 정당정치 연구의 큰 흐름을 시민사회 균열구조, 특히 지역균열과 관련한 연구동향, 그리고 정당의 조직과 운영방식의 전근대성과 비민주성에 초점을 맞추고 분석한 연구동향 등 두 개의 큰 흐름으로 나누어 파악하고 있다. 이 두 커다란 연구동향 이외에 두드러진 연구주제들은 정당정치 불안정성의 원인과 특성을 규명하려는 시도, 그리고 보수독점적 정치지형이 안고 있는 정당정치의 문제와 진보정당 부재의 원인규명 및 그 성장조건에 관한 연구들을 들 수 있다.

이 연구주제들에 관한 많은 연구들이 한국 정당정치 발전과 민주주의 공고화에 대한 진지한 열망과 문제의식을 가지고 대체로 수준 높은 연구성과들을 축적해 왔다. 그러나 한국 정당정치에 관한 국내 연구가 가장 소홀히 하고 있는 부분은 다른 나라 사례들과의 비교 연구이다. 비교전망의 부재는 한국 정당정치 연구의 국지성(parochialism)을 심화시킬 소지가 매우 크다. 이 점과 관련해 우리가 새겨보아야 할 것은 미국 정당학자들에 대한 잔다의 다음과 같은 고언(苦言)이다.

> 미국 정당의 독특성을 가장 잘 이해할 수 있는 방법은 이들을 비교분석적 틀 속에서 연구하는 것이며, 이를 위해 무엇보다 요구되는 것은 이와 같은 분석을 수행하는 외국 학자들의 저작들을 보다 많이 읽는 것이다(Janda 1993, 163).

위에서 살펴본 서구 정당정치 연구들이 발전시킨 개념들을 적극 활용한 대표적 논문들을 몇 편 살펴보도록 하겠다. 우선 장훈(1997)의 논문은 정당제도화(party institutionalization)라는 개념을 한국 정당정치 분석에 활용하고 있다. 그러나 그는 헌팅턴의 다소 진부한 개념을 분석에 활용할 뿐 최근 연구들이 발전시킨 개념틀을 활용하지 못하는 한계를 보인다.

정당조직과 그 변화에 관한 연구는 국내 연구가 상대적으로 많이 부족한 연구영역이다. 정당조직의 이합집산이 극도로 심하고 또 최근 바람직한 정당조직의 유형과 관련해서 대중정당 혹은 원내정당에 대한 논란이 뜨거운 점을 감안하면 이에 관한 연구가 절실한 실정이다.

이런 가운데 카르텔 정당 개념을 한국 정당정치에 적용하려는 시도가 증가하는 것은 주목할 만한 현상이다. 김수진(1999)의 연구를 필두로 곽진영(2001, Kwak 2003)과 장훈(2003)으로 이어진 국내의 연구는 카르텔 정당체제라는 상이한 개념을 공통적으로 활용하는 특이성을 보여준다.

이외 주목할 만한 국내 연구성과들을 간략히 언급해 보겠다. 한국 정당과 관련해 가장 방대한 연구성과를 축적한 학자는 심지연이다. 해방정국부터 민주이행 이후의 시기까지 다양한 정당들에 대해 수행했던 그의 많은 연구업적은 매 연구서마다 수록된 방대한 자료들과 함께 한국 정당과 정당정치 연구의 귀중한 자산이 되어주었다. 그의 최신 연구(심지연 2004)는 그동안의 연구를 총결산해서 한국 현대 정당정치의 역정을 포괄적으로 정리하고 분석한 역작이다. 그의 연구를 일관해서 드러나는 가장 뼈아픈 약점인 분석의 국지성(parochialism)을 완전히 불식시키지 못한 아쉬움은 여전히 남지만 그의 이 연구는 현대 한국 정당의 역사에 관한 가장 탁월한 기술서이다.

김용호(2001)의 연구는 한국 정당정치의 특성과 한계, 그리고 개혁의 방향에 대한 날카로운 분석을 담고 있다. 이 연구서가 다루는 주 분석대상은 박정희 시대 공화당을 필두로 한 한국 여당이다. 따라서 이 책은 장훈(Juang 2000)의 공화당 연구와 더불어 여당 연구의 대표적 업적으로 평가할 수 있다.

한편 김수진(1997 ; Kim 1987 ; 2000)은 이들과 달리 제2공화국 민주당, 제3공화국 야당, 그리고 제5공화국 시기 야당 등 전통 야당에 대한 연구를 축적해 왔다.

정진민은 미국 정당정치의 동태적 변화에 대한 집중 연구(1996 ; 1998b ; 2000)와 더불어 선진 민주국가 정당정치의 변화에 관해 포괄적인 분석을 행한 다음 민주화 이후 한국 정당정치의 문제를 진단하고 바람직한 발전방향을 제시하고 있다(1998a).

영국노동당에 관한 고세훈(1999)의 저작은 외국의 단일정당에 관해 국내에서 출간된 유일한 학술연구서로서 독보적일 뿐만 아니라, 영국 정당정치와 노동운동사에 대한 저자의 오랜 연구와 폭넓은 2차 자료에 대한 섭렵을 토대로 완성한 탁월한 연구서이다.

위의 개관은 물론 한국 정당정치 연구동향과 방대한 업적의 극히 일부분에 국한된 것이다. 이에 관한 보다 포괄적이고 심층적인 분석은 독립된 논문을 필요로 하리라고 본다. 비쩬(van Biezen 2003)은 정당에 관한 연구의 이론적 수준이 여전히 낮음을 비판하고 있다. 특히 민주주의 공고화에 정당이 차지하는 역할에 관한 연구의 이론적 수준이 낮다는 것이다. 이와 같은 언급은 한국 정당연구가들에게는 채찍이면서 동시에 위안이다. 신생 민주국가 정당정치에 관한 탁월한 분석들이나 이론이 한국 정당정치 연구를 기반으로 발전되기를 기대한다.

참고문헌

고세훈. 1999. 『영국노동당사 : 한 노동운동의 정치화 이야기』 서울 : 나남.

곽진영. 1998. "정당체제의 사회적 반영의 유형과 그 변화 : 한국, 일본, 미국의 비교분석." 『한국정치학회보』 32 : 1.

곽진영. 2001. "한국정당체계의 민주화 : 정당-국가 간 관계를 중심으로." 『의정연구』 7 : 1.

권순미. 2004. "'노동 없는 정당체제'와 '노동 있는 정당체제' : 일본과 한국의 상이한 노동정치 발전 패턴." 『한국정치학회보』 38 : 5.

김수진. 1997. "제2공화국의 정당과 정당정치." 백영철 편, 『제2공화국과 한국 민주주의』 서울 : 나남.

_____. 1999. "한국정치 균열구조의 전개와 담합정당체제." 『역사비평』 49호.

김용호. 2001. 『한국정당정치의 이해』 서울 : 나남.

심지연. 2004. 『한국정당정치사 : 위기와 통합의 정치』 서울. 백산서당.

장 훈. 1997. "한국 민주화 10년의 정당정치 : 연속성과 변화." 한국정치학회 민주화운동 학술회의 발표문.

_____. 2003. "카르텔 정당체제의 형성과 발전 : 민주화 이후 한국의 경우." 『한국과 국제정치』 19 : 4.

정진민. 1996. "미국정당정치의 변화 : 뉴딜연합의 약화를 중심으로." 『한국정치학회보』 30 : 1.

_____. 1998a. 『후기 산업사회 정당정치와 한국의 정당발전』 서울 : 한울.

_____. 1998b. "전후 미국 정당기반 재편과 정당체계의 변화." 『한국정치학회보』 32 : 4.

_____. 2000. "1980년대 이후 미국 정당정치의 변화 : 세대요인을 중심으로."

『한국정치학회보』 34 : 1.

진영재. 1997. "정당제도화의 유형과 체제선택의 경험적 논의 : 15개 선진자본 국가들의 비교연구." 『한국정치학회보』 31 : 4.

_____. 1999. "유효정당수(Effective Number of Parties) 계산법의 문제점 : 정당연합이론을 중심으로." 『한국정치학회보』 33 : 4.

Bartolini, Stefano and Peter Mair. 1990. *Identity, Competition and Electoral Availability : The Stabilization of European Electorates, 1885-1985*. Cambridge : Cambridge University Press.

Blondel, Jean. 1968. "Party Systems and Patterns of Government in Western Democracies." *Canadian Journal of Political Science*, 1 : 2.

Blyth, Mark and Richard Katz. 2005. "From Catch-all Politics to Cartelisation : The Political Economy of the Cartel Party." *West European Politics*, 28 : 1.

Bobbio, Norberto. 1996. *Left and Right*. Cambridge : Polity Press.

Daalder, Hans. 1983. "The Comparative Study of European Parties and Party Systems : An Overview." in Hans Daalder and Peter Mair. eds. *Western European Party Sytems : Continuity and Change*. London : Sage.

Dahl, Robert. 1966. "Patterns of Oppositon." in Robert Dahl,ed. *Political Oppositions in Western Democracies*. New Haven : Yale University Press.

Dalton, Russell and Martin Wattenberg, eds. 2000. *Parties without Partisans : Political Changes in Advanced Industrial Democracies*. Oxford : Oxford University Press.

Diamandouros, Nikiforos and Richard Gunther. 2001. *Parties, Politics, and Democracy in the New Southern Europe*. Baltimore : Johns Hopkins University Press.

Diamond, Larry and Richard Gunther. eds. 2001. *Political Parties and Democracy*. Baltimore : Johns Hopkins University Press.

Dittrich, Karl. 1983. "Testing the Catch-all Thesis : Some Difficulties and Possibilities." in Hans Daalder and Peter Mair. eds. *Western European Party Sytems : Continuity and Change*. London : Sage.

Duverger, Maurice. 1954(original 1951). *Political Parties : Their Organization and*

Activity in the Modern State. London : Methuen.

Fiorina, Morris. 2002. "Parties, Participation, and Representation in America : Old Theories Face New Realities." in Ira Katznelson and Helen Milner, eds. *Political Science : The State of the Discipline*. Washington, D.C. : American Political Science Association.

Giddens, Anthony. 1994. *Beyond Left and Right : The Future of Radical Politics*. Cambridge : Polity Press.

_____. 1998. *The Third Way : The Renewal of Social Democracy*. Cam-bridge : Polity Press.

_____. 2000. *The Third Way and Its Critics*. Cambridge : Polity Press.

Glyn, Andrew, ed. 2001. *Social Democracy in Neoliberal Times : The Left and Economic Policy since 1980*. Oxford : Oxford University Press.

Hetherington Marc. 2000. "Resurgent Mass Partisanship : The Role of Elite Polarization." *APSR*, 95 : 3.

Huntington, Samuel. 1965. "Political Development and Political Decay." *World Politics*, 17.

Inglehart, Ronald. 1971. "The Silent Revolution in Europe." *APSR*, 65 : 4.

_____. 1977. *The Silent Revolution : Changing Values and Political Styles Among Western Publics*. Princeton : Princeton University Press.

Inglehart, Ronald. 1997. *Modernization and Postmodernization : Cultural, Economic, and Political Change in 43 Societies*. Princeton : Princeton University Press.

Janda, Kenneth. 1993. "Comparative Political Parties : Research and Theory." in Ada Finiter, ed. *The State of the Discipline II*. Washington, D.C. : American Political Science Association.

Jaung Hoon. 2000. "The Abortive Modernization Experiment of Party Politics : The Failure of Democratic Republican Party." Paper presented at the Conference on the Park Chung Hee Era.

Karvonen, Lauri and Stein Kuhnle. 2001. *Party Systems and Voter Alignments Revisited*. London : Routledge.

Katz, Richard and Peter Mair. 1995. "Changing Models of Party Organization and Party Democracy : The Emergence of the Cartel Party." *Party Politics*,

1 : 1.
Kim Soo Jin. 1987. "Party and Opposition in Authoritarian Regimes : A Comparative Analysis." Unpublished mimeography.
_____. 2000. "A Study of Opposition Party in Park Chung Hee Era." Paper presented at the Conference on the Park Chung Hee Era.
Kirchheimer, Otto. 1966. "The Transformation of the Western European Party Systems." in Joseph LaPalombara and Myron Weiner, eds. *Political Parties and Political Development*. Princeton : Princeton University Press.
Kitschelt, Herbert, Zdenka Manfeldova, Radoslaw Markowski, and Garbor Taka. 1999. *Post-Communist Party Systems : Competition, Representation, and Inter-Party Cooperation*. Cambridge : Cambridge University Press.
_____. 1994. *The Transformation of European Social Democracy*. Cambridge : Cambridge University Press.
Kitschelt, Herbert. 1995. "A Silent Revolution in Europe?" in Jack Hayward and Edward Page, eds. *Governing the New Europe*. Durham : Duke University Press.
Kitschelt, Herbert. 2000. "Citizens, Politicians, and Party Cartelization : Political Representation and State Failure in Post-Industrial Societies." *European Journal of Political Research*, 37 : 2.
Koole, Rund. 1996. "Cadre, Catch-all or Cartel? : A Comment on the Notion of the Cartel Party." *Party Politics*, 2 : 4.
Krouwel, Andre. 2003. "Otto Kirchheimer and the Catch All Party." *West European Politics*, 26 : 2.
Kwak Jin Young. 2003. "The Party-State Liaison in Korea : Searching for Evidence of the Cartelized System." *Asian Perspective*, 27 : 1.
LaPalombara, Joseph and Myron Weiner. 1966. "The Origin and Development of Political Parties." in Joseph LaPalombara and Myron Weiner, eds., *Political Parties and Political Development*. Princeton : Princeton University Press.
Lawson, Kay and Peter Merkl. 1988. *When Parties Fail : Emerging Alternative Organizations*. Princeton : Princeton University Press.
Lipset, S.M. and Stein Rokkan. 1967. "Cleavage Structures, Party Systems and

Voter Alignments : An Introduction." in S.M. Lipset and Stein Rokkan, eds. *Party Systems and Voter Alignments*. New York : Free Press.

Lipset, Seymour Martin and Gary Marks. 2000. *It Didn't Happen Here : Why Socialism Failed in the United States*. New York : Norton.

_____. 1981. *Political Man : The Social Bases of Politics*. Baltimore : Johns Hopkins University Press.

_____. 1983. "Radicalism or Reformism : The Sources of Working-Class Politics." *APSR*., 77 : 1.

Mackie, Tom. 1995. "Parties and Election." in Jack Hayward and Edward Page, eds. *Governing the New Europe*. Durham : Duke University Press.

Maguire, Maria. 1983. "Is There Still Persistence? Electoral Change in Western Europe, 1948-1979." in Hans Daalder and Peter Mair. eds. *Western European Party Sytems : Continuity and Change*. London : Sage.

Mainwaring, Scott and Timothy R. Scully. eds. 1995. *Building Democratic Institutions : Party Systems in Latin America*. Stanford : Stanford University Press.

Mair, Peter. 1994. "Party Organizations : From Civil Society to the State." in Richard Katz and Peter Mair, eds. *How Parties Organize : Change and Adaptation in Party Organizations in Western Democracies*. London : Sage.

_____. 1997. *Party System Change : Approaches and Interpretations*. Oxford : Clarendon Press.

_____. 1997. *Party System Change : Approaches and Interpretations*. Oxford : Clarendon Press.

Manza, Jeff and Clem Brooks. 1999. *Social Cleavages and Political Change : Voter Alignments and U.S. Party Coalitions*. Oxford : Oxford University Press.

Michels, Robert. 1962(original 1911). *Political Parties*. New York : Collier.

Ostrogorski, Moisei. 1964(original 1902). *Democracy and the Organization of Political Parties*. New York : Anchor Books.

Panebianco, Angelo. 1988. *Political Parties : Organization and Power*. Cambridge : Cambridge University Press.

Panitch, Leo and Colin Leys. 1997. *The End of Parliamentary Socialism : From New Left to New Labour*. London : Verso.

Paulson, Arthur. 2000. *Realignment and Party Revival : Understanding American Electoral Politics at the Turn of the Twenty-First Century*. Westport, CT : Praeger.

Pedersen, Mogens. 1979. "The Dynamics of European Party Systems : Changing Patterns of Electoral Volatility." *European Journal of Political Research*, 7 : 1.

_____. 1983. "Patterns of Electoral Volatility in European Party Systems : Explorations in Explanation." in Hans Daalder and Peter Mair. eds. *Western European Party Sytems : Continuity and Change*. London : Sage.

Pempel, T.J., ed. 1990. *Uncommon Democracies : The One-Party Dominant Regimes*. Ithaca : Cornell University Press.

Piven, Frances Fox, ed. 1991. *Labor Parties in Postindustrial Societies*. Cambridge : Polity Press.

Reiter, Howard. 1989. "Party Decline in the West : A Skeptic's View." *Journal of Theoretical Politics*, 1.

Rose, Richard and Derek Urwin. 1970. "Persistence and Change in Western Party Systems since 1945." *Political Studies*, 18 : 3.

_____ and Thomas Mackie. 1988. "Do Parties Persist or Fail? The Big Trade-off Facing Organizations," in Kay Lawson and Peter Merkl. *When Parties Fail : Emerging Alternative Organizations*. Princeton : Princeton University Press.

_____. ed. 1974. *Electoral Behaviour : A Comparative Handbook*. New York : Free Press.

Sartori, Giovanni. 1976. *Parties and Party Systems : A Framework for Analysis*. London : Cambridge University Press.

Schattschneider, E. 1942. *The Party Government*. New York : Reinhart.

Shamir, Michal. 1984. "Are Western European Party Systems 'Frozen'?" *Comparative Political Studies*, 17 : 1.

Stonecash, Jeffrey. 2000. *Class and Party in American Politics*. Boulder, CO : Westview.

Van Biezen, Ingrid. 2003. "The Place of Parties in Contemporary Democracies." *West European Politics*, 26 : 3.

Von Beyme, Klaus. 1985(original 1982). *Political Parties in Western Democracies*. Aldershot : Gower.

Ware, Alan. 1996. *Political Parties and Party Systems*. Oxford : Oxford University Press.

Webb, Pau. 2002. "Party Systems, Electoral Cleavages and Government Stability." in Paul Heywood, et al., eds. *Developments in West European Politics*. New York : Palgrave.

Wolinetz, Steven. 1979. "The Transformation of Western European Party Systems Revisited." *West European Politics*, 2 : 1.

9

선거연구의 동향 : 지속과 변화

김장수(고려대학교)

Ⅰ. 서론 : 대의제 민주주의와 선거연구

대의제 민주주의가 제대로 작동하고 있는가는 그 나라 선거의 내용과 질에 의해 결정된다고 하여도 과언이 아니다. 대의제 민주주의에 대한 고전적 연구(Dahl 1971)에서 로버트 달은 반응적 민주주의를 존속케 하는 필수조건으로 여덟 개의 제도적 장치를 논의하고 있다. 이 중 결사와 언론의 자유를 제외한 여섯 개가 선거와 관련된 것이다. 이를 구체적으로 살펴보면 투표권, 공무담임권, 득표를 위해 경쟁할 수 있는 정치가들의 권리, 대안적 정보의 존재 유무, 공정하고 자유로운 선거, 투표나 유권자의 표현된 선호가 정책에 반영되게 하는 제도의 존재이다. 로버트 달이 논의한 제도적 장치들이 선거연구의 주요 쟁점을 구성하고 있다는 사실은 선거연구가 큰 틀에서 대의제 민주주의, 구체적으로 이의 반응성의 맥락에서 진행되고 있다는 점의 증거이기도 하다.

근대적 선거연구를 본격화한 1940년대 컬럼비아 학자들의 연구(Lazarsfeld *et al.* 1944 ; Berelson *et al.* 1954)는 유권자들이 최종적 투표 결정에 이르는 과정과 이 과정에 영향력을 미치는 요인들을 중심으로 분석하면서 선거와 투표에 관한 연구가 궁극적으로 지향하는 점이 대의제 민주주의의 작동과 그 한계에 대한 이해에 있음을 분명히 하였다. 이후 대의제 민주주의의 반응성이 선거연구의 핵심적 쟁점으로 자리매김하게 된다. 반응성은 긴밀하게 결합되어 있지만 서로 다른 두 가지 축을 통해 작동한다. 첫 번째 축은 메이휴(Mayhew 1974)가 밝혔듯이 선거 승리를 위해 민의를 수용하려는 정치가들에 의해 작동한다. 두 번째 축의 중심에는 선거를 통해 미래 효용을 극대화하려는 유권자들이 존재한다(Downs 1957). 이 두 가지 축을 통해 유권자의 선호가 정책에 반영되고, 유권자들은 집권당의 업적과 성취에 대한 판단에 근거하여 주권자로서의 권리를 행사한다. 따라서 대의제 민주주의가 원래의 의도대로 작동하는가의 판단은 이 두 가지 민의 표명과 수렴기제가 얼마나 제대로 작동하고 있는가에 대한 판단에 의존한다.

대의제 민주주의에서 제도로서의 선거가 지닌 맥락과 1940년대부터 시작된 근대적 선거연구의 학문적 자리매김에 의한 유권자의 투표 결정요인이 무엇인가, 그리고 이의 정치적 함의에 대한 연구가 선거연구의 중심 영역으로 자리잡았다. 이를 구체적으로 살펴보면, 투표 결정요인이 무엇인가에 대한 연구는 유권자들의 투표가 정당의 업적과 성취라는 객관적이고 합리적인 요인에 의해 결정되는가 아니면 다른 요인들이 게재되는가의 질문에서 촉발되었고, 이와 관련하여 주어지는 정보의 양과 질, 이 과정에서의 사회적 맥락, 취득된 정보를 투표 결정으로 전환시키는 인지과정에 대한 분석이 주요 쟁점으로 부각되었다. 이러한 선거연구의 주제와 쟁점들을 체계적이고 일관된 틀로 분석하려는 노력은 사회학, 심리학, 경제학으로부터 발전되어 온 접근법의 수용, 결과적으로 다양한 학파들의 형성으로 이어졌다. 각기 독자적인 분석틀과 방법을 발전시켜 온 인접학문으로부터의 차용은 경쟁하는 학파들 간에 적합한 접근법과 축적된 결과들에 대한 해석을 둘러싸고 쉽게 해소되지 않는 논쟁으로 이어졌다. 1980년대까지의 선거연구는 한편에서는 다양한 접근법을 통한 연구성과의 축적이 다른 한편에서는 부단히 재생산되는 논쟁으로 점철되었다고 해도 과언이 아니다.

이 논문은 1990년대 이후 선거연구의 동향을 그 지속과 변화의 측면에서 고찰하고자 한다. 먼저 2절에서는 1980년대까지의 선거연구의 동향을 사회학적 · 심리학적 · 경제학적(또는 합리적 유권자 모델) 접근법을 중심으로 개괄한다. 3절은 1980년대까지의 선거연구 전통이 1990년대 이후에도 지속되는 측면을 대상과 쟁점이라고 진단하고 이의 발전적 측면을 중점적으로 검토한다. 4절은 접근법 간의 수렴, 정당의 부활, 구체적인 접근방법의 다양화를 중심으로 연구동향의 변화를 고찰한다.

Ⅱ. 경쟁하는 접근법[1]과 선거연구

대의제 민주주의는 작동하고 있는가? 이 질문은 미국 선거연구에서는 다음의 질문으로 등치되어 왔다. 유권자는 합리적인가? 이 등치는 다음의 두 가지 이론적 합의를 배경으로 한다. 첫째, 대의제 민주주의는 유권자의 선호, 특히 선거를 통해 나타난 민의 혹은 선호에 반응적이어야 한다는 규범적 차원에서의 합의이다. 두 번째의 합의는 이 반응성을 주도하는 선출된 공직자들의 행동 동기와 관련된다. 다운스(Downs 1957)에 의해 수립된 합리적 정책결정자로서 정치가를 분석하는 전통에 따르면 모든 선출된 정책결정자들의 궁극적인 목적이자 행위의 동기는 선거 승리를 통한 권력 획득이다. 이 점에서 메이휴(Mayhew 1974)의 언명—"오로지 재선에만 정신이 팔린 자"—은 정치가의 행동 동기와 관련해 선거연구에서 합의된 관점을 압축적으로 표현하고 있다.

재선에만 정신이 팔린 정치가들을 어떻게 선거를 통해 드러난 민의에 반응하게 할 것인가? 이는 유권자가 정책결정자의 업적과 성취에 근거한다는 의미에서의 합리적인 투표행태를 보일 경우에만 가능하다. 이러한 관점에 따르면 유권자의 합리적 투표행태는 대의제 민주주의의 선결조건이다. 이러한 이유로 유권자는 합리적인가의 질문은 미국 선거연구의 중심적 질문으로 자리매김되어 왔다. 유권자의 합리성에 관한 논쟁은 컬럼비아 학파가 제기한 선거연구에서의 근본문제, 즉 유권자는 선거운동 기간 동안 어떻게 최종적 선택에 이르는가라는 질문에서 시작된 긴 논쟁의 연속선상에 위치해 있다(Lazarsfeld, Berelson, and Gaudet 1944).

선거연구에서 이루어진 많지 않은 합의들 중 하나는 유권자의 합리성에 대한 개념규정이다. 유권자가 경쟁하는 정당의 업적과 성취에

---

1 학파들의 명칭과 분류는 Niemi와 Weisberg의 1993년과 2001년 저작을 기본으로 하고 Charles Franklin의 1992년 논문과 이후 Macropartisanship에 관한 논쟁들에 근거하고 있다.

근거하여 투표한다면, 다른 말로 컬럼비아 학자들이 주장하는 본래의 정치적 성향 혹은 미시간 학파의 정당일체감과 같은 특정 선거의 정치적 현실에 선행하는 심리적 요인이 아닌 개인의 효용과 공공선의 달성이라는 측면에서 경쟁하는 정당들의 성취의 결과인 경제적 상황에 대한 판단, 또는 이의 예측과 관련된 정당과 후보들의 이념적 좌표 등이 중요한 투표 결정요인이라면 이는 합리적인 투표이다(Berelson *et al.* 1954 ; Downs 1957 ; Key 1966). 이런 맥락에서 선거연구에서 유권자의 합리성에 대한 질문은 무엇이 투표 결정 요인인가의 질문으로 등치되어 왔다(Jacoby 1988). 거시적 차원에서는 선거결과가 어떤 요인에 반응적인가의 문제로 대체되어 왔다(Norpoth 1987 ; MacKuen *et al.* 1989 ; 1998 ; Green *et al.* 1998 ; Meffert *et al.* 2001). 이런 측면에서 볼 때 선거연구의 기본 쟁점은 규범적이기보다는 실증적이다. 유권자의 투표행태는 합리적인가에 관한 기존 연구는 끊임없이 제기되는 비판과 반비판, 논쟁과 불일치로 가득 차 있다고 해도 과언이 아니다.

한편으로는 미시간 학자들에 의해 제기된 심리학적 접근법이 선거연구의 주류적 시각으로 확립되었다(Franklin 1992). 이 접근법을 따른 학자들은 특정 정당에 대한 심리적 귀속감으로 정의된 정당일체감이 가장 주요한 투표 결정요인임을 증명하여 왔다. 이들에 따르면, 제반 선거를 앞두고 제공되는 정보들은 유권자의 정당일체감에 근거한 선택적 취득에 의해 소속 정당에 편향되게 유권자의 인지적 투표 결정인자를 형성하고, 이는 자신이 귀속감을 느끼는 정당 후보에의 투표로 귀결된다. 이러한 정당일체감을 궁극적 결정인자로 보는 관점은 다른 중요한 선거연구의 축적된 발견들과 충돌한다. 선거연구에서 다운스(Downs 1957)와 키(1966)로 대표되는 합리적인 혹은 반응적인 유권자 모델은 선거결과의 객관적인 정치적 상황에의 반응성에 주목한다. 이들에 따르면, 주류적 시각인 미시간 학파와 달리 유권자는 객관적인 상황으로 표현되는 집권당의 성취와 업적에 반응하여 그들의 투표방향을 결정한다.

1. 컬럼비아 학파의 사회학적 접근

근대적 선거연구의 효시로 평가되는 컬럼비아 학파의 1940년대 미국 대통령 선거에 대한 일련의 연구들을 관통하는 주제는 유권자들이 어떻게 최종적 투표결정에 이르는가와 그 과정에서 선거운동의 역할이다. 이들의 가장 중요한 발견은 선거운동의 주된 역할이 유권자로 하여금 본래의 정치적 성향과 대립되는 새로운 투표의사를 형성하게 하기보다는 기존에 가지고 있었던 투표의사를 공고화하거나 선거운동이 시작되기 전부터 잠재하고 있던 본래의 정치적 성향을 활성화시킨다는 점에 있다. 많은 유권자가 선거운동이 개시되기 전에는 투표에 필요한 대부분의 정보에 노출되지 않고 선거운동의 주된 목적이 이러한 정보의 제공에 있다는 점에서, 선거운동을 통해 제공된 정보가 유권자들의 투표의사 변화에 영향을 주지 않는다는 발견은 이들에게 실망스러운 것이었다. 이들에 따르면, 대의제 민주주의의 이상은 집권당의 업적과 성취에 근거하여 투표하는 반응적 유권자에 의해 달성되는 데 유권자가 맺고 있는 사회적 망에 의해 유권자들에게 전달되는 정보가 심각하게 제한되고, 이 또한 유권자의 기존의 정치적 성향만을 투표행태의 준거로 활성화시킨다는 발견은 대의제 민주주의의 반응성이 작동하지 않는다는 증거로 받아들여졌다 (Lazarsfeld *et al.* 1944 ; Berelson *et al.* 1954).

이후의 이론적 발전과 변화라는 측면에서 컬럼비아 학자들의 본래의 정치적 성향에 대한 개념규정과 이의 수량화는 중요한 의미를 지닌다. 본래의 정치적 성향을 수량화하기 위해 컬럼비아 학자들은 사회·경제적 지위, 종교와 주거(도시와 농촌)를 이용하였다. 이러한 사회·경제적 분석틀은 사회학이라는 그들의 학문적 배경으로부터 유래하였고, 이 점에서 컬럼비아 학파는 이후 이들을 계승·포섭하였다는 심리학적 분석틀에 근거한 미시간 학파의 심리학적 접근법과 구별된다. 컬럼비아 학자들은 사회적 망에 의해 전달되는 정보가 제한·왜곡된다는 점을 강조한 반면, 미시간 학자들은 유권자의 인지과정 자체에 의한 왜곡을 주요 원인이라고 주장한다.

컬럼비아 학자들의 연구를 집대성한 1954년 연구는 이들의 사회·경제적 연구가 미시간 학파의 심리학적 연구로 이어지는 교량 구실을 한다. 미시간 학파로 흡수되어 독자적인 학문적 분석틀로서는 그 의미를 상실한 것으로 평가되지만[2] 여전히 일군의 학자들은 컬럼비아 학파의 사회학적 분석틀, 특히 사회적 관계망 또는 사회적 연결성(connectedness)에 천착한 연구를 계속하고 있다.[3] 1990년대 이후 경쟁관계에 있던 주요한 세 가지 접근법들 간에 수렴현상이 발생하는데, 이 과정에서 사회학적 접근법의 역할과 기여에 대해서는 4절

---

2 이러한 맥락에서 선거연구의 주류적 시각을 사회–심리학적(socio–psychological) 접근법이라 부르기도 한다.

3 사회학적 전통만을 고수하는 것은 아니지만 컬럼비아 학파의 사회학적 전통을 계승하는 대표적인 연구로 Huckfeldt와 그 동료들의 1988년과 1993년 논문을 들 수 있다.

에서 논의한다.

2. 미시간 학파[4]의 심리학적 접근

정당일체감을 여타 인지적 투표 결정요인의 형성에 영향을 미치는 궁극적 원인으로 보는 미시간 학파의 입장은 1950년대에서 1960년대에 걸친 일련의 작업들을 통해서 확립되었지만, 1960년에 출간된 *The American Voter*에 의해서 집약되어 나타난다. 이에 따르면, 정당일체감은 보통 18세 이전의 사회화 과정을 통해 형성되는 특정 정당에 대한 심리적 귀속감으로 정의되고, 이후의 성장과정에서 변화될 가능성보다는 시기가 지남에 따라 그 강도와 안정성 면에서 공고화된다. 이의 안정성과 더불어 여타 인지적 결정요인의 형성에 미치는 정당일체감이 지닌 영향력은 이를 가장 중요한 단일의 궁극적 투표 결정요인으로 정립케 하였다. 즉 정당일체감은 자신은 여타 인지적 결정요인에 의해 영향을 받지 않으면서 후자의 형성에는 강력한 영향을 미치는 추동되지 않는 추동자(unmoved mover)로 정립된다(Green and Palmquist 1990).

정당일체감과 같이 장기적인 심리적 요인들이 여타의 단기적인 인지적 투표 결정요인들의 형성에 미치는 압도적인 영향력은 이후 합리적 혹은 현실적 조건에 반응하는 유권자를 가정하는 합리적 유

4 미시간 학파의 대표적 저술이 1960년 출간된 *The American Voter*이지만 그외 Campbell이 주도한 1954년과 1966년 저술과 Converse의 1964년 논문이 함께 이 학파의 기본 골간을 구성하는 것으로 평가된다.

권자 관점의 현실 타당성에 강력한 의문점을 제공한다(Markus 1979 ; Jacoby 1988). 심리학과 인지과학에서의 축적되어 온 이러한 유권자의 비합리성 혹은 제한된 합리성(bounded rationality)의 증거들은 선거영역에 국한되지 않고 정치학 일반에서 합리적 정책결정자를 전제로 구축된 합리적 선택이론의 이론적 기반에 대한 재검토를 요구한다(Kunda 1990).

3. 합리적 유권자 모델[5]

추동되지 않는 추동자로서 정당일체감을 정립한 미시간 학파의 입장은 그 출발점부터 합리적 유권자관에 근거한 합리적 유권자 모델의 이론적·실증적 도전에 직면한다. 합리적 정책결정자로서의 유권자관은 다운스(Downs 1957)에 의해 그 이론적 기초가 확립되었다. 다운스는 민주주의 작동의 다양한 측면을 경제학의 합리적 정책결정 이론이라는 단일의 분석틀을 통해 설명하려고 시도하였다. 그의 분석틀에 따르면 유권자들은 집권하면 높은 효용을 줄 것으로 판단되는 정당에 투표한다고 전제된다. 그러나 이 미래의 효용을 측정하기가 쉽지 않으므로 유권자는 집권당이 제공한 과거의 효용과 반대당이 집권하였다면 제공하였을 것이라고 믿어지는 가상적 예상치를 비교한다. 정당 간의 이 예상된 효용의 차이가 정당 간 격차이다(party

---

5 합리적 유권자론으로 통칭되지만 다운스는 전망적(prospective) 시각으로, 키는 회고적(retrospective) 관점을 대표하는 것으로 세분될 수 있다.

differential). 다운스의 전망적 투표이론에 의하면 유권자는 집권당이 높은 효용을 제공할 것이라고 예상하면 재신임, 그 반대면 반대당에 투표를 할 것이고, 그 차이가 없다면 기권할 것이라고 예측된다. 경제학적 모델에서 유권자의 특정 정당에 대한 선호는 경제학적 합리성에 근거한 것이며, 어떠한 심리적 요소가 개입할 여지가 없다. 당연히 정당에 대한 선호는 집권당의 업적에 조응하여 변화할 것으로 예상된다.

다운스가 합리적 정책 결정이론을 통해 선거와 민주주의의 작동을 설명하는 이론적 틀을 제시하였다면, 심리적 결정요인에 주안점을 두는 주류적 시각에 대한 정치학 내부에서의 실증적 자료를 활용한 본격적인 도전은 키에 의해서 시작되었다. 1966년 *The Responsible Electorate*를 집필할 당시 그의 주된 공격대상은 컬럼비아 학파의 사회・경제적 지위와 이에 수반되는 사회적 연결망에 의거한 투표행위의 결정론적 시각이었지만, 보다 심리적 요인에 강조점을 두는 미시간 학파도 그 공격대상에서 제외된 것은 아니었다. 그의 주장의 핵심은 유권자는 사회적 결정요인에 의해 죄수와 같이 긴박되지도 않고 잠재의식의 충동에 의해 움직여지지 않는다는 면에서 바보가 아니다. 그에 따르면 유권자는 합리적이고 책임감 있게 집권당의 업적과 성취에 반응하는 존재이다. 이에 대한 증거로 그는 집권당의 성취에 대한 지난 4년간의 평가에 따라 유권자는 같은 정당을 지지하거나 혹은 이를 징벌하기 위해 야당에 투표를 한다는 점을 들고 있다.

Ⅲ. 전통의 지속과 진화

1940년대부터 1960년대에 걸쳐 확립된 선거연구의 세 가지 접근법을 중심으로 한 논쟁은 이후 1970년대와 1980년대에 걸쳐 선거연구의 기본 쟁점으로 자리잡는다(Brody and Rothenberg 1988 ; Converse and Markus 1979). 심리학적 접근법과 다운스에 의해 도입된 경제학적 접근법 간의 투표 결정요인을 둘러싼 논쟁이 여전히 중심적 쟁점이라는 점에서 선거연구의 전통은 지속되고 있지만 두 가지 접근법이 선거연구에 미친 영향력은 이 지속의 측면에 국한되지 않는다. 심리학적 접근법을 취한 학자들은 1990년대를 전후로 인지과학(Cognitive science)에서의 발견을 전면적으로 수용하면서 기존의 심리학적 접근법을 심화·발전시키고 있다. 다른 한편으로 합리적 유권자 모델은 기존의 투표 결정요인에 대한 논쟁의 영역을 벗어나 정치학 연구 전반에 합리적 선택이론을 중심으로 한 새로운 패러다임을 제시한 것으로 평가받고 있다.

1. 합리적 선택이론의 보편화

다운스의 1957년 저작으로 시작된 경제학적 접근법의 정치학에의 수용은 학문 전 영역에 걸쳐 패러다임의 전환으로 불릴 만큼 혁명적인 변화를 초래하였다. 조나단 벤더(Bendor 2003)에 따르면 합리적 선택이론은 현재 정치학에서 가장 중요한 연구방법으로 자리매김하였다. 다운스의 1957년 저작이 주로 선거와 관련하여 경쟁하는 정당 간의 관계, 정당과 유권자의 선택문제 등을 공간모형을 통해 설명하는 이론적 틀을 제공하였다면 올슨(Mancur Olson 1971)의 *The Logic of Collective Action*은 정치학의 다른 중요한 연구대상인 다수의 행위자가 개입되는 집단적 선택이론, 공공정책 결정과정에 대한 새로운 접근법을 체계화한 것으로 평가된다.

합리적 선택이론이 정치학 연구에 미친 영향, 한계와 극복방안에 대해서는 극단적인 평가가 공존한다. 선거연구에 국한하면 다운스의 저작에 대한 초기 비판은 그린과 사피로(Green and Sapiro 1994)가 요약하였듯이, 주로 합리적 선택이론이 지닌 인간 이성의 합리성에 대한 가정들이 부정확하고 비현실적이다는 점에 집중된다. 이러한 비판과 관련하여 다운스의 합리적 선택 모델이 지닌 이론적 틀 내에서 몇 가지 주요 가정들을 완화하거나 현실적인 가정들로 대체하여 훨씬 다양한 정치적 현상들을 설명할 수 있다는 보완적 발전을 추구하는 절충적 입장들도 제기되었다(Grofman 2004 ; Riker 1982 ; Riker and Ordeshook 1968).

그린과 사피로(Green and Sapiro 1994)는 합리적 선택이론이 정치학에 미친 영향을 부정적인 시각에서 체계적으로 비판한다. 그들은 먼저 합리적 선택이론에 근거한 연구들이 현실 설명력과 예측력에서 기존의 성과보다 뛰어난 업적들이 없다는 점을 지적한다. 이러한 구체적인 성과의 부재는 그린과 사피로에 따르면 몇 가지 가정과 모형으로 정치현상 전반에 적용 가능한 보편적 거대이론의 구축을 꾀하는 합리적 선택 이론가들의 무모한 야심에 그 뿌리를 두고 있다. 그린과 사피로는 구축된 보편적 이론이 지닌 취약한 현실 설명력, 즉 이론의 현실 적합성 문제가 제기되자 합리적 선택 이론가들은 이론을 구축했던 가정들을 대체하거나 수정함으로써 현실 설명력과 예측력을 높이는 절충적 해법에 몰두한다고 비판한다.

그린과 사피로가 제기한 합리적 선택이론의 한계와 그 극복 가능성에 대해서는 다양한 견해가 존재한다. 예를 들어, 그로프만(Grofman 2004)과 같은 학자들은 다운스의 양당제 하 정당 간 수렴에 대한 이론은 15가지 가정들의 조합에 의해 가능하였는데, 이들 중 몇 가지 가정들을 현실적인 것으로 대체하면 훨씬 다양한 정치현상들을 설명하거나 예측할 수 있다고 주장한다. 몬로(Monroe 1997)는 그린과 사피로가 1994년 저작에서 합리적 선택이론을 비판하기 위해 사용한 준거들이 지나치게 가혹하고 학문적 형평성을 잃은 것이라고 비판한다.

합리적 선택이론의 가능성과 한계에 대한 논쟁은 연역과 귀납이라는 이론 구축의 방향성에 대한 오래된 논쟁과 연결되어 있고, 이 논쟁은 쉽게 해소되지 않을 듯하다. 합리적 선택이론이 지향하듯 몇 가지 가정과 인과관계 설정을 통한 보편적 모형 구축, 이를 통한 현실 설명력 검증, 검증 후 가정의 교체나 수정을 통한 보완이라는 연역적 이론 구축방식이 지닌 장점과 한계에 대해서는 이미 수많은 논의가 이루어졌다. 그린과 사피로가 인정하듯이 합리적 선택이론은 정치학 연구에서 이미 하나의 거대한 흐름으로 자리하고 있다.

정치학 내 합리적 선택이론을 대표하는 학자 중의 하나인 엘리노 오스트롬(Ostrom 1998)의 관점이 일단 잠정적 해결책으로 받아들여지는 듯하다. 오스트롬은 합리적 선택이론이 집단적 행위와 공공선택 영역에서 이룩한 연구성과와 비판을 요약한 후 이를 위한 해결책을 제시한다. 그에 따르면 합리적 선택이론에서 제시한 예측들이 현실에서 부정되거나 실험이나 여론조사 등 다른 방법론을 택한 연구성과들과 불일치하는 경우가 적지 않은데, 이는 인간들의 행위에 영향을 미치는 다른 많은 변수들의 영향력을 간과하고 이론적인 완결성을 추구한 데서 기인한 것으로 판단하고 이의 해결책으로 다른 접근방법을 사용한 연구들에서의 발견을 수용할 것을 권고한다. 그는 구체적으로 현대 인지과학의 창시자로 거론되는 허버트 사이몬(Simon 1955 ; 1979)의 "제한된 합리성(bounded rationality)"을 합리적 선택이론의 발전을 위해 적극적으로 수용할 것을 주장한다. 그는 사회적 딜레마 상황에서 인간의 행위는 집단의 크기, 집단 내의 신뢰도, 규범 등의 구조적 변수에 의해 영향을 받고 이러한 요인들 간의 변이는 동일한 모형 내에서 다른 결과를 산출하는 기능을 한다고 주장하여 기존의 사회문화적 중요성을 강조한 학자들의 입장을 수용하는 태도를 보인다.[6]

2. 심리학에서 인지과학(Cognitive science)으로

1960년대 선거연구를 주도한 미시간 학자들은 유권자가 투표 참여와 후보 선택시 고려하는 여러 가지 인지적 요인들의 역할과 이들 간의 인과관계에 대한 규명에 천착하였다. 구체적으로 보면, 투표 결

---

[6] 소위 정치문화적 변수들을 합리적 선택이론의 분석틀에 어떻게 수용할 것이냐에 대한 다양한 입장과 평가에 대해서는 Ian Sapiro의 1998년 논문 참조.

정과 관련된 태도와 요인들은 정당일체감이나 정치이념과 같은 장기적인 요인과 해당 선거와 관련된 경제적 상황, 대통령의 역할 수행, 후보에 대한 평가 등 단기적인 요인으로 구분된다. 이들은 사회화 과정에서 형성된 장기적인 심리적 요인들이 투표 결정에 영향을 미치는 동시에 단기적인 요인들의 형성에도 간여한다고 주장한다. 이들의 정당일체감에 대한 강조는 이러한 맥락에서 집단과 사회화 이론에 그 맥을 같이하고 있고, 이러한 심리적인 호불호에 대한 강조와 이들이 취한 접근법으로 인해 심리학적 접근법으로 통칭되었다.

1990년대 이후 인지과학에 근거한 선거연구들도 객관적이거나 합리적인 효인들보다 심리적인 요인들을 강조하는 경향을 견지하고 있다. 그러나 이들 간의 차이점도 간과되어서는 안 된다. 인지과학은 미시간 학자들의 심리적 요인보다는 인간 인지의 기제와 과정, 즉 뇌에 대한 학문이다. 선거연구와 관련해서는 특히 정치적 대상에 대한 평가나 선택이 이루어지는 과정에 집중한다. 이를 구체적으로 보면 먼저 정치적 정보에의 노출, 이의 해석과 축적, 이후 평가나 선택이 필요한 시점에 발생하는 축적된 불러오기와 이러한 과정에 개입하는 요인들의 역할과 관계에 대한 연구가 주를 이룬다. 따라서 인지과학적 접근과 심리학적 접근법이 그 연구결과 면에서 항상 일치하는 것은 아니다. 1994년에 발간된 팝킨(Popkin)과 밀턴 랏지와 동료들의 연구(Lodge *et al.* 1995)들은 인지과학적 접근법을 명시적으로 표명하였음에도 기존의 논쟁에서 합리적 유권자 관점을 취했던 입장을 실증한다.

그럼에도 불구하고 선거연구의 논쟁에서 인지과학적 접근을 심리학적 전통의 계승과 발전으로 분류하는 것은 그 이론적 친화성에 기인한다. 다운스의 합리적 유권자 관점이나 이후 일반화된 합리적 선택이론은 인지과정 자체를 그 분석대상으로 삼지는 않는다. 합리적 선택이론에서는 결정자의 선호는 목표로 이미 주어진 상태에서 이 목표를 성취하기 위한 전략과 이 전략들의 조합에 의한 결과물에 대한 예측이 그 주요 분석대상이다. 반면 심리학적 접근법은 *The American Voter*의 저자들이 명백히 하였듯이 정치적 대상이나 정보들이 객관적으로 인지과정을 통한 유권자의 태도나 판단에 자동적으로 반영된다고 간주하지 않았다. 따라서 그들의 관심은 인지과정 자체에 대한 연구라고도 할 수 있다.

합리적 선택이론이 이미 정치학 내의 가장 활발하게 활용되고 중요한 접근법이라고 주장하는 벤더(Bendor 2003)에 따르면, 이에 대한 유일한 대안적 접근법은 허버트 사이몬이 제창한 인지과학에서 찾을 수 있다. 인지과학적 접근법을 활용한 연구들이 선거연구에 기여한 대표적인 예로 앞서 언급한 밀턴 랏지의 연구(1995)를 들 수 있다. 심리학적 접근법이 주장하는 '무지한 유권자' 관점의 가장 중요한 근거 중의 하나는 유권자들이 정당이나 후보가 취하는 정책이나 정치적 사실에 대한 지식이 상당히 취약하다는 점이다. 사실 자체에 무지한 유권자들에게서 업적과 성취에 근거한 합리적 투표를 기대하기 어렵다. 랏지와 그의 동료들은 인지과학의 온라인 모델과 기억의 쇠퇴(decay)라는 개념을 정치적 정보 수집과 회상에 적용하여, 주어진 정보들의 구체적인 내용은 향후 회상과정에서 사라지지만 정보가 지니고 있던 긍정과 부정의 내용들은 이후 정치적 선택과정에 반영된다고 입증하였다. 따라서 정치적 사실 자체에 대한 무지가 투표의 비합리성을 뒷받침하는 증거가 될 수 없으므로 사실에 대한 무지에 근거한 심리학적 접근법의 유권자관은 오류라고 주장한다.

VI. 변화의 모색

1. 상이성(Heterogeneity) 인정을 통한 접근법의 수렴

(1) 상호 수렴의 배경 : 제한된 현실 설명력과 보완관계에 대한 인식

1990년대 이후 최근의 선거연구 동향이 그 이전 시기와 다른 변화의 측면에서는 경쟁관계에 있던 심리학적 접근법, 이를 계승한 인지과학적 접근법과 합리적 선택 접근법 간의 수렴현상을 들 수 있다. 각 접근법들이 현실 설명력 면에서 지녔던 한계가 수렴의 현실적 동력으로 작용하였다고 할 수 있다. 1960년대 이후 심리학적 접근법과 합리적 유권자 모델 간의 논쟁은 정당일체감의 역할과 위상정립 문제, 결과적으로 투표행태에서의 독자적 영향력 문제를 중심으로 전개되었다. 수없이 제시되는 실증적(?) 자료에도 불구하고 논쟁이 종결되지 않는다는 사실은 두 관점 모두 정치현실의 일정 측면에 대한 설명력이 있음을 반증하는 동시에 다른 정치적 현상을 설명하는 데는 약점을 지니고 있다는 점을 보여준다.

일반적으로 거시적 차원에서 관찰되는 선거결과의 객관적 상황에 대한 반응성은 합리적 유권자 모델의 현실적 근거로 작용한다. 심리학적 접근법에 따르면 개인의 정당일체감은 상당히 안정적이고, 이는 단기적인 정치적 상황의 변화에 반응하지 않는다. 이러한 개인들 정당일체감의 합으로써의 집합적 정당일체감(macropartisanship)의 분포 또한 안정적일 수밖에 없다. 만약 집합적 정당일체감의 분포가 안정적이고 선거운동의 주된 역할이 정당일체감을 투표 결정요인으로 활성화시켜 정당 일체자의 귀속정당에 대한 투표를 견인해낸다고 전제하면, 선거의 결과 또한 집합적 정당일체감의 안정성을 반영하여 안정적이어야 한다. 이러한 시각은 대통령 선거 결과의 끊임없는 변화, 즉 두 정당 간의 부단한 정권교체를 설명하지 못한다(MacKuen *et al.* 1989 ; Green *et al.* 1998).

합리적 유권자 모델을 뒷받침하고 있는 거시적 차원에서 축적되는 증거들에도 불구하고 실험이나 여론조사 자료를 바탕으로 한 미시적 자료들은 심리학적 접근법에 근거한 주장들을 증명한다. 전국선거조사(NES)와 같은 여론조사나 실험을 통한 많은 선거연구들이 여전히 미시간 학파의 기본 주장인 정당일체감의 중심적 역할을 실증할 뿐만 아니라, 인지과학에서의 최근의 발견들, 구체적으로 선행하는 정치적 성향들에 의한 인식의 양극화 현상들도 이를 이론적으로 뒷받침한다. 이들 연구에 따르면, 유권자가 특정 쟁점(issue)에 대해 긍정적이거나 부정적인 선호를 가지고 있으면, 동일한 쟁점에 대해 새롭게 제공되는 정보는 기존의 선호에 부합되는 경우에만 수용되어 결과적으로 새로운 정보가 선호의 변화를 유도하기보다는 이를 강화하는 방향으로 기여한다. 요약하면, 유권자의 편견이나 선입견 같은 본래의 정치적 성향(political priors)이 새로운 정보의 취득 여부를 결정함으로써 귀결되는 태도는 새로이 제공된 정보의 내용보다도 그의 선행적 태도에 의해 기본적으로 결정된다. 예를 들어 동일한 정보가 민주당 일체자들과 공화당 일체자들에게 제공되어도 전자의 귀결되는 태도가 후자의 그것과 동일한 방향인 경우는 예외적인 사례에 불과하다. 보다 일반적인 경우는 동일한 정보 하에서도 양당의 일체자들이 반대 방향으로 움직이는 양극화로 귀결된다(Lord *et al.* 1979 ; Lau 1982 ; Lodge and Hamill 1986 ; Conover and Feldman 1989 ; Dalton *et al.* 1998).

각 접근법의 제한된 현실 설명력, 즉 합리적 유권자 모델은 거시적 차원에서, 심리학적 접근법은 미시적 차원의 연구에서 상대적으로 설명력이 높은 현상은 두 접근법이 모두 현실 적합성이 있는 동시에 한계가 있다는 합의로 이어졌다. 이러한 상대성에 대한 자각은 두 가지 접근법을 기존의 경쟁적 관계에서 상호 보완적인 관계로 인식하도록 하였고(Niemi and Weisberg 2001), 개별 연구에서 두 접근법을 모두 활용하는 수렴적 연구들이 증가하게 된다.

앞서 논의하였던 오스트롬의 주장은(1998) 합리적 선택 이론가들이 인지과학에서의 발견을 수용하게 되는 과정을 보여준다. 기존에 경쟁관계에 있던 심리학적 접근과 합리적 유권자 모델 간의 보완적 관계로의 전환은 전자가 유권자의 선호의 기원과 그 형성과정에, 후자는 일단 선호가 형성된 상태에서의 전략적 행위에 관한 것으로 역할 분담이 이루어지면서 가능하였다(Niemi and Weisberg 2001). 양 접근법을 직접적으로 비교하면서 그 예측의 유사성에 대한 연구도 나타나고 있다. 선거운동 과정에서 후보자에 대한 유권자의 초기 인식 형성을 연구한 비앙코(1998)는 심리학적 접근법의 동기부여된 인식이론(motivated reasoning theory)과 합리적 선택 모델이 각기 다른 논리 구조를 지니지만 최종적인 예측의 결과는 정확하게 일치한다는 점을 밝힌다. 비앙코의 연구는 각 접근법이 차이점이 부각되는 인지의 특정 과정만을 분리하여 분석함으로써 전혀 다른 예측으로 이어진 것이 아닌가 하는 가능성을 제기하였다.

(2) 상이성을 통한 타협의 모색

심리학적 접근법과 합리적 유권자 모델이 각기 다른 영영에서 현실 적합성을 지닌다는 인식은 기존의 연구들이 유권자 내부의 상이성을 간과하고 집단을 하나의 균질적 실체로 간주함으로써 비롯된 것이 아닌가 하는 자각으로 이어졌다. 유권자 집단 간 상이성에 대한 인식은 오래된 전통을 지니고 있다. 1964년에 발표된 신념체계에 대한 칸버스의 연구(Converse 1964)는 이미 정치적 태도 형성과 인식에서 유권자들이 각기 다른 기제를 사용한다는 점을 밝히고 있다. 이후 연구에서 두 가지 접근법 간의 대립이 격화되면서 이러한 유권자 내부의 상이성에 대한 인식이 상대적으로 과소평가된 측면을 무시할 수 없다.

유권자의 합리성과 관련하여 미시적 연구와 거시적 연구에서 발견되는 간극은 선거연구에 국한되지 않는다. 테스키와 그의 동료들의 연구에 따르면(Teske *et al.* 1993) 공공재 시장에 대한 연구에서도 유사한 현상이 발견된다. 즉 거시적 연구에서는 소비자들의 반응성에 기반하는 공공재 시장의 효율성이 지속적으로 보고되는 반면에 미시적 연구에서는 이러한 효율성을 가능케 하는 소비자들의 합리성이나 반응성의 부재, 다른 말로 합리적인 선택을 불가능하게 하는 광범위한 소비자들의 무지에 대한 연구결과가 축적되었다. 소비자들의 무지(유권자들의 비합리적 선택)에도 불구하고 시장의 반응성(선거결과의 반응성)이 가능한가? 이 간극에 대한 대답으로 테스키와 동료 연구자들은 소비자들의 전반적인 무지에도 불구하고 일군의 소비자들이 합리적 선택 모델이 가정하는 이상에 부합되게 시장상황에 대한 정보를 취합하고 이 정보를 무지한 소비자들에게 전파하거나, 자신들의 선택행위 자체로 전체 시장의 반응성을 추동한다고 주장한다.

동일한 맥락에서 선거연구의 분석수준별 간극이 이러한 유권자 내부의 상이성과 이들 내부의 정보 네트워크에 의해 발생하였을 개연성은 높다고 평가되지만 이는 실증적 차원의 문제이다. 실증의 핵심은 합리적 유권자 모델이 상정하는 일군의 유권자 집단이 존재하는가 여부와 이들이 거시적 차원의 반응성을 가능케 할 정도의 네트워크와 영향력을 지녔는가에 집중된다. 지금까지 선거연구에 관한 고전적 세 가지 접근법 중 컬럼비아 학자들의 사회학적 접근법에 대해서는 별도로 논의하지 있었다. 이러한 누락은 사회학적 접근법이 이후 심리학적 접근법에 흡수·통합되어 독자적인 접근법으로써의 생명력이 최소한 선거연구에서는 사라진 것이라는 판단에 기인한다. 그러나 유권자 내부에 정보의 질과 양, 인지과정이 상이한 집단들의 공존과 이들 간의 의사소통의 채널이 중요한 주제로 부각되면서 사회학적 접근법의 점하는 공간이 넓어지고 있다고 평가된다. 앞서 언급하였듯이 헉펠드를 중심으로 한 일군의 학자들은 사회학적 접근법을 중심으로 한 선거연구를 지속하고 있는데(Huckfeldt *et al.* 1987 ; 1993 ; 1999), 특히 1987년 논문에서 보듯이 사회학적 전통에만 머무르지 않고 최근 인지과학에서의 발견을 수용하고 있다.

단일의 실체처럼 집합적으로 유권자라고 통칭되지만 정치적 지식의 정도, 정보수용과 사용하는 전환의 메커니즘 면에서 유권자 내부에 질적으로 상이한 집단이 공존한다는 인식은 합리적 선택이론과 심리학적 접근법 간의 타협에 중요한 근거가 되고 있다. 정치적 지식의 양과 정확성(Delli Carpini and Keeter 1996), 정치적 인식의 정교함(Luskin 1987), 교육수준의 차이(Carmines and Stimson 1980) 면에서 집단별 상이함이 존재하고, 이러한 요인들이 투표행태에 미친 영향에 대해서도 적지 않은 연구가 이루어졌다. 현대 인지과학의 부상과 함께 기존의 '유권자는 무엇으로 투표하는가?'에 대한 투표 결정 요인에 대한 논쟁이 인지과학에서는 '유권자는 어떤 과정을 통해 인지하고 선택하는가?'의 질문으로 대체된다. 인지과정의 중요성에 대한 인식이 반영되어 정치적 지식과 정교화 정도의 차이뿐만 아니라 인지과정 면에서의 차이점도 유권자의 상이성 연구에 중요한 부분으로 자리매김되고 있다.

심리학적 접근법의 유권자의 인지과정에 대한 시각은 새로운 정보가 주어졌을 때 정보의 내용보다는 정보대상에 대한 기존의 심리적 호불호에 의해 편향된 방식으로 '선택적으로' 수용·조정하는 존재로 요약된다(Campbell *et al.* 1960 ; Converse 1964). 반면 다운스나 합리적 이론에 근거한 연구들은 주어진 정보를 체계적이고 종합적으로 분석하여 기존의 선호를 조정하는 소위 '합리적' 혹은 '베이시안적' 조정자로서 유권자의 인지과정을 전제한다. 유권자들의 정보수집과 인지과정에 대한 스나이더의 연구(Sniderman 1993), 칸과 케니(Kahn and Kenny 1999)의 연구는 양 접근법의 제한된 현실 설명력과 이로 인한 상호 수렴현상을 이해하는 데 중요한 사례를 제공한다.

스나이더는 유권자의 정치적 정보수집의 동기와 이에 수반하는 인지과정은 정확성(accuracy)과 효율성(efficiency)의 두 차원에 의해 결정되는데, 이 두 차원은 상반적인 관계에 있다. 판단을 위해 정확성을 추구하는 유권자는 합리적 선택이론이 가정하듯 가능한 한 많은 정보를 수집하고 이를 종합적이고 체계적으로 분석하려 한다. 그러나 정확성의 추구는 그 비용에 비해 판단의 정확함이 주는 효용을 비교하는 효율성의 차원에 의해 제한된다. 이 두 차원의 상호작용에 따라 유권자의 상이성을 분류하면, 일부 유권자는 정확성을 추구하기 위해 합리적 유권자 모델이 가정하듯 정보를 수집하고 이를 종합적이고 체계적인 인지과정을 통해 판단에 이른다. 반면 효용성을 추구하는 유권자들은 정치적 대상이 주는 몇 가지 단서와 두드러진 특징들, 예를 들면 후보자의 정당, 인종, 첫 인상 또는 주변 사람들의 평가 등에 의존하여 정치적 판단을 내린다. 이들이 심리학적 접근법에서 주장하였던 정치적으로 무지하고 그래서 정당일체감 같은 상징들에 의존하는 유권자상에 부합한다.

정보수집의 동기와 관련된 정확성과 효율성 두 차원의 조합은 유권자의 지식과 정교화 수준과 결합하여 칸버스의 고전적 연구(1964)가 밝힌 다양한 유권자들의 존재로 이어진다. 이러한 맥락에서 투표 결정요인과 관련한 논쟁을 재해석하면, 미시적 차원에서 보면 심리학적 접근법이 밝힌 '무지한 유권자'가 일반적인 추세임에도 불구하고 합리적 유권자 모델이 가정하는 '체계적이고 합리적인' 유권자들이 적지 않게 존재하고, 이들이 거시적 차원의 반응성을 주도하게 된다(Lupia 1994).

2. 현실의 변화 : 정당일체감의 영향력 증대와 정치이념과의 중첩

이상에서 1940년대 컬럼비아 학자들로부터 시작된 현대적 선거연구를 이론적 동향과 연구성과를 중심으로 논의하였다. 1990년대 이후의 선거연구 동향과 향후의 전망을 위해서는 이론적 동향뿐만 아니라 선거연구의 방향전환에 영향을 미치는 현실의 변화도 동시에 고찰되어야 한다. 이와 관련하여 유권자의 투표행태에 미치는 영향력에서의 정당의 부활과 기존 연구에서 가장 중요한 두 가지 투표 결정요인으로 간주되지만 독립적인 것으로 간주되어 온 정치이념과 정당일체감의 중첩 강화현상이 주목된다.

1970년대와 1980년대 미국 선거연구의 주요 주제 중의 하나가 유권자 수준에서의 정당의 쇠퇴였다면, 2000년 바텔스(Bartels)의 논문을 기점으로 하여 최근의 논의는 정당의 부활로 무게중심이 옮겨지고 있다. 심리학적 접근법의 주요 발견 중의 하나는 유권자의 투표행태에서 정치이념이 지닌 역할이 정당일체감에 비해 상대적으로 미비하다는 점이다. 유권자 전체적으로 볼 때 이념적 사고의 부재와 이의 미미한 선거에의 영향력은 미국 정치체제의 특징 중의 하나로 간주되어 왔다. 따라서 정당의 부활과 정치이념과 정당일체감이라는 두 가지 균열의 중첩현상은 향후 선거연구의 동향을 전망하는 데 간과할 수 없는 요인이다.

미국정치에서 정당이 점하는 역할과 영향력에 관한 기존의 흐름은 다음과 같이 요약될 수 있다. 1960년 *The American Voter*의 출간과 이에 대한 수정주의자들의 반박으로 촉발된 일련의 긴 논쟁에도 불구하고 정당에 대한 장기적 · 심리적 일체감으로 규정되는 정당일체감의 역할을 강조한 미시간 학파의 심리학적 접근법이 1960년대와 1970대 초반 선거연구의 주류 흐름이었다는 점을 부정하기는 어렵다. 1976년에 출간된 *The Changing American Voter*(Nie, Verba, and Petrocik)는 주류적 시각을 정면으로 반박하는 것은 아니지만, 정당일체감의 역할 감소와 정치이념과 쟁점에 대한 태도의 증대되는 일관성을 증명하면서 주류적 시각에 대한 본격적인 도전을 촉발시킨다.

전반적으로 정당의 역할, 구체적으로는 유권자의 투표결정시 정당일체감이 미치는 영향력이 쇠퇴하였다는 주장과 검증작업이 1990년대 말까지 지속되면서(대표적으로는 Niemi and Weisberg 1993 ; Wattenberg 1990 참조) 2002년 달톤과 와텐버그의 *Parties without Parisans*의 출간으로 이어진다(Dalton and Wattenberg 2002). 달톤과 와텐버그는 광범위한 실증적 자료를 활용하여 정당의 약화는 교육수준의 향상과 유권자 개인의 인지능력 제고로 인해 자신의 인식과 투표행위 결정에서 정당에 더 이상 의존할 필요가 없는 유권자들의 증가에서 그 원인을 찾음으로써 정당의 쇠퇴가 일시적이거나 미국에 국한된 현상이 아니라 돌이킬 수 없는 하나의 흐름이라는 과감한 주장을 제기하였다.

'정당의 쇠퇴'가 또 다른 하나의 상식으로 자리매김하던 경향은 2000년 바텔스의 "Partisanship and Voting Behavior, 1952–1996"의 출간을 전후로 다시 논쟁의 시기로 접어든다. 바텔스는 '정당의 쇠퇴'는 1970년대의 시대적 산물에 불과하고 최근의 경향, 특히 1996년의 선거결과는 유권자의 투표행태에 미치는 정당일체감의 영향력이 1972년보다 80% 이상 증가하였다는 점을 보여준다고 주장한다. 정당의 부활은 바텔스가 강조하는 유권자 속의 정당에만 국한되지 않는다. 의회에서 정당의 역할을 연구한 학자들 역시 중간지대의 축소와 정당에 따른 의원들의 양극화를 주장한다(Fleisher and Bond 2004 ; Cox and Poole 2002).

<표 1>은 1976년부터 2004년까지의 출구조사 자료를 활용하여 후보선택에 미치는 정당일체감의 영향력을 검토하고 있다. 이 표에 따르면, 정치이념과 정당일체감에 따른 투표행태의 양극화 현상이 1976년 선거 이후 점진적으로 강화되어 왔고, 2004년 선거는 이 점에서 그 정점에 달한 선거로 평가될 수 있다. 2004년 상황에서는 유권자의 정당일체감에 관한 단일의 정보만으로 그 유권자의 투표를 90% 이상의 정확도를 가지고 예측할 수 있다. 이 결과에 따르면, 바텔스가 분석한 1996년 선거보다 이후의 두 차례 선거에서 정당일체감이 유권자의 투표에 미친 영향력은 더욱 증가한 것으로 평가된다.

1970년대 후반부터 1980년대의 선거연구 흐름을 주도한 '정당의 쇠퇴'에 이어 '정당의 부활'이 새로운 흐름으로 부상하는 최근의 경향은 정당일체감의 역할과 이의 전망에 대한 새로운 논쟁점을 제공한다. 즉, 정당일체감의 역할은 시대적 상황에 따라 성쇠를 반복하는 것인가? 만약 그러하다면 최근의 정당의 부활도 일시적인 현상에 불과한가? 이러한 쟁점에 대해 궁극적인 해답을 제시하는 것은 불가능하더라도 현재의 정당 부활의 원인에 대한 규명작업은 이러한 쟁점과 관련하여 적지 않은 시사점을 제공한다.

〈표 1〉 정당일체감에 따른 투표양태의 양극화 : 단위(%)

연도	공화당 일체자 중 공화당 후보 투표	민주당 일체자 중 민주당 후보 투표
1976	81	90
1980	90	78
1984	94	77
1988	90	85
1992	69	78
1996	79	85
2000	90	86
2004	93	89

<표 2>는 미국 전국 선거조사(ANES) 데이터를 활용하여 1972년부터 2004년까지의 유권자의 정치이념과 정당일체감의 상관관계를 보여준다. 높은 상관관계는 보수주의자 중 공화당 일체자의, 자유주의자 중 민주당 일체자의 비율이 높아짐을 의미하는데, 다른 조건이 같다면 둘 중 하나의 요소에 의해서도 가능하다. 표에 따르면 상관관계 지수는 1970, 1980년대에는 1982년을 제외하면 .4와 .5 사이에서 큰 변화 없이 유지된다. 그러나 1992년의 .55를 기점으로 이후 평균 .6 이상의 높은 상관관계를 보이고, 2002년과 2004년의 선거에서는 평균 .7의 상관관계에 근접하고 있다.

〈표 2〉 정치이념과 정당일체감의 상관관계

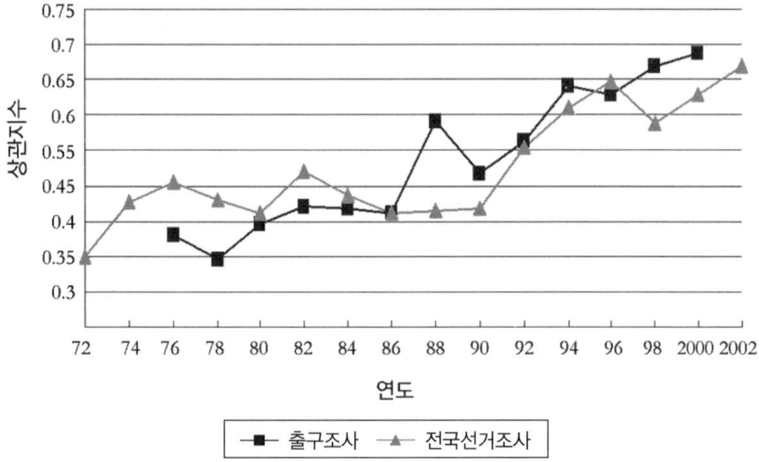

정치이념과 정당일체감의 증대하는 상관관계를 어떻게 설명할 것인가에 대해서는 아직 합의된 의견이 존재하지 않고, 이를 위해서는 별도의 분석을 요한다. 정치이념의 사회적 기원도 정당일체감과 마찬가지로 경쟁하는 사회집단에 대해 사회화 과정에서 형성되는 정서적 호·불호라는 카노버와 펠드만의 주장(1981) 또는 국민여론의 형성에 미치는 정당지도자들의 역할을 강조한 잘러(1992)의 주장이 증대하는 상관관계를 설명하는 실마리를 제공할 수 있다. 뿐만 아니라 증대하는 상관관계를 보수주의자들이 주도한다는 점은 이와 관련된 역사적 맥락에 대한 분석을 요한다. 특히 거시적으로 보면 민주당과 일체감을 지니고 있던 보수주의자들의 변화가 그 중심에 위치하는데, 1980년대 이전 보수주의자이면서 민주당 지지의 핵심층이었던, 지역적으로는 남부, 종교적으로는 기독교도인인 백인 중산층들의 정당일체감의 변화 가능성에 주목할 필요가 있다. 그러나 이의 검증은 별도의 분석을 요한다.

정당일체감의 투표행태에 미치는 영향력 강화와 정치이념과의 중첩 증대는 최근의 정치적 양극화 현상과 관련하여 이에 대한 학문적 관심을 요한다. 뿐만 아니라 정당일체감과 정치이념을 별개의 독립변수로 간주하여 취급하던 기존의 계량적 분석 모델도 양자의 상관관계에 대한 보다 정교한 이론적 뒷받침과 분석결과에 대한 세심한 해석을 요구한다. 따라서 향후 이에 대한 이론화 작업과 분석 모델 개발이 활발할 것으로 전망된다.

Ⅵ. 결론과 한국의 선거연구에 주는 함의

현대적 선거연구는 정치학 전반의 주제와 관련해서 대의제 민주주의가 제대로 작동하고 있는가에 대한 실증적 문제의식으로부터 출발하였고, 현재에도 이 문제의식을 중심으로 논의가 진행되고 있다. 동일한 문제의식이 1940년대부터 현재까지의 선거연구를 관통하고 있지만 이에 대한 전반적인 접근법과 구체적인 분석방식은 부단히 변화・확대되고 있다. 1960년대 이후 급격하게 팽창하고 있는 합리적 선택이론에 근거한 연구들은 이제 선거연구의 주류로 부상하였다고 해도 과언이 아니다. 다른 한편으로는 인간의 정보처리 과정에 대한 인지과학의 최근의 발견들은 정치학의 오랜 논쟁들에 새로운 실마리를 제공하고 있다. 특히 양 접근법의 결합으로 발생하는 시너지 효과를 감안하면 선거연구는 새로운 단계로 진입하고 있다고 평가할 수 있다.

이상의 논의가 우리나라 대의제 민주주의의 작동, 특히 지역할거주의로 불리는 지역적 투표양태에 대한 연구에 내재한 함의를 논하는 것으로 논문을 맺고자 한다. 미국 선거연구에서 심리학적 관점은 18세 이전의 사회화 과정에서 형성되는 특정 정당과의 심리적 일체감을 업적과 성취, 경제상황에 대한 평가, 개별 정책쟁점에 대한 판단 등의 단기적 투표 결정요인의 형성에 지대한 영향을 미치는 궁극적인 결정인자로 간주하여 왔다. 이 정당일체감 이론은 큰 틀에서 집단이론(group theory), 구체적으로 준거집단 이론(reference group theory)으로부터 발전되어 나온 것이다. 따라서 미국적 상황에서는 이 준거집단이 정당이지만 반드시 정당으로만 국한될 이유는 없다. 우리의 상황에서는 유권자가 어떻게 지역이라는 집단을 정치적 판단과 인식의 준거집단으로 일체화하는지는 분명치 않지만 지역이 이 준거집단의 역할을 하는 것처럼 나타난다.

이를 설명하기 위해 우리나라의 유권자에게는 미국의 정당이 하는 역할을 지역이 대체한다고 가정해 볼 수 있다. 그리고 미국의 선거연구에서 발전된 접근법과 구체적인 분석 모델을 활용하여 지역에 대한 정체성의 형성, 이의 투표행태에 미치는 영향, 특히 지역정체성 혹은 지역일체감(regional identification)과 정치이념, 여타 투표 결정요인과의 인과관계에 대한 입체적인 모델들이 계발되어야 한다. 이 과정에서 한국적인 형태의 합리적 유권자의 존재 여부, 이들의 투표행태, 반응성의 주도세력과 소통의 네트워크 등과 관련된 질문도 심도 있게 논의될 수 있다고 판단된다.

다른 한편으로는 구체적인 분석방법의 다양화가 요구된다. 객관적 지표를 대상으로 하는 거시적 자료와 여론조사 등의 미시적 자료에 근거한 연구는 상대적으로 활발히 진행되고 있다고 평가된다. 그러나 이 두 가지 형태의 자료만을 활용하는 선거연구의 한계도 노정되고 있다. 예를 들면, 이러한 자료들은 한국 선거의 핵심적 변인들인 지역과 정치이념의 인과관계에 대해서는 풍부한 정보를 제공하지 않는다. 이로 인해 변수들 간의 인과관계를 분석하는 입체적 모델보다는 상관관계를 서술하는 모형들이 주로 발전하고 있다. 이러한 불균등한 발전은 여론조사 자료의 축적만으로는 해결되지 않으므로 우리의 상황에 맞는 실험모형의 개발, 학제 간 연구의 활성화 등 구체적인 분석방법의 다양화를 통해 한국적 선거연구의 진전을 모색할 시점이라고 판단된다.

참고문헌

Bartels, Larry M. 2000. "Partisanship and Voting Behavior, 1952–1996." *American Political Science Review* 44 : 35–50.

Bendor Jonathan. 2003. "Herbert Simon : Political Scientist." *Annual Review of Political Science* 6 : 433–471.

Berelson, Bernard R., Paul F. Lazarsfeld, and William N. McPhee. 1954. *Voting*. Chicago : Univ. of Chicago Press.

Bianco, William T. 1998. "Different Paths to the Same Results : Rational Choice, Political Psychology, and Impression Formation in Campaigns." *American Journal of Political Science*, 42–4 : 1061–1081.

Brody, Richard A., and Lawrence S. Rothenberg. 1988. "The Instability of Partisanship : An Analysis of the 1980 Presidential Election." *British Journal of Political Science* 18 : 445–465.

Campbell, Angus, Philip E. Converse, Warren E. Miller, and Donald Stokes. 1960. *The American Voter*. New York : Wiley.

_____, Gerald Gurin, and Warren E. Miller. 1954. *The Voter Decides*. Evanston, Ill. : Row Peterson.

Carmines, Edward G., and James A. Stimson. 1980. "The Two Forces of Issue Voting." *American Political Science Review* 74 : 78–91.

Converse, Philip E. 1964. "The Nature of Belief Systems in Mass Publics." in David E. Apter, ed. *Ideology and Discontent*, London : Collier–Macmillan Ltd. : The Free Press of Glencoe.

_____ and Gregory B. Markus. 1979. "Plus ca Change … : The New CPS election Study Panel." *American Political Science Review* 73 : 32−49.

Cox, Gary W., and Keith T. Poole. 2002. "On Measuring Partisanship in Roll −Call Voting : The U.S. House of Representatives, 1877−1999." *American Journal of Political Science* 46 : 477489.

Dahl, Robert A. 1971. *Polyarchy : Participation and Opposition*. New Heaven : Yale Univ. Press.

Dalton, Russel J., and Martin P. Wattenberg. 2002. *Parties without Partisans : Political Change in Advanced Industrial Democracies*. Oxford, NY : Oxford Univ. Press.

Delli Carini, Michael X., and Scott Keeter. 1996. *What American Know about Politics and Why It Matters*. New Heaven, CT : Yale Univ. Press.

Downs, Anthony. 1957. *An Economic Theory of Democracy*. New York : Harper & Row.

Fiorina, Morris P. 1981. *Retrospective Voting in American National Elections*. New Haven : Yale Univ. Press.

_____. 1995. "Rational Choice and New(?) Institutionalism." *Polity* 28−1 : 107−115.

Fleisher, Richard and John R. Bond. 2004. "The Shrinking Middle in The US Congress." *British Journal of Political Science* 34 : 429−451.

Franklin, Charles. 1992. "Measurement and the Dynamics of Party Identification." *Political Behavior* 14 : 297−309.

Green, Donald Philip and Bradley Palmquist. 1990. "Of Artifacts and Partisan Instability." *American Journal of Political Science* 34 : 872−902

_____ and Ian Sapiro. 1994. *Pathologies of Rational Choice Theories : A Critiques of Applications in Political Science*. New Haven, CT : Yale Univ. Press.

_____, Bradley Palmquist, and Eric Schickler. 1998. "Macropartisanship : A Replication and Critique." *American Political Science Review* 92 : 883−899.

Huckfeldt, Robert, Jeffrey Levine, William Morgan, and John Sprague. 1999. "Accessibility and the Political Utility of Partisan and Ideological Orientations." *American Journal of Political Science* 43 : 888−911.

Huckfeldt, Robert, Eric Plutzer, and John Sprague. 1993. "Alternative Contexts of Political Behavior : Churches, Neighborhoods, and Individuals." *The Journal of Politics* 55 : 365–381.

_____ and John Sprague. 1987. "Networks in Context : The Social Flow of Political Information." *American Political Science Review* 81 : 1197–1216.

Jacoby, William G. 1988. "The Impact of Party Identification on Issue Attitudes." *American Journal of Political Science* 32 : 643–661.

Kahn, Kim Fridkin., and Patrick J. Kenny. 1999. *The Spectacle of U.S. Senate Campaigns*. Princeton : Princeton Univ. Press.

Key, V. O. 1966. *The Responsible Electorate : Rationality in Presidential Voting, 1936–1960*. Cambridge, MA : Harvard Univ. Press.

Kunda, Ziva. 1990. "The Case for Motivated Reasoning." *Psychological Bulletin* 108 : 480–498.

Lazarsfeld, Paul F., Bernard Berelson, and Hazel Gaudet. 1944. *The People's Choice : How the Voter Makes up His Mind in a Presidential Campaigns*. New York : Columbia Univ. Press.

Lau, Richard R. 1982. "Negativity in Political Perception." *Political Behavior* 4 : 353–377.

Lodge, Milton, and Ruth Hamill. 1986. "A Partisan Schema for Political Information Processing." *American Political Science Review*, 80 : 505–520.

_____, Macro R. Steenbergen, and Shawn Brau. 1995. "The Responsive Voter : Campaign Information and the Dynamics of Candidate Evaluation." *American Political Science Review*, 89 : 309–326.

Lord, Charles G., Lee Loss, and Mark R. Lepper. 1979. "Biased Assimilation and Attitude Polarization : The Effects of Prior Theories on Subsequently Considered Evidence." *Journal of Personality and Social Psychology* 37 : 2098–2109.

Lupia, Arthur. 1994. "Shortcuts Versus Encyclopedias : Information and Voting Behavior in California Insurance Reform Elections." *American Political Science Review* 31 : 63–76.

Luskin, Robert C. 1987. "Measuring Political Sophistication." *American Journal of Political Science* 31 : 856–899.

MacKuen, Michael B., Robert S. Erickson, and James A. Stimson. 1989. "Macropartisanship." *American Political Science Review* 83 : 1125–1142.

_____, Robert S. Erickson, and James A. Stimson. 1998. "What Moves Macropartisanship. A Response to Green, Palmquist, and Schickler." *American Political Science Review*, 92 : 901–912.

Markus, Gregory B., and Philip E. Converse. 1979. "A Dynamic Simultaneous Equation Model of Electoral Choice." *American Political Science Review*, 73 : 1055–1072.

_____. 1982. "Political Attitude during an Election Year : A Report on the 1980 NES Panel Study. *American Political Science Review*, 76 : 538–560.

Mayhew, David R. 1974. *Congress : The Electoral Connection*. New Haven : Yale Univ. Press.

Meffert, Micheal F., Helmut Norpoth, and Anirudh S. Ruhil. 2001. "Realignment and Macropartisanship." *American Political Science Review*, 95 : 953–962.

Monroe, Kristin R. 1997. Book Review, "Pathologies of Rational Choice Theories : A Critiques of Applications in Political Science." *Political Theory*, 25–2 : 289–295.

Niemi, Richard G., and Herbert F. Weisberg. 1993. *Controversies in Voting Behavior(3rd)*. Washington, D.C. : CQ Press.

_____ and Herbert F. Weisberg. 2001. *Controversies in Voting Behavior(4th)*. Washington, D.C. : CQ Press.

Norpoth, Helmut, and Milton Lodge. 1985. "The Differences between Attitudes and Nonattitudes in the Mass Public : Just Measurement?" *American Journal of Political Science* 29 : 291–307.

Olson, Mancur. 1971. *The Logic of Collective Action*. Cambridge, UK : Harvard Univ. Press.

Ostrom, Elinor, 1998. "A Behavioral Approach to the Rational Choice Theory of Collectiev Action." *American Political Science Review* 92–1 : 1–22.

Popkin, Samuel. 1994. *The Reasoning Voter : Communication and Persuasion in Presidential Campaigns(2nd)*. Chicago, ILL : Chicago Univ. Press.

Sapiro, Ian. 1998. "Can the Rational Choice Framework Copy with the Culture?" *PS : Political Science and Politics* 31-1 : 40-42.

Simon Herbert. 1979. "Rational Decision Making in Business Organizations." *American Economic Review* 69 : 493-513.

Sniderman, Paul M. 1993. "The New Look in Public Opinion Research." in *Political Science : The State of Discipline II (eds)*, Ada Finifter, Washington D.C. : American Political Science Association.

Teske Paul., Mark Schneider, Michael Mintrom, and Samuel Best. 1993. "Establishing The Micro Foundation of a Macro Theory : Information, Movers, and the Competitive Local Market for Public Goods." *American Political Science Review* 87-3 : 702-713.

Wattenberg, Martin P. 1990. *The Decline of American Political Parties, 1952-1988.* Cambridge, MA : Harvard Univ. Press.

Zaller, John. 1992. *The Nature and Origins of Mass Opinion.* New York : Cambridge.

복지국가 연구의 최근 동향과 쟁점: 자본주의 다양성 이론과 복지국가 재편 논쟁

정무권(연세대학교)

Ⅰ. 문제의 제기

복지국가 연구는 연구주제의 특성상 매우 인접학문적인(interdisciplinary) 특성을 가지고 있기 때문에 서구 사회과학계에서는 정치학, 사회학, 사회복지학, 경제학 등 다양한 학문분야에서 중심적인 연구분야가 되고 있다. 정치학 내에서도 정치철학적 차원에서부터 시작하여 선거정치, 정당정치, 계급정치, 이익집단정치 등 다양한 하위분야에서도 주요 연구주제가 되고 있으며, 특히 최근에는 비교정치경제학계에서 가장 핵심적인 연구주제가 되고 있다. 이는 복지국가의 형성과정이 역사적으로 자본주의 체제와 민주주의 발전의 중요한 측면일 뿐만 아니라, 개인과 사회의 보편적 복지가 현대국가가 지향하는 보편적인 이념이기 때문이다.

반면에 한국 정치학계에서는 그동안 복지국가 또는 복지정책에 대한 연구에 매우 소홀해 왔다는 것을 부인할 수 없다. 한국의 복지제도가 과거 발전주의 국가에 의한 산업화의 그늘 하에서 나름대로 기능을 하면서 발전해 왔음에도 불구하고 학문적 연구대상으로서의 주목을 받지 못한 것은 우리 정치학계의 독특한 문화적 특수성에서 찾아볼 수 있을 것이다. 그동안 한국정치의 중심이 냉전체제 하에서의 권위주의 정치체제의 경험과 안보와 국제관계에 있어 왔을 뿐만 아니라, 정치학자들의 배출이 좁은 의미의 정치학의 영역에 제한되었던 경향이 강했기 때문으로 해석할 수 있을 것이다.

그러나 한국사회에서 산업화의 성공과 민주화의 진행으로 분배정치와 복지정책이 점점 정치의 중심으로 이동하기 시작하였다. 특히 IMF 경제위기를 경험하는 과정에서 나타난 대량실업과 사회문제를 극복하기 위한 김대중 정부의 복지개혁 과정은 과거에 권위주의 체제 하에서 소수의 정치 · 관료 엘리트 중심으로 이루어졌던 복지정책의 정치과정이 수면 위로 드러나게 한 중요한 역사적 계기가 되었다. 그리고 최근에 신자유주의 구조조정의 후유증으로 양극화가 더욱 심화됨에 따라 사회적 · 정치적 갈등도 심화되어 복지정책이 공공담론의 주요 정책의제로 등장하게 된 것이다. 이에 따라 한국 정치학계에서도 복지국가 연구가 변방에서 중심으로 이동할 수밖에 없으며, 앞으로 우리 경제가 더욱 성장하고 민주주의가 발전하게 되면 정치학계에서 중심적인 연구분야로 성장할 것으로 기대된다.

최근 서구 사회과학 학계에서는 비교정치경제학적 접근과 신제도주의 방법론이 사회과학 학자들 사이에서 주목받기 시작하면서 복지국가 연구는 새로운 전환기를 맞고 있다. 특히 최근 비교정치경제학 분야에서 세계화와 신자유주의 압력에 대한 개별 국가들의 대응에 주목하면서 새로운 이론적 이슈로 떠오르고 있는 '생산레짐 이론(production regime theory)'과 이를 기반으로 하는 '자본주의 다양성(Varieties of Capitalism : VoC)' 논쟁은 정치학, 사회학, 경제학, 그리고 정책연구 등 사회과학의 다양한 학문분과에서 복지국가 및 이와 관련된 다양한 정책영역에서의 새로운 연구주제의 금맥캐기(goldrush) 붐을 일으키고 있다.

이런 맥락에서 이 논문은 최근 복지국가 연구의 동향과 주요 이슈를 점검하는 가운데 생산레짐과 자본주의 다양성의 주요 이슈와 쟁점들을 논의하고, 이를 바탕으로 생산레짐과 자본주의 다양성 이론의 논쟁이 한국에의 적용에 어떤 시사점들이 있는가를 다루어 보고자 한다.

Ⅱ. 복지국가 연구의 최근 동향과 이슈: 복지국가 형성론과 위기론에서 복지국가 재편론으로

1. 초기 복지국가 연구의 역사적 전개

복지국가의 연구는 크게 복지국가 형성·발전론, 복지국가 위기론, 그리고 복지국가 재편론이라는 3단계 과정을 거치면서 진화해 왔다. 초기 연구는 복지국가에 대한 정의에서부터 시작하여 전통적인 정치경제학적 접근, 행태주의와 계량적 방법론 등 다양한 시각과 방법론으로 복지국가의 형성·발전에 대한 연구들이 있었다. 그러나 최근에는 비교정치경제 시각에서의 복지국가 연구가 주류를 이루고 있다.

전통적인 정치경제학적 접근은 마르크스주의 시각에서와 칼 폴라니(Karl Polanyi)에 의한 자본주의 발전의 재해석을 지적 기원으로 하고 있다. 이러한 해석은 세계대공황과 제2차 세계대전 이후 서구의 자본주의가 자유방임주의의 종언을 고하면서 그 질적 변화를 하는 것으로 이해한다. 케인지안 경제이론은 국가의 적절한 재정개입을 기반으로 자본주의 경기조절을 가능하게 하고, 숀필드(Shonfield)의 조합주의를 중심으로 하는 조직자본주의(organized capitalism) 개념은 자본주의 체제 하에서의 주요 정치적 행위자들이 정치적 조정을 통해 자본주의를 관리하면서 복지자본주의(welfare capitalism)로 발전한 것으로 해석한다. 제2차 세계대전 이후 서구 자본주의가 복지국가 또는 복지자본주의로 발전하게 된 것을 자본주의 체제 내에서 자본-노동-국가의 상호 조정관계로 해석하는 것이 비교정치경제학 분야에서 핵심적 논리이다(Polanyi 1956 ; Shonfield 1969 ; Goldthope 1984).

반면에 행태론에 기반을 둔 계량적 방법론은 윌렌스키(Wilensky)를 비롯한 사회학 및 정치학 분야에서 정부의 사회복지 지출의 결정요인을 계량적으로 탐구하는 과정에서 시작하였다(Wilensky 1975). 복지국가로 정의되는 정부의 사회적 지출의 증가와 경제성장과 산업화 변수 간의 상호 인관관계적 중요성이 인식되면서 당시의 기능주의 영향 하에 복지국가의 성장원인을 산업화의 결과로 해석한다. 그리고 이러한 기능주의를 비판한 정치적 시각에서는 다원주의 정치논리인 이익집단정치와 합리적 선택이론에 기반을 둔 정치적 비즈니스 사이클(political business cycle)의 논리가 강조되면서 산업화와 민주주의 발전과정에서 선거 메커니즘을 복지국가 발전의 주요 설명기제로 이해하였다(Flora and Alber 1981 ; Tuft 1978).

비교정치경제 분야에서 복지국가에 대한 연구가 활발하게 진행된 것은 1980년대 정치학과 사회학계에서 '국가의 재발견(bringing back to the state)'과 '비교역사분석(comparative historical analysis)'이 결합되면서부터라고 볼 수 있다(Skocpol 1985). 이때부터 한편으로는 네오 마르크스주의자들은 자본주의의 모순에 대한 조정자로서의 국가역할에서 복지국가 발전을 설명하는 반면에, 스카치폴(Skocpol)을 비롯한 베버리안 국가론자들은 다원주의 국가론과 네오 마르크스주의 국가론을 사회중심적 시각으로 비판하면서 국가구조와 관료제적 특성에서 복지국가의 발전과 국가별 차이를 설명하고자 하였다.

그런 가운데 코르피(Korpi), 에스핑-안데르센(Esping-Andersen), 스티븐스(Stephens)로 대표되는 권력자원론(power resource model)이 앞의 폴라니(Polanyi), 조직자본주의, 네오 마르크스주의에서 발전된 비교정치경제학의 지적 맥을 이어가면서, 복지국가의 발전수준과 질적인 차이를 좌파정당과 노동조합의 결합된 서구 민주주의 정치에서, 사민주의적 좌파정당의 헤게모니 과정에서 찾았다(Korpi 1984 ; Esping-Andersen 1985 ; Stephens 1978). 특히 에스핑-안데르센은 선진 복지국가들을 중심으로 역사적으로 나타났던 정치적 계급투쟁, 제도적 유산과 지배적인 문화적 가치 등을 인과관계적으로 설명하면서 노동시장의 탈상품화(decommodification) 수준과 계층화(stratification) 정도를 중심으로 복지국가 유형론을 제시하였다. 그의 복지유형론은 단순히 복지제도의 형식적인 특징의 비교틀이 아니라, 노동시장 중심으로 본 국가와 시장의 관계를 이해하는 현대 자본주의 체제의 비교틀이 되고 있으며, 지금까지도 복지국가 또는 자본주의 체제의 질적 특징과 차이에 대한 비교연구의 중요한 준거틀이 되고 있다.[1]

2. 과장된 복지국가 위기론과 복지국가 재편에 관한 다양한 연구의 등장

전후 서구 자본주의는 탄생 이래 가장 지속적이면서 안정적인 성장을 누리면서 복지국가 성장기의 원동력이 되었다. 그러나 서구 자본주의 발전의 황금시대(the Golden Age)는 얼마 가지 못하고 1970년대에 이르러 한편으로는 오일쇼크로 인한 원자재 가격의 상승에 따른 인플레이션 압력, 다른 한편으로는 브래튼우즈 체제의 붕괴로 인한 전후 안정적 국제무역 질서의 붕괴 등으로 서구 자본주의는 실업률의 증가, 인플레이션, 재정적자 등으로 전반적인 저성장 기조를 유지하게 되었다. 이에 따라 우파적인 신보수주의 시각에서부터 좌파적인 네오 마르크스주의 시각의 양 극단으로부터 복지국가 위기론이 제기되었다. 이 위기론의 대응으로서 1980년대에 영국의 대처 정부와 미국의 레이건 행정부의 급격한 신보수주의적 복지개혁의 등장은 서구 자본주의 체제의 지배적인 경제적 패러다임이 케인지안 수

---

[1] 에스핑-안데르센의 복지유형론은 그동안 여러 시각에서 많은 비판을 받아왔다. 형식적인 유형론에 집착하는 시각에서는 그의 3가지 유형론에 맞지 않은 국가들이 많이 있다는 비판(예, 영국의 경우 NHS는 자유주의 모델로 포함하기 어려움, 호주와 뉴질랜드의 경우도 자유주의로 포함하기 어려움, 유럽대륙 국가들의 경우 네덜란드, 프랑스 또는 남부 유럽 등도 보수주의 유형으로 간주하기 어려움) 때문에 추가적인 유형의 제시가 필요하다는 비판(예, 호주와 뉴질랜드는 자유주의와는 다르기 때문에 새로운 모형, 또 이탈리아, 포르투갈, 스페인 등 남부 유럽국가들의 경우도 새로운 유형이 필요함) 등 새로운 기준을 제시한 유형론을 제시하는 경우도 있다. 그리고 페미니스트의 경우, 탈상품화의 개념은 남성 중심의 계급적 시각에서는 타당성이 있을지 모르나 여성의 가사노동 문제와 대치되고 있다는 비판 등이 있다. 뒤에 생산레짐론에서도 에스핑-안데르센의 복지자본주의론은 비판하고 있다.

요측면(keynesion demand-side)에서 화폐 · 금융주의의 공급측면(monetary supply-side)으로 전환되는 계기가 되었다.[2] 이어 1990년대에 세계경제는 자본주의 저성장의 기조에서 벗어나기 위해 WTO 체제의 출범과 함께 세계화(globalization)라는 새로운 국면으로 접어들게 된다.

이와 같은 서구 자본주의 체제의 변화와 연계하여 미래의 자본주의 발전에 대한 논쟁은 크게 두 가지 이슈로 나누어지고 있다. 하나는 수렴론(convergency thesis)이다. 이는 신자유주의적 시각에 근거한 것으로서 복지국가 위기와 세계화 현상이 그동안 케인즈안 경제이론에 바탕을 둔 복지국가, 즉 국민국가의 역할을 현격하게 축소시킬 수밖에 없다는 것이다. 특히 세계화 현상은 상품 및 서비스 시장에서 기업 간의 경쟁을 증가시키고, 자본의 자유로운 이동은 생산비용과 투자이윤을 떨어뜨리는 각종 국가 규제와 개입, 그리고 복지제도의 위축을 불가피하게 만든다는 것이다. 정부는 투자기업과 자본의 기업신뢰(business confidence)를 확보하기 위해서 조세와 규제를 줄이고 노동시장을 더욱 유연하게 만들 수밖에 없다는 것이다. 소위 경제 및 노동시장 규제, 복지급여 및 소득과 기업에 대한 조세율이 "바닥으로의 경쟁(the race to the bottom)"으로 치닫게 되면서 앞으로의 자본주의 체제는 영미계통의 국가들과 같은 시장 중심의 자유주의 시장경제 체제로 수렴할 것이라는 논리이다(Cenry 1995 ; Kurzer 1993).[3]

---

[2] 이와 같은 1970년대 이후의 서구 자본주의 저성장 추세는 일반적인 패턴을 말하는 것이며, 개별 국가별로 그리고 복지국가의 유형에 따라 경제성과와 대응전략들이 다양했다고 보는 것이 더 정확한 표현일 것이다. 이러한 다양성이 이 글에서 본격적으로 제기하고자 하는 생산레짐론의 핵심이기도 하다.

[3] 또는 경쟁론(competition thesis) 또는 효율성 이론(efficiency thesis)이라 부른다(Garret 1998 ; Garret and Mittchell 2001).

다른 하나는 다양론(divergency thesis)이다. 이 시각은 복지국가 위기론이 지배적이었던 1980년대 이후부터 지금까지, 그리고 세계화 논쟁이 본격적으로 시작된 1990년대 이후에도 기존의 복지국가들이 대응하는 양식은 신자유주의 시각에서 제기한 수준까지 수렴하지 않고 있다는 것을 주장한다. 물론 자본주의의 지속성장의 한계와 세계화 현상으로 기존의 복지국가들의 복지지출은 전후 황금시대와 같이 급격하게 증가하지는 않지만 어느 정도 성숙된 수준에서 유지되고 있으며, 조세구조도 세계화 압력에 따라 법인세 등 공급부문이나 투자부문에는 인센티브를 제공하기 위하여 이전보다는 낮아지고 있지만 전반적인 조세부담률은 줄지 않고 있다는 것이다(Huber and Stephens 2000 ; Lindert 2005 ; Wilensky 2005 ; Ganghof 2000 ; Steinmo 2002).

더 나아가서 세계화 현상이 개별 국가들에게 미치는 과정에는 다양한 구조적·제도적 변수들의 상호 복합적인 상호작용으로 나타나기 때문에 세계화와 자본의 이동 또는 탈출(exit)이라는 공식은 획일적인 것이 아니라 지역에 따라, 또는 산업화의 수준이나 생산전략, 그리고 정치제도의 특징에 따라 개별 국가마다 다양하다는 것이다. 복지지출과 조세부담이 높은 선진 복지국가들 사이에서 여전히 고부가, 고기술을 필요로 하는 투자들이 빠져나가지 않는 이유는 바로 이들 고급인력과 인프라, 그리고 상품시장이 선진국에 있기 때문이며, 주로 투자가 저임금, 저규제지역으로 이동하는 것은 그 지역의 생산이 저기술, 저가격으로 경쟁하기 때문이라는 것이다. 이러한 다양론에 입각한 주장들은 그동안 신자유주의 시각에 근거한 세계화론자들의 수렴론을 비판하면서 경험적 연구결과들은 이들의 주장을 입증하지 못하고 있다고 주장한다(Garret and Mitchell 2001 ; Swank 1998 ; Mosely

2000 ; Steinmo 2002).

물론 세계화의 압력은 현 선진 복지국가들뿐만 아니라 전 세계 국가들에게 과거와 비교해 볼 때 많은 제약을 주고 있는 것은 사실이다. 그러나 신자유주의자들이 주장하는 것처럼 복지국가의 틀이 급격하게 축소·해체되는 것이 아니라, 여전히 새로운 환경에 대응하여 좀더 효율적인 방향으로 재편(restructuring)하고 있다는 것이 맞는 표현일 것이다. 이런 맥락에서 제숍(Jessop)은 복지국가가 해체되는 것이 아니라 거버넌스 양식이 기존의 수요 중심의 케인즈안 복지국가에서 공급 중심, 그리고 근로와 고용 중심의 복지국가로 전환하고 있다고 본다(Jessop 2000). 1990년대 이후의 복지재정 지출, 프로그램 개혁, 조세구조에 대한 많은 비교연구들은 세계화 시대에도 신자유주의자들이 주장하는 것처럼 정부의 활동이 쉽게 위축되지 않는다는 것을 보여주고 있다. 다양론에 입각한 세계화와 복지국가에 관한 많은 경험적 연구들은 오히려 세계화의 적절한 대응을 위해서는 국가는 이에 대응할 수 있는 유연하면서 새로운 역할을 해야 한다고 주장한다.

Ⅲ. 자본주의 다양성 논쟁: 주요 이론적 이슈와 쟁점

1. 자본주의 다양성 논쟁의 발전배경

복지국가 위기론은 지나친 이념적 공세이며, 실질적으로 복지국가는 신자유주의 시각에 기대한 만큼 축소 또는 해체되지 않는다는 많은 경험적 연구들이 다양론(divergency thesis)의 배경이다. 세계화와 복지국가와의 관계를 제로섬 관계로 파악하여 세계화 현상이 시장의 확대와 국가역할의 축소로 이어진다는 수렴론은 지나친 단순화와 과장이며, 세계화 현상에 대한 개별 국가의 대응은 국내의 제도적 특징에 따라 다양한 모습으로 나타난다는 것이다(Berger and Dore 1996; Crouch and Streek 1997; Hollingsworth, Schmitter, and streeck 1994; Hollingsworth and Boyer 1997; Kitschelt, Lange, Marks, Stephen 1999; Soskice 1999; Huber and Stephens 2000; Hall and Soskice 2001).

자본주의 다양론의 근거에는 국가적 자본주의 경제의 기초(the basis of national capitalist economies)로서 생산의 사회적 체제(social systems of production)의 개념에서 출발한다.[4] 이 시각에서는 신고전주의 경제학에서처럼 생산을 단순히 시장이라는 추상적 수준에서 자동기제로 이해하는 것이 아니라 시장과 생산과정도 그 사회에서 사회적으로 역

[4] 자본주의 다양성 이론은 신제도주의적 시각의 비교정치경제학자들이 네오 마르크스주의 시각의 조절이론(regulation theory)에서 제기되는 생산의 사회체제(social system of production)의 개념을 도입한 것이다(Hall and Soskice 2001).

사적·정치적·문화적 과정에서 형성된 제도수준에서 이루어지는 것으로서 이해하는 것이다. 따라서 생산의 사회적 체제란 생산관계라는 것이 단순히 시장의 영역에만 국한되는 것이 아니라 생산과 관련된 영역인 산업구조와 산업정책, 금융시장 구조와 금융정책, 노동시장 구조와 노사관계, 직업훈련 시스템과 노동시장정책, 기업의 지배구조와 기업 간의 상호관계, 그리고 생산과 관련되는 중앙은행의 역할과 거시경제정책 등을 포함하는 포괄적 개념을 의미한다.

이러한 생산과 시장의 제도주의적 인식은 숀필드(Shonfield 1969)의 전후 경제정책과 이후 1970년대의 조직화된 자본주의로서 신조합주의 연구(Goldthrope 1984; Schmitter and Lehmbruch 1979)에 기초하고 있다. 최근에는 경제학에서는 제도경제학(institutional economics), 그리고 정치학, 사회학 등에서의 정치경제적 시각에서는 신제도주의 방법론의 성장을 기반으로 자본주의 체제를 하나의 추상적인 수준에서의 구조로서 이해하는 것이 아니라 국가별로 정치, 사회, 문화 등의 다양한 제도가 생산관계와 연계·고착(embedded)되어 상호작용하는 제도의 집합·배열(institutional arrangement)로 이해한다. 그리고 한 국가의 생산체제는 사회조직의 특징과 문화, 그리고 정치제도와 정치지배연합(ruling coalition)과 상호작용하면서 다양한 경제적 성과(economic performance, 예를 들어 경제성장률, 실업률, 인플레이션, 수지균형, 소득분배 등등)를 보여준다는 것이다.

2. 생산레짐 이론의 특징

(1) 생산레짐의 주요 구성요소

신제도주의적 시각에 기초한 생산레짐의 이론은 몇 가지 대표적인 저술로 그 진화과정을 이해할 수 있다. 초기의 버거와 도어(Berger and Dore 1996)와 크라우치와 스트릭(Crouch and Streeck 1997)은 자본주의 체제의 인식에서 국가별로 생산에 관련된 제도적 차이를 인식하면서 수렴론에 비판을 가하기 시작한다. 그런 가운데 개별 국가들의 특정 산업 또는 개별 국가들의 생산관계의 제도적 특징과 정치적 연합 형성에 따른 경제적 성과의 다양성을 제시하고 있다.

그 다음 단계로서 홀링우드와 보이어(Hollingworth and Boyer 1997)와 컷쉘트, 랑게, 마크스, 스티븐슨(Kitschelt, Lange, Marks, and Stephens 1999)의 저서들은 생산레짐의 분석에서 다루는 이슈들이 다양해졌을 뿐만 아니라 좀더 구체적으로 다양한 조정 메커니즘과 수준별 조정의 특성, 기능들을 체계화하기 시작하였다. 더 나아가서 이들은 글로벌 경제체제 하에서의 제도변화와 지속성의 원인 등의 설명을 시도하고 있으며, 생산레짐의 유형들을 구체화시키는 유형론들을 제시하기 시작하였다. 아이버센, 폰투슨, 소스키스(Iversen, Pontusson, and Soskice 2000)의 저술은 분석수준을 중범위 또는 메조(mezo)수준으로 낮추어 좀더 구체화시킨다. 서구유럽의 경제체제를 사회시장경제체제(social market economies)로 일컬으면서, 독일과 스웨덴을 비롯한 북구유럽의 사민주의 국가들이 노사 간의 임금협상에 의한 임금억제의 보상을 중앙은행과 정부의 거시경제정책을 통해 실업률과 인플레이션 등을 조정하면서 어떻게 거시경제를 안정적으로 관리해 왔는가를 집중적으로 분석하였다.

아마도 현재까지의 자본주의 다양성(varieties of capitalism) 논쟁의 결정판은 홀과 소스키스(Hall and Soskice 2001)일 것이다. 이 저술은 자본주의 다양화 시각에서 미시적인 수준까지 분석의 수준을 끌어내려 좀더 구체적인 제도변화와 지속성의 인과관계, 그리고 경제적 성과와의 관계를 설명하기 시작한다.

지금까지 사회적 생산체제 또는 생산레짐과 관련된 구성요소가 무엇인가에 대해서는 학자마다 다양하다. 홀과 소스키스(Hall and Soskice)의 저술에서는 미시적 수준에서 생산레짐의 핵심 제도로서 기업(firm)을 중심으로 놓고 기업이 생산전략과 조정문제(coordination problem)를 해결하기 위한 5가지 전략적 영역을 제시한다.

첫째 영역이 노사관계(industrial relations)이다. 임금과 근로조건에 관한 노사 간, 그리고 노동조직과 다른 기업조직과의 협상을 통한 조정의 문제를 해결해야 한다는 것이다. 협상을 통한 비시장적 조정기제를 통해 임금, 생산성, 그리고 인플레이션과 실업률들이 결정되고, 이는 결과적으로 기업의 성공에 영향을 미친다. 노사관계와 노동시장 부문은 이미 신조합주의론의 등장과 함께 많은 연구가 있었다고 볼 수 있다.[5]

두 번째 영역은 숙련형성(skill formation)과 관련된 직업훈련과 교육(vocational training and education)이다. 기업은 자신의 생산기술에 적

---

5 이에 관한 많은 문헌들의 언급은 여기서 다루지 않는다.

합한 숙련노동자를 어떻게 확보하며 노동자는 자신의 숙련형성에 어느 정도 투자를 해야 할지를 결정해야 한다. 이러한 숙련형성의 수준과 비용부담의 문제는 노동자들의 임금수준, 고용안정, 그리고 개별 기업의 입장에서 안정된 숙련노동자의 확보를 통한 기업의 경쟁력뿐만 아니라 국가 전체의 산업구조와 노동시장의 특징 및 국가 경쟁력에 중요한 영향을 미친다. 이 부분이 바로 기존의 노동시장 중심적 시각과 노동조직과 좌파의 권력자원 동원이론에서 볼 수 없었던 중요한 새로운 영역이다. 제도 경제학 분야에서 인적 자원 개발론의 영향을 받아 생산레짐 이론 시각에서의 복지국가의 발전, 생산레짐의 유형화를 위한 핵심적인 영역이 된다.

세 번째 영역은 기업 지배구조(corporate governance)이다. 이는 기업의 투자자본의 성격과 투자자의 기업통제에 관한 문제이다. 자본시장에서 단기적 주주자본가 중심인가, 아니면 장기적 투자에 초점을 둔 금융자본 중심인가에 따라서 기업의 생산전략이 달라진다. 그리고 여기서 주목해야 할 논점은 기업 지배구조의 특징이 금융관계, 숙련형성, 고용관계, 복지제도의 특징으로 상호 연계된다는 것이다. 앞의 숙련이론과 더불어 기업 지배구조의 특징이 국가별 자본주의 체제의 중요한 구성요소가 된다는 것이다.

넷째 영역은 기업 간 관계(inter-firm relations)이다. 이는 기업 간의 협력과 경쟁, 그리고 기업과 연관된 원료공급자 고객 등과의 관계에서 안정된 수요를 확보하기 위한 조정과 연계된다. 더 나아가서 기업 간의 기술개발 및 전수, 제품의 표준화 등의 조정을 어떻게 하는가의 문제이다.

다섯째 영역은 기업 내의 근로자와의 관계(relations with employees)

이다. 기업 내에 근로자 간, 그리고 경영조직과의 정보공유, 근로동기 조정의 문제가 중요하며, 그 이유는 근로자들은 나름대로 경영에 도움을 주거나 저항할 수 있는 정보와 가치 등을 형성할 수 있는 능력을 가지고 있기 때문이라는 것이다.

마지막으로 홀과 소스키스(Hall and Soskice)는 미시적으로 기업 중심의 생산레짐 이론에서 직접적으로 다루지 않았지만 기존의 연구들에서는 거시경제 조정과 산업정책, 그리고 금융 시스템의 영역이 생산레짐의 중요한 요소로 지적되고 있다(Hollingsworth and Boyer 1997 ; Kitschelt, Lange, Marks, Stephen 1999 ; Huber and Stephens 2000).

(2) 조정 메커니즘과 경제적 성과와의 상관관계

다음으로 자본주의 다양성 이론에서의 독특한 이론적 특징으로 구체적으로 생산체제의 구성요소, 그리고 유형, 이들 간의 상호관계를 설명할 수 있는 중요한 개념들을 제시하고 있는 것을 들 수 있다.

첫째로, 조정의 문제(coordination problem)로서 주어진 제도적 환경 속에서 기업들의 생산에 관한 전략적 상호관계를 어떻게 조정하는가이다. 조정 메커니즘은 크게 두 가지 차원으로 나누어진다.

하나는 조정의 수준이다. 자본주의 다양성론에서 학자들은 세계화 현상에 따라 조정의 수준은 글로벌 수준에서부터 지역, 국가, 지방 또는 소규모의 커뮤니티 수준으로 다양하게 본다. 그러나 일국 자본주의 체제의 특성에서 자본주의 체제의 다양성을 설명하려고 하기 때문에 의미 있는 차이는 국가수준에 있는 것으로 파악한다. 국민경제는 사회적 제도, 규제와 거버넌스 양식의 다양한 조합으로 이루어져 있고, 법적 규제를 제공하는 기본 단위가 국민국가이기 때문에 다양한 형태의 조정양식은 국가단위의 법적 제도 안에 의존할 수밖에 없고, 그 틀 안에서 조정을 지원하는 제도들이 발전하게 된다는 것이다. 따라서 조정의 형태나 기업의 행태에서의 체계적인 차이가 그래도 국가수준에서 상대적으로 많이 나게 된다는 논리이다(Hall 1999).

다른 하나는 조정의 양식이다. 크게 시장(market)의 메커니즘에 대한 조정양식이냐 비시장적(non-market) 조정기제에 의한 조정양식이냐로 구별한다. 전자는 시장의 선호 또는 이윤의 신호에 따라 경쟁적인 조정이 이루어지는 것을 말하고, 후자는 정치적 협상과 합의 또는 조직적 계층화(hierarchies)와 권위 등 다양한 시장 메커니즘 이외의 조정양식을 의미한다. 이런 조정양식의 구별에 따라 한 국가 내의 수준에서 기업들의 지배적인 생산전략의 선택과 조정양식을 주로 시장적 기제에 의존하는 자유시장적 조정경제 체제(liberal market coordinated economies)와 상대적으로 비시장적 기제에 많이 의존하는 조정시장경제 체제(non-market coordinated market economies)로 대별한다. 그리고 조정시장경체 제체에서 조정이 이루어지는 영역과 수준에 따라 다시 하위유형으로 분류하고 있다. 중요한 것은 비시장적 조정의 기제에는 어떤 것들이 있으며 그 효과는 무엇인가, 그리고 개별 국가별로 다양한 조정양식이 어떻게 형성되어 왔는가를 설명하는 것이다.

둘째로 중요한 개념은 제도적 보완성(institutional complementarities)이다. 이는 한 제도의 존재, 그리고 효율성이 다른 제도에게도 수확체증(increasing return)을 가져다 준다는 것을 의미한다. 예를 들어 숙련형성(skill formation) 제도를 통해 기업의 생산성 향상과 경쟁력 제고가 노동자들의 임금과 복지 및 고용안정 등의 사회적 보호제도가 어떻게 서로 연계되어 보완관계가 있는지를 보여주고 있다. 또는 노동자들의 고용안정과 장기고용은 금융제도가 단기적인 이윤에 민감하지 않고 장기적인 투자전망에 의해 이루어질 때 더욱 가능하다는 것이다. 더 나아가서 생산레짐과 복지레짐은 상호 보완적인 관계에서 경제적 성과와 분배문제가 동시에 연계되어 있다는 것을 제시하고 있다. 이러한 제도적 보완성을 통해 제도 간의 상호 이익을 가져다 줌으로써 개별 국가 내에 역사적으로 특정한 제도적 특징을 갖는 자본주의 체제가 형성·발전한다는 것이다. 뒤에 논의하게 되는 자본주의 체제 유형은 이러한 제도적 보완성의 논리를 갖고 상호 공통적인 특징을 갖는 유형의 국가군으로 나누어 볼 수 있다는 것이다.

셋째로 중요한 개념은 비교제도 우위(comparative institutional advantage)이다. 이 개념은 특정 국가에서 특정 산업이 특화되는 이유와 세계화의 압력에도 불구하고 왜 국가들의 생산레짐의 특징이 신자유주의적으로 수렴하지 않는가를 설명할 때 도움을 준다. 한 국가의 독특한 생산체제는 기업들에게 특정 상품을 생산하는 데 제도적 이점을 가져다 준다는 것이다. 예컨대, 조정시장경제 체제의 대표격인 독일의 경우, 바덴뷔르텐(Baden-Württen) 지역에서는 낮은 사업위험성을 가지며, 고용안정적인 고숙련노동자를 요구하고, 기업 간의 긴밀한 관계를 요구하는 정밀기계공업이 발전할 수 있는 반면에, 자유시장경제 체제의 대표격인 미국의 경우, 실리콘 밸리(Silicon Valley) 지역에서는 신속한 기술혁신, 잦은 고용과 해고를 요구하는 사업위험도가 높은 벤처산업이 발전하게 되는 이유를 설명할 수 있다는 것이다.

따라서 전통적인 경제학에서의 경제성장은 주워진 기술수준에서 생산요소의 추가 투입으로 가능한 것으로 이해하는 반면에, 내생적 성장을 중요시하는 경우에는 경제성장의 중요한 요인으로서 개별 국가의 독특한 시장 및 비시장적 제도들의 특성이 중요하다는 것이다. 특히 최근에는 생산관계에서 비시장적 제도의 중요성을 점점 인식하기 시작한 것이다. 이는 개별 국가의 생산레짐의 제도적 특성에 따라 성장과 분배에서의 경제적 성과가 다르게 나타날 수 있다는 것을 의미한다.

이런 논리로서 자본주의 다양성 시각에서는 이념형으로서 독일을 대표적인 사례로 보는 조정된 시장경제체제와 미국과 영국을 대표적인 사례로 보는 자유시장경제 체제를 구별하면서, 이 두 체제는 서로 주어진 조정 메커니즘과 제도적 특징 하에 서로 다른 경제적 성과를 내고 있다는 것이다.

넷째, 이러한 제도 간의 상호 관계적 특징이 역사적으로 어떻게 형성되었으며, 세계화와 같은 환경적 압력과 또는 내부적인 요인에 의해 어떻게 변화하고 대응하고 있는가이다. 이에 대한 논리로서 신제도주의에서 핵심적 개념인 경로의존성(path dependence) 개념이 적용되고 있다. 경로의존성은 뒤에 방법론적 이슈에서 조금 더 자세히 다룬다.

마지막으로, 이러한 생산체제 논쟁의 진화과정에서 핵심은 결국 한 국가의 자본주의 체제의 발전과정에서 형성되는 조정양식의 특징이 정치・사회적 조직과 제도, 이들 간의 정치적 연합(ruling coalition) 관계 등 정치적 제도의 특성이 중요하게 매개가 되면서 생산과 분배가 조정되며, 관련된 제도들이 발전・유지가 이루진다는 데에 있다. 따라서 시장과 생산의 문제와 생산레짐 또는 복지레짐의 형성·발전과정에서 정치적 조정의 역할이 강조되며, 이러한 정치적 조정양식과 효과성의 차이는 선거제도와 정당정치, 그리고 정치적 레짐의 특성에 따라 다르게 된다.

아래의 <그림 1>은 지금까지 설명한 생산레짐의 이론과 복지체제와의 관계를 보여주는 개념도이다.

〈그림 1〉 생산레짐과 복지체제의 상호 연계모형

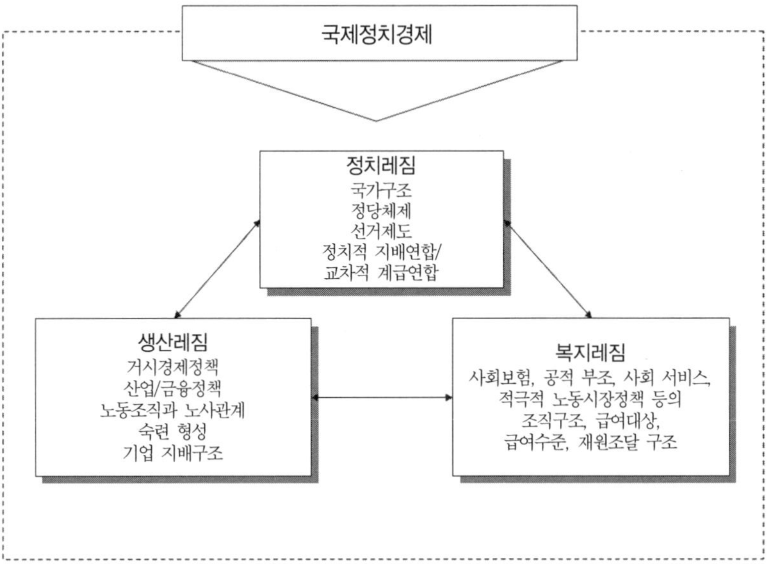

(3) 방법론적 이슈 : 신제도주의 시각들의 복합적 융합

생산레짐 이론과 자본주의 다양성 논의는 방법론적으로 신제도주의론의 발전과 이론적 정교화의 성과에 크게 도움을 받았다. 때문에 자본주의 체제의 제도적 다양성과 이에 상응하는 제도적 특징의 성장과 변화를 설명하기 위하여 신제도주의의 다양한 분파들 간에 서로 이론적・방법론적 각축장이 되고 있다.

신제도주의 시각은 크게 역사적 제도주의, 합리적 제도주의, 사회학적 제도주의의 세 가지 분파가 제도라는 개념을 가지고 서로 경쟁하면서 사회현상을 설명하고 있다. 역사적 제도주의는 제도의 형성과 변화과정에서 권력관계(power relation)에 기초하여 제도의 형성과 유지, 그리고 변화를 설명하려고 한다. 반면에 합리적 제도주의는 개인의 합리성에 기반한 집단적 행위의 전략적 선택에 초점을 둔다. 그리고 사회학적 제도주의는 사회적으로 공유되는 규범과 문화적 측면에 초점을 두어 제도의 형성과 변화를 설명한다. 신제도주의 발전의 초기에는 이 세 분파 간의 개념과 논리는 상호 경쟁적이었다. 그리고 각 분파들에 의해 개발된 개념들과 방법론적/이론적 시각들이 제도형성과 변화를 설명하는 데 각자 한계를 가지고 있었다. 어느 한 분파의 제도논리만을 가지고는 제도의 형성과 변화를 일관성 있게 설명하는 데 한계를 보여주었던 것이다. 그러나 최근의 신제도주의 논의들은 특정 제도현상을 설명하기 위해서 세 분파의 개념과 논리를 상호 적용하여 자신의 시각들을 보완해 가는 추세를 보여주고 있다.[6] 그럼에도 불구하고 아직까지는 이 세 분파의 논리가 서로 다른 가정과 개념에서 출발하여 상호 보완이 일관성 있게 설명하지 못하고 있는 것이 현실이다.

자본주의의 다양성 논쟁에서도 이러한 신제도주의의 문제점들이

---

6 신제도주의 설명에 대해서는 하연섭(2001) 참조.

그대로 반영되고 있음을 볼 수 있다. 초기의 거시적 수준에서의 생산레짐 이론의 발전은 대체로 역사적 제도주의 시각과 사회학적 제도주의 시각으로 연구자에 따라 생산레짐의 특정 영역이나 이슈를 가지고 분석하는 경향이 많았다. 자본과 노동의 조직화와 상호 권력관계에 초점을 두어 제도형성과 변화의 역사적 과정을 분석하거나, 특정 산업섹터의 생산체제 형성이 정당성을 위해 제도적 특징들이 서로 닮아가는 현상으로서 '제도적 동형화(Institutional isomorphism)' 현상에 초점을 두는 등 다양한 연구들이 시도되었다(Hollingsworth, Schimitter, and Streek 1994 ; Hollingsworth and Boyer 1997 ; Kitschelt, Lange, Marks, and Stephens 1999 ; Huber and Stephens 2000).

최근의 자본주의의 다양성 논의는 거시적 접근의 한계를 극복하기 위하여 거시경제적 성과의 차이를 미시적인 논리로 설명하려고 시도하고 있다(Hall and Soskice 2001). 그런 가운데 제도 경제학이나 합리주의적 제도주의에서 발전된 거래비용 이론(transaction-cost theory)이나 게임이론을 적용하여 거시적 결과를 미시적으로 행위자 중심적 제도분석(actor-centered institutional analysis)으로 설명을 시도하였다(Hall and Soskice 1994, 4).

예로서 직업훈련 제도와 숙련형성(vocational training system/skill formation) 체제가 조정시장경제 체제와 자유시장경제 체제에서 각각 다른 양식으로 발전하며, 고용안정과 노동자들의 소득보장 및 복지혜택과의 관계를 설명하기 위해 합리적 선택이론이 적용되었다(Crouch, Finegold, and Sako 1999 ; Estebez-Abe, Iversen, and Soskice 2001 ; Culpepper and Finegold 1999 ; Culpepper 2002). 또는 복지정책은 기업의 이익에 반하는 노동의 정치적 힘에 의해 발전된다는 기존의 이론을 비판하고 사회보험정책의 형성과정에서 고용주의 역할을 설명하기 위해 합리적 선택이론이 적용되었다(Mares 2001 ; Swenson 2001). 합리적 선택에 기초한 미시적 논리는 특정 시점에서 제도형성의 결과와 상호관계를 깔끔하게 분석하는 것이 가능하고, 이로 인해 어떤 정책적 개입이 필요한지를 잘 제시해 줄 수 있는 장점이 있다.

그러나 한 가지 논리로 제도형성과 제도변화의 전체를 일관성 있게 설명하기에는 아직도 한계가 있으며, 자신의 논리적 모순에 봉착하게 되는 경우가 많은 것이 사실이다. 예를 들어 고용주와 노동자 사이에 계급 간 연합(cross-class coalition)의 형성 여부는 양자의 거래비용 이론이나 게임이론 시각에 근거해 합리적 선택의 결과로서 설명할 수 있는 반면에, 충분조건으로는 계급조직의 능력(the associational capacities)과 당시의 생산체제에 달려 있을 뿐만 아니라, 양자의 권력관계에 의한 보완적 설명이 필요하다.

다른 예로서, 세계화의 압력에도 불구하고 비시장적 조정기제에 의존하는 조정시장경제 체제가 지속하는 이유를 설명하기 위해 합리적 제도주의 시각에 의존하면 조정시장경제 체제에서 비시장적 조정기제의 형성과 지속은 행위자 간의 신뢰(trust)형성과 유지가 매우 중요한 조건이 된다. 그러나 행위자 간의 신뢰형성은 게임이론적 논리에 의하면 쉽게 형성되기 어려울 뿐만 아니라 또한 쉽게 무너질 가능성이 높다. 그럼에도 불구하고 시장적 조정의 논리를 강요하는 세계화의 압력이 드세지고 있음에도 불구하고 조정시장경제 체제가 제도적 지속성을 가지는 요인을 설명하기는 쉽지 않은 것이다. 홀과 소스키스(Hall and Soskice)는 이에 대하여 역사적 제도주의에서 주장하는 권력관계의 논리로 보완을 제시하고 있다. 또는 사회학적 제도주의 시각에서는 제도의 변화와 형성과정에서 새로운 아이디어의 제기와 형성이 핵심 촉매제임을 강조한다.

따라서 여전히 신제도주의의 세 분파 간의 개념과 논리들의 상호 연계성이 해결되지 않은 상태에서 필요에 따라 상대방의 논리를 적용하여 설명을 시도하는 것은 아직 해결되어야 할 과제라고 볼 수 있다.

3. 생산레짐론 유형론

비교연구의 출발점은 많은 경우 하나의 이념형 또는 이념형을 기반으로 하는 유형론으로부터 시작한다. 생산레짐 이론의 기본 가정은 개별 국가별로 자본주의 체제가 주어진 조건에 따라 정치적 행위자들을 매개로 다양하게 발전한다는 데에서 출발하지만, 제도가 가지는 상호 보완성 및 비교우위를 비롯한 다양한 특성 때문에 경쟁력 있는 몇 개의 유형으로 발전한다는 것이다.

초기의 생산레짐의 유형화는 영미식의 비조정시장경제 모델(Anglo-American uncoordinated market economies)과 독일 및 일본 또는 스칸디나비아 국가들의 조정시장경제 모델(coordinated market economies)을 대비시켜 비교하면서 시작되었다. 이러한 초기 유형론은 소스키스(Soskice)에 의해 더욱 발전된다. 그는 먼저 서구유럽 국가들 중심의 조정시장경제 체제(coordinated market economies : CME)와 영미계통의 국가들을 중심으로 하는 자유주의 시장경제 체제(liberal market economies : LME)로 크게 구분한 후, 조정시장경제 체제를 조합주의가 발전된 유럽국가들의 산업별 조정시장경제 체제(sector-coordinated economies)와 일본과 한국을 중심으로 하는 집단별 조정시장경제 체제(group-coordinated economies)로 나누었다(Soskice 1999).

일부 학자들은 다시 소스키스(Soskice)에 의한 유럽의 조정된 시장경제 체제를 세분화하여 다시 세 가지 유형으로 나누었다. 스칸디나비아 국가들은 상대적으로 집권적인 조합주의 양식으로 생산을 조절하기 때문에 전국적 조정시장경제 체제(national coordinated market economies/labor corporatist)와 유럽대륙 국가들의 산업별 조정시장경제 체제(sector-coordinated economies/"Rhine capitalism"), 그리고 일본을 비롯한 동아시아의 산업구조나 기업 지배구조가 대기업(일본은 Keirez, 한국은 재벌) 중심의 생산체제가 형성되었기 때문에 집단별 조정시장경제 체제(group-coordinated Pacific market economies)로 지칭하면서 총 4가지 자본주의 모델을 제시하고 있다(Kitschelt, Lange, Marks, Stephen 1999). 다음의 <표 1>은 기본적으로 생산레짐을 두 가지 유형을 나누었을 경우의 기본적 특징을 비교한 표이다.

이러한 유형론은 이념형으로서 실제로 존재하는 다양한 생산레짐을 체계적으로 이해하는 데에 교시적(heuristic) 유용성을 갖는다 할 수 있다. 그러나 유형론에 대한 일반적인 비판은 레짐 분석에 있어서 현실을 이념형에 지나치기 끼워 맞추려는 성향이 있을 수 있거나, 개별 국가들의 제도적 특징에서 이념형인 유형과 맞지 않는 사례들이 많다는 것이다. 예컨대, 선택된 생산레짐 유형에서 현실적으로 모든 기업의 조직적 특징과 노사합의 구조들이 동질적으로 존재하지 않는다. 그렇다면 제시하는 특징을 가진 기업의 범주를 어디까지 할 것인가? 예컨대, 노사관계에 있어서 어느 수준과 범위까지의

〈표 1〉 자본주의의 두 유형의 특징비교 : 비조정시장경제 체제와 조정시장경제 체제

	비조정시장경제 체제 (Uncoordinated market economy)	조정시장경제 체제 (Coordinated market economy)
대표적인 예	미국, 영국	독일, 일본
금융 및 경제 거버넌스 (financial and economic governance)	단기자본/주식시장 주주 중심의 자본시장 (주주 이익을 존중) 제한적인 조정, 반독과점법	은행 중심의 장기투자자본 (patient capital) 부채 중심 자본조달 (이해당자자 이익을 존중) 강한 기업연합 조직 기업 간의 네트워크가 강함
생산 시스템 (production system)	저숙련생산 (low-skill production) 대량생산품(mass products) 수량적 유연화 (numeric flexibilization)	고숙련생산 (high skill production) 고질의 생산품 (high-quality products) 유연전문화 (flexible specialization)
노사관계 (management-labour relations)	분권화된 협상 (decentralized bargaining) 전투적 노사관계 (contentious workplace relations)	조정된 협상 (coordinated bargaining) 법제화된 노동대표제 (statutory worker representation)
훈련과 고용 (training and employment)	일반교육 중심 (general education) ; 짧은 고용기간, 높은 이직률 기업 간 이동이 높음	직업훈련 중심 (vocational training) ; 긴 고용기간, 낮은 이직률 기업 내 이동이 높음

Ebbinghaus and Manow, 2001, 6.

합의를 통한 조정이 이루어져야 특정 레짐유형에 속한다 할 수 있는지 경험적으로 판단하고 해석하기가 쉽지 않다. 그리고 유형론에 맞지 않는 국가들의 설명과 이들의 제도변화는 어떻게 설명할 것인가의 문제 등이 제기될 수 있다. 이념형에 의한 유형화 분석은 이념형

으로서 가지는 장점과 단점을 상호 인식하면서 그 유용성을 따져야 할 것이다. 몇 가지 사례에 맞지 않는다고 유형론을 전체를 부정하는 것은 유형론이 의도하는 이론적·경험적 연구에서 가질 수 있는 실용적 유용성을 인정조차 하지 않는 것이다. 따라서 유형론을 통해 구체적인 사례연구가 축적되면서 새로운 유형을 제시하거나 현 유형적 특징을 수정하는 노력이 필요하다.

Ⅳ. 자본주의 다양성 이론에 기초한 최근 복지국가 연구의 주요 이슈

1. 생산레짐과 복지레짐의 관계

지금까지 서구 선진 산업화 국가들을 중심으로 복지국가의 형성과 위기 또는 세계화의 압력에 대한 개별 복지국가들의 대응양식에 관한 연구가 꾸준히 있어왔다(Esping-Andersen 1996 and 1999, Huber and Stephens 2001). 이를 위해 에스핑-안데르센의 세 가지 유형이 선진 복지국가의 정치경제를 비교하는 중요한 수단이 되고 있다. 그의 복지레짐 유형분류는 복지제도의 특징이 노동세력의 정치적 힘과 노동시장에 영향을 주는 결과를 중심으로 유형화하였다(Esping-Andersen 1990).

생산레짐 이론은 기존의 복지국가 연구이론들을 근본적으로 부정하기보다는 기존의 이론들이 설명할 수 없었던 부분을 보완적으로 설명해 주는 데에 크게 기여하고 있다. 에빙하우스와 매노우(Ebbinghaus and Manow 2001)는 생산레짐 이론의 핵심 개념 중 하나인 제도적 보완성(institutional complementarities)과 정치적 메커니즘(정파성)의 매개를 통해 결과적으로 생산레짐과 에스핑-안데르센의 복지레짐 사이에는 '선택적 친화성(elective affinity)'이 있다는 것을 경험적으로 보여주고 있다고 주장한다(<표 2> 참조).

자유주의 시장경제 체제는 자유주의 복지레짐, 조정시장경제 체제는 조정의 수준과 양식에 따라 사민주의와 보수적 조합주의/기독교 민주주의/유럽대륙 복지국가로 연계될 수 있으며, 최근 동아시아 생산레짐과 복지체제의 상호관계에 관한 것이 중요한 연구과제가 되고 있다. 즉 생산레짐의 논리들은 에스핑-안데르센의 복지제도를 중심으로 한 유형론이 복지체제의 형성에서 생산영역과의 관계, 그리고 복지제도의 필요성과 형성과정에서의 기업의 이해관계와 역할을 경시하였던 점을 보완하여 복지체제의 형성·발전과정을 보다 체계적으로 이해할 수 있도록 해준다. 결과적으로 생산레짐 이론은 복지제도와의 상호관계 메커니즘을 제시해 줌으로써 현대 자본주의 체제가 복지자본주의(welfare capitalism)로 발전하게 되는 과정을 보다 총체적으로 이해할 수 있는 계기를 마련해 주었다는 데 큰 의의가 있다. 또한 생산레짐 이론 또는 자본주의 다양성 이론은 글로벌 경제구조 하에서도 신자유주의 시각이 주장하는 것과는 달리, 어떤 조정시장경제 체제인가에 따라 생산과 복지가 상호 보완관계에 있으며, 성장과 분배가 조화를 이룰 수 있는 자본주의 체제의 발전이 가능하다는 것을 시사하고 있다.

〈표 2〉 생산레짐과 복지체제의 상호관계

생산레짐	복지체제
비조정(uncoordinated)/ 자유주의 시장경제(liberal market economy)	자유주의 복지체제(Liberal welfare regime)
독일 사회경제 체제 (Germanic social market)/ 부분별 조정시장경제 (sector-coordinated market economies)	보수적 조합주의(Conservative Corporatist)/ 기독교 민주주의(Christian Democratic)/ 유럽대륙(Continental)/ 복지체제(welfare regime)
노르딕 신조합주의(Nordic neo-corporatist)/ 전국적 조정시장경제(national coordinated market economies)	사회민주주의 복지체제 (Social-democratic welfare regime)
동아시아 집단-조정시장경제 (East Asian group-coordinated market economies)	혼합적 복지체제(Hybrid welfare regime) 또는 발전주의적 복지체제(Developmental welfare regime)/논쟁중, 뒤에 연구과제로 제시됨

2. 'Politics against Market'에서 'Politics with Market': 복지정책의 형성에서 기업의 역할

앞에서 언급했듯이 생산레짐 이론의 가장 큰 기여는 자본주의의 핵심인 생산 시스템과 복지제도의 상호 연계를 이해할 수 있는 상호 연관관계에 대한 메커니즘을 설명해 준다는 것이다. 에스핑-안데르센의 복지자본주의 이론에서는 노동의 권력자원 동원과 계급연합에 의해 복지국가의 성장은 '자본주의의 제도화된 대항원칙(institutionalized counter principle of capitalism)' 또는 '시장에 대항하는 정치(politics against markets)'로 이해되었었다. 다시 말해서 노동세력의 정치적 권력의 동원을 통하여 시장을 통제 또는 자본주의를 교정한다는 의미로 사용되었고, 노동과 자본의 관계를 일종의 제로섬(zero-sum) 관계로 이해했다. 그러나 생산레짐 이론에서는 자본주의 생산체제에서의 복지제도가 상호 긍정적인 영향을 미치면서 발전한다는 사실을 과소평가했다고 주장한다. 복지국가의 성장이 자본과 노동의 대립관계에서만 발전한 것이 아니라, 역으로 상호 이익의 증대를 위해 교차적 계급연합(cross-class coalition)을 맺으면서 복지제도를 발전시켜 왔다는 사실들을 밝히고 있다(Swenson 2001 ; Mares 2001 and 2003 ; Iversen 2005). 즉 자본의 이해관계가 중요하다는 것이다. 이러한 주장이 권력자원론에서 제기하는 핵심인 복지국가의 발전에서 노동의 정치적 세력화의 중요성을 부정하는 것은 아니다. 앞의 <그림 1>에서 보여주었듯이 생산레짐과 복지레짐은 상호 보완관계를 가지면서 다양한 양식/유형으로 발전하는 것이며, 그 다양한 양식으로의 발전을 매개하는 중요한 정치적 요인으로서 정치적 당파성을 중요시한다. 개별 국가의 지배적인 정파적 특성에 따라 자유시장경제 체제 또는 조정시장경제로 다른 자본주의 발전의 길을 가며, 이에 따라 복지체제도 달라진다는 것이다. 즉 에스핑-안데르센의 복지국가 유형의 특징을 인정하면서, 다만 그 발전 메커니즘에서 노동의 세력화만에 초점을 둔 것을 비판하며 생산레짐과 기업의 역할을 강조하는 것이다.

아이버센(Iversen)은 일련의 연구를 통해 생산레짐론의 의미를 매우 분명하게 제시한다(Iversen and Wren 1998 ; Iversen, Pontusson, and Soskice 2000 ; Iversen 2005). 그는 노동의 권력증대에만 초점을 둔 전통적인 권력자원 이론은 높은 수준의 복지국가와 경제성장과의 관계를 설명해주지 못한다고 주장한다. 그리고 최근 글로벌 경제구조가 복지국가를 약화시킨다는 명제를 비판하면서도 복지지출을 실제로 증가시키는 것은 개방체제에 대한 보상의 논리(compensationist thesis)가 아니라 산업구조가 서비스 경제체제(service economy)로 전환하기 때문이라고 주장한다. 그런 가운데 각 생산/복지레짐들은 소득 재분배를 통한 평등주의, 복지예산의 증대, 고용증대라는 세 가지 조건을 모두 만족시킬 수 없기 때문에 이 중 두 개의 조합을 선택해야 하는 삼각 딜레마(triple dilemma)에 직면하고 있다고 주장한다(Iversen and Wren 1998 ; Iversen 2005). 더 나아가서 많은 사민주의 또는 조합주의 국가들이 글로벌 경제가 심화됨에도 불구하고 노동의 조직력과 세력이 점점 약화되고 있다. 그럼에도 불구하고 왜 복지국가는 쇠퇴하지 않는가? 즉 왜 자본의 이동이 자유로운 글로벌 시대가 되어도 높은 수준의 복지국가는 복지지출, 조세, 노동규제에서 바닥으로의 질주(the race to the bottom)가 이루어지지 않는가? 왜 복지부담이 큰 국가들의 기업들이 여전히 높은 수준의 복지를 수용하는가? 고복지국가에서도 여전히 기업이 투자를 하며, 생산에서 경쟁력과 수익성을 창출하는가? 기업 중심으로 복지제도의 발전을 보는 생산레짐적 시각은 기존의 노동의 권력자원 동원이나 노동시장 중심만으로는 설명이 안 되는 현상들에 대한 대답을 서비스 경제체제의 삼각 딜레마(triple dilemma), 생산레짐의 숙련이론, 정파성의 논리로 시도하고 있다(Iversen 2005).

3. 복지국가 형성과 재편과정의 새로운 가설들: 숙련(skill), 인적 자본(human capital), 복지국가

앞에서 제시되었듯이 자본주의 다양성 이론이 다른 기존의 복지국가 이론과 차별되는 분야는 바로 복지국가의 형성과 국가 간의 차이를 설명할 수 있는 중요한 핵심 변수는 기업의 생산시장전략(production market strategies)과 연관된 숙련(skills)의 종류와 수준의 차이에 있다고 본다(Soskice 1999; Esteves-Abe, Iversen, Soskice 2002; Iversen 2005; Culpepper 2002). 예컨대, 독일과 같이 다양화된 질적 생산(diversified quality production)전략을 추구하는 경우에는 높은 수준의 기업특수적(firm specific) 또는 산업특수적(industry specific) 숙련을 요구한다. 노동자의 입장에서는 높은 수준의 기업특수적 숙련에 투자하기 위해서는 고용안정과 높은 수준의 실질임금이 필요하고, 기업의 입장에서도 이들을 노동시장에서 쉽게 대체할 수 없기 때문에 지속적인 경력관리를 통해 숙련된 노동자들을 확보해야 한다는 것이다. 반면에 노동시장에서 쉽게 대체할 수 있는 일반 숙련(general)수준의 저숙련 노동을 필요로 하는 저가 생산전략을 취하는 기업에서는 숙련형성을 위해 기업이 직업훈련에 투자할 필요가 없으며, 노동자들의 입장에서도 기업특수적 숙련형성을 위한 투자를 할 인센티브가 생기지 않는다는 것이다.

이러한 논리를 통해 한 국가에서 주력기업들이 발전시킨 숙련의 종류와 수준은 노동시장을 매개로 높은 고용안정, 높은 수준의 복지를 지향하는 생산레짐(조정시장경제 체제)으로 발전하거나 아니면 불안정 노동시장과 저임금을 지향하는 생산레짐(자유주의 시장경제 체제)으로 발전하게 되고, 이에 상응하는 복지레짐이 발전하게 된다는 것이다. 이에 따라 국가별로 생산전략과 국가 복지의 수준과 분배적 특성이 달라진다는 것이다.

이렇게 숙련형성의 기제적 특징에 따라 노동시장이나 고용관계, 그리고 복지제도에서 사회적 보호들이 핵심이 되어 서로 다르게 형성된 생산레짐/복지레짐들이 최근에 글로벌 경제화, 서비스 경제로의 전이 등의 과정에서 경로의존성을 가지며 대응하는 양식도 다르다는 것이다. 이러한 숙련과 연관된 새로운 가설들은 기존의 복지국가 이론에서 대답할 수 없었거나 불충분했던 많은 문제들에 대한 대답을 시도하고 있으며, 이에 대한 경험적 연구들이 최근 쏟아져 나오고 있다.

4. 복지국가 재편과정을 통한 제도의 형성과 변화

방법론적인 측면에서 자본주의 체제가 다양성을 유지하는 설명기제로 제도형성과 제도변화 과정에서 나타나는 경로의존성(path-dependence)의 개념을 사용하고 있다. 대표적인 예로 피어슨(Pierson)은 1980년대에 대처주의와 레이건 노믹스로 대표되었던 신보수주의 세력의 복지축소(welfare retrenchment)의 노력에도 불구하고 실질적으로 복지제도나 지출이 줄어들지 않는 이유를 정책의 피드백 현상(policy feedback)의 개념을 사용하여 복지제도의 형성과 축소의 논리는 서로 다른 정치과정을 요구하는 것으로 이해하였다(Pierson 1994 and 1996).

그리고 이러한 메커니즘을 설명하기 위해 경로의존성이 나타나는 다양한 양식을 제시한다(Pierson 2000). 그러나 최근의 많은 복지개혁의 논쟁은 복지축소(welfare retrenchment)와 불가역성(welfare irreversible) 논쟁보다는 복지제도의 재구조화 또는 재편(restructuration)의 개념으로 초점이 맞추어진다.

앞에서 논의했듯이 최근에 많은 서구 복지국가들은 글로벌 경제구조, 산업구조와 노동시장 구조의 변동에 따라 복지제도를 재구조화하고 있는 것이다. 이것은 단순히 경로의존성에 의한 제도의 지속성만을 의미하는 것이 아니라, 새로운 환경에 적응 또는 대응하는 새로운 경로의 형성(path-shaping)을 의미할 수 있으며, 장기적으로는 복지제도가 이전과는 다른 형태와 작동양식으로 발전할 수 있다는 것을 의미한다.

이런 맥락에서 경로의존성의 개념은 제도의 오랜 지속 가능성(durability)과 변화(change)를 설명하고자 하는 다양한 분야에서 신제도주의 시각을 가진 사회과학자들 사이에서 핵심적인 개념으로 인식되면서 다시 논쟁의 불씨를 지핀다. 신제도주의 시각에서 경로의존성의 개념은 여러 가지 사회현상에 대하여 설명을 시도하지만, 복지국가가 왜 특정한 유형에 따라 형성되어 왔으며, 최근의 위기와 세계화의 압력에도 불구하고 복지레짐의 유형에 따라 대응해 온 것을 설명하는 데 크게 기여하고 있는 것이다(Esping-Andersen 1996 ; Huber and Stephens 2001 ; Pierson 2001 ; Iversen 2005).

경로의존성의 개념화와 제도변화에 대한 설명을 하는 데 있어서 신제도주의 세 분파 간의 차이점은 제도형성과 변화에 대한 많은 경험적 연구를 통하여 서로 많은 학습효과를 거두면서 자신들의 약점들을 다른 관점으로부터 수용 · 적용하기 시작한다는 것이다. 그 결과로 지금은 세 분파 간의 이론적 간격이 많이 줄어들고 있다. 이제는 많은 비교연구들이 분파 간의 경계를 뛰어넘어 포괄적으로 적용시키고 있는 현상을 볼 수 있다(Campbell and Pedersen 2001 ; Mahoney and Rueschemeyer 2003).

특히 피어슨(Pierson)은 제도가 지속성을 유지하는 메커니즘을 경로의존성이라는 개념으로 수확체증(increasing return) 또는 긍정적 피드백(positive feedback) 메커니즘으로 설명하려 하고 있다. 하나의 제도 또는 경로가 형성되면 여기에 관련된 행위자들이 결속(locked in)되고, 긍정적인 피드백(positive feedback)이 일어나게 되면 제도화가 되고 경로의존성을 갖게 된다는 것이다(Pierson 2000). 그러나 단순히 기능적인 시각에서의 경로의존성을 이해할 때, 제도의 형성과 변화에 근본적으로 내재하고 있는 권력관계와 갈등에 따른 제도의 지속과 변화를 설명할 수 없다(Thelen 1999). 특히 복지제도의 형성과 개혁은 분배 이슈를 다루는 것이고, 여기에서는 관련된 행위자들 간의 이해관계와 갈등, 즉 권력관계가 핵심이 되는 것이다.

또한 제도의 변화가 일어나는 메커니즘을 설명하기 위하여 외적 충격을 강조하는 시각과 제도가 갖고 있는 내적 특징을 중심으로 보려는 시각이 있다. 초기의 역사적 제도주의에서는 '중대한 전환점(critical junctures)' 또는 '단절된 균형(puntuated equilibrium)' 등의 개념을 사용해 외부적 충격에 의해 기존의 균형이 단절적으로 변화하거나 아니면 내부적 모순으로 급격한 변화를 강조한 반면에, 클레멘스와 쿡(Clemens and Cook)은 제도가 가지고 있는 특징으로서 제도의 변이성(mutability), 내적 모순성(internal contracdictions), 다원성(multiplicity)을 제시한다. 제도의 종류와 특성에 따라 어떤 제도는 쉽게 변하거나 적응하고, 일단 형성된 제도는 내적으로 모순성을 가지고 있으며, 다양한 제도들 간의 상호작용은 상호 갈등과 불일치성을 가질 수 있다는 내적인 요소들을 강조하기도 한다. 그리고 이러한 제도의 특성은 기존의 제도들에서 어떤 자원을 가지고 제약, 확산 또는 상호 매개되느냐에 따라 다르다(Clemens and Cook 1999).

제도변화를 설명하는 데 있어서 방법론적 차원에서의 아킬레스건은 일찍이 구조주의 시각에서도 제기되었던 구조/제도와 행위자 간의 상호관계를 어떻게 이해하는가에 있다. 구조/제도와 행위자는 상호 분리된 별개의 것(dualism)이 아니라 서로를 전제로 하여 존재하는 것이라는 인식이다(Giddens 1976). 즉 제도는 그 자체가 스스로 형성되고 변화하며 인간의 행위에 제약을 하는 것이 아니다. 제도의 형성과 변화는 항상 인간행위가 매개가 되는 동시에 인간의 행위를 제약한다. 이런 맥락에서 제도변화의 중요한 변수 메커니즘은 행위자의 아이디어와 전략적 선택이라는 주장이 최근 설득력을 얻고 있다(Schapf 2000 ; Blyth 2002 ; Thelen 1999).[7] 인간이 사고하고 반성하는 존재로서 주어진 상황에 따라 전략적 선택이 가능하다는 것이다. 정부의 정책 그리고 사회세력의 집단행동은 주어진 제도적 제약 하에서 변화를 위한 아이디어의 창출과 전략적 선택에 따라 새로운 경로를 창출할 수 있는 것이다. 주요 행위자들의 아이디어와 개혁담론의 형성은 주어진 제약 속에서 새로운 경로를 만들어내는 중요한 매개수

---

7 제도변화를 설명하는 데 있어서 아이디어와 전략적 선택의 수준과 범위, 그리고 어떻게 해서 새로운 대안과 전략적 선택에 대한 아이디어가 나오게 되는가에는 또 다시 세 분파 간의 논쟁이 따른다.

단이다. 서구 선진 복지국가들의 경우, 이 과정에서 합리적 선택 제도주의에서 발전된 행위자 중심의 전략적 선택이 중요한 것이다. 이때 중요한 것이 제도의 정치적 속성이다. 정치는 목적 및 이익(interests)에 대한 행위자들 간의 갈등, 이에 상응하는 권력관계에 있어서 불균형으로 특징지워지며, 제도는 이러한 관계를 지속 또는 변화시키는 매개체인 것이다.

상대적으로 복지국가의 발전과 개혁을 설명하는 데 역사적 제도주의가 갖는 장점은 제도의 형성과 변화를 역사적으로 다른 시간과 공간 속에서 주요 집단행위자들의 권력관계의 변화의 측면에서 이해하려고 하며, 일반화를 추구하려는 변수 중심의 접근보다는 역사적 시간과 공간 속에서 다양한 제도(정치, 경제, 사회)들과 행위자들 간에 상호작용의 연속성(sequences)이 어떤 제도적 결과를 만들어내는지를 분석하는 구성주의적 접근(configurational approach)을 강조한다는 것이다(Katznelson 1997). 아이켄베리(Ikenberry)는 역사적 제도주의 시각에서 경로의존성과 제도변화를 설명하는 데 있어서 핵심적인 개념으로서 "중요한 전환점(critical junctures)"와 "발전적 경로(developmental pathway)"를 제시하였다(Ikenberry 1988). 역사적으로 중요한 전환점에 한 제도의 기본틀이 형성되면 이것은 지속적으로 자신을 강화시키는 발전적 과정을 밟는다는 것이다. 그러나 카츠넬슨(Katznelson)이 주장하였듯이 이러한 발전적 경로 형성은 기능주의 시각에서 보는 것이 아니라, 제도의 형성과 관련된 행위자들의 끊임없는 정치적 투쟁의 산물이라는 것이다.

따라서 제도의 안정성과 변화는 이를 제도가 만들어내는 권력관계의 불균형에 의한 행위자들 간의 지속적인 정치적 투쟁의 결과이며, 중요한 전환점에서 형성된 제도가 계속해서 지속성을 갖는 메커니즘은 무엇이며, 이 메커니즘이 역사적 시간 속에서 다른 제도와 행위자들과 상호작용하면서 어떤 불균형과 갈등을 낳는지를 분석하여 제도변화를 다시 설명할 수 있다는 것이다.

따라서 실제로 제도의 형성 · 지속 · 변화라는 사이클을 설명하는 데 있어서 중요한 것은 기능적인 차원이나 기술적인 차원에서 수확체증(increasing return), 수확체감(increasing return), 또는 피드백 효과(feedback effects) 개념 그 자체보다는 개개의 사례에서 생성된 제도를 재생산시키는 경로의존성의 구체적인 메커니즘이 무엇이고, 이것의 균형이 깨짐으로써 어떻게 기존의 경로의존성 속에서 새로운 경로를 만들어내는 요인이 무엇인가를 분석하는 것이 더욱 중요한 것이다.

V. 한국 복지국가 연구에서의 유용성과 연구과제

지금까지 살펴본 바와 같이 신제도주의적 방법론에 기초하여 다양한 제도 간 상호관계의 설명을 요구하는 자본주의 다양성의 시각은 새로운 시각에서 복지제도의 형성과 기능, 그리고 변화를 설명하고자 하는 중요한 분석틀을 제공하고 있다. 이를 기초로 한 자본주의 다양성 이론은 한국 정치학계에서 미개척 분야인 한국 복지국가 형성 연구와 관련된 정책분야 연구에 무궁무진한 연구주제와 이론적 이슈들을 제공한다고 볼 수 있다.[8]

첫째로, 생산레짐의 이론적 틀은 복지와 관련된 다양한 정책 간의 상호작용을 이해하는 것을 가능하게 한다. 예컨대, 생산레짐 이론은 복지정책과 한 국가의 산업전략 또는 기업의 생산전략은 상호 밀접히 연계되어 있다는 것을 보여준다. 기존의 복지국가 이론에서의 지배적인 시각은 복지제도는 노동의 세력화, 또는 시장의 영향력을 배제하는 노동의 탈상품화(decommodification) 수준과 관계에 있다는 것에 주로 초점을 두었다. 그러나 생산레짐 시각은 생산과 복지제도가 상호 어떻게 조정역할을 하면서 연계되어 있는가에 따라 상호 보완관계에 있을 수 있다는 것을 보여주고 있다.

특히 한국 복지제도의 발전과정은 서구와 같이 노동세력의 정치적 권력의 강화 시각으로만 설명하는 데 한계가 있다(양재진 2004). 한국은 국가 주도의 후발 산업화 과정에서 국가와 자본의 지배연합, 발전국가의 경제성장전략과 이에 상응하는 과정에서 복지제도가 발전하였던 점을 주시하면, 생산레짐의 이론적 틀이 노동에만 초점을 둔 권력자원 이론보다는 훨씬 더 유용할 수 있는 것이다.

둘째로, 한국에서 많은 복지정책에 대한 연구들의 대부분은 정치학계 밖에서 이루어졌으며, 그 대부분은 제도의 기능적 문제에 초점을 둔 탈정치적인 인식에서 이루어졌다. 그러나 자본주의 다양성 이론에서는 경제정책, 노동시장정책, 복지정책, 직업훈련정책 등의 생산과 복지에 관련된 정책들의 형성과 개혁과정은 어떤 정치적 제도와 지배연합이 형성되는가에 따라 다양한 효과와 기능을 수행하다는

8 최근 한국복지국가연구회에서는 생산레짐 이론에 근거하여 서구, 아시아, 남미의 주요국가들의 복지체제의 형성과 변화과정에 대한 연구가 진행중이다. 이 연구들이 완결되면 이 분야에 크게 기여할 것으로 기대된다.

것을 보여준다. 따라서 일견 비정치적으로 보이는 정책영역도 정책과 관련된 행위자들의 이해관계가 어떻게 정치적으로 합의 · 조정하는가에 따라서 다양한 해결이 가능할 수 있다는 것이다.

셋째로, 다양한 신제도주의적 방법론을 응용하여 생산을 구성하는 다양한 제도의 형성과 변화, 그리고 제도 간 관계를 거시적 설명에서부터 중범위적, 그리고 미시적 설명으로 연계하려는 시도가 이루어지면서 제도변화와 제도설계를 위해 전략적 개입이 가능하다는 것을 보여준다. 그러나 다른 한편으로는, 제도가 가지고 있는 본질적 특성, 즉 경로의존성과 지속성들은 정책을 통한 의도적인 제도변화, 즉 개혁의 어려움을 잘 보여주고 있다. 그리고 제도적 상호 보완성 때문에 한 정책은 다른 정책과 긴밀하게 연계되어 있다는 것도 시사해 준다. 따라서 정책/개혁의 성공은 단순히 한 가지 정책수단에 의한 단인론적 처방으로만 가능한 것이 아니라, 관련된 제도들의 동시적인 변화도 요구하기 때문에 관련된 정책과의 지속적인 조정과 조율, 그리고 제도개혁/변화의 지속성을 매개해 주고 견인해 줄 수 있는 정치적 지지와 변화가 동시에 수반되어야 한다는 것을 보여준다.

이와 같은 자본주의 다양성의 시각은 최근 급격한 정치 · 경제 · 사회적 제도변화를 겪고 있는 한국 자본주의 체제의 이해와 관련된 개혁정책에 중요한 시사점들을 제공한다고 볼 수 있다.

(1) 한국 자본주의 체제의 분석과 복지제도의 연계 : 한국 자본주의 대안 모색

그동안 정치학계에서는 한국의 산업화 과정에 대한 정치경제학적 시각에서의 연구들은 꾸준히 있어왔다. 특히 동아시아 발전주의 국가 시각에서 국가의 역할과 산업정책의 역할에 대한 연구들은 서구 학계에서도 중요한 연구과제였다. 그러나 이들 연구들은 경제정책과 산업정책적 측면에서만 국가의 역할과 산업화 과정을 분석하였다.

1997년 IMF 경제위기 이후 한국은 IMF의 권고에 따라 과거의 권위주의적 발전국가의 유산을 청산하고 신자유주의적 시장경제 체제로의 경제 구조조정을 하고 있다. 그런 가운데 한국 자본주의의 미래 진로에 대한 대안적 논쟁이 진행중에 있다. 그러나 그 대안논쟁은 이념적이거나 추상적인 정책수준에서 진행되는 경우가 많다.

과연 한국의 발전주의 국가 또는 발전주의 생산체제의 특징은 무엇이었으며, 그 변화는 언제 어떻게 일어나고 있는 것인지, 그리고 어느 방향으로 진행되고 있는지에 대한 면밀한 분석이 필요하다. 그리고 이를 통하여 우리 복지제도의 형성과정의 특징과 개혁방향에 대한 연구도 필요하다.[9]

신제도주의 방법론에 기초한 생산레짐 이론은 한국의 경제개혁에 상응하여 관련된 다양한 제도개혁의 필요성을 제시하고 있다. 개혁정책이란 제도변화와 의도된 제도설계를 의미한다. 제도 간은 서로 긴밀하게 연계되어 있으며, 제도의 경로의존성에 의한 지속성 때문

---

9 최근에 사회복지학계에서는 김대중 정부의 '생산적 복지'개혁을 기점으로 한국 복지제도의 성격논쟁이 이루어지고 있다. 초기의 논쟁은 에스핑-안데르센의 유형론을 중심으로 기존의 한국 복지제도의 특징이 무엇이며, 김대중 정부의 복지개혁의 성격이 어떤 방향인지를 가늠해 보고자 하는 노력이나 그 논쟁의 수준은 에스핑-안데르센의 유형론에서 제도들의 형식적인 차별성에 근거한 성격규정 수준에 머물러 있고, 좀더 인과관계적으로, 그리고 정책영역별로 깊이 있는 수준의 연구가 필요하다. 이에 대한 후속 연구로서 2편이 나올 예정이다(김연명 2002, 정무권 2002 참조).

에 일방적이며 일시적인 정부 주도의 개혁은 성공하기 어렵다는 것을 보여준다. 더욱이 민주주의 사회에서의 제도개혁은 이를 지지하는 정치연합의 형성과 제도 간에 보완관계가 형성될 수 있도록 이에 필요한 긴밀한 조정, 연계체제와 다양한 수준에서 복합적인 제도설계가 필요하다는 것을 보여주고 있다.

한국의 생산체제의 변화는 그동안 권위주의적 발전주의에서 나왔던 내생적인 모순과 함께 세계화의 압력과 IMF 경제위기 이후의 구조조정으로 급격한 제도변화를 겪고 있는 중이다. 그런 가운데에서도 한국의 생산체제 변화 뒤에는 정치적인 민주주의의 발전과 새로운 지배연합의 형성이 크게 작용하고 있음을 인식해야 한다. 따라서 최근의 사회변화는 신제도주의에서 의미하는 구제도의 해체와 새로운 제도의 형성이 이루어지는 중요한 전환점(critical conjuncture)에 있는 것일 수도 있다.[10] 그러나 제도의 경로의존성은 변화의 수준과 질을 가늠해 주는 중요한 개념이 될 것이다. 그리고 한 시점의 제도변화는 다음 시점의 변화에 영향을 준다는 논리는 제도설계와 개혁의 신중을 요구한다고 볼 수 있다.

---

10 그런 가운데 한국의 생산체제의 변화양식은 새로운 정치적 지배연합의 형성, 공공담론의 수준, 아이디어의 제기 등에 따라 여러 가지 가능성이 존재할 것이다. 한국의 자본주의가 외부적 영향력과 내부적으로 보수주의적 지배연합의 형성에 따라 신자유주의적으로 전환하고 있는지, 또는 사민주의적 지배연합의 형성을 통해 나름대로 서구 유럽국가들이 분배와 조화를 이루면서 경쟁력 유지와 분배를 조화시킬 수 있었던 산업별 조정시장경제 체제로 전환할 것인지, 아니면 과거의 제도적 유산에 따라 일본식의 자본주의로 갈 것인지 다양한 진로의 갈림길에 있는 것이다. 물론 경로의존성에 의해 아직도 우리의 정치경제제도는 과거의 유산을 많이 안고 있는 가운데 대응·적응하며 변화하고 있는 것이다.

(2) 한국을 중심으로 한 동아시아 복지제도의 비교연구

자본주의 다양성 이론은 중범위수준에서 보다 포괄적으로 한국의 자본주의 체제의 특성을 이해할 수 있는 분석틀을 제공하고 있다. 최근 생산레짐의 시각에 근거하여 동아시아 맥락에서의 일본의 자본주의 체제 분석이 꾸준히 이루어지고 있다. 스트릭과 야마무라(Streeck and Yamamura 2001 ; 2003)는 영미계통의 국가를 자유자본주의(liberal capialism)로, 독일과 일본을 비자유자본주의(non-liberal capitalism)로 부르면서 독일과 일본의 생산레짐의 형성과 변화과정을 다양한 영역에서 역사적으로 초기 형성과정과 최근의 세계화의 압력에 대한 대응 시기로 나누어 면밀히 분석한다.

그리고 다른 그룹에서도 일본의 자본주의 특성은 대기업 중심의 조정시장경제 체제(group-based coordinated market economy)로서 대기업과 보수주의 연합이 헤게모니를 잡는 가운데 국가의 금융 및 R&D, 그리고 기업 특수적 숙련형성(firm-specific skill formation), 그리고 기업복지 중심으로 발전함으로써 일본 생산체제의 비교우위를 가지고 있다고 설명한다(Manow 2001a and b ; Pempel 2002 ; Shinkawa and Pempel 1996 ; Estevez-Abe, Iversen, and Soskice 2001). 이들의 분류에 의하면 한국도 일본과 유사한 집단 중심 조정시장경제 체제로 분류하고 있다. 그러나 한국에 대한 구체적인 연구결과는 없다. 한국 학계에서도 마찬가지이다. 이러한 연구들은 일본과 유사한 발전맥락을 갖고 있는 한국을 비자유주의적 자본주의 또는 그룹 중심의 조정시장경제 체제의 맥락에서 그 특성을 연구하는 데 중요한 시사점을 줄 것이다. 최근에 정무권(2001 ; 2004), 양재진(2004), 신동면(2004), 장하준(2002) 등 일부 연구자들에 의하여 생산레짐에 입각한 한국의 자본주의 체제의 특성과 다양한 정책들을 분석하려는 시도가 보인다.

최근 복지국가 연구자들 사이에서 서구의 복지체제 유형과 별도로 독특한 발전논리와 기능을 수행한다는 가정 하에 동아시아 복지체제 유형론의 연구가 새로 활발하게 진행되고 있다(Goodman, Rogers, and Kwon 1998 ; Gough 2000 ; Holliday 2000 ; Leu 2002 ; 정무권 2004 ; chung 2006). 동아시아 국가들이 후발 산업화 국가로서 산업화에 성공함으로써 점차적으로 복지제도가 발전하고 있을 뿐만 아니라, 서구 복지체제와 다른 제도적 특징과 성격이 관찰되고 있기 때문이다. 더욱이 동아시아 국가들이 외환위기를 겪으면서 글로벌 경제구조에 갑작스럽게 노출된 동아시아 국가들은 짧은 시간으로의 산업화를 성공시켰음과 동시에 복지제도가 성숙하기도 전에 세계화 압력과 민주주의 발전이라는 독특한 환경을 경험하면서 이들의 복지제도의 발전양식에 대한 관심이 증대하고 있는 것이다.

(3) 생산과 분배의 조화를 위한 복지개혁 과제

한 국가의 생산레짐과 복지제도가 제도적으로 긴밀한 연관관계가 있고 국가경쟁력과 복지를 조화시킬 수 있는 제도적 조합이 있다면, 우리의 복지개혁의 대안적인 방향으로서 한국의 생산체제에 대한 이해와 개혁방향을 함께 논의하면서 진행하는 것이 가능하다. 한국의 생산 시스템과 복지제도가 역사적으로 어떻게 형성되어 왔고 그 특징에 대한 연구는 아직 일천한 수준이나 최근에 이에 대한 학문적 관심이 급속히 증대하고 있다(정무권 1996, 2001, 2004 ; Chung 2002 and 2006 ; 양재진 2004). 따라서 복지정책의 분석과 개혁의 설계에서도 단순한 제도의 확산과 임시적인 문제의 해결보다는 생산체제와 복지제도가 상호 조화를 이룰 수 있는 제도적 대안들을 도출해낼 수 있을 것이다.

Ⅳ. 결론 : 미래 연구과제

최근의 신제도주의적 방법론에 기반한 생산레짐 이론과 자본주의 다양성은 세계화의 압력에 대응하여 경제, 복지, 노동, 산업 등 다양한 정치경제 분야에 새로운 시각과 연구과제를 제시하고 있음을 살펴보았다. 그럼에도 불구하고 여전히 신제도주의가 갖고 있는 방법론적 모순과 한계는 과거에 비하여 많이 해소되었지만 여전히 남아 있으며, 또한 생산레짐 이론 또는 자본주의 다양성 이론이 갖는 분석틀의 한계와 문제점들이 많이 남아 있다.

결론적으로 앞으로 신제도주의 방법론에 입각한 생산레짐 이론과 자본주의 다양성의 시각이 극복해야 할 연구과제들을 제시해 본다.

첫째로, 아직도 생산레짐 이론은 레짐 변수와 경제적 성과 간의 경험적 연구가 부족하다. 다양한 정책영역에서의 깊이 있는 비교사례 연구와 더불어 생산레짐과 경제성과 간을 경험적으로 증명할 수 있는 측정 가능한 지표의 개발과 계량적 연구도 동시에 병행되어야 할 것이다.

둘째로, 생산레짐 이론에 입각한 유형분류와 제도 간의 구체적인 인과관계 설정이 좀더 정교화되어야 할 것이다. 변화하는 환경과 내부적 모순에 의해 제도변화와 지속성에 대한 구체적 인과관계의 메커니즘을 설명할 수 있어야 할 것이다.

셋째로, 신제도주의 방법론의 정교화가 더욱 필요하다. 한 분파의 논리로 일관성 있게 거시적 차원에서 미시적 차원까지 제도의 형성과 변화를 설명해 줄 수 없다면, 현재의 세 분파 간의 개념과 논리의 괴리와 모순을 극복할 수 있는 새로운 개념과 논리를 지속적으로 개발해야 할 것이다.

참고문헌

김연명(편). 2002. 『한국복지국가 성격논쟁 I』. 서울 : 인간과 복지.

신동면. 2004. "정책연구에서 정치경제접근에 관한 연구." 한국정책학회 춘계 학술대회 발표논문.

양재진. 2004. "한국의 발전주의적 노사관계와 복지제도의 기원 : 생산레짐 시각에서 본 1962－1986년의 재해석." 한국정치학회 춘계학술대회 발표논문.

정무권. 1996. "한국사회복지제도의 초기형성에 관한 연구." 『한국사회정책』. 3집.

_____. 2002. "김대중 정부의 복지개혁과 한국 복지제도 성격 논쟁에 대하여 : 발전주의 유산과 복지개혁의 한계." 김연명 편. 『한국복지국가 성격 논쟁 I』. 서울 : 인간과 복지.

_____. 2004. "한국복지국가의 현실과 과제." 한국행정학회 춘계학술대회 발표논문.

_____. 2004. "한국 발전주의 생산레짐과 복지체제의 형성." 한국정치학회 춘계학술대회 발표논문.

_____. 2004. "동아시아 발전주의 복지체제? : 생산레짐의 관점에서 본 동아시아 복지국가 유형화 모색." 한국정치학회 하계학술대회 발표논문.

하연섭. 2003. 『제도분석 : 이론과 쟁점』. 서울 : 다산출판사.

Beger, Susanne, and Dore, Ronald. eds. 1996. *National Diversity and Global Capitalism*. Ithaca : Cornell University Press.

Blyth, Mark. 2002. *Great Transformations : Economic Ideas and Institutional Change in the Twentieth Century*. Cambridge : Cambridge University Press.

Campbell, John L., and Pedersen, Ove K. eds. 2001. *The Rise of Neoliberalism and Institutional Analysis*. Princeton : Princeton University Press.

Cenry, Philip G. 1995. "Globalization and the Changing Logic of Collective Action." *International Organization*. 49 : 595–652.

Chang, Ha-Joon. 2002. "The East Asian Model of Economic Policy." in Everlyne Huber, ed. *Models of Capitalism : Lessons for Latin America*. University Park. Penn : The Pennsylvania State University Press.

Chung, Moo-Kwon. 2001. "Rolling Back the Korean State : How Much Has Changed?". Paper to be presented at the 2001 Meeting of the IPSA of Structure of Governance, University of Oklahoma. March 30–31, 2001.

_____. 2006. "The Korean Developmental welfare Regime ; In Search of a New Regime Type in East Asia." 日本「社會政策學會誌」*16号/The Journal of Social Policy and Laber Studies*. No. 16 : 149–171

Clemens, Elisabeth S., and Cook, James M. 1999. "Politics and Institutinalism : Explaining Durability and Change." *Annual Review of Sociology*. 25 : 441–66.

Crouch, Colin, and Streek, Wolfgang. eds. 1997. *Political Economy of Modern Capitalism : Mapping Convergence and Diversity*. London : Sage Publications.

_____, Finegold, David, and Sako, Mari. 1999. *Are Skills the Answer? The Poli-t ical Economy of Skill Formatio in Advanced Industrial Countries*. Oxford : Oxford University Press.

Culpepper, Petter D., and Finegold, David. eds. 1999. *The German Skill Machine : Sustaining Comparative Advantage in a Global Economy*. New York : Berghahn Books.

Culpetter, Petter D. 2003. *Creating Cooperation : How States Develop Human Capital in Europe*. Ithaca, NY : Cornell University Press.

Ebbinghaus, Bernhard, and Manow, Philip. eds. 2001. *Comparing Welfare Capitalism : Social Policy and Political Economy in Europe, Japan and USA*. London : Routledge.

Esping-Andersen, Gösta. 1985. *Politics against Market : the Social Democratic Road to Power*. Princeton : Princeton University Press.

_____. 1990. *The Three Worlds of Welfare Capitalism*. Princeton : Princeton University Press.

Esping-Andersen, Gösta. ed. 1996. *Welfare State in Transition : National Adaptations in Global Perspectives*. London : Sage.

_____. 1997. "Hybrid or Unique? : The Japanese Welfare State Between Europe and America." *Journal of European Social Policy* 7 : 179-189.

_____. 1999. *Social Foundations of Postindustrial Economies*. Oxford : Oxford University Press.

Estevez-Abe, Margarita, Iversen, Torben, and Soskice, David. 2001. "Social Protection and the Formation of Skills : A Reinterpretation of the Welfare State." in Peter A. Hall and David Soskice. eds. *Varieties of Capitalism*. Oxford : Oxford University Press.

Flora, Peter, and Alber, Jens. 1981. "Modernization, Democratization and the Dvelopment of Welfare State in Western Europe." in Peter flora and Heidenheimer, Arnold. eds. *The development of Welfare States in Europe and America*. New Brunswick : Transaction Books.

Ganghof, Steffen. 2000. "Adjusting National Tax Policy to Economic Internationalization : Strategies and Outcomes." in Fritz W. Scharpf and Vivien A. Schmidt. eds. *Welfare and Work in the Open Economy : Diverse Responses to Common Challenges*. Oxford : Oxford University Press.

Garret, Geoffrey, and Mitchell, Deborah. 2001. Globalization, Government Spending and Taxation in the OECD." *European Journal of Political Research* 39 : 145-177.

_____. 1998. *Partisian Politics in the Global Economy*. New York : Cambridge University Press.

Gidden, Anthony. 1976. *New Rules of Sociological Methods : A Positive Critique of Interpretative Sociologies*. New York : Basic Books.

Goldthope, John H. ed. 1984. *Order and Conflict in Modern Capitalism*. New York : Oxford University Press.

Goodman, Roger, White, Gordon, and Kwon, Huck-ju. eds. 1998. *The East Asian Welfare Model : Welfare Orientalism and the State*. London : Routledge.

Gough, Ian. 2000. "Welfare Regimes in East Asian and Europe." The Paper presented at [Towards the New Social Policy Agenda in East Asia]. Parall session to the Annual World Bank Conference on Development Economics Europe 2000. Paris.

Hall, Peter A. 1999. "The Political Economy of Europe in an Era of Interdependence." in Kitschelt et al. *Continuity and Change in Contemporary Capitalism*. Cambridge : Cambridge University Press.

_____. Hall and David Soskice, eds. 2001. *Varieties of Capitalism*. Oxford : Oxford University Press.

Holliday, Ian. 2000. "Productivist Welfare Capitalism : Social Policy in East Asia." *Political Studies* 48 : 706-723.

Hollingsworth, Rogers J. and Robert Boyer, eds. 1997. *Contemporary Capitalism*. Cambridge : Cambridge University Press.

_____, Schmitter, Philippe C., and Streeck, Wolfgang. 1994. *Governing Capitalist Economies*. New York : Oxford University Press.

Huber, Evelyne, Stephens, John D. 2000. *Development and Crisis of the Welfare State : Parties and Policies in Global Market*. Chicago : Chicago University Press.

_____. ed. 2002. *Models of Capitalism : Lessons for Latin America*. University Park. Penn : The Pennsylvania State University Press.

Ikenberry, John D. 1988. *Reasons of State : Oil Politics and the Capacities of American Government*. Ithaca : Cornell University Press.

Iversen, Torben, and Wren, Anne. 1998. "Equality, Employment, and Budgetary Restraint : The Trilemma of the Service Economy." *World Politics* 50 : 507-546.

_____, Pontusson, Jonas, and Soskice, David. 2000. *Unions, Employers, and Central Banks : Macro Economic Coordination and Institutional Change in Social Market Economies*. Cambridge : Cambridge University Press.

_____. 2005. *Capitalism, Democracy, and Welfare*. Cambridge : Cambridge University Press.

Jessop, Bob.(2000). "The Changing governance of Welfare : Recent Trends in its Primary Functions, Scale, and Modes of Coordination." in Nick P. Manning and Ian Shaw. eds. *New Risks, New Welfare : Signposts for Social*

Policy. Londond : Blackwell Publisher.

Katznelson, Ira. 1997. "Structure and Configuration in Comparative Politics." in Mark Irving Lichbach and Alan S. Zucherman. eds. *Comparative Politics : Rationality, Culture, and Structure*. Cambridge : Cambridge University Press.

Kitschelt, Hebert, Lange, Peter, Marks, Gary, Stephens, John D. eds. 1999. *Continuity and Change in Contemporary Capitalism*. Cambrige : Cambridge University Press.

Korpi, Walter, 1984. *The Democratic Class Struggle*. Boston : Routledge.

Kurzer, Paultte. 1993. *Business and Banking : Political Change and Economic Integration in Western Europe*. Ithaca. N.Y. : Cornell University Press.

Lindert, Peter, H. 2004. *Growing Public : Social Spending and Economic Growth Since the Eighteenth Century*. Cambridge : Cambridge University Press.

_____. 2005. "Growing public : is the Welfare State Mortal or Ex-portable?" <OECD 국가의 사회지출과 경제성장>. 한국보건사회연구원.

Lue, Jen-Der. 2002. "Can the East-Asian Welfare Capitalism sustain through the Callenge of Globalization? : Taiwan's Social Policy Regime in Transition." Paper to be presented at the Korean Political Science Association Conference on 'Social Welfare in East-Asia.' 27-28 Sep. 2002.

Mahoney, James, and Rueschemeyer, Dietrich. 2003. *Comparative Historical Analysis in the Social Sciences*. Cambridge : Cambridge University Press.

Manow, Philip. 2001a. "Business Coordination, Wage Bargaining and the Welfare State : Germany and Japan in Comparative Historical Perspective." in Bernhard Ebbinghaus and Philip Manow, eds. *Comparing Welfare Capitalism : Social Policy and Political Economy in Europe, Japan, and USA*. London : Routledge.

_____. 2001b. "Welfare State Building and Coordinated Capitalism in Japan and Germany." in Wolfgang Streek and Kozo Yamamura. eds. *The Origins of Nonliberal Capitalism : Germany and Japan in Comparison*. Itaca : Cornell University Press.

Mares, Isabela. 2001. "Firms and the Welfare State : When, Why, and How Does Social Policy Matter to Employers?" in Peter A. Hall and David

Soskice. eds. *Varieties of Capitalism.* Oxford : Oxford University Press.

Mares, Isabela. 2003. *The Politics of Social Risk : Business and Welfare State Development.* Cambridge : Cambridge University Press.

Mosely, Layna. 2000. "Room to Move : International Financial Markets and National Welfare States." *International Organization* 54 : 737-773.

Pempel, T. J. 2002. "Labor Exclusion and Privatized Welfare : Two Keys to Asian Capitalist Development." in *Models of Capitalism : Lessons for Latin America.* Everlyne Huber. ed. University Park. Penn : The Pennsylvania State University Press.

Pierson, Paul. 1994. *Dismantling the Welfare State? Reagan, Thatcher and the Politics of Retrenchment.* Cambridge : Cambridge University Press.

_____. 1996. "The New Politics of the Welfare State." *World Politics.* 4 : 143-79.

_____. 2000. "Increasing Returns, Path Dependence, and the Study of Politics," *American Political Science Review* 94 : 251-267.

_____. ed. 2001. *The New Politics of the Welfare State.* Oxford : Oxford University Press.

Polanyi, Karl. 1947(1955). *The Great Transformation.* Boston ; Beacon Press.

Rieger, Elmar, and Leibfried, Stephan. 2003. *Limists to Globalization : Welfare State and the World Economy.* London : Polity.

Scharpf, Fritz W. 2000. "Institutions in Comparative Policy Research." *Comparative Political Studies* 33 : 762-790.

Schmitter, Philippe, C. and Lehmbruch, Gehard. eds. 1979. *Trends Toward Corp oratist Intermediation.* Beverly Hills : Sage Publication.

Shinkawa, Toshimitu, and Pempel, T.J. 1996. "Occupational Welfare and the Japanese Experience." in Michael Shalev. ed. *The Privatization of Social Policy? Occupational Welfare and the Welfare State in America, Scandinavia, and Japan.* Oxford : Oxford University Press.

Shonfield, Andrew. 1969. *Modern Capitalism : Changing Balance of Public and Private Power.* New York : Oxford University Press.

Skocpol, Thedaed. 1985. *Brining the State Back In.* Princeton : Princeton University Press.

Soskice, David. 1999. "Divergent Production Regimes : Coordinated and Uncoordinated Market Economies in the 1980s and 1990s." in Kitschelt *et al.* eds. *Continuity and Change in Contemporary Capitalism.* Cambridge : Cambridge University Press.

Steinmo, Sven. 2002. "Globalization and Taxation : Challenges to the Swedish Welfare State." *Comparative Political Studies* 35 : 839−862.

Stephens, John D. 1979. *The Transition from Capitalism and Socialism.* London : Macmillan.

Streek, Wolfgang and Yamamura, Kozo. eds. 2001. *The Origins of Nonliberal Capitalism : Germany and Japan in Comparison.* Itaca : Cornell University Press.

_____ and Yamamura, Kozo. eds. 2003. *The End of Diversity? Prospects for German and Japanese Capitalism.* Ithaca : Cornell University Press.

_____ and Thelen, Kathleen. eds. 2004. *Beyond Continuity : Institutional Change in Advanced Political Economies.* Oxford : Oxford University Press.

Swank, Duane. 1998. "Funding the Welfare State : Globalization and the Taxation of Business in Advanced Market Economies." *Political Studies* 46 : 671−692.

Swenson, Peter. 2001. *Capitalist against Markets : The Making of Labor Markets and Welfare States in the United States and Sweden.* New York : Oxford University Press.

Thelen, Kathleen. 1999. "Historical Institutionalism in Compariative Politics." *Annual Review of Political Science.* 2 : 369−404.

_____. 2004. *How Institutions Evolve : The Political Economy of Skills in Germany, Britain, the United States, and Japan.* Cambridge : Cambridge University Press.

Tuft, Edward R. 1978. *Political Control of the Economy.* Princeton : Princeton University Press.

Wilensky, Harold D. 1975. *The Welfare State and Equality : Structural and Ideological Roots of Public Expenditures.* Berkeley : University of California Press.

Wilensky, Harold D. 2005. "Tradeoffs in Public Finance : Comparing the Well−being of Big Spenders and Lean Spenders." <OECD 국가의 사회지출과 경제성장>. 한국보건사회연구원.

1

서구 페미니즘 이론의 동향과 쟁점, 글로벌 맥락에서의 한국 페미니즘에 미치는 의미*

김희강(경희대학교)

Ⅰ. 서론

“페미니즘은 [역사가 존재하는 한] 항상 존재해 왔다.” 앨리슨 재거(Alison Jaggar)는 다양한 페미니즘 이론을 체계적으로 분류하고 정리한 그녀의 유명하고 영향력 있는 책인 『여성해방론과 인간본성(*Feminist Politics & Human Nature*)』의 첫머리에 이렇게 적고 있다(1983, 3). 물론 어느 문화권을 막론하고 모든 인류의 역사를 성불평등과 여성 억압의 역사로 단순화시켜서 이해하기에는 무리가 있다. 그러나 인류 역사를 통틀어, 그리고 문화적 다양성에도 불구하고 여성이 남성과의 관계에서 상대적으로 불평등을 겪고 있으며 성적 억압을 당하고 있다는 사실은 누구도 부인하기 어려울 듯하다. 끊임없이 변화하는 역사 속에서 여성들은 그들이 경험하는 성불평등과 억압에 대해 개인적이든 혹은 집단적이든, 의식적이든 혹은 특별히 의식하지 않든 간에 다양한 형태로 저항해 왔다. 서구 역사의 흐름 속에서 여성의 저

* 이 논문은 2005년 정부(교육인적자원부)의 재원으로 한국학술진흥재단의 지원을 받아 수행된 연구임(KRF-2005-005-J08702).
본 논문은 『21세기정치학회보』 제16집 제2호(2006년 9월)에 게재되었음.

항은 200-300년 전부터 좀더 가시화되고, 광범위해졌으며, 조직화된 형태를 띠기 시작했다. 이러한 여성의 저항은 크게 두 가지 모습으로 나타났는데, 하나는 실제적이고 행동주의적인 여성운동으로, 다른 하나는 여성의 저항을 근본적이고 사상적으로 뒷받침해 줄 수 있는 페미니즘 이론의 발전으로 나타났다.

본 논문에서는 행동주의적인 여성운동보다는 이와 더불어 전개되고 있는 페미니즘 이론의 발전과 변화에 연구의 초점을 두고자 한다.[1] 페미니즘 이론가들은 성불평등의 부정당성과 가부장제에서 억압받고 있는 여성문제의 심각성, 그리고 그 변화의 필요성을 인지하면서 양성평등과 여성의 해방을 위한 페미니즘 이론 정립의 중요성을 강조한다. 그러나 성불평등의 근본적인 원인이 무엇인지, 가부장제를 진단하고 대항하기 위해서 무엇이 필요하고 무엇이 우선시되어야 하는지에 대한 세부적인 문제들에 있어서는 다양한 의견을 제시한다. 따라서 페미니즘 이론을 이해하고 분석함에 있어서 페미니즘 이론은 결코 일관되고 단일하지 않으며 구체적인 역사, 정치, 사회, 경제, 문화의 맥락 속에서 다양하게 생성되고 변화해 왔다는 사실은 아무리 강조해도 지나치지 않는다.

---

[1] 페미니즘 논의에서 강조되어야 할 것은 이론(theory)과 실제(practice)의 조화이다. 이는 이론가가 동시에 여성운동 행동가(activists)가 되어야 한다는 것을, 혹은 여성운동 행동가가 동시에 이론가가 되어야 한다는 것을 의미하지 않는다. 대신에 페미니즘 이론은 현실의 사회문제와 연결되고 이를 분석할 수 있는 이론적 틀로서 적용될 수 있을 때 그 중요성을 인정받을 수 있으며, 또한 여성운동도 이를 사상적으로 뒷받침해 줄 수 있는 이론이 정립되어 있을 때 그 운동성을 더욱 더 발하게 된다. 이 점에서 캐서린 맥키논(Catharine MacKinnon)은 페미니즘은 "여성 스스로의 목소리로, 그리고 여성의 구체적인 경험에 의해서 추상적이지 않고 실제적으로" 이해되어야 한다고 주장한다(Catharine MacKinnon 1989, 244).

본 논문의 목적은 첫째 최근 20-30년간 서구학계, 특히 영·미 학계에서의 페미니즘 이론의 일련의 흐름을 파악·분석하고, 둘째 서구 페미니즘 이론이 한국학계에서 지니는 의미를 살펴봄으로써 이를 바탕으로 앞으로 한국 페미니즘 이론이 나아가야 할 방향을 제시하는 데 있다. 먼저 서구 페미니즘 이론이 1980년대를 기점으로 이전과 비교하여 어떠한 변화를 보이고 있는지 분석하고자 한다. 특히 이론변화의 흐름을 방법론, 내용, 분석대상의 세 가지 측면으로 나누어 살펴보고자 한다. 구체적으로 방법론의 측면에서는 비판(critique)에서 건설(construction)로, 내용면에서는 평등(equality)에서 자유(liberty)로, 그리고 분석대상의 측면에서는 성(gender)에서 사회정의(social justice)로 동향을 나누고, 각각의 동향에서 보여지는 주요 쟁점과 의의를 살펴보고자 한다. 마지막으로 이러한 서구 페미니즘 이론의 변화와 쟁점이 한국학계에 어떠한 의미를 갖는지 알아보고, 한국적 맥락에서 생성·수용될 수 있는 한국 페미니즘 이론의 발전 가능성과 함의를 조망해 보고자 한다. 이와 함께 서구 이론을 무비판적으로 한국에 적용했을 경우의 문제점을 올바르게 인지하고, 서구 페미니즘 이론을 한국학계에서 단순히 받아들고자 함이 아니라, 이를 비판적으로 탐구함으로써 궁극적으로 한국적 맥락에서의 한국 페미니즘 발전에 의미 있는 기여를 하고자 하는 목적을 본 논문은 담고 있다.

Ⅱ. 서구 페미니즘 이론의 동향

한국학계에서 서구 페미니즘 이론에 대한 연구는 이전에도 있었다. 그러나 서구 페미니즘 이론을 체계적으로 분류·분석하는 분야에 있어서는 주로 서구 학자의 기존 저서를 한국어로 번역해서 소개하는 데 그치고 있는 실정이다. 일례로 재거의 『여성해방론과 인간본성』, 로즈마리 통(Rosemarie Tong)의 『페미니즘 사상연구(*Feminist Thought*)』, 조세핀 도노번(Josephine Donovan)의 『페미니즘 이론(*Feminist Theory*)』 등은 이러한 이유로 자주 인용되는 저서들이다. 이들 학자들은 페미니즘 이론을 자유주의/급진주의/마르크스주의/사회주의/실존주의/포스트모던 페미니즘 등으로 분류한다. 대부분의 여성학 교과서의 이론 부분은 이러한 분류를 기초로 해서 구성된다. 그러나 본 논문은 기존 연구의 이러한 분류틀에 의존하지 않고 서구의 페미니즘 이론이 최근까지 어떠한 변화와 발전을 보이고 있는지에 대해 좀더 거시적인 관점에서 분석해 보고자 한다.

물론 기존의 분류틀은 우리에게 익숙할 뿐만 아니라 다양하게 접근 가능한 페미니즘 이론을 분석하기에는 매우 유용하다고 할 수 있다. 그러나 기존의 분류틀에 대한 지나친 의존은 다음과 같은 몇 가지 한계를 내포한다. 무엇보다도 기존의 분류틀은 각각의 분류틀 내에서 일어나는 논의의 변화에 대한 이해를 도울지 몰라도 다양한 분류틀에 걸쳐 포괄적으로 나타나는 거시적인 흐름을 감지해내기 어렵다. 또한 이론의 분류는 결국 개별 학자의 작위에 의해 나누어졌기 때문에 실제로 우리가 생각하는 것만큼 이러한 분류틀이 일반적이지 않을 수 있다. 예를 들어, 마샤 너스바움(Martha Nussbaum)은 그녀의 최근 저서에서 대부분의 페미니스트를[앨리슨 재거와 아이리스 영(Iris Young) 등의 몇몇 소수를 제외하고는] 자유주의 페미니스트군으로 분류한다(Martha Nussbaum 2000a, 71). 너스바움은 심지어 대표적인 급진주의 페미니스트로 분류되는 맥키논을 자유주의 페미니스트군에 가깝다고도 주장하는데, 이는 중립적 자유주의(neutral liberalism)에 대한 맥키논의 비판과 롤스(John Rawls)와 같은 정치적 자유주의자들의 주장이 서로 일맥상통하기 때문이라고 설명한다(Nussbaum 1999, chapter 2 ; 2000a, 72). 따라서 기존의 분류틀에 따른 페미니즘 이론의 이상형(ideal type)은 결코 존재하지 않으며, 각각의 분류유형은 이를 해석하는 학자의 관점에 따라 변화할 수 있다는 점, 그리고 복잡하고 섬세한 페미니즘 이론을 기존의 분류틀에 끼워맞춰 설명한다는 것은 그 이론을 단순화할 위험이 있다는 점을 잊지 말아야 한다.

따라서 기존 분류틀을 적용하는 데 따르는 이와 같은 한계를 인식하고, 그리고 좀더 거시적이고 포괄적인 관점에서 서구 페미니즘 이론의 흐름을 살펴보기 위하여 본고는 방법론적 측면, 내용적 측면, 분석대상의 측면에서, 특히 이 세 가지 측면에서 살펴본 최근 20-30년간의 페미니즘 논의와 그 이전 논의와의 비교를 통하여 페미니즘 이론의 동향변화를 살펴보고자 한다. 여기서 유념해야 할 점은 필자가 제시하고 있는 동향이 최근 페미니즘 이론의 모든 변화추이를 설명해 줄 수는 없다는 점이며, 또한 새로운 지적 흐름이 감지되었다고 해서 이전 논의가 사라지거나 그 영향력이 무의미해졌다는 것을 의미하지 않는다는 사실이다.

1. 방법론적 측면 : 비판에서 건설로

페미니즘 이론의 중요한 부류는 특히 정치이론/사상 분야에서 기존의 지배적인 정치이론과 개념에 대한 페미니스트 비판으로부터 시작한다. 다시 말해 여성의 위치와 입장을 적절히 설명해 줄 수 있는 긍정적인 페미니스트 이념과 가치를 제시한다기보다 기존의 이론과 개념이 성중립적이라는 포장 아래 궁극적으로는 남성중심적이었고 성에 관해 무관심(gender-blind)해 왔기 때문에 여성의 특수한 경험과 성불평등을 적절히 설명하지 못한다는 비판으로부터 시작했다. 페미니즘 이론의 지배적인 논쟁과 담론이 기존 이론과 개념에 대한 페미니스트 비판으로 인식된 대표적 계기는 수잔 오킨(Susan Okin)의 『서구 정치사상에서의 여성(*Women in Western Political Thought*)』(1979)의 출판 이후부터이다. 이 책에서 오킨(1979, 4)은 "정치철학의 현존하는 전통과 주제가 여성을 포함할 수 있는가? 그렇지 못하다면 왜 그러한가?"라고 근본적인 질문을 던지면서 이에 대한 대답을 얻기 위해 플라톤(Plato), 아리스토텔레스(Aristotle), 루소(Rousseau), 밀(Mill)의 저작들을 깊이 있게 분석한다. 오킨에 따르면 이들 저작들은 기본적으로 공사 간의 구별을 전제하고 있으며, 이에 따라 사적 영역으로 간주된 가족을 그들의 논의에서 배제함으로써 여성과 성의 이슈를 직접적으로 설명할 수 없다고 본다. 이어 오킨은 그녀의 다음 저서인 『정의, 성, 그리고 가족(*Justice, Gender, and the Family*)』(1989)에서도 롤스(Rawls), 왈쩌(Walzer), 노직(Nozick) 등 서구의 현대 정치사상가들의 이론에 동일한 질문을 던지면서, 이들 이론들 또한 성분화(gendered)된 가족의 이슈를 사회정의의 문제로 바르게 설명하지 못하고 있다고 비판한다. 결국 오킨은 여성과 성에 대한 이슈가 서구의 정치사상에서 일반적으로 생략되고 간과되어 왔다고 주장한다.[2]

그러나 이러한 페미니즘 비판이론의 흐름은 1980년대 후반부터 페미니즘이 단순한 비판으로 머물지 않고 기존 이론과 개념에 대한 대안을 제시할 수 있는 긍정적인 형태로 바뀌어 발전되어 오고 있다. 이와 같은 지적 흐름은 벤하빕(Seyla Benhabib)과 코넬(Drucilla Cornell)의 언어를 빌리자면 "이론적 건설을 위한 페미니스트 프로젝트"로 불릴 수 있다(1987, 1). '비판'의 페미니스트 과제의 주요한 목적은 남성중심적이고 성에 무관심한 주류 이론을 비판하고 해체하는 데 있는 것에 반해, '건설'의 페미니스트 과제의 주요한 목적은 페미니스트 관점에서 긍정적인 이론과 건설적인 대안을 제안하는 것에 있다. 페미니스트 관점에서 기존의 이론이나 개념을 수정하거나 새로운 대안을 제시하고 있는 연구로는 벤하빕과 코넬(Benhabib and Cornell 1987), 쉔리와 페이트만(Shanley and Pateman 1991), 허쉬만과 스테파노(Hirschmann and Stefano 1996), 쉔리와 나라얀(Shanley and Narayan 1997) 등이 있으며, 이러한 연구들에서는 페미니스트 관점에서 해석된 자유, 평등, 시민권, 사회정의, 권력 등의 다양한 이슈들이 다뤄지고 있다.

페미니스트 '비판'이론에서 '건설'이론으로의 이러한 전환을 논의함에 있어서 쉽게 간과되어서는 안 될 것은 페미니스트 '비판'적 관점이 페미니즘 이론의 전반적인 질적 발전에 크게 공헌한 점이다. 이

2 실제로 오킨은 1999년의 저서에서 "나는 서구 정치사상과 그 실제, 특히 페미니스트 관점에서 자유주의의 과거와 현재를 비판하는 데 과거 25년의 많은 시간을 투자하였다"라고 고백한다(Okin 1999, 119).

는 페미니즘의 목적과 핵심은 기본적으로 비판적 사고에서 동기부여되었기 때문이다.[3] 그러나 혹자들이 비판하기는 쉬울지 모르지만 긍정적 개념이나 대안의 가치를 제시하는 것이 더욱 더 어렵다고 말하는 것처럼 많은 페미니스트 '비판' 이론가들은 이런 질책에서 자유로울 수 없었으며, 따라서 단순한 비판을 넘어 페미니스트적 새로운 이론을 제시하려는 노력은 페미니즘 이론의 발전에 있어서 어쩌면 당위론적인 과정일지도 모른다.

여기에서 주의해야 할 점은 '건설'의 페미니즘 이론이라 함은 단순히 이론적 논의에서 '여성'이라는 주제(subject)를 포함하고 있다는 것만을 의미하지는 않는 데 있다. 사실 최근의 많은 이론들은 여성이라는 주제와 성이라는 변수의 중요성을 인지하고 있으며, 따라서 연구 논의에 있어서 여성과 성에 관해 포괄적으로 언급하려 하는 경향이 자주 발견된다(이것은 아마 근래 페미니즘 연구에 대한 유명세와 여성문제를 간과했다는 비판에 손쉽게 대응하고자 해서 때문일지도 모른다). 그러나 기존의 연구 논의에 여성이라는 새로운 주제를 넣었다고 해서 페미니즘 이론이라고 쉽게 불려져서는 안 된다고 본다. 왜냐하면 주류이론이 페미니스트 관점에서 비판받는 근본적인 이유는 단지 그들의 논의에서 여성이라는 주제가 배제되었기 때문만은 아니라는 점이다. 산드라 하딩(Sandra Harding 1986)도 경고하였듯이 "여성을 넣고 섞는 것(add women and stir)"만으로는 기존 이론이 진정한 페미니스트 이론으로 발전되는 데에는 치명적인 한계가 있다. 이것이 여성문제, 그리

---

3 이런 의미에서 페미니즘 이론의 발달은 방법론적으로 비판이론(critical theory)의 영향을 많이 받았다고 할 수 있다. 페미니즘과 비판이론의 방법론적인 상관성에 관해서는 영(Young 1990, 5-8)을 참고하시오.

고 성이라는 변수를 적절히 잘 다루기 위해서는 기존 이론과 개념에 대한 근본적인 패러다임의 변화, 즉 페미니스트적 '새로운 패러다임'을 제시하는 것이 필요한 이유이다.

정치이론/사상 분야에서 이러한 '새로운 패러다임'을 제시하고 있는 최근의 대표적인 저서로는 낸시 허쉬만(Nancy Hirschmann)의 『자유라는 주제 : 페미니스트 자유이론을 향해서(*The Subject of Liberty : Toward a Feminist Theory of Freedom*)』(2003)를 들 수 있다. 이 책은 2004년 미국 정치학회(American Political Science Association)의 "여성과 정치"분과에서 이전 해에 발행된 젠더 관련 책들 중에서 최고의 책에게 수여되는 빅토리아 셔크 상(Victoria Schuck Prize)을 받아 그 학문적 공헌도를 직접적으로 인정받기도 했다.

허쉬만은 이 책에서 가정 내 폭력으로 학대받는 여성, 복지혜택을 받는 여성, 이슬람 문화권에서 베일(veil) 쓰기를 기대되는 여성 등 실제적인 여성의 경험을 바탕으로 기존 학자들이 제시하고 있는 '자유' 개념이 이러한 여성의 자유, 무엇보다도 자유 개념을 핵심적으로 내포하는 여성의 '선택'을 적절히 설명하지 못한다고 비판한다. 구체적으로 허쉬만은 적극적 자유(positive liberty)와 소극적 자유(negative liberty)로 나누는 기존의 이분법적인 자유 개념, 즉 개인의 선택을 개념화함에 있어 외적인 구속과 내적인 구속을 나누는 이분법적인 이해는 앞서 언급한 여성의 실제 경험을 바탕으로 할 때, 여성의 선택이 외적 구속과 내적 구속의 미묘하고 복잡한 관계에 의해서 영향받고 있다는 점을 설명해 줄 수 없다고 보고 있다. 반면에 페미니스트 자유 개념의 건설은 자유에 관한 기존의 이분법적 분류의 한계를 바르게 인지하고, 더 나아가 개인의 선택에 있어 사회적 요소(외적인 구속)와 개인의 자아(내적인 구속) 간의 필연적인 상호작용에 대한 혁신적인 이해가 근본적으로 필요하다고 설명한다. 그리고 이러한 혁신적인 이해는 개인 선택의 "사회적 구성(social construction)"이라는 아이디어로 설명될 수 있으며, 바로 이것이 새로운 페미니스트 자유 개념의 핵심이 되어야 한다고 주장한다.

비판에서 건설로 변화하고 있는 이와 같은 페미니즘 이론의 흐름을 이해하기 위해 염두에 두어야 할 점은 여성주의적인 새로운 패러다임을 제시하는 것이 단지 여성만을 위한 혹은 여성에게만 해당되는 이론이나 개념의 발전이 결코 아니라는 점이다. '페미니스트' 혹은 '여성주의'라는 접두어가 붙는 이유는 기존 이론을 비판하고 이를 바탕으로 새로운 패러다임으로 전개시키고자 하는 근본적이고 규범적인 관점이 구체적이고 직접적인 여성의 경험과 상황에서 나왔다는 것을 의미한다. 다시 말해 기존 이론의 문제점과 개선방향을 여성의 목소리를 들음으로써 알 수 있다는 것이다. 따라서 페미니즘 이론의 발전은 단순히 남성 중심에서 여성 중심으로 그 관심의 초점이 바뀐 것이 아니라, 가치중립적이고 일반 모두에게 적용된 것처럼 보였던 기존 이론이 실제로는 여성의 관점을 배제하고 있음을 올바르게 인지하고, 여성의 관점을 적절히 포괄할 수 있는 좀더 나은, 그리고 좀더 완전한 이론으로의 발전을 의미한다고 볼 수 있다.

그 예로 보살핌(care)과 관련된 최근의 페미니스트 논의를 살펴보자. 캐롤 길리간(Carol Gilligan)류의 이전의 보살핌의 페미니스트 학자들은 보살핌과 양육 등을 여성의 윤리성으로 특징지으며 여성이 남성과는 다른 윤리적 가치체계를 가지고 있다는 주장한다. 그리고 여성의 '보살핌의 윤리'는 정의와 권리 등으로 대표되는 남성의 '정의의 윤리'와 구별되어야 하며, 여성의 '보살핌의 윤리'도 남성의 '정의의 윤리'와 동등하게 사회에서 그 가치의 중요성이 강조되어야 한다고 주장한다(Gilligan 1982 ; Chodorow 1978 ; Ruddick 1995 ; Toronto 1993). '보살핌의 윤리'와 '정의의 윤리'를 나누는 양분법적인 이해는 근본적으로 여성과 남성의 본질적인 차이를 전제에 두고 있는데, 그러나 이와 같은 해석은 '보살핌의 윤리'가 실제적으로 여성에게만 배제적으로 나타나지 않는다는 비판에 쉽게 노출되어 왔다.[4]

이러한 논의와 비교하여 최근의 에바 커테(Eva Kittay)의 인간의존(human dependency)에 관계한 보살핌 이론은 앞서 언급한 비판에 적극적으로 대처할 수 있을 뿐만 아니라, 보살핌의 논의를 여성의 문제를 넘어 인간의 문제로 끌어올렸다는 점에서 의미가 있다(Kittay 1999). 이전의 길리간류의 학자들이 남성과 구별되는 여성의 본질적이고 독특한 특성으로 보살핌을 강조하는 있는 반면, 커테는 남성과 여성 모두에게 적용되는 인간의존의 사실(fact)을 기초로 보살핌을 설명한다. 즉 인간은 그 누구도 자신의 삶에 있어서 다른 사람에게 의존하는 것을 피할 수 없으며, 이러한 의존성은 보살핌을 필수불가결한 요소와 가치로 여기게 한다는 것이다. 따라서 커테는 여성의 특성으로서 보살핌의 가치를 강조하는 것이 아니라 인간의 문제로 보살핌의 문제를 설명하고, 대신에 보살핌의 일을 함으로써 여성들이 겪는

4 예를 들어 흑인 페미니스트들은 보살핌의 윤리체계가 여성에게만 한정되어 나타나는 것이 아니라 다른 소외받는 계층들에게서도 나타난다고 주장한다(Collins 2000). '정의의 윤리'와 '보살핌의 윤리'의 논쟁에 관한 자세한 설명은 스퀴레스(Squires 1999, chapter 5)를 참조. 최근의 '보살핌'에 관한 다양한 페미니스트 논의를 정리한 연구로는 커테와 페더(Kittay and Feder 2002)가 있다.

사회·경제적 착취와 불이익에 논의의 초점을 맞춘다.

따라서 페미니즘 이론이란 여성을 위한, 여성에 관한 이론이라기보다 남성과 여성을 포함한 우리 모두를 위한, 우리 모두에 관한 이론, 다시 말해 인간을 위한, 인간에 관한 이론이라 불릴 수 있다고 본다.[5] 이로써 여성이 당면하고 있는 문제를 보다 거시적이고 근본적인 차원에서 생각해 볼 수 있는 인식전환의 계기가 될 수 있을 것이다. 결국 여성의 관점을 바탕으로 여성과 남성을 포함한 우리 모두를 위한 더 나은 이론을 제시하고자 하는 것이 페미니즘 '건설'이론의 목표인 것이다.

2. 내용적 측면 : 평등에서 자유로

평등은 페미니즘 논의에서 최고의 화두이며, 양성평등은 페미니스트들의 최종적 지향점으로 인식된다. 특히 평등에 관한 페미니스트 논의의 폭이 넓어지고 더욱 더 심도 있어진 것은 1960년대를 기

---

5 이 점에서 마샤 너스바움은 인간에 관한 학문과 이론이 최고의 페미니즘 이론이라고 설명한다. 너스바움은 인간 개념에 대한 바른 이해와 동의가 페미니즘 이론의 기본이 되어야 한다고 주장하면서, 그 근거로 『여성의 예속(*The Subjection of Women*)』에서의 밀의 주장이 궁극적으로 인간 발전(human improvement)으로 귀결되는 점, 성불평등의 문제를 다루고자 한 아마타 센(Amartha Sen)과 너스바움의 이론이 인간역량(human capability) 이론으로 제시된 점, 오킨의 페미니스트 비판이 궁극적으로 인간적 정의(humanist justice)를 지향하고 있는 점을 강조한다. 그리고 이러한 인간에 대한 논의가 여성이 당면한 많은 현안 문제들을 설명하기에 유용하다고 주장하면서 성불평등의 문제를 단순히 여성의 문제로만 접근하기보다는 인간이 누려야 할 기본적인 자유나 권리에 대한 문제로 이해해야 한다고 설명한다(Nussbaum 2000c).

점으로 시작된 서구 제2기 페미니스트 운동에서 그 기원을 찾을 수 있다. 제2기 페미니스트 운동은 "개인적인 것은 정치적인 것이다(personal is political)"라는 슬로건 아래 여성차별적인 법과 제도의 형식적인 개혁이나 변화를 넘어서 실질적인 양성평등과 여성해방을 위해서 기존의 공사영역 구분을 비판하고, 사적이고 개인적인 영역으로 단순히 간과되었던 문제까지도 평등의 논의로 확대시켜야 한다고 주장한다.[6] 예를 들면, 가정과 사적인 영역의 문제들로 여겨졌던 가정 내 폭력, 부부 강간, 성폭력, 가정 내 가사분담 같은 문제도 국가와 사회의 적극적인 간섭이 필요한 공적인 문제로 여겨져야 한다고 본다.

이런 평등 논의에 대응해 최근 일련의 페미니스트 학자들은 지나친 양성평등에 대한 집착과 확대된 공적 영역의 이해는 여성 개인의 자유, 자율성(autonomy), 주체성(agency), 주관성(subjectivity) 등의 이슈에 대해 쉽게 간과할 수 있는 오류를 범할 수 있다고 경고한다. 베스 제미에슨(Beth Jamieson)은 남성과의 평등을 요구하는 페미니스트 평등주의는 집단으로서의 여성의 지위와 집단으로서의 남성의 지위에 관계한 양성 간의 불평등에 초점을 맞추기 때문에 여성의 구체적이고 개인적인 관심을 심도 있게 다루는 데 실패하였다고 주장한다(Jamieson 2001). 이러한 제미에슨의 주장은 성불평등만이 페미니즘의 가장 절대적인 관심사여야 하며, 여성 개인의 자유와 선택은 양성평등의 논의에 있어서 무의미한 것이라고 설명하는 매키논 같은 급진주의 페미니스트의 주장과는 대조적이다.[7] 제미에슨은 자유가 없는

---

6 자유주의적 공사영역 구분에 대한 페미니스트 비판에 관해서는 매키논(MacKinnon 1987, chapter 8)과 페이트만(Pateman 1987)을 참조.

평등에 관한 페미니스트들의 탐색은 단지 "공허한 약속"일 뿐이라고 말하며, "[개인의] 자유가 배제된 평등은 노예들의 공동체를 양상해 낼 뿐이다—이러한 노예들은(국가와 사회에 의해서) 자기 자신을 명명한 힘(power)도 빼앗기고, 인간 존엄과 타협한 행위를 강제로 하게 되며, 그들 자신의 삶에 대한 직접적인 서술을 금지당한다"고 주장한다(Jamieson 2001, 28). 결론적으로 페미니스트 운동은 "개인의 자아결정(self-determination)과 자아방향성(self-direction)의 가치"를 강조하는 데 초점을 맞춰야 한다고 보는 것이다(Jamieson 2001, 1). 이와 비슷하게 페트리샤 케인(Patricia Cain)도 궁극적인 페미니스트 목표는 평등이 아니라 여성의 "자아정의(self-definition)"와 "자아결정"이라고 역설한다(Cain 1990, 806). 페미니즘 이론은 집단으로서의 남성과 관계한 평등에 대한 논의를 넘어서 그 핵심이 여성 개개인 자신에게 옮겨져야 한다는 것이다.

이제까지의 지배적인 페미니즘 담론이 양성평등에 초점을 맞추었던 것은 사실이다. 그렇다고 해서 여성 개인의 자유와 선택의 문제에 대해 여성학자들이 이전까지 전혀 관심을 보이지 않았다는 것은 아니다. 여성 개인의 선택권과 여성의 사생활의 권리에 대한 문제가 대두되기 시작한 것은 여성 스스로 임신을 종결할 수 있는 임

7 매키논에 따르면, 양성평등을 위한 극단적인 사회의 재구조화를 고려하지 않은 채 여성의 자유에 집착하는 것은 오히려 성불평등을 강화시킬 뿐이다. 예를 들어, 여성의 임신종결권을 지지하는 사람들은 여성 개인의 해방을 위해서 성중립적인 언어와 가치를 사용한다고 생각하고 있으나 사실 그들이 사용하는 언어와 생각은 그 자체로 남성지배(male dominance)에 영향받은 것이라고 본다. 요약컨대 메키논에게 여성 개인의 자유에 관한 문제는 성평등 논의와 결과적으로 아무런 관계가 없는 것으로 간주된다(MacKinnon 1987, 98).

신종결권(낙태권)을 합법화한 1973년 미국 대법원의 *Roe v. Wade* 판결을 통해서라고 할 수 있다. 임신종결권 이슈와 더불어 1970년대 이후부터는 성적 소수자들의 목소리에 의해 확산되기 시작한 성적(sexuality) 선택권에 대한 인정 요구도 궁극적으로는 여성의 평등 논의보다 여성의 자유 논의와 그 맥을 같이한다고 볼 수 있다(Phillips 1991, chapter 4). 그럼에도 불구하고 기존 페미니즘 논의에서 여성의 자유와 선택에 관한 주장은 임신종결권과 성적 선택권 같은 특정 이슈에 주로 한정되어 있었으며, 좀더 폭넓게 여성의 자유, 자율성, 주체성의 문제가 이론적으로 대두된 것은 제미에슨과 케인 등이 주장하듯 오히려 최근의 일이라고 볼 수 있다.

서구 페미니즘의 기원이 자유주의 정치사상에서 출발했다는 점을 고려해 볼 때, 이는 어찌 보면 굉장히 아이러니한 일이다. 대표적으로 울스톤 크래프트(Mary Wollstonecraft)의 『여성 권리의 옹호』와 존 스튜어트 밀(John Stuart Mill)의 『여성의 예속』에서 보이듯 전통적인 초기 자유주의 페미니즘의 핵심은 여성의 자유 보호와 존중에 초점이 맞추어져 있었다. 즉 여성 스스로가 그들이 원하는 삶을 자유의지대로 선택하고 선택한 삶을 살 수 있도록 보장해 주는 것이 자유주의 페미니즘의 핵심이다.[8] 최근에 들어 조명받는 여성의 자유, 자율성, 주체성에 대한 관심은 평등을 강조하는 제2기 페미니즘의 영향으로 인해 이러한 자유주의 페미니즘의 핵심 논의가 간과되어 왔다는 비

8 에이미 베어(Amy Baehr)는 자유주의 페미니즘(liberal feminism)과 페미니스트 자유주의(feminist liberalism)를 구별하고 있으나 본 논문에서는 이 둘을 특별히 구별하지는 않겠다(Baehr 2004, 17). 다양한 모습의 자유주의 페미니즘에 관해서는 베어(Baehr 2004)를 참조.

판적 성찰에 따른 반등으로 볼 수 있다.

이러한 자유주의 페미니즘을 재발견하려는 움직임의 선두에 서 있는 학자로는 너스바움을 들 수 있다. 너스바움은 페미니즘이 근본적으로 그 핵심으로부터 자유주의 이념을 바탕에 두고 있다는 점은 강조하면서 기존의 자유주의 페미니즘에 대한 도전에 적극적으로 대응할 수 있는 새로운 형태의 자유주의 페미니즘을 제시한다.[9] 이것이 최근에 활발히 논의되고 있는 인간역량 이론(human capability theory)이다. 본고에서는 너스바움의 인간역량 이론에 대해 자세히 논하지 않겠지만, 그 핵심은 모든 사람들에게 완전한 범위로 개인의 역량이 발전될 수 있는 실질적인 기회를 주자는 것으로, 개인에게 환경이 허락하는 자유와 자립을 누릴 수 있게 하는 것을 목표로 하고 있다.[10] 다시 말해 페미니즘의 근본 과제는 여성들이 자신의 삶을 그들의 의지대로 살아갈 수 있는 선택의 자유와 이를 실현할 수 있는 역량의 회복에 두어야 한다는 것이다.[11]

'평등'에서 '자유'로의 페미니즘 이론의 흐름은 다음과 같은 중요한 함의를 갖는다. 첫째, 평등에서 자유로의 경향은 단순히 이전의 평등 논의가 자유 논의로 대체되고 있음을 의미하지 않는다는 점이다.

---

[9] 자유주의 페미니즘에 대한 기존의 비판에 적극적으로 대응하는 너스바움의 최근 연구로는 Nussbaum(1999 ; 2000a)가 있다.

[10] 너스바움의 인간역량 이론에 대한 자세한 설명은 너스바움(Nussbaum 2000b ; 2003)을 참조.

[11] 여성의 자유와 인간역량에 관한 아이디어는 UN의 인간개발보고서(Human Development Report)를 작성하는 데 기본적인 바탕을 제공하였고, 최근 UN의 여성지위위원회가 여성의 교육, 경제적 지위향상과 자립에 중점을 둔 새천년 개발계획(Millennium Development Goals)에도 잘 반영되어 있다.

페미니스트들의 관심이 평등에서 자유로 넘어갔다는 것이 의미 있는 것이 아니라, 기존의 양성평등을 주요 목적으로 하는 페미니스트 담론이 가진 문제점, 즉 여성의 선택과 자유에 대한 실질적인 이해의 부족을 좀더 실감할 수 있게 되었다는 데 있다. 평등의 논의가 차별받고 소외당하는 집단에 대한 보상의 문제로 혹은 억압받는 집단에 대한 해방의 측면에 초점을 두고 있었다면, 자유에 대한 관심은 여성들이 자신의 삶을 스스로 계획하고 선택할 수 있는 자유와 이를 가능케 하는 역량을 보장해 주는 것에 초점을 두고 있다. 따라서 여성을 수동적인 행위자에서 능동적인 주체로 보아야 한다는 행위자 지향적이고 발전지향적인 접근법을 택하고 있다고 할 수 있다.

두 번째로, 이것을 페미니즘의 관심사가 평등에서 자유로 바뀌어야 한다고 당위론적으로 해석해서는 안 되며, 오히려 여성의 자유를 강조함으로써 기존의 평등 논의가 긍정적이고 발전적인 방향으로 나아갈 수 있도록 동기부여를 해줄 수 있다는 점이 강조되어야 한다. 즉 자유를 강조함으로써 평등에 관한 논의를 보완할 수 있는 방향으로 나아가야 한다는 것이다. 이것은 여성의 평등과 여성의 자유에 대한 관심이 서로 양립할 수 있는 가능성을 보여주는 것이기도 하다.

이러한 가능성은 두루실라 코넬(Drucilla Cornell)의 자유와 평등에 관한 논의에서 찾아볼 수 있는데, 코넬에 따르면 페미니즘은 성적 자유와 사회적 평등 간의 완벽한 조화를 이루어야 한다는 것이다. 코넬에게는 가부장제의 규범에 대해 의문을 갖고 도전하는 것이 여성의 자유와 여성의 평등에 필수적이며, 평등과 성적 자유 간에는 어떠한 갈등도 없는 것으로 개념지어진다(Cornell 1998).[12] 결론적으로 여성의 평등과 자유를 이분법적으로 나누어 평등과 자유 중에 어떤 것이 선행되어야 하며 혹은 어떤 것이 더 중요한가를 따지기보다, 코넬이 시도하였던 것처럼 페미니스트들의 평등과 자유에 관한 지지가 서로 양립할 수 있으며, 양자가 서로에게 도움이 되고 궁극적으로 같은 목표를 가지고 있다는 것을 보여주는 것이 앞으로의 평등과 자유에 관련된 페미니즘 이론의 지향점이 되어야 할 것이다.

3. 분석대상의 측면 : 성에서 사회정의로

최근 페미니즘 이론의 또 다른 동향 가운데 하나는 페미니즘의 분석대상이 '성'을(혹은 남녀관계에 대한 초점을) 넘어 사회의 다른 집단들 간의 관계로 확장되고, 결국에는 '사회정의'의 문제로 확대되고 있는 점이다. 이러한 흐름은 1980년대 이후 탈근대주의(post-modernism)와 탈구조주의(post-structuralism)의 영향으로 페미니즘에서 다양성과 차이에 대한 강조와 '성'이라는 일률적인 분석대상에 대한 문제점을 인식하는 것과 함께 나타났다고 볼 수 있다. 따라서 모순적으로 페미니즘 관심영역의 확대는 페미니즘 분석대상의 세분화와 깊은 연관이 있다.[13]

---

12 코넬은 "내가 지지하는 페미니즘은, 즉 상상영역(imaginary domain)의 평등한 보호를 정당화해 주는 페미니즘은 필수적으로 자유로운 개인으로서의 여성의 평등을 요구한다"라고 주장하면서, 가부장제가 성적 개인으로서 개인의 자아표현의 권리를 부인하기 때문에 이러한 가부장제에 도전하는 것이 상상영역을 평등하게 보전하는 방법이라고 본다(Cornell 1998, 22-23).

13 성에서 사회정의로의 동향변화에 대한 개략적인 설명으로는 낸시 프래이저(Nancy Fraser 1997, chapter 7)를 참조.

페미니스트들은 기본적으로 성을 분석의 대상으로 보고 여성의 관심, 경험, 문제에 더 잘 대응할 수 있는 페미니즘 이론을 추구한다. 그러나 여기에서 주의하여야 할 점은 집단으로서, 여성은 같은 종류의 속성, 환경, 불이익을 공유하고 있지 않다는 점이다. 다시 말해 여성은 동질의 집단이 아니며, 여성들 간에도 의미 있는 차이가 있다는 것이다. 여성이라는 집단은 인종(race), 계층(class), 민족(ethnicity), 종교(religion) 등의 변수에 의해 제한되며, 하나의 범주로 묶어 분석하기에는 여러 가지로 문제가 있다는 것이 지적된다. 이러한 주장은 특히 1980년대 이후에 미국의 흑인 페미니스트들과 레즈비언들에 의해서 대두되었다. 흑인 여성과 레즈비언 여성은 '여성'을 하나의 카테고리로 묶어 추상적으로 설명하는 것에 비판적이었으며, 흑인 여성과 레즈비언 여성의 억압은 성이라는 변수 이외에 다른 변수들, 즉 성과 인종, 성과 섹슈얼리티가 서로 맞물린(interlock) 형태로 나타난다고 설명한다(Childers and hooks 1990 ; Spelman 1988 ; Calhoun 2003). 따라서 이들은 소위 '성'과 '인종' 혹은 '성'과 '섹슈얼리티'의 "교차성(intersectionality)"을 페미니즘 분석의 중요한 틀로써 인식해야 한다고 주장한다.[14]

이렇게 페미니즘의 관심이 '다원화된 여성(diversity of women)'으로 그 분석단위와 대상이 세분화되고 있다고 해서 페미니즘이 그 핵심을 잃는 것은 아니다. 다원화된 여성은 단순히 여성들 간의 다양한 차이를 강조하는 것을 넘어 다른 집단의 억압을 연계로 해서 여성 억압에 대한 다양한 형태를 깊이 있게 밝혀내고자 한다. 즉 여성

14 교차성에 대한 자세한 설명은 크랜쇼(Crenshaw 1991)를 참조.

은 남성과의 관계에서 동일한 형태의 억압을 경험하는 것이 아니라, 인종과 섹슈얼리티 같은 다른 억압의 축(axis)에 필연적으로 관계하여 다양한 형태로 억압의 모습이 나타나고 있음을 강조하는 것이다. 요컨대 성, 인종, 계급, 섹슈얼리티 등이 모두 상호적으로 억압의 체계를 구성하며, 따라서 여성이 경험하는 다양한 억압의 형태를 연구하는 것은 다른 집단이 경험하는 억압까지 포괄하는 연구이며, 이로써 페미니즘 연구의 폭을 넓힐 수 있다(Collins 2000 ; Davis 1981 ; Smith 1983 ; Lord 1984). 즉 낸시 프레이저(Nancy Fraser)에 따르면, "성뿐만 아니라 인종, 종족, 민족, 섹슈얼리티, 계급 등 모두가 이제는 페미니즘 이론화를 필요로 한다. 이것은 억압에 대한 이런 모든 투쟁이 페미니즘과 어느 정도 관련되어야 한다는 것이다"(Fraser 1997, 180).

대표적인 흑인 페미니스트인 '벨 훅스(bell hooks)'가 정의하고 있는 페미니즘은 이러한 페미니즘 이론의 동향에 있어 유용한 의미를 제공한다. 훅스는 "페미니즘은 성의 억압(sexual oppression)과 투쟁하는 것"이라고 정의한다(hooks 1987, 71). 그녀가 정의하는 페미니즘이 특히 의미 있는 이유는 성의 억압이 인종, 계급, 섹슈얼리티 등의 억압의 형태와 밀접한 관계를 가지고 있다는 점을 강조하기 때문이다. "미래의 페미니스트 투쟁은 문화적 바탕과 원인의 섹시즘 이외에도 다른 집단 간의 억압의 다양한 형태의 문화적 바탕과 원인에 … 확고히 바탕을 두어야 한다"고 역설하면서, 사회주의의 정치학(politics of socialism)과 반인종주의(anti-racism) 움직임이 성의 억압에 대응하는 여성의 투쟁과 결부되어 일어나지 않는 한 페미니즘은 성공하기 어렵다고 설명한다(hooks 1987, 75). 훅스의 이러한 페미니즘 정의는 앞으로 페미니즘 이론이 나가야 할 긍정적인 방향을 제시해

주고 있다고 본다. 페미니즘은 여성의 억압 이외에 다른 집단이 겪고 있는 억압에도 관심을 기울여야 하며, 이것은 페미니즘이 여성만을 위한 이론이 아닌 다른 소외받는 집단들을 위한 사회정의 이론의 성격을 띠어야 한다는 것을 암시한다. 다시 말해서 완전한 페미니즘 이론은 남성과의 관계에서 여성에게 절대적인 특권을 주어야 한다는 주장을 넘어 사회 구성원 모두에게 도움이 되는 근본적인 사회변화의 기조를 제공할 수 있어야 한다는 것이다.

따라서 페미니즘이라는 말 속에는 여성을 하나의 집단으로 인식할 뿐만 아니라 집단에 포함된 여성들 간의 다양성을 이해해야 하며, 여성들 간의 다양성을 이해한다는 것은 여성의 억압 이외에도 다른 사회집단들 간의 부정당성과 억압이 함께 강조되어야 한다는 것을 의미한다. 이러한 페미니즘 이론의 흐름 속에서 더욱 더 깊이 있게 연구되어야 할 것은 사회에서 억압받고 있는 다양한 사회집단들을 구분해내고 이들이 겪는 억압을 좀더 구체화함으로써 이들과 성의 억압 간의 교차성에 대한 분석이 정밀하게 이루어져야 한다는 점이다. 페미니즘 이론이 부정당한 성관계와 집단 간의 관계를 밝혀내고 이에 도전하는 문제를 넘어 궁극적으로 사회정의에 얼마나 일조할 수 있는지에 대한 전망까지 발전시켜야 할 것이다.

Ⅲ. 한국에서 가지는 서구 페미니즘 이론의 의미

1. 서구 페미니즘 이론의 수용

이제까지 서구 페미니즘 이론의 전반적인 동향과 그 핵심 쟁점을 중심으로 살펴보았다. 한국 페미니즘 학계에서는 서구 페미니즘 이론이 기본적으로 수용·적용되는 형태를 보이는데, 따라서 앞서 살펴본 서구 페미니즘 이론의 동향변화도 한국학계에서 일반적으로(분야에 따라 조금씩은 다르겠지만) 감지되고 있는 것이 사실이다. 다만 눈에 띄는 차이를 찾아볼 수 있다면 서구 학계에서는 동향변화가 1980년대를 전후로 나타난 반면에, 한국학계에서는 서구 이론이 전해지고 소개되어지는 시간적 차이로 인해 서구의 것보다 10-20년 이후에 그러한 동향변화를 볼 수 있다는 점이다. 즉 한국학계에서는 앞서 살펴본 서구의 동향변화가 이제 막 시작되었다고 볼 수 있다. 그럼 좀더 구체적으로 살펴보자.

첫째, '비판'에서 '건설'로의 방법론적인 변화는 최근의 한국 페미니스트들이 제시하고 있는 '대안적 패러다임으로서의 페미니즘' 논의와 깊은 연관성을 지닌다. 기존 이론이나 개념에 대한 비판으로서의 페미니즘을 넘어 새로운 대안으로서의 페미니즘을 연구하고 있는 이러한 움직임은 전경옥(1996), 이영자(2000), 허라금(2004), 조형(2005) 등에서 찾아볼 수 있다. 예를 들어, 기존의 윤리성 개념이나 리더십 논의를 페미니스트 관점에서 비판하고, 아울러 비판에 대한 대안으로서 여성주의적 윤리성 개념과 여성주의적 모성 리더십을 제시한다. 페미니스트 비판을 넘어 페미니스트 대안을 제시하려는 이러한 움직임은 최근에 들어 감지되고 있는 만큼 앞으로 한국학계에서 활발한 연구가 기대되는 분야이고, 연구 필요성이 강조되어야 하는 분야이기도 하다.

둘째, '비판'에서 '건설'로의 방법론적 측면의 동향변화와는 다르게 '평등'에서 '자유'로의 내용적 측면의 동향변화는 한국학계에서는 아직 초보적인 모습도 보이고 있지 않다. 이제까지 한국 페미니즘 학계에서 논의되는 주요 담론의 내용은 주로 '평등'에 초점 맞추어진다. 우리 사회에서 현재 활발하게 논쟁중인 다양한 여성과 성 관련 이슈들, 예를 들어 호주제, 성매매 특별법, 생리공결제, 여성공무원 채용목표제, 여성할당제, 군가산점제, 국공립대 여성교수 채용 목표제, 성희롱·성폭력 문제 등이 모두 직·간접적으로 '(양성)평등'의 논리 혹은 수사 아래에서 논의되고 있다. 임신종결권에 대한 최근 논의(예를 들어, 박숙자 2001 ; 양현아 2005)를 제외하고는 여성의 '자유'에 관한 이론적인 측면에서의 논의는 한국학계에서는 거의 이루어지고 있지 않다.[15]

필자는 이러한 이유를 서구, 특히 영·미와는 다른 한국 페미니즘 학계의 특성 때문이라고 본다. 영·미 페미니즘의 기원, 즉 제1기 페미니즘의 출발은 18, 19세기 자유주의 정치사상에서 비롯되었으며, 1960-1970년대 자유주의 페미니즘의 기조가 '평등'을 강조하는 제2

15 예외적으로 허라금(1995)과 노성숙(2005)이 있으나 이들 연구가 페미니즘 '자유' 연구의 새로운 동향을 만들어내고 있는 것 같지는 않다.

기 페미니즘으로 대체되었다고 할지라도 개인의 자유와 자율에 관한 논의는 항상 서구 페미니즘의의 핵심에 숨어 있었고, 따라서 본격적으로 1980년대 이후에 다시 대두될 수 있었다고 본다. 그러므로 서구 페미니즘에서 '자유'에 대한 논의는 결코 새로운 것이 아니었고, 항상 잠재해 있었던 것이다. 반면에 한국 페미니즘은 서구와는 달리 자유주의에 대한 잠재성이 부재한 채 급진주의적 성향을 주로 나타낸다. 서구의 것과 같은 제1기 페미니즘 운동이 구체적으로 없었던 한국 페미니즘은 일제강점으로부터의 해방과 대한민국 정부수립으로 인해 서구의 페미니스트들이 100년 이상 싸워서 성취한 참정권 등의 중요한 여성의 권리를 다소 쉽게(?) 얻을 수 있었으며, 1960년대 이후 자유주의 페미니즘에 대한 공고한 기반 없이 급진적인 서구의 제2기 페미니즘을 주로 받아들여 왔다. 특히 1960-1970년대 서구의 급진적인 페미니즘을 공부한 한국 여성학자들에 의해서 한국 페미니즘 학계의 주류 토대가 만들어졌다는 점은 주목할 만하다. 또한 한국 페미니즘의 급진성은 초기의 페미니즘이 학생운동, 노동운동과 그 연계성과 방향성을 같이했다는 점도 기여하고 있다.[16] 비록 1990년대 이후 한국 페미니즘 학계는 지나친 급진주의적 성향에 대한 스스로의 비판과 더불어 학생운동과 노동운동과 독립적일 수 있는 페미니즘의 발전을 꾀하고는 있지만, 자유주의 사조의 핵심으로 여겨지는

16 한국 페미니즘 학계가 급진적이라는 것은 소위 급진주의로 분류되는 서구 페미니스트의 저서가 주로 많이 번역되어서 학계의 교재로 널리 사용되어 오고 있다는 점을 일례로 들 수 있다. 따라서 아쉽게도 서구 페미니즘 학계에서 주류로 분리되는 자유주의 페미니스트의 이론이나 저서가 한국학계에는 소개조차 되고 있지 않는 경우가 많다. 앞서 필자가 언급하고 있는 너스바움의 글이 그 경우이다.

여성 개인의 자유와 자율에 관한 논의가 한국학계에 본격적으로 나타날 수 있을지에 대해서는 필자는 다소 회의적이다.

셋째, '성'에서 '사회정의'로의 분석대상 측면의 동향변화는 한국학계에서 1990년대 후반부터 서서히 드러나고 있다. '성'이라는 일률적인 분석대상에 대한 비판은 여성들 간의 '차이'에 대한 관심으로 집중되어 나타나고 있는데, 여성들 간의 '차이'를 다루고 있는 최근의 대표적인 연구로는 조주현(1996), 이상화(1998), 홍찬숙(1999), 태혜숙(1999), 문현아(2004), 조희원(2005) 등이 있다. 이들 연구는 페미니즘에서 다루고 있는 '여성'이 다양한 여성의 목소리를 대변하는 데 문제가 있다고 지적한다. 예로써 성매매 금지를 주장하고 성매매방지특별법을 통과시킨 여성계의 주류 담론에서 성매매업에 종사하는 실제 여성들의 목소리가 배제되었다는 비판을 들 수 있다(고정갑희 2005 ; 문은미 2005 ; 정희진 2005). 그러나 여성들 간의 차이가 있다는 단순한 주장을 넘어 왜 그러한 차이가 의미 있게 다뤄져야 하는지에 대한 문제에 관한 근본적인 연구는 미흡하게 진행되고 있다. 따라서 서구학계가 보이고 있는 성과 연계된 다른 억압의 축과의 '교차성'에 대한 연구까지로는, 즉 페미니즘이 본격적인 '사회정의'의 연구로까지는 아직 확장되고 있지 못하다(다시 말해 '성'에서 '사회정의'로의 변화는 '성'에서 '여성들 간의 차이'로, '여성들 간의 차이'에서 '사회억압에 대한 다층적 교차성'에 대한 연구로의 두 단계로 나누어진다고 할 수 있다. 한국학계에서는 후자에 해당하는 '여성들 간의 차이'에서 '사회억압에 대한 다층적 교차성'에 대한 연구로까지는 아직 활발히 진행되고 있지 못하다).

결론적으로 한국 페미니즘은 서구의 그것을 주로 수용하고 적용하는 모습을 일반적으로 띠고 있다. 그러나 서구 페미니즘 이론을 탐구하는 주요한 이유는 이들 이론을 한국 여성의 경험과 생활에 단순히 적용시키고자 해서가 아니다. 대신에 서구 페미니즘 이론을 살펴보고 분석함으로써 궁극적으로 한국적 맥락에서 생성·발전되는 한국 페미니즘 이론의 기반을 공고히 다지기 위해서이다. 페미니즘은 특수한 역사와 구체적인 문화적 배경에서 나온다고 앞서 강조하였다. 인류 역사가 남성의 여성에 대한 억압과 불평등의 역사라는 일반적인 보편성을 지닌다고 할지라도 그 구체적인 억압과 불평등의 형태는 시대와 장소에 따라서 각기 다른 모습을 지닌다. 또한 여성의 저항과 도전의 모습도 다양한 형태로 나타난다. 이것이 한국 페미니즘의 이론화가 필요한 근본적인 이유이다. 그러나 아쉽게도 다른 나라와 다른 문화권의 여성과 구별되는 한국 여성의 특수한 경험과 위치에 대한 실질적인 분석을 기반으로 한 한국 페미니즘의 이론화 작업은 서구 이론을 채택하여 적용하는 단계에 주로 머물러 있다고 할 수 있다.

이 점에서 한국 여성학계의 서구중심주의를 비판하는 강정인(2004)의 주장은 의미가 있다. 한국 여성학계에서는 일반적으로 서구 페미니즘 이론을 보편적 가치로 상정하고 이를 한국적 맥락에서의 심각한 재해석 없이 한국적 적용을 감행해 왔다고 강정인은 비판한다. 이는 결국 발전된 서구에 비추어 보아 한국 페미니즘의 저발전성을 강조하는 효과를 낳았으며, 한국적 특수성을 서구적 보편성에 동화시킴으로써 주변의 것으로 폄하하는 경향을 야기했다고 지적한다. 그 결과 서구 이론의 수용 필요성을 다시금 강조하게 되고, 이는 궁극적으로 한국 페미니즘 이론의 부재를 야기하게 되었다는 것이다(강정인 2004, 395-405). 또한 서구 이론에 대한 지나친 의존은 한국의 특수한 여성현실에 대해 질문을 할 수 있는 주체적인 능력마저 제한한다는 것이다(태혜숙 2004, 260). 조혜정(1994, 40, 80)은 이를 "자국 내 식민화"라고 설명하는 데, 즉 "우리가 서구의 지식을 수용하는 데 급급한 나머지 우리의 경험과 현실에 민감하지 못하게 되는 지식생산의 식민성이 한국사회 내부에서 재생산되는 현상"이 한국 여성학계에서도 발견되어진다고 주장한다. 서선희(1998)도 1998년 글에서 일반화되고 있는 서구 페미니즘 이론의 무비판적 수용과 적용의 문제점을 지적하고 있다. 1980년대 후반부터 한국 여성문제의 분석과 해결을 위한 이론적인 바탕을 단순히 서구의 페미니즘 이론의 적용이나 최소한의 수정을 통해서 얻어질 수 없다는 반성적 목소리가 있어왔음에도 불구하고 한국 페미니즘 이론의 부재는 1998년 현재에도 해결되어야 하는 중요한 문제라고 지적한다(cf. 박영혜 1984 ; 여성사연구회 1988). 그러나 서선희가 지적한 이러한 상황은 2000년대 중반을 넘어선 지금의 시점에도 큰 변화가 없는 듯하다.

2. 유교와 페미니즘

한국 페미니즘 이론의 정립 필요성에 비추어 볼 때, 최근 조명받고 있는 유교와 (서구) 페미니즘 간의 연구는 무척 고무적이라고 할 수 있다. 유교문화는 한국적 특수성임에 틀림없다. 서구 페미니즘은 인식이 되든 혹은 되지 않든 간에 태생부터 기독교 문화에 그 뿌리를 두고 있다. 유교가 더 이상 현존하는 국가의 통치이념이나 종교가 아니라는 점, 현재 우리 사회도 서구 기독교 문화의 영향을 많이 받고 있는 점 또한 부인할 수는 없다. 그리고 현재 우리의 삶이 얼마나 유교문화의 영향권 안에 속해 있는지에 관해 실증적으로 증명하기 어렵다는 것도 사실이다. 그럼에도 불구하고 유교문화가 한국문화의 중요한 부분을 구성하고 있다는 것은 부인하기 어렵다. 따라서 서구와는 다른 유교적 맥락에서 한국 페미니즘이 어떠한 모습으로 발전되어 왔는가를 실제적·이론적으로 밝혀내는 것이 향후 한국 여성학계의 중요한 과제들 중 하나라고 할 수 있다.

현재 학계에서 진행중인 유교와 페미니즘의 연구는 다음과 같은 세 가지 입장을 견지한다. 첫째, 유교와 페미니즘을 물과 기름처럼 서로 상반되고 갈등하는 관계로 보는 견해이다(조순경 2001 ; 오세근 2001 ; 엄태석 2005). 전통적 유교주의는 한국 페미니즘 발달에 장애의 요인으로 작용하고 있으며, 유교의 가부장성은 한국사회의 성차별적 의식, 문화, 제도에 근본적으로 기여했다는 것이다. 이 입장에 따르면, 유교의 가족공동체 윤리와 사상은 여성의 특정 기능과 역할을 한정지었고 남성과 여성의 관계를 서열적으로 규정지었기 때문에 여성은 남성에 의존하며 열등한 존재로서 그 의미가 강조되었다고 설명한다. 따라서 유교의 성차별적 여성관과 성억압적 규율 및 제도는 서구 페미니즘이 지향하는 양성 평등적이고 여성의 자율성의 강조하는 원리와 가치에 근본적으로 대치된다고 본다.[17] 이는 유교가 이념

---

[17] 엄태석은 유교의 남녀 불평등적이고 수직적인 위계질서는 서구의 민주주의, 자본주의 문화와 대조적이라는 것을 강조하면서, "민주주의와 자본주의를 필두로 한 서구문화의 유입으로 여성들이 이전에는 생각하지도 못한 자유를 구가함에도 불구하고 여성 종속적인 유교문화의 잔영은 이전과는 또 다른 모습으로 여전히 사회에 잔존하고 있다"고 설명한다(엄태석 2005, 78).

적인 면이나 역사적인 면에서 페미니즘과 공유하는 점이 없다고 보기 때문에 유교를 페미니즘적으로 재해석하는 것을 부정하는 입장이다(전복희 2005, 64).

둘째, 유교가 여성 억압적이고 성불평등적인 요소를 포함하고 있더라도 유교에는 페미니즘의 발전에 도움이 될 수 있는 긍정적인 요소도 찾아볼 수 있다는 견해이다(Sen 1999 ; 서선희 1998 ; 강숙자 2004). 기본적으로 유교의 지배적인 가치는 가족에 충성하고 국가에 복종하는 위계질서적이고 권위주의적인 이념을 내포하고 있으나, 유교가 단편적이고 일률적인 문화가 아닌 점을 고려해 본다면 유교학자들의 저서들에서 서구 페미니즘이 지향하는 자유와 평등의 가치들을 발견할 수 있다는 것이다. 구체적으로 아마타 센(Amartya Sen)은 서구 페미니즘의 핵심 가치인 '자유'가 유교적인 담론이 지배하는 동양의 저서와 사상들에서도 찾아볼 수 있는 아시아적 가치로도 충분히 여겨질 수 있다고 주장한다(Sen 1999, 227-248). 이러한 입장은 유교의 전통적 문화와 동양의 전통 속에서 서구의 페미니즘과 "상응할 수 있는 성질을 찾는 것", 즉 동양의 전통사상과 서구 페미니즘 간의 "어떤 공약수"를 찾으려는 노력의 일환으로 간주할 수 있다(서선희 1998, 326-327). 강숙자(2004, 7)의 표현을 빌리자면, 이는 유교적 이념과 문화 속에서 "무엇이 여성주의에 걸림돌이며 무엇이 여성주의에 부합하는가"를 규명하고자 하는 노력이다.

셋째, 유교에서 서구 페미니즘적 요소를 찾아볼 수 있다는 견해를 넘어 유교의 특정 관점은 서구의 페미니즘의 주류 담론이 적절히 설명하지 못하는 부분을 채워줄 수 있다고 제시한다(신옥희 1995 ; 서선희 1998 ; 이숙인 1999 ; 이은선 1995). 예를 들어, 가족공동체의 원리에 근거하는 유교의 사회적 구조는 공동체 안에서 다른 구성원들과 상호 의존하고 필연적으로 관계하는 '관계적' 자아정체성을 가능하게 해 주는데, 이로써 독립적인 개별 개인에 초점을 두는 서구 자유주의 페미니즘의 한계를 극복할 수 있다고 본다. 다른 예로는 유교의 인(仁)의 개념에서 서구 주류 페미니즘 이론에서 부족한 공동체적 자아관의 원리를 찾아낼 수 있다고 설명한다. 즉 유교 본연의 원리에서 "현재의 페미니즘에서 필요로 하는 원리"를 이끌어낼 수 있다는 것이다(서선희 1998, 348). 이 점에서 신옥희(1995, 23)는 다음과 같이 말한다.

> 오늘날 우리들의 사상적 과제는 단지 동양의 전통적 사고방식의 우위를 맹목적으로 고집하거나 반복하는 것에 있는 것이 아니라, 우리의 고유한 전통 속에 간직되어 있는 현대적 가치를 발굴하여 이를 우리 시대에 있어 의미 있는 것으로 재창조하는 데 있다고 본다. 그리고 이같은 과제를 수행하기 위해서는 우리의 동양적 전통과는 이질적인 서양의 사고방식의 빛에서 우리의 사고방식을 음미하고 반성하며 변혁해 가는 과정이 필요하다.[18]

이러한 노력은 단순한 "현대적 가치"가 아니라 "상호적 보충"과 "상호적 변혁"이 가능한 동양의 사상적 토대를 찾으려 한다는 점에

---

[18] 신옥희(1995)는 동양사상이 서구사상을 보완하고 보충할 수 있는 근거를 유교보다도 대승불교의 공(空)사상에서 찾고 있다. 구체적으로 자유주의 페미니즘의 한계를 조명하며 최근에 들어서 강조되는 관계의존적 자아개념을 존재 간의 상호 의존성과 상호 상관성을 강조하는 대승불교의 공이론에서 찾는다.

서 의미가 있다.[19]

그러나 위와 같은 기존의 유교와 페미니즘의 연구는 한국 페미니즘의 구체적인 모습을 그려내기에는 다음과 같은 미흡한 점이 보인다. 비록 본고가 한국 페미니즘 이론의 구체적인 모습을 그리는 것을 목적으로 하지는 않지만, 기존의 연구가 공통적으로 내포한 한계를 지적하면서 앞으로 한국 페미니즘 이론이 나아가야 할 발전방향을 미흡하나마 제시하고자 한다. 첫째, 유교와 페미니즘의 기존 연구는 유교에 대한 해석을 대부분 유교의 경전에서 찾으려 한다. 예를 들어, 원시유교의 경전들 속에서 나타난 여성관은 그 이후 유교와는 다른 의미를 지니고 있다고 강조하면서, 유교에 대한 올바른 이해와 오해를 풀기 위해서는 원시유교의 경전으로 돌아가야 한다는 것을 함의한다.[20] 이러한 근거로 유교 경전의 해석에 관해 현재 유교학계와 여성학계 간의 격렬한 논쟁이 벌어지고 있는 것도 사실이다. 필자도 유교 경전 해석의 중요성과 올바른 분석의 필요성에 공감하고 있다. 그러나 이와 함께 한국 페미니즘 이론의 발전을 위해서는 경전중심적 해석의 한계를 분명히 인식하는 것도 중요하다고 생각한다. 우리가 직접적으로 체험하고 느끼는 유교는 추상적이고 현실과 동떨어져 있는 경전의 어구들이 아니라, 사회적 관계와 사람들과의 관계 속에서 실제적으로 구체화된 제도와 이념의 모습으로 나타난다. 따

19 이러한 노력은 유교 이외의 다른 동양적 전통에서도 관계하는데, 특히 불교와 페미니즘 간의 관계를 연구하면서 불교에는 여성지향적 윤리인 자비, 사랑, 돌봄의 윤리와 남녀평등 사상이 만연하고 있다고 강조한다(서선희 1998).

20 일례로, 원래 맹자에게 부부유별(夫婦有別)의 의미는 상하적인 존비관계가 아닌 남녀유별의 관계를 서로의 직분에 충실하여 서로에게 필요한 보완관계로 이해되었다고 본다.

라서 한국 페미니즘 이론은 유교의 가부장성과 그 속에서 위치지워진 한국 여성의 입장에 관해 고서 속에 있는 숨어 있는 사상을 넘어 이러한 사상이 실제적으로 정치・경제・사회적 맥락 속에서 어떠한 모습으로 구체적으로 투영되고 구성되어 왔는지에 관한 문제에 더 깊이 있는 관심을 두어야 한다고 본다.

두 번째 한계는 유교에서 서구 페미니즘적 가치를 찾을 수 있었든 혹은 없었든 간에 기존의 연구는 대부분 유교와 페미니즘의 관계를 양분법적으로 보고 있다는 데 있다. 즉 서구 페미니즘을 그 비교의 기준으로 삼고 유교의 긍정적인 면과 부정적인 면을 구별하려고 한다. 이것은 결국 서구 페미니즘의 관점에서 유교를 평가하려 했다는 점에서, 서구의 본질주의자나 보편주의자들이 서구의 문화와 가치를 기준으로 비서구의 문화와 가치를 평가하여 어떤 동질성을 찾으려 하고, 그렇지 못하였을 경우 열등한 것으로 치부해 버리는 의도와 어느 정도 일맥상통한다고 본다. 이는 결국 서구 페미니즘을 가치판단과 비판의 척도로 삼았다는 점에서 강정인(2004, 395-402)이 비판했던 한국학계의 "문제의식의 서구화"와도 깊은 관련을 보인다.

따라서 한국 페미니즘 이론의 미래는 유교 경전에의 해석 중심을 넘어 실제적인 사회의 권력관계 내(內)에서 구체화되고 현재까지도 다양한 변화에 능동적으로 대처하며 재생산되어져 오는 유교적 가부장제의 메커니즘을 밝히고 이를 이론화하는 것이 그 핵심이 되어야 할 것이다. 또 유교적 가부장제의 메커니즘 속에서 한국 여성의 위치를 밝히고, 가부장제에 대한 이들의 도전을 구체적인 맥락에서 설명할 수 있는 것이어야 한다. 동시에 한국에서 보이는 가부장제의 모습을 단순히 전통과 유교의 탓으로 돌리는 것은 지양하여야 할 것이다. 이것은 전통과 근대, 가부장적 유교주의와 평등주의적 서구 페미니즘의 양분법적 분석틀을 벗어나야 한다는 것을 의미한다. 유교와 페미니즘이 서로 단순히 순하고 혹은 역하는 관계를 밝히는 것을 넘어 한국적 맥락에서 드러난 이 둘 간의 체계적인 상호 역학관계와 역동성을 밝혀내는 것이 필요할 것이다.

마지막으로 이러한 한국 페미니즘 이론의 모습을 찾을 수 있는 예로서 양현아(2002 ; Yang 2003)가 설명하는 호주제를 언급하며 결론지으려 한다. 기본적으로 양현아는 호주제의 문제를 전통과 근대, 가부장제와 페미니즘 간의 갈등과 대립으로 보는 것을 거부한다. 변화하지 않는 전통과 추상적인 실체로서의 호주제가 아니라, 구체적인 역사적 맥락에서 구성된 호주제의 성격을 밝혀내고, 호주제가 어떠한 영향으로 유지·공고화되었는지에 대한 문제에 연구의 초점을 맞춘다. 즉 전통을 추상화하거나 사물인 것처럼 실체화해서는 안 되며, "사회적 맥락, 지역과 계급적 입장, 시대적 역동성"에 의해 구체화되고 구성된 전통으로서의 호주제의 모습을 찾아야 한다고 양현아는 강조한다(2002, 111). 그 예로 호주제는 일제 강점기에 일본 구민법의 도입과 조선의 관습 인정이라는 "복합적인 지형 속에서 만들어진 산물"이며, 이것은 호주제가 순수한 한국의 전통이라는 입장과 식민지 유산으로서 전통의 왜곡이라는 기존의 양분법적인 접근으로는 설명되어질 수 없다는 것이다(2002, 113). 따라서 양현아가 해석하고 있는 호주제는 탈식민주의 맥락에서 서구의 가부장제와 구별될 수 있는 한국의 유교적 가부장제의 특수성과 한국 여성의 독특한 도전을 설명할 수 있는 시발점이 될 수 있으리라고 본다.

V. 결론을 대신하여: 글로벌 맥락에서의 한국 페미니즘 이론을 향하여

결론적으로 한국 페미니즘이 나아가야 할 방향은 구체적인 한국 페미니즘 이론을 정립할 수 있고, 이와 동시에 글로벌 페미니즘(global feminism)의 보편적인 흐름에 이를 위치시킬 수 있어야 한다. 다시 말해서, 한국 페미니즘 이론은 한국적 맥락의 구체성과 페미니즘의 초국적 보편성을 함께 설명할 수 있는 이론이어야 한다. 한국 여성학계는 한국 페미니즘 이론의 부재를 직시하고 이론 정립의 필요성을 인식해야 하며, 따라서 문화와 국가의 다양성을 쉽게 간과한 채 승인된 서구 페미니즘 이론의 무비판적인 한국에서의 수용의 문제점을 지적할 수 있어야 한다. 그렇지 않으면 국가와 문화의 다양성을 무시하고 성불평등과 여성의 억압의 보편성과 유사성만을 강조하는 본질주의의 오류에 빠질 수 있다. 본질주의를 옹호하는 대표적 여성학자인 오킨은 서구문화권에서 발전된 정의, 자유, 평등 등의 개념이 비서구문화권에도 일률적으로 적용될 수 있다고 주장한다. 오킨에게 서구와 비서구 페미니즘의 차이는 단지 정도의 차이일 뿐이다. 잘 살지 못하는 비서구의 여성이 경험하는 성불평등과 여성의 억압은 잘 사는 서구의 여성과 비교해 보았을 때 단지 "비슷하지만 좀 더(similarly but more so)" 심각할 뿐이라고 설명한다(Okin 2000). 그러나 이러한 오킨의 본질주의적 해석은 옳지 않다. 서구와 비서구 여성들 간에는 보편적인 유사성도 보이겠지만, 이들 간의 차이는 단순한 정도의 차이를 넘어 삶의 다양한 내용과 형태로 나타나며, 이러한 다양성을 밝히는 것이 한국 여성학자를 포함한 비서구 여성학자들의 과제인 것이다.

참고문헌

강숙자, 2004. "유교사상에 나타난 여성에 대한 이해." 『동양정치사상사』 3권 2호.

강정인. 2004. 『서구중심주의를 넘어서』. 서울 : 아카넷.

고정갑희. 2005. "성매매방지특별법과 여성주의자들의 방향감각." 『여/성이론』 12호.

노성숙. 2005. "주체성." 『여/성이론』 13호

로즈마리 통 저. 이소영 옮김. 1995. 『페미니즘사상』. 서울 : 한신문화사.

문은미. 2005. "일단, 성매매여성 비범죄화부터 시작합니다." 『여/성이론』 12호.

문현아. 2003. "'차이'와 차별을 너머-경계선 횡단과 연대의 정치." 『여/성이론』 10호.

박숙자. 2001. "여성의 낙태 선택권과 입법과제 연구." 『한국여성학』 17권 2호.

박영혜. 1984. "서구 Feminism과 한국현실." 『여성연구』 2권 4호.

서선희. 1998. "동양의 전통사상과 페미니즘." 『21세기 정치와 여성』. 서울 : 나남.

신옥희. 1995. "동양의 전통사상과 한국적 여성철학의 전망." 여성철학연구모인 엮음. 『한국여성철학』. 서울 : 한울아카데미.

앨리슨 제거 저. 공미애 · 이한옥 옮김. 1999. 『여성해방론과 인간본성』. 서울 : 서광사.

양현아. 2002. "'전통'과 '여성'의 만남 : 호주제도 위헌소송에 관한 문화 연구." 『법사학연구』 25호.

______. 2005. "여성 낙태권 필요성과 그 함의." 『한국여성학』 21권 1호.

엄태석, 2005. “여성과 정치문화.” 강경희 외. 『여성정치학 입문』. 서울 : 들녘.
여성사연구회 편. 1988. “한국 여성해방이론의 전개에 대한 비판적 검토.” 『여성』 2권.
오세근. 2001. “조선조 유교의 기론과 페미니즘의 지평.” 한국유교학회 편. 『유교와 페미니즘』. 서울 : 철학과 현실사.
이상화. 1998. “페미니즘과 차이의 정치학.” 『철학과 현실』. 가을호.
이숙인. 1999. “유교의 관계윤리에 대한 여성주의적 해석.” 『한국여성학』 15권 1호.
이영자. 2000. “대안적 패러다임으로서의 페미니즘 : 가능성과 딜레마.” 『한국여성학』 14권 1호.
이은선. 1995. “유교와 페미니즘, 그 관계의 탐색을 통한 ‘한국적 페미니즘’ 전망.” 『동양철학연구』 15호.
전경옥. 1996. “정치학의 새로운 패러다임.” 한국 정치학회 연례학술대회 논문집.
전복희, 2005. “동양정치사상과 여성 : 유교적 시각.” 강경희 외. 『여성정치학 입문』. 서울 : 들녘.
정희진. 2005. “성 판매여성, 페미니스트, 여성주의방법 메모” 『여/성이론』. 12호.
조세핀 도노번 저. 김익두 옮김. 1993. 『페미니즘 이론』. 서울 : 문예출판사.
조순경. 2001. “유가사상 성별분업” 『여성학논집』 18권.
조주현. 1996. “여성정체성의 정치학 : 80-90년대 한국의 여성운동을 중심으로.” 『한국여성학』 12권 1호.
조형 엮음. 2005. 『여성주의 가치와 모성 리더쉽』. 서울 : 이화여자대학교 출판부.
조혜정. 1994. 『탈식민시대 지식인의 글읽기와 삶읽기 2』. 서울 : 한국여성학회.
조희원. 2005. 『“차이”의 논의에 대한 정치학적 고찰 : 여성들 간의 차이를 중심으로』. 경희대학교 정치학과 박사논문.
태혜숙. 1999. “성적주체와 제3세계 여성문제.” 『여/성이론』 1호.
______. 2004. “한국의 탈식민페미니스트 지식생산을 위하여.” 『한국의 탈식민페미니즘과 지식생산』. 서울 : 문화과학사.
허라금. 1995. “여성주의적 ‘자율성’ 개념을 위한 시론.” 『한국여성학』 11집.

______. 2004. 『원칙의 윤리에서 여성주의 윤리로』. 서울 : 철학과 현실사.
홍찬숙. 1999. "차이를 안고 연대로 : 문제제기." 『여성과 사회』 11권.

Baehr, Amy ed. 2004. *Varieties of Feminist Liberalism*. Oxford : Rowman & Littlefield Publishers, Inc.

Benhabib, Seyla and Drucilla Cornell. 1987. *Feminism as Critique : Essays on the Politics of Gender in Late-Capitalist Societies*. Cambridge : Cambridge University Press.

Cain, Patricia. 1990. "Feminism and the Limits of Equality." *Georgia Law Review* Vol. 24, No. 4(Summer) : 803-47.

Calhoun, Cheshire. 2003. *Feminism, the Family, and the Politics of the Closet : Lesbian and Gay Displacement*. Oxford : Oxford University Press.

Childers, Mary and bell hooks. 1990. "A Conversation about Race and Class" in Marianne Hirsch and Evelyn Fox Keller eds. *Conflicts in Feminism*. New York : Routledge.

Chodorow, Nancy. 1978. *The Reproduction of Mothering*. Berkeley : University of California Press.

Collins, Patricia Hill. 2000. *Black Feminist Thought*. 2nd edition. New York and London : Routledge.

Cornell, Drucilla. 1998. *At the Heart of Freedom*. Princeton : Princeton University Press.

Crenshaw, Kimberle Williams. 1991. "Mapping the Margins : Intersectionality, Identity Politics, and Violence Against Women of Color." *Stanford Law Review* Vol. 43, No. 6 : 1241-99.

Davis, Angela Y. 1981. *Women, Race and Class*. New York : Random House.

Donovan, Josephine. 2000. *Feminist Theory : The Intellectual Traditions*. 3rd edition. Continuum International Publishing Group.

Fraser, Nancy. 1997. *Justice Interruptus : Critical Reflections on the 'Postsocialist' Condition*. New York : Routledge.

Gilligan, Carol. 1982. *In a Different Voice*. Cambridge : Cambridge University Press.

Harding, Sandra. 1986. *The Science Question in Feminism.* Inthaca, NY : Cornell University Press.

Hirschmann, Nancy. 2003. *The Subject of Liberty : Toward a Feminist Theory of Freedom.* Princeton : Princeton University.

Hirschmann, Nancy and Christine Di Stefano eds. 1996. *Revisioning the Political : Feminist Reconstructions of Traditional Concepts in Western Political Theory*. Boulder, CO : Westview Press.

hooks, bell. 1987. "Feminism : A Movement to End Sexist Oppression." in Anne Phillips ed. *Feminism and Equality*. New York : New York University Press.

Jaggar, Alison M. 1983. *Feminist Politics & Human Nature*. Lanham, Rowman & Littlefield Publishers, Inc.

Jamieson, Beth. 2003. *Real Choices : Feminism, Freedom, and the Limits of the Law.* University Park : Pennsylvania State University Press.

Lorde, Audre. 1984. *Sister Outsider*. Trumansberg, NY : Crossing Press.

Kittay, Eva Feder. 1999. Love's Labor. New York : Routledge.

Kittay, Eva Feder and Ellen K. Feder eds. 2002. *The Subject of Care*. Lanham : Rowman & Littlefield Publishers, Inc.

MacKinnon, Catharine. 1987. *Feminism Unmodified.* Cambridge, MA : Harvard University Press.

Mill, John Stuart. 1988. *The Subjection of Women*. Hackett Publishing Company.

Nussbaum, Martha. 1999. *Sex and Social Justice*. Oxford : Oxford University Press.

_____. 2000a. "The Future of Feminist Liberalism." *Proceedings and Addresses of The American Philosophical Association* Vol. 74. No. 2 : 47−79.

_____. 2000b. *Women and Human Development*. Cambridge : Cambridge University Press.

_____. 2000c. "Human Capabilities, Female Human Beings," in Martha Nussbaum and Jonathan Glover eds. *Women Culture and Development : A Study of Human Capabilities*. Oxford : Oxford University Press.

_____. 2003. "Capabilities as Fundamental Entitlements : Sen and Social Justice." *Feminist Economics* Vol. 9, No. 2−3(July−Nov) : 33−59.

Okin, Susan Moller. 1979. *Women in Western Political Thought*. Princeton : Princeton University Press.

_____. 1989. *Justice, Gender, and the Family*. New York : Basic Books.

_____. 1999. *Is Multiculturalism Bad for Women?*. Princeton : Princeton University Press.

_____. 2000. "Inequalities Between the Sexes in Different Cultural Contexts," in Martha Nussbaum and Jonathan Glover eds. *Women, Culture, and Development : A Study of Human Capabilities*. Oxford : Oxford University Press.

Pateman, Carol, 1987. "Feminist Critiques of the Public/Private Dichotomy" in Anne Phillips ed. *Feminism and Equality*. New York : New York University Press.

Ruddick, Sara. 1995. *Maternal Thinking : Toward a Politics of Peace*. Boston : Beacon Press.

Sen, Amartya. 1999. Development as Freedom. New York : Anchor Books.

Smith, Beverly. 1983. "The Wedding" in Barbara Smith ed. *Home Girls : A Black Feminist Anthology*. New York : Kitchen Table Press.

Shanley, Mary Lyndon and Carole Pateman eds. 1991. *Feminist Interpretations and Political Theory*. University Park : Pennsylvania State University.

Shanley, Mary Lyndon and Uma Narayan eds. 1997. *Reconstructing Political Theory : Feminist Perspectives*. University Park : Pennsylvania State University.

Spelman, Elizabeth. 1988. *Inessential Woman : Problems of Exclusion in Feminist Thought*. Boston : Beacon Press.

Squires, Judith. 1999. *Gender in Political Theory*. Cambridge : Polity Press.

Tong, Rosemarie Putnam. 1998. *Feminist Thought : A More Comprehensive Introduction*. 2nd edition. Boulder : CO, Westview Press.

Toronto, Joan. 1993. *Moral Boundaries : A Political Argument for an Ethic of Care*. New York and London : Routledge.

Wollstonecraft, Mary. 1992. *A Vindication of the Right of Woman*. London : Penguin Books.

Yang, Hyunah. 2003. "Gender Equality vs. 'Tradition' in Korean Family Law : Toward a Postcolonial Feminist Jurisprudence." *The Review of Korean Studies*,

Vol. 6 No. 2 : 86−118.

Young, Iris Marion. 1990. *Justice and the Politics of Difference*. Princeton : Princeton University Press.

2

미국학의 새로운 연구경향과 과제

이정희(한국외국어대학교)

Ⅰ. 들어가며

모든 학문(disciplines)과 연구(studies)의 대상과 방법은 끊임없이 변화한다. 또한 특정 학문분야의 연구범주를 어떻게 설정하는가에 따라 구체적 연구대상과 연구방법은 달라진다. 그런데 학문분야의 연구범주와 연구대상 그리고 연구방법은 여러 요인들에 의해 결정된다. 연구주체와 시대적 요구에 의해 연구대상과 방법은 확대와 축소, 통합과 분화의 과정을 반복한다. 지역연구 또는 지역학 역시 예외가 아니다. 연구주체가 누구인가에 따라, 연구방법의 진화와 발전에 따라, 국가와 사회의 필요에 따라 지역연구는 부단히 변화하고 있다.

지역연구는 근대국가의 형성과 그것을 기초로 하는 식민지의 확보에 관련된 연구에서 그 연원을 찾을 수 있다. 18세기와 19세기에 성립되고 발전을 이룩한 근대 지리학이 최초의 지역연구와 밀접한 관련을 갖고 있었다.[1] 그후 사회를 유기적 총체로 파악하려는 콩트(Au-

---

[1] 영국왕립협회가 지원한 James Cook(1728–79), 독일의 Georg Forster(1754–94), Alexander Freiherr von Humboldt(1769–1859), 그리고 독일 근대 지리학의 기초를 성립시킨 Karl Ritter(1799–1859) 등의 업적들을 간과할 수 없고, 19세기에 집중적으

guste Comte 1798−1857)의 사회학과 유럽이 개척한 식민지 연구를 위한 인종학과 인류학, 비교종교학 등으로 연장되었다. 식민지를 대상으로 연구하는 학자들과 학회들의 업적은 유럽제국의 효과적인 식민지정책이라는 현실적인 문제해결에 적극적인 도움을 주었으며, 지역연구의 성격을 충분하게 만족시키고 있다. 따라서 근대적인 의미의 지역연구는 유럽제국의 식민지 경영의 맥락에서 탄생된 것임을 알 수 있다. 이후 지역연구는 제1차 세계대전 후 일어난 국제이해운동의 차원으로 발전하였으며, 미국의 대학들은 교육 프로그램으로 라틴아메리카 연구(Latin American Studies), 극동연구(Far Eastern Studies), 미국문명론(American Civilization) 등의 과목들을 개설하였으나 별로 관심을 끌지 못했다. 그러나 제2차 세계대전이 발발하면서 미국 정부는 적국을 알기 위해서 지역전문가들의 도움을 요청하였고, 이러한 정부의 요청에 부응하면서 지역연구가 새로운 단계에 진입하였다.[2] 그 이후 선진 여러 국가에서는 지역연구를 국가목표와 연계하여 정책적으로 지원하였으며, 그 성과는 현실적 문제해결을 위해서만 아니라 학문적 지식 축적에도 큰 도움을 주었다. 그 중에서도 미국의 세계 지역연구는 체계적으로 이루어졌다. 사회과학연구협의회(SSRC)와 학술단체협의회(ACLS)가 공동으로 구성한 10개(아프리카, 중국, 동유럽, 일본, 한국, 라틴아메리카,

---

로 결성된 각국의 지리학회들을 들 수 있다.

2 제2차 세계대전 중에 미국 정부의 주도로 지역연구를 지원하는 연구위원회들이 결성되었고, 각 위원회의 지역소위원회와 Smithsonian Institution이 협력하여 공동으로 Ethnogeographic Board를 구성하였다. 종전과 동시에 이 위원회는 발전적으로 해체되어 Exploratory Committee on World Area Research를 구성함으로써 명실상부한 지역연구의 전담기구가 탄생된 셈이다. 이러한 사실로부터 제2차 세계대전이 지역연구의 모체는 아니라고 하더라도 전쟁이 지역연구를 촉진시킨 것은 틀림없다.

중근동, 남아시아, 동남아시아, 서유럽)의 지역연구소위원회들이 있었고, 이 위원회들은 포드재단을 비롯한 10여 개의 재단들로부터 기금을 받아 지역연구를 심화시켰다.

미국이 세계 지역연구의 중심으로 자리잡았으나 그 지역연구의 대상으로서의 미국연구는 여타 지역연구와는 다르게 발전하였다. 앞서 지적한 바와 같이 연구주체와 현실적 필요성의 차이로 말미암아 미국학의 성격은 여타 지역연구와 다를 수밖에 없었다. 다시 말하면 미국학 연구의 대상과 주체가 미국 중심으로 이루어져 왔다고 할 수 있다. 미국학 연구의 필요성이 전 세계적으로 확대되고 있음에도 불구하고 많은 국가와 지역에서의 미국학 연구가 스스로의 수요에 걸맞는 수준으로 발전하지 못하고 있다. 서유럽에서의 미국학, 아시아에서의 미국학 등이 확산되고 심화될 때 미국학의 연구경향은 더욱 역동성을 지닐 수 있을 것이다. 그러한 의미에서 이 글은 반쪽의 논의에 그치고 있음을 고백하지 않을 수 없다.

이 글은 미국학의 발전과정을 연구대상과 연구방법의 차원에서 조망하며, 특히 21세기에 들어서 미국이 처한 상황의 변화에 따른 미국학의 변화를 논의한다. 기존의 문헌을 살펴 논쟁점을 정리하고, 최근 미국학회 회장들의 연례 회장연설(presidential address)과 연례 학술회의의 주제 설정, 그리고 학회 공식 학술저널인 *American Quarterly*를 중심으로 미국학의 새로운 경향을 밝힌다.

Ⅱ. 20세기의 미국학 연구

미국학은 미국 국민의 정체성을 대내외적으로 확립하고자 하는 국가적 목표를 두고 시작된 연구분야로서 초기에는 미국 내의 역사학자와 문학 전공자들에 의해 발전되었다. 일반적인 세계 지역연구와는 달리 자국 학자들에 의한 자신을 대상으로 한 국학적 특성을 지닌 연구분야이다. 미국은 유럽국가들에 비해 역사와 전통은 뒤져 있었으나 제1차 세계대전 참전을 시작으로 국제 정치·경제적으로 힘을 발휘하기 시작하였으며, 1920년대 세계무대에 등장하여 강국의 대열에 들어서면서 미국 국민들은 긍지를 느끼게 되었다. 제2차 세계대전을 거치면서 미국은 정치·군사적으로 양극체제의 한 축을 담당하게 되었고, 그후 지속된 미국의 경제적 풍요는 사회·문화적 자의식의 발전으로 이어졌다. 이러한 시대적 상황변화로 미국학은 국민과 학계가 일치하여 하나의 미국정신(American Mind)을 찾아나가려는 방향을 모색하게 된다(김경일 1996).

당시 미국학은 미국인만의 독특한 정신(American Mind)의 존재를 가정하여, 이 정신은 모든 미국인들이 공유하고 있어 미국의 역사 속에 현존하고 있으며, 고전 문학작품 등에서 찾아낼 수 있다고 주장한다. 1950년대의 신화-상징학파 학자들(myth-and-symbol schools)과 보편주의자들은 문화를 하나의 집단이나 단체가 공통적으로 지니고 있는 정신으로 보았으며, "미국의 예외주의(American exceptionalism)"에 바탕을 둔 이러한 인식은 미국의 문화적·이념적 우월성을 강조하려는 냉전시대의 시대정신과 맞물려 미국학의 기본적인 이론이 되었다. 미국정신을 총체적으로 이해하기 위해서는 기존의 학문분과에 의존하기보다는 학제적 연구가 필요하다는 것을 인식하였고, 사회적 이슈의 연구와 국민성에 대한 연구를 위해 사회과학적 접근과 인류학적 접근을 시도하였으나, 1950년대 신화-상징학파의 등장으로 점차 사회에 대한 관심은 탈색되고 문학 중심의 학문분야로 정착하게 되었다(정연선 1993).

상징과 신화를 통해 미국의 문화, 정신, 경험을 규명하려는 상징-신화 학자들은 1950년대부터 1960년대 중반까지 미국학 운동을 주도하여 미국학이라는 학문적 위상을 확립하였다. 상징-신화학파 학자들은 미국의 국민정신은 하나의 단일한 실체이며 상징과 신화에 의해 표현된다고 가정하고 의식과 사회, 또는 의식과 문화가 어떻게 연결될 수 있는가를 규명하기 위해 신화, 상징, 이미지라는 개념을 사용한다. 즉 상징과 신화의 개념은 미국의 문화를 해석하는 하나의 통일된 준거틀이다.[3]

그러나 미국학은 1960년대 중반에 들어서면서 본격적인 변화를 겪는다. 민권운동, 베트남전쟁, 여성해방운동을 통해 그동안 미국사회에서 소외되어 있던 여성, 소수인종, 노동자, 동성연애자 등의 삶

---

3 상징-신화 학자들은 상징과 신화는 이미지이며 경험적인 사실을 반영할 뿐이기 때문에 의식과 현실을 뚜렷하게 구분한다. 이미지와 상징은 독자적으로 발생하는 것이 아니라 많은 사람들의 마음 속에서 발생하는 집단적 표현이기 때문에 이러한 집단적 이미지와 상징의 연구를 통해서 미국인들의 문화를 설명할 수 있다는 것이다. 미국의 경험은 독특한 것이며, 그러한 독특성 때문에 그 많은 다양성에도 불구하고 미국인들과 미국의 정신의 동질성이 유지된다고 하는 이론적 근거를 제공하고 있다(권석우 2005).

에 대한 관심이 고조되었다. 그 결과 미국정신을 공유한 동질적인 미국의 이면에 엄연히 존재했던 인종, 성, 계급의 문제가 전면에 부상하였다. 미국사회의 다원적 성격이 부각되면서 공통적인 정체성 개념이 부정되고 미국 또는 미국인이라는 단어의 단일한 의미가 무너지게 되었다. 즉 흑백분규, 신좌파운동, 월남전 반대운동, 여성해방운동, 이민법의 개정으로 인한 다양한 민족의 유입, 반문화운동 등의 사회적 현상들이 미국문화의 동질성에 대한 회의를 갖게 했다. 동시에 과거 백인 중심의 고급문화가 미국의 정신을 대표한다는 가정이 허물어지면서 대중문화나 노동자의 생활을 연구하게 되었다(정상준 1998 : 573). 즉 실체가 없는 신화와 상징들로부터 구체적인 사건과 실질적인 문제들로 관심을 돌리기 시작했다. 1970년대에 미국학 프로그램에는 흑인연구, 인디언 연구, 여성학, 대중문화 연구, 생태학, 노인학, 민속학 등등 세부 전공분야가 개설되어 있음을 볼 수 있었다. 여성학자들과 소수인종·민족 출신의 학자들이 대거 미국학계에 참여하면서 여성문제와 소수인종, 민족에 대한 연구가 미국학의 중심을 차지하게 되었으며, 미국사회 문화의 다양성과 사회의 지배구조에 관심이 옮아가면서 접근방법에서도 변화를 보였다. 특히 1980년대 이후 유럽 문화이론의 영향을 받은 문화 다원주의자들은 미국 문화의 동질성과 통일된 미국의 정신이라는 것은 허구라고 말하고 총화가 아닌 다양성이 미국문화의 특징이라고 생각하였다.[4]

---

4 세실 테이트(Cecil F. Tate)는 1973년에 출판된 미국학 최초의 전문 비평서인 『미국학의 방법의 탐색』에서 상징-신화 학자들의 공헌을 인정하면서도 그들의 전체론적 사고는 국수주의적 국민성 문제를 대두시킬 위험이 있다고 지적한다. 테이트는 문화를 지정학적 단위와 일치시키는 것은 오류라고 말한다. 미국에는 용광로의 결과로 단일한

결국 1950년에 풍미했던 신화와 상징을 주장해 왔던 학파들, 즉 단일한 그리고 동질적인 '미국정신'을 주장했던 학자들은 그 동력을 잃게 되고 다양한 문화와 문학, 그리고 소수민족들의 역사에 대한 관심을 불러일으키면서 사회계급과 인종, 그리고 여성들에 의해 형성된 문화와 역사가 각광을 받게 된다(이현송 2005 ; 정연선 2005). 동시에 미국 민족주의, 즉 미국의 예외주의가 무너지게 되었다. 그러나 그 대신 더욱 풍부한 소수그룹들의 다양한 역사와 문화 그리고 문학을 우리들에게 선사했으며, 흑인과 아시아 출신의 미국인, 라틴아메리칸, 노동자, 여성들이 주체적 모습을 찾게 되었다. 더 이상 통일되고 단일한 문화가 아니라 풍부한 하부문화에 의해 미국은 새롭게 탄생할 수 있었다. 동시에 1960년대 이후 탈산업사회로의 이행 조짐과 이익대표 체계의 파편화 역시 중요한 요인이 되었으며, 개인주의의 확산도 이러한 경향을 부추겼다. 미국의 다문화주의는 이러한 도전을 통해 더욱 풍부해졌으며, 1980년대와 1990년대를 거치면서 미국 민족주의란 백인 중산층들의 전유물이 아니라 결국 다양한 부분들이 전체를 이룬다고 하는 결론에 도달하게 된다. 사실 미국민들은 내부적으로 국가적 정체성을 확립하기 위하여 지속적으로 인종적·종교적·지리적, 그리고 사상적이며 정치적 정체성을 찾기 위해 노력해 왔다. 이러한 내부교섭에 과정과 국가의 '상상적 공동체'를 논의하면서 미

문화가 존재한다고 가정하는 경향이 있지만 사실 그 속에는 수많은 하부문화들이 존재하고 있다. 전체론적 문화연구는 문화의 예외주의를 주장하게 됨으로써 문화의 다양성을 수용하지 못하게 되며, 보편적 인간 경험의 상징과 신화를 설명하기 힘들 뿐만 아니라 인종적·문화적 우열을 저울질하게 됨으로써 종족 간, 집단 간 분열을 초래할 수 있다(129).

국학 연구의 또 다른 분야를 찾아나갈 수 있었다.

Ⅲ. 미국학의 새로운 방향

미국학의 새로운 방향 모색은 세계화에 따른 공간적 범주의 극복과 미국의 국제정치경제적 위상변화에 수반된 도전의 극복이다. 세계화를 맞아 미국학 연구의 지리적 경계는 허물어질 수밖에 없다. 아직까지도 국가적 경계는 미국민들에게 중요한 국가정체성과 맞물려 있어서 멕시코로부터의 이민을 반대하고 국경을 순찰하기도 하며, 수백 마일의 멕시코 국경선에 철책을 쌓도록 주장하고 있다. 그러나 세계화는 이미 그러한 국가적 경계를 무의미하게 만들고 있음을 직시해야 한다. 미국문화는 미국과 관련된 전 세계적 네트워크를 통해 여러 다른 문화적 형태를 형성시키고 있다. 영화, 청바지, 디즈니랜드, 코카콜라는 이미 국경을 넘어선 미국의 문화로, 아니 세계의 문화로 자리잡고 있으며, 이러한 현상은 이미 미국학 연구의 경계를 훨씬 넘어선 것이다(Giles 2003). 사실 초국적(trans-national) 미국학 연구는 우리들에게 새로운 과제를 던져주고 있다. 그동안 당연한 것으로 받아들여 왔던 지리적 범주의 미국학 연구는 이미 쇠퇴기에 접어들었다. 공간적 의미의 미국학 연구로부터 전 세계를 관통하는 미국학 연구로 발돋음하기 위해서는 미국학 연구가 좀더 실제적인 미국의 모습을 적나라하게 보여주어야 한다.

세계화와 초국가주의 시대에서 미국역사와 문화에 대한 연구는 중요한 관심사로 떠오르고 있다. 미국에서의 여러 경험이 초국가적 양태로 전환될 때 종종 다양한 반응을 경험하게 된다.[5] 이러한 초국적 연구를 통해 미국문화와 정치에 대한 중요한 개념들이 어떻게 역사적으로 소홀하게 인지되었는가를 알 수 있게 한다. 인권의 문제나 종교의 문제 역시 미국과 타국에서 갖는 의미는 다를 수밖에 없다. 미국학 연구자들은 문화를 분석하고 문화적 접촉을 논의함에 있어 이러한 초국적 방향설정에 맞추어 새로운 자각을 할 수 있다.

이미 미국학은 세계화를 맞아 국경을 넘어서고 있다. 1990년대부터 미국학의 국제화를 위한 시도는 계속되어 왔으며, 이것은 클린턴 행정부가 주도했던 경제적 세계화의 과정과 인터넷에 의한 전 세계의 연계망 구축과 함께 하고 있다. 전 세계의 각국 미국학회들은 이에 발맞추어 미국의 위상에 따라 새로운 이슈와 주제를 선정하였다. 라틴아메리카와 캐리비안 그리고 태평양, 대서양을 통해 이러한 미국학 연구는 전 세계적으로 확대되고 있다. 2002년 스테판 수미다(Stephen Sumida)는 아시아의 미국학회들과 관계를 증진시켰으며, 카플란(Kaplan) 역시 미국학 연구의 국제적 모임을 시작하면서 세계화를 맞아 미국학은 정치경제적 추세에 발맞춰 적절히 대응해야 함을 연구자들에 강조한 바 있다. 2004년에 역시 이러한 노력은 계속되었고, 미국학 학자들은 여러 형태의 모임과 교류를 통하여 초국가적 미

5 예를 들면, 미국에서의 흑인들의 경험이 독일의 학생들에게 알려질 때 바로 그곳의 터키 출신의 독일인들이 느끼는 동일한 경험을 반추하게 된다. 유럽국가에 있어서 인종적 차별화는 미국의 소수민족이 겪은 차별과 다를 수 있지만 미국학 연구는 이들 간의 연계성을 증진시킬 수 있다.

국학 연구라는 새로운 아이디어를 접수하고 있다. 이러한 의미에서 미국학회는 여러 국가의 미국학회들과 성과 있는 협력을 증진시켜 나가고 있으며 미국학 연구를 새롭게 조성하고 발전시키고 있다. 국제적 협력을 증진하려는 노력과 함께 미국학 연구의 기본적 개념 또한 새롭게 설정되어야 한다. 이러한 네트워크를 통해 미국학자들이 가지고 있었던 자신들의 개념화 과정을 보다 신중하게 비교할 수 있는 기회를 가질 수 있다. 이미 미국 이외에 유럽, 아프리카, 중남미, 한국, 중국, 일본 등 세계 곳곳의 미국학 연구자들이 축적해 온 저작들이 풍부해지고 있다. 이러한 축적물들은 앞으로 미국 내의 미국학 연구자들에게 큰 자극을 줄 것이다.[6]

미국의 미국학 연구자들은 종종 미국 예외주의에 맞서 일반론에 힘을 실으면서도 동시에 미국의 국가 안보에 대한 미국민의 자세를 동시에 고려하고 있다. 미국의 민주적 원칙은 시민의 자유를 억제하는 권위주의적 탄압에 반대하며, 동시에 이민의 자유와 기본적 인간 존엄을 고려하는 미국의 가치를 강조한다. 배타적 초강국으로서의 지위를 보전하기 위한 노력과 민주적 가치를 강조하는 자세가 종종 어긋나고 있음을 알 수 있다. 미국의 자국중심적 자세는 결국 미국과 타자와의 관계를 더욱 소원하게 할 것임을 지적한다. 9·11 이후의 전 세계의 미국정부 관련 기구들은 미국적 가치의 전파를 위해 더욱 더 국제교류를 위한 노력을 경주하고 있으나, 결국 이러한 사업은 군

6 임마누엘 왈러스타인은 『미국 힘의 쇠퇴』라고 하는 저서를 통해 이미 미국은 쇠퇴의 단계에 접어들었다고 주장한 바 있다. 모든 제국주의적 세력들은 그들이 정점에 섰을 때 누리고 있는 기술적·군사적 발전을 동결시키려고 한다는 것을 지적하면서 이제 미국도 배타적 수퍼파워의 지위를 유지하려고 노력하고 있음을 밝혔다.

사적 침투를 대체하는 또 다른 방법의 문화적 제국주의로 비춰질 수 있다. 미국학회의 국제적 협력관계 증진 노력은 높이 평가되어야 한다. 그러나 이러한 협력이 다국적 기업의 행태처럼 헤게모니 쟁취를 위한 것으로 비쳐져서는 곤란하다. 그동안 미국학회는 여러 가지 가치 있는 일을 주도하였으며, 산하 국제위원회를 통하여 미국학 연구의 교류에 힘써 왔다. 그러나 이러한 노력이 세계 각국의 미국대사관의 재정적 지원에 의한 것이며, 종종 미국학의 국제화가 미국 정부의 정책 의도와 지나치게 근접하고 있다는 우려가 존재한다. 미국학 프로그램이 일반적으로 학문의 영역을 넘어서 정부의 정책 또는 전략과 함께 한다는 지적 또한 귀 기울여야 한다. 미국 예외주의와 함께 미국 제국주의의 대한 깊은 성찰이 있어야 할 것이다(Halttunen 2005).

이러한 미국학의 초국가화가 다분히 정치적 의미를 지니고 있지만 연구분야로서의 긍정적 발전을 꾀할 수 있는 기회를 제공한다. 21세기 미국학 연구는 새롭고 역동적인 학문분야로 발전할 것이다. 앞서 지적한 것처럼 미국학 연구는 국경을 넘어서 그 대상을 확대시키고 있다. 해외 주둔 미군들의 생활을 연구하고, 이민자들의 과거의 경험과 문화를 탐험하면서 이제 국내와 해외의 구별은 엷어지고 있다. 미국학 연구가 무엇을 포함해야 하는지에 대한 물음은 21세기를 통해 지속적인 과제로 남을 것이며, 이것을 추구하는 과정은 역동적이다. 그리하여 새로운 미국학 연구는 미국이 향유하고 있는 여러 요소들이 바로 교착점에 문화와 역사로 인식될 것이다. 이러한 새로운 인식은 2004년 미국학회 연차 연례회의에 즈음하여 발표된 연구 대주제와도 일맥상통하고 있다. 교차점과 만나는 지역(crossroads and contact zones), 갈등과 변화 그리고 변형의 복잡한 이야깃거리의 재구성을 통해 우리는 미국학의 다양성과 역동성을 즐길 수 있다. 교착점과 만남의 장소를 개념화하면서 미국학 연구는 과거의 그리 중요하지 않았던 새로운 아이디어와 주제에 관심을 두게 된다.[7]

우선 1990년대 이래 미국학 연구는 '제국'의 아이디어를 떠올린다. 미국 예외주의를 신봉하였던 연구자들이 간과했던, 1830년대의 멕시코, 1890년대의 쿠바와 필리핀, 그리고 20세기 중남미 국가들과의 관계에서 보여주었던 미국의 자세를 새롭게 재구성하게 되었다. 이러한 과정 속에서 미국의 일방적 승리에 대한 논의가 아니라 미국의 이러한 예외주의에 대항한 반헤게모니 운동(anti-hegemony)과 역사를 접하게 되었으며, 미국정책이 가지고 있었던 복잡한 성격과 그 정책들이 타국가들에 대한 영향력을 신선하게 재검토하고 외부의 새로운 시각들에 의해 이러한 모든 요인들이 새롭게 연구될 수 있다(Fishkin 2004). 이러한 현상은 9·11테러와 밀접하게 연계되어있으며, 결국 미국의 국가 정체성을 어떻게 재정립하는가의 문제로 발전할 수 있다.

---

[7] 미국학회홈페이지 www.georgetown.edu/crossroads/AmericanStudiesAssn/about/ 참조.
2005 Annual Meeting : Groundwork : Space and Place in American Cultures
2004 Annual Meeting : Crossroads of Cultures
2003 Annual Meeting : Violence and Belonging
2002 Annual Meeting : The Local and the Global & Recovery Project/Redefining "Nuestra América"
2001 Annual Meeting : Multiple Publics/Civic Voices
2000 Annual Meeting : American Studies in the World/The World in American Studies
1999 Annual Meeting : Crossing Borders/Crossing Centuries
1998 Annual Meeting : American Studies and the Question of Empire : Histories, Cultures and Practices
1997 Annual Meeting : Going Public : Defining Public Culture(s) in the Americas
1996 Annual Meeting : Global Migration, American Cultures, and the State.

다양성을 수용하고 합의와 협력을 바탕으로 대외정책을 주도해야 할 필요성과 도덕주의와 우월주의를 기반으로 통합을 꾀하려는 패권과 일방주의의 유혹은 쉽게 조화될 수 없다. 동시에 미국사회가 지니고 있는 갈등의 요소는 단순히 경제적인 차원이 아니라 비경제적 쟁점과 내재적 가치의 변화로 전환되고 있다. 다양성의 수용과 전통가치의 확산과 전파라는 마찰은 지속될 수밖에 없다. 특히 이러한 마찰은 정치세력에 의해 정치적·사회적 갈등과 양극화의 길로 증폭될 수 있다.

다음으로 21세기에 들어서 미국학 연구자들은 미국문화의 혼합성(hybridity)을 절실하게 이해하기 시작하였으며, 이것은 미국의 문화가 서로 다양한 하부문화의 교차와 교환 속에서 이루어지고 있음을 말해준다. 여러 가지 형태의 문화, 즉 음악과 대중매체, 문학 또는 정치에 의해서 상호 영향을 받게 된다. 또 한 경계를 넘어선 대화의 중요성을 인식하게 되었으며, 이러한 문화를 넘어선 소통을 통해 새로운 창조의 가능성을 발견하였다. 또한 다양한 문화들은 때로는 적대적인 때로는 평화적인 방법을 통해 서로 영향을 주게 되며, 이것은 지리적으로 국경지역의 개념을 새롭게 부각시켰고, 미국과 멕시코의 지리적 국경뿐만이 아니라 그외의 다른 지역을 통해서도 더욱 확산되고 있다.

새롭게 떠오르는 또 다른 개념은 이동(migration)이다. 그것은 사람, 자본, 상품, 문화를 모두 포함하는 이동의 의미이며, 세계화와 지역화를 통해 상호 증진되고 있다. 미국학 연구 역시 이러한 차원에서 새로운 연구과제를 선정하고 있다. 인종 또는 인종주의 역시 미국학 연구의 중요한 주제로 남아 있다. 그러나 최근 인종과 인종주의는 비교적 관점에서 논의되고 있으며, 특히 유럽과 남아메리카 인종주의와 비교되고 있다.

20세기 미국학 연구에 있어 가장 널리 논의되었던 주제어는 학제간(interdisciplinary)이었다. 전통적으로 미국학 연구는 유럽 중심의 세분화된 학문분야를 뛰어넘어 총체적이며 학제적 연구를 견지해 왔다. 이것은 미국에 대한 포괄적 인식을 증진시켰을 뿐만 아니라 동시에 미국 견해의 인식을 위한 새로운 이론적 토대를 마련해 주었다. 1980년대에 들어 미국학을 위한 학제적 연구는 단순히 여러 학문분야를 총합하는 것이 아니라, 새로운 학문의 브랜드를 만드는 것이 필요하다는 주장이 제기되었다. 미국의 인문학적 접근방법을 어떻게 통합할 것인가 하는 과제로부터 미국학 연구가 독자적으로 논의할 수 있는 문제점과 이슈들을 제시함으로써 이러한 연구과제를 다룰 수 있는 새로운 '학문분야(discipline)'를 창출하자는 노력이다. 미국학 연구자들은 기존의 형태로부터 뛰쳐나오려는 시도를 하지 않았으며, 단순히 여러 학문분야와 접근방법에 상호 협조를 강조하는 편이었다. 세계화와 초국가주의 세대를 맞고 있으나 아직도 미국학 연구자들은 학제 간의 문턱을 넘어서지 못하고 있다. 기존의 학문분야에 엄격성을 지속적으로 받아들이면서 미국학의 새로운 연구과제를 어떻게 충실히 수행할 수 있는가의 문제는 미국학 연구자들의 딜레마이다. 결국 미국학 연구 프로젝트에 가장 중요한 걸림돌은 기존의 학문분야를 뛰어넘는 과감성의 부재를 뜻한다. 고정되지 않은 유동적 연구자세, 내부로 숨어드는 자세로부터 뛰어넘으려는 도전정신이 필요하다. 20세기 후반에 들어 미국 연구자들은 독립된 하나의 학과(department) 또는 연구센터의 교수로 인식하는 숫자가 점차 증가하고 있다. 그러나 현실적으로 미국학 연구자들은 여전히 그들 자신들의 학문적 영역에

안주하려는 경향이 짙다. 후학들에게 학문적 경계를 뛰어넘어 창조적이며 생산적인 연구자로 발돋움하기를 원하면서 결국 그들에게 모범을 보이지 못하고 있다. 이것은 아직도 미국학 연구가 하나의 학문분야를 형성하지 못하고 있음을 반증하는 것이다.

Ⅳ. 나오며

미국학은 미국의 국가적 자아의 발견과 정체성 추구의 과정에서 출발한 것으로 지금까지 학문분야로서 그 자체의 정체성은 물론 그 연구대상인 미국문화의 정체성에 대한 논의로 점철되어 왔다. 1950년대와 1960년대를 풍미했던 미국 국가 특성의 '신화와 상징'의 분석, 그리고 미국 '예외주의(exceptionalism)'에 대한 신봉은 미국문화의 다양성에 대한 새로운 시각으로 대체되었다. 미국은 여러 인종과 계급, 성, 그들의 종교적 · 지역적 특성에 의하여 복잡하지만 역동적인 방법으로 발전되어 왔으며, 이러한 문화적 특성은 지속적으로 변화하고 있다. 수정주의 역사학자들은 미국역사의 각 부분에 있어 그동안 경시되었던 사안들을 되짚어 보고 침묵 속에 있었던 살아 있는 목소리를 되살렸으며, 지워져 버린 투쟁과 갈등을 새롭게 연구하기 시작했다. 동시에 이들은 주류와 주변과의 관계도 새롭게 설정 하였다. 소수자들의 문학, 특정 인종의 역사 역시 미국의 문학과 미국의 역사로 편입시킬 수 있었다. 냉전종식 이후 세계 초강대국으로 부상한 미국은 세계화의 흐름 속에서 점점 국제사회 속에서의 미국의 정체성으로 관심을 돌리고 있는데, 미국학 학자들도 이화 같은 흐름에 맞추어 비교문화적 또는 초국가적 관점에서 미국학을 다시 보려고 하고 있다.

미국학 연구의 전통적 핵심과제는 존속되고 있지만 점차 학자들은 그들의 이러한 과제의 초국적 상호 문화적 차원에서 접근하고 있으며, 그들의 관심사 역시 대중문화, 음악, 영화 등과 같은 새로운 분야로 넓혀지고 있으며, 민주주의의 의미, 민권과 시민권에 대한 비교학적 분석, 소비문화의 세계적 차원, 다국적 기업의 사회적 영향력, 환경에 대한 관심 등으로 발전되고 있다. 아직도 미국민들은 하나의 국가, 하나의 신, 그리고 모두를 위한 정의와 자유를 이야기하는지 모르지만, 미국을 연구하는 학자들은 하나의 국가는 결국 많은 국가들, 신에 대한 다양한 개념과 종교적 전통에 따른 나라로 인식하게 됐으며, 구체적 역사를 통해 형성되고 있고 끝없는 자유와 실현될 것을 꿈꾸는 현실의 상황에 관심을 갖는다. 미래 미국학 연구의 새로운 패러다임을 구축하기 위해서 우리는 과거 미국학 연구가 걸어왔던 행로를 지혜와 안내의 지표로 삼아야 한다. 이러한 맥락에서 다시 한 번 강조해야 할 점은 미국학의 연구주체가 전 세계적으로 확산되어야 하며, 동시에 그 연구주체가 자아준거적 인식을 심화시켜 나갈 때 그들의 필요에 따른 새로운 연구과제를 찾아낼 수 있다는 것이다.

미국학 연구자들은 자유와 정의를 원하는 모든 목소리에 귀 기울이고, 좀더 시험적이고 많은 가능성을 내포하고 있는 학제적 연구를 지속할 것이다. 미국 예외주의에 대한 주장을 경계하면서 연구과제의 협력적 초국가적 자세를 견지하고 미국학 연구가 미국 국경을 넘어서 세계 안의 학문분야로 자리잡기를 기대한다.

참고문헌

권석우. 2005. “미국학(미국문화연구)의 역사적 전개과정에 대하여 : 패링턴으로부터 신화상징학파, 새로운 미국학에서 다문화주의에 이르기까지.” 『미국학논집』 373, 217-258.

김경일. 1996. “전후 미국에서 지역연구의 성립과 발전.” 『국제지역연구』 4권 1호. 1-21.

민만식. 1996. “미국 정치연구의 현황과 과제.” 『현대 미국정치의 쟁점과 과제』. 서울 : 전예원.

백창재. 1998. “국내 미국연구의 현황과 과제.” 이상섭 · 권태환 편. 『한국의 지역연구』. 서울 : 서울대학교 출판부. 275-293.

이상섭 · 권태환 공편. 1998. 『한국의 지역연구 : 현황과 과제』. 서울 : 서울대학교 출판부.

이홍종. 2001. “지역연구로서의 미국정치 연구의 영역과 과제.” 『미국학논집』 33권 1호. 273-289.

이현송. 2005. “미국 지역학의 개념과 교육 프로그램.” 정연선. 『한국에서의 미국학』. 서울 : 한국외대 출판부. 3-32.

정상준. 1998. “미국학의 방법론과 실제.” 이상섭 · 권태환 편. 『한국의 지역 연구』. 서울 : 서울대학교 출판부. 569-586.

_____. 2000. “지성사의 등장 : 패링턴.” 『미국역사학의 역사 : 역사가를 통해 본 미국사 서술의 변천』. 이보형 · 황혜성 공편. 서울 : 비봉. 143-172.

정연선 외. 2005. 『한국에서의 미국학』. 서울 : 한국외대 출판부.

_____. 1993. “포스트모던 시대의 미국학 : 다원론을 넘어서.” 『미국학논집』 241-264.

Berkhofer, Robert F, Jr. 1989. "A New Context for a New American Studies?" *American Quarterly* 41.

Fisher, Philip. 1991. *The New American Studies*. Berkeley : University of california Press.

Giles, Paul. "Response to the Presidential Address to the American Studies Association, Hartford, Connecticut, October 17, 2003" *American Quarterly* 56 : 1. 19–24.

Halttunen, Karen. 2006. "Promoting American Studies in Asia." Roundtable Discussion paper. Korea University.

_____. 2006. "Groundwork : American Studies in Place–Presidential Address to the American Studies Association. *American Quarterly*. 58 : 1. 1–16.

Kerber, Linda K. 1989. "Diversity and the Transformation of American Studies." *American Quarterly* 41.

Kessler–Harris, Alice. 1992. "Cultural Locations : Positioning American Studies in the Great Debate." *American Quarterly* 44.

Kuklick, Bruce. 1972. "Myth and Symbol in American Studies." *American Quarterly* 24.

Sklar, Robert. 1970. "American Studies and the Realities of America." *American Quarterly* 22.

Tate, Cecil F. 1973. *The Search for a Method in American Studies*. Minneapolis : University of Minnesota Press.

Wallerstein, Immanuel. 1997. "The Unintended Consequences of Cold War Area Studies." in André Schiffrin ed. *The Cold War and the University : Toward an Intellectual History of the Postwar Years*. NY : The New Press, 195–230.

Wise, Gene. 1979. "'Paradigm Dramas' in American Studies : A Cultural and Institutional History of the Movement." *American Quarterly* 31, 166–214.

www.asak.or.kr 한국아메리카학회 홈페이지

www.georgetown.edu/crossroads/AmericanStudiesAssn/ 미국학회 홈페이지

부록

2006년 한국아메리카학회 주제
"미국사회의 경계 가로지르기"
"Crossing America's Internal Borders"

'미국 제국주의(U.S. imperialism)'는 다양한 학문분야에 종사하고 있는 학자들의 관심과 비판을 받아온 주제이다. 특히 2003년 이라크전쟁 이후 미국 국내외 많은 학자들은 미국의 제국주의와 군국주의를 면밀히 관찰하고 비판해 왔다. 미국 제국주의에 대한 이러한 비판적 고찰과 함께 미국학 연구의 최근 경향과 인문학, 사회과학 분야에 이르는 연구는 젠더와 인종, 계급문제가 교차하면서 미국을 바라보는 관점이 공시적(synchronically)·통시적(diachronically)으로 어떻게 변해왔는지를 보여주고 있다.

2006년 한국아메리카학회(ASAK)는 현재의 이러한 학문적 관심을 미국 국내문제에 집중시켜 분석해 보고자 한다. 허리케인 카트리나를 통해 더욱 극명해진 비극적 상황들은 미국 내에 실재하는 물질적·인종적·계급적 차별의 결과만을 보여준 것이 아니라, 국내에 존재하는 덜 가시적이지만 충분히 복잡한 차별양상들을 노출시켰다.

여기서 제기할 수 있는 질문들은 다음과 같다. 미국 내 지역적 차별은 존재하는가? 인종과 계급의 문제는 경제와 지역적 차별과 어떤 상관관계를 맺고 있는가? 계급이라는 전통적 개념이 미국 사회 내에서 어떻게 변했는가? 지역적·지리적 구분이 인종과 젠더 문제로 어떻게 전도되었는가?

특히 본 학회는 인문학과 사회과학에 종사하는 여러 학자들 간 활발한 토론을 기대하며, 이런 대화의 장을 통해 실제 사회과정에 참여하는 방안을 마련하고자 한다. 미국을 단일한 슈퍼파워로만 볼 것이 아니라 미국 내의 "제3세계"의 허와 실을 고찰함으로써 미래 세계를 바라보는 시각을 전환시키고자 한다.

이러한 주제와 목적을 가지고 본 한국아메리카학회는 2006년 4월 1일(토) 고려대학교 영미문학연구소와 공동으로 춘계 국내 학술회의 및 대학원 워크샵을 개최할 예정이다. 문학, 정치, 사회, 미디어 등 여러 학문분야에서 미국의 국내문제를 심층적으로 다루는 새롭고 창의적인 논문들이 발표될 것으로 기대된다.

3

유럽(통합) 연구의 또 다른 패션? 영국학파

양오석(고려대학교)

Ⅰ. 들어가는 말

1990년대 중후반 이래 미국 구성주의자들에 의해 신현실주의와 이에 대한 대안적 접근법들을 풀무질하여 서로 접합시키고자 하는 노력이 지속되어 왔다. 이들 구성주의자들의 접근법은 2000년 시카고에서 개최된 미국 국제정치학회(International Studies Association)의 몇 몇 패널을 통해 현실주의 및 자유주의와 더불어 국제정치 및 관계를 아우르는 또 다른 경쟁적 패러다임으로 여러 학자들의 입에 오르내리기 시작하면서 마치 유행처럼 번져나가고 있다.

한편 이러한 미국 구성주의자들의 연구노력에 견줄 수 있는 또 다른 연구집단이 영국에서도 성장해 왔다. 이들은 '영국학파(the English School)'라는 이름 아래 '국제사회'에 대한 아이디어를 통해 무정부적 국제체제의 문제를 극복하고자 하는 합리주의(rationalism)를 추구하여 왔다.[1] 이들의 기초를 이루는 국제사회에 대한 생각은 "(인류

---

[1] 물론 리틀(Richard Little)은 영국학파야말로 국제관계의 세 가지 전통에 대한 대립적 사고라기보다는 이들 세 가지 관점을 절충하는 국제관계에 대한 포괄적 이해를 모색한다고 말하기도 한다. 아래 참조. Little(2000), 3 ; Griffiths(1992), 160.

와) 개인은 사회 안에 살고 있고 개인과 사회는 서로를 형상화하고", "이처럼 국가는 국제사회 안에 살고 있고 국가와 국제사회는 서로를 형상화한다"(Buzan 1999, 6)는 것이다. 이들은 세계정치를 해석하는 특별한 방식을 제공하면서 20세기 후반 이래 국제관계 연구의 발전에 기여하고 있는 클러스터(cluster)로 간주된다(Sugami 2001b, 2).

이 글이 다루고자 하는 주요 퍼즐은 다음과 같다. 영국학파는 국제관계 연구를 위한 하나의 패션에 불과한가? 아니면 근본적인 문제를 제기함으로써 사회과학의 기초를 이루는 '왜(why question)'에 대한 탐구, 즉 인과분석의 발전에 기여할 역량 있는 인식론적 대안인가? 이에 대한 필자의 대답은 긍정적이며, 그 근거는 다음과 같다. 첫째, 영국학파의 분석틀은 기존의 방식으로는 이해가 부족했던 유럽연합의 독특한 정치조직 형태의 성격변화를 설명해 준다. 유럽연합은 영토적 국가로서 유럽공동체에서 출발하여 오늘날 복잡한 다층·다수준 거버넌스의 형태로 진화해 왔다. 하지만 이러한 진화를 묘사하는 적절한 용어가 부재한 가운데(Diez and Whitman 2002, 43) 영국학파는 그 대답을 부분적이나마 우리에게 들려준다. 둘째, 영국학파의 인식론은 유럽연구를 위한 비교정치접근법과 국제관계접근법 사이에 존재하는 빈틈을 메워줄 교량적 접근법을 위한 새로운 자원이 된다. 1990년대 중반 이래 지속되어 온 교량적 연구의 필요성에 대응하여 구성주의는 정체성과 기대형성 등 새로운 자원을 제공해 준다. 그럼에도 불구하고 구성주의는 비교국면과 국제적 국면을 다루지 못한다는 단점을 보여준다. 이에 영국학파는 이러한 구성주의의 약점을 보완해 줌으로써 유럽연구를 위한 교량적 연구의 또 다른 자원이 되고 있다.

기존의 방식이 한계가 있다는 것만으로 영국학파의 접근법이 우월하다고 역설하는 것은 방법론상의 역선택일 뿐이다. 따라서 영국학파의 접근법이 우리에게 던져줄 수 있는 방법론적 함의에 대한 더욱 엄밀한 검토가 필요하다. 이러한 목적을 가지고 이 글은 영국학파의 분석틀을 적용하여 유럽(통합) 연구를 위한 부가가치 창출 여부와 그 쓰임새를 검토하고자 한다. 일반화의 수준을 높이기 위해서는 전반적인 연구부문에 걸쳐 영국학파의 분석틀이 지닌 기여도 여부를 검토해야 함을 인정하면서도 이 글은 일반화를 위한 하나의 단초로서 검토대상을 유럽(통합) 연구부문으로 한정하고자 한다.

이 글의 나머지 부분은 모두 여섯 개의 영역으로 구성되어 있다. 우선 2절에서는 유럽(통합) 연구를 위한 기존의 이론들을 검토하는 한편, 유럽연구를 위한 거대이론 간에 벌어진 적합성 논쟁을 살펴보았다. 또한 3절에서는 영국학파의 기원과 역사적 발전과정을 살펴보았다. 이어지는 4절에서는 영국학파 내 내부적 시각 차이를 살펴보는 한편 영국학파의 접근법적 속성과 구성주의 국제관계 이론과의 차이를 검토하였다. 5절에서는 유럽연구를 위해 영국학파가 기여하고 있는 기능적 국면을 정리하였다. 마지막으로 결론에서는 방법론 및 유럽(통합) 연구, 그리고 하나의 사례로서 공동 외교안보 정책연구를 위해 영국학파 접근법이 시사하는 몇 가지 함의와 앞으로 더 발전시켜야 할 미래의 연구주제를 제시하는 것으로 이어진다.

Ⅱ. 유럽(통합) 연구의 역사적 흐름

유럽(통합)에 대한 이론적 연구는 1950년대 유럽공동체 탄생시기부터 초국가적 통합이나 국민국가 간 협력의 예로서 전통적으로 국제관계론적 접근법을 통해 이루어져 왔다. 그러다 유럽연합이 국제기구의 양상을 넘어서서 서서히 준국가적 모습을 갖추게 되자 하나의 내부적 정치영역으로 발전한 공동체 차원(초국가적 차원과 정부 간 협상 차원)의 정치에 대한 관심이 커졌다. 이에 공동체의 내부 정치를 들여다 보기 위한 분석틀로서 비교정치적 접근법에 대한 차용이 늘어왔다.

1. 유럽연구를 위한 거대이론 간 적합성 논쟁

유럽연구를 위한 거대이론 간 적합성 논쟁은 역사적으로 몇 차례의 주요 논쟁과정을 거쳐왔다. 우선 1990년대 초중반 진행된 1차 논쟁은 비교정치적 접근법과 국제관계적 접근법 간의 적실성 논쟁이었고, 이어진 2차 논쟁은 이들 두 접근법 간 교량적 접근법을 수립해야 한다는 필요성과 이에 대한 비판으로 이루어졌다. 한편 3차 논쟁은 국제관계 내 구성주의에 대한 주목과 더불어 진행되었다.[2]

[2] 이러한 논쟁들의 진화론적 구분은 필자의 경험과 많은 독서를 통해 정리한 것이다.

(1) 1차 논쟁

나름대로의 학문적 탐구영역을 개척해 온 유럽연구가 성숙되면서 내부를 들여다 보기 위한 연구노력이 절정에 이르렀다. 문제는 이러한 성숙도에도 불구하고 유럽연합을 독특한(*sui generis*) 사례로 파악하고, 국제수준에서 활동하는 유럽연합의 준국가로서의 행위자성[됨] 자체에 주목함으로써 정작 중요한 유럽연합의 대외관계에 대한 이론화를 발전시키지 못하였다는 데 있다. 그러다 1990년대 초에 이르러 힉스(Simon Hix)가 유럽연구를 위한 효과적인 도구로 비교정치방법론을 옹호하는 논문을 발표하면서 유럽연구를 위한 새로운 방법론 논쟁이 시작되었다(Hix 1994). <표 1>은 힉스가 제시하고 있는 유럽연구를 위한 비교정치적 접근법들과 국제관계적 접근법들을 정리한 것이다.

힉스(1994)의 논문은 사실상 유럽연구를 위한 분석도구로서의 효율성을 두고 국제관계적 접근법과 비교정치적 접근법 간의 방법론 논쟁을 촉발하였다. 비교정치방법론의 효율성을 앞세우는 힉스의 논문에 대한 대항적 논문이 허렐(Andrew Hurrell)과 메농(Anand Menon)에 의해 출판되었고, 이 논문에서 허렐과 메농은 유럽정치에 대한 이해는 비교정치방법론을 통해 깊이 있는 분석을 시도할 수는 있지만 유럽통합의 이슈는 오히려 국제관계(또는 국제정치)적 접근법에 의해서

이러한 구분이 좀더 학문적으로 인정받기 위해서는 유럽연구와 관련된 권위 있는 연구기관이나 단체에서 오랜 심의와 합의를 거쳐 확정지어야 할 것이다.

〈표 1〉 유럽연구를 위한 거대이론의 종류와 국제관계 및 비교정치 패러다임

존재론적 편향	행위자 중심		구조 중심	
거대이론 유형	집단이론	합리적 행위자 이론	구조주도적 접근법	구조중립적 접근법
국제관계	**다원주의** 거래(의사소통)이론 신기능주의 상호의존 이론	**현실주의** 정부간주의 선호수렴 이론 엘리트협상 이론	**구조주의** 마르크스주의 구성주의	**제도주의** 기능주의 연방주의
비교정치	**다원주의** 다원주의 후기 다원주의 신조합주의	**합리적 선택** 가렛(& 바인가스트) 허니 & 너미 체벨리스	**사회학적 접근** 문화이론 립셋-로캉 모델	**제도주의** 비교법 협력적 연방주의 컨소시엄 민주주의

출처 : Hix(1994), 23.

더욱 풍성한 이해를 도모할 수 있다고 역설하였다(Hurrell and Menon 1996).

결국 비교정치와 국제관계적 접근법 간의 방법론 논쟁은 힉스가 중재적 입장을 취하는 것으로 일단락되었다. 힉스는 허렐과 메농의 글에 대한 답변논문에서 이들 두 개의 접근법 간 적실성 논쟁보다는 사회과학의 공통된 퍼즐인 행위자와 구조의 문제에 주목하는 것이 더 바람직하다고 말하였다(Hix 1996).

(2) 2차 논쟁

그후 유럽연구를 위한 방법론 논쟁은 비교정치와 국제관계를 이어주는 교량적 접근법에 대한 필요성을 강조하는 것으로 이어졌다.

리세-카펜(Thomas Risse-Kappen)과 폴락(Mark Pollack) 등은 국제관계와 비교정치적 논의의 장단점을 거론하면서 오히려 이들 간 선택의 문제가 아니라 국제관계와 비교정치적 접근법 간의 빈틈을 이어줄 수 있는 교량적 접근법이 필요하다고 촉구하였다.[3]

한편 카포라소(James A. Caporaso)는 1997년 자신의 글 "Across the Great Divide : Integrating Comparative and International Politics"를 통해 비교정치와 국제정치 두 학문분과가 전쟁의 본성, 외교경제정책의 구성, 상이한 정치제도의 귀결 등 동일한 사안을 다룸에도 불구하고 둘 사이의 괴리가 존재해 왔다는 점을 비판한다(Caporaso 1997). 특히 국제정치의 주요 패러다임인 신현실주의가 국제체제의 구조를 구성단위의 이야기로 풀어갈 수 없다고 봄으로써 이러한 괴리를 보여주었다. 사실 신현실주의가 아니더라도 구성단위들의 행동을 충분히 설명할 국제관계 이론은 없다. 카포라소는 이러한 이론적 불충분성을 극복하기 위해 국내정치와 국제정치가 접목되어야 한다고 보았고, 이를 위한 구체적인 접근법으로 양면게임(two-level game)의 논리, 로고스키(Ronald Rogowski)의 '전도된 제2이미지 이론(second-image reversed theory)', 그리고 유럽연합 회원국들 간 규칙과 법체제의 독특한 구조에 대한 연구를 제안하였다.[4]

하지만 교량적 접근법을 통한 유럽연구의 적실성 논쟁은 1990년대 말에 이르러 교량적 연구가 초래하는 문제점을 지적하는 모라프

---

3 아래 참조. Risse-Kappen(1996); Pollack(2001).

4 그럼에도 불구하고 카포라소는 자신이 제안한 이들 세 가지 접근법들을 이론이라기보다는 국내정치와 국제정치 간 괴리를 좁혀줄 은유(metaphors)라고 분명히 밝히고 있다(Caporaso 1997, 563).

칙(Andrew Moravcsik)의 저서 『유럽의 선택(*The Choice for Europe*)』(1998)을 통해 새로운 국면을 맞이하게 되었다. 모라프칙(1998)은 교량적 연구의 필요성을 제기하는 연구노력들이 국제관계를 향해 수렴되는 현상을 보이고 있는 사실에 대해 의문을 제기하였다. 하지만 모라프칙의 저서 역시 국제관계학이 담당하는 몫을 충분히 살리지 못하였다는 차원에서 비판의 대상이 되기도 한다.[5] 또한 유럽통합을 국제관계의 일반 이론적 틀로 끌어들임으로써(Moravcsik 1997) 유럽 거버넌스의 특수성을 정부 간 협력의 한 형태로 강등시켰다는 비판을 받고 있다.

(3) 3차 논쟁

국제관계 연구의 일반 이론들은 민족국가(또는 국민국가)들 간 관계에 치중한다. 이들의 관점에서 바라본 유럽연합의 모습은 유럽연합의 독특성을 강조하는 구성주의자들이 그리는 유럽연합의 색채와는 사뭇 다르다. 유럽연합에 대한 그림을 달리 그리는 국제관계 내 구성주의는 기존의 비교정치접근법과 국제관계접근법 간의 교량적 연구와는 다른 유럽연구를 위한 교량적 접근법을 제시해 준다.

구성주의는 유럽통합을 재이론화하고 유럽 거버넌스를 재조명하는 데 상당한 가치를 보여주었다. 따라서 유럽연구를 위한 교량적 연구접근법의 두 번째 자원으로 평가받기도 한다(Christiansen *et al.* 2001 ; Jørgensen 1997). 그러나 유럽연구에 대한 구성주의적 접근법의 적용은 비교국면이나 국제적 국면을 분석에 첨가하지 못하는 실수를 범하여

---

5 이러한 비판적 견해에 대해서는 아래 참조. Diez and Whitman(2002).

왔다(Diez and Whitman 2002, 45).

이러한 구성주의적 접근법이 보여주는 단점을 극복하고자 하는 새로운 노력들이 전개되고 있다. 이들은 공통적으로 국제관계 이론의 특정한 모퉁이에서 개발된 구성주의에 아주 밀접하면서도 유럽통합 연구에서 상당수 무시되어 온 분석 개념들을 사용하고 있다. 구체적으로는 요르겐슨(Knud Erik Jørgensen 1997), 하이드-프라이스(S. Hyde-Price 2000), 렝거(N. J. Rengger 2000), 모르간(R. Morgan 2000), 위버(Ole Wæver 2001) 등의 연구를 들 수 있는데, 이들은 소위 국제관계의 '영국학파(English School)'로 불리운다.[6]

물론 이러한 영국학파에 대한 방법론적 비판을 시도하는 논문들도 있다. 대표적으로 부잔(Barry Buzan)의 1993년 논문 "From international system to international society : structural realism and regime theory meet the English school"을 들 수 있다(Buzan 1993). 이 논문은 구조적 현실주의와 레짐이론을 영국학파와 접목시켜 기존의 영국학파가 제시한 역사적 작업과 대조를 이루는 기능적인 대안적 고려를 제시하고 있다. 이 글에서 부잔은 유럽 국제사회를 역사적 공동체로 볼 것이 아니라, 중심부에서 멀어지면 몰입의 정도가 낮아지는 동심원의 형태로 배치된 복잡한 국제사회로 볼 것을 제안한다. 현재와 미래를 위한 국제사회의 구조를 불균등 발전론에 기반하여 바라보는 이러한 인식론이 동시대의 전 지구적이고 다문화적인 국제사회를 분석하는 데 더 적절한 도구로 사용될 수 있다는 것이다(Buzan 1993, 327). 위버 역시 영국학파의 접근법은 국제관계 내 현실주의와 자유주의의

---

6 영국학파란 명칭에 대해서는 후술하고 있다.

인식론을 병합하고 이에 덧붙여 역사적 맥락을 접목함으로써 흥미로운 영역을 차지하고 있음에도 불구하고 상당히 부풀려 있다고 지적한 바 있다(Wæver 1992, 98–100, 121).[7]

2. 또 다른 거시논쟁: 미국식 사고 vs 유럽식 사고

유럽(통합) 연구를 위한 또 다른 논쟁으로는 미국식 접근법과 유럽식 접근법 간의 논의를 들 수 있다. 20세기 후반 국제관계 이론을 주름잡은 것은 미국 학자들의 인식론이었다. 대표적으로 현실주의, 자유주의, 세계체제론 그리고 구성주의 모두 대체로 미국 학자들의 주도 아래 국제관계의 패러다임을 지배해 왔다. 이들 국제관계적 이해로부터 하스(Ernst Haas)의 신기능주의, 도이취(Karl Deutsch)의 거래주의, 그리고 모라프칙(Andrew Moravcsik)의 정부 간 기능주의 등의 유럽통합 이론이 도출되었다. 물론 미국 학자들의 접근법이 유럽(통합) 연구를 독점한 것은 아니었다. 아론(Raymond Aron)과 같은 프랑스 학자와 와이트(Martin Wight), 불(Hedley Bull), 매닝(C. A. W. Manning), 빈센트(John Vincent) 등과 같은 영국 학자들 역시 유럽(통합) 연구에 가세해 왔다.[8] 이러한 유럽 학자들에 의한 유럽연구 방식은 미국 학자들의 접근법이 통제해 온 학문세계의 인식론적 균형자로서 국제관계 이론의 건설적 해체를 통해 유럽(통합) 연구의 또 다른 지평을 개척

7 흥미로운 것은 이들 두 학자 모두 영국학파의 인식론을 공유하는 구성원이라는 점이다.

8 이들 학자들은 영국학파(English School)로 불리운다.

한다는 차원에서 크게 환영받고 있다.

그렇다면 미국식 접근법과 유럽식 접근법 간 주요 차이점은 무엇인가? 무엇보다 우선 유럽식 접근법은 경험적 사례연구를 추구하는 반면 미국식 접근법은 이론지향적 연구를 추구한다. 이러한 차이는 유럽통합 과정에 대한 상이한 인식에서 비롯되는데, 미국 학자들은 주로 유럽통합을 다른 것들과는 다르지 않은 제도형성과 정책결정 과정의 한 예로 인지한다. 즉 유럽통합은 '사이에 낀 독특한(in-between *sui generis*)' 사례로 취급된다. 반면 유럽 학자들 다수는 유럽통합을 독특한(*sui generis*) 사례의 하나로 인식한다(Shaw 1999).

이러한 인식론의 차이는 이들 접근법들이 이론을 구축하여 달성하고자 하는 목표에서의 차이로 이어진다. 전자에서는 유럽통합을 국제관계의 전통적인 패러다임 안에서 설명함으로써 일반 이론을 구축하고자 한다(일반화의 작업). 이들에게 있어서 유럽통합은 그저 다른 국가들도 똑같이 직면해 있는 외부적 압력에 대한 반응으로 나타난 것으로 인식되거나 제도화의 상이한 단계로 인식될 뿐이다(Jupille and Caporaso 1998 ; Verdun 2005, 12에서 재인용). 반면 후자에서는 유럽통합 과정을 설명하기 위해서는 일반 이론 대신 특별한 이론이 필요하다고 보고 하나의 독특한 사례로서 풀이하는 특수성에 초점을 둔 배타적 설명방식을 추구한다.[9]

이러한 일련의 방법론적 논쟁이 진화되어 온 가운데 오늘날 또 다른 연구방법론적 대안으로 논의되고 있는 것이 영국학파이다. 영

---

9 이들 간 교량적 접근법으로 버든(Amy Verdun)은 국제정치경제적 접근법을 제안하고 있다. 아래 참조. Verdun(2005).

국학파는 국제관계의 또 다른 모퉁이에서 탄생하여 국제관계의 거대 논쟁과 더불어 성장해 왔다. 이어지는 절에서는 이러한 영국학파의 기원과 역사적 진화과정, 그리고 그들이 품고 있는 생각을 대표하는 주요 개념들을 살펴보기로 하자. 국제관계 이론은 다른 사회철학 분과가 사용하는 것과 다른 방식으로—때로는 미묘하게, 때로는 급진적으로—용어를 사용해 왔다. 게다가 국제관계 이론 내에서도 관점(전통, 접근법 또는 패러다임)에 따라 서로 상이한 용어(내지 개념)들이 채택되어 왔다. 따라서 영국학파에 대한 이해 역시 현재 국제관계 연구에서 지배적인 수용단어들과 비교함으로써 그들이 사용하는 주요 핵심 단어의 의미를 명기하는 것에서 출발하여야 한다.

Ⅲ. 영국학파의 기원과 진화

1. 기원, 명칭, 그리고 관심

'영국학파'라는 이름이 처음 사용된 것은 1980년대 초반의 일이었다.[10] 그리고 영국학파라는 명칭은 유럽(통합) 연구에서 주류로 떠오르지 못했던 국제관계 내 구성주의적 학파와 어느 정도 유사성을 보여주는 동시에 차이점을 갖고 있다는 속성을 대표할 만한 적당한

---

10 이에 대한 좀더 상세한 내용은 아래 참조. Richard E. Jones(1981).

이름을 아직 찾지 못함으로써 임시적으로 붙여진 것이다. 하지만 분명한 것은 구성주의처럼 국제관계학의 한 부류로 구분된다는 점이다. 그리고 접근법(내지 분석수준)에 있어서는 비교정치학의 방법론적 인식론을 접목하고 있다는 특성을 보여준다.

영국학파라는 명칭을 접할 때 흔히 저지르기 쉬운 실수 중 하나는 '영국'이라는 단어를 통해 국적과 연결시키는 것이다. 게다가 스코틀랜드, 웨일즈, 잉글랜드 그리고 북아일랜드로 구성된 영국의 현실을 적극 반영하여 국적의 범주를 잉글랜드로 좁혀 이해하는 오해도 가능하다. 하지만 이러한 본능적 추론과 달리 영국학파의 어원은 1958년 설립된 영국 국제정치연구회(the British Committee for the Study of International Politics)에서 비롯되었다(Watson 1998).[11] 이 연구회는 당시 영국대학에서 교편을 잡고 있는 사람들과 실무가들이 모여서 결성한 단체로서 대표적 설립자는 버터필드(Herbert Butterfield), 와이트(Martin Wight), 왓슨(Adam Watson), 불(Hedley Bull) 그리고 빈센트(John Vincent) 등이었다. 이들은 차례대로 위원회의 의장직을 수행했으며, 당시 위원회는 미국 록펠러 재단에 의해 재정지원되었다. 록펠러 재단은 영국학파를 위해 일 년에 세 번 수행된 주말모임을 위한 비용을 지원하였고, 모임 장소는 주로 캠브리지대학 Peterhouse 컬리지에서 주관하였다. 구성원들의 전공분야는 학문분야별로 다양했고, 소위 학제간적 연구를 위한 모임으로 이루어졌다. 하지만 주된 구성원은 영국 런던정경대(London School of Economics)와 외무성 직원으로 이루

11 Watson(1998). 첫 공식 모임은 1959년 1월에 개최되었다. 이 내용에 대한 것은 아래 참조. http://www.ukc.ac.uk/politics/englishschool.

어졌다.

결성 초기 주된 논의는 주로 방법론에 집중되었고, 이들에 의해 '국제이론(international theory)'이라는 용어가 사용되기 시작하였다. 따라서 국제이론 분야를 위한 신뢰성 확보에 모든 관심이 집중되었고, 이것이 영국학파의 주된 목표가 되었다. 1958년 와이트(Martin Wight)에게 보낸 편지에서 버터필드는 연구회의 목표를 다음과 같이 설명하고 있다.

> [영국학파의 목표는] 일반적 인식에서 외교사를 공부하거나 현행 문제를 토론하는 것이 아니라, 외교활동의 배후에 놓인 기본가정과 국가의 외교정책을 설명하는 이유, 국제적 갈등의 도덕적 전제, 그리고 국제문제 연구를 과학적으로 수행할 수 있는 정도를 확인하는 것이다(Watson 1998, 1).[12]

2. 역사적 진화

(1) 1959-1966 설립단계

국제관계 연구 내 영국학파의 발전은 디에즈와 휘트만(Diez and Whitman 2000)에 의해 다음과 같이 연대기별로 네 단계로 구분할 수

---

[12] Watson(1998). 이 내용에 대한 것은 아래 참조. http://www.ukc.ac.uk/politics/englishschool.

〈표 2〉 국제관계 연구 내 영국학파의 발전단계

단계	학자 & 연구	관심범위
설립 1959–1966	영국 국제정치연구회 창설 H. Butterfield, M. Wight 『외교연구』 C. A. W. Manning 『국제사회본성』	국제관계이론화를 위한 수단으로서의 국제사회
강화 1966–1977	H. Bull 『무정부적 사회』 M. Wight 『국가체제』 J. Vincent 『불간섭 & 국제질서』	서구 국제사회의 본성, 역사적 관점에서 바라본 국제사회
갱생 1977–1992	H. Bull, M. Watson 『국제사회의 확장』 J. Vincent 『외교정책과 인권』 J. D. B. Miller, J. Vincent 『질서와 폭력 : 헤들리 불과 국제관계』 H. Bull, B. Kingsbury, A. Roberts 『후고 그로티우스와 국제관계』 (그외 M. Donelan, J. Mayal, C. Navari)	국제사회에 대한 역사적 비교연구 국제사회의 확장 학파 정체성에 대한 투영 시작
확장 1992–	밀레니엄 저널지 특별호 『국제사회를 넘어서』 B. A. Robertson(ed.) 『국제사회와 국제관계 발전』 신세대 : B. Buzan, T. Dunne, Knudsen, O. Waever, N. Wheeler	현실주의, 레짐이론, 구성주의, 글로벌리즘 등 기타 국제관계 이론들에 맞서는 영국학파 접근법

출처 : 이 표는 여러 학자들의 자료에 근거하여 Jacek Czaputowicz(2003, 7)가 완성한 것을 필자가 차용한 것임.

있다 : 설립, 강화, 갱생 그리고 확장 등.[13] 우선 설립단계에서 영국학파는 1959년 영국 국제정치연구회를 결성하였고, 1966년 불의 『국제

---

13 Diez and Whitman(2000), 3. 이와 같은 시기구분은 본래 위버에 의해 제시되었다. 아래 참조. Wæver(1998), 85.

이론: 고전적 접근법 사례(*International Theory: the case for a classical approach*)』와 『외교연구(*Diplomatic Investigations*)』를 출간하였다. 모겐소, 니버, 월퍼, 왈츠 등으로 구성된 미국 록펠러 연구회와 병행하여 영국 학자들로 이루어진 연구회를 구성하기 위해 톰슨이 1954년 버터필드를 초청하였다. 이때부터 영국 학자군은 국제관계에 대한 자신들의 전반적인 태도를 정립하는 데 몰두하였다. 하지만 이는 어려운 작업이었다. 영국 국제관계이론연구회는 '국제이론에서 가장 근본적인 질문은 무엇인가'에 대한 질문에 휩싸였고, 초점 둘 만한 가장 흥미로운 퍼즐을 찾는 데 주력하였다. 또한 근본적으로 자신들이 제시하고 있는 '국제사회'가 무엇인지에 대한 대답을 모색해야만 했다.

(2) 1966-1977 강화단계

1966년 들어 영국학파의 주요 구성원들은 『외교연구』와 『역사적 국가체제(*historic states-systems*)』에 대한 두 번째 연구위원회 프로젝트를 구상하였다. 1977년 출간된 불의 『무정부적 사회(*Anarchical Society*)』와 와이트의 『국가체제(*Systems of States*)』가 바로 그것이다. 불의 작품은 앞서 『외교연구』에서 장을 구성하였던 글이 집대성된 것이었고, 와이트의 작품은 『외교연구』에서 다룬 바 있는 서구적 가치라는 주제를 유럽국가 체제의 기원을 검토함으로써 더욱 발전시킨 연구결과물이었다. 그리고 이에 대한 경험적 연구는 왓슨에 의해 수행되었는데, 그럼에도 불구하고 역사적 체제에 대한 이론적 문제가 여전히 남아 있었다.

불과 와이트의 접근법은 서로 수렴되지 못했다. 와이트는 '왜 국제이론이 부재한가?'에 대한 질문에 답하기 위해 주권의 문제를 검토하면서 다른 국가체제에 대한 유럽국가 체제의 시공간적 경계를 살펴보았다. 이와 달리 불은 '전 지구적으로 바뀌고 있는 유럽 국가 체제(European-turned-global states-system)'라는 하나의 국가체제를 집중적으로 그 기제와 제도 그리고 도덕적 딜레마 등을 세세히 검토하였다. 따라서 불과 와이트의 작품인 『국제사회의 확장(*The Expansion of International Society*)』은 어떤 의미에서는 이들 두 견해 간 접합점이라고 볼 수 있다. 반면 왓슨의 『국제사회의 진화(*The Evolution of International Society*)』는 분명히 와이트의 견해를 닮은 작품이었다.

(3) 1977-1992 갱생단계

1977년 불과 와이트의 책이 출간된 이후 경험적 연구가 지속되었고, 와이트의 견해를 쫓는 작품들이 속속 출간되기 시작하였다. 영국학파의 신세대라 불리는 학자들이 대거 원기왕성한 작품활동을 진행한 결과 수많은 성과물들이 쏟아져 나왔다. 그 가운데에는 단체로 출간한 작품들도 눈에 띄어 영국학파의 이미지를 제고하는 데 일조하였다. 이에는 던랜(M. Donelan)이 편집한 『국가이성 : 국제정치이론 연구(*The Reason of State : A Study in International Political Theory*)』, 마얄(J. Mayall)이 편집한 『국가공동체 : 국제정치이론 연구(*The Community of States : A Study in International Political Theory*)』 그리고 나바리(C. Navari)가 편집한 『국가의 상황 : 국제정치이론 연구(*The Condition of States : A Study in International Political Theory*)』가 대표적이다(Donelan 1978 ; Mayall 1982 ; Navari 1991). 이들은 불과 와이트의 견해를 추종하면서도 선행 연구가 다루지 못한 부분들까지 아우르려는 시도를 추진하였다. 또한 선행 연구의 요점과 아울러 새로운 정치적 딜레마를 토론하였고, 국제사회를 무시하는 현실주의자들과 현존하는 국제사회에 대한 지식을 위험에 빠뜨리는 급진주의자들의 견해를 비판하였다. 이러한 논쟁은 1981−1989년 기간 동안 진행된 Jones−Grader−Wilson 논쟁으로 대표되었다.[14]

(4) 1992−확장단계

1992년은 영국학파에게 있어서 새로운 출발점의 시기가 되었다. 영국의 또 다른 대표적인 저널인 *Millennium : Journal of International Studies*의 1992년 특별호와 Limerick 워크샵에서 영국학파는 새로운 젊은 세대를 찾아볼 수 있었던 것이다. 부잔(B. Buzan), 던(T. Dunne), 크누젠(T. B. Knudsen), 위버(O. Wæver), 휠러(N. Wheeler) 등 이들 신세대들은 영국학파와 다른 국제관계 학파들 간의 관계를 분석하였고 관심분야를 넓혀나갔다. 특히 부잔은 영국학파의 우산 아래 있는 국제관계이론가들을 모아 영국학파를 집대성하였다. 또한 이 시기 영국학파는 신세대 외에도 기존 구성원들로부터 제기된 새로운 이슈를 토론하게 되는 호기도 동시에 맞이하였다. 이제 영국학파는 인지적 고찰과 접근법에 있어서 새로운 도전과 이론적 혁신을 꾀하는 시기에 도달한 것이다. 그리고 이들의 노력은 일련의 학자들에 의해 그 가치를 인정받고 있다.[15]

---

14 당시 논쟁점이 된 소논문들은 영국 국제정치학회지인 *Review of International Studies*를 통해 발간되었다, 아래 참조. Jones(1981) ; Grader(1988) ; Wilson(1989).

(5) 2000년 이래

오늘날 영국학파는 자신들의 연구분야를 확대해 나가고 있다. 영국학파의 분석틀을 계승하고 있는 일련의 학자들에 의해 과거 자신들이 등한시해 온 연구분야인 유럽통합, 국제정치경제 그리고 전 지구적 환경정치 분야에 관심이 집중되고 있다. 한편 인식론적 차원에서 영국학파는 구성주의와의 공존관계를 검토중이다. 이들 간 관계에 대한 질문은 영국학파가 국제관계 내 규범의 중요성을 인지하는데 있어서 구성주의를 얼마나 선취하는가에 드리워져 있다. 또한 영국학파가 구성주의 방법론으로부터 학습할 수 있는 것이 무엇인가를 질문한다(Dunne 1995b ; Reus-Smit 1999, 2002 ; Suganami 2001d ; Linklater and Suganami 2006, 2).

2000년대에 들어 영국학파의 활동과 그 영향력은 점점 확대되고 있다. 국제정치구조의 변화와 지속에 대한 이해를 추구하면서 영국학파의 인식론을 적용하는 연구들이 이어지고 있으며, 이들은 주로 전후시기 국가주권, 전 지구적 인권문화 그리고 인본주의적 간섭의 규범들 간 관계가 변화되는 모습을 분석한다.[16] 또한 국제사회의 관점에서 분쟁지역에서의 국가의 실패를 탐색하고(Jackson 1990, 2000), 9·11사건 이후 다문화적 국제사회에서의 상충하는 세계관에 대한 이해를 모색한다(Shapcott 2000 ; Linklater 2002). 게다가 국제관계사 연구

---

15 아래 참조. Derian (1987) ; Linklater (1998) ; Krasner (1999).

16 아래 참조. Mayall (2000c) ; Wheeler (2000) ; Jackson (1990 ; 2000).

분야에서도 영국학파의 목소리를 담아내고 있다(Dunne 1998 ; Suganami 2001a ; Bellamy 2005). 이와 같이 국제질서와 인본적 정의의 촉구 간 관계를 탐구하는 영국학파의 노력은 나아가 더욱 공정한 전 지구적 제도기반의 발전에 대한 관점, 세계정치적 이슈에 관한 토론, 그리고 이들 사안에 대한 우리의 이해를 개선시키는 데 필요한 방법론 등으로 이어진다.

2006년에는 링클레이터와 수가나미(Andrew Linklater and Hidemi Suganami)에 의해 영국학파를 책의 분량으로 소개하는 작업이 이루어졌다(Linklater and Suanami 2006). 링클레이터는 1982－1998년에 이르기까지 자신의 연구를 세계주의 관점에 전념하면서 시민과 이방인들 간 제도적 구별이 세계정치 차원에서 도덕적으로 다루어질 수 있는 연구영역을 마련하는 데 일조하였다.[17] 이 과정에서 그는 영국학파의 분석틀을 탐구하였고 자신의 연구분야를 위한 흥미로운 자원들을 발견하였다(Linklater and Suganami 2006, 1). 한편 수가나미는 1970년부터 영국 대학원 과정에서 영국학파를 연구하면서 이에 기초하여 동시대 국제사회의 제도적 구조에 대한 자신의 견해를 발전시켜 왔다.[18]

17 아래 참조. Linklater(1982 ; 1990 ; 1998).

18 아래 참조. Suganami(1982 ; 1983 ; 1989 ; 2001a).

Ⅳ. 영국학파의 접근법적 속성

1. 영국학파 내 다양한 시각 차이

영국학파는 자체 내에서도 몇 가지 방식을 통해 다시 세분화되기도 한다. 우선 다원주의와 사회연대주의로 나뉘는 두 가지 세분화 작업이 가능하고, 다른 한편에서는 구조적 · 기능적 · 역사적 주류 등 세 가지 세분화 작업이 가능하다.

(1) 세분화 1 : 다원주의(pluralism)와 사회연대주의(solidarism)

• 다원주의

영국학파 내 국제관계에 대한 상이한 이해는 다원주의와 연대주의로 양분되기도 한다. 불에 따르면 국제사회는 다음과 같은 세 가지 원칙[수준]에 의해 작동한다. 첫째, 규범적 · 헌정적 원칙은 주권을 주요 배열원칙으로 정의한다. 둘째, 공존의 원칙은 사회가 존재하기 위한 최소한의 조건을—폭력의 제한, 소유권 설립, 조약의 안정성 등—정의한다. 여기서 외교, 국제법, 세력균형과 같은 국제사회의 제도들이 중요한 역할을 수행한다. 셋째, 정치, 전략, 경제, 사회 등 다양한 영역에서 협력을 규정하는 원칙들이 국제사회의 목표이행에 적합하도록 행동을 권고한다. 이 원칙은 첫 번째와 두 번째 원칙에 비해 상대적으로 더욱 발전된 형태로서 무기통제, 무역, 금융, 환

〈표 3〉 영국학파 내 주류 세분화

분류	학자 & 연구	분류	학자 & 연구
다원 주의	불(Hedley Bull) 빈센트(R. J. Vincent)	구조적	C. A. W. Manning *The Nature of International Society* A. James *Sovereign Statehood* H. Bull *The Anarchical Society*
연대 주의	와이트(Martin Wight)	기능적	R. J. Vincent *Non-Intervention and International Order* *Human Rights and International Relations*
		역사적	M. Wight *Systema of States* H. Bull, A. Watson *The Expansion of International Society* Hideml Suganaml *Alexander Wendt and the English School*

경례짐 부문에서의 일련의 조약들이야말로 협력을 규정하는 원칙을 보여주는 좋은 예이다. 유엔의 활동영역 역시 또 다른 좋은 예가 된다. 이러한 세 가지 원칙[수준]을 두고 부잔은 헌정적 원칙과 공존의 원칙은 다원주의적 접근법에 적합한 반면, 협력을 규정하는 원칙은 특정한 행동을 권고하는 원칙으로 연대주의적 입장의 전형이라고 논한다(Buzan 2002, 8).

주권국가에 대한 다원주의자들의 생각은 국제사회의 구성원이 될 수 있는 유일한 주체로 받아들인다. 이들에게 있어서 국가는 국제사회에 앞서는 존재론적 우선권을 지니며, 국가성이 국제성보다 선행되는 것으로 국제사회가 나타나기 위한 필요조건이 된다. 따라서 국제사회가 도래하면 그 구성단위인 국가의 이익을 넘어서게 되고 자연히 국가단위의 이익은 다소 무시될 수 있다(Bull 1966).

국제사회에 대한 다원주의적 개념은 바텔(Emmerich Vatel)과 오펜

하임(Lassa Oppenheim)에 의해 전달된 국제법의 실증주의적 전통에 연합되어 있다. 이들 전통에 따르면 국제법은 '배타적인 국가 간 법(the law between states only and exclusively)'만을 의미한다(Oppenheim 1905, chapter 1 ; Bull 1977, 145에서 재인용). 동시대 국민국가는 1648년 웨스트팔리아 조약 이후 탄생한 것으로, 그 이전에는 존재하지 않았던 국제사회를 규정짓는 규범적 구조를 창조할 수 있게 되었다. 불에 의해 대표되는 다원주의는 국제관계가 상호작용과 공존의 논리에 기반한다는 가정에서 출발한다. 여기서는 독립적인 국가 간 관계를 규정하는 주권, 외교, 국제법과 같은 범주가 중요한 개념으로 작용한다. 특히 '외교'는 특수주의(particularism)와 보편주의(universalism)를 위한 경향을 중재하는 중요한 기능을 담당한다. 따라서 특수주의가 지배적인 상황은 부재하고, 오히려 보편주의와 특수주의의 균형이 지향된다(Hall and Jönsson 2001).

다원주의적 사고에서 국제사회의 범위는 협소하게 나타난다. 그들에게 있어서 국제사회는 내무사법 분야에 대한 불간섭협정을 포괄하고 무정부적 국제체제 속에 국제질서를 유지하는 데 관심을 둔다. 또한 공통된 정체성과 문화가 국제사회의 도래를 위한 필요조건으로 작용한다. 신규범적 접근법을 논하는 자리에서 브라운(Chris Brown)은 공동체주의(communitarianism)와 세계주의(cosmopolitanism)를 구분하였다. 특히 공동체주의는 특정한 사람의 권리와 의무는 역사적으로 형성된 사회(즉 국가) 속에 뿌리내리고 있다고 가정한다(Brown 1992). 그의 구분에 따르자면 다원주의는 분명 공동체주의와 유사한 점을 보여준다. 다원주의는 기본적으로 간섭을 불법적인 것으로 인식함으로써 인도주의적 간섭에 있어서도 엄격한 입장을 고수하고 있다. 이에 대해서는 빈센트(John Vincent)의 입장도 동일하다(Vincent 1974).

• 사회연대주의

와이트로 대표되는 영국학파 내 연대주의론자들은 국제법의 도입과 행태의 보편적 표준에 있어서 국가들 간의 연대를 가정한다. 이는 국제사회야말로 국가사회보다 더 폭넓은 정치사회임을 의미한다. 다원주의의 경우 지배적인 경향은 특수주의이다. 이와 달리 연대주의에서는 보편주의가 지배적이다.

와이트는 다원주의와 현실주의 사이에 밀접한 연대가 있음을 주장하였다. 그에 따르면 다원주의와 현실주의는 모두 주권의 핵심은 차이를 배양하는 것이라는 가정을 수용한다. 하지만 다원주의와 현실주의는 국제법의 역할과 체결된 협정을 주권국가가 준수하는 정도의 문제를 인지하는 데 있어서 차이를 유지하고 있다. 특히 영국학파들은 현실주의자들과 다르게 국제정치에 있어서 나타나는 국제법의 중요성에 주목하고 있다. 한 예로 국제법의 주체에 있어서 현실주의는 국가라고 인식하는 반면, 국제사회 이론의 연대주의론자들은 국가뿐만 아니라 개인도 국제법의 주체로 인정한다.

연대주의는 라우터파크(Hersch Lauterpacht)의 자연법 사상에 기초한 국제법적 전통을 고수한다. 국제법은 단순히 국가 간 법 그 이상으로 국제공동체의 의지이기도 하다(Jenks 1963). 그로티우스는 동시대 국민국가 체제를 해석할 뿐만 아니라 세계 정치발전을 위한 표준을 제시하는 법과 도덕적 체제를 창조하기도 한다(Lauterpacht 1949, 1-53). 규범이론 차원에서 보자면 이러한 국제법 사상은 국제사회는 특정한 개인으로 구성된다는 세계주의적 접근법의 성격을 띤다. 세계주의 사고에 따르면, 비록 개인은 국가에 의해 대표되지만 도덕성에 대한 공통된 개념의 문제는 국가가 아니라 개인에게 연합되는 문제이다. 따라서 문화와 문명의 공동체야말로 국제공동체의 기반을 이룬다.

연대주의는 주권이 독립만을 의미할 뿐만 아니라 유럽통합 과정에서 보여준 것과 같은 다양한 수렴수준을 허락한다고 가정함으로써 급진주의에 가깝다고 말할 수 있다(Buzan 1999, 6). 이러한 맥락에서 국제사회의 범위는 더욱 넓어지는데, 이는 세력사용을 제한하는 공통규범뿐만 아니라 국가와 시민 간 관계에 대한 보편적인 문명표준까지도 관련되어 있기 때문이다. 또한 연대주의는 국제질서를 유지하는 데 필요하다고 판단되면 더욱 간섭주의자적인 입장을 취하게 된다. 여기서 법적으로 타당하다고 보는 인도주의적 간섭의 형태로 치르는 정의전(just war)의 개념이 작동하게 되고 국제법을 복구하기 위한 국가 간 협력을 허락하게 된다.

한편 안보문제에 있어서 연대주의는 누가 적이고 누가 친구인지를 미리 결정하지 않고 잠정적 침략자에 대한 연대주의 원칙에 따라 조직된 집단안보의 보편적 체제를 지지한다. 이러한 일련의 속성을 정리한 것이 <표 4>이다.

〈표 4〉 국제사회 관점 내 다원주의와 연대주의의 속성 비교

비교항목	다원주의	연대주의
주요 학자	불(H. Bull)	와이트(M. Wight)
국제관계의 주체	국가(배타주의)	국가와 개인(포괄주의)
조직이념	특수주의	보편주의
규범적 접근법	공동체주의	세계주의
국제사회 개념	계약적 · 기능적	문화적 · 문명적
국제사회 범위	차이의 문명	수렴 허용(유럽통합)
국제법	배타적 국가 간 법	국제사회의 의지
법원 (sources of law)	실증법, 관습, 조약 (E. Vattel, L. Oppenheim)	자연법, 보편적 규범 (H. Lauterpacht)
국제사회 원칙	헌정적 원칙 & 공존원칙 (1, 2수준)	협력을 규정, 특정 행동을 촉진 (3수준)
인도주의적 간섭	불법, 불허	합법, 허용
안보의 기반	집단방위(동맹)	집단안보

출처 : Czaputowicz(2003), 23.

(2) 세분화 2 : 구조적 · 기능적 · 역사적

구조적 학파는 동시대 국제사회의 구조를 확인한다. 이에 속한 대표적인 영국학파 학자로는 『국제사회의 본성(*The Nature of International Society*)』의 매닝(C. A. W. Manning)과 *Sovereign Statehood*의 제임스(A. James) 그리고 *The Anarchical Society*의 불(H. Bull)을 들 수 있다.

한편 빈센트(R. J. Vincent)로 대표되는 기능적 학파는 현존하는 제도적 구조의 우위와 기능에 주목한다. 빈센트의 작품인 *Non-Intervention and International Order*와 *Human Rights and International Relations*에

서는 간섭을 기본적으로 불법적인 것으로 간주한다. 따라서 인도주의적 간섭 역시 바람직하지 못한 것으로 인지된다(Vincent 1974). 인도주의적 간섭이 불법성을 지닌다는 주장은 유엔헌장 2조 4항에서 기인하는데, 이는 모든 회원국은 영토적 통합이나 어떤 국가의 독립에 대해 무력을 사용할 수 없다는 내용을 담고 있다.[19]

마지막으로 역사적 학파는 국제관계의 구조가 지내온 역사적 진화과정에 주목한다. 버터필드(Butterfield), 와이트(M. Wight), 불(H. Bull)과 왓슨(A. Watson), 그리고 수가나미(Hidemi Suganami) 등으로 대표되는데, 이들은 세계사회를 국제사회의 전제조건으로 간주하였다. 특히 와이트는 국가체제(즉 국제사회)를 구성원들 간 문화적 통합이 이루어지지 않고서는 찾아오지 않는 것으로 보았다(Wight 1977, 33). 또한 국제관계에 있어서 세계사의 중요성을 강조하기도 하는데, 이는 월러스타인(I. Wallerstein)의 세계체제론과 공유하는 점이다.[20]

2. 영국학파의 공통된 속성

앞서 살펴본 바와 같이 영국학파는 국제관계에 대한 세 가지 전통적 관점에서 바라볼 때 대체로 합리주의에 기반한 인식론적 견해를 추구하고 있다고 말할 수 있다. 하지만 영국학파의 사상이 전적으

19 인도주의적 간섭과 주권간 관계에 대해서는 아래 참조. Suganami(2001c).

20 월러스타인의 세계체제론이 국제관계 연구에 미친 영향과 더불어 영국학파 역시 그로부터 영향을 받게 되었다. 이로써 영국학파의 학제간적 접근법이 형성되었다.

로 합리주의만을 고집한다고는 볼 수 없다. 대표적으로 리틀(Richard Little)의 견해에 비추어 보자면, 영국학파가 추구해야 할 것은 국제관계의 세 가지 전통에 대한 대립적 사고가 아니라 이들 세 가지 관점을 절충하는 국제관계에 대한 포괄적 이해이다(Little 1999, 3).[21] 또한 와이트의 사고 역시 현실주의, 합리주의 그리고 급진주의를 모두 수반한다(Wight 1991, 262). 와이트에게 있어서 합리주의는 문명화 요소이고, 급진주의는 고무적이며, 현실주의는 통제와 계율을 수행한다. 그에게는 이들 모두가 소중한 요소인 것이다.[22] 한편 다원주의적 시각이 영국학파의 주류를 이룬다는 관점에서도 영국학파의 인식론을 한마디로 단정짓기는 어려운 일이다. 이는 역으로 일관되고 안정적인 견해가 부족하다는 비판의 대상이 될 수도 있다. 하지만 영국학파는 분명 공통된 속성을 통해 하나의 학파를 이루고 있으며, 시간이 흐르면서 더욱 더 분명한 노선을 스케치하게 될 것이다. 이에 이어지는 절에서는 영국학파가 보여주는 공통된 속성을 정리해 보았다.

첫째, 국제관계를 국제정치와 동일시함으로써 이들 둘을 정치과학의 하위분과로 묶는 현실주의적 사고와 달리 영국학파는 국제관계를 정치과학뿐만 아니라 경제학, 법학, 역사학 그리고 사회학 등 일련의 사회과학 분과와의 결합지점으로 간주한다.

둘째, 영국학파는 규범과 현실의 복잡성을 들여다 보기를 즐겨한다. 전통적인 행태주의는 국제적 현실을 단순화하고 경험적 연구가

---

21 하지만 영국학파는 주로 합리주의에 기반하는 국제사회의 개념을 중심으로 이해되어 왔다.

22 불의 경우 자신을 그로티우스적인 견해에 가깝다고 밝히고 있다.

규범적 관점과 구별된다는 비현실적 가정을 채택한다. 나아가 유럽통합에 대한 보편성(내지 일반성)을 추구한다. 모라프칙을 비롯한 일련의 학자들은 유럽통합을 보편적(내지 일반적) 이론화를 통해 형상화하고자 한다. 이와 달리 영국학파는 행태주의를 비판하는 한편 유럽통합의 사례가 지닌 특수성에 대한 이해를 추구한다. 이러한 맥락에서 영국학파의 인식론은 구성주의 학파와 유사하다. 구성주의 학파와 영국학파는 동일하게 국제정치 연구에 대한 행태주의 사회과학의 가치에 대한 회의론을 제기한다.[23]

셋째, 국제정치는 단순히 무정부적 체제 그 이상이라고 본다. 전통적으로 현실주의는 국제체제를 통치력을 지닌 초국가적 중앙정부가 부재한 무정부상태로 인지한다. 하지만 영국학파는 이러한 무정부상태에서도 협력과 국제질서가 존재할 수 있으며, 규범에 기반한 사회적 현상이 나타날 수 있다고 본다. 그러기 위해서는 국가 간 문화와 종교, 가치와 이해가 공유되어야 한다. 이에 영국학파는 무정부상태 하에서도 국가들 간 공유되는 규범의 존재를 밝히고 궁극적으로는 국제사회가 존재할 수 있는 가능성을 탐구한다(전재성 2004 ; 2006, 441). 디에즈와 휘트만은 이러한 둘째와 셋째 속성을 아울러 영국학파가 국제관계학에 기여한 두 가지 항목으로 지목하고 있다(Diez and Whitman 2002, 46).

넷째, 국제관계에 대한 이해를 얻기 위한 접근법으로서 아이디어의 중요성을 강조한다. 영국학파는 국제사회와 같은 개념에 대한 규

---

[23] 이 점은 불(Bull 1966)에 의해서도 지적된 바 있다. 리틀은 이 점이야말로 구성주의와 영국학파 간 비교연구에 있어서 핵심을 이루고, 오늘날 국제관계 이론에 있어서도 주요 쟁점이 되고 있다고 말한다(Little 1995, 10).

범적 측면을 고찰하며, 여기서 아이디어는 경험적 도구로 작동한다. 그러므로 사회의 개념은 관찰된 데이터에 잘 어울리며 대안적 개념들을 사용할 수 없다는 사실을 이해시켜 준다.

다섯째, 영국학파의 주요 인식론적 개념은 '국제사회'이다. 국제관계를 사회적 측면에서 인지하는 것은 가능한 것과 바람직한 것에 대한 새로운 이해를 개방함으로써 행동을 조건짓는다는 차원에서 이 개념은 기존 국제관계 연구를 위한 주요 이슈들을 다루기에 충분하다. 하지만 국제사회에 대한 인식론적 개념이 분명하지 않고 지속성이 부족하다고 비판받기도 한다. 그러나 '사회'라는 자원을 국제관계에 대한 설명에 투입한다는 자체가 까다로운 작업인 만큼 국제사회 개념의 모호성은 본질적으로 내재되어 있던 문제이지 영국학파만의 유일한 문제는 아니다(Jones 1998, 232).

여섯째, 사회는 담론적으로 창조되고 전복되는 것으로 인식한다. 이는 개인의 사회나 국가의 사회 모두 마찬가지이다. 규범과 제도는 사회적 담론의 구성체이다. 그러나 사회는 이러한 담론을 넘어서는 그 어떠한 본질도 전유하지 못한다(Diez and Whitman 2002, 48).[24] 초기 영국학파의 일원으로서 자신의 초기 작업을 통해 국제정치의 현실을 구성하는 인지, 신념 그리고 언어의 중요성에 대한 근대적 통찰력을 발휘하였던 매닝은 '사회적 우주/질서(Social Cosmos)'는 사람의 마음속에 상상되고 인식되는 것'(Manning 1962, 5)이라고 말하였다. 이는 앤더슨의 '상상의 공동체'와 일맥상통한다.

그렇다면 영국학파가 지닌 이러한 일련의 속성들은 과연 유럽(통

24 이에 대한 논쟁은 아직까지 뜨겁게 진행되고 있다.

합) 연구를 위한—특히 유럽연합 거버넌스 체제의 연구—실질적인 분석도구를 제공해 주는가? 구성주의자들이 말하는 유럽통합의 체제적 양상은 어떤 것이며, 영국학파가 그리는 유럽 국제사회와는 어떤 차이를 보여주는가? 나아가 국제사회와 세계사회에 대한 실증적 연구는 어떻게 이루어질 수 있을까? 특히 특별한 맥락에서 바라보게 되는—즉 특수성의 차원에서 인식되는—유럽 국제사회, EU 국제사회 그리고 유럽 세계사회에 대한 연구를 경험적으로 수행할 수 있는 방법에 대한 궁금증이 유발된다. 만약 이들 일련의 사회유형에 대한 경험적 연구가 불가능하다면 과연 유럽 국제사회가 존재하는지 여부에 대한 난해한 질문에 우리는 영원히 불가지론적인 태도를 취할 수밖에 없을 것이다. 이에 이어지는 절에서는 영국학파의 방법론적 인식론을 구성주의 학파의 그것과 비교하여 유럽(통합) 연구를 위한 좀더 구체적인 차별화를 시도할 수 있는 실질적인 분석도구 내지 접근법을 위한 구성요소들을 가려내고자 한다.

3. 구성주의와의 비교 : 유사와 차이

1990년대 후반 미국에서 시작된 구성주의와 영국에서 시작된 영국학파는 합리주의적 이론에 대한 반발로 국제관계 연구분야에서의 뜨거운 논쟁을 불러일으켰다.[25] 이들 두 관점은 국제관계의 사회적

---

25 여기서 말하는 합리주의적 이론이란 현실주의, 자유주의, 제도주의 등의 기반을 이루는 일반 가정을 지칭한다. 이들 합리주의적 이론은 구성주의와 투영주의(reflectivism)에 반대되는 것으로 이들 간 차별화 요소는 행위자의 정체성, 그리고 이익의 외생성

속성을 강조한다는 점에서 유사함을 보여준다(Reus-Smit 2002, 488). 하지만 두 학파의 내부적 시각의 다양성을 고려한다면 이들 간 유사성과 상이성에 대한 좀더 면밀한 검토가 필요하다.

(1) 국제관계학에서의 구성주의적 접근법의 속성

구성주의는 최소 18세기 비코(Giambattista Vico)까지 거슬러 올라가는 오래된 방법론이다(Pompa 1982). 오랜 전통 속에 구성주의는 비판이론, 포스트모더니즘과 마찬가지로 외생적 또는 객관적 사회현실은 없다고 보며, 주요 생각은 국제관계를 포함한 사회세계가 인본적 구성(human construction)이라는 것이다. 이러한 공통적 속성에도 불구하고 구성주의는 다양한 지파로 분류되어 왔다.[26] 학자들의 견해에 따라 구성주의의 범주화는 다양성을 보여준다. 다음의 <표 5>는 이를 정리한 것이다.

• 구성주의의 세분화

유럽통합 연구에 있어서 구성주의가 보여주는 응용성을 검토하는 자리에서 하스(Ernst Haas)는 구성주의를 다시 세 가지 부류로 세분화하였다. 하나는 웬트(Alexander Wendt)와 데슬러(David Dessler)로 대표되는 체제학파이다. 이들은 전 지구적 체제를 가득 채운 기능에 의해 조건지워지는 행위자들의 정체성으로부터 이익을 도출해낸다. 하스는

과 내생성이다. 아래 참조. Wæver(1997), 23.

26 마치 이러한 범주화는 구성주의의 다양성을 정당화하는 듯하다.

〈표 5〉 구성주의의 분류

주장하는 학자	구성주의 분류 및 대표학자
Hopf(1998)	비판 구성주의 협약 구성주의(Jepperson, Wendt, Katzenstein)
Price & Reus-Smit (1998)	근대 구성주의, 탈근대 구성주의
Lynch & Klotz(1996) Adler(1997)	근대 구성주의, 법적 구성주의, 내러티브 구성주의, 계보 구성주의
Ernst Haas(2001)	체제학파(Wendt, Dessler) 규범과 문화학파(Kratochwill, Meyer) 연성적 합리주의 학파(Katzenstein, Adler, Peter Haas)
Hobson(2000)	국제사회 중심 구성주의(Finnemore) 국가 중심 구성주의(Berger, Herman, Katzenstein, Kier) 국가주의 구성주의(Wendt)
Reus-Smit(2002)	존재론적 구분 : 사회학적 제도주의(Katzenstein, Wendt, 대부분의 구성주의자들) 하버마스 의사소통행동론(Kratochwil, Onuf, Reus-Smit, Risse) 푸코 계통주의(Price) 분석수준별 구분 : 단위수준(Katzensetin) 체제수준(Wendt) 전체론적 이론(Ruggie, Koslowski & Kratochwil, Reus-Smit, Hall, Rae) 방법론적 구분 : 해석학적 구성주의(Price, Kratochwill and Ruggie, Neufeld) 실증주의적 구성주의(Jepperson et al., Wendt, Johnston, Cederman)

출처 : 이 표는 구성주의를 분류하는 일련의 학자들의 소논문을 읽고 필자가 정리한 것임.

이러한 부류의 인식론은 불, 기든스(Anthony Giddens) 그리고 부잔 등과 같은 영국학파들과 근사성을 보인다고 말한다. 두 번째 집단은 '규범과 문화'학파이다. 이는 크라토크빌(Friedrich Kratochwil)과 메이어(John Meyer)로 대표되는데, 이들은 이익을 문화적 조건화의 결과라고 가정하는 한편, 집단적 선택에 영향을 주는 것은 국제사회 내에 뿌리내리고 있는 규범이라고 본다. 마지막 집단은 카첸스타인(Peter Katzenstein), 아들러(Emmanuel Adler) 그리고 하스(Peter Haas)로 대표되는 '연성적 합리주의' 학파이다. 이들은 연구자의 이익은 정치적 인과성이 이해되는 방식에 따라 달라진다는 생각을 피력한다. 정치적 인과성이 이해되는 방식은 이익을 정의하는 방식에 영향을 준다. 그리고 이익을 정의하는 방식의 자원은 국민국가의 안팎에 존재한다. 이러한 생각은 신기능주의적 견해와 사뭇 유사함을 보여준다(Haas 2001, 26-29).

한편 구성주의에 대한 세분화는 그외에도 일련의 학자들에 의해 다음과 같이 분류되기도 한다. 우선 홉프(Ted Hopf)는 구성주의를 비판 구성주의(critical constructivism)와 협약 구성주의(conventional constructivism)로 분류하며(Hopf 1998), 프라이스(Richard Price)와 로이-스미트(Christian Reus-Smit)는 근대 구성주의(modern constructivism)와 탈근대 구성주의(post modern constructivism)로 분류한다(Price and Reus-Smit 1998). 또한 린치(Cecilia Lynch)와 클로츠(Audie Klotz)는 근대 구성주의, 법적 구성주의(legal constructivism), 내러티브 구성주의(narrative constructivism) 그리고 계보 구성주의(genealogical constructivism)로 분류한다(Lynch and Klotz 1996). 마지막으로 홉슨(John M. Hobson)은 국제사회 중심 구성주의(international society-centric constructivism), 국가 중심 구성주의(state-centric constructivism) 그리고 국가주의 구성주의(statist constructivism)로 분류한다(Hobson 2000).

궁극적으로 다양한 구성주의의 범주를 넘어서서 이들 간 주요 논쟁을 정리해 보면 존재론적 구분과 분석수준별 구분, 그리고 방법론별 구분이 가능하다. 우선 존재론적 구분에서는 구성주의를 사회학적 제도주의, 하버마스 의사소통행동론 그리고 푸코 계통주의자들로 나누어 볼 수 있다. 한편 분석수준별로는 체제, 단위수준 그리고 전체론적 이론으로 나눌 수 있다. 마지막으로 방법론에 따른 구분에서는 해석학적 구성주의와 실증주의적 구성주의로 구분된다(Reus-Smit 2002).

• 구성주의의 주요 속성

국제관계 내 구성주의적 접근법은 국제정치를 자기 이익에 충실한 행위자들에 의한 합리적 계산에 따른 산물로 설명하는 전통주의가 보여준 분석적 한계에 대한 반응에서 비롯되었다. 이러한 구성주의가 보여주는 주요 속성은 다음과 같다.

첫째, 구성주의적 접근법의 가장 큰 특색은 유물론적 세계의 형성에 대한 이해에 있다. 구성주의자들은 유물론적 세계가 인간 행동과 상호작용을 형상화하고 동시에 이들에 의해 형상화되는 방식은 유물론적 세계에 대한 동태적인 규범적-인식론적 해석에 달려 있다고 본다(Adler 1997, 322).

둘째, 구성주의자들은 국제관계에 있어서 인간의 의식의 역할을 강조한다. 러기가 말하는 구성주의자들의 근본은 다음과 같다: "[그들은] 국제적 현실의 블록 형성이 유물론적일 뿐만 아니라 이념적이기도하다는 견해를 피력한다; [그들에게 있어서] 이념적 요소는 수단적 국면뿐만 아니라 규범적 국면도 갖고 있다고 이해된다; [여기서 말하는] 이념적 요소는 개인의 의도성뿐만 아니라 집단의 의도성을 표현한다; 이념적 요소의 의미와 유의도는 시간과 공간으로부터 독립적이지 못하다(Ruggie 1998, 33)."

셋째, 중심축이 되는 논리에 있어서도 '기대되는 귀결의 논리(logic of expected consequences)'를 앞세우는 합리주의자들과 달리 '적절성의 논리(logic of appropriateness)'를 내세운다. 이 논리는 무엇이 적절하고 부적절한가에 대한 공유된 집단적 이해와 정치적 규범에 귀속된다. 즉 정치적 결정은 이익극대화를 위한 임의적인(ad hoc) 계산식뿐만 아니라 정치적 행동으로서 '가능성에 대한 패러미터(parameters of the possible)'를 부여하는 '참조의 규범적 틀(normative frames of reference)'에 의해 형상화된다(Hoffmann and Knowles 1999). 이러한 맥락에서 개별 회원국의 대유럽정책은 이를 형상화하는 사회문화적 결정인자들을 검토함으로써 제대로 이해될 수 있다(Ross 1997, 42 ; Hyde-Price and Jeffery 2001, 692). 이는 "사회문화적 결정인자들이 세계를 조직하고 세계 조직틀 속에 자신과 타인을 위치시키며 행동을 이해하는 틀을 제공하기 때문이다. 또한 사회문화적 결정인자들은 집단적 정체성을 정치적 행동과 연결시키고 행동의 동기를 부여하는 틀을 제공해 주기 때문이다(Ross 1997, 42)."

넷째, 일반적으로 구성주의자들은 일련의 정책들을 사회적 구성의 산출물로 인식한다. 구성주의는 인지주의(cognitivist), 후기 구조주의, 포스트모더니즘, 비판이론(Critical Theory) 그리고 구조화주의(structuralizationists)를 모두 포괄한다. 이들은 공통적으로 가치, 규범, 관습을 통한 주관성의 사회적 형성[구성]을 강조한다. 여기서 말하는 사회적 구성이란 구체적으로는 논쟁과 주장, 학습(역사적)경험 그리고 사회화 과정 등을 말하며, 이들 과정을 거쳐 나타나는 생산물이 바로 정책이라고 본다. 이들 과정은 정책결정 과정에 참여하는 엘리트들과 이들 엘리트들이 내재하고 있는 사회에게 공통된 목적을 부여하고 일련의 근본적인 규범을 부여한다. 정책결정자들은 변화하는 외부적 환경을 이해하는 데 있어서 정치적 질서를 위한 깊이 침윤된 참조와 사회적 소속감을 필요로 하고, 규범은 정책결정자들에게 이들을 제공해 준다.

다섯째, 사회적 구성물로 인식되는 정책의 바탕이 되는 규범은 고정적이지 않으며 언제나 '재구성'되는 유동적인 실체이다. 재구성의 경로는 의사소통과 논쟁 그리고 세대교체 등을 들 수 있으며, 이들 경로를 통해 규범은 지속적으로 재구성되어 왔다. 그러나 이러한 재구성 과정은 때로는 급진적이기도 하지만 일반적으로는 점진적인 속도로 진행된다. 규범이 단기적으로 빠르게 재구성되는 것은 '심각한 사태(critical junctures)'가 발생하거나 변화를 주도하는 '선도자'에 의한 '이식'과정을 통해 이루어진다. 심각한 사태는 위기나 정책실패 또는 외부적 사건에 의해 촉발된다. 이러한 과정이 정책결정자들에게 가져다 주는 익숙하지 않음과 불확실성은 현존하는 규범에 대한 도전을 유발함으로써 변화를 위한 기회의 창을 제공한다.

여섯째, 구성주의는 정체성 변화를 출발점으로 삼고 이익을 규범과 담론구조로 구성된 폭넓은 제도적 환경 속의 상호작용에 따른 결과로 인식한다. 이러한 구성주의는 유럽통합 과정을 설명하기에 아주 적합한 듯이 보인다(Kissolewski 2000, 7).

(2) 구성주의와 영국학파 간 비교

1990년대 들어 국제관계를 이해하는 전통적인 합리주의 패러다임에 대한 존재론적 및 인식론적 도전이 시작되었다. 여기서 말하는 전통적인 합리주의 패러다임이란 신현실주의와 신자유주의를 말하는데, 신현실주의는 국가 간 관계가 지니는 사회적 내용을 부인하고, 신자유주의는 국제사회의 존재를 인정하기는 하지만 국가 간 사회적 상호작용을 제도적 협력을 유도하는 범위 내에서만 인정한다. 이러한 합리주의적 사고에 대한 도전으로 대두된 것이 구성주의였다. 구성주의자들은 국제관계를 심히 사회적인 것으로 간주한다. 구성주의자들은 국가와 다른 행위자들의 정체성과 이익이 간주관적인 규칙, 규범 그리고 제도에 의해 담론적으로 구성된다고 이해한다. 한편 이러한 발전은 영국과 유럽에서 일어난 영국학파의 활성화에 의해 필적되었다. 영국학파는 미국식 합리주의를 벗어나 오랫동안 국제적 삶의 사회적 관점을 강조해 왔다. 이들은 문화가 국가의 정체성을 조건짓는 방식을 강조하고 국제질서를 유지하는 제도기구의 저변에 깔려 있는 사회적 동학을 강조한다.

이러한 양상을 보고 많은 사람들은 구성주의와 영국학파를 동일한 인식론으로 수렴되어 가는 두 학파로 인지하기가 쉽다. 동일한 맥락에서 영국학파의 신세대인 던(1995a, 1998)은 국가중심성을 보인다는 사실과 국제체제/사회를 구성하는 간주관적 관행에 따라 국제체제/사회의 의미를 추구한다는 점을 들어 국제사회 전통과 구성주의 간에 유사성이 있음을 주장하였다(Dunne 1995b, 384 ; Dunne 1998, 187-190). 또한 로이-스미트(2002)는 국가정체성의 문화적 기반을 강조하고, 국제사회의 규칙-통치적 본성 그리고 무정부 아래 삶의 다양한 형태를 강조한다는 점에서 구성주의와 영국학파의 공통점을 찾고 있다(Reus-Smit 2002, 489).

게다가 구성주의자들은 와이트, 불 등으로부터 영감을 얻고 신세대 영국학파 사람들은 새로운 이론적 신뢰성을 옛 혈통에 투자하기 위해 자기 의식적으로 구성주의와 자주 제휴를 시도한다. 하지만 구성주의와 영국학파가 수렴되고 있다는 담론에도 불구하고 구성주의와 영국학파 모두 서로의 글들을 읽고 토론하는 자리에서 의식적이든 무의식적이든 자신들에게 편리한 것만을 취하고 있다. 따라서 수렴담론은 대체로 부분적이거나 왜곡된 대표성에 기반하는 오류를 범하게 된다.

그 대표적인 예로 구성주의자들은 영국학파에 대해 논하는 자리에서 주로 영국학파의 존재론적 명제에만 집중하는 경향이 있다. 구성주의자들이 묘사하는 영국학파의 존재론적 명제는 다음과 같다: 우선 국가가 다함께 국제사회를 형성할 수 있으며, 국제적 삶은 규범과 규칙에 의해 통치된다고 이해한다.[27] 또한 국제체제는 사회이며 이 안에서 국가는 체제에 참가하기 위한 조건으로 다양한 사안영역에서 공유되는 규범과 규칙을 고수한다(Jepperson, Wendt and Katzenstein 1996, 45). 핀모어(Martha Finnemore) 역시 이러한 구성주의자들의 관행을 답습한다. 핀모어는 영국학파가 국제사회의 수준과 내용에 대해 다양한 견해를 피력하긴 하지만 이들 간에는 원칙화된 규칙, 제도 그리고 가치에 대한 기본적 합의가 존재함을 강조한다(Finnemore 1996a, 18).

영국학파 사이에 합의된 원칙화된 규칙, 제도 그리고 가치는 사

27 이와 같이 구성주의자들이 다른 관점을 배제하고 영국학파의 주요 존재론적 관점에만 치중하는 것은 비판의 대상이 되기도 한다. 이러한 비판에 대해서는 아래 참조. Reus-Smit(2002).

회구성원이 누구인지를 결정하고 이들 구성원이 어떻게 행동할 것인지를 통치한다. 이와 같은 영국학파에 대한 묘사로 보자면 구성주의와 영국학파는 분명 유사한 부류임에 틀림없다. 동일한 맥락에서 웬트는 영국학파를 구성주의 이론의 한 부류로 간주한다. 마찬가지로 영국학파는 흔히 구성주의의 한 예로 언급되기도 한다(Dunne 1995b). 시기적으로는 구성주의가 대두되기 이전부터 상당수의 영국학파들이 자신의 연구성과물을 출간하였는데, 이들 중 상당수가 구성주의적 시각을 담고 있었다. 하지만 구성주의와 영국학파는 유사점과 상이성을 동시에 지니고 있다. 이에 이 절에서는 이 글의 목적에 상응하여 구성주의적 속성을 영국학파의 그것과 비교함으로써 영국학파를 차별화하고자 한다.

• 유사성

첫째, 1990년대 후반 미국에서 시작된 구성주의와 영국에서 시작된 영국학파는 합리주의적 이론에 대한 반발로 국제관계 연구분야에서의 뜨거운 논쟁을 불러일으켰다.[28] 이들 두 관점은 국제관계의 사회적 속성을 강조한다는 점에서 유사함을 보여준다(Reus-Smit 2002, 488). 영국학파의 초기 작품들은 구성주의적 색채를 짙게 깔고 있다. 매닝(Charles Manning)의 『국제사회의 본성(*The Nature of International Society*)』에서도 살펴볼 수 있듯이 영국학파는 구성 주의학파와 동일하게 국

---

[28] 여기서 말하는 합리주의적 이론이란 현실주의, 자유주의, 제도주의 등의 기반을 이루는 일반 가정을 지칭한다. 이들 합리주의적 이론은 구성주의와 투영주의(reflectivism)에 반대되는 것으로 이들 간 차별화 요소는 행위자의 정체성과 이익의 외생성과 내생성이다. 아래 참조. Wæver(1997), 23.

제사회를 구조의 귀결로 인지되는 객관적 사실이 아니라 과정의 귀결로 인지되는 사회적 구조로 파악한다. 이러한 사회적 구조는 반복적이고 의식화된 관행에 의해 나타나며, 관행은 간주관적 지식의 구조를 변화시킨다. 또한 영국학파는 사회적 학습과정의 중요성을 강조하는데, 이 역시 구성주의 학파에 의해 강조되고 있으며, 이들 모두 사회적 학습과정을 국제사회와 국가 간 특정한 상호 의존관계 속에 내재되어 있는 것으로 이해한다. 즉 영국학파와 구성주의 학파는 동일하게 국제사회는 국가에 의해 형상될 뿐만 아니라 국가 역시 국제사회에 의해 형상되는 상호작용 관계에 놓여 있다고 본다. 따라서 국가는 국제사회를 수립하고 국제사회는 국가의 정체성에 영향을 미치게 된다(Dunne 1995a).

둘째, 국제체제 내 국가의 역할에 주목하는 한편, 구조와 행위자 간 관계에 있어서도 유사한 인식론을 취하고 있다. 이들에게 있어서 구조와 행위자의 관계는 어느 일방에 의해서 결정되는 것이 아니라 늘 상호작용하는 상호 의존적 형상화의 과정을 겪는 주체들이다. 그리고 행위자와 구조 간 상호작용의 관계를 들여다 보기 위한 취지로 국제관계의 변화를 문화라는 프리즘을 통해 해석하고 있다. 문화라는 프리즘 안에서 구조는 국가를 형상화하지만 국가를 궁극적으로 결정하지는 않는다. 따라서 국제환경의 질적 개선을 위한 여지를 남겨두고 있다(Czaputowicz 2003, 28).[29]

29 그외에도 영국학파와 구성주의 학파는 인간본성과 기본적 니즈(needs)에 대한 가정에 있어서 생각을 공유한다.

• 상이성

첫째, 영국학파는 국제체제를 공유된 규범에 의해 통치되는 사회로 간주한다. 하지만 구성주의와 달리 국가정체성 형성을 명시적으로 다루지는 않는다(Wendt 1999, 31). 둘째, 역사에 대한 접근법에 있어서 두 학파 간 차이가 관찰된다. 구성주의 학파는 역사적 접근법을 시도하지 않는 반면, 영국학파는 국제사회의 역사적 진화에 큰 관심을 보이고 있다. 셋째, 구성주의와 달리 영국학파는 무정부적 체제 내에서도 협력이 가능하다는 선험적 가정 아래 무정부 상태에서도 협력이 가능한 이유를 규범의 기능에서 찾고자 한다.

넷째, 영국학파는 국가주권을 변화하지 않는 대상으로 인식한다. 이는 구성주의와 대립되는 모습이다. 다섯째, 구성주의 학파가 국가의 내부적 관계에 대해 미치는 인권의 영향력에 관심을 두는 반면, 영국학파는 인권과 국제사회의 확장 간 관계에 주목한다(Reus-Smit 2002, 537-538). 여섯째, 지역발전에 대한 관심에 있어서 구성주의와 영국학파 간 차이가 분명하다. 구성주의 학파는 문화적으로 정의된 지역 개념에 기반한 특정 국가들 간에 일어날 수 있는 문화적 변화(예, 로크적 문화에서 칸트적 문화로의 전이)에 관심을 둔다. 이와 달리 영국학파는 이러한 국가들 간 문화적 변화에 대한 관심이 부족하다. 일곱째, 국제체제 내 권력배분의 불평등 문제를 둘러싼 해석에 있어서도 두 학파 간 견해차이가 존재한다. 제국의 출현과 붕괴, 초강대국의 제도, 그리고 다문화성 등에 대한 견해가 이들 두 학파간에 분산되고 있다.[30]

여덟째, 국제관계(내지 세계)를 구성하는 원칙에 있어서 유물론적 세계관과 사회적 구성으로 바라보는 세계관 사이에서 구성주의와 영국학파가 위치하는 입장이 완전히 일치하지는 않는다. 위버(Ole Wæver)는 구성주의와 영국학파를 여섯 가지 기준에 따라 차이를 보이고 있음을 밝히고 있다 : 유물론 vs 사회적으로 구성된 국제관계 ; 아이디어의 기능과 의미 ; 연구자의 역할에 대한 이해 ; 인식론과 지식의 형태 ; 언어와 이론의 개념 ; 국제관계 내 전통 등(Wæver 1999). 이들 가운데 유물론 vs 사회적으로 구성된 국제관계의 차원에서 구성주의와 영국학파 간 차이를 비교해 보면 위버는 영국학파가 고전적 현실주의와 구성주의 사이에 위치한다고 결론내리고 있다. 따라서 영국학파가 바라보는 사회관계는 현실주의자들이 기대하는 것만큼의 범위 내에서 사회적으로 구성되고 동시에 구성주의보다는 유물론자들이 바라보는 이해에 더 가까이 다가선다. 다음의 <그림 1>은 이러한 위버의 판단을 나타내고 있다. 하지만 이러한 위버에 대한 판단에 동의하지 않는 견해도 존재한다.[31] 따라서 유물론과 사회적으로 구성된 세계관에 있어서 영국학파를 고전적 현실주의와 구성주의 사이의 공간에 위치시키는 문제는 더욱 논의될 필요가 있다.

마지막으로, 구성주의자들 다수가 폭넓은 비판적 국제이론의 성역에서 자신의 위치를 확인할지라도 이들은 사회학적 · 규범적 · 인간행동학적 질문에 대한 강한 몰입을 보여준다(Linklater 1998). 이와 더불어 세계주의적 자세를 함유하고 있음에도 불구하고 영국학파 이

30 이와 같은 일련의 차이점들은 좀더 상세한 검토가 필요하다. 필자가 더 이상의 논의를 전개시키지 못하고 있음은 독서량의 부족에서 비롯되었다. 가까운 시일 내로 이에 대한 보충적 고찰이 이루어질 것을 약속한다.

31 비판적 견해에 대해서는 아래 참조. Jørgensen(2000), 4-5.

〈그림 1〉 유물론적 국제관계 vs 사회적으로 구성된 국제관계

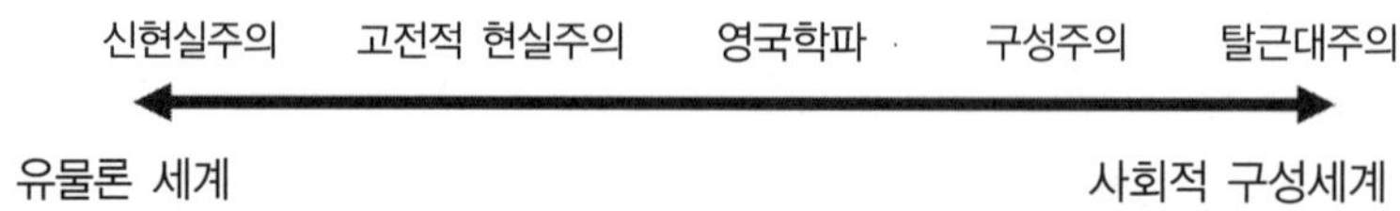

출처 : Ole Wæver(1999) 'American Constructivism and the English School,' paper presented at BISA Annual Conference, 20–22 December 1999, University of Manchester.

론들이 다루고 있는 규범적 관점을 인정하려는 시도는 드물다. 예를 들어 불의 분석은 '질서'의 도덕적 함의에 대한 자신의 철학적 검토에서 기인하는데, 구성주의자인 핀모어가 이를 인지하여 자신의 저술에서 이같은 사실을 밝히고 있다. 하지만 핀모어의 저술은 영국학파가 다루는 규범적 관점을 언급하는 구성주의자로서의 시도로는 상당히 예외적인 경우이다(Finnemore 1996a, 18). 사실 핀모어 역시 이같은 사실을 언급만 할 뿐 이를 심도 있게 다루고 있지는 못하다.

V. 유럽연구를 위한 영국학파의 기여

1. 유럽(통합) 연구를 위한 교량적 역할로 기능

앞서 살펴본 바와 같이 유럽(통합) 연구를 위한 1차 논쟁에서 국제관계적 접근법과 비교정치적 접근법 간의 교량적 접근법의 필요성

이 제기되었다. 하지만 일련의 비판적 저술들은 교량적 접근법의 필요성을 제시할 뿐 적절한 대안책을 제공하지는 못하고 있다. 한 예로 모라프칙은 기존의 국제관계적 접근법이 제시하는 교량적 분석의 문제점을 지적함에도 불구하고 유럽 거버넌스의 특수성을 그저 밀집된 정부 간 협력의 형태로 감소시키고 있을 뿐이다(Diez and Whitman 2002, 44).

국제관계학은 전통적으로 국제체제 내 국민국가를 단위로 이들 간 관계를 주요 분석대상으로 한다. 따라서 '특수성'보다는 '일반성'을 주요 분석의 목적으로 삼는다. 비교정치적 접근법 역시 비교차원에서 탈국제체제보다는 국민국가 모델을 주로 활용한다(Wiener 2001, 77-8). 따라서 국제관계학이 범하고 있는 똑같은 실수를 반복하고 있다. 이러한 국제관계(내지 국제정치)학과 비교정치학의 범주와 달리 유럽연합은 '특수성'으로 대변된다.

유럽(통합) 연구에 있어서 똑같은 실수를 반복하는 국제관계학과 비교정치학이 유일하게 합의에 도달한 것이 있다면 그것은 유럽연합은 '독특한 속성(*sui generis* mentality)'을 지닌다는 점이다. 그렇다면 과연 이렇게 독특한 속성을 지닌 유럽연합을 '일반성'의 고리로부터 적절한 거리를 둔 채 사회과학의 인과성을 지향할 수 있는 분석틀은 무엇인가? 우리는 유럽(통합) 연구를 위한 교량적 접근법을 제시하는 구성주의로부터 그 해답의 일부를 찾고자 할지도 모른다. 하지만 구성주의자들의 연구는 유럽 거버넌스를 재형상화하고 유럽통합 경로를 재이론화하는 데 있어서 가치 있는 연구결과를 보여줌에도 불구하고 오히려 비교국면과 국제국면을 분석틀에 투입하지 못하는 단점을 보여준다(Christiansen *et al.* 2001 ; Jørgensen 1997a ; Diez and Whitman

2002, 45).

이 글이 주목하는 것은 이들 구성주의적 사고를 지닌 학자들 가운데 또 다른 차이점을 보이는 일군의 연구진이다.[32] 이들은 앞서 말한 구성주의자들의 한계를 벗어나 자신들의 분석틀에 비교와 국제국면을 포함시키고 있다. 대표적인 연구로는 요르겐슨(Knud-Erik Jørgensen 1997b)의 유럽외교공화국 연구, 하이드-프라이스(Adrian Hyde-Price 2000)의 신흥 유럽질서와 독일에 대한 연구, 렝거(Nick Rengger 2000)의 신중상주의적 국제체제내에서 유럽연합을 맥락화하는 연구 등을 꼽을 수 있다.

2. 유럽(통합) 연구를 위한 새로운 해석 제공

유럽(통합) 연구에 영국학파의 접근법을 적용할 경우 우리가 기대할 수 있는 분석결과물은 다음과 같은 두 가지 차원에서 거론될 수 있다: 유럽연합 거버넌스의 체계적 속성 정의와 유럽연합의 국제적 역할에 대한 재형상. 이들 두 가지에 대한 거론은 유럽연합을 어떻게 개념화할 것인가 하는 문제에서 시작된다.

영국학파의 견해에 따르면 유럽연합은 특정한 지역적 맥락에서 형성되고 전 지구적 국제사회 내에 배태되어 있는 형태로 유지되는 국제사회로 정의내릴 수 있다(Diez and Whitman 2002, 45). 이러한 개념화는 곧 방법론적으로 비교와 국제관계적 접근법을 모두 요청한다.

32 기본적으로 이들은 영국학파로 분류한다.

그 까닭은 우선 유럽연합이 국제사회로 조직되는 방식을 물을 때 지역 및 역사적 맥락에 따라 다른 국제사회와 비교하는 작업을 수반하기 때문이다. 또한 유럽연합이 전 지구적 국제사회 내에 배태되어 있음을 검증하기 위해서는 유럽연합의 국제적 역할에 대한 재이론화 작업이 동반되기 때문이다.

유럽연합의 국제적 역할에 대한 일반적 검토는 유럽연합이 지역간 관계를 통해 근본적으로 양육해 온 관계를 분석하거나 대외적 쌍무관계를 들여다 보는 방식을 취한다. 이와 달리 이 글에서는 유럽 국제사회와 전 지구적 국제사회, 그리고 유럽연합 국제사회 간 관계를 검토하고자 한다. 이로써 우리는 유럽연합 국제사회를 넘어서는 유럽연합의 역할을 새롭게 개념화하기 위한 단초를 마련할 수 있다. 유럽연합의 국제적 역할에 대한 고찰에 앞서 유럽연합 거버넌스의 체계적 속성에 대한 검토가 선행되어야 한다. 이는 유럽연합의 외교정책을 중심으로 하는 '유럽연합 국제사회'에 대한 이해가 유럽연합의 국제적 역할에 대한 이해를 돕는 출발점이기 때문이다.

(1) 유럽연합 거버넌스의 체계적 속성 정의

유럽연합의 외교정책을 논할 때 중심이 되는 질문은 '유럽연합은 국가나 국제기구와 같은 다른 사회적 기구들과 비등한가, 아니면 독특한 실체인가?'이다. 이러한 EU(체제)의 본성에 대한 질문에 국제관계학자와 비교정치학자 그리고 국제정치경제학자들 간에 근본적인 동의는 없다. 이는 서로 중점을 두고 있는 부분이 다르기 때문이다(Jordan 1997). 따라서 EU는 때로는 국제기구, 탈국가적 제도형성이나 집중적인 국가 간 협력체(주로 IR학자들에 의해), 국가 간 포럼(forum), 레짐,[33] 떠오르는 초국가주의의 실례(Hix 1994 ; 1999), 준행위자 실체(actor-like entity),[34] 국제체제의 하위 시스템(Hill 1990 ; 1993 ; 1996), 형성과정중인 국가(state-in-the-making) (Kassim and Menon 1996), 다수준 정체(政體) 또는 거버넌스(multi-level polity or governance),[35] 연합체(confederation) (Wallace 1983), 또는 근대국가정체에 유사한 정치체제로(주로 비교정치학자들에 의해) 인식되어 왔다.

특히 S. 힉스는 EU체제를 기타 민주체제와 동일하게 기능하는 것으로 간주한다. 이에 허렐(A. Hurrell)과 메논(A. Menon)은 EU수준의 정책결정 과정이 국가적 지침요소와 더불어 국제기구를 특징짓는 정부 간 협상요소 등 여러 요소가 조합되어 있음을 지적하면서 기타 민주체제 내 정부관행과는 큰 차이가 있다고 말한다(Hurrell and Menon 1996). 한편 마크 폴락과 같은 확산이론가(diffusion theorists)들은 정책채택(policy adoption), 의제설정(agenda setting) 등 더욱 현세적인 기능부문에서 진행되는 일상과정(day-to-day processes)에 초점을 둔 채(Pollack 1995) 유럽연합의 본성에 대한 뿌리를 다원주의에서 찾고 있다(Jordan 1997).

한편 이들 상이한 견해를 중재하고자 사르토리(G. Sartori)의 '추상

---

33 Majone(1993) ; Ruggie(1992) ; Breckinridge(1997). 마조네는 EU를 규정레짐의 실례로 파악한다. 이러한 인식은 다른 규정레짐과의 비교는 풍부해지나 국제관계 이론이 소용없게 된다. 아래 참조. Rosamond(2000).

34 Allen and Smith(1990) ; Hill(1994) ; Sjostedt(1977) ; Michael Smith(1996) ; Whitman(1997).

35 Marks, Scharpf *et al.*,(1996) ; Marks, Hooghe and Blank(1996) ; Richardson(1996) ; Caporaso(1996) ; Ebbininghaus(1998).

화의 사다리'(Sartori 1970) 위에서 EU의 본성에 대한 적정수준의 추상성을 구축하려는 노력도 있다.[36] 이 노력은 분석단위에 대한 차별성을 증가시키는 한편, 개념확장을 회피할 수 있는 전략으로 유럽연합을 기존 주요 행위자로서의 국가중심적인 사고에 고정시키는 대신 준행위자의 실체로 다루는 감소된 하부형태(diminished subtype)로 인지하는 것이 바람직하다고 말한다. 그리고 다음과 같이 전 지구적 정치경제 내에서 표준을 낮춘 감소된 하부형태로 행위자성을 판단하기 위한 네 가지 요소를 제안한다: 인정(recognition), 권한(authority), 자율(autonomy), 그리고 결집(cohesion) 등.[37]

---

36 추상화의 사다리를 오르는 방식은 두 가지이다. 하나는 사다리를 오름으로써 내포성을 줄이고(개념의 속성이나 특성을 축소시키기) 외연성을 확대(사례의 수를 증가)함으로써 개념확장(conceptual stretching)을 회피하는 방식이다. 이로써 정의에 관련한 더 적은 숫자의 속성을 지니는 개념들이 공통적으로 더 많은 사례에 적용되고 그 결과 일반화의 사다리를 더 높이 오르게 된다. 다른 하나는 사다리를 내려감으로써 내포성을 늘리고(개념의 속성이나 특성을 확대) 외연성을 축소(사례의 수를 축소)함으로서 개념적 차별성(conceptual differentiation)을 획득하는 방식이다. 그러므로 정의에 관련한 좀더 많은 숫자의 속성을 지니는 개념이 더 적은 숫자의 사례에 적용됨으로써 일반화의 사다리를 내려가게 된다. 추상화의 사다리를 더 높이 올라가는 전략 대신 국제관계 내 행위자성을 확대하여 행위자의 뿌리 개념의 표준을 낮춤으로써 감소된 하위 형태별로 차별화하는 방법이 있다. 이 방법은 개념확대를 회피하는 한편 차별성을 증가시켜 준다. 여기서 인식된 EU에 대한 개별 형태들은 정의(定義)에 관련한 좀더 적은 속성을 지니게 되는데, 이로써 전통적인 행위자, 즉 국가로서의 속성에서 벗어나 개념적 확장을 유도하는 듯하다. 즉 이들은 일반화(추상화)의 사다리 위에서 더 높이 위치하게 되고 이로 인해 차별성을 감소시키는 듯하다. 그러나 이러한 잠정적인 국가로서의 EU에 대한 인식은 빠진 속성을 일일이 나열하고 일반화의 최고점과 뿌리개념 사이에 존재론적·인식론적 근간을 위치시킴으로써 새로운 분석적 범주를 창조한다. 그 결과 연구자로 하여금 분석단위에 대한 차별성을 증가시키는 한편 개념확장을 회피할 수 있게 해준다. 아래 참조. 양오석(2001).

37 이들 요소는 Jupille and Caporaso(1998)의 글에서 기본 생각을 얻어 필자가 좀더 세밀한 검토를 통해 재정립하였다. 아래 참조. Jupille and Caporaso(1998).

이러한 일련의 노력과 달리 영국학파의 인식론을 적용하면 우리는 유럽연합에 대한 또 다른 대안적 이미지를 접하게 된다.[38] 우선 첫째, 유럽연합에 대한 경쟁하는 다양한 이미지를 구상할 수 있다. 영국학파의 인식론을 적용할 경우 무엇보다 유럽연합은 광의의 국제사회 내에 기반하는 '지역적 국제사회(regional international society)'로 인지할 수 있다. 오늘날 유럽연합은 대단히 위계질서적인 사회로 비춰진다. 유럽연합의 중심부에서 동의된 규범과 원칙이 회원국들에 의해 이행되는 수준을 측정해 보면 그 위계질서의 정도를 가늠할 수 있다. 물론 국가수준에서의 원칙이나 규범이 수용되는 정도가 초국가적 제도기구에 의해 다져지고 있기는 하지만, 이와 달리 주변부로 갈수록 위계질서의 수준이 낮아진다는 비대칭성을 보이는 것도 사실이다.

한편, 영국학파의 핵심 주제어인 국제체제, 국제사회, 세계사회(그리고 제국)의 개념을 중심으로 유럽연합 거버넌스의 속성을 살펴보면, 유럽연합은 사회적 요소가 다른 어떤 곳에서보다도 더 강력하게 나타나는 국제체제의 특별한 하위체제이다(Diez and Whitman 2002, 48). 영국학파의 한 부류인 링클레이터(Andrew Linklater)는 유럽을 후기 웨스트팔리아 국제사회로 이행중인 정체로 인식한다. 이러한 이행과정에서는 충성도가 증가하고 폭력적 마찰에서 평화적 협력으로 속성이 전이되는 국가 간 관계의 변형이 수반된다(Linklater 1998, 183-194).

여기서 우리는 유럽연합 내 국제사회의 탄생과정에 관한 한 가지 근본적인 의문을 제기할 수 있다. 유럽연합 내 국제사회는 어떻게 탄

---

38 현재로서는 더 이상 유럽연합의 본성에 대한 소모적인 논쟁을 지속하지 않기로 잠정적으로 합의된 상태이다. 하지만 최근 들어 진행되고 있는 유럽연합의 발전형상을 바라보면 이제는 영국학파가 유럽(통합)의 문제를 다루어야 한다는 생각이 든다.

생하는 것인가? 이에 대해 부잔은 칸트의 영구평화론에서 그 해답을 찾고 있다. 칸트의 영구평화론에서는 주체의 동질성과 수렴의 결과로 유럽연합 내 국제사회가 탄생하는 것으로 이해한다(Buzan 2002). 여기서 말하는 주체의 동질성 내지 동질화란 구체적으로 수용된 가치와 국내법 범주에서 서로 유사함을 갖게 되는 국가의 변화를 일컫는다. 그리고 이러한 동질화 과정이 확산되어 궁극적으로는 국제사회의 '두꺼워짐(thickening)'이 이루어지고 다원주의에서 사회연대주의로의 이동이 일어난다(Buzan 2002). <그림 2>는 이러한 유럽연합의 국제사회적 진화와 안보체제의 변화를 표현하고 있다.

〈그림 2〉 유럽연합 국제사회의 진화와 안보체제의 변화

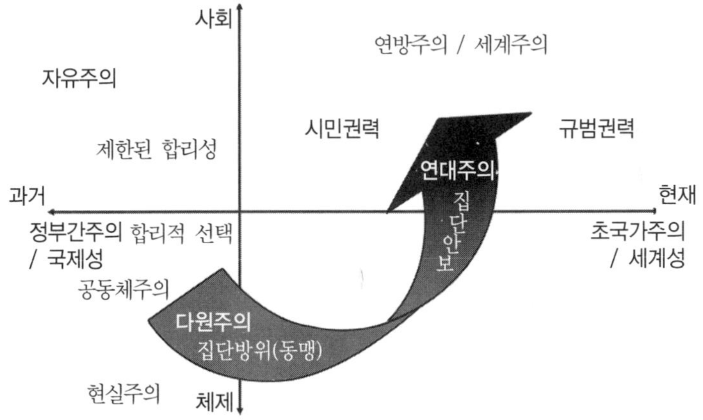

참조: 국제성은 Internationality를, 세계성은 Worldness, 세계주의는 Cosmopolitanism, 제한된 합리성은 Bounded Rationality, 시민권력은 Civilian Power, 규범권력은 Normative Power를 의미함.

출처: 이 그림은 Czaputowicz(2003), 33의 그림을 필자가 일부 수정보완한 것임.

둘째, 영국학파의 상당수는 유럽연합을 군사부문에서는 두드러진 역할을 수행하고자 하는 야망이 없는 '시민권력(civilian power)'으로 바라본다. 이러한 시각은 국제사회의 다른 구성원들이 인지하는 유럽연합의 속성에 대해 중요한 함의를 던져준다. 1980년대 영국학파들은 주로 유럽연합을 시민권력으로 인지하고자 하였다. 불(Hedley Bull) 역시 그러한 사람 중 하나였다. 하지만 불(Hedley Bull)은 장기적으로 유럽연합이 시민권력이라는 위상을 유지하지 못할 것이라고 내다보았다(Bull 1982). 시민권력으로서의 유럽의 개념은 2000년대에 들어 매너(Ian Manners)에 의해 '규범권력(normative power)'의 개념으로 재편되었다. 여기서 인식론을 결정짓는 주요 요소는 유럽연합이 세력에 의지하는 가능성이 아니라 외교정책을 통해—특정한 경제적 또는 군사적 이익이 아니라—규범을 촉진한다는 사실이다(Manners 2002).

부잔(2002)은 주체의 동질성 내지 동질화 과정이 확산되어 궁극적으로는 국제사회의 '두꺼워짐(thickening)'이 이루어지고 다원주의에서 연대주의로의 이동이 일어난다고 언급하였다. 그리고 유럽연합은 이러한 의식적인 수렴의 사례 가운데 상당히 진보된 사례로 손꼽힌다. 유럽연합 내에 존재하는 압력과 갈등 및 긴장은 이러한 의식적인 수렴과정에 순응하고자 하는 영구적인 니즈(needs)에 따른 결과물이다(Buzan 2002, 18). 하지만 이러한 유럽연합 내 국제사회의 '두꺼워짐(thickening)'을 가져다 주는 동질화는 규범주의(민주적 평화), 자본주의, 과학발전 그리고 기술확산 등의 요소에 의해 보충된다(Halliday 1992, 435-61). 유럽통합 과정의 본질은 의식적 수렴에 따른 동질화에만 있지 않다. 국가수준에서 일어나는 더 많은 규범의 창조를 통해 이루어진다. 새로운 규범이 창조되고 이 규범이 특정한 국가제도기구에 의해 이행될 때 그 결과로서 나타나는 국제사회의 '두꺼워짐(thickening)'이야말로 중요한 요소이다.

한편 규범의 창조와 이의 이행을 확증함으로써 나타나는 국제사회의 '두꺼워짐'은 초국가적 수준으로 개별 회원국들의 권능이 위임(pooling)되는 제도적 구조를 요구한다. 즉 새로운 정치적 질은 국가가 공존의 원칙을 넘어서서 초국가적 가치를 이행하기 위해 필요한 조정된 정책을 추구할 수 있을 때 발생한다. 게다가 초국가성을 이야기하려면 다음 세 가지 조건이 충족되어야만 한다 : (1) 유럽제도기구가 회원국으로부터 독립되어야 하고, (2) 권능이 조직기구로 이전되어야 하며, (3) 법적 규범이 회원국의 시민이나 기업에 대해 직접적 구속력을 갖추어야만 한다.

유럽연합 내 권한의 소속문제는 '직접효과', '우위성', '선취(pre-emption)',[39] 그리고 '보충성 원칙'[40] 등으로 대표된다. 이러한 일련의 원칙들은 권한이 배타적일 때는 유럽연합이, 권한이 동시발생적일 때는 보충성 원칙의 해석에 의존하여 유럽연합이나 회원국이 활동할 수 있게 해준다.[41] 그럼에도 불구하고 유럽연합 내 법률선언(law pro-

---

39 이는 한 행위자가 다른 행위자의 의도적 행위로 인해 크게 영향받는 일련의 행위과정을 이행할 때 발생한다. 전략연구에서 흔히 사용되는 용어로 갑작스런 공격에 대한 사례를 의미한다. 냉전시기 미국의 정책결정자들이 흔히 사용하던 전략의 하나였다. 이에 따라 EU차원의 행위가 이미 발생하는 곳에서는 개별 회원국의 행위가 허락되지 않는다.

40 유럽연합 차원에서의 행위가 개별 회원국 수준에서의 행위보다 더 큰 효율성을 발휘한다고 판단되는 경우에는 유럽연합이 배타적 권한을 행사한다는 원칙.

41 그러나 유럽연합과 회원국이 동시에 활동하는 것은 공동체법상 불가능하다. EU는 권한배치 문제에 있어서 구체적인 기준을 마련하지 않은 채 정치적 대화를 통해 해결해 오고 있다. 이에 따르면 투자 및 안보분야를 제외한 나머지 대부분의 정책영

clamation) 과정과 법률집행 과정이 점점 더 초국가적 수준에서 이루어지고 있다. 개별 회원국은 유럽연합법에 직접 적용을 받을 의무가 있고 유럽연합법은 국내법에 대해 우선한다. 그 결과 공동체 시민과 기업들에 대해 공동체법이 직접효력을 발생하고 국내법원은 더 이상 조약범위 내에 있는 분야에서는 주권을 행사하지 못한다. 국내의회도 더 이상 조약범위 내에서는 법을 선언할 주권이 없다(Wallace 1983, 406). 그 결과 유럽연합의 규범창조적 속성은 회원국들을 법규범의 두꺼운 망 속에 구속함으로써 통합과정을 다소 돌이킬 수 없는 것으로 형상화한다. 결론적으로 요약하자면 유럽연합은 초국가적 제도기구에로의 권능 이전의 결과일 뿐만 아니라 규범창조와 서로 동화되어 가는 국가들의 결과물이다.

여기서 우리는 규범의 출현과 국가들 간의 동질화가 가져다 주는 결과물에 대한 또 다른 고민을 하게 된다. 이는 다원주의와 연대주의 간 대립적 구도의 문제와 관련되어 있기 때문이다. 규범이 출현하고 국가들이 서로 동질화되면 그 결과물로서 다원주의적 국제사회가 탄생한다. 여기서 말하는 다원주의적 국제사회의 탄생이란 결국 국제사회의 양상이 두터워진다는 것을 의미한다. 하지만 문제는 이렇게 국가수준에서 고무된 과정만으로는 국제사회의 더 큰 성장을 기대할 수 없다는 데 있다. 더 나은 국제사회의 발전을 위해서는 세계사회와 초국가성을 지나가야만 한다. 이는 국제사회의 확대 및 성장을 위해서는 주체가 행하는 국가수준에서의 활동만으로는 불충분하며, 국제수준에서의 활동이 이루어져야 하기 때문이다. 바로 이러

역을(주로 무역사안에 관련한) 공동체의 배타적 권한영역으로 이해하고 있다.

한 과정이 사회연대주의적 과정인데, 이 과정에서는 부잔의 모델과 달리 국제성(internationality)을 세계성(worldness 내지 supranationality)과 구분한다. 유럽연합은 지난 수십년간 다원주의에서 이러한 연대주의로 전이되어 왔다(Czaputowicz 2003, 35−36).

셋째, 유럽연합은 국제 및 세계사회적 요소가 공존하는 동시에 경쟁하는 사회이다. 우선 공존의 차원에서 살펴보자면 유럽연구에 있어서 국제사회적 요소는 다원주의에서 출발한다. 다원주의에 가까운 국제사회 담론은 특수주의, 정부간주의적 통합 시나리오, 유럽연합 각료이사회처럼 회원국 정부가 결정적 목소리를 지니는 제도기구 등에 기반한다. 제2기둥의 외교안보정책 그리고 제3기둥의 내무 및 사법분야에서의 협력과 같은 만장일치제로 운영되는 정책분야에서도 역시 이러한 국제사회적 담론이 적용된다. 반면 연대주의에 가까운 세계사회 담론은 보편주의, 연방주의적 통합 시나리오, 유럽연합집행위원회와 유럽의회와 같은 제도기구에 기반한다. 이는 단일통화로 구체화된 제1기둥 부문 내 경제협력, 유럽시민권 개념 그리고 집단방위(동맹)를 넘어서는 집단안보로서의 유럽군사력 등의 정책분야와 관련된다. 지금껏 논의된 바를 정리하자면 <표 6>과 같다.

한편 경쟁의 차원에서 유럽연합 내에 공존하는 국제사회적 요소와 세계사회적 요소 간 관계를 살펴보도록 하자. 영국학파는 세계사회의 존재가 국제사회를 유도한다고 본다. 이러한 논리를 빌리자면 보편주의와 연대주의 가치로 대표되는 유럽담론(즉 세계사회 담론)을 구성하는 요소들은 '두꺼운(thick)' 국제사회의 탄생을 가능하게 한다. 이들 세계사회적 요소들은 유럽 행위자들의 정체성 구성과정에 투입되고 이들 유럽 행위자들에 의해 강화된다. 하지만 국제사회와 세계

〈표 6〉 유럽연합 내 국제사회와 세계사회적 요소 비교

비교항목	국제사회적 요소	세계사회적 요소
근본인식	다원주의	연대주의
주요 개념	특수주의, 보충성 원칙	보편주의, 초국가주의
통합 시나리오	정부간주의	연방주의
대표적 제도기구	각료이사회	집행위원회, 유럽의회
도구	만장일치제, 거부권	유럽화, 유로화, 유럽연합 시민권
범위	제2기둥(공동외교안보정책) 제3기둥(내무 및 사법분야)	제1기둥(경제공동체 부문)

출처 : Czaputowicz(2003), 33.

사회의 동시발생은 '독립된 국가의 사회'로 이해되는 국제사회를 파괴할 가능성이 있다. 디에즈와 휘트만(2002) 역시 세계사회 담론이 국제사회를 심화시키기도 하지만 국제사회의 근간을 위협할 수도 있음을 언급한 바 있다. 나아가 동시에 특별한 형태를 띤 국제사회 내 중심부로 자리잡고자 하는 유럽연합의 야심찬 프로젝트는 적절한 세계사회 담론 없이는 불가능하다고 말한다(Diez and Whitman 2002, 54).

우리는 여기서 몇 가지 의문을 제기하게 된다. 국제사회와 세계사회가 경쟁관계에 있다면 궁극적으로 어느 하나가 다른 하나를 파괴하게 된다. 그렇다면 이들 둘 사이의 우위관계를 고민할 때 최종적으로 우리가 바람직한 것으로 기대할 수 있는 것은 무엇인가? 또한 유럽연합 내 국제사회와 세계사회의 균형이 필요하다면 어떻게 이를 완성할 수 있으며 누가(또는 어느 제도기구가) 이 일에 대한 책임을 수행할 것인가? 이에 대한 논의는 아쉽게도 다음 기회로 넘겨야 할 듯하다. 필자의 능력과 연구노력의 부족으로 아직 이 문제에 대한 해

답은 더 많은 시간을 필요로 하고 있다. 대신 이 글에서는 영국학파의 인식론을 적용하여 유럽 국제사회와 기타 다른 국제사회 간 비교를 논하고자 한다.

영국학파의 인식론은 유럽국제사회와 다른 국제사회를 비교하기 위한 모험적인 시도를 가능하게 한다. 앞서 다룬 바와 같이 영국학파는 사회적 속성을 구별하기 위해 국제사회의 상이한 수준과 세계사회의 참가라는 기준을 제시하고 있다. 여기서 국제사회의 상이한 수준은 '두꺼움(thickness)'으로 표현되고, 세계사회의 참가는 실체적인 것이 아니라 담론의 범주로만 적용된다. 이들 범주에 따라 유럽(연합)을 살펴보면 다음과 같은 세 가지 층을 발견하게 된다: (1) '두꺼운' 국제사회와 잘 발달된 세계사회로 이루어진 유럽연합 국제사회, (2) 이들 요소가 잘 발달되지 못한 전체 유럽 국제사회, 그리고 (3) 기본적인 국제사회와 겨우 초보적인 세계사회로 이루어진 전 지구적 국제사회 등.[42]

유럽연합 내에는 공동규칙이 밀집되어 있는 잘 발달된 국제사회적 요소가 강하게 작동하고 있다. 이는 영국학파의 표현을 빌리자면 국제사회의 상이한 수준 가운데 '두꺼운(thick)' 수준에 해당된다. 국가체제(또는 국제체제)와 국가사회(또는 국제사회)에 대한 불의 구별에 따르면(Bull 1977, 10-13) 유럽연합은 국제사회적 속성이 강한 사회임에 틀림없다. 이는 무엇보다 유럽연합은 공통된 가치와 규범에 의해 서로를 구속하고 있기 때문이다. 또한 '세계성(worldness)'으로 대표되는

---

42 이들 세 가지 국면 간 경계는 분명하지도 않고 고정된 것도 아니다. 오히려 수시로 변화하고 있다. 이에 대한 좀더 상세한 논의는 아래 참조. Diez and Whitman(2002), 55-59.

〈그림 3〉 유럽연합 국제사회, 유럽 국제사회 그리고 전 지구적 국제사회의 공존

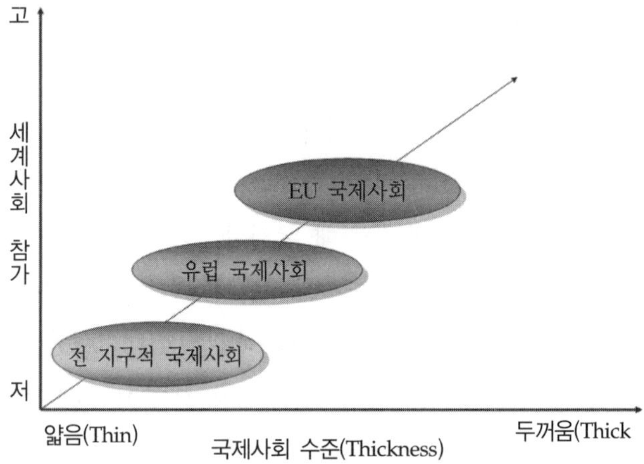

출처 : 이는 구체적인 자료를 바탕으로 그래프상에 나타낸 것이 아니라 필자의 이미지를 그림으로 표현한 것이다.

세계사회적 요소는 '초국가성(supranationality)'에서 확인할 수 있다. 유럽연합 체제는 세계사회의 발산이 지역적으로 제한되어 있다. 하지만 그 정도에 있어서는 전 지구적 국제사회보다 훨씬 강하다. '두꺼운' 국제사회인 유럽연합 체제의 중심부에 참가하려면 유럽연합의 목표와 이익에 정체성을 두고 공식회원이 되어야 한다. 또한 유럽연합 내 구속력을 갖춘 모든 규칙을 수용 및 준수해야만 한다(Czaputowicz 2003, 34).

결국 유럽연합의 범주는 유럽국제사회와 전 지구적 국제사회 안에 내재해 있는 협의의 국제사회라고 결론내릴 수 있다.[43] 국제사회

43 하지만 이는 분명 담론의 범주에 따른 구분이지 실체적 범주에 따른 구분이 아님을 밝혀둔다.

의 수준(즉 thickness)에 있어서 유럽연합의 국제체제는 '두꺼운(thick)' 국제사회와 잘 발달된 세계사회적 속성을—비록 세계사회적 속성을 지역적으로 제한적으로만 발산하는 과정에 있지만—내포하고 있다. 한편 유럽 전반의 국제체제는 국제사회와 세계사회적 속성이 덜 발달되어 있다. 하지만 제2차 세계대전 이후 유럽 국제사회는 유럽안전보장협력회의(Conference on Swcurity and Cooperation in Europe : CSCE)의 결정에 의해 강화되는 모습을 보여주고 있다. 또한 전 지구적 국제체제는 기본적 국제사회적 속성이 자라나고 있으며, 초보적 세계사회의 속성이 싹트고 있다. 이러한 전 지구적 국제사회는 대표적으로 유엔에 의해 규제되는 체제를 거론할 수 있으며, 이는 규범의 활성화 수준에 비추어 볼 때 유럽 국제사회보다 더 얇은 국제사회의 수준에 머물러 있다(Diez and Whitman 2002, 55-59).[44]

넷째, 이밖에도 유럽연합 연구에 있어서 영국학파가 던져주는 첨가적인 이야깃거리가 몇 가지 더 있다. 우선 유럽연합의 체계적 속성에 대한 상충되는 견해가 존재한다. 하나는 불의 생각인데, 불은 근대국가 체제로 발전할 가능성에 대해 부정적 시각을 피력한 바 있다. 이와 달리 리세-카펜(T. Risse-Kappen)은 그 가능성을 열어두고 있으며(Risse-Kappen 1996), 위버는 유럽연합을 '왓슨식 제국(Watsonian empire)'의 중심부로 개념화한다. 왓슨식 제국의 중심부에는 상상된 비영토적 중심부가 자리잡고 있다. 현실적으로 유럽연합의 중심부는 벨기에 브뤼셀에 은유적으로 위치하고 있다. 그리고 브뤼셀은 상상된

44 하지만 이들 세 가지 국제사회에 대한 경계는 아직 모호한 상태이며 불안정하기까지 하다. 이에 대한 더욱 심화된 논의가 요구된다.

비영토적 중심부임에 틀림없다. 이러한 맥락에서 상상된 비영토적 중심부를 지닌 유럽연합은 왓슨식 제국이라고 말할 수 있다.

또한 유럽연합의 미래발전에 관한 주요 내부 마찰의 진앙지는 어디인가에 대한 해답을 놓고 서로 상충하는 견해가 존재한다. 위버는 이를 중심부-주변부의 문제에서 해답을 찾고 있다. 위버에 따르면 유럽연합은 중심부를 갖고자 하는 '정치적 의지'로부터 도출된 사회적으로 구성된 중심부를 둘러싸고 형성되었다(Wæver 1996, 246). 1992년 덴마크 선거에서 마스트리히트 조약에 대한 비준이 거부된 사건을 두고 위버는 제국의 중심부인 유럽연합에 너무 가까이 다가서는 것을 두려워한 탓에 조약비준이 거부되었다고 풀이한다(Wæver 1996, 227). 하지만 이러한 설명은 중심부와 주변부에 대한 정의가 불명확한 가운데 덴마크의 맥락을 벗어나 일반화의 수준에서 거론되기는 어렵다. 위버 스스로도 말하기를 유럽을 구성하는 방식은 다양하기 때문에 중심부를 갖고자 하는 정치적 의지 역시 다양하게 나타난다(Wæver 1998, 2001 ; Jachtenfuchs *et al.* 1998 ; Diez 2001).

(2) 유럽연합의 국제적 역할에 대한 재형상

전통적인 유럽연합 국제사회의 자기 이미지는 '시민권력(civilian power)'이었다. 여기서 말하는 '시민권력'의 개념은 1970년대 뒤셰네(Duchêne, F)에 의해 처음 제시되었다(Duchêne 1973, 1-21). 뒤셰네에 따르면 시민권력은 분명 무력동원이나 군사적 힘의 활용과 같은 권력정치를 거부하고 서유럽의 경제적·문화적 기여를 강조하는 개념이다. 따라서 국제관계는 대외관계보다 국내업무에 연관된 계약적 책임의 대상이라는 아이디어와 접목된다(Duchêne 1973 ; Lodge 1989, 1993, 229에서 재인용). 1970년대만 해도 유럽연합은 제국주의적 성향에서 벗어나 다소 수동적인 시민권력 유럽이라는 이미지로 자리잡았다. 그리고 그 이미지의 중심에는 중심적 정치권한이 부재하고, 그에 따라 외교안보정책 사안이 정부 간 협상체제에 의존하는 제도적 형상을 낳았다. 이를 두고 일부에서는 유럽연합 거버넌스 체제를 '느슨한 연방주의(loose federation)' 내지 연합주의(confederation)로 평가하기도 한다.

그러다 1980년대 중반에 들어서면서 광포한 국제적 의제가 빠르게 변화하고 대외관계를 외교안보정책과 떼어놓을 수 없다는 인식이 확대되면서 유럽연합이 추구해야 할 국제적 역할에 대한 재평가가 이루어졌다(Lodge 1989 ; 1993, 227). 그 결과 역내 기제가 개혁되고, 잠정적 정책범위가 확대되었으며, '시민권력'이라는 전통적인 유럽연합의 자기 이미지가 도전받기에 이르렀다. 특히 국제적 행위자로서 유럽연합이 행사해 온 영향력은 경제적 비중에 비해 외교안보 영역에 있어서는 극히 미진함을 보여왔다. 따라서 시민권력 유럽의 이미지는 유럽연합이 방위정책을 수행하기 위한 군사적 권한이 부족할 때 고안된 개념으로 치부된다.

유고슬라비아 사태는 이러한 제도적 형상의 산 증거이다. 유고슬라비아 사태에 대한 반응에서 유럽연합은 기술적 전문지식의 부족과 재정부족, 군사적 자원부족 그리고 정치적 역량이 부족함을 보여주었다. 유고사태에 간섭할 것인가의 여부와 간섭방식에 있어서 회원국들의 생각은 분할되어 있었고, 유고사태에 간섭하기 위해서는 유엔의 동의와 비준이 먼저 필요하다는 생각이 지배적이었다(Lodge 1989 ; 1993, 249). 이렇게 국제관계의 혼돈 속에 상대적으로 누려온 유럽연합의 '안정된 섬'이라는 이미지는 유고슬라비아 사태 속으로 가라앉고 말았다.

유고사태에서 보여준 유럽연합의 모습은 유럽연합이 공동외교안보정책(Common Foreign and Security Policy : CFSP)을 이행할 능력이 없음을 보여주었고 CFSP를 새롭게 발전시켜야 한다는 필요성을 제기해 주었다. 유럽인들에게 있어서 더 이상 유럽은 시민권력으로서의 이미지로 남을 것이 아니라, 시민권력이라는 수사와 현실 간 괴리를 해결해야만 한다는 퍼즐에 직면하게 된 것이다. 결국 유럽인들은 정부 간 회의에서 생각지도 못한 서유럽동맹(Western European Union : WEU)과 북대서양동맹(North Atlantic Treaty Organization : NATO)을 통해 새로운 방위정책을 수용하기로 결정함으로써 전 지구적 행위자로서 필요한 행위자성(actorness)을 갖추어 나갔다. 1999년 6월 쾰른유럽이사회 회담(the Cologne European Council meeting)에서 이루어진 결정은 이러한 노력의 일환이었다. 이 회의에서 '유럽연합은 자율적 행동을 위한 능력을 갖추어야 한다'고 결정하였다. 그리고 이러한 목표는 '북대서양 동맹이 취한 행동에 대한 선입견 없이 국제적 위기에 대응하기 위해 신뢰할 만한 군사력과 군사력동원을 결정하는 수단, 그리고 이를 위한 준비태세를 갖출' 때에만 가능하다고 판단하였다.[45] 이렇게 유럽연합은 시민권력으로서의 이미지를 넘어서고 있었다.[46] 나아가 오늘날에

---

45 European Council, 'Policies : Security and Defence Policies,' see under <ue.eu.int>, 21 January 2005.

46 물론 유럽연합의 CFSP는 아직 적절한 수준에 도달하지 못한 상태이다. 따라서 유럽연합의 군사적 역할은 제한적이라고 말할 수 있다. 하지만 제한적인 군사적 역할로 인해 유럽연합이 갖는 시민권력으로서의 이미지를 완전히 몰수해야 된다는 이야기는 아니다. 분쟁을 해결하기 위해 무기와 힘을 수단으로 활용하는 측면을 줄일 수 있는 조치에 초점을 두는 한 적어도 유럽연합이 국제정치적 의제에 영향을 주고자 애

이르러 유럽연합은 공동외교안보정책을 선도하고 이행하는 능력을 갖춘 선행동적인 제도기구로 전이되고 있다.

오늘날 시민권력으로서의 유럽연합의 자기 이미지는 동시대 세계정치가 전개되면서 국제적 의제에 대해 유럽연합이 적극적으로 참여 내지 간섭(engagement 또는 intervention)할 것을 요구하고 있다. 이러한 요구에 대한 반응에 있어서 유럽연합이 추구하게 될 국제적 역할은 무엇보다 규범과 가치를 전이(transmit)하려는 유럽연합 핵심국가들의 욕망에서 그 윤곽을 그려볼 수 있다. 유럽연합 핵심 국가들은 자신들이 집단적으로 공유하고 있는 규범과 가치를 다른 국제사회에 전이하고자 한다. 물론 이에 대해 유럽연합 회원국들이 '민주성 결핍'과 관련하여 근본적인 문제를 제기하기도 한다. 그러나 유럽연합의 행정 운영원칙 중 하나인 초국가주의(supranationalism)는 국제사회 이슈에 대한 유럽연합의 집단행동을 허락한다. 초국가주의에 따라 유럽연합 회원국들은 CFSP 아래 발행된 선언과 공동입장에 협력하고 지역 및 국제기구에서 EU의 핵심국가들이 나머지 회원국들을 대표하여 전체 대표적 입장을 밝힐 수 있도록 권한을 위임하고 있다(Whitman 1999).[47]

하지만 초국가주의와 같은 제도적 차원을 떠나서 유럽국제사회와

쓰는 모습은 시민권력으로서의 이미지로 충분히 거론될 수 있다(Lodge 1989 ; 1993, 249). 아쉽게도 이에 대한 논의는 또 다른 글을 불러온다. 이 글에서는 여기에서 멈추고 더 이상의 논의를 끌고 나가지 않으려 한다.

47 이러한 유럽연합의 대외관계 권한 확대는 역내정책 권한영역의 확대와 더불어 병행되었다. 하지만 유럽연합의 초국가주의적 권한 행사는 국내비준이라는 협상과정을 수반하기 때문에 정부간주의와 고립될 수 없다. 따라서 초국가주의는 정부간주의와 동전의 양면을 이룬다.

전 지구적 국제사회, 그리고 유럽연합 국제사회 간 관계는 무엇보다 정체성의 차원에서 포괄적으로 다루어질 수 있다. 이는 국제사회의 멤버십은 자신에 대한 정의의 산물이기 때문이다(Whitman 1997, 1998). 유럽연합의 경우 이러한 자기 정의와 그에 따른 정체성 형성은 그 대용변수(proxy)로 회원국들이 공동외교정책에 대해 자신을 정렬하는 관행으로 묘사될 수 있다(Diez and Whitman 2002, 58). 그러나 유럽연합의 국제적 역할에 대한 고찰을 위해서는 유럽연합의 집단 정체성을 지역수준보다는 국제적 수준에서 거론해야만 한다. 그렇다면 유럽연합의 국제적 정체성은 구체적으로 무엇을 말하는가? 이러한 유럽연합의 집단 정체성은 개별 국가들이 지녀온 국민국가정체성을 뛰어넘는 것인가? 이에 대한 필자의 대답은 긍정적이다.

유럽연합의 국제적 정체성은 다양한 국면을 보여준다. 여기서 말하는 유럽연합 국제적 정체성이란 '공유되는 제도정비', '회원국들 간 존재하는 법치의 존중', '일반적인 통합과정'(Diez and Whitman 2002, 59) 그리고 '인권 및 민주주의'와 '바른 거버넌스'(양오석 2003) 등을 일컫는다. 이러한 일련의 규범과 가치를 국제사회에 전이하기 위한 실질적인 경로로 유럽연합은 비유럽연합 국가들과 맺어온 기본관계협정(The Framework Agreement)을 통해 '정치적 조건성'을 제시해 왔다.[48] 이 협정은 대외경제정책의 일환으로 라틴아메리카, 아프리카, 아시아, 중부유럽 및 러시아 국가들과 더불어 체결된 일련의 무역 및 협력협정이다. 흥미로운 것은 이러한 기본관계 협정이 인권 및 민주주의, 법치, 바른 거버넌스[49] 등을 협정체결국과의 경제협력 관계를 유지하기

---

48 '정치적 조건성'에 대해서는 아래 참조. 양오석(2003).

위한 조건으로 하는 '정치적 조건성'을 포함하고 있다는 점이다. 내용인즉, 이러한 정치적 조건들이 합당한 수준으로 유지되어야만 유럽연합과의 무역 및 경제협력 파트너가 될 수 있고, 이 협정에 기반하여 유럽연합은 경우에 따라서는 무역관계를 철회하는 강력한 조치를 취할 수 있다.[50]

탈냉전 이후 해외원조 제공국들은 하나같이 정책의 목표와 수단에 있어서 상당한 합의를 보여주고 있다. 무엇보다 정책목표에 있어서는 시민의 자유와 정치적 자유, 민주정부 그리고 효율적 공공행정 등을 촉진하는 데 강조점을 두고 있다. 한편 이들 목표를 달성하기 위한 수단에 있어서는 우선 인권 및 민주주의 원칙의 시행을 강화하고자 하는 특정 원조 프로젝트를 적극 수행하는 한편, 인권유린이나 민주화를 향한 진보 부진, 그리고 정부부패에 대한 증거가 확보될 시에는 원조제공을 보류한다는 내용이다. 비록 협소한 정의이긴 하지만 이러한 전반적인 정책적 맥락은 흔히 '정치적 조건성'으로 언급되고(Crawford 1997, 69-70), 영국, 스웨덴, 미국 그리고 유럽연합 등이 1990년대 초부터 이러한 정치적 조건성을 도입해 왔다.

1990년대 초반에 접어들면서 유럽연합은 자신의 이미지에 걸맞는

---

49 이 용어는 국내 학자에 따라 '공치'로 번역되기도 한다. 합의된 용어가 없는 까닭에 이 글에서는 거버넌스로 표기한다.

50 1996년 10월 대한민국과 유럽연합 간 채택되어 회원국 국내 비준단계를 거쳐온 기본관계협정이 2001년 4월 발효되었다. 유럽연합은 이러한 기본관계 협정을 1980년대 후반부터 회원가입 예비국가 및 역외국가들과 체결해 왔다. Framework Agreement for Trade and Cooperation between the European Community and its Member States, on the one hand, and the Republic of Korea, on the other hand, OJ L 90 of 30. 3. 2001, 46. 동 협정은 1996년 10월 28일 채택되어 2001년 4월 1일자로 발효함.

역할을 어떻게 정의하고 실행할 것인가를 더욱 고민하게 되었다. 그 결과 1990년대 초반은 선진국 정부의 외교 및 해외원조정책에 두드러진 변화가 찾아온 시기로 기록된다. 우선 1990년대 초 선진국 정부들은 인권, 민주주의 그리고 바른 거버넌스 등의 사안을 공식적 개발원조(official development assistance : ODA)와 연계시키기 시작했다.

정치적 조건성의 도입은 1991년 발효된 제4차 로메협정(Lomé Convention)이 중요한 출발점이 된다. 이 협정은 대단히 혁신적인 사항을 담고 있어 주목받았었는데, 다름 아닌 유럽연합이 체결한 협정 가운데 처음으로 인권조항이 삽입되었기 때문이었다. 동 조약 서문에서 밝히고 있는 내용들은 기존의 협정들과 다를 바 없었으나 동 조약의 제5조에서 인권존중에 대한 언급과 더불어 협정체결국 간 경제협력을 통해 인권보호를 촉진하는 데 기여하고자 하는 의지를 명백히 밝히고 있다.[51] 그후 인권조항은 일부 예외 내지 변형이 있긴 하지만 무역협정 및 협력협정 그리고 준회원 협정(association agreement)[52] 등 일련의 유럽연합 협정내용에 늘 포함되는 정규적 양상을 띠게 되었다.

그렇다면 이러한 정치적 조건성을 통해 유럽연합이 최종적으로 얻고자 하는 바는 무엇인가? 제한적인 답변이기는 하나 우리는 '시민권력 유럽'의 관점에서 이에 대한 해답을 모색할 수 있다. 아직 뚜렷

51 유럽공동체 각료이사회와 집행위원회의 결정에 따라 1989년 12월 15일 Lomé Togo에서 체결된 Fourth Lomé Convention, OJ 1991 L229/1. 1991년 9월 1일 발효됨.

52 유럽연합이 제3국, 국가연합 또는 국제기구의 상호 권리와 의무, 공동 조치와 특별한 절차로 특징지어지는 단순한 통합 협정 이상의 내용을 담고 있는 협정. 실제로 아직 가입하지 못한 서유럽 국가들의 공동체 가입을 위한 준비 단계로 체결되기도 하고, 유럽 국가가 아니므로 유럽연합에 가입할 수는 없지만 역사적으로 서유럽과 특별한 관계에 놓여 있는 아프리카 및 기타 지역의 저개발국들과 주로 체결한다.

이 정의되지 못한 상태이기는 하지만, '시민권력 유럽'의 개념은 유럽국경을 넘어서서 국제관계를 순화시켜 토착화하려는 유럽의 구상을 의미한다(Diez and Whitman 2002, 59 ; Lodge 1989 ; 1993, 229). 유럽의 관점에서 바라볼 때 국제관계의 토착화는 유럽연합의 규범과 가치를 국제사회에 전이하여 이식하거나 동형화시키는 것이다. 이는 곧 유럽연합의 규범과 가치를 단순한 제도의 창고가 아니라 유럽 및 전 지구적 국제사회와 집단적으로 공유되는 것으로 발전시키게 된다. 따라서 시민권력 유럽의 개념을 통해 궁극적으로 유럽연합은 국제적 행위자로서 파악되고, 이것이 바로 유럽연합 국제사회의 핵심 국가들이 바라는 정치적 조건성의 목표이다.

하지만 오늘날 유럽 및 전 지구적 국제사회 내 국가라는 행위자에 의한 반응을 살펴보면 이러한 시민권력 유럽의 위상과 목표는 쉽게 달성되지 않는 것 같다. 이러한 비판에 대한 근거는 다음과 같다. 우선 첫째, 1980년대 말 이래 빠르게 변화하는 세계 정치환경과 지역분쟁의 지속을 통해 현 상황은 유럽연합의 통제권을 벗어나는 지경에 이르고 있다. 이와 더불어 시민권력으로서의 유럽의 이미지와 달리 비대칭의 문제가 지속되고 있고 공동상업정책이나 무역정책에도 불구하고 다양한 회원국의 국가이익과 민간부문의 이해관계를 충족시키는 정책의 동질성은 보장되기가 어려운 실정이다.

둘째, 게다가 유럽연합은 경제적 사안과 정치적 사안을 구별하는 관행이 부족하여 시민권력으로서의 이미지를 벗어나고 있다. 유럽연합의 대외관계는 무역과 외교부문으로 양분되어 전자는 초국가주의 원칙에 따라 유럽연합집행위원회의 권한영역으로 구분되고 후자는 개별 회원국의 국가주권이 중심이 되는 정부 간 대화, 즉 정부간주의의 원칙이 적용된다. 따라서 경제적 사안의 정치화를 막을 수 있는 제도적 구조가 갖추어진 셈이다. 이러한 경제와 정치 간 구분은 시민권력으로서의 유럽의 이미지를 지켜낼 수 있는 제도적 수단 중 하나이다. 하지만 유럽연합은 포클랜드 전쟁과 유고슬라비아 사태에서 보여준 바와 같이 비유럽연합 국가들과의 관계에 있어서 정치와 경제를 구분하지 못하였다. 이와 같은 무역문제의 정치화는 시민권력으로서의 유럽의 이미지를 크게 손상시켰다. 그리고 오늘날에도 이라크에 대한 경제적 제재를 통해 정치적 목표를 달성하고자 하는 노력에서 이와 같은 실패의 흔적을 그대로 엿볼 수 있다. '경제적 거인이지만 정치적 난장이(an economic giant but a political dwarf)'라는 진부한 문구는 바로 이러한 유럽연합의 형상을 잘 묘사해 준다. 그 결과 시민권력으로서의 이미지가 전달하는 경제적 비대칭의 해소와 같은 임무는 근본적으로 가두어져 버린다.

셋째, 한편 지역국가별로 차별적인 정치적 조건성을 제시하는 유럽연합의 현실정치적인 모습에서도 우리는 시민권력유럽 개념의 빛바림을 보게 된다.[53] 유럽연합이 제시하는 '정치적 조건성'은 모든 기본관계 협정에서 동일한 모습으로 나타나고 있지는 않다. 일부 협정은 유럽연합이 무역관계를 보류할 수 있는 강한 유형이 삽입된 반면 일부 협정은 아예 없거나 약한 유형으로 남아 있다. 이로써 '정치적 조건성'에 대한 유럽연합의 생각은 목표로서의 규범성을 내보이는 '원칙적 생각(principled idea)'과 목표를 달성하기 위한 수단으로서의 '인과적 생각(causal idea)' 간에 괴리를 나타내는 이원적 생각의 정치를 함유

[53] 이에 대해서는 아래 참조. 양오석(2003).

하게 된다.[54]

유럽연합은 규범 내지 가치주도적인 외교정책을 추구해 왔다. 그렇다면 도대체 유럽연합의 외교정책관계를 주도하는 기본 규범과 가치는 구체적으로 무엇인가? 사회적 다원주의, 법치, 민주주의 그리고 시장경제와 같이 유럽연합 내부적으로 촉진되어 온 가치들이 유럽연합 외교정책을 주도하는 규범과 가치로 자리잡고 있다. 그리고 이들 가치와 규범은 보편적인 것으로 간주되고 군사적이고 강경한 외교정책에 반대되는 시민권력의 한 부분으로 작용한다.

한편 헤트네(Björn Hettne)와 죄더봄(Fredrik Söderbaum)은 '시민권력국가'과 '연성제국주의'의 구별을 통해 이에 대한 해답을 모색한다(Hettne and Söderbaum 2005, 538). 시민권력국가와 연성제국주의 간 차이는 가치와 규범의 전반적인 중요성에서 기인한다. 또한 협상이 부과되는지 아니면 대칭적이고 대화적인 방식을 통해 수행되는지 여부에 따라 시민권력국가와 연성제국주의의 속성이 구별된다.[55] 헤트네와 죄더봄은 유럽연합의 외교정책관계를 유럽의 확대, 인접국의 안정, 강대국과의 쌍무주의, 기타 지역과의 우호적 지역간주의 등 네 가지 독트린으로 요약한다(Hettne and Söderbaum 2005, 535). 이들 외교정책 독트린은 유럽연합집행위원회에 깊이 뿌리내리고 있으며, 주요 정

54 정책결정자들의 생각은 '원칙적 생각'과 '인과적 생각'으로 구성된다. 인권 및 민주주의 정책에 있어 '원칙적 생각'은 인권 및 민주주의가 외교정책의 합법적 목표인지의 여부에 대한 질문으로써 합법성과 규범성에 관련된다. 즉 목표로서의 기본 가치가 있느냐 없느냐의 문제를 다룬다. 반면 '인과적 생각'은 어떤 종류의 외교정책이 인권 및 민주주의를 촉진하는 데 가장 효율적인가라는 효율성의 문제와 관련되어 있다. 즉 목표를 달성하기 위한 구체적인 방법의 문제를 다룬다.

55 아래 참조. Hettne and Söderbaum(2005).

책결정자들에 의해 수많은 지역 간 제도정비를 통해 실현되어 왔다. 유럽연합은 지역 간 다원주의 틀 내에서 상이한 이해관계를 존중하며 시민권력과 대화를 통해 세계질서에 영향력을 행사하고자 한다. 여기서 말하는 지역 간 다원주의 틀은 민주주의, 사회정의와 평등 그리고 다자주의와 국제법 등에 기반하고 있다.[56] 유럽연합은 이러한 규범과 가치로 이루어진 시민권력이라는 프리즘을 통해 국제관계의 주요 행위자로서 기능하고자 한다.

필자는 유럽연합의 힘을 경제적 수단, 대화 그리고 외교에 바탕을 둔 경성권력의 형태로 이해하기보다는 연성권력의 형태를 띤다고 가정한다.[57] 이는 유럽연합이 외부세계를 다루는 방식이 지형학적 이해관계에 의해 주도되는 강대국의 그것과는 다르기 때문이다. 바로 이러한 유럽연합의 '다름'은 지역형성(region-building)에 사용된 시민권력이 바람직한 세계질서 모델로서 대외관계에도 투영되고 있다는 사실에서 기인한다. 근본적으로 유럽연합의 시민권력은 홉스(Thomas Hobbes)의 현실주의에 살고 있는 국가의 개념을 벗어나 칸트(Immanuel Kant)의 '영구평화론'에 거주하고 있는 이상형이다. 이는 경제적 및 군사적 힘을 당근과 채찍으로 사용하여 타자가 자신의 의지를 따르도록 만드는 힘이 아니라, 타자에게 자신의 목표를 수용하게끔 설득하고 매혹시켜 자신이 원하는 것을 얻는 능력을 말한다. 이러한 의미에서 결국 유럽연합의 시민권력은 나이(Joseph Nye)의 연성권력(soft po-

56 아래 참조. Grimm(2002), 598 ; Telò(2004) ; Hettne and Söderbaum(2005), 539.

57 물론 경성권력의 형태를 부정하는 것은 아니다. 다만 이 글에서는 연성권력의 형태에 초점을 둘 뿐이다.

wer)에 해당된다.[58]

시민권력과 혼용되는 규범국가의 개념은 유럽연합이 단지 규범적 기반에 의해 구성된다는 뜻뿐만 아니라 세계정치에 있어서 규범적 방식으로 행동한다는 전제를 아우르고 있다(Linklater 2005, 375에서 재인용). 이와 달리 연성제국주의(soft imperialism)란 연성권력을 강경책에 적용하는 경우에 해당된다. 여기서는 비대칭적인 대화방식이 활용되거나 심지어 규범과 조건성을 전략적으로 사용 내지 부과하는 형상을 갖추게 된다. 이러한 모든 행동은 근본적으로 진정한 지역간 대화를 창조한다기보다는 자기 이해관계에 기반하여 이루어지는 것들이다. 하지만 유럽연합의 대외정책은 유럽 이상주의(규범주의)와 그 수사 뒤에 놓여 있는 전통적인 국가이익 정책에 이르기까지 극히 상충되는 방식으로 특징지워진다는 사실을 잊을 수 없다.

Ⅵ. 결론을 대신하여

1. 유럽(통합) 연구를 위한 방법론적 함의 : 새로운 도약

앞서 살펴본 바와 같이 영국학파의 국제관계 해석을 둘러싸고 3기 이후부터는 현실주의와 급진주의와 같은 전통에 대한 단순한 비

58 아래 참조. Nye Jr.(2002).

판을 반복한다는 혹평의 시각도 존재한다. 하지만 영국학파의 이러한 결점은 개념적 장치나 방법론의 내부적 결핍에서 비롯되는 본질적인 것은 아니다. 다만 하나의 인식론이 기존의 인식론에 대한 대안적 시각으로 제도화되면 도전이나 혁신보다는 반복과 재확인의 방향에서 추구되는 것이 상식이다. 영국학파도 3기에 접어들면서 특정한 공간에서의 제도화를 통해 상대적으로 안정된 분석틀을 제시하게 됨으로써 정치사회 현상을 분석하는 특정한 사회적 기능을 수행하게 된 것이다.

물론 이러한 루틴화(rutinization)가 영국학파의 자생적 도전과 혁신을 주저앉히는 결과가 되어서는 안 될 것이다. 그저 스쳐가는 패션과 같은 연구 분석틀이 아니라 하나의 당당한 패러다임(내지 그 이상)으로서 인식론과 접근법의 구성물을 공고히 하여야 할 것이다. 영국학파의 인식론과 접근법은 유럽(통합) 연구를 위한 또 다른 기여를 충분히 하고 있는가? 이에 대한 반성은 반드시 필요하다. 그러나 분명한 것은 사람들에게 신선한 아이디어를 던져주는 스쳐 지나가는 하나의 연구방법론상의 패션으로 그치지 않고 꾸준한 논쟁을 통해 연구범위를 확대하는 한편 방법론적 조밀함을 다져가고 있다는 점이다. 구성주의와 더불어 영국학파에 대한 이론적 학습이 패션처럼 사람들의 입에 오르내리다 어느날 국제관계나 비교정치 연구에서 배제된다는 것은 상상할 수 없는 일이다.

2. 미래 연구주제

하지만 이 글의 고찰만으로는 '유럽연구를 위해 영국학파 접근법을 사용하게 되면 다른 접근법에 비해 유럽통합의 근본적 동학에 대한 우리의 이해를 얼마나 더 증진시켜 줄 수 있는가?'라는 퍼즐에 대한 완전한 이야기를 들려줄 수 없다. 이는 아래와 같이 이 글이 다루지 못한 여타 중요한 관점들이 남아 있기 때문이다.

첫째, 미국식 국제체제의 이론화 작업과 연계하여 국제사회를 연구하는 시도가 결여되어 있다. 영국학파가 보여준 분석적 역량에도 불구하고 자신의 분과에서 생성된 한계를 벗어나기 위해서는 다른 접근법들과의 접목을 필요로 한다. 특히 레짐이론과 국제사회적 관점을 교차연구(내지 학제 간 연구)를 통해 병합하면 학문적 편익을 발생시켜 연구자들에게 분석도구를 위한 발전적 해체[59]의 기회를 제공해 줄 수 있다(Buzan 1993).

둘째, 세계사회의 확장과 심화를 국제사회 발전의 필요조건으로 보는 견해에 있어서는 부잔과 불의 의견이 상충되고 있다. 문제는 이들 간 견해차이가 아니라 국제사회와 세계사회 간 관계(상호 지지하거나 침식하는)에 대한 상반되는 견해를 접합시켜 주지 못하는 데 있다. 오히려 이러한 관계적 모호성을 국제사회의 내재적인 속성으로 간주하게 되면 유럽연합 거버넌스 체제의 미래에 대한 마찰을 이해

[59] 여기서 말하는 해체란 단순히 쪼개어 나누는 것을 의미하지 않고 새로운 형태로 알맞게 재조립하기 위해 필요한 선행작업으로서 전체를 잘못 구성하고 있는 부분적 구성요소들을 다시 분리하는 것을 의미한다.

하는 데 일조할 수 있다(Diez and Whitman 2002, 49). 그러므로 이에 대한 검토가 앞으로 더욱 진행될 필요가 있다.

셋째, 앞서 본문에서 제시한 바와 같이 유럽연합 내에 존재하는 국제사회와 세계사회적 요소가 경쟁관계에 있다면 궁극적으로 이들 둘 가운데 어느 것이 우위를 점하는 것이 더욱 바람직한 것인지, 또한 유럽연합 내 국제사회와 세계사회의 균형이 필요하다면 어떻게 이를 완성할 수 있으며 누가(또는 어느 제도기구가) 이 일에 대한 책임을 수행할 것인가에 대한 해답을 모색할 필요가 있다.

넷째, 유럽연합의 체계적 속성을 정의하는 문제를 두고 영국학파 내에 상충되는 견해가 존재한다. 근대국가 체제로 발전할 가능성에 대해 부정적 시각을 피력한 불의 견해와 그 가능성을 열어둔 리세카펜의 견해가 그것이다. 이에 덧붙여 위버는 유럽연합을 '왓슨식 제국(Watsonian empire)'의 중심부로 개념화한다. 이들 상이한 견해에 대한 심화된 연구검토가 이루어져야 한다. 또한 유럽연합의 미래발전에 관한 주요 내부 마찰의 진앙지는 어디인가에 대한 해답을 놓고 서로 상충하는 견해가 존재한다. 이에 대한 연구 또한 미래주제의 하나가 될 것이다.

다섯째, 한편 다원주의에서 연대주의로 전이되는 유럽연합 국제사회의 속성변화와 더불어 수반되는 안보체제의 구도변화에 대한 연구 또한 흥미로운 연구주제가 된다. 유럽연합의 외교안보정책은 오늘날 집단방위 (동맹)체제에서 집단안보 체제로 변화하였다. 그렇다면 이러한 외교안보정책의 구도변화는 유럽연합 내 국제사회적 요소와 세계사회적 요소의 공존과 경쟁관계를 통해 어떻게 풀이될 수 있는가? 나아가 이에 대한 이해는 현대전에서 나타나는 유럽연합의 안보정책 노선과 개별 회원국들의 안보정책 노선 간 갈등과 수렴을 어떻게 설명해 주는가? 이에 대한 연구는 우리에게 새로운 대안적 시각을 제공해 줄 것이다.

여섯째, 정치사회 현상에 대한 더욱 풍성한 해석을 획득하기 위한 대안적 전략으로 행위자와 구조의 문제를 아우를 수 있는 국제정치경제적 접근법을 통해 유럽(통합) 연구를 진행할 필요가 있다.[60] 행위자와 구조가 편의상 이분되어 다루어져 왔던 전통적인 국제관계적 접근법과 달리 국제정치경제는 의도적이든 무의식적이든 대부분의 분석이 언제나 행위자와 구조 간 상호작용의 관점에서 이루어져 왔다. 이에 유럽(통합) 연구를 위한 접근법 논쟁에서 배제되어 온 국제정치경제적 접근법의 가치를 재조명하고 구체적인 방법론을 정리할 필요가 있다.

마지막으로, 국제관계의 세 가지 전통에 대한 대립적 사고가 아니라 이들 세 가지 관점을 절충하는 국제관계에 대한 포괄적 이해를 모색할 필요가 있다(Little 1999, 3 ; Wight 1978). 이러한 절충론 수립의 필요성에 대해서는 일부 영국학파에 의해서도 제기된 바 있다. 사실 이들 세 가지 관점은 국제관계를 이해하는 전통일 뿐 일관된 이론은 아니다. 문제는 절충론적인 접근법을 어떻게 구성할 것인가이다. 분명한 것은 남의 둥지에 알을 낳고 그 알을 지키기 위해 자신의 둥지를 지키는 권리를 강탈하는 뻐꾸기와 같은 어리석음은 없어야 한다.[61] 그러기 위해서는 앞으로 구체적인 절충론적 접근법에 대한 연

60 이에 대한 필요성은 Verdun(2005)에서 주창된 바 있다.

61 아래 참조. Little(1999).

구가 가일층 이루어져야 할 것이다.

결국 궁극적으로 유럽통합의 근본적 동학에 대한 충분한 이해를 얻게 해줄 분석도구를 마련하기 위해서는 위에서 언급한 이 글이 다루지 못한 관점들을 충분히 고려했을 때에야 비로소 가능한 일이다. 이 글이 이러한 연구노력의 한 부분을 제공함으로써 나머지 부분에 대한 연구를 자극하는 마중물이 되기를 바란다.

참고문헌

양오석. 2001. "국제정치경제내 유럽연합 자리찾기 : 행위자와 분석수준 그리고 추상화의 사다리." 『한국과 국제정치』 19권 2호, 67-95.

_____. 2003. "유럽연합의 기본관계협정(the Framework Agreement)에서 나타나는 '정치적 조건성' : 이원적 생각의 정치." 『유럽연구』 18호, 309-330.

전재성. 2004. 2006. "영국의 국제사회학파 이론." 우철구 · 박건영 편. 『현대 국제관계이론과 한국』 서울 : 사회평론.

Adler, Immanuel. 1997. "Seizing the middle ground : constructivism in world politics." *The European Journal of International Relations* 3 : 3, 319-363.

Allen, D. and Smith, M. 1990. "Western Europe's presence in the contemporary international arena." in Kenneth A. Oye, ed. *Cooperation Under Anarchy*. Princeton : Princeton University Press.

Bellamy, A. J. eds. 2005. *International Society and its Critics*. Oxford : Oxford University Press.

Breckinridge, R. E. 1997. "Reassessing Regimes : the International Regime Aspects of the European Union." *JCMS* Vol. 35, No. 2.

Brown, Chris. 1992. *International Relations Theory : New Normative Approaches*. Harvester Wheatsheaf.

Bull, Hedley. 1966. "The Grotian Conception of International Society." in Herbert Butterfield and Martin Wight, eds. *Diplomatic Investigations*. London : Allen and Unwin.

Bull, Hedley. 1977. *The Anarchical Society*. London : Macmillan.

_____. 1982. "Civilian power Europe : a contradiction in terms." *Journal of Common Market Studies* Vol. 21, No. 1 : 149-170.

Buzan, Barry. 1993. "From international system to international society : structural realism and regime theory meet the English school." *International Organization* 47(3), Summer 1993 : 327-352.

_____. 1999. "The English school as a Research Programme." Paper for the BISA Conference, Manchester, December.

_____. 2002. "Rethinking the Solidarist-Pluralist Debate in English School The ory." ISA Panel 'Solidarity in Anarchy : Advancing the new English School Agenda.' New Orleans. March, 8.

Caporaso, J. A. 1996. "The European Union and Forms of State : Westphalian, Regulatory or Post-Modern?" *Journal of Common Market Studies* Vol. 34, No. 1.

_____. 1997. "Across the Great Divide : Integration Comparative and International Politics." *International Studies Quarterly* 41 : 563-592.

Christiansen, T., Jørgensen, K. E. and Wiener, A. eds. 2001. *The Social Construction of Europe*. London : Sage.

Crawford. G. 1997. "*Political Conditionality in Practice : Instrumental and Normative Issues*." Centre for Democratization Studies Working Paper. University of Leeds.

Czaputowicz, Jacek. 2003. "The English School of International Relations and Its Approach to European Integration." *Studies and Analyses* Vol. II, No. 2.

Der Derian, J. 1987. *On Diplomacy : A Genealogy of Western Estrangement*. Oxford : Blackwell.

Diez, Thomas and Whitman, Richard. 2000. "Analysing European Integration, Reflecting on the English School : Scenarios for an Encounter." COPRI-Working Paper 21.

_____. 2002. "Analysing European Integration, Reflecting on the English School-Scenarios for an Encounter." *JCMS* 40(1) : 43-67.

Diez, Thomas. 2001. "Europe as a Discursive Battleground : the Study of Discourse and the Analysis of European Integration Policy." *Cooperation and*

Conflict Vol. 36, No. 1 : 5–38.

Donelan, M. ed. 1978. *The Reason of State : A Study in International Political Theory*. London : George Allen & Unwin.

Duchêne, F. 1973. "The European Community and the Uncertainties of Interdependence." in Kohnstamm, M. and Hager, W. eds. *A Nation Writ Large? Foreign Policy Problems before the European Community*. London : Macmillan, 1–21.

Dunne, Timothy. 1995a. "International Society : Theoretical Promises Fulfilled?" *Cooperation and Conflict* Vol. 30, No. 2 : 125–154.

_____. 1998. *Inventing International Society : A History of the English School*. London : Macmillan.

_____. 1995b. "The Social Construction of International Society." *European Journal of International Relations* 1(3) : 367–89.

Ebbininghaus, B. 1998. "Europe Through the Looking Glass : Comparative and Multi–Level Perspectives." *Acta Sociologica* Vol. 41, No. 4.

Finnemore, Martha. 1996a. *National Interests in International Society*. Ithaca, NY : Cornell University Press.

Grader, S. 1988. "The English school of international relations : evidence and evaluation." *Review of International Studies* 14(1) : 29–44.

Griffiths, Martin. 1992. *Realism, Idealism and International Politics*.

Grimm, S. 2002. "European Union's Policy–Making Towards Africa : Playing Twister Abroad." *Nord–Süd Aktuell* 4.

Haas, Ernst B. 2001. "Constructivism Subsume Neofunctionalism?" in Thomas Christiansen, Knud Eric Jørgensen, Antje Wiener. eds. *The Social Construction of Europe*. London : Sage Publications.

Hall, Martin & Jönsson, Christer. 2001. "The Reproduction of International Society : A View from Comparative History." Paper at 4th Pan–European International Relations Conference. University of kent at Canterbury. September.

Halliday, Fred. 1992. "International Society as Homogeneity : Burke, Marx, Fukuyama." *Millennium* 21(3) : 435–61.

Hettne, Björn and Fredrik Söderbaum. 2005. "Civilian Power or Soft Imperialism? The EU as a Global Actor and the Role of Interregionalism." *European Foreign Affairs Review* 10 : 535–552.

Hill, Christopher. 1990. "European foreign policy : power bloc, civilian model–or flop?" in R. Rummel. ed. *The Evolution of an International Actor : Western Europe's New Assertiveness*. Boulder, Col. : Westview Press.

_____. 1993. "The capability expectations gap, or conceptualising Europe's international role." *JCMS* Vol. 31, No. 3.

_____. 1994. "The capability–expectations gap, or conceptualising Europe's international role." in S. Bulmer and A. Scott. ed. *Economic and Political Integration in Europe : Internal Dynamics and Global Context*. Oxford : Blackwell.

_____. ed. 1996. *The Actors in European Political Co–operation*. London : Routledge.

Hix, Simon. 1994. "The Study of the European Community : The Challenge to Comparative Politics." *West European Politics* Vol. 17. No. 1.(Jan).

_____. 1996. "IR, CP and the EU : ARejoinder to Hurrell and Menon." *West European Politics* 19(4) : 802–804.

_____. 1999. *The Political System of the European Union*. Basingstoke : Macmillan.

Hobson, John M. 2000. *The State and International Relations*. Cambridge : Cambridge University Press.

Hopf, Ted. 1998. "The promise of constructivism in international relations theory." *International Security* 23 : 1, 171–200.

Hurrell, A. and Menon, A. 1996. "Politics Like Any Other? Comparative Politics, International Relations and the Study of the EU." *West European Politics* Vol. 19, No. 2.

Hyde–Price, A. 2000. *Germany and European Order : Enlarging NATO and the EU*. Manchester : Manchester University Press.

Jachtenfuchs, M., Diez, T. and Jung, S. 1998. "Which Europe? Conflicting Models of a Legitimate European Political Order." *European Journal of International Relations* Vol. 4, No. 4 : 409–45.

Jackson, R. H. 1990. *Quasi–States : Sovereignty, International Relations and the Third*

World. Cambridge : Cambridge University Press.

_____. 2000. *The Global Covenant : Human Conduct in a World of States*. Oxford : Oxford University Press.

Jenks, C. Wilfred. 1963. *Law, Freedom and Welfare*. London : Stevens & Son.

Jepperson, Ronald L., Wendt, Alexander and Katzenstein, Peter J. 1996. "Norms, identity, and culture in national security." in Peter J. Katzenstein. ed. *The Culture of National Security : Norms and Identity in World Politics*. New York : Columbia University Press, 33–75.

Jones, R. E. 1981. "The English school of international relations : a case for closure." *Review of International Studies* 7(1) : 1–12.

_____. 1981. "The English School of International Relations : A Case for Closure." *Review of International Studies* Vol. 7, No. 1 : 1–13.

Jordan, A. 1997. "Overcoming the Divide' Between Comparative Politics and International Relations Approaches to the EC : What Role for 'Post-Decisional Politics'." *West European Politics* Vol. 20, No. 4.

Jørgensen, Knud Erik. 1997a. *Reflective Approaches to European Governance*. Basingstoke : Macmillan.

_____. 1997b. "Polo : The Diplomatic Republic of Europe." in Knud Erik Jørgensen, ed. *Reflective Approaches to European Governance*. Basingstoke : Macmillan, 167–80.

_____. 2000. "Blind Dating : The English School meets European Integration." paper presented at BISA Conference. university of Bradford. December.

Jupille, Joseph and Caporaso, James A. 1998. "States, Agency, and Rules : The European Union in Global Environmental Politics." in Carolyn Rhodes ed. *The European Union in the World Community*. Boulder and London : Lynne Rienner.

Kassim, H. and Menon, A. ed. 1996. *The European Union and National Industrial Policy*. London : Routledge.

Kissolewski, Janine. 2000. "Norms in international society : English School meets constructivists." paper presented at BISA. Bradford. December.

Krasner, S. D. 1999. *Sovereignty : Organized Hypocrisy*. Princeton : Princeton University Press.

Lauterpacht, Hersch. 1949. *Hersch Lauterpacht : The Grotian Tradition in International Law* 'British Yearbook of International Law.' Oxford : Oxford University Press, 1-53.

Linklater, Andrew. 1982/1990. *Men and Citizens in the Theory of International Relations*. London : Macmillan.

_____. 1990. *Beyond Realism and Marxism : Critical International Theory and International Relations*. London : Macmillan.

_____. 1998. *The Transformation of Political Community : Ethical Foundations of the Post-Westphalian Era*. Cambridge : Polity Press.

_____. 2002. "The Problem of Harm in World Politics : Implications for the Sociology of States-System." *International Affairs* 78(2), 319-38.

_____ and Hidemi Suganami. 2006. *The English School of International Relations : A Contemporary Reassessment*. Cambridge : Cambridge University Press.

Little, Richard. 1995. "Neorealism and the English School : A Methodological, Ontological and Theoretical Reassessment." *European Journal of International Relations* Vol. 1(1) : 9-34.

_____. 1999. *The English School's Contribution to the Study of International Relations*.

_____. 2000. "The English School's Contribution to the Study of International Relations." *European Journal of International Relations* 6(3) : 395-422.

Lodge, J. 1989. 1993. "From Civilian Power to Speaking With a Common Voice : The Transition to a CFSP." in Lodge J. ed. *The European Community and the Challenge of the Future*, 2nd ed. London : Pinter.

Lynch, Cecilia and Klotz, Audie. 1996. "Constructivism : past agendas and future directions." paper presented at the Annual Meeting of the American Political Science Association, San Francisco.

Majone, G. 1993. "The European Community Between Social Policy and Social Regulation." *JCMS* Vol. 31, No. 2.

Manners, Ian. 2002. "Normative power Europe : the European Union between international and world society." *Journal of Common Market Studies* Vol. 40, No. 3.

Manning, C. A. W. 1962. *The Nature of International Society*. London : Macmillan.

Marks, G., Hooghe, L. and Blank, K. 1996. "European Integration from the 1980s : State-Centric v. Multi-Level Governance." *Journal of Common Market Studies* Vol. 34, No. 3.

_____, Scharpf F. *et al*. 1996. *Governance in the European Union*. London : SAGE.

Mayall, J. ed. 1982. *The Community of States : A Study in International Political Theory*. London : George Allen & Unwin.

_____, B. 2000c. *World Politics : Progress and its Limits*. Cambridge : Cambridge University Press.

Morgan, R. 2000. "A European 'Society of States'-But Only States of Mind?" *International Affairs* Vol. 76, No. 3 : 559-74.

Navari, C. ed. 1991. *The Condition of States : A Study in International Political Theory*. Milton Keynes : Open University Press.

Nye, J. S. Jr. 2002. *The Paradox of American Power : Why the World's Only Superpower Can't Go It Alone*. Oxford : Oxford University Press.

Oppenheim, L. 1905. *International Law*. London : Longman Vol. 1, Chapter 1.

Pollack, M. A. 1995. "Creeping Competence : The Expanding Agenda of the European Community." *Journal of Public Policy* Vol. 14, No. 1.

Pollack, M. A. 2001. "International Relations Theory and European Integration." *Journal of Common Market Studies* Vol. 39, No. 2 : 221-44.

Price, Richard and Reus-Smit, Christian. 1998. "Dangerous liaisons? Critical international theory and constructivism." *The European Journal of International Relations* 4 : 3, 259-294.

Rengger, N. J. 2000. "European Communities in a Neo-Medieval Global Polity : the Dilemmas of Fairyland?" in Kelstrup, M. and Williams, M. C. eds. *International Relations Theory and the Politics of European Integration : Power, Security and Community*. London : Routledge, 57-71.

Reus-Smit, C. 1999. *The Moral Purpose of the State : Culture, Social Identity, and Institutional Rationality in International Relations*. Princeton : Princeton University Press.

_____. 2002. "Imagining Society : Constructivism and the English School." *British Journal of Politics and International Relations* 4(3), 487–509.

_____. 2002. "Imagining society : constructivism and the English School," *British Journal of Politics and International Relations* Vol. 4, No. 3 October.

Richardson, J. 1996. "Actor–based Models of National and EU Policy–Making." in H. Kassim and A. Menon. ed. *The European Union and National Industrial Policy*. London : Routledge.

Risse–Kappen, T. 1996. "Exploring the Nature of the Beast : International Relations Theory and Comparative Policy Analysis Meet the European Union." *Journal of Common Market Studies* Vol. 34, No. 1 : 53–80.

Rosamond, Ben. 2000. *Theoreis of European Integration*. London : Macmillan.

Ruggie, John Gerard. 1992. "Multilateralism : The Anatomy of an Institution." *International Organization* Vol. 46.

Sartori, G. 1970. "Concept Misformation in Comparative Politics." *American Political Science Review* Vol. 64, No. 4.

Shapcott, R. 2000. "Solidarism and After : Global Governance, International Society and the Normative "Turn" in International Relations." *Pacifica Review* 12(2), 147–65.

Sjostedt, G. 1977. *The External Role of the European Community*. Farnborough : Saxon House.

Smith, Michael. 1996. "The European Union as an International Actor." in J. Richardson. ed. *European Union : Power and Policy–Making*. London : Routledge.

Suganami, Hidemi. 1982. "International Law." in J. B. Mayall, ed. *The Community of States : A Study in International Political Theory*. London : Allen and Unwin, 63–72.

_____. 1983. "The Structure of Institutionalism : An Anatomy of British Mainstream International Relations." *International Relations* 7(5), 2363–81.

_____. 1989. *The Domestic Analogy and World Order Proposals*. Cambridge : Cambridge University Press.

_____. 2001a. "C.A.W. Manning and the Study of International Relations."

Review of International Studies 27(1) : 91–107.

_____. 2001b. "Alexander Wendt and the English School." *Journal of International Relations and Development* 4(4) : 403–23.

_____. 2001c. "Sovereignty, intervention and the English School." Paper prepared for the 4th Pan–European Conference, Canterbury. September.

_____. 2001d. "Alexander Wendt and the English School." *Journal of International Relations and Development*. 4(4), 403–23.

Telò, M. 2004. "Interregionalism as a Distinctive Feature of the Civilian Power of EU's Foreign Policy." paper presented at SGIR Fifth Pan–European International Relations Conference, The Hague. September.

Verdun, Amy. 2005. "An American–European divide in European integration studies : Bridging the gap with international political economy." in Eric Jones and Amy Verdun, eds. *The Political Economy of European Integration : Theory and Analysis*. London : Routledge.

Vincent, Johhn. 1974. *Non–Intervention and International Order*. Princeton University Press.

Waever, Ole. 1997. "Figures of International Thought : introducing persons instead of paradigms." in Iver B. Neumann, Ole Waever, eds. *The Future of International Relations*. London : Routledge.

_____. 1998. "Four Meanings of International Society : A Trans–Atlantic Dialogue." in B. A. Roberson, ed. *International Society and the Development of International Relations Theory*. London and Washington : Pinter.

_____. 1999. "American Constructivism and the English School." paper presented at BISA Annual Conference, University of Manchester. December.

_____. 2001. "Identity, Communities and Foreign Policy : Discourse Analysis as Foreign Policy Theory." in Hansen, L. and Waever, Ole, eds. *European Integration and National Identity : The Challenge of the Nordic States*. London : Routledge, 20–49.

Wallace, W. 1983. "Less than a Federation, More than a Regime : the Community as a Political System." in H. Wallace, W. Wallace and C. Webb ed. *Policy–Making in the European Community*. Chichester : John Wiley and

Sons.

Watson, Adam. 1998. *The British Committee for the Theory of International Politics.*

Wheeler, N. J. 2000. *Saving Strangers : Humanitarian Intervention in International Society*. Oxford : Oxford University Press.

Whitman, R. G. 1997. "The International Identity of the EU : Instruments as Identity." in Landau A. and Whitman R. G. eds. *Rethinking the European Union : Institutions, Interests and Identities*. Basingstoke : Macmillan, 54-71.

Whitman, R. G. 1998. *From Civilian Power to Superpower? The International Identity of the European Union*. Basingstoke : Macmillan.

_____. 1999. "The Common Foreign and Security Policy after Enlargement." in Curzon-Price, V., Landau A. and Whitman R. G. eds. *The Enlargement of the European Union : Issues and Strategies*. London : Routledge, 135-60.

Wight, Martin. 1977. "*Systems of States.*" in Hedley Bull, ed. Leicester, UK : Leicester University Press.

_____. 1978. *Power Politics*. London : Penguin. 2nd edn.

_____. 1991. *International Theory : the Three Traditions*. Leicester : Leicester University Press.

Wilson, P. 1989. "The English school of international relations : a reply to Sheila Grader." *Review of International Studies* 15(1) : 49-58.

4 유럽연합의 세 가지 이미지: 정치체제, 국제조직, 그리고 거버넌스

김미경(고려대학교)

I. 서론

유럽연합의 세 가지 이미지란 유럽연합을 하나의 정치체제로 보는 비교정치학으로부터의 시각, 국제조직으로 보는 국제정치학으로부터의 시각, 그리고 앞의 두 시각 모두를 비판하면서 유럽연합을 새로운 형태의 거버넌스 체제로 보는 유럽의 공공정책학으로부터의 제3의 시각을 말한다. 유럽연합의 세 가지 이미지는 정치학에서의 서로 다른 학문영역을 대표하며, 동시에 유럽연합이라는 동일한 분석대상에 대한 상이한 연구 스타일을 대표한다. 유럽연합을 하나의 정치체제로 보는 제1의 이미지와 국제조직으로 보는 제2의 이미지가 유럽연합을 근대 정치학이 발전시켜 온 보편이론의 타당성을 검증하거나 새로운 가설의 발전을 촉진하는 보다 광범위한 일반화의 가능성을 위한 일종의 학문적 실험실로서 본다면 유럽연합을 새로운 형태의 거버넌스 체제로 보는 제3의 이미지는 기존의 이론으로 설명할 수 없는 유럽연합의 독특함을 강조하며 새로운 개념과 이론의 발전을 추구한다.

이 글의 목적은 각각의 이미지의 이론적 · 경험적 그리고 규범적 기원들을 보다 분명히 드러냄으로써 현재 유럽연합 연구에서 핵심적인 쟁점과 그 쟁점의 근원이 무엇인가를 체계적으로 소개하는 것이다. 전체 글은 유럽연합 연구에서 근본적인 두 가지 질문, 유럽연합은 무엇이며 어떻게 작동하는가라는 질문을 중심으로 구성된다. 우선 제2장에서 유럽연합은 무엇인가에 대한 세 가지 이론적 시각, 즉 유럽연합에 대한 세 가지 이미지를 형성하였던 주요 연구들을 살펴볼 곳이다. 제3장은 유럽연합은 어떻게 작동하는가에 대해 투표(voting), 협상(negotiation), 심의(deliberation)라는 정책결정의 세 가지 메커니즘을[1] 각각의 이미지와 연계시켜 논의함과 동시에 각 이미지를 대표하는 주요 연구들이 제기하는 연구주제와 논쟁들을 살펴볼 것이다. 마지막으로 결론에서 유럽연합 연구가 정치학의 발전에 갖는 중요성에 대해 간략히 언급할 것이다.

Ⅱ. 유럽연합은 무엇인가?

1. 제1의 이미지 : 비교정치로부터의 시각

정치체제로서의 유럽연합이라는 제1의 이미지는 유럽연합의 본

[1] Elster(1998, 5)는 집합적 정책결정의 세 가지 이념적 모델을 투표(voting), 협상(bargaining) 그리고 논의(arguing)로 분류하고 있다.

질을 유럽 민주주의 체제와의 내재적 연관성 속에서 이해한다. 유럽통합은 유럽 민주주의 체제가 개별 국가수준을 넘어 유럽적 수준에서 재조직화되는 정치적 과정으로 볼 수 있으며, 이때 유럽연합은 그러한 정치적 과정의 제도적 산물이다.[2] 이 관점은 유럽통합과 유럽연합의 생성과 발전을 근대 유럽 정치체제의 내생적(endogenous) 발전과정으로 이해하는 유럽통합에 대한 사회역사적 해석과도 맞닿아 있다.[3] 정치체제로서 유럽연합이라는 제1의 이미지의 분석적 함의는 유럽 정치체제 혹은 보다 넓은 의미에서 근대 정치체제를 분석하는 기존의 보편이론이 현재의 유럽연합의 정치를 분석하는 데 유용한 분석적 틀과 가설들을 제공할 수 있다는 것이다. 근대 정치체제에 대한 기존의 보편이론들은 국가와 사회관계, 정치적 권위가 조직화되는 방식과 정당성 문제, 헌정질서, 정치적 참여와 대표의 제도화, 정당과 선거의 정치, 이익집단과 집합행동, 이익대표체계, 공공정책 결정 등 수많은 연구주제들을 포괄하고 있다. 그러므로 우리가 유럽연합을 하나의 정치체제로서 인식한다면 이 모든 동일한 연구주제들이

2 그러므로 Schmitter(2001, 1)와 같은 학자들은 유럽연합의 민주화 가능성과 필요성을 유럽연합 연구의 핵심 주제로 설정하고 시민권, 정치적 대표, 정책결정 등의 근대 민주주의 주요 제도들을 유럽연합 수준에서 재창출하기 위한 다양한 제도적 디자인을 제안하기도 한다.

3 유럽통합을 유럽 정치체제의 역사적 진화과정으로 보는 유사한 이론적 시각에서 Klausen and Tilly(1997)는 유럽통합의 기원을 19세기 국민국가 형성을 위한 사회정치적 동원화의 과정까지 거슬러 올라간다. 또한 Mazower(1998)는 근대 유럽역사에서 '통합된 유럽'이라는 정치적 비전이 반복적으로 출현했으며, 히틀러의 '유럽의 새로운 질서(New Order of Europe)'에 의해 대표되는 이러한 비전의 정치적 동원화가 제2차 세계대전 이전까지는 유럽문명에 파괴적인 결과를 낳았음을 지적한다. 유럽통합에 대한 이같은 사회역사적 관점은 유럽통합의 추동력을 국제정치경제적 환경의 변화와 같은 외생적 변수에서 찾는 기존의 대부분의 연구들과 구별될 수 있다.

유럽연합에 대한 연구에서 핵심적 내용이 되어야 한다. 이러한 인식은 기존의 유럽연합 연구가 유럽연합의 정치가 아닌 유럽통합의 정치에 대한 연구였으며 비교정치이론이 아닌 국제정치이론에 의해 주도되어 왔다는 비판으로부터 제기된 것이다(Hix 1996).[4]

유럽연합이 무엇인가라는 질문과 관련하여 비교정치학의 영역에서 진행되고 있는 주요 연구들의 공통적인 특징은 유럽연합을 국내정치체제와 유사한 하나의 정체(polity) 혹은 정치체제로서 인식하고 기존의 다양한 비교정치 이론을 유럽연합 연구에 적용한다는 점이다. 비교정치학의 영영에서 수행되는 유럽연합 연구는 크게 연방주의와 민주주의라는 두 주제를 중심으로 비교연방주의 연구와 Euro-polity에 대한 연구로 분류될 수 있다. 먼저 비교연방주의 연구는 유럽연합의 헌정질서의 특성에 관한 연구로서 유럽연합을 하나의 연방체제로 보고 비교의 관점에서 유럽연합의 헌정질서의 특성을 규명하고자 한다. 연방주의적 아이디어가 유럽통합의 초기에는 주로 규범적인 영향력을 행사했다면 1980년대 중반 이후 그것은 보다 경험적 분

4 유럽연합을 하나의 정치체제로서 보는 시각은 1970년대 David Easton(1965)의 정치체제의 개념을 신기능주의 통합이론에 적용시켜 유럽공동체의 동학을 분석하고자 했던 Lindberg와 Scheingold(1970)에 의해 주창되었다. 그들은 유럽공동체를 하나의 정치체제로 보고 그 속에서의 정책연합의 형성, 행위자들의 사회화, 그리고 정치 리더십과 시민 간의 피드백이라는 통합과정의 주요 메커니즘을 분석하고자 했다. 하나의 정치체제로서 유럽연합이라는 그들의 시각은 1990년대 Hix에 의해 재도입되어진다. 물론 우리는 Lindberg와 Hix 사이에는 중요한 인식적 간극이 존재함을 알 수 있다. 전자는 어떤 조건에서 유럽통합이 가속될 수 있는가라는 문제에 관심을 갖고 유럽통합의 과정이란 개별국가의 이익추구나 저항을 넘어 통합에 대한 수요와 지지를 형성할 수 있는 독립적인 초국가적 리더십(예를 들면 유럽집행위원회)의 적극적인 역할이 요구된다고 보았다. 반면 후자의 관심은 유럽통합의 과정을 설명하는 것이 아니라 유럽연합 내부의 정치를 비교정치 이론의 적용을 통해 설명하는 것이다.

석의 유용성을 획득하게 된다(Pollack 2005, 371). 이는 유럽연합과 회원국 사이의 공적 권위의 분화, 어떤 정책영역에서 개별 회원국의 독자성, 유럽법정에 의한 회원국 간 혹은 유럽연합과 회원국 간의 분쟁해결이라는 유럽연합의 주요 특징이 연방제의 최소 정의에 부합된다는 경험적 사실에 기인한 것이다.[5] 그러나 비교연방주의 연구의 주된 관심은 단지 유럽연합이 미국 혹은 독일과 같은 다른 연방제 국가들과 유사한 헌정질서를 가지고 있다는 주장을 정교화하려는 것은 아니다. 오히려 그 반대로 헌법 없는 연방주의(federalism without constitutionalism)(Weiler 2001), 규제적 연방주의(regulatory federalism)(Kelemen 2004), 행정적 연방주의(executive federalism)(Dann 2003) 등의 다양한 이론적 개념화의 시도를 통해 유럽연합의 헌정질서의 특수성을 규명하고자 한다.[6]

비교정치학으로부터의 유럽연합 연구의 또 다른 중요한 축인

---

5 연방제의 최소 정의는 다음과 같다 : 1) 연방정부와 주정부 간의 공적 권위의 분화; 2) 어떤 정책영역에서의 개별 주정부의 독자성의 인정 ; 3) 연방법원에 의한 분쟁의 해결. 연방제의 최소정의에 대해서는 Keleman(2003 : 185)

6 헌법 없는 연방주의라는 이론적 개념화를 통해 Weiler는 유럽연합이 준연방(confederal) 혹은 정부간주의적 정치구조를 따라 헌정구조를 발전시켜 왔으며, 그 결과 유럽연합은 위계적인 강제력을 특징으로 하는 근대국가의 특성을 갖는 하나의 연방국가가 아닌 연방적 비국가(federal－non－state)의 성격을 갖고 있다고 주장한다(Weiler 2000). 규제적 연방주의는 기존의 연방국가들이 재정정책을 통한 거시경제적 안정화와 실제적인 재분배정책에 개입하는 재정적 연방주의의 특성을 갖고 있는 반면, 유럽연합은 제한된 재정능력에 의해 재분배의 기능을 갖지 못하며 대신 규제적 기능을 핵심적으로 수행함을 의미한다. 행정적 연방주의에 따르면 다층적 체제 하에서 유럽연합은 각료이사회를 통해 국가적 수준과 초국가적 수준에서의 정책적 협력을 제도화하게 되는데, 이 제도적 맥락에서 개별 국가의 의회는 개별 국가의 정부와는 달리 부차적인 역할을 수행할 수밖에 없다. 다만 유럽의회만이 행정적 연방주의에서의 민주적 통제의 기능을 수행할 뿐이다.

Euro-polity에 대한 연구는 유럽연합은 무엇인가라는 질문을 유럽연합은 민주적인가라는 질문으로 대체하는 공통의 분석적 경향을 보인다. Euro-polity에 대한 연구에서 유럽연합은 하나의 민주적 레짐(democratic regime)으로 인식된다. 그러므로 민주주의의 조건과 제도화에 대한 기존의 비교정치 이론의 광범위한 적용을 통해 유럽연합의 민주적 정치과정과 민주적 정당성의 문제를 분석하는 것이 핵심적인 이슈가 된다. 지금까지 유럽연합의 민주주의를 분석하는 대부분의 연구는 유럽의 전통적인 의회민주주의 모델을 준거모델로 전제하고 유럽연합의 정치적 과정이 전통적인 의회민주주의 모델로부터 얼마나 이탈적인가를 분석하는 지배적인 경향을 보였다. 유럽의 의회민주주의 모델은 의회의 주권, 정당을 통한 정치적 대표, 조합주의적 이익대표, 선거의 결정적 역할이라는 특징을 가지고 있다. 그러므로 이러한 특징에 준해 유럽의회는 너무 약하다(Williams 1991 ; Lodge 1994), 유럽연합 수준의 정당들은 이념, 정책 그리고 지지기반이라는 측면에서 보다 유동적이며 분절적이다(Schmitter 2000, 69), 유럽연합 수준에서 이익대표의 체계는 조합주의적이기보다는 다원주의적이다(Schmiter and Streeck 1991), 유럽연합선거는 국내선거보다 중요하지 않으며, 유럽연합의 정책에 결정적인 영향력을 갖지 않는다(Rief 1997 ; Franklin 2001) 등의 주요 가설들이 제기되어 왔다.

그러나 보다 최근의 연구들은 유럽적 의회민주주의의 맥락을 넘어 유럽연합의 민주적 정치과정에 대한 분석을 정부-의회관계, 의회 내 입법정치, 정치적 균열과 정당체제, 정당과 선거, 이익대표의 체계, 민주주의의 다양한 패턴 등의 보다 보편적인 비교정치 이론의 맥락 속으로 통합시키고자 시도하고 있다. 유럽이사회와 집행위원회와의 관계 속에서 유럽의회의 입법적 권력에 대한 분석(Tsebelis *et al.* 2001 ; Kreppel 2002), 전통적인 좌-우의 정치적 균열이 어떻게 유럽연합 수준에서의 정당 간 경쟁과 선거에 영향을 미치는가에 대한 연구(Hix 2005), 유럽연합에서의 기업들의 로비활동(Greenwood 2003), 유럽연합과 대통령제적 민주주의 모델(Decker 2002 ; Hix 2005, 205) 등이 그 대표적인 연구사례이다.

2. 제2의 이미지 : 국제정치로부터의 시각

국제조직으로서의 유럽연합이라는 제2의 이미지는 유럽국가들의 협력에서 초국가주의적 성격을 강조하는 신기능주의적 통합이론에 대한 정부간주의적 비판으로부터 형성되었다.[7] 신기능주의 이론이 유럽통합에 대한 이론을 추구하였다면 정부간주의는 통합에 대한 보다 일반적인 이론을 추구하였다(Rosamond 2000). 정부간주의는 유럽통합을 국제협력에 관한 국제정치학의 정상이론(normal theories)을 통해 분석하고자 하며 유럽통합을 정상이론의 진보를 촉진하는 일종의 변칙

---

[7] 예를 들어 Hoffmann(1995)은 신기능주의의 초국가적 제도화에 대한 낙관적 전망은 1965년 'the empty chair crisis'와 통합에 대한 영국의 소극적 태도를 통해 알 수 있듯 통합에도 불구하고 지속되는 개별국가들의 국익의 중요성을 설명할 수 없다고 비판했다. 한편 Moravcsik(1991, 48-9)에 따르면 1986년 단일유럽의정서의 체결은 보다 심화된 통합을 향한 자기지속적인 확산(spillover)의 결과도 아니며, 다국적 기업과 같은 초국가적 사회적 행위자의 압력 그리고 초국가적 정치적 리더십의 결과도 아니다. 대신 주권의 보호라는 본질적 이해에 따라 행동하는 국가적 행위자들 사이의 정부간 협상의 정치가 낳은 결과이다. 그는 유럽통합연구에서 초국가적 수준 대 국가적 수준이라는 분석수준의 문제를 제기하고 있다.

사례(anomaly)로서 인식하였다. 그러므로 국제협력 이론의 두 지배적 패러다임인 현실주의와 자유주의는 경쟁적으로 유럽통합의 사례를 자신들의 이론적 틀 속으로 포괄하기 위해 다양한 분석적 시도를 해왔다. 그 중 가장 대표적인 시도로서 모라프칙(Moravcsik)의 자유주의적 정부 간주의를 들 수 있으며, 그의 이론에 의해 국제조직으로서의 유럽연합이라는 제2의 이미지는 그것의 경험적 그리고 규범적인 함의를 보다 분명히 하게 된다. 모라프칙은 통합의 심화에도 불구하고 유럽연합은 '정부 간 협상의 연속'으로서 이해될 뿐 하나의 국가와 같은 그 무엇이 될 수는 없음을 분명히 했다(Moravcsik 1993, 473; Moravcsik 2001, 164). 이때 국가는 영토적 경계에 기반을 둔 집합적 정체성의 확립과 외적 권위의 배제라는 베스트팔리안적 주권과 강제력의 합법적인 사용에 대한 독점권이라는 베버리안적 의미에서의 전통적인 근대국가의 개념을 통해 이해된다.[8]

하나의 정치체제로서 유럽연합이라는 제1의 이미지를 강조하는 논자들도 또한 유럽연합이 결코 베버리안적 의미에서의 전통적인 국가와는 같지 않음을 분명히 언급하고 있다.[9] 그러나 제2의 이미지와 제1의 이미지의 본질적인 차이는 전자가 유럽연합을 베버리안적 의

---

[8] 베스팔리안적 주권 개념에 대해서는 Krasner(2001, 7-12)를 볼 것. 그에 따르면 주권의 개념은 국내적 주권(domestic sovereignty), 상호 의존적 주권(interdependence sovereignty), 국제법적 주권(international legal sovereignty), 베스트팔리안적 주권(Westphalian sovereignty)이라는 하위개념들로 구분될 수 있다.

[9] Hix(2005, 4-5)는 유럽연합이 강제력의 정당한 사용에 대한 독점권(a monopoly on the legitimate use of coercion)을 가지고 있지 않다는 점에서 고전적인 의미의 국가로 볼 수 없다고 언급한다. 보다 중요하게 그는 베버리안적 국가를 어떤 특수한 조건에서 발전할 수 있는 독특한 역사적 현상으로 이해하며 정부와 정치적 과정의 제도화가 반드시 베버리안적 국가기제를 필요로 하는 것은 아니라고 본다.

미의 전통적인 국가들이 자신들이 개별적으로 성취할 수 없는 어떤 특정한 정책적 목적을 집합적으로 성취하기 위해 창설된 일종의 기능적 조직으로 보는 반면, 후자는 전통적 의미의 국가는 아닐지라도 유럽연합은 기능적 조직이라는 제한적 성격을 넘어 전통적 의미의 정치, 즉 가치에 대한 권위적 배분과 누가 무엇을 언제 그리고 어떻게 얻는가를 둘러싼 정치적 과정의 제도화로서 본다는 점이다.[10]

유럽연합을 정부 간 협상의 정치에 기반한 기능적 조직으로 인식할 때 빈번하게 제기되는 유럽연합의 주요한 기능은 규제적 기능이다.[11] 그리고 규제적 기능의 성공적인 수행은 규제적 권위가 얼마나 효과적으로 일상의 정치적 과정으로부터 절연되어 그 독립성을 획득할 수 있는가에 달려 있다. 즉 고도의 기술관료주의와 정책신뢰성(policy credibility)을 획득하는가의 여부가 중요하다. 이 점에서 본다면 유럽연합을 민주적 정당성의 잣대를 통해 평가하는 것은 제한된 정책적 기능을 수행하기 위해 창설된 국제조직으로서 유럽연합의 본래적 기능을 약화시키는 것을 의미한다(Moravcsik 2002). 흥미로운 사실은 국제조직으로서의 유럽연합이라는 이미지가 처음에는 초국가적 행위자의 중요성을 강조했던 신기능주의에 대한 정부 간주의로부터의 비판과정에서 형성되었지만, 결과적으로는 유럽연합 수준에서 규제적 권위를 행사하는 유럽집행위원회와 같은 초국가적 행위자의 독

10 이러한 인식상의 차이는 왜 Moravcsik이 유럽연합은 민주적 정당성을 둘러싼 논쟁의 대상이 될 수 없음을 주장하고 왜 Hix는 지속적으로 정부, 정당, 선거, 그리고 민주적 제도의 디자인이라는 주제에 집중하는가를 설명한다.

11 Moravcsik(2002)은 유럽연합은 재분배적 기능을 수행하지 않으며, 유럽연합의 규제적 기능은 통합된 유럽시장의 기능적 요구에 대한 반응으로서 인식한다. 이 점은 또한 Majone(1996)에 의해서도 공유되었다.

립성과 효율성 지향적인 규제정책에 대한 강조를 통해 헌정적 정치질서의 개념이 아닌 기술관료주의의 관점에서 유럽통합의 초국가적 제도화를 이해했던 신기능주의의 핵심적 아이디어를 수용함을 통해 더욱 강화되었다는 점이다.[12] 이같은 신기능주의와 자유주의적 정부간주의의 이론적 상호 수렴을 매개했던 것은 국제정치 이론에서의 제도주의적 분석의 확산이었다.[13]

국제정치 이론에서 제도주의는 1990년대 중반 이후 비교정치학에서의 위임이론을 수용하게 된다. 위임이론의 관점에서 국제조직은 국가의 대리인이다(Keohane and Martin 2003, 102). 따라서 국제조직의 본질적인 특성은 개별 국가들의 이익에 의해 설명될 수 있다. 때때로 개별 국가들은 상당한 정도의 자율성과 재량권을 가진 국제조직의 창설이 자신들의 이익에 부합됨을 인식한다. 이때 국가들의 대리인으로 국제조직은 국가들이 개별적으로 성취할 수 없는 어떤 집합재의 생산에 보다 우월한 능력과 의지를 가진 것으로 기대된다. 특

12 신기능주의가 헌정적 정치질서가 아닌 기술관료주의의 관점에서 유럽통합의 초국가적 제도화를 이해했다는 점은 신기능주의가 연방주의에 대해 항상 비판적인 입장을 견지했던 주요한 이유이기도 하다. 이 점에 대해서는 Chryssochoou(2001)을 볼 것. 그리고 연방주의에 대한 비판적 인식은 Moravcsik(2001)에게서도 동일하게 발견된다는 점에서 우리는 후기의 자유주의적 정부 간주의와 신기능주의와의 내적 연관성을 확인할 수 있다.

13 국제정치 이론에서 제도주의의 확산은 과거에 비교정치학, 특히 미국의회 정치과정을 분석하기 위해 주로 사용되었던 위임이론을 국가와 국제제도와의 관계에 적용함으로써 촉진되었다. 위임이론의 유용성은 그것이 국가의 이해와 선호에 대해 국제제도와 조직의 내생성뿐만 아니라 국가의 행위에 미치는 국제제도와 조직의 독립적인 역할을 동시에 설명하게 해준다는 점에서 제도주의에 대한 기존의 현실주의적 비판에 대응할 수 있게 한다는 점이다. 이점에 대해서는 Keohane and Martin(2003, 98−99)을 볼 것.

히 그 집합재의 필요성에 대한 공동의 인식에도 불구하고 개별 국가들의 상대적 이득이라는 이슈가 그 집합재의 생산을 지연시키는 상황에서 보다 독립적이고 상당 정도의 재량권을 가진 국제조직의 창설은 국가들에게 일종의 자기 강제의 제도적 장치를 제공함으로써 현 상태의 변화를 현실화시킬 수 있다.[14] 이같은 제도주의의 논리는 빈번하게 유럽연합의 제도화에 대한 유럽국가들의 의지를 설명하는데 적용되어 왔다.[15]

더 나아가 모라프칙(Moravcsik 1994, 1998)의 자유주의적 정부간주의는 유럽연합의 제도화를 국내정치에서 사회적 압력으로부터 국가의 자율성과 정책 신뢰성을 강화시키고자 하는 국가적 행위자의 합리적 선택이라는 관점에서 설명함으로써 국제제도와 조직의 생성과 발전을 국가의 선호와 이익에 내생적인 것으로 인식했던 1990년대 중반이후의 국제정치 이론에서의 제도주의의 합리적 핵심을 공유한다. 동시에 자유주의적 정부간주의는 "유럽연합(통합)은 국가를 강화한다"는 논쟁적인 가설을 통해 정부 간주의의 합리적 핵심을 보존한다.[16] 국제조직으로서 유럽연합이라는 제2의 이미지는 바로 정부 간

14 게임 이론적 용어를 빌려 설명하자면 이같은 상황은 multiple equilibria의 상황이다. 즉 주권자로서 개별 국가들이 하나의 해결점에 합의할 수 없는 상황에서 대리인인 국제조직이 개별 국가들을 대신해서 현 상태(status quo)보다 우월한 어떤 해결점을 선택하게 된다.

15 특히 많은 연구들이 왜 유럽국가들이 유럽법원(the European Court of Justice)의 권력을 확대시키는 데 동의했는가를 설명할 때 이같은 제도주의 논리를 적용했다. Garrett *et al.*(1998), Mattli and Slaughter(1998)를 볼 것.

16 유럽통합이 국가를 강화시킨다는 가설은 사실 현실주의적 정부 간주의자들에 의해 먼저 제기된 것이었다. 그 대표적인 연구가 바로 Milward(1992)의 *The European Rescue of the Nation-State*이다. Moravcsik은 다만 국가적 행위자의 선호가 형성되는 국내적

주의의 합리적 핵심을 반영하는 것이다. 즉 유럽국가들이 자신의 이해를 실현하기 위해 유럽연합을 창설했으며, 자발적으로 그들의 정치적 권위를 유럽연합에 위임했다. 이 점에서 유럽연합은 국가들의 창조물이며, 여전히 국가는 국내정치와 국제정치에서 중심적인 행위자로 남아 있다.

3. 제3의 이미지 : 유럽의 공공정책학으로부터의 시각

지금까지 우리는 전통적인 비교정치학 혹은 국제정치학의 이론과 개념의 적용을 통해 하나의 정치체제로서 혹은 국제조직으로서의 유럽연합의 본질을 분석하는 연구들을 살펴보았다. 그러나 일부의 정치학자들은 정치체제로서 혹은 국제조직으로서의 유럽연합이라는 비교정치학과 국제정치학에서의 인식 모두를 거부하며 유럽연합을 새로운 형태의 거버넌스 체제로 보는 제3의 이미지를 주장한다. 유럽연합은 기존의 근대국가 개념의 적용이 불가능한 '정부 없는 거버넌스'의 체제라는 점에서 하나의 정치체제로 볼 수 없으며, 동시에 위계적인 법률체제와 초국가적 헌정질서를 가졌다는 점에서 근대 주권국가 체제에 기반한 국제조직이나 제도로서도 볼 수 없다(Jachtenfuchs 2005). 그러므로 제3의 이미지는 유럽연합을 기존이론의 보다 광범위한 일반화를 위한 검증이나 비교의 대상으로 보지 않는다. 물론

과정에 대한 이해의 중요성을 강조하고 더불어 제도주의적 설명을 결합함으로써 현실주의적 정부 간주의의 핵심적 가설을 정교화했을 뿐이다.

제3의 이미지를 주장하는 입장에서도 유럽연합의 이론화는 중요하다. 문제는 이론화의 방식에 있어 제3의 이미지는 대이론(grand theory)이 아닌 특수이론(particularizing theory)을 추구한다는 점이다.[17]

1960년대 유럽통합에 관한 대이론을 추구하였던 정부간주의와 신기능주의 간의 논쟁 이후 유럽통합 연구의 암흑기로 불리는 시기에 두 명의 유럽학자가 유럽연합 연구의 새로운 방향을 모색하고 있었다. 1977년 왈라스(Wallace)에 의해 대표되는 일군의 연구자들이 『유럽연합의 정책결정(*Policy-Making in the European Union*)』을 출판했고 10년 뒤 샤프(Sharpf)에 의해 『공공행정(*Public Administration*)』이라는 정책학 연구의 저명 저널에 "공동결정의 함정 : 독일연방주의와 유럽통합으로부터의 교훈(The Joint Decision-Trap : Lessons from German Federalism and European Integration)"이라는 논문이 출판되었다. 이 두 연구는 유럽통합에 대한 연구로부터 유럽연합의 정책에 대한 연구로의 방향적 전환을 상징한다.[18] 두 연구의 공통된 문제의식은 서유럽의 현대정치는 전통적인 정치와 정부형태의 급진적인 변형을 특징으로 하며, 유럽연합은 바로 그 같은 급진적인 변형을 반영한다는 것이다(Wallace and

---

17 대이론 대 특수이론이라는 시각에서 유럽연합 연구의 역사를 되돌아 본다면 1950년대와 1960년대는 신기능주의와 현실주의적 정부간주의로 대표되는 유럽통합에 관한 대이론의 시기, 1970년대와 1980년대는 유럽통합 연구의 암흑기로, 1980년대 후반부터 1990년대 이후는 대이론의 복귀시기로, 그러나 동시에 1990년대 중반 이후 다층 거버넌스 이론에 의해 대표되는 특수이론의 발전이라는 시기별 구분이 가능하다. 이 점에 대해서는 Jupille(2005, 217-219).

18 유럽연합의 정책에 관한 연구들이 중요성을 획득하게 된 데에는 1986년 유럽 단일의정서의 체결과 함께 유럽 단일시장의 완성을 위해 2차적 입법(the secondary legislation)의 중요성이 증대했던 상황이 또한 고려되어야 한다. 즉 유럽연합의 정책에 대한 연구로의 방향적 전환은 실제적인 정책적 요구에 조응하는 것이기도 했다.

Wallace 2000, 9). 특히 준-주권국가(semi-sovereign state)로 특징지어지는 독일연방제와 비교의 관점에서 볼 때 유럽연합은 정책결정 능력과 권력의 중첩성(overlapping competencies and power), 즉 거버넌스의 다층적 체제라는 중요한 유사성을 보이고 있으며, 이러한 특성은 권력의 집중 혹은 권력의 분화를 특징으로 하는 전통적인 정부형태에 의해 설명될 수 없다(Scharpf 2001).

그러므로 유럽연합의 정책결정 능력과 권력의 중첩성을 개념화하기 위한 다양한 이론적 시도가 제기되었다. 공동 정책결정의 체제(joint-decision mode)(Scharpf 2001), 네트워크 거버넌스(Eisting and Kohler-Koch 1999), 다층 거버넌스(Hooghe and Marks 2001) 등이 그 대표적인 예이다. 이때 공통적으로 사용되어지는 거버넌스라는 개념은 주로 공적 행위자의 중요성과 위계적인 정책결정 구조를 강조하는 정부(government)에 대한 일종의 대안적 개념으로 공적 행위자와 사적 행위자의 상호작용과 비-위계적 정책결정의 형태로 이해된다.[19] 그러나 본래 거버넌스의 개념은 정부의 개념을 포괄한다. 다시 말해 정부

19 Pierre(2000, 3)는 거버넌스 개념의 두 가지 의미를 구별한다. 첫째, "20세기 후반에 형성된 외적 환경에 대한 국가의 적응에 관한 경험적인 표현(the empirical manifestation of state adaptation to its external environment as it emerges in late twentieth century)"으로서 거버넌스, 둘째, "사회체제의 상호 조정에 대한 개념적 혹은 이론적 표현(conceptual and theoretical representation of coordination of social systems)"으로서 거버넌스의 의미이다. 전자의 관점으로부터 거버넌스는 공적 그리고 사적 행위자들이 사회관계와 갈등에 대한 목적의식적인 규제에 참가하는 과정 또는 상태를 의미하며, 이 점에서 공적 행위자와 위계적인 정책결정을 강조하는 정부 개념과 구별된다. 한편 후자의 관점으로부터 거버넌스 개념은 국가-중심적 혹은 사회-중심적 시각 모두로부터 수용될 수 있는 데 국가-중심적 시각으로부터 그것은 비국가적 행위자 혹은 다양한 정치제도를 조종(steering)하는 국가의 능력을, 사회-중심적 시각으로부터 그것은 공식적 혹은 비공식적 형태의 공적-사적 행위자의 상호작용, 상호조정, 그리고 파트너십과 네트워크를 의미한다.

와 거버넌스 개념이 대조되는 것이 아니라 '정부 있는' 거버넌스와 '정부 없는' 거버넌스가 구별될 수 있으며, 이때 구별의 준거점은 권위의 위계적인 집중인가 혹은 권위의 수평적인 확산(diffusion)인가의 문제다. 즉 정부 있는 거버넌스란 정부를 정점으로 하는 권위의 위계적인 집중에 의해 집합적 정책결정이 수행되어지는 상태를 의미한다. 이 경우 정책의 정당성은 흔히 근대 정치체제에서의 다수결주의와 같은 제도적 룰에 의해 확보되며 보다 중요하게 다수결주의는 사회성원들 사이의 공유된 정체성을 전제로 한다. 한편 정부 없는 거버넌스의 경우 정책결정의 권위는 정부에 집중되어 있지 않으며 하위-정부수준 혹은 상위-정부수준으로 확산되어 있으며, 각기 상이한 수준 사이의 상호작용과 공동 정책결정을 통해 정책을 결정한다. 그리고 정부 없는 거버넌스의 체제에서 결정된 정책의 정당성은 결코 다수결주의와 같은 제도적 룰이 아니라 정책결정 과정의 개방성, 유연성, 그리고 심의과정의 질에 의해 평가되어진다(Scharpf 2001, 13).[20]

유럽연합을 새로운 거버넌스 체제로 인식하는 많은 논자들의 기본적인 아이디어는 유럽연합의 정책결정 과정이 바로 정부 없는 거버넌스 체제로 특징지을 수 있다는 것이다. 그러나 거버넌스라는 같은 용어를 사용할지라도 각자의 이론적 관점에 따라 상이한 정치적 함의를 갖는다. 혹자는 거버넌스라는 개념을 국가에 의한 정치적 권

20 유럽연합의 정책결정을 분석함에 있어 Scharpf(2001)는 정부 있는 거버넌스와 정부 없는 거버넌스라는 이분법적 구분이 아닌, 세 가지 형태의 정책결정 모델을 제시한다. 정부간주의적 협상, 위계적 명령(hierarchical directions), 그리고 공동 정책결정이 그것이다. 그러나 이 글에서 필자는 정부와 거버넌스 개념의 일반적 이해를 돕기 위해 그의 논의 중 위계적 명령과 공동 정책결정의 개념을 빌려 정부 있는 거버넌스와 정부 없는 거버넌스 개념을 설명하고자 시도했다.

위의 독점의 약화, 달리 말해 전통적인 국가와 정부 개념에 대한 안티테제로서 거버넌스의 개념을 사용한다. 이는 휴고와 마크스(Hooghe and Marks 2001)에 대표되는 미국 학자들에게서 일반적으로 발견되는 특징이다.[21] 그들의 논점은 기존의 정부간주의자들의 국가적 행위자 중심의 인식을 비판하는 것이다. 따라서 그들은 유럽연합 수준에서의 초국가적 행위자의 중요성뿐만 아니라 개별 국가 수준과 초국가적 수준 모두에서 행위하며 초국경적 결사체들(transnational associations)을 형성하는 하위 국가적 행위자들의 중요성을 동시에 강조하는 사회-중심적 시각을 강조하는데, 바로 이 점에서 그들은 자신들의 다층 거버넌스 접근법을 국가-중심적 접근법과 대립시키며 개별 국가 수준에서 정부정책 능력의 한계와 정부 간 수준에서 정부들의 정책능력의 한계를 강조한다.

반면 샤프(Scharpf 2001)와 콜러-코흐(Kohler-Koch 2003)와 같은 유럽학자들은 거버넌스의 개념을 전통적인 정부나 국가 개념에 대한 안티테제로서 사용하기보다는 정책결정 권위의 위계적 집중을 특징으로 하는 정부 중심의 전통적인 거버넌스 체제가 공동체나 네트워크와 같은 새로운 거버넌스 유형들과 결합되어 어떻게 문제해결 능력(problem-solving capacity)과 민주적 정당성을 향상시킬 수 있는가의 관점에서 거버넌스 개념을 사용한다.[22] 그들에게 유럽연합은 새로운

21 다층 거버넌스에 대한 그들의 책 서문에서 "1950년대 이후 정치적 권위—법적인 구속력을 가진 결정을 하는 능력—에 대한 국가의 독점은 약화되어 왔다"라고 주장한다. Hooghe and Marks(2001, xi).

22 예를 들어 네트워크 거버넌스의 개념화를 주도했던 Kohler-Koch의 경우에 국가는 네트워크 거버넌스 체제 안에서 여전히 중요한 행위자로 본다. 다만 국가의 역할이 위로부터의 권위적 할당에서 이슈별 정책 네트워크의 형성을 촉진하는 활성자(activator)

유형의 거버넌스의 발전을 통해 유럽국가들의 전환(transformation)을 촉진하는 일종의 독립변수로 인식된다. 다시 말해 유럽연합의 거버넌스 체제는 변화하는 외적 환경에 대한 개별 국가의 적응력에 영향을 미치는 중요한 독립변수이며, 개별 국가의 국내적 적응 혹은 전환은 종속변수로서 고려될 수 있다. 그러므로 그들에게 유럽연합의 거버넌스에 대한 연구는 종종 개별 국가의 국내정책이 유럽연합의 정책에 적응하는 과정을 의미하는 유럽화(Europeanization)에 대한 연구와 분리될 수없다.[23]

그러나 유럽화의 과정은 단일하지 않다. 물론 본질적으로 모든 유럽화의 과정은 곧 상호 적응(mutual adjustment)의 과정이다. 그러나 상호 적응이 실현되는 방식은 구체적인 정책 영역별로 상이하다. 예를 들어 유럽화의 가장 낮은 수준을 보여주고 있는 공동의 외교안보정책과 범죄에 대한 사법적 협력과 같은 정책영역은 여전히 정부 간 협상이 지배적인 정책결정의 메커니즘인 반면 금융, 경쟁, 규제정책의 영역에서는 유럽중앙은행, 유럽사법재판소, 유럽집행위원회와 같은 초국가적 행위자들의 위계적 명령에 의한 정책결정이 지배적이다. 정부 간 협상과 위계적 명령이라는 두 정책결정의 메커니즘 사이에 공동 결정이라는 또 다른 정책결정의 메커니즘이 존재하는데, 주로

로서의 역할로 변화되었을 뿐이다. 이같은 국가의 변화된 역할이 바로 네트워크 거버넌스를 조합주의, 다원주의 그리고 국가주의와 같은 거버넌스의 다른 형태와 구별짓게 하는 중요한 이유가 된다. 이 점에 대해서는 Eising and Kohler-Koch(1999, 5)을 볼 것.

23 유럽화에 대한 연구는 사실상 유럽연합 연구에서 가장 핵심적인 연구주제이며 세부적인 정책별 연구가 압도적인 수를 점하고 있다. 유럽화의 개념과 대표적인 연구들에 대한 압축적인 리뷰를 위해서는 Olson(2001)을 볼 것.

유럽공동체 정책에 속하는 대부분의 사회경제정책 영역에 적용된다. 이 세 가지 정책결정 메커니즘의 공존은 새로운 형태의 거버넌스 체제로서 유럽연합의 독특성을 설명할 뿐만 아니라, 하나의 단일한 개념 혹은 단일한 분석수준으로의 환원을 통해 설명할 수 없는 유럽연합의 제도적 복합성을 설명한다. 새로운 형태의 거버넌스 체제로서 유럽연합을 인식하는 제3의 이미지는 이같은 유럽연합의 제도적 독특성과 복합성이라는 현실과 이론적 개념과의 일치성을 높이는 것에 대한 관심으로부터 형성되었다. 그러므로 상대적으로 모호한, 그러나 오히려 그 모호성으로 인해 현실의 복합성을 보다 성공적으로 개념화할 수 있는 거버넌스라는 개념을 선택했다(Schneider 2004, 25).

Ⅲ. 유럽연합은 어떻게 작동하는가?

1. 제1의 이미지 : 투표와 민주적 정치체제로서 유럽연합

유럽연합은 어떻게 작동하는가라는 질문은 유럽연합의 집합적 정책결정에 관한 것이다. 엘스터(Elster 1998, 5)는 집합적 정책결정의 세 가지 메커니즘을 투표, 협상, 심의로 분류한다. 유럽연합의 정책결정에서 이 세 가지 메커니즘은 공존한다. 그러나 유럽연합의 존재론에 대한 상이한 입장에 따라 유럽연합의 정책결정에 있어 지배적인 메커니즘이 무엇인가 그리고 무엇이 되어야 하는가라는 경험적・규범적인 질문에 대한 인식은 상이하다. 이 글의 중요한 논점은 유럽연합의 세 가지 이미지 각각이 집합결정의 세 가지 메커니즘 어느 하나와 선택적 친화성을 가지고 있다는 것이다. 하나의 정치체제로서 유럽연합이라는 제1의 이미지는 투표를 통한 정책결정을, 국제조직으로서의 유럽연합이라는 제2의 이미지는 협상을 통한 정책결정, 마지막으로 거버넌스 체제로서 유럽연합이라는 제3의 이미지는 심의를 통한 정책결정을 유럽연합의 지배적인 정책결정의 메커니즘으로 인식하는 경향이 있다. 그러므로 유럽연합이 무엇인가에 대한 인식은 유럽연합이 어떻게 작동하는가 혹은 어떻게 결정하는가에 대한 인식에 영향을 미친다.

하나의 정치체제로서 유럽연합이라는 제1의 이미지로부터 유럽연합의 정책결정은 국내 정치체제에서의 정책결정과 유사하게 가치에 대한 권위적 배분을 둘러싸고 다양한 정치적 행위자들이 경쟁하는 정치적 과정으로 인식된다. 일반적으로 민주적 정치체제에서 전형적인 정책결정의 메커니즘은 다수결주의에 입각한 투표와 경쟁적인 선거이다. 국내 정치체제에서 정책결정의 논리를 그대로 유럽연합에 적용한다면 정책결정의 지배적인 메커니즘이 투표가 아님은 자명하다. 오히려 유럽연합에서 투표를 통한 정책결정은 예외적일 뿐만 아니라 회피되는 현상이며, 유럽이사회와 집행위원회에서 정책결정은 협상과 심의를 특징으로 한다.

그러나 하나의 정치체제로서 유럽연합을 분석하는 논자들은 이와 같은 유럽연합의 정책결정 과정의 특징을 유럽연합의 민주적 정당성을 위해 극복되어야 할 문제로서 인식한다. 그러므로 그들은 유럽연합의 민주적 결핍의 문제를 제기하며 유럽연합의 제도 중 유일하게 시민들의 직접적 투표를 허용하는 유럽의회의 정치적 중요성을 강조한다. 물론 구체적인 분석대상의 측면에서 그들 사이에도 다양성이 존재한다. 예를 들어 앞에서 논의하였던 비교연방주의연구에 초점을 맞추는 연구자들은 재정적 연방주의와 규제적 연방주의와의 개념적 대비를 통해 유럽연합의 재분배적 기능의 부재 그리고 사회정책의 부재(Della Sala 2005)를 논의하거나 미국연방제와의 비교의 관점에서 유럽연합의 영토적 대표(territorial representation)에서의 불평등성(Sbragia 2005, 96)을 논의한다. 또한 Euro-polity 연구에서는 유럽연합의 민주화를 위한 유럽연합 수준에서의 집합적 정체성의 형성과 시민권의 발전(Schmitter 2000), 약한 유럽정당과 유럽연합의 민주적 결핍, 유럽연합에서 정치적 경쟁의 부재(Hix 2005) 등을 통해 왜 유럽연합의 정책결정이 민주적 정당성을 획득하지 못하는가를 설명하고 있다. 이런 논의들은 주로 유럽적 정당정부와 의회민주주의 시각에서 유럽연합의 민주화를 인식하는 경향이 강했지만, 최근에는 유럽집행위원회의 의장에 대한 직접선거를 통한 다수결주의의 확대와 대통령제적 요소의 도입을 주장하는 유럽연합의 민주화를 위한 다양한 제도적 디자인을 모색하고 있다(Decker 2002 ; Hix 2005).

정치체제로서의 유럽연합이라는 제1의 이미지에서 투표와 선거에 의한 정책결정의 중요성을 강조하는 것은 단순히 직접민주주의의 실현이라는 관점에서 제기되는 것은 아니며, 유럽연합의 사회경제적 개혁의 필요성과 유럽수준에서의 데모스(European demos)의 형성이 보다 근본적인 이유이다(Hix 2005, 206). 현재 유럽연합의 정책은 부정적 통합(negative integration) 혹은 시장-형성적 정책에 집중되어 있는 반면, 긍정적 통합(positive integration) 혹은 시장-수정적 정책은 상대적으로 제한적이다(Scharpf 1999). 이는 긍정적 통합과 시장-수정적 정책의 수행이 국가별 그리고 집단별 행위자들 사이의 높은 수준의 합의 형성에 결정적으로 영향을 받기 때문이다. 예를 들어 기업의 생산비용, 사회정책, 조세, 거시경제정책에 관련된 조치들에 관한 국가적 그리고 집단적 이익을 넘어 유럽연합 수준에서 합의를 창출하기는 어려우며, 그로 인해 유럽연합은 이들 정책분야에서 공동결정의 함정에 빠지게 되며 결국 최소주의적 접근법을 취할 수밖에 없다.[24] 이러한 상황적 인식에서 유럽연합의 제1이미지로부터의 해결책은 유럽연합 수준에서의 투표와 경쟁적인 선거를 통해 위에서 언급한 정책들을 정치화하고 정치적 경쟁을 통해 집합적 결정을 하자는 것이다.

2. 제2의 이미지: 정부 간 협상과 유럽연합의 정책결정의 비정치화

그러나 국제조직으로서의 유럽연합이라는 제2의 이미지에서 투표에 의한 집합적 정책결정은 유럽연합의 제도적 근간을 위협하는 것으로 인식된다. 투표에 의한 정책결정은 행위자들 사이의 동질적

---

24 Majone(1993)가 주장하였듯이 유럽연합은 사회적 규제(social regulation)정책을 수행하고 있다. 그러나 사회적 규제는 재분배적 효과를 갖지 않는다는 점에서 사회정책(social policy)과는 구별된다. 유럽연합의 사회적 규제정책의 구체적 내용은 노동자의 거주 이전의 자유, 산업안전과 보건, 노동조건, 기업의 경영에 참여할 수 있는 권리, 고용과 노동에서 성차별의 금지, 차별적 대우의 금지 등을 포괄하고 있다. 그러나 이러한 정책적 내용들은 사회보험과 다양한 복지 서비스, 교육과 주택정책과 같은 전통적인 복지정책의 내용과 상당히 다르다.

인 선호의 형성이라는 전제조건이 충족되었을 때만 그 효율성과 정당성을 갖는다. 국제조직으로서 유럽연합은 사회경제적 발전의 수준과 민족적 정체성이라는 측면에서 이질적인 행위자(국가)들로 구성되어 있다. 따라서 유럽의회를 위한 투표를 제외하고 모든 정책은 정부 간 협상을 통한 합의(만장일치)에 의해 결정되어져야 한다. 유럽이사회는 비록 가중다수결투표의 적용이 가능한 정책영역이 증가할지라도 원칙적으로 합의에 의한 정책결정을 우선하며 유럽집행위원회 또한 형식적으로 단순다수결제를 수용할지라도 대개 합의에 의한 정책결정을 선호한다(Mattila and Lane 2001 ; Hix 2005, 41).

정부 간 협상의 정치라는 관점에서 유럽연합을 분석하는 연구들은 국제협상 이론의 적용을 통해 유럽연합의 주요한 역사적 결정이나 정책결정을 설명하고자 시도한다. 유럽연합의 정부 간 협상을 분석하는 연구들은 크게 두 가지의 분석적 경향으로 분류될 수 있다. 첫째, 정부간회의(Intergovernmental Conferences : IGCs)에서의 국제조약을 둘러싼 협상을 분석하는 연구, 둘째, 유럽이사회의 일상적인 정책결정과정을 분석하는 연구로 분류된다. 전자의 연구는 모라프칙(Moravcsik)의 일련의 연구들에 의해 대표되는데, 그는 정부 간 협상을 유럽통합의 3단계 과정 중 두 번째 단계로 이해한다.[25] 비록 그의 연구가 정부 간 협상의 수요와 공급측면을 균형적으로 다루는 분석상의 강점을 보이며 유럽연합 연구에서 지배적인 위치를 점했을지라도 초국가적 행위자들의 리더십이 정부 간 협상의 결과에 미치는 영향과 정

25 유럽통합의 3단계 과정이란 주로 경제적 이익의 관점에서 정의되어지는 개별 국가들의 선호형성의 단계, 국가들 간의 비대칭적 상호 의존과 협상능력에 의해 영향받는 정부 간 협상의 단계, 그리고 유럽연합의 제도적 선택의 단계를 말한다.

부 간 협상에서의 거래비용에 대해 과소평가했다는 비판을 받았다(Young 1999 ; Rosamond 2000, 138). 한편 유럽연합의 입법과정의 하나로서 유럽이사회에서의 일상적인 정책결정에 대한 후자의 연구는 유럽이사회에서 개별 국가들의 협상력이 상이한 정책결정의 룰에 따라 어떻게 변하는가 혹은 유럽이사회, 유럽집행위원회 그리고 유럽의회 사이의 정책결정의 권위에 상이한 결정의 룰과 절차가 어떤 영향을 미치는가라는 질문과 함께 주로 정책결정의 룰에 대해 분석하고 있다(Tsebelis and Garrett 2000 ; Mattila and Lane 2001).

흥미로운 사실은 이 모든 연구들은 합리적 선택이론에 입각한 제도주의의 이론적 관점을 공유하고 있다는 점이다. 이 점은 국제협상이론이 압도적으로 게임이론의 적용을 통해 발전되어 왔으며, 그것이 다시 유럽연합 연구에 적용되었다는 사실과 무관하지 않을 것이다. 그러나 보다 중요란 사실은 합리적 선택이론에 입각한 제도주의의 수용과 정부 간 협상으로서 유럽연합의 정책결정 과정을 보는 제2의 이미지 간에는 보다 본질적인 연관성이 존재한다는 사실이다. 제1의 이미지에서의 투표와 함께 제2의 이미지에서의 협상이라는 집합적 정책결정의 메커니즘은 그것에 참여하는 행위자의 선호 자체의 변화를 전제하지 않는다(Elster 1998). 행위자의 선호 변화를 고려하지 않는다는 점에서 합리적 선택이론도 동일하다. 따라서 협상의 논리와 합리적 선택이론의 논리가 결합되었을 때 유럽연합의 정책결정 과정은 이미 고정된 선호를 가진 행위자들 사이의 상호작용의 과정으로 인식된다. 물론 앞서 언급하였듯이 정책결정의 룰과 절차라는 제도적 맥락이 상이한 대안적 전략들의 상대적인 비용과 이득에 대한 행위자들의 인식을 변화시킬 수는 있다. 그러나 이것이 제도가 행

위자들의 내재적인 선호 자체를 변화시킨다는 것을 의미하는 것은 아니다.[26]

제1의 이미지에서 투표를 통한 집합적 정책결정을 강조했을 때 그것이 함의하는 바가 유럽연합 정책결정 과정의 정치화라면 제2의 이미지에서 협상을 통합 집합적 정책결정이 함의하는 바는 정책결정 과정의 비정치화이다. 그러나 이 상반된 주장은 행위자의 선호에 미치는 제도의 효과에 대한 동일한 인식의 양면을 반영한다. 집합적 정책결정에 참여하는 행위자의 선호가 변화되지 않음을 전제했을 때 결정에 도달하는 방법은 다양한 선호 간의 경쟁을 통해 하나를 선택하거나 반대로 경쟁의 부재와 합의에 의한 결정뿐일 것이다. 이때 상이한 선호 간의 경쟁이 곧 정책결정의 정치화를 의미하며, 경쟁의 부재는 정책결정의 비정치화를 의미한다. 사실 유럽연합의 정책결정의 정치화와 비정치화를 주장하는 논자들 간의 논쟁이 유럽연합의 민주적 결핍논쟁에서 핵심적인 쟁점이었다. 그러나 우리가 정책결정의 메커니즘으로서 투표와 협상이 내재적으로 공유하고 있는 외생적 선호형성이라는 공통의 인식을 고려한다면 정치화 대 비정치화의 논쟁은 유럽연합은 어떻게 결정하는가라는 문제에 대한 상이한 입장일 뿐 유럽연합은 무엇을 결정하는가라는보다 근본적인 문제에 대한 대립은 아니라고 볼 수 있다. 유럽연합을 새로운 거버넌스 체제로 보는 제3의 이미지로부터 제기되는 비판은 바로 이것이다.

---

26 합리적 선택이론의 행위자 선호변화에 대한 기본 가정에 대해서는 Jupille and Caporaso(1999, 432–433)를 볼 것.

3. 제3의 이미지 : 심의적 초국가주의와 유럽연합의 테크노크라시

유럽연합을 새로운 형태의 거버넌스 체제로 보는 제3의 이미지로부터 유럽연합의 정책결정은 공동의 문제에 대한 가장 효율적인 해결책을 찾아나가기 위한 심의의 과정으로 인식된다(Checkel 2001). 이는 정책결정에 참여하는 각각의 행위자들이 자신의 해결책을 주장하고 그 중 하나를 투표나 협상을 통해 최종적으로 승인하는 과정이 아니다. 따라서 정책결정에 참여하는 행위자들의 주요 관심은 효율적인 정책결정의 방식이 아니라 효율적인 정책의 집단적 모색이다. 유럽연합의 지배적인 정책결정 메커니즘을 심의로 보는 입장은 유럽연합의 정책결정 과정에 대한 경험적인 묘사인 동시에 규범적인 주장을 동시에 함축하고 있다. 즉 심의는 유럽연합의 실제적인 정책결정 과정을 묘사하는 서술적인 개념인 동시에 유럽연합의 민주적 정당성을 주장하는 규범적 개념이기도 하다.

유럽연합의 실제적인 정책과정을 심의의 과정으로 묘사하는 대부분의 연구들은 주로 회원국의 대표들과 유럽집행위원회의 성원으로 구성되어지는 일종의 정책위원회로서 유럽집행위원회의 정책을 각국의 대표들이 사전 심의하는 Comitology 체제(이하에서 위원회체제로 칭함)에 대한 분석에 집중한다(Dogan 1997 ; Joerges and Neyer 1997 ; Checkel 2001 ; Pollack 2003).[27] 유럽연합의 위원회 체제는 다층 거버넌스 혹은

[27] 유럽연합의 위원회 체제는 1987년 7월 13일 유럽 이사회 결정으로 도입되었으며 1999년 공동결정절차(codecision procedure)의 도입에 의해 강화된 유럽의회의 입법능력이라는 변화된 상황과 함께 절차의 간소화를 통한 투명성 제고가 이루어졌다. 위원

정책 네트워크 거버넌스로서 유럽연합의 이미지를 가장 압축적으로 보여주는 제도라고 볼 수 있다. 그것은 초국가적 행위자, 국가적 행위자, 하위 국가적 행위자(지역정부의 대표)가 함께 정책결정의 권위를 공유하고 또한 공적 행위자와 사적 행위자가 함께 정책별 네트워크를 형성하는 체제이다.[28] 위원회 체제가 심의에 의한 정책결정에 의해 작동한다고 보는 논자들의 기본적인 논리는 이사회가 개별 국가들의 이해가 집약되는 장이라면 위원회는 개별 국가의 이익을 떠나 가장 최선의 정책결과를 성취하는 것에 소명을 느끼는 정책전문가들의 토론과 대화의 장이라는 것이다(Joerges and Neyer 1997). 그들은 위원회 체제가 단순히 개별 국가들이 유럽집행위원회를 통제하기 위한 제도가 아닌 심의적 초국가주의(deliberative supranationalism)를 실현하기 위한 제도로서 본다(Joerges 2001).[29]

심의적 초국가주의는 유럽연합의 위원회 체제에 대한 긍정적 인식을 반영한다. 그러나 동일하게 위원회 체제에 대한 긍정적 인식을 가짐에도 불구하고 심의적 초국가주의에 반대하는 이론적 입장이 존

회는 자문위원회(advisory committee), 경영위원회(management committee), 규제위원회(regulatory committee)라는 세 가지 범주로 나뉘어진다.

28 유럽연합의 위원회에는 정부의 정책전문가뿐만 아니라 정책사안에 따라 소비자단체의 대표, 학자, 이익집단, 경제적 이익집단, 하위 국가적 수준의 지역 정부대표들도 참여할 수 있다는 점에서 다층 거버넌스의 특징과 공적 행위자와 사적 행위자의 정책 네트워크의 특징을 모두 가지고 있다.

29 그러나 유럽연합을 국제조직으로서 보는 제2의 이미지를 주로 형성했던 합리적 선택이론의 관점에서 유럽연합의 위원회체제는 개별 국가들이 유럽집행위원회의 자율성을 규제할 수 있는 제도적 메커니즘으로서 본다. 또한 이러한 이론적 입장은 주로 미국 의회에서 의원들과 위원회사이의 위임적 관계에 대한 분석으로 영향을 받았다. 합리적 선택이론의 관점에서 유럽연합의 위원회 체제를 분석하는 연구들에 대한 압축적인 리뷰를 위해서는 Pollack(2003, 134-136).

재한다. 마조네(Majone)의 규제국가 논의가 바로 그것인데, 마조네가 위원회 체제를 긍정적으로 평가하는 이유는 그것이 유럽집행위원회를 통제하기보다는 기술관료적 전문성과 효율성을 강화시키기 때문이다(Majone 1996, 73).[30] 심의적 초국가주의와 규제국가 논의가 보여주는 위원회 체제에 대한 상이한 관점은 정확히 유럽연합에서 '심의'에 의한 정책결정의 본질적인 이중성을 반영한다. 심의적 정책결정은 개별 국가의 이익을 넘어서 유럽 전체의 공동의 이익을 실현하는 유럽연합의 문제해결 능력을 강화시킬 수 있다. 그러나 동시에 유럽연합의 문제해결 능력의 향상은 불가피하게 기술관료적 초국가주의(technocratic supranationalism)를 낳는다. 이 점은 왜 유럽의회가 지속적으로 위원회 체제를 민주적 책임성과 투명성의 부재라는 점에서 비판해 왔는가를 설명한다(EP. 1999, 3).

Ⅳ. 결론

유럽연합이 무엇인가 그리고 어떻게 작동하는가에 대한 이론적 합의는 존재하지 않는다. 상이한 학문적 영역과 스타일에 따라 경쟁하는 이론이 존재할 뿐이다. 유럽연합 연구의 이같은 현재적 상태는

---

30 이 점에서 Majone와 Moravcsik은 의견을 같이하며 Hix는 유럽연합의 테크노크라시를 계몽된 독재(enlightened despotism)의 가능성이라는 점에서 비판한다.

정치학자에게 도전인 동시에 기회일 수 있다. 그것이 도전인 이유는 유럽연합이라는 '야수의 본질'을 분석하는 것이 비교정치학, 국제정치학, 정책학의 상이한 학문적 영역을 가로질러 근대 정치학이 발전시켜 온 많은 이론들에 대한 보다 통합적인 이해를 요구할 뿐만 아니라 경험적이고 동시에 규범적인 함의에 대한 숙고를 요구하기 때문이다. 그러나 유럽연합 연구의 현재적 상태가 기회인 이유는 기존의 이론과 가설의 타당성을 검증하거나 새로운 사실(novel fact)의 발견을 통해 기존 이론의 발전을 꾀할 수 있을 뿐만 아니라 새로운 이론의 형성을 가능하게 하기 때문이다. 이 글에서 논의된 모든 연구들은 이를 단적으로 보여주고 있다.

유럽연합의 세 가지 이미지는 유럽연합 연구의 복합성과 다양성을 표현하기 위한 일종의 개념적 메타포(conceptual metaphor)이다. 정치체제, 국제조직, 거버넌스의 세 가지 이미지를 통해 우리는 유럽연합 연구의 지도 그리기(mapping)를 할 수 있다. 세 가지 이미지는 유럽연합의 존재론적 인식에 대한 상이한 입장을 대표할 뿐만 아니라 그 상이한 입장들의 기원이 정치학 내의 학문적 분화와 연관되어 있음을 이해하게 한다. 이 점에서 유럽연합에 대한 연구는 연구자로 하여금 자신의 학문적 정체성에 대한 성찰을 요구하며 또한 자신의 정체성에 대한 의문을 촉진할 수도 있을 것이다. 또한 세 가지 이미지는 유럽연합이 실제로 어떻게 작동하는가, 더 나아가 어떻게 작동하는 것이 바람직한가에 대한 경쟁적인 시각들을 함축하고 있다. 유럽연합을 하나의 정치체제로 보는 제1의 이미지는 투표와 선거를 특징으로 하는 대의제적 민주주의 혹은 참여적 민주주의의 이상을, 국제조직이라는 제2의 이미지는 국제제도와 조직의 발전을 통한 제도화된 국제협력의 이상을, 그리고 새로운 거버넌스 체제라는 제3의 시각은 초국가적 수준에서의 심의적 민주주의의 이상을 각각 표현하고 있다. 우리의 본질적인 관심이 세 가지 이미지 중 어느 하나를 선택하는 것에 있는 것이 아니라 유럽연합의 본질과 현상을 보다 더 잘 설명하는 데 있다면 필요한 것은 학문적 개방성이다. 이 점에서 유럽연합 연구는 정치학 내의 학문적 구획을 넘어 통합을 지향하는 중요한 지적 계기를 제공할 수 있을 것이다.

참고문헌

Checkel, Jeffrey. 2001. "Taking Deliberation Seriously." *ARENA Working Papers* WP 01/14.

Chryssochoou, Dimitris N. 2001. *Theorizing European Integration*. London : Sage.

Dann, Philipp. 2003. "European Parliament and Executive Federalism : Approaching a Parliament in a Semi-Parliamentary Democracy." *European Law Journal* 9, 549-574.

Decker, F. 2002. "Governance Beyond the Nation-State : Reflections on the Democratic Deficit in the European Union." *Journal of European Public Policy* 9(2), 256-272.

Della Sala, Vincent. 2005. "European Polity-Building : Searching for Legitimacy Between Economic and Social Europe." in Sergio Fbbrini, ed. *Democracy and Federalism in the European Union and the United States : Exploring Post-National Governance*. London : Routledge, 133-147.

Dogan, R. 1997. "Comitology : Little Procedure with Big Implication." *West European Politics* 20(3), 31-60.

Easton, David. 1965. *A Systems Analysis of Political Life*. New York : John Wiley.

Eising, R. and B. Kohler-Koch. 1999. "Introduction : network governance in the European Union" in Kohler-Koch, B. and R. Eising, ed., *The Transformation of Governance in the European Union*. London : Routledge, 3-13.

Elster, Jon. 1998. "Introduction." in John Elster, ed. *Deliberative Democracy*. New York : Cambridge University Press, 1-18.

European Parliament. 1999. *Report on the proposal for a council decision laying dow the procedures fro the exercise of implementing powers conferred upon the Commission* (Com(98)0380), Committee on Institutional Affaires. Rapporteur : Maria Adeaide Aglietta, EP document A4-0169/99.

Franklin, Mark. 2001. "How Structural Factors Cause Turnout Variations at European Parliament Elections." *European Union Politics* 2(3), 309-328.

Garrett, G., R. D. Kelemen and H. Schulz. 1998. "The European Court of Justice, National Government, Legal Integration in the European Union." *International Organization* 52(1), 149-176.

Greenwood, J. 2003. *Interest Representation in the European Union*. London : Palgrave.

Jachtenfuchs, Markus, 2005. "The EU as a Polity(II)." 1-23. http://www.markus-jachtenfuchs.de/

Joerges, Christian and Jurgen Neyer. 1997. "Transforming Strategic Interaction into Deliberative Problem-Solving." *Journal of European Public Policy* 4(1), 609-625.

Jupille, Joseph and J. A. Caporaso. 1999. "Institutionalism and the European Union : Beyond International Relations and Comparative Politics." *Annual Review of Political Science Review* 2, 429-444.

_____. 2005. "Knowing Europe : Metatheory and Methodology in European Union Studies." In Michelle Cini and Angela Bourne, eds. *Palgrave Advances in European Union Studies*, London : Palgrave, 209-232.

Hix, Simon. 1996. "Comparative Politics, International Relations and the EU : A Rejoinder to Hurrell and Menon." *West European Politics* 19(4), 802-804.

_____. 2005. *The Political System of the European Union*. New York : Palgrave.

Hoffmann, Stanley. 1995. *The European Sisyphus : Essays on Europe, 1964-1994*. Boulder : Westview Press.

Hooghe, Liesbet and Gary Marks. 2001. *Multi-Level Governance and European Integration*. Boulder : Rowman & Littlefield.

Keleman, R. Daniel. 2003. "The Structure and Dynamics of EU Federalism." *Comparative Political Studies* 36(1/2), 184-208.

_____. 2004. *The Rules of Federalism : Institutions and Regulatory Politics in the EU and Beyond*. Cambridge : Harvard University Press.

Keohane, Robert and Lisa Martin. 2003. "Institutional Theory as a Research Program." in Colin elman and Miriam Fendius Elman, eds. *Progress in International Relation Theory*. Cambridge : MIT Press, 71-107.

Klausen, Jytte and Louise A. Tilly. 1997. "European Integration in social and Historical Perspective." in Jytte Klausen and Louise A. Tilly, eds. *European Integration in Social and Historical Perspective*. Lanham : Rowman &Littlefield, 3-43.

Kohler-Koch, Beate. 2003. "Interdependent European Governance." in Beate Kohler-Koch, ed. *Linking EU and National Governance*. Oxford : Oxford University Press, 10-23.

Kreppel, A. 2002. "Moving Beyond Procedure : An empirical Analysis of European Parliament Legislative Influence." *Comparative Political Studies* 35(7), 784-813.

Krasner, Stephen. 2001. "Problematic Sovereignty." in Stephen Krasner, ed. *Problematic Sovereignty : Contested Rules and Political Possibilities*. New York : Columbia University Press, 1-23.

Lindberg, L.N and Scheinglod. 1970. *Europe's Would-Be Polity*. NJ : Prentice-Hall.

Lodge, J. 1994. "The European Parliament and the Authority-Democracy Crisis." *Annals of the American Academy of Political and Social Science* 531, 69-83.

Majone, G. 1993. "The European Community Between Social Policy and Social Regulation." *Journal of Common Market Studies* 32(2), 153-170.

_____. 1996. Regulating Europe. New York : Routledge.

Mattli, W. and A. M. Slaughter. 1998. "Revisiting the European Court of Justice." *International Organization* 52(1), 177-209.

_____ and J.E. Lane. 2001. "Why Unanimity in the Council? A Roll Call Analysis of Council Voting." *European Union Politics* 2(1), 31-52.

Mazower, Mark. 1998. *Dark Continent : Europe's Twentieth Century*. New York :

Vintage Books.

Milward, Alan. 1992. *The European Rescue of the Nation State*. London : Routledge.

Moravcsik, A. 1991. "Negotiating the Single European Act : National Interests and Conventional Statecraft in the European Community." *International Organization* 45(1), 19–56.

_____. 1993. " Preferences and Power in the European Community : A Liberal Intergovernmentalist Approach." *Journal of Common Market Studies* 31 (4), 473–524.

_____. 2001. "Federalism in the European Union" Rhetoric and Reality." in Kalypso Nicolaidis and Robert Howse, eds. *The Federalist Vision : Legitimacy and Levels of Governance in the United States and the European Union*. New York : Oxford University Press, 161–187.

Olson, Johan P. 2001. "The Many Faces of Europeanization." *ARENA Working Papers* WP 01/2.

Pollack, Mark. 2003. "Control Mechanism or Deliberative Democracy? : Two Images of Comitology." *Comparative Political Studies* 36(1/2), 125–155.

_____. 2005. "Theorizing the European Union." *Annual Review of Political Science* 8, 357–98.

_____. 2002. "In Defence of the Democratic Deficit : Reassessing Legitimacy in the European Union." *Journal of Common Market Studies* 40(4), 603–624.

Pierre, Jon(ed). 2000. *Debating Governance : Authority, Steering, and Democracy*. New York : Oxford University Press.

Pollack, Mark. 2003. "Control Mechanism or Deliberative Democracy? : Two Images of Comitology." *Comparative Political Studies* 36(1/2), 125–155.

Rief, K. 1997. "Reflections : European Elections as Member State Second-Oder Elections Revisited." *European Journal of Political Research* 31(1), 115–124.

Rosamond, Ben, 2000. *Theories of European Integration*. London : Macmilian.

Sbragia, Albert M. 2005. "Territory, Electorates and Markets in the US : The Construction of Democratic Federalism and Its Implication for the EU."

in Sergio Fbbrini, ed. *Democracy and Federalism in the European Union and the United States : Exploring Post-National Governance*. London : Routledge, 93–103.

Schmitter, P and Wolfgang Streeck. 1991. "From National Corporatism to Transnational Pluralism : Organized Interests in the Single European Market." *Politics and Society* 19(2), 133–164.

Scharpf, Fritz W. 1988. "The Joint Decision Trap : Lesson from German Federalism and European Integration." *Public Administration* 66, 239–278.

_____. 1999. *Governing in Europe : Effective and Democratic?* New York : Oxford University Press.

_____. 2001. "Notes Toward a Theory of Multilevel Governing in Eruope." *Scandinavian Political Studies* 24(1), 1–26.

Schmitter, Philippe C. 2000. *How to Democratize the European Union and Why Bother?* New York : Rowman & Littlefield.

Schneider, Volker. 2004. "State Theory, Governance and The Logic of Regulation and Administrative Control." in Andreas Warntijen and Arndt Wonka, eds. *Governance in Europe : The Role of Interest Groups*. Baden-Baden : Nomos.

Tsebelis, G. and G. Garrett. 2000. "Legislative Politics in the European Union." *European Union Politics* 1(1), 9–36.

_____, C.B. Jensen, A. Kalandrakis, and A. Kreppel. 2001. "Legislative Procedures in the European Union : An Empirical Analysis." *British Journal of Political Science* 31(4), 573–599.

Wallace, Helen and William Wallace. 2000. *Policy-Making in the European Union*. New York : Oxford University Press.

Weiler, J.H.H. 2000. "Epilogue, "Fischer : The Dark Side." in Christian Joerges, Yves Meny, and J.H.H. Weiler, eds. *What Kind of Constitution for What Kind of Polity? Responses to Joschka Fischer*. San Domenico di Fiesole, Italy : Robert Schuman Centre for Advanced Studies. http://www.jeanmonnetprogram.org/papers/00/000703.html.

Weiler, J.H.H. 2001. "Federalism without constitutionalism : Europe's Sonderweg." in Kalypso Nicolaidis and Robert Howse, eds. *The Federalist Vision :*

Legitimacy and Levels of Governance in the United States and the European Union. New York : Oxford University Press, 54–70.

Williams, S. "Sovereignty and Accountability." in R.O. Keohane and Stanly Hoffmann, eds. *The New European Community*. Boulder : Westview, 155–176.

Young, Oran. 1999. "Comment on Andrew Moravcsik, 'A New Statecraft?' Supranational Entrepreneurs and International Cooperation." *International Organization* 53(4), 805–809.

15 일본학 연구의 최근 동향

이이범(국민대학교)

Ⅰ. 연구의 의의

본 연구는 2000년대 들어 한국에서 연구된 일본 지역학 연구동향을 총괄적으로 정리한 것이다. 일본의 외교안보, 정치와 행정, 정치경제, 역사사회, 한일관계 분야에 대한 국내 연구 성과물들을 정리함으로써 최근 국내에서의 일본연구의 흐름과 동향을 규명하고자 한다. 그리고 이러한 연구성과를 바탕으로 향후 강화되어야 할 연구분야 내지 과제들이 어떠한 것들인가에 대한 언급을 추가하고자 한다.

정치학 분야에서 일본에 대한 지역연구는 2000년대 들어 정치, 외교, 안보, 정치경제 등 거의 모든 분야에 걸쳐 크게 확대되고 있다. 연구수준에서도 상당히 진전되어 비교정치 및 비교사회학적 연구는 물론 인접 사회과학 분야와의 학제적 연구와 일반이론화를 위한 현지조사와 실증분석의 연구 등도 활발히 전개되고 있다.

이처럼 일본학 연구가 양과 질적인 측면에서 크게 성장한 것은 일본에 대한 학문적 관심이 증가한 것과 일본지역에 대한 학문적 연구수요가 크게 증가했기 때문이다. 국내 일본학 연구가 이처럼 크게 확대된 배경을 구체적으로 보면 다음과 같은 이유들이 작용한 결과라고 정리할 수 있다.

첫째, 1990년대 이후 탈냉전의 영향과 동북아시아의 새로운 국제정치 환경의 변화로 일본의 대외관계와 외교・안보정책상에 구조적인 큰 변화가 나타났기 때문이다. 예를 들어 현행 평화헌법의 개정 추진, 미일동맹 강화, 자위대의 해외파병, 안보방위 관련 법제의 수정과 신설, 중일관계에서의 대립구조의 심화, 한일관계와 북일관계의 악화 등, 기존 일본의 주요 국가정책에 큰 변화가 초래되었다. 이런 구조적인 변화에 따라 이와 관련한 연구들이 크게 증가했다.[1]

둘째, 경제운영과 기업경영 시스템이 크게 변화하면서 이와 관련한 연구들이 크게 증가했기 때문이다. 글로벌화와 정보화에 따라 정부와 기업의 관련 제도가 변화했고, 경기의 장기침체에 따른 산업의 구조조정과 기업들의 경영전략들도 큰 영향을 받았다. 또한 일본 사회의 저출산・고령화가 진전되면서 사회보장 관련 제도에도 큰 변화가 초래되었다.

셋째, 1990년대 일본의 정치 및 행정분야에서는 대대적인 구조개혁과 재편이 발생하여 이를 분석하는 연구가 크게 증가했다. 자민당의 장기집권 구도가 일시적으로 붕괴한 후 자민당 재집권이 이루지는 과정에서 55년 정당체제가 붕괴했고, 정당들의 이합집산이 2000년대까지 지속되었다. 정치개혁의 일환으로 중의원 선거제도가 개편되

---

[1] 1990년대 이후 일본의 정치, 경제경영, 사회문화 분야의 각종 제도들이 어떻게 변화하고 있는가는 『일본형 시스템: 위기와 변화』(한상일・김영작 외 2005)에서 총괄적으로 분석되고 있으며, 전체적인 변화내용에 대한 개요는 『글로벌시대의 일본: 한국에의 함의』(김영작・전진호 2006)의 서장인 "일본형 시스템의 새로운 모색과 일본의 국가진로"(김영작 2006c)에서 정리하고 있다.

었고, 정치자금 관련법이 개정되고 정당 조성금제도가 신설되었다. 또한 행정개혁의 일환으로 중앙행정기구가 개편되고 내각수상의 권한이 강화되면서 수상의 정치 주도권은 크게 확대되었다. 이 이외에도 일본정치에도 신보수주의적 정치사조가 풍미하면서 정치의 보수화가 강화되었고, 자국 중심의 정책결정 구도가 형성되면서 주변국들과의 외교적 마찰이 증가했다. 이러한 일본정치 및 행정분야의 큰 변화들은 일본에 대한 국내연구들을 크게 자극했다.

넷째, 한일관계에서는 과거사 관련 문제, 독도문제, 북일수교문제, 북한핵문제, FTA추진 등 다양한 현안들이 나타나면서 이와 관련한 연구들도 증가했다. 연구 수는 적지만 과거 식민지 지배나 그 이후 한일관계와 관련하여 연구되지 않았던 주제들에 대한 체계적이고 실증적인 연구성과들도 증가하고 있다. 또한 이미 연구된 주제들에 대해서도 학문적 인식방법의 재해석을 통해 재평가하는 연구들도 활성화되고 있는 것으로 보인다.

다섯째, 일본 연구자들의 공동 연구활동이 활발해진 결과이기도 하다. 특히 한국학술진흥재단의 인문사회학 분야의 기초 연구과제 지원이 실시되면서 정치·경제·사회분야의 일본학 전문가들이 함께 참여하는 학제적이고 실증적인 공동연구가 다수 진행되었다.[2] 또한

2 예를 들어 전후 일본의 경제성장과 사회발전을 성공적으로 이끌었던 '일본형 시스템'이 1990년대 글로벌화와 국내외 상황변화에 어떻게 변모하는가를 연구한 공동연구와 그리고 21세기 '동아시아의 성장, 위기, 통합'과정에서 변화하는 일본을 연구한 공동연구가 다년간 진행되었다. 그 성과로 『일본형 시스템: 위기와 변화』(한상일·김영작 외 2005), 『1990년대 구조불황과 일본 정치경제 시스템의 변화』(진창수 편 2005), 『55년체제의 붕괴와 정치변화』(이면우 편 2005c), 『작은 정부와 일본 시민사회의 발흥』(이숙종 편 2005b) 등이 출판되었다.

이러한 공동연구의 추세는 최근 한일관계의 중요성과 변화된 동북아시아 관계를 반영한 일본학 총서 발행으로 계속되고 있다.[3] 이러한 공동연구가 증가하면서 1990년대 이후 일본의 정치·경제·사회분야의 전반적인 구조변화를 다양한 측면에서 심층 분석하는 학제적인 연구성과들이 다량으로 산출되고 있다.

이 이외에도 1990년대 이후 한국의 사회 및 경제수준이 발전하고 한일 양국의 인적 및 학문적 교류가 크게 증가하면서 양국 사회의 동조화 현상도 한국 연구자들의 일본연구를 증가시키고 있다. 현재 한국사회가 안고 있는 과제들의 문제해결을 위해 일본사회의 사례를 참고한다거나 또는 한국의 미래상을 설계하기 위하여 일본의 사례에서 교훈을 얻는 일본연구도 증가하고 있다.

이처럼 2000년대에 들어서 국내 정치학계의 일본연구는 일본의 국내정치 및 행정, 외교안보정책, 정치경제, 사회, 한일관계 분야에서 활발하게 확대되어 왔다. 다양한 연구방법론이 활용된 학제적인 공동연구, 일반이론화를 위한 직접조사와 실증연구 등이 증가하면서 지역학 연구방법론과 연구수준의 비약적인 성장도 있었다. 또한 연구대상에서도 일본사례 단독 연구뿐만 아니라 정치·경제·사회학적인 비교연구도 크게 증가했다. 이러한 일본학 연구의 증가와 성장은 일본학뿐만 아니라 타지역학들과 비교연구 방법론의 발전에도 크게 기여할 것으로 예상된다. 또한 일본 연구자들에게는 실증적이고 사회과학적인 연구정보를 제공해 줌으로써 좀더 체계적이고 심화된

3 『일본은 한국에게 무엇인가』(김영작·이원덕 편 2006), 『글로벌화 시대의 일본』(김영작·전진호 편 2006), 『21세기 동북아공동체 형성의 과제와 전망』(김영작·김기석 2006f)을 들 수 있다.

연구를 자극하리라 기대된다.

Ⅱ. 연구범위와 대상

본 연구에서 정리하고 분석하는 일본연구들은 2000년대 들어 정치학 분야 일본학 연구자들의 연구성과에 한정했다. 연구주제는 외교안보 분야, 국내정치 및 행정분야, 정치경제 분야, 사회분야, 한일관계 분야 등으로 구분하여 정리했다. 또한 조사대상 연구들은 일본연구자들이 주로 활동하는 학술지들과 학술서적에 발표되고 출판된 연구들에 한정했다. 즉 참고한 학술지는 한국정치학회보, 국제정치연구논총, 일본연구논총을 대상으로 했다.[4]

조사대상 연구들은 임의로 2000년부터 최근까지 발표된 실적에 한했다. 1990년대 발표된 연구물 가운데는 최근 일본학 연구의 동향을 이해하는 데 크게 도움이 되는 것들도 다수 존재했지만 금번 연구에서는 아쉽지만 제외했다. 또한 본 연구에서는 조사된 연구물들을 분야별 또는 영역별로 구분하여 나열하는 것에 초점을 두었다.

금번 연구는 최근 일본학 연구가 분야별로 어떠한 주제로 어떻게

4 물론 이들 학술지 이외에도 영역별로 또는 지역별로 다양한 전문학술지가 존재한다. 그러나 필자의 역량부족과 시간부족으로 이들 학술지에 발표된 모든 연구성과들을 포함하지 못한 것에 대한 깊은 이해를 구하고 싶다. 이들 연구성과들까지도 포함한 완성도 높은 정리 및 분석은 다음 기회의 과제로 남겨놓고 싶다.

연구되고 있는가에 대한 기초적인 정보를 제공하는 것에 의미를 두었다. 또한 일본학 연구동향을 올바르게 파악하기 위해서는 분야별 또는 영역별 연구들에 대한 개별적인 평가가 필요한 작업일 것이다. 그렇지만 필자의 학문적 소양이 부족하여 그런 수준의 연구는 능력 밖이었음을 밝히고 싶다.

그리고 조사된 일본학 연구들에 대한 분야별 구분은 편의상 외교안보, 국내정치 및 행정, 정치경제, 사회, 한일관계 등으로 5구분하였다. 여러 분야에 중복되는 연구들은 연구목적과 주제를 고려하여 가장 합당하다고 판단되는 분야로 구분했다.

Ⅲ. 분야별 연구성과와 동향

1. 외교안보 분야

1990년대 이후 냉전구조가 해체되면서 미소 대결구도는 종식되었다. 그러나 동북아시아의 안보정세가 불투명하고 대립갈등 요인들이 증가하면서 일본의 외교와 안보정책에는 큰 변화가 있었다. 1990년대 중반 이후 미일 동맹관계가 강화되면서 미일 군사협력은 증가했고, 이에 따라 일본 자위대의 역할도 확대되었다. 이 기간 일본의 집권세력은 국제사회에서 일본의 국제정치적 지위를 향상시키고 국제평화 질서에 기여한다는 명목으로 태평양전쟁 패전 이후 구축해 왔던 평화국가 체제에서 벗어나 보통국가 체제를 지향해 왔다. 그러나 1990년대 중국이 급부상하고 북한 핵문제와 이라크전쟁이 발생하면서 미일 간의 군사협력 범위는 일본해역을 벗어나 인도양까지 확대되었다. 일본 자위대의 해외파병은 UN의 PKO활동에서 시작되었지만 일본의 안보를 위한 파병까지도 가능하게 되었다. 이처럼 일본의 안보정책은 구조적으로 변화했고, 미일의 군사협력 관계는 고이즈미 내각에 이르러 유럽에서의 미국－영국의 협력수준에 비유될 정도로 크게 확대되었다.

한편 1990년대 이후 동북아의 국제정치 구도에는 많은 변화가 있었다. 중국이 경제적으로 급성장하고 군사력을 증강하면서 미중 간의 대립이 선명해졌다. 또한 북핵문제와 대만문제 등과 관련하여 미일 동맹관계가 강화되면서 외교 및 안보관계에서 미국과 중국 또는 중국과 일본 간의 대립과 긴장관계는 확대되고 있다. 이러한 한반도 주변 강국들 간의 위상이 변화하고 대립관계가 심화되면서 일본을 중심으로 한 이들 국가들 간의 국제정치적 역학관계에 큰 변화가 있었다. 그리고 일본은 2000년대 동아시아 지역의 경제발전과 세계경제의 지역적 블록화 현상에 대응하기 위해서 일부 동아시아 국가들과의 FTA를 적극 추진했고 동아시아 지역의 경제협력공동체에 관한 논의도 확대하고 있다.

이러한 흐름과 관련하여 국내연구에서는 먼저 일본의 외교 및 안보정책의 기본 방침 내지 방향이 변화해 온 것과 관련한 연구들이 많았다. 먼저 무엇보다도 1990년대 탈냉전기를 지나면서 전후 일본의 대내외적 정체성의 근간이 되었던 평화주의 국가론이 보통국가론[5]으로 변화하고 있는 양상에 대한 연구들이 많았다. 이러한 평화주의의 전개과정과 보통국가론의 실태(김준섭 2000 ; 2001)와 전후 개헌주장의 전개과정(김지연 2005)에 대하여 체계적으로 분석되었다. 그리고 1990년대 일본의 보통국가화 정책은 탈냉전기 일본이 국제질서 형성국으로서 변화된 정체성과 새로운 국가 진로의 방향성을 제시하는 것으로 분석되기도 했다(박영준 2006a).[6]

1990년대 이후 일본의 변화한 외교정책과 관련해서는, 미일동맹이 강화되는 가운데 일본의 대미 경제외교는 어떻게 변화해 왔는가를 규명한 연구(김성철 2000), 일본의 기축외교로서 추종과 자율의 시각에서 일본의 대미외교가 변화한 내용을 분석한 연구(전진호 2005a)가 제시되었다. 또한 미국의 세계전략과 동아시아의 군사전략 관점에서 미일 안보동맹 관계를 분석한 연구(최운도 2005a)와 일본의 동북아 외교 관점에서 본 대북한정책(김성철 2005) 등도 연구되었다. 일본의 동아시아 외교와 관련해서는 냉전 이후 변화된 일본의 동아시아 외교를 분석한 연구(김호섭 2006a), 미일동맹 체제와 일본의 동아시아 지역주의 정책과의 관계를 분석한 연구(이원덕 2005a)등이 있다. 동북아시아의 다자 간 안보협력의 가능성과 한계점(전진호 2003), 아시아주의와 안보 내셔널리즘의 관점에서 본 일본의 동아시아와 한반도 정

---

5 현재 일본의 보수 정치세력들이 개정을 추진하고 있는 현행 헌법은 제9조에서 일본이 전력을 보유하는 것과 국제분쟁을 무력으로 해결하는 것을 금지하고 있다. 보통국가론이란 전후 일본이 지향해 온 이러한 평화국가 노선으로부터, 국제사회의 독립국가라면 당연히 보유하고 있는 군대조직을 인정하고 자국 안전보장을 위한 전쟁행위도 정상적으로 수행할 수 있는 보통국가가 되어야 한다는 주장을 의미한다.

6 일본의 보통국가론을 논문 구성의 일부분으로 설명하거나 분석하는 연구는 매우 많다. 1990년대 일본의 안보 내지 외교정책의 변화를 다루는 논문의 대부분에서 보통국가론을 다루고 있다. 본 연구에서는 보통국가론을 부분적으로 다루고 있는 논문들은 해당 논문의 주 목적 영역에서 소개했다.

책(송주명 2001) 등에 대한 연구들도 있다. 이러한 연구성과들은 최근 일본 외교정책의 특징을 이해하는 데 도움이 된다. 이밖에 전후 일본이 경제대국화하면서 국제사회에 대한 지원을 증대시켜 온 ODA 외교에 대한 연구(박홍영 2003, 2005a, 2005b)와 일본의 원자력정책 결정과정과 국제환경과의 관계(전진호 2001), 핵에너지 정책의 이중성(김지연 2003), 동북아 에너지 문제(박홍영 2006) 등에 대해서도 폭넓게 연구되었다.

1990년대 이후 변화된 일본의 안전보장 내지 방위정책들과 관련해서는 자위대 해외파병과 유사법제 성립 등과 관련한 일본의 외교안보전략의 변화를 분석한 연구(전진호 2005b ; 전진호 2006), 일본 방위정책에 내재하고 있는 구조적 요인을 비교한 연구(최운도 2005b), 탈냉전기 보통국가화가 진전되면서 일본 안보정책의 전환이 갖는 함의들을 분석한 연구(이원덕 2005b) 등이 있다. 이런 연구들은 최근 변화된 일본의 안전보장정책의 기조를 쉽게 설명하고 있다. 또한 국제협력 관점에서 일본의 방위정책이 갖는 한계(최운도 2004)와 전수방위에서 적극방위로 변화한 방위정책을 분석한 연구(박철희 2004b), 전후 일본의 방위정책을 결정했던 요인들을 정리한 연구(신경식 2003) 등도 최근 일본의 방위정책을 이해하는 데 많은 도움을 준다. 이밖에 일본의 근대 전쟁발생 원인들이 현대 일본의 안보정책에 미친 영향을 분석한 연구(박영준 2005a)도 있다.

1990년대 이후 동아시아 지역의 안보상황과 관련한 연구들을 보면 먼저 중일관계에 대한 연구들이 점차 증가하고 있다. 과거 중일간의 국교정상화 과정과 최근의 정치경제 관계에 대한 포괄적인 연구(손기섭 2000 ; 2004)에서부터 일본의 대중국 경제원조정책의 변화상을 개괄한 분석(손기섭 2005b), 일본과 중국의 강대국화 과정에 대한 비교연구(손열 2005b), 동아시아 국제질서 속의 중일 간 세력경쟁전략에 대한 연구(박영준 2006b) 등이 발표되었다. 또한 미중일 삼각관계 속에서 국제적 역학관계가 어떻게 형성되는가에 대해서도 연구되었다(최운도 2003). 한반도의 지정학적 구도에 미치는 중일의 영향을 고려할 때, 이들 양국관계에 대한 연구는 양적으로나 질적으로 아직은 미흡한 것으로 보인다. 그리고 1990년대 후반 동남아 경제위기가 발생하고 중국경제를 견제하기 위한 일본의 동남아 외교 및 통상정책이 강화되면서 이에 대한 연구들도 활발하게 전개되었다. 냉전이 종결되면서 일본의 동아시아 정책을 다자외교의 관점에서 분석한 연구(김호섭 2006a), 동아시아 경제위기를 전후한 신지역주의와 ASEAN과 미중일 관계에 대한 분석(김기석 2006) 등은 1990년대 이후 일본의 동남아정책 기조를 이해하는 데 도움이 된다.

최근 일본연구에서 또 하나의 큰 흐름이 되고 있는 것이 동북아공동체 내지 동북아협력체 구상과 관련한 연구들이다. 이들 연구들은 한중일 3국 또는 이들 3국에 ASEAN 국가들까지도 포함하여 이 지역 국가들 간의 대립갈등 구조를 완화시키고 공동 번영해 갈 수 있는 방안을 적극 모색하고 있다. 특히 동북아시아 한중일 3국의 협력공동체를 어떻게 형성해 갈 것이고, 이를 실천하는 데 어떠한 장해요인들이 존재하며, 그 극복방안으로는 어떠한 것들이 있는가에 대한 연구들이 증가하고 있다. 먼저 동북아시아의 지역 협력체제 구축 가능성과 관련하여 현실주의자의 양자택일적이고 배타적인 관점을 극복하고 다원적이고 포괄적의 전략으로 접근할 필요성이 있다고 강조되고 있다(김영작 2006a). 또한 동북아공동체를 구축하는 데 관련

국가들의 기본적인 입장을 분석하고 동북아시아의 안보협의체를 제도화하기 위한 조건을 분석한 연구(김성철 2006)와 향후 동북아의 다자 안보공동체는 어떠한 유형으로 성립될 수 있는가를 탐색한 연구(남궁곤 2006)도 관심을 끈다. 이러한 동북아시아의 협력공동체와 관련하여 한중일 지방정부 간 상호 교류와 국제연대가 상당한 수준에서 확대되고 다원화되고 있다는 연구성과(양기호 2004)를 보면 동북아 협력공동체의 실현가능성이 또 다른 각도에서도 검토될 수 있음을 알게 해준다. 그렇지만 지역협력체로서 동북아공동체를 구축해가기 위해서는 한중일 3국의 상호 신뢰가 부족한 일국 중심의 민족주의적 정서가 극복되어야 한다고 지적된다. 즉 이들 3국 국민들 간의 우호선린과 공동번영을 담고 있는 열린 민족주의로 전환되어야 한다는 주장(이숙종 2006)도 제기되었다. 또한 과거와 최근 일본의 동아공동체론 내지 아시아연대론이 어떻게 변화해 왔는가를 단계적으로 이해하기 쉽게 하는 연구(한상일 2005c)도 제시되고 있다. 이밖에 일본인들의 평화의식이 형성되고 변화해 온 과정을 비판적으로 고찰한 연구(이상봉 2003)는 최근 일본인들의 평화의식이 얼마나 허약한지를 알게 해준다.

2. 국내정치 및 행정분야

1990년대 일본의 국내정치 및 행정분야에서는 앞서 설명했던 외교안보 분야만큼이나 구조적이고 본질적인 변화들이 많았다. 그 변화내용들을 간단히 정리하면 다음과 같다.

첫째, 1955년 집권 이후 38년간 지속했던 자민당의 장기집권이 1993년 총선결과로 붕괴하고 신당들과 야당들의 연합정권인 '비자민연립내각'이 성립한 것이다. 자민당 정권이 1993년 붕괴한 것은 전후 일본의 경제성장과 사회발전에 크게 기여했지만 금권정치와 정치부패 문제들을 해결하는 데 실패했기 때문이었다. 그러나 자민당은 신당들과 야당들의 연합정권이었던 비자민연립내각이 내부분열로 1년도 되지 않아 와해되면서 별다른 노력없이 재집권에 성공했다.

둘째, 1990년대 들어 일본의 정당 시스템이 크게 변화했다는 것이다. 1955년 이후 자민당－사회당의 대립구도로서 지속해 왔던 '55년체제'는 1993년 총선 이후 신당들이 등장하고 사회당이 몰락하면서 붕괴하였다. 그리고 일본의 정당 시스템은 1990년대 정당들의 이합집산이 지속되다가 2000년대에 들어 자민당과 민주당의 양당구도로 재편되었다. 이러한 정당 시스템의 변화과정에서 진보・혁신계의 정당세력은 몰락하고 보수계열의 정치세력이 크게 증가하면서 일본 정치의 보수화는 크게 확대되었다. 또한 이 기간 중 자민당이 1996년 이후 재집권에 성공하였지만, 중・참의원 양원의 원내 과반수 의석을 확보하는 데 실패함으로써 일본의 연립정권은 지속되고 있다.

셋째, 선거제도, 정당조성법, 정지자금규정법 등의 정치개혁을 위한 제도들이 변경되고 신설되었다. 중의원 선거제도는 1996년 총선부터 지역선거구의 소선거구제와 전국을 11개 블록으로 나눈 비례대표제가 병행 도입된 '소선거구비례대표병립제(小選擧區比例代表竝立制)'를 채택하고 있다. 이러한 소선거구제가 실시되면서 일본의 정당 시스템에서는 양당제가 촉진되었고 정당 간의 정책대결 양상이 증대되었다. 그리고 정당조성법이 실시되면서 일정조건을 갖춘 정당들에게 법정 교부금이 배분되어 정치인 내지 정당들의 금권정치 폐해를 예방하는 데 도움이 되었다. 이러한 정당교부금을 엄격하고 투명하게 관리하기 위하여 정당과 정치인의 정치자금 수지상황을 관리하는 정치자금규정법이 개정되기도 했다. 이러한 선거제도와 정치개혁을 위한 관련법들이 개정되면서 금권정치와 부패정치를 억제하는 데 큰 성과를 거두고 있다.

넷째, 글로벌화와 시장개방정책에 대응하고 경제의 장기침체를 극복하기 위한 구조개혁정책이 추진되었다. 하시모토(橋本龍太郎) 내각(1996. 1-1998. 7)과 오부치(小渕恵三) 내각(1998. 7-2000. 4), 모리(森喜朗) 내각(2000. 4-2001. 4)을 거치면서 재정구조 개혁과 행정개혁, 그리고 중앙 행정조직의 개편이 대대적으로 실시되었다. 그리고 관료조직에 대한 통제와 내각수상의 정치주도권을 강화하기 위해 수상의 권한이 강화되었다. 고이즈미(小泉純一郎) 내각(2001. 4-2006. 9)에 이르러서는 일본경제를 회생시키고 재정을 재건하기 위하여 본격적인 신자유주의식 구조개혁정책이 적극 추진되었다. 고이즈미 내각은 작은 정부를 지향하면서 우정사업과 4개 도로공단의 민영화를 적극 추진했고, 중앙교부금 축소, 중앙정부의 공공사업 축소, 세원의 지방이양 등의 구조개혁정책을 총괄적이고 단계적으로 추진했다.

다섯째, 1990년대 이후 일본의 중앙-지방 행정관계는 집권적 내지 통합형 자치형태에서 지방정부의 행정업무와 재정의 자율성을 확대하는 자치적 내지 수평적 자치형태로 변했다(권영주 2005).[7] 또한

---

7 이러한 변화의 배경으로는 첫째 글로벌화와 시장개방의 영향으로 국민국가 내지 중앙정부의 획일성이 갖는 한계점이 다양하게 나타났고, 둘째 일본경제의 장기불황, 소자화와 고령화의 급속한 진전 등에 따라 중앙정부의 규제완화와 작은 정부 및 지방분

1990년대 이후 인구의 소자고령화(少子高齡化) 현상이 심화되고 지역경제가 악화되면서 지방기초단체들의 재정상황이 더욱 위기에 몰리게 되었고, 이에 따라 기초지방단체들 간의 합병이 급격히 증가했다. 1990년 3월 전국 시정촌(市町村)의 수가 3,245개였던 것이 2006년 3월 말 기준 1,822개로 격감하여 43% 이상 감소했다. 특히 고이즈미 내각에서 지방분권을 강력히 추진하면서 재정세원의 일부를 지방정부에 이양해 주는 대신에 지방정부에 대한 중앙정부의 교부금과 국고부담금을 감축시키고 있다. 이로 인해 지방정부들에게는 재정위기를 극복하면서 지방경제를 활성화시켜 가야 하는 책임과 부담이 한층 커졌다.

이상과 같이 일본의 국내정치와 행정분야에서 구조적이고 다양한 변화가 발생한 만큼 이와 관련한 국내의 연구도 다양하고 폭넓게 전개되었다. 여기서는 편의상 자민당 장기집권 및 55년체제의 붕괴, 선거정치와 투표행동, 행정개혁과 관료제도 변화, 지방분권화, 정치보수·우경화 현상 등으로 구분하여 관련 연구들을 정리하고 소개한다.

첫째, 자민당의 장기집권 및 55년체제의 붕괴와 관련한 연구들을 살펴보겠다. 먼저 1993년 총선결과를 분석하면서 선거결과와 정당 지지형태를 중심으로 55년체제와 포스트 55년체제 사이의 특징과 차이를 분석한 연구(이갑윤 2005), 55년체제의 성립 또는 붕괴과정을 총괄적으로 분석한 연구(이면우 2005b ; 이이범 2005) 등을 들 수 있다. 또

권을 지향하는 정책의 영향이며, 셋째 일본의 지방자치 시스템에 축적해 왔던 여러 폐해와 기능적 장애를 극복하기 위한 것이었다(권영주 2005).

한 55년체제 하에서 사회당의 정책과 정책노선이 어떻게 변화해 왔고 1993년 몰락한 과정은 어떠했는가(신정화 2005 ; 이기완 2003), 그리고 사회당이 노동조직과의 관계에서 어떻게 실패했는가(권순미 2003) 등에 대해서도 상세하게 연구되었다.

일본정치에서는 자민당의 장기집권이 붕괴하고 호소카와 수상의 비자민연립내각이 성립한 이후에도 연립내각이 지속하고 있다. 이러한 연립내각 하에서의 내각운영과 정책결정 과정은 과거의 자민당 단독내각 때와는 여러 면에서 차이를 보인다. 이러한 연립내각 하에서 변화된 정치관계를 이해하는 데는 1990년대 자민당이 위기를 극복하고 재집권을 달성해 가는 대응전략을 분석한 연구(박철희 2004), 정치세력 간의 연합과 갈등구조를 1989년부터 2001년 고이즈미 정권 탄생까지 시계열적으로 분석한 연구(박철희 2005), 호소카와 비자민 연립내각에 대한 분석(이기완 2001), 연립정권에 대한 일반 모델을 시도한 연구(이기완 2002a ; 2002b) 등이 도움이 된다. 또한 55년체제 붕괴 이후 일본의 정치적 리더십 유형이 어떻게 변화했고 그 정책적 성과에는 어떠한 영향을 미쳤는가를 분석한 연구(이면우 2005a)는 일본 정책결정 과정의 변화와 정치 리더들의 리더십 스타일 변화를 상세하게 설명하고 있다. 이밖에 전후 55년체제 하에서 일본 국회제도의 운영과 기능에 대한 연구(하세헌 2001 ; 2002), 메이지 시기 일본 정당들의 발생과정을 분석한 연구(이신일 2003) 등은 일본 국회와 정당에 대한 이해를 넓혀준다.

둘째, 1990년대 이후 변화된 선거정치와 투표행동에 대한 연구를 보겠다. 앞서 기술했듯이 1990년대 정치개혁이 대대적으로 추진되면서 중의원 선거제도에는 소선거구 제도가 도입되었고 정치자금을 국가예산에서 지원하는 정당조성법(政黨助成法)이 제정되었다. 이러한 정치개혁과 제도변화로 달라진 일본의 선거정치(고선규 2001 ; 2002)와 유권자들의 투표행태(고선규 2003b ; 2006 ; 이현출 2002)에 대해서도 충분히 연구되었다. 또한 2000년대 선거결과와 정당 시스템 변화와의 관계에 대해서도 기초적인 연구(이이범 2004)가 진행되었다.

셋째, 1990년대 추진된 행정개혁과 관료조직의 변화와 관련한 연구를 보겠다. 1990년대 일본에서는 정치개혁의 주요 대상으로 중앙성청의 재편을 포함한 행정기관과 관료조직에 대한 대대적인 정비가 시행되었다. 이에 따라 정책결정에 참여하는 각 행위자들의 위상과 역할관계에서도 큰 변화가 나타났다. 이러한 행정개혁과 관련하여 일본의 행정 시스템 개혁의 변천과정이 총괄적으로 분석되었고(임승빈 2000), 중앙성청 재편의 결정요인들(이상훈 2002)과 쟁점사항들(이진원 2002)에 대해서도 상세하게 분석되었다. 또한 행정개혁이 추진되면서 정책결정 과정의 핵심 참여자인 정당, 관료, 재계의 3각 관계에서 각각의 역학 내지 역할이 어떻게 변화했는가에 대해서도 체계적이고 총괄적으로 연구되었다(이상훈 2005). 그리고 전후 일본의 정치과정에서 행정개혁이 어떻게 추진되었고, 1990년대 글로벌화라는 환경변화에서 행정개혁이 추진된 과정에 대해서도 알기 쉽게 설명되고 있다(이상훈 2003a). 이밖에 1990년대 정보화의 흐름 속에서 일본 관료조직이 갖고 있는 구조적인 한계(고선규 2005)와 일본 관료들의 아마쿠다리 현상(김상준 2003a)에 대한 연구도 진전되었다.

넷째, 일본의 지방자치와 관련한 연구들을 보면, 1990년대 이후 일본의 지방자치 시스템에 나타난 총괄적인 변화양상(권영주 2005)과 최근 일본의 지방분권 개혁의 내용과 과정(이면우 2000), 지방도시들의 정책과정(양기호 2001) 등에 대해서도 체계적인 연구들이 진행되었다. 그리고 1990년대 일본의 행정개혁과 지방분권화 과정에서 변화된 중앙-지방정부 간 관계(이상훈 2003b)와 정보화 시대 일본 지방정치에서 시민조직들이 정치세력으로 나타난 현상(김유향 2004) 등에 대해서도 분석되었다.

다섯째, 1990년대 이후 일본정치의 보수·우경화 현상과 관련해서는 다음과 같은 연구들이 진행되었다. 일본 우익의 역사와 지도원리, 일본사회의 우경화 배경, 정계의 우익성향, 이러한 우익성향과 안보정책의 변화와의 연계성 등이 포괄적으로 분석되었다(김호섭외 3인 2000). 또한 1990년대 일본의 정계개편 과정에서 보통국가론자를 대표하는 세력들과 2000년대 고이즈미 내각에 포진한 정치세력들의 신보수주의 성향에 대해서도 충실하게 분석되었다(박철희 2006 ; 이면우 2002). 또한 일본사회가 보수화되는 한 단면이기도 한 일본 내셔널리즘이 확장되고 있는 현상과 관련한 연구들도 한층 더 진전되었다. 즉 일본의 내셔널리즘이 근대국가 이후 어떻게 변화해 왔고, 1990년대 자국 및 자민족 중심의 새로운 내셔널리즘이 어떠한 맥락에서 확산되고 있는가가 자세하게 분석되었으며(한상일 2002 ; 2005b), 일본 민족주의의 배경과 요소들, 그리고 그 내용을 정치, 경제, 문화의 3측면에서 분석한 연구(구견서 2004)도 나와 일본 민족주의에 대한 기본적이고 폭넓은 이해를 가능하게 했다.

한편 2000년대에 들어 국내 일본학 연구에서는 일본의 정치와 행정과 관련한 한일 비교연구도 활발하게 진전되었다. 예를 들어 대통령제와 내각책임제 하에서의 연립정권(김기석 2003), 1990년대 이후 지방분권정책(임승빈 2005), 정부위원회제도의 역할과 기능(정상호 2003),

포퓰리즘적 정치현상(이이범 2006) 등이 비교정치학적 관점에서 활발하게 연구되었다.

그리고 일본의 국내정치와 행정분야와 관련하여 향후 연구가 적극적으로 확대될 것으로 기대되는 분야는 고이즈미 내각이 추진해온 일본의 구조개혁정책에 대한 연구일 것이다. 향후 일본내각의 역할과 기능, 수상의 리더십, 정책결정 과정 등을 정확히 이해하고 평가하기 위해서는 고이즈미 개혁정치 과정에 대한 구체적이면서도 포괄적인 심층연구가 필요하다. 이러한 심층연구의 성과는 한국의 정당정치와 정책결정 과정을 새롭게 디자인하는 데에도 다양한 시사점을 제공해 줄 것으로 기대된다.

3. 일본의 정치경제 분야

1990년대 이후 일본경제는 1990년대 초 버블경기가 붕괴하면서 장기적인 경기침체를 경험했다. 버블경기는 1980년대 중반 이후 금융기관들의 풍부한 유동성과 금융정책당국의 금리관리정책이 실패하면서 초래되었다. 버블경제는 부동산과 주식가격이 폭락하면서 붕괴했다.[8] 일본의 버블경기가 붕괴하면서 일본 금융기관들은 막대한 불

---

8 1980년대 후반 일본의 금융기관들은 풍부한 자금을 보유하게 되었다. 1985년 9월 플라자합의 이후 엔화가 급격히 상승하면서 미국 채권에 투자했던 자금들은 환차손이 발생하자 환차손이 없는 국내로 회귀했다. 금융정책당국은 엔화 가치의 급등에 타격을 받은 국내 수출업계를 지원하기 위해 저금리정책을 포함한 금융완화정책을 지속했다. 여기에 우량기업들의 직접금융이 증가했고, 이들에 대한 금융기관들의 융자가 정체하면서 금융기관들의 풍부한 유동성은 주식시장과 부동산업과 소매업, 주택에 대한

량채권을 떠안게 되었고, 경영부실 내지 파산을 피할 수 없었다. 일본 금융기관들은 과대한 불량채권으로 경영이 부실해졌고, 이들의 파산은 이어졌다. 일본 금융 시스템에는 신용수축과 금융동요가 야기되었다. 이로써 과거 일본의 호송선단식 금융규제 체제는 더 이상 기능할 수 없었고, 파탄하는 금융기관이 증가하면서 해당 은행을 주거래 은행으로 하던 기업들도 도산할 위기에 처했다. 부실금융기관에는 막대한 공적 자금이 투입되었다.

일본 금융기관들과 기업들의 도산이 증가하고 주식과 부동산 가격이 폭락하면서 국내 소비경제는 침체했고 고용환경은 급속히 악화되었다. 더욱이 글로벌화가 진전되고 일본 국내시장이 개방되면서 해외로부터 저가 수입품이 증가하면서 국내 기업들 간의 경쟁은 더욱 치열해졌고, 저임금과 저비용을 찾아 국내기업들의 해외이전은 증가했다.

일본정부는 먼저 금융기관의 부실을 극복하기 위해 금융제도개혁을 단행했고, 금융기관들의 구조조정을 적극 추진했다. 그리고 시장기능을 활성화하여 산업과 기업의 경쟁력을 회복하기 위한 각종 규제완화 조치와 관련 법규 정비를 2000년대 고이즈미 내각에 이르기까지 강도 높게 추진해 갔다.

융자 증가로 이어졌다. 이러한 현상이 확대되면서 일본의 부동산과 주식가격은 지속적으로 폭등해 버블경제가 되었다. 이런 와중에서 기업과 일반 소비자들의 소비붐이 일면서 경제성장률은 높이 유지되었고, 세수입은 증가하여 적자채권 발행이 제로가 되기도 했다. 이에 대해 일본형 경영방식에 대한 외국으로부터의 평가와 일본 금융기관들의 국제적 지위는 높아갔다. 그러자 일본정부가 1990년 3월 토지가격 억제를 위한 토지구입 융자를 축소시키는 총량규제를 실시하였다. 이에 토지와 주식에 대한 기업과 소비자들의 구매력이 감퇴하기 시작했고, 부동산가격과 주식가격은 일제히 급락했다.

일본의 국가재정 면에서는 재정적자가 급증해 갔다. 중앙정부는 경기침체가 장기화하고 내수경기가 정체되자 경기활성화와 소비증진을 위한 재정투입을 증가시켰다. 그러나 소자고령화 현상이 심화되고 일본경제의 장래에 대한 불안이 해소되지 않으면서 소비심리는 위축되어 갔다. 여기에 해외로부터 저가의 생산품 수입이 지속적으로 증가하면서 일본경제의 디플레이션 현상은 지속되었고, 재정수입은 더욱 감소해 갔다. 이러한 재정적자의 누증현상은 고이즈미 내각에까지 이어졌다.

일본경제는 1973년 오일쇼크 이후에도 안정적인 성장을 지속하면서 '일본경제는 지속적으로 성장한다'는 성장신화를 갖고 있었다. 따라서 1990년 들어 버블경기가 붕괴하였을 때 경기조정 기간은 짧을 것으로 예측되었고, 일본산업과 기업들의 높은 국제경쟁력에 대한 신뢰에도 변함이 없었다. 그러나 경기침체가 2000년대 초반까지 지속되면서 일본의 산업 및 기업정책은 크게 수정되었다.

1990년대 이후 기업들의 구조조정 노력 또한 신속하지는 않았지만 지속적으로 추진되었다. 과거 '일본형 경영 시스템'으로 불리면서 일본기업들의 경쟁력을 향상시키면서 우수한 시스템으로 평가받았던 기업경영 방식들은 크게 수정되었다. 즉 급변하는 노동 및 인력시장에 신축적으로 대응하기 위해 일본형 고용 시스템으로 불리었던 종신고용 관행은 축소되고 비정규직 채용이 확대되었다. 또한 연공서열식의 인사 및 급여 관리제도에서는 능력급 또는 성과급제의 도입이 증가했다. 그리고 일본기업들의 기업거래 관행이었던 관련 기업들 간의 수직적 계열화 현상도 제조기업의 해외이전과 해외생산이 증가하면서 크게 완화되었다. 이에 반해 동종 또는 이종, 그리고 부문별 기업들 간의 횡적 제휴관계가 크게 증가했다.

이처럼 1990년대 이후 일본의 경제정책과 기업경영 방식이 크게 변화한 것은 글로벌화의 영향과 함께 과거 일본의 고도성장을 이끌어 왔던 경제정책과 일본형 기업경영 시스템 내에 축적되어 온 기능부전 현상의 결과라고 분석된다(한상일 · 김영작 외 2005).

여기서는 이러한 1990년대 이후 변화된 경제양상과 정책내용들 그리고 일본형 기업경영 시스템의 변화과정 등을 설명하는 정치경제학적인 일본연구의 사례를 중심으로 정리하고자 한다.

첫째, 재정분야의 연구성과들을 보면, 1990년대 일본의 재정위기 현황과 그 원인들을 정치경제적으로 규명한 연구(김호섭 2005), 그리고 재정분야의 운영과 동향, 사회보장제도 운영상황 등의 변화에 대한 연구(배준호 2005), 또한 1990년대 이후 규제개혁의 추진현황과 향후 과제에 대한 연구(신장철 2005a) 등이 있다. 이들 연구들을 통하여 1990년대 이후 일본의 재정현황과 재정관련 정책들의 변화내용을 이해할 수 있다.

둘째, 금융분야의 연구성과들을 보면, 금융 시스템이 위기를 맞이하면서 이를 극복하기 위한 금융개혁정책과 관련한 연구들이 많았다. 예를 들어 부실채권 처리정책(진창수 2005), 금융빅뱅정책(김기석 · 진창수 2000), 대장성 개혁 및 금융감독청 설립의 정치과정(김기석 2001), 금융 구조조정의 성과와 한계(김기석 2005b), 금융 행정개혁에 따른 일본형 금융 시스템, 즉 메인뱅크 시스템의 변화(신장철 2004 ; 박성빈 2005), 일본의 재량적 금융행정(박성빈 2004b) 등에 대한 연구들이 폭넓게 진행되었다. 이밖에 전후 일본의 금융기관들에 대한 호송선단식 금융안전망의 구조를 실증적으로 분석한 사례(박성빈 2004a)도 있었다.

셋째, 일본형 기업경영 시스템과 관련한 연구들로는 1990년대 이후 일본기업들의 경영방식이 어떻게 변화하였는가를 일본형 기업 시스템의 개념에서 총괄적으로 분석한 연구(박경열 2005)가 있고, 일본의 기업경영 환경이 세계화와 자유화의 도전으로 크게 변화하면서 기업의 거버넌스 체제와 국가-기업 간 관계는 어떻게 변화하였는가를 분석한 연구(손열 2005a), 금융자유화에 따른 기업의 지배구조가 어떻게 변화하였는가를 분석한 연구(김상준 2003b) 등이 대표적인 연구사례로 보인다. 이밖에 일본형 기업경영 방식을 한국에 도입하는 것의 효용과 한계를 분석한 연구(김용복 2003)와 일본경제의 장기침체 상황에서 일본 대기업들이 동아시아 지역주의적 경제정책을 선호한 이유를 규명한 연구(최태욱 2005) 등이 관심을 끈다.

넷째, 일본의 산업정책 분야에 대한 연구로는 대외경제정책에 대한 연구가 비교적 활발했다. 예를 들어 전후 일본 산업정책의 발전과정과 1990년대 세계화의 흐름 속에서의 변화내용을 총괄한 연구(송주명 2005), 반응가설의 관점에서 일본의 대외경제정책을 분석한 연구(김기석 2005a), 일본 비관세장벽의 정치경제 관계를 분석한 연구(손열 2001), 동아시아 경제협력과 엔의 국제화 정책을 분석한 연구(김용복 2003) 등을 들 수 있다. 또한 1990년대 일본정부가 정력적으로 추진한 정보화 정책과 관련하여 일본의 e-Japan전략과 정보화의 성과에 대한 총괄적인 분석들이 제시되었고(전황수 · 현창희 2003; 김웅희 2005), 한중일 IT협력을 위한 공동 노력의 필요성을 강조한 연구(김웅희 2003)는 흥미로운 테마를 다루고 있다. 일본의 대한국 직접투자의 패턴(류상영 · 전용일 2005)과 일본의 대외투자동향(곽진오 2005a)에 대한 연구들도 일본 산업정책의 단면을 잘 설명하고 있다. 그리고 일본의 대외경제정책의 중심이 되고 있는 일본의 FTA정책 추진현황을 분석하고 국내 저항세력들의 국내 정치관계를 규명한 연구(김호섭 2004)도 제시되었다. 이밖에 1990년대 일본경제의 위기와 전반적인 경제정책에 대하여 정치경제학적으로 포괄적이고 개괄적으로 분석한 연구(손열 2003)와 일본의 산업공동화 현상을 분석한 연구(신장철 2006)도 1990년대 일본 경제의 변화를 전체적으로 설명해 준다. 또한 1990년대 일본 경제위기의 전개과정을 1930년대의 위기와 비교한 연구(박영준 2005b)도 있었다.

이상에서 검토해 본 일본의 정치경제 분야에 대한 연구실적들은 앞서 언급했듯이 일본학 전공자들의 연구를 중심으로 한 것이었다. 그렇기에 경제전문가들에 의한 일본경제와 경영 연구실적들은 대부분 누락되어 있다는 점을 명확히 하고 싶다. 그리고 한일 간의 경제협력과 관련한 연구들은 다음의 한일관계의 절에서 설명하고자 한다.

4. 일본의 사회분야

1990년대 이후 일본의 사회분야 또한 앞서 설명한 정치 및 경제분야에 못지않게 큰 변화를 겪었다. 일본사회를 크게 변화시킨 주요 요인들로는 글로벌화, NGO와 시민단체 활동의 증가, 경기의 장기침체와 실업증가, 소자고령화의 진전, 사회범죄의 증가현상 등을 들 수 있다. 이러한 제 요인들이 복합적으로 작용하면서 일본사회의 관련 제도를 변화시키고 일본인들의 사회의식과 가치관에 다양한 변화를 가져왔다.

경기가 장기침체하고 국가재정이 악화되면서 고령화도 진전되자 일본사회의 장래에 대한 불안이 증폭되었다. 그 과정에서 일본의 사회보장 시스템을 전면 재검토하지 않을 수 없게 되었다. 일본의 교육분야에서는 정규교육의 획일적인 교육과정과 운영체제에 대한 비판이 커졌다. 새로운 지식정보사회에 필요한 유능한 인재를 육성할 필요도 증가했다. 이에 따라 전후 일본의 교육 시스템과 교육내용에 대한 대대적인 개혁이 추진되었다. 또한 청소년 범죄가 증가하면서 국가 또는 사회 책임과 공동의 윤리를 강조하는 새로운 교육 시스템을 구축하려는 시도도 나타났다. 그리고 일본사회 내 정보화가 진전되고 지역 내 시민참가 활동의 필요성이 증가하면서 일본 내 NGO 내지 시민단체들의 사회활동과 사회기여를 확대시키는 NPO법이 제정되었다. 이로써 일본 시민단체들의 사회참여 활동은 활성화되었고, 그 활동의 사회적 책임과 역할은 커졌다.

1990년대 이후의 이러한 일본사회 변화와 관련한 국내의 연구들도 상당히 진전되고 있다. 일본사회와 관련한 연구는 현재 또는 향후 한국에도 유익한 지침이 될 것이다. 한국사회의 변화속도가 빨라지면서 한일 양국의 사회현상들 가운데 공유되는 부분이 증가하기 때문이다. 본 연구에서는 사회복지, 교육, NGO와 시민단체, 여성분야 등으로 구분하여 정리하겠다.

첫째, 일본의 사회복지 부문에 대한 연구를 보면, 2000년대에 새롭게 도입된 개호제도와 연금개혁을 논의한 연구(이숙종 2000), 젠더의 관점에서 사회복지정책의 변화를 분석한 연구(정미애 2005), 사회복지 서비스 공급조직으로서 재가(在家) 복지 서비스 현황을 분석한 연구(정미애 2001) 등이 있다.

둘째, 교육분야와 관련한 연구를 보면, 글로벌화에 따른 일본 교육개혁의 배경과 목표, 주요 쟁점을 분석한 연구(최은봉 2002)와 일본의 정규 교육과정의 문제점을 극복하기 위한 대안교육의 유형과 사례들을 분석한 연구(장화경 2001), 교육개혁안 가운데 유토리 교육의 논리와 동요를 분석한 연구(이지원 2004) 등이 있다.

셋째, 시민단체와 NGO분야에 대한 연구를 보면, 일본의 시민단체와 NPO법인들의 활동현황과 공공 서비스 제공자로서 활동하고 있는 내역을 분석한 연구(이숙종 2005), 일본 NGO들이 개발교육에서 어떠한 활동을 하고 정부와의 관계는 어떠한가를 분석한 연구(최은봉 · 박명희 2006), 글로벌화의 흐름 속에서 일본 NGO의 활동을 분석하고 일본의 시민사회가 어떻게 변화하고 있는가를 분석한 연구(정미애 2002), 시민사회의 정보화를 분석한 연구(이지원 2005), 일본사회의 NPO법 제정과 NPO단체의 활동이 갖는 의미를 분석한 연구(조규철 2005) 등이 있다. 그리고 NGO의 초국가적 네트워크 활동을 한미일 3국의 사례를 갖고 비교분석한 연구(김영래 · 이화수 · 이기호 2001)는 점증하는 NGO 내지 시민단체들의 국제 연대활동을 향후 비교사회학적으로 분석하는 데 유익한 선례가 될 것으로 판단된다.

일본 사회분야에 대한 연구가 타분야에 비해 상대적으로 적은 이유는 연구자의 절대수가 적은 것도 있지만, 이 분야의 연구성과가 각 분야별 전문 학술지에서 발표되고 있기 때문이기도 하다. 일본사회의 다양한 측면을 분석하는 것에는 향후 한국사회의 흐름을 예상하고 문제해결의 실마리를 찾을 수 있는 학문적 내지 정책적 유익함이 있다. 향후 일본 사회분야에 대한 다양한 연구에 큰 진전이 있기를 기대한다.

5. 한일관계 분야

1990년대 이후 한일관계는 정치, 경제, 사회문화 모든 분야에서 새롭게 재설정되고 크게 변모해 왔다. 동북아시아 주변 국가들의 관계가 매우 유동적으로 변모하였고, 한일 간 사회・문화분야에서의 인적 교류의 폭이 크게 확대되었다. 이러한 과정에서 한일 양국의 과거사 문제와 독도문제 등은 여전히 한일관계를 크게 규정하고 있다. 경제관계에서의 협력증진을 위한 한일 FTA는 양국의 경제협력을 구조적으로 진전시킬 것이다.

그런데 동북아시아의 다자관계 틀 속에서 한일관계를 본다면 한일관계는 주변국들의 복잡한 역학관계라는 외부변수에 노출될 수밖에 없다. 예를 들어 미일 동맹관계의 강화, 중국의 부상, 북핵위기, 주변국들의 폐쇄적 내셔널리즘 성향의 증가, 지역 내 경제교류 및 협력의 증가, 민간교류의 증가현상 등은 한일관계의 외부 변수들로서 적지 않은 영향을 미친다. 2000년대의 한일관계는 더 이상 양국관계에 국한해서 형성되는 것이 아니다. 주변국들과의 복합적인 다자구도와 한일의 양자구도에서 동시에 형성되고 있다. 또한 한일의 양자관계 속에서 본다면 과거 한일관계를 규정해 왔던 많은 대립변수들과 협력변수들은 향후에도 지속적으로 영향을 미칠 것이다. 예를 들어 쉽게 타협할 수 없는 역사인식 문제와 독도문제와 같이 양국의 갈등관계를 구조적으로 악화시키는 대립 이슈들은 향후에도 지속할 것이다. 이에 반해 경제협력 관계와 동북아의 평화체제 구축, 사회·문화분야의 인적 교류 활성화와 같은 양국의 공동 협력과 번영을 확대해 갈 수 있는 협력 이슈들도 향후 크게 영향을 미쳐갈 것이다.

2000년대 들어 일본학 연구분야에서 한일관계에 대한 연구들도 크게 증가하고 있다. 한일 양국을 둘러싼 동북아시아 지역의 환경변화와 양국 국내에서의 다양한 정치·경제·사회문화적 변화가 나타나면서 일본연구 및 한일관계 연구수요가 크게 증가했다. 이러한 연구들을 정치, 경제, 역사사회, 북일관계 분야로 구분하여 정리하면 다음과 같다.

첫째, 정치관계 분야에서의 문제들을 검토하면서 먼저 미래지향적인 한일관계를 구축하는 방안과 관련한 연구들을 보겠다. 21세기 한일관계를 향후 어떻게 재설정해 가야 하는가에 대한 본질적인 물음에 동북아공동체를 위한 '협조적 공공재'로서의 기능을 강화하여야 한다는 연구(김영작 2006b)가 시선을 끈다. 또한 한일 간의 미래지향적 협력관계 증진을 가로막고 있는 과거사 문제들의 구조와 해결방법을 모색한 연구(이원덕 2006), 2000년대 한일관계를 새롭게 규정하는 이슈들에 새로운 접근방법을 분석한 연구(이원덕 2001), 한일 간의 안보협력을 촉진시켜야 할 당위성과 제약요인을 분석한 연구(서동만 2006), 탈냉전기 한일관계가 내정과 외교의 복합적 관계에서 영향을 받을 것이라는 분석(양기웅 2005), 노무현 정권의 대일외교정책의 분석을 통해서 역사인식의 문제를 우호적으로 관리해 갈 필요성을 제시한 연구(김호섭 2006b), 역사인식의 문제를 한일 파트너십에서 다룰 것을 제언한 연구(김준섭 2005), 한일 간의 역사인식을 공유할 수 있는 방안을 제시한 연구(김동명 2005) 등이 이러한 연구성향을 대변하고 있다. 이 이외에 전후 한일양국이 냉전국가로서 탄생하는 과정을 한국전쟁의 관점에서 비교한 연구(남기정 2006)는 한국과 일본의 대미관계에 대한 이해를 깊게 한다. 또한 1980년대의 한일관계에 대한 연구(박선원 2002), 냉전시기의 한일관계(우승지 2003) 등의 연구는 한일관계의 변화과정을 이해하는 데 도움을 준다. 그리고 한일 지방정부들의 국제교류 양상과 양국의 지방정부 간의 국제교류 현황을 분석하고 지방외교와 다자주의를 결합한 동북아지역의 연대 가능성을 논의한 연구(양기호 2006)는 동북아지역의 갈등과 대립을 극복할 수 있는 또 다른 유효한 방안을 제시하고 있다.

둘째, 경제관계 분야의 연구를 검토하면 먼저 최근 한일 양국 경제분야의 최대 이슈인 한일 FTA 추진과 관련해서 양국의 마찰요인들과 이를 조정하고 타결할 조건들을 분석한 연구(김도형 2006)가 있다. 한일 경제관계는 정책이념과 발전전략의 시기별 변화가 상호작용하면서 발전해 왔다는 연구(류상영 2006)도 과거 한일 양국의 경제관계의 연관성을 이해하는 데 도움을 준다. 향후 새로운 각도에서 한일 경제협력을 모색한다는 의미에서 한일 해저터널의 건설 필요성을 제시한 연구(신장철 2006)도 흥미롭다.

셋째, 역사 및 사회분야에서의 한일관계 연구를 보면, 일본의 조선식민지 정책에 대한 수준 높은 연구들이 제시되었다. 먼저 조선지배정책을 요시노 사쿠조라는 자유주의자의 시각에서 조선지배관과 식민주의의 본질을 분석하고 식민정책의 동화주의와 자치주의적 측면을 비교분석한 연구(한상일 2004)가 있었다. 또한 일본의 조선지배 하에서 조선인들의 정치운동을 총괄적으로 분석한 연구들(김동명 2006 ; 2002)과 일제 파시즘기의 사상통제정책과 정치적 자율성을 분석한 연구들(전상숙 2005a ; 2005b), 그리고 구한 말 러일전쟁 시기 조선인들은 공아론과 인종중심주의적 국제정치관을 형성하고 있었다는 것을 제기한 연구(강동석 2004)도 있었다. 한편, 한국의 일본 대중문화 개방정책이 시행된 후 한국인들이 일본과 일본인에 대해서 갖고 있는 이미지와 인식을 분석한 연구(최은봉 2003), 2000년대 한국인의 일본 대중문화 수용태도와 일본관을 실증 분석한 연구(박순애 2006) 등은 최근 한일 문화교류의 확대가 한국인들의 일본관, 일본인관에 어떠한 영향을 미치는가를 이해하는 데 도움을 준다.

넷째, 북일관계에 대한 연구들을 보면, 먼저 1990년대 이후 최근까지의 북일수교 협상과정과 향후 재개를 위한 조건을 체계적으로 분석한 연구(양기웅 · 김준동 2006)와 2002년 북일 정상회담 이후의 북일수교 교섭의 전개과정을 분석하고 한국의 역할을 강조한 연구(이면우 2006)는 북일관계에 대한 총괄적 이해와 그 정치적 의미를 새롭게 인식시켜 준다. 또한 북한과 일본의 경제적 관계를 시기별로 분석하고 동북아 지역협력 관점에서 북일관계를 분석한 연구들(김용복 2001 ; 류상영 2004)은 북일관계에 대한 경제적 관점을 새롭게 일깨워 주기에 충분하다.

Ⅳ. 결론

2000년대 들어 국내의 일본학 연구는 양적 · 질적인 면에서 비약적인 발전을 보였다. 이러한 발전은 1990년대 일본사회가 급격히 변화하면서 이에 대한 연구필요성이 증가했기 때문이다. 또한 최근 일본지역 연구자의 공동연구와 학제적 연구기반이 조성되어 이러한 연구들이 활성화되었기 때문이었다.

이러한 일본연구의 증가와 발전은 외교안보, 국내 정치행정, 경제, 사회, 한일관계 분야에 걸쳐 양적인 측면에서 골고루 나타났다. 또한 질적 연구수준에서는 비교정치 내지 비교사회학적 연구가 활성화되고 현장조사 연구를 바탕으로 한 실증분석과 일반 이론화 작업도 일부 시도되고 있다.

일본사회는 1980년대 후기산업사회로 전환되면서 다양한 사회변화를 겪어왔다. 또한 1990년대 글로벌화와 정보화의 영향과 경제의 장기침체에 따라 대대적인 구조조정과 구조개혁정책이 추진되어 왔다. 이 과정에서 고도산업사회를 성공적으로 완성하면서 구축해 왔던 일본의 독특한 여러 제도들은 수정되고 재설계되고 있다. 이러한 일본사회의 경험은 산업화를 완성하고 사회발전을 도모하는 지역사회 · 지역국가들의 관련 제도설계와 운영에 유익한 지침을 제공하리라 본다. 또한 지역연구자들의 연구테마와 연구설계를 설정하고 비교연구주제를 설정하는 데 다양한 아이디어를 제공할 것이다. 따라서 일본지역연구의 성과들은 사회과학적인 방법론을 발전시키고 일반이론화 작업에 크게 기여하리라 본다. 또한 연구성과들은 현재 내지 미래사회에 대한 풍부한 정책적 함의도 내포하고 있다고 판단된다.

일본사회의 단일성과 폐쇄성이 자주 거론되고 있지만, 1990년대 이후 일본사회 내 변화양상의 다양성은 수많은 사회과학적인 연구테마를 양산하고 있다. 이런 면에서 향후 일본학 연구는 다양한 사회과학적 연구방법을 검증하고 일반모델을 도출해내는 방향에서 더욱 심화시켜 갈 필요가 있다고 본다. 또한 비교정치학적 내지 비교사회학적 연구도 한층 활성화시키는 것이 바람직하다고 보인다. 한일관계의 중요성과 동북아지역의 '지정학적' 내지 '지경학적' 인접성과 상호작용의 중대성을 고려한다면 지속적인 일본지역연구의 필요성과 중요성은 배가 된다.[9]

[9] 일본을 어떠한 존재로 인식하여야 하는가와 관련하여 한일 국교가 정상화된 이후 한국에게 있어 일본은 '청산의 대상'국이면서 반공을 위한 '잠재적 준동맹'이자 '경제적 협력국'이기도 했다. 그러나 지정학적(地政學的) 인접성은 물론 지경학적(地經學的) 상호 의존관계가 크게 작용하는 21세기를 지나면서 향후 한일관계에 대한 냉철한 재설정이 필요할 것이다. '청산되어야 할 일본'의 관점에서 '역사청산'의 과제는 한일관계를 설정하는 매우 중요한 요소이지만, 이와 동시에 동북아공동체를 전제로 한 자국이익 지상주의와 세력균형적 관점을 초월한 '협조적 공공재'로서의 기능을 강화하여야만 하는 시대적 요청이 있다(김영작 2006b, 40).

참고문헌

강동국. 2004. “조선을 둘러싼 러·일의 각축과 조선인의 국제정치인식.” 『일본연구논총』 20호.

고선규. 2001. “일본의 정치개혁과 선거정치의 변화.” 『일본연구논총』 13호.

_____. 2002. “1990년대 일본유권자의 투표행태분석.” 『일본연구논총』 15호.

_____. 2003b. “일본 정당의 온라인화와 인터넷 선거운동.” 『국제정치논총』 43집 4호.

_____. 2005. “일본 관료조직의 구조와 한계.” 이면우 편. 『55년체제의 붕괴와 정치변화』. 한울아카데미.

_____. 2006. “일본고령자의 정치참여분석.” 『일본연구논총』 23호.

곽진오. 2005a. “일본 경제구조 변화와 대한투자정책 현황과 이해.” 진창수 편. 『1990년대 구조불황과 일본정치경제시스템의 변화』. 한울아카데미.

_____. 2005b. “戰後處理 : 일본과 독일의 비교를 중심으로.” 『일본연구논총』 22호.

_____. 2006. “Why Korean's anti-Japanese sentiments came from the Colonial Period.” 『일본연구논총』 23호.

구견서. 2004. 『일본민족주의사』. 논형.

권순미. 2003. “일본사회당의 실패와 조직노동과의 관계.” 『한국정치학회보』 37집 3호.

_____. 2004. “‘노동 없는 정당체제’와 ‘노동 있는 정당체제’ : 일본과 한국의 상이한 노동정치 발전 패턴.” 『한국정치학회보』 38집 5호.

권영주. 2005. “일본형 지방자치 시스템의 형성과 변용.” 한상일·김영작 외. 『일본형 시스템-위기와 변화』. 일조각.

김기석. 2001. "1990년대 일본의 금융개혁정치 : 대장성 개혁 및 금융감독청 설립의 배경과 정치과정."『일본연구논총』 13호.

_____. 2002. "글로벌화와 일본 금융부문의 대응."『일본연구논총』 16호.

_____. 2003. "대통령제와 내각책임제 하에서의 연립정권 비교연구 : 1990년대의 한국과 일본."『국제정치논총』 43집 2호.

_____. 2005a. "반응국가 가설과 일본 대외경제정책 연구."『국제정치논총』 45집 3호.

_____. 2005b. "일본형 금융시스템의 현주소 : 금융 구조조정의 성과와 한계." 한상일 · 김영작 외.『일본형시스템－위기와 변화』. 일조각.

_____. 2006. "동아시아 지역주의와 일본." 김영작 · 김기석 편.『21세기 동북아공동체 형성의 과제와 전망』. 한울아카데미.

_____ · 진창수. 2000. "일본의 경제위기와 경제개혁 : 금융 빅뱅을 중심으로."『일본연구논총』 12호.

김도형. 2006. "한일 FTA를 둘러싼 마찰과 조정의 가능성." 김영작 · 이원덕 편.『일본은 한국에게 무엇인가』. 한울아카데미.

김동명. 2002. "일본제국주의와 식민지조선의 근대적 참정제도."『국제정치논총』 42집 3호.

_____. 2005. "한일역사 인식의 공유는 가능한가."『일본연구논총』 22호.

_____. 2006.『지배와 저항, 그리고 협력』. 경인문화사.

김상준. 2003a. "일본 관료의 아마쿠다리 : 권력과 권위를 중심으로."『한국정치학회보』 37집 5호.

김상준. 2003b. "일본 금융자유화와 기업지배구조 : 소유와 통제구조의 변화를 중심으로."『국제정치논총』 43집 1호.

_____. 2005. "기억의 정치학 : 야스쿠니 vs. 히로시마."『한국정치학회보』 39집 5호.

김성철. 2000. "일본의 대미경제외교의 변화 : 갈등 속의 전략적 제휴."『일본연구논총』 12호.

_____. 2005. "일본의 동북아외교 : 대북한 정책을 중심으로." 한상일 · 김영작 외.『일본형시스템－위기와 변화』. 일조각.

_____. 2006. "동북아공동체 형성의 국제정치적 여건." 김영작 · 김기석 편.『21세기 동북아공동체 형성의 과제와 전망』. 한울아카데미.

김영래 · 이화수 · 이기호. 2001. "비정부조직(NGO)의 초국가적 네트워크와 시민사회 활성화 전략에 관한 비교연구: 한국 · 일본 · 미국." 『국제정치논총』 41집 4호.

김영작. 2005. "새로이 모색되는 일본형 시스템의 전체상." 한상일 · 김영작 외. 『일본형시스템-위기와 변화』. 일조각.

_____. 2006a. "동북아시아 지역협력체 구상: 이론, 전략적 방법에 대한 시론." 김영작 · 김기석 편. 『21세기 동북아공동체 형성의 과제와 전망』. 한울아카데미.

_____. 2006b. "일본(인)은 우리에게 무엇인가: 과거, 현재 그리고 미래." 김영작 · 이원덕 편. 『일본은 한국에게 무엇인가』. 한울아카데미.

_____. 2006c. "일본형 시스템의 새로운 모색과 일본의 국가진로." 김영작 · 전진호 편. 『글로벌화시대의 일본-한국에의 함의』. 한울아카데미.

_____ · 김기석 편. 2006. 『21세기 동북아공동체 형성의 과제와 전망』. 한울아카데미.

_____ · 이원덕 편. 2006. 『일본은 한국에게 무엇인가』. 한울아카데미.

_____ · 전진호 편. 2006. 『글로벌화시대의 일본-한국에의 함의』. 한울아카데미.

김용복. 2001. "북일관계정상화의 정치경제." 『일본연구논총』 14호.

_____. 2003. "동아시아 경제협력과 엔의 국제화." 『일본연구논총』 18호.

김용열. 2006. "한국에서의 일본적 경영의 효용과 한계." 『일본연구논총』 23호.

김웅희. 2003. "한 · 중 · 일 IT협력의 정치경제." 『일본연구논총』 17호.

_____. 2005. "정보통신 고도화의 위기와 일본의 IT전략" 한상일 · 김영작 외. 『일본형시스템-위기와 변화』. 일조각.

김유향. 2004. "글로벌화, 정보화 시대 일본 지방정치의 새로운 경향과 특징." 『일본연구논총』 19호.

김준섭. 2000. "전후 일본의 평화주의에 관한 고찰." 『국제정치논총』 40집 4호.

_____. 2001. "'새로운 전후'와 '보통국가' 노선." 『일본연구논총』 13호.

_____. 2005. "역사인식 문제와 한일관계: 미래를 위한 제언." 『일본연구논총』 21호.

김지연. 2002. "일본 핵에너지 정책의 이중성에 대한 분석." 『국제정치논총』 42집 2호.

_____. 2005. “일본 평화주의의 전개과정 : 헌법 제9조와 재군비의 갈등.” 한상일 · 김영작 외. 『일본형시스템–위기와 변화』. 일조각.
_____. 2006. “일본의 평화헌법 개정 담론과 한국.” 김영작 · 전진호 편. 『글로벌화시대의 일본–한국에의 함의』. 한울아카데미.
김현우. 2004. 『일본 현대정치사』. 아카넷.
김호섭. 2003. “1990년대 이후 일본의 재정위기의 성격과 원인 분석.” 『일본연구논총』 17호.
_____. 2004. “일본의 FTA정책과 국내정치.” 『일본연구논총』 19호.
_____. 2005. “1990년대 이후 일본의 재정위기의 성격과 원인분석.” 진창수 편. 『1990년대 구조불황과 일본정치경제시스템의 변화』. 한울아카데미.
_____. 2006a. “냉전종결 이후의 일본의 동아시아 다자외교.” 『일본연구논총』 23호.
_____. 2006b. “노무현 정권 2년의 대일 외교정책의 평가와 전망.” 김영작 · 김기석 편. 『21세기 동북아공동체 형성의 과제와 전망』. 한울아카데미.
_____ · 이면우 · 한상일 · 이원덕 공저. 2000. 『일본우익연구』. 중심.
남궁곤. 2006. “동북아시아 안보공동체 실천 유형과 관련 6개국 입장 평가.” 김영작 · 김기석 편. 『21세기 동북아공동체 형성의 과제와 전망』. 한울아카데미.
남기정. 2006. “한국전쟁 휴전체제하 동아시아형 냉전국가의 탄생 : 한국과 일본의 경우.” 김영작 · 이원덕 편. 『일본은 한국에게 무엇인가』. 한울아카데미.
류상영. 2004. “일본과 북한관계 : ‘사라진 접점의 경제적 재해석.” 『국제정치논총』 44집 2호.
_____. 2006. “정책이념과 발전전략에서 본 한일 경제관계의 정치경제.” 김영작 · 이원덕 편. 『일본은 한국에게 무엇인가』. 한울아카데미.
_____ · 이승주. 2003. “탈냉전기 한일경제관계와 플라잉 기즈 모델.” 『국제정치논총』 43집 2호.
_____ · 전용일. 2005. “정치경제적 관점에서 본 일본의 대한국 직접투자 추이.” 『일본연구논총』 21호.
박경열. 2005. “일본형 기업시스템의 동요와 새로운 모색.” 한상일 · 김영작 외. 『일본형시스템–위기와 변화』. 일조각.
박선원. 2002. “냉전기 한일협력의 국제정치 : 1980년 신군부 등장과 일본의 정치적 영향력."『국제정치논총』 42집 3호.

박성빈. 2003. "전후 일본 금융안전망의 실증적 연구."『일본연구논총』 18호.

_____. 2004a. "전후 일본의 호송선단식 금융행정과 아마쿠다리."『한국정치학회보』 38집 3호.

_____. 2004b. "점포행정을 통해 본 전후 일본의 재량적 금융행정."『일본연구논총』 20호.

_____. 2005. "금융행정개혁을 통해 본 일본형 금융시스템의 변용."『일본연구논총』 22호.

박순애. 2006. "한국인의 일본 대중문화 수용태도와 일본관." 김영작 · 전진호 편. 『글로벌화시대의 일본-한국에의 함의』. 한울아카데미.

박영준. 2005a. "인간, 국가, 국제체제, 그리고 일본의 전쟁."『국제정치논총』 45집 4호.

_____. 2005b. "일본 경제위기의 전개과정 비교: 1930년대와 1990년대를 중심으로." 진창수 편. 『1990년대 구조불황과 일본정치경제시스템의 변화』. 한울아카데미.

_____. 2005c. "전전 일본 자유주의자의 국가구상과 동아시아: 石橋湛山의 小日本主義를 중심으로."『한국정치학회보』 39집 2호.

_____. 2006a. "탈냉전기 일본의 대국 구상."『일본연구논총』 23호.

_____. 2006b. "탈냉전기 일중 간 세력경쟁과 동아시아 국제질서: 普通國家戰略과 和平崛起戰略의 충돌." 김영작 · 김기석 편. 『21세기 동북아공동체 형성의 과제와 전망』. 한울아카데미.

박철희. 2004a. "일본의 체제변환과 자민당의 불안정한 우위."『한국정치학회보』 38집 3호.

_____. 2004b. "전수방위에서 적극방위로: 미일동맹 및 위협인식의 변화와 일본 방위정책의 정치."『국제정치논총』 44집 1호.

_____. 2005. "1990년대 정치세력의 연합과 갈등의 구조." 이면우 편. 『55년체제의 붕괴와 정치변화』. 한울아카데미.

_____. 2006. "일본 정계에서의 신보수주의 세력의 성장과 한국에의 함의." 김영작 · 전진호 편. 『글로벌화시대의 일본-한국에의 함의』. 한울아카데미.

박한규. 2004. "아시아주의를 통해 본 전전 일본의 동아시아 정체성."『일본연구논총』 20호.

박홍영. 2003. "'일본형' 원조외교의 특징 및 변화상 고찰: 서구 제국과의 비교 관점에서." 『국제정치논총』 43집 4호.

_____. 2004. "일월간(日越間) 관계정상화 타결과정에서의 일본ODA외교." 『한국정치학회보』 38집 5호.

_____. 2005a. "일본 원조외교의 역할과 한계 분석: 캄보디아 문제(1977-1984)를 둘러싼 국제정치 역학과 일본." 『한국정치학회보』 39집 5호.

_____. 2005b. "일본형 원조외교의 특징과 변화상 고찰: 구미 제국과의 비교 관점에서." 한상일·김영작 외. 『일본형시스템-위기와 변화』. 일조각.

_____. 2006. "동북아 에너지 문제의 현황과 전망." 김영작·김기석 편. 『21세기 동북아공동체 형성의 과제와 전망』. 한울아카데미.

배준호. 2005. "재정 동향으로 본 일본형 경제시스템의 변용." 한상일·김영작 외. 『일본형시스템-위기와 변화』. 일조각.

서동만. 2006. "한일 안보협력에 관하여." 김영작·이원덕 편. 2006. 『일본은 한국에게 무엇인가』. 한울아카데미.

손기섭. 2003. "동아시아에 있어서의 일중 국교정상화의 정치과정." 『일본연구논총』 17호.

_____. 2004. "일중 정치경제관계에서의 '72년체제'의 발전과 전환." 『일본연구논총』 19호.

_____. 2005a. "고이즈미 내각기의 중일 '72년체제'의 갈등과 전환." 『국제정치논총』 45집 4호.

_____. 2005b. "일본의 대중국 원조정책의 변화와 특징." 『일본연구논총』 21호.

손 열. 2001. "비관세장벽의 정치경제: 일본의 대한시장개방에 주는 함의." 『국제정치논총』 41집 2호.

_____. 2003. 『일본: 성장과 위기의 정치경제학』. 나남신서.

_____. 2005a. "일본의 기업거버넌스 변화와 국가-기업 간 관계." 진창수 편. 『1990년대 구조불황과 일본정치경제시스템의 변화』. 한울아카데미.

_____. 2005b. "일본의 과거와 중국의 미래: 일본의 강대국화 경험이 '중국의 부상'에 주는 함의." 『일본연구논총』 22호.

_____. 2006. "일본의 소프트파워: 일본은 매력있는 국가인가?" 김영작·이덕원 편. 2006. 『일본은 한국에세 무엇인가』. 한울아카데미.

송주명. 2001. "탈냉전기 일본의 동아시아정책과 한반도정책." 『일본연구논총』

14호.

_____. 2005. “세계화와 산업정책.” 한상일·김영작 외. 『일본형시스템-위기와 변화. 일조각.

신경식. 2003. “일본의 방위정책 결정요인 분석 : 전후 군비증강의 동기부여와 억제요인을 중심으로.” 『한국정치학회보』 37집 5호.

신장철. 2004. “일본의 금융환경변화와 메인뱅크 시스템의 동요에 관한 연구.” 『일본연구논총』 20호.

_____. 2005a. “규제개혁의 추진과 과제.” 한상일·김영작 외. 『일본형시스템-위기와 변화』. 일조각.

_____. 2005b. “한·일 해저터널 건설과 동북아 물류시스템의 새로운 구축을 위한 시론(試論)적 접근.” 『일본연구논총』 21호.

_____. 2006. “일본의 산업공동화와 내외 가격차. 그 실상과 시사점.” 김영작·전진호 편. 『글로벌화시대의 일본-한국에의 함의』. 한울아카데미.

신정화. 2005. “55년체제와 사회당 : 노선투쟁과 득표율의 변화를 중심으로.” 이면우 편. 『55년체제의 붕괴와 정치변화』. 한울아카데미.

양기웅. 2005. “외압과 국내정치의 한일관계.” 『일본연구논총』 22호.

_____. 2006. “탈냉전기 한일관계 : 내정과 외교의 융합.” 김영작·이원덕 편. 『일본은 한국에게 무엇인가』. 한울아카데미.

_____·김준동. 2006. “북일수교협상(1990-2006)의 결렬과 재개의 조건.” 『일본연구논총』 23호.

양기호. 2001. “일본 지방도시의 정책과정 연구.” 『일본연구논총』 14호.

_____. 2004. “동북아공동체 형성을 위한 대안으로서 한·중·일 지방간 국제교류.” 『일본연구논총』 20호.

_____. 2006. “한일 지방외교의 양상과 그 함의.” 김영작·이원덕 편. 2006. 『일본은 한국에게 무엇인가』. 한울아카데미.

우승지. 2003. “냉전시기 한국-일본 협력의 퍼즐 : 불개입가설 대 개입-연합정치가설.” 『한국정치학회보』 37집 3호.

이갑윤. 2005. “55년체제의 선거와 정당시스템 : 변화와 붕괴를 중심으로.” 이면우 편. 『55년체제의 붕괴와 정치변화』. 한울아카데미.

이기완. 2001. “호소카와 내각과 정치개혁.” 『국제정치논총』 41집 4호.

_____. 2002a. 『전환기의 이론정치와 연립정권』. 케이시.

_____. 2002b. “연립정권 이론의 가능성과 한계: 호소카와 내각을 중심으로.” 『국제정치논총』 42집 1호.

_____. 2003. “1990년대 일본정치의 변동과 사회당: 사회당 노선전환을 중심으로.” 『국제정치논총』 43집 3호.

이면우. 2000. “21세기 일본의 지방자치: 지방분권개혁의 내용, 과정 및 평가.” 『일본연구논총』 12호.

_____. 2002. “고이즈미 내각하의 정치구도: 정치엘리트의 배경 및 성향 분석.” 이면우 편. 『정치 엘리트 연구 2002: 중국, 일본, 러시아를 중심으로』. 세종연구소.

_____. 2005a. “일본의 정치적 리더십: 리더십 유형과 정책성과의 연관성.” 이면우 편. 『55년체제의 붕괴와 정치변화』. 한울아카데미.

_____. 2005b. “일본정치의 전후 레짐과 1990년대 위기.” 이면우 편. 『55년체제의 붕괴와 정치변화』. 한울아카데미.

_____ 편. 2005c. 『55년체제의 붕괴와 정치변화』. 한울아카데미.

_____. 2006. “일북 수교교섭 전망과 한국의 역할.” 김영작·김기석 편. 『21세기 동북아공동체 형성의 과제와 전망』. 한울아카데미.

이상봉. 2003. “전후 일본인의 평화의식에 관한 비판적 고찰: 형성과정과 특징 및 변화를 중심으로.” 『국제정치논총』 43집 3호.

이상훈. 2002. “일본의 중앙성청 재편에 관한 요인분석.” 『국제정치논총』 42집 1호.

_____. 2003a. 『일본의 정치과정: 국제화 시대의 행정개혁』 보고사.

_____. 2003b. “일본의 정부간 관계: 개혁과 변화.” 『일본연구논총』 18호.

_____. 2005. “정관재연합과 행정개혁.” 한상일·김영작 외. 『일본형시스템-위기와 변화』. 일조각.

이숙종. 2000. “일본의 복지개혁: 개호보험과 연금개혁을 중심으로.” 『일본연구논총』 12호.

_____. 2005a. “공공서비스 제공자로서 일본 시민단체의 대두.” 이숙종 편. 『작은 정부와 일본시민사회의 발흥』. 한울아카데미.

_____ 편. 2005b. 『작은 정부와 일본시민사회의 발흥』. 한울아카데미.

_____. 2006. “동북아 민족주의의 미래: 시론적 탐색.” 김영작·김기석 편. 『21세기 동북아공동체 형성의 과제와 전망』. 한울아카데미.

이신일. 2003. “일본의 정당발생 과정에 관한 연구.” 『국제정치논총』 43집 4호.
이원덕. 2001. “한일관계의 구조전환과 쟁점현황의 분석.” 『일본연구논총』 14호.
_____. 2005a. “일본의 동아시아지역 형성정책의 전개와 특징.” 『일본연구논총』 22호.
_____. 2005b. “일본의 안보정책 전환과 보통국가화.” 한상일 · 김영작 외. 『일본형 시스템―위기와 변화』. 일조각.
_____. 2006. “한일 과거사 갈등의 구조와 해법 모색.” 김영작 · 이원덕 편. 『일본은 한국에게 무엇인가』. 한울아카데미.
_____ · 손열 · 한준 · 임경택 · 김웅희 · 김현진 공저. 2002. 『동요하는 일본의 신화』 미래인력연구원.
이이범. 2004. “2003년 일본 총선결과분석과 일본 정당시스템의 변화.” 『일본연구논총』 19호.
_____. 2005. “전후 일본정당시스템의 변용과 그 결정요인 : 55년체제의 붕괴와 관련하여.” 한상일 · 김영작외. 『일본형시스템―위기와 변화』. 일조각.
_____. 2006. “포퓰리즘적 현상의 한일비교.” 『일본연구논총』 23호.
이지원. 2004. “현대일본의 교육개혁 : ‘유토리교육’의 논리와 동요.” 『일본연구논총』 20호.
_____. 2005. “정보화와 일본 시민사회의 대응 : 가상공간상의 사례를 중심으로.” 이숙종 편. 『작은 정부와 일본시민사회의 발흥』. 한울아카데미.
이진원. 2002. “일본 행정개혁의 쟁점과 의미.” 『일본연구논총』 15호.
이현출. 2002. “일본 55년체제 이후의 투표행태 : 이념균열에서 지역균열로의 전환.” 『국제정치논총』 42집 4호.
임승빈. 2000. “일본의 행정시스템 개혁의 변천.” 『일본연구논총』 12호.
_____. 2003. “한국과 일본의 시민사회와 지방정부간 교류의 특징과 새로운 과제.” 『일본연구논총』 18호.
임승빈. 2005. “1990년대 이후 한국과 일본의 지방분권정책에 관한 비교연구.” 『일본연구논총』 22호.
임형택 · 김재관 편. 2005. 『동아시아 민족주의의 장벽을 넘어서』. 성균관대학교출판부.
장인성. 2006. “일본의 국제책임과 ‘국제공헌’.” 『일본연구논총』 23호.
장화경. 2001. “일본의 대안교육.” 『일본연구논총』 14호.

전상숙. 2005a. “일제 파시즘기 사상통제정책과 전향.” 『한국정치학회보』 39집 3호.
_____. 2005b. “일제의 식민지 조선 행정일원화와 조선 총독의 ‘정치적 자율성’.” 『일본연구논총』 21호.
전진호. 2001. “일본의 원자력정책 결정과정 : 원자력의 국제환경에 대한 국내 체제의 대응을 중심으로.” 『국제정치논총』 41집 4호.
_____. 2003. “동북아 다자주의의 모색.” 『일본연구논총』 17호.
_____. 2005a. “일본의 대미 기축외교의 재정립 : 추종과 자율의 사이에서.” 한상일 · 김영작 외. 『일본형시스템－위기와 변화』. 일조각.
_____. 2005b. “유사법제의 제도화와 중앙－지방관계.” 『일본연구논총』 21호.
_____. 2006. “일본 외교 · 안보전략의 변화와 동북아.” 김영작 · 전진호 편. 『글로벌화시대의 일본－한국에의 함의』. 한울아카데미.
전황수 · 현창희. 2003. “일본의 e－Japan전략과 정보화 성과.” 『일본연구논총』 18호.
정미애. 2001. “일본의 사회복지서비스 공급조직의 다원화 : 在家복지서비스 공급조직을 중심으로 한 실증적 고찰.” 『일본연구논총』 13호.
_____. 2002. “글로벌화와 일본의 시민사회.” 『국제정치논총』 42집 4호.
_____. 2004. “일본의 지역공동체에 있어서 시민참여.” 『일본연구논총』 20호.
_____. 2005. “젠더 시각에서 본 일본의 사회복지정책의 변화 : 1990년대 이후의 저출산 · 고령화 대책을 중심으로.” 『국제정치논총』 45집 2호.
정상호. 2003. “한국과 일본의 정부 위원회 제도의 역할과 기능에 대한 비교연구.” 『한국정치학회보』 37집 5호.
정정숙. 2005. “일본 시민사회의 여성적정대표성과 시민사회의 평등화.” 이숙종 편. 『작은 정부와 일본시민사회의 발흥』. 한울아카데미.
조규철. 2005. “복지국가의 쇠퇴와 비영리단체의 대두.” 한상일 · 김영작 외. 『일본형시스템－위기와 변화』. 일조각.
진창수. 2005a. “일본형 금융시스템의 위기 : 부실채권처리 정책을 중심으로.” 진창수 편. 『1990년대 구조불황과 일본정치경제시스템의 변화』. 한울아카데미.
_____ 편. 2005b. 『1990년대 구조불황과 일본정치경제시스템의 변화』. 한울아카데미.
최운도. 2001. “21세기 일 · 중 관계의 전망.” 『일본연구논총』 13호.

_____. 2003. “미 · 중 · 일 삼각관계와 그 역학에 관한 시론.” 『한국정치학회보』 37집 3호.

_____. 2004. “국제협력의 시각에서 본 일본 방위정책의 한계와 미래.” 『일본연구논총』 19호.

_____. 2005a. “미 · 일 안보동맹의 이해.” 『일본연구논총』 21호.

_____. 2005b. “일본 방위정책의 구조적 요인들에 대한 비교평가.” 이면우 편. 『55년체제의 붕괴와 정치변화』. 한울아카데미.

최은봉. 2001. “일본 교과서 논쟁의 역사적 맥락과 정치적 의미.” 『국제정치논총』 41집 4호.

_____. 2002. “글로벌화와 일본의 교육개혁.” 『일본연구논총』 16호.

_____. 2003. “영화를 통해서 본 한국인의 일본과 일본인에 대한 이미지와 인식.” 『일본연구논총』 17호.

_____ · 박명희. 2006. “일본NGO의 개발교육.” 『일본연구논총』 23호.

최태욱. 2005. “일본의 불황 장기화와 대기업의 정책선호 변화 : 동아시아 지역주의를 중심으로.” 진창수편. 『1990년대 구조불황과 일본정치경제시스템의 변화』. 한울아카데미.

하세헌. 2001. “1955년의 국회제도 개정과 국회기능의 변화.” 『일본연구논총』 13호.

_____. 2002. “국회초기에 있어서 위원회의 운영.” 『일본연구논총』 15호.

한상일. 2002. “‘잃어버린 10년’과 방황하는 일본 민족주의.” 『일본연구논총』 16호.

_____. 2004. 『제국의 시선』. 새물결.

_____. 2005a. “일본형시스템의 동요와 새로운 모색.” 한상일 · 김영작 외. 『일본형시스템－위기와 변화』. 일조각.

_____. 2005b. “내셔널리즘의 동학.” 한상일 · 김영작 외. 『일본형시스템－위기와 변화』. 일조각.

_____. 2005c. “일본과 동아공동체 담론.” 『동아시아 민족주의의 장벽을 넘어』. 성균관대학교출판부.

_____ · 김영작 외. 2005. 『일본형시스템－위기와 변화』. 일조각.

16

최근 한국의 중국정치 연구동향 : 주제와 쟁점을 중심으로

이정남(고려대학교)

Ⅰ. 서론

전후 한국에서 중국정치 연구는 3세대로 구분하여 설명할 수 있다. 우선, 1970년대 중반 이전까지 중국정치 연구를 주도해 온 제1세대로, 이들은 문헌해석에 기초하여 전통적인 한학연구를 중심으로 한 연구에 주력하였다. 그러나 1970년대 중반 이후 미국유학을 통해서 미국의 중국정치 연구성과를 섭렵하고 귀국한 제2세대 연구자들은 사회과학으로서의 중국정치 연구를 강조하였다. 따라서 이들은 그 이전 세대에 비하여 이론적인 성향과 지향성이 매우 강하였다. 그러나 이들은 중국을 자유롭게 방문하지 못하고 이론을 중심으로 중국정치를 연구한 한계로 인하여 중국정치 자체에 대한 깊이 있는 이해가 취약하다는 점에서 한계를 지니고 있었다. 한편 개혁개방정책의 확대가 본격화되고 1992년 한중수교가 이루어진 조건에서 등장한 제3세대 연구자들에 의해 중국정치 연구가 주도되면서 국내의 중국정치 연구는 백화제방시대라고 할 만큼 양적으로나 질적으로 성장해 왔다.[1]

제3세대의 중국정치 연구의 가장 큰 변화를 살펴보면 우선, 그 이전 세대와는 달리 중국을 직접 방문할 수 있게 됨으로써 중국 현지상황에 익숙할 뿐만 아니라, 현지 언어 및 다양한 현지자료를 습득할 수 있게 되었다는 점이다. 그리하여 주로 영문자료에 기초하여 사회과학으로서의 중국정치 연구에 대한 이론적인 연구에 집중한 2세대와는 달리, 현지 언어와 현지자료 및 현지 네트워크에 기초한 공동연구가 적극적으로 활용되면서 문헌해석과 현장 리서치가 실증적으로 결합된 중국정치 연구가 가능하게 되었다는 점에서 그 이전 세대에 비하여 많은 이점을 지니게 되었다.

둘째, 연구자의 충원경로의 다원성이다. 제2세대가 주로 미국이나 타이완에서 공부를 한 연구자들로 구성되었다면, 중국 현지유학이 중국연구의 가장 중요한 통로가 되고 있다는 점이다.[2] 이같은 변화는 현지 언어와 현지자료 및 현지 네트워크에 기초한 공동연구가 적극적으로 활용될 수 있는 기초가 되면서 중국정치 연구가 보다 풍부한 실증적인 자료에 근거하여 이루어질 수 있도록 하였다.

세 번째는 시장화와 함께 중국사회의 다원화가 본격화되면서 중국 관련 연구주제에 있어서도 다원화가 본격적으로 이루어졌다는 점이다. 제2세대가 미국 내 연구동향의 영향을 받으면서 전체주의 모델에 기초하여 중국 체제의 특성을 이해하고 당국가의 상층 엘리트에 대한 연구에 주력하였다면, 제3세대 연구자들은 중국사회의 다원

---

1 중국정치 연구에 있어서 세대분류 및 그 특징에 대한 설명은 고려대 정치외교학과 서진영 교수께서 2006년 한국정치학회 하계학술회의(2006. 6. 15) "지역연구의 이론적 동향" 세션에서 사회자로서 본 논문에 대해 행한 코멘트에 기초하여 정리한 것임.

2 1970년대 중반학번 이후 중국정치 연구자들로 구성된 중국정치 연구회는 2006년 6월 현재 회원 43명 중 타이완이나 중국 현지 유학 출신자가 전체 회원 43명 중 28명에 이른다.

화된 제 타영역과 국가와의 관계, 지방정치와 지역정치 등 연구주제와 영역의 확장이 본격적으로 이루어지고 있다.

이처럼 한국 내의 중국정치 연구는 3세대에 걸쳐서 변화·발전해 왔지만 중국정치 연구는 아직까지 국내 정치학 연구의 주변부에 머물러 있으며, 사회과학적·체계적 연구를 통해 이론적으로 뿐만 아니라 방법론적으로 눈에 띄는 성과를 내기보다는 중국의 특수성을 강조하는 지역연구에 치중되어 있다는 비판을 받고 있다. 뿐만 아니라 지역연구를 지향할 것인가 사회과학으로서의 정치학 연구를 지향할 것인가라는 정체성에 대한 기본적인 합의도 이루어지고 있지 못한 실정이다(김도희 2006).

따라서 이 글은 제3세대의 중국정치 연구 중 특히 2000년 이래 최근 한국의 중국정치 연구동향을 살펴봄으로써 앞으로의 한국의 중국정치 연구의 발전방향에 대한 인식을 넓혀가고자 한다. 이를 위하여 이 글은 첫째, 연구주제와 영역을 중심으로 하여 한국 내 중국정치 연구동향을 살펴보고, 한국의 중국정치 연구가 어떠한 연구영역을 중심으로 진행되고 있으며, 각 주제별로 어떠한 주요한 연구성과가 있는지를 살펴볼 것이다. 둘째, 상술한 분석에 기초하여 최근의 한국의 중국정치 연구의 성과와 한계를 살펴본 후, 향후 한국의 중국정치 연구가 안고 있는 과제가 무엇인가를 찾아보고자 한다.

Ⅱ. 기존연구 검토 및 연구방법

1. 기존연구 검토

1990년대 이래 이른바 제3세대에 의해 주도된 국내의 중국정치 연구가 그 어느 때보다도 활성화되면서 국내에서 중국정치 연구의 현황을 검토하고 그 방향성을 정립하고자 하는 시도들도 많은 논자들에 의하여 다양한 각도에서 수차례에 걸쳐서 진행되었다. 해외에서의 중국정치 연구동향을 비판적으로 검토하면서 한국의 중국연구에 대한 시사점을 찾고자 하거나(전성흥 1996 ; 2006 ; 전병곤 1994), 연구조직이나 연구자, 연구현황 등에 상세한 정보를 중심으로 한 전반적인 연구현황을 파악하고 과제를 제시하고자 하였다(전성흥 1996 ; 1998 ; 김인 · 전병곤 1996 ; 전성흥 · 이민자 2000 ; 김도희 2006). 또한 학제 간 연구와 현지조사 방법론, 인터넷 조사방법, 논술구조 등 방법론에 대한 문제제기를 통해 중국연구의 방향성을 정립하고자 하거나(정재호 편 2000 ; 정재호 외 2005), 학술지에 실린 논문의 주제별 분류나 구체적인 내용에 대한 검토를 통하여 연구의 추이와 변화를 분석하는 동시에 연구결과의 질적 도약이 어느 정도의 위치에 와 있는가를 보여주고자 하는 시도도 있었다(조영남 1997 ; 정재호 편 2000). 더 나아가 국내 연구자들이 고유한 방법론과 시각의 개발을 통해서 타국의 연구성과의 모방이 아닌 우리의 시각에서 중국연구의 정체성을 모색할 것을 강조하기도 하였다(김영진 2003).

이처럼 다양한 각도에서 다양한 쟁점을 중심으로 하여 연구현황을 검토함으로써 중국정치 연구에 새로운 방향을 제시해 주고자 하는 시도들이 이루어졌다. 그러나 이들 연구현황에 대한 검토들은 다음과 같은 점에서 연구주제와 쟁점을 중심으로 한 최근 국내의 중국정치 연구동향을 파악하는 데 한계가 있다.

첫째, 그동안의 연구현황에 대한 파악은 일부 논문을 제외하고는(정재호 외 2005 ; 전성흥 2006 ; 김도희 2006 ; 김영진 2003) 모두 2000년 이전 시기에 대한 분석에 초점을 맞추고 있다는 점이다. 따라서 이들 연구들은 2000년 이후 시장화에 따른 다원사회로의 진입, 그리고 다원적인 이익갈등이 본격화되면서 나타난 중국정치의 변화에 대한 최근의 연구동향에 대한 평가와 방향제시가 제외되어 있다는 점에서 한계가 있다.

둘째, 또한 2000년 이후의 중국정치 연구동향에 대한 평가들도 최근 국내의 중국정치 연구의 다양한 주제를 분류하고, 이들 주제에 대한 연구가 지역연구로서 혹은 사회과학 연구로서 어떠한 지향점을 띠고 있는가에 대한 검토와 평가가 제외되어 있다.

셋째, 정치학의 한 분야로서 중국정치 연구성과를 평가하고, 한국의 정치학 연구에서 중국정치 연구가 점하고 있는 위치 및 그 현황에 대한 문제제기와 향후 과제를 제기하는 연구로 나아가지 않았다는 점이다.

따라서 이 논문은 한국 내의 정치학 관련 대표적인 학술지인 『국제정치논총』, 『한국정치학회보』에 실린 중국정치 관련 논문을 대상으로 하여 2000년 이래 최근의 중국정치 연구동향을 주제를 중심으로 분류하고, 이들 중국정치에 대한 다양한 연구주제와 쟁점이 어떻게 나타나고 있는지를 살펴볼 것이다. 그리고 이들 연구들이 이론화라는 사회과학의 일반적인 목적에 어떻게 부응하고 있는가를 살펴봄으로써 중국정치 연구가 정치학 연구에 얼마나 기여하고 있는가를 살펴볼 것이다.

2. 연구방법 및 설계

2000년 이후 최근의 한국 내 중국정치 연구동향과 특징을 파악하고 중국정치 연구가 정치학의 발전에 얼마나 기여하고 있는가를 살펴보기 위하여 필자는 2000년부터 2006년 6월 현재까지 한국의 대표적인 정치학 관련 학술지인 『한국정치학회보』와 『국제정치논총』의 중국 관련 논문을 주요 연구대상으로 하였다. 이처럼 필자가 『정치학회보』와 『국제정치논총』을 연구대상으로 한 것은 다음과 같은 이유에서 본 연구의 취지와 목적에 부합한다고 보기 때문이다.

첫째, 『한국정치학회보』와 『국제정치논총』은 국내의 정치학 관련 학술지 중 최고수준의 잡지로, 각 분야에서의 최고수준의 논문으로 간주되는 논문들이 게재되고 있다. 따라서 이들 잡지에 게재된 논문은 최고의 질을 담보한 중국정치 분야의 대표적인 논문으로 간주될 수 있기 때문이다.

둘째, 『중소연구』 『현대중국연구』 등 중국 전문 학술지가 중국연구만을 전문적으로 다루고 있을 뿐만 아니라 지역연구로서의 지향점이 비교적 강한 반면, 『한국정치학회보』와 『국제정치논총』은 정치학 관련 전문 학술지로 정치학 관련 모든 분야의 논문들이 엄선된 심사를 통해서 수록되고 있기 때문이다. 따라서 『한국정치학회보』와 『국제정치논총』의 중국 관련 논문의 발표현황과 변화를 추적하는 것은 한국의 정치학 연구에서 중국정치 연구가 점하고 있는 위치 및 그 현황에 대한 보다 구체적인 이해를 제공해 줄 수 있기 때문이다.

또한 이 논문은 중국정치 관련 다양한 연구주제들을 5가지 영역, 즉 중앙정치와 엘리트 정치, 지방과 지역정치, 이데올로기와 정치문화, 국가와 사회관계, 대외정책으로 구분하고, 이것에 기초하여 지난 6여 년 동안의 국내의 대표적인 중국정치 연구성과들을 분류하면서 평가하고자 한다. 연구주제에 기초한 연구영역의 구분과 연구동향 평가는 그동안 중국, 서구와 국내에서 다양한 논자에 의해 시도되었다. 대표적으로 해리 하딩(Harry Harding)은 국가와 사회관계, 정치 엘리트와 제도연구, 정치문화에 기초한 3분법에 기초하여 그동안의 성과를 종합하고 있다(Handing 1994). 국내에서는 엘리트 연구, 국가와 사회관계, 정책결정 과정 연구, 대외관계, 양안관계 연구 등 4가지 영역에 기초한 연구동향 평가가 있다(정재호 편 2000). 또한 중국 내에서도 개혁개방시대 미국의 중국정치 연구를 국가와 사회관계, 엘리트 분석, 정치문화, 구조와 기능의 분석, 미시적 분석과 거시적 분석의 결합이라는 5가지 기준에서 구분하여 평가한 연구가 있다(祝灵君 2004). 상술한 분류와 평가는 해리 하딩의 분류와 평가에 대하여 정치문화 대신에 대외관계를 추가하거나, 미시적 분석과 거시적 분석이라는 분석수준의 문제를 새로이 쟁점으로 추가하여 평가하고 있는 것을 제외하면 3가지 모두 분류방식에 있어서 본질적인 차이가 없다고 볼 수 있다. 이에 반하여 디터머(Lowell Dittmer)와 허스트(William Hurst)의 중앙정치와 엘리트 정치, 지방과 지역정치, 이데올로기와 정치문화, 국가와 사회관계, 대외정책이라는 5가지 영역에 근거한 분류와 평가는(Lowell Dittmer and William Hurst 2003) 최근의 다원화되고 세분화된 중국정치 연구추세를 보다 상세하게 부각시키면서 평가할 수 있는 유의미한 분류라고 볼 수 있다.

시장화와 다원사회로의 진입이 본격화되면서 최근 보다 다원화되고 세분화된 연구주제를 중심으로 중국정치에 대한 연구가 이루어지고 있다. 따라서 중국사회의 다원화 추세를 보다 잘 부각시킬 수 있는 보다 세분화된 분류와 평가가 최근의 중국정치 연구의 추세를 보다 정확하게 평가하는 것을 가능하게 해줄 수 있다. 따라서 이 글은 디터머와 허스트에 의해 분류된 중앙정치와 엘리트 정치, 지방과 지역정치, 이데올로기와 정치문화, 국가와 사회관계, 대외정책이라는 5가지 영역에 기초하여 최근 한국의 중국정치 연구성과를 분류하고 평가하고자 한다.

Ⅲ. 중국정치 연구현황

1. 중국정치 연구의 발전과 현황

중국정치 연구는 국내 정치학 연구의 주변부에 머물러 있으며, 정치학의 발전을 이끌어내기보다는 사회과학의 소비자로서의 위치에 머물러 있다는 비판에도 불구하고 2000년 이후 한국의 중국정치 관련 연구는 그 어느 때보다 호황을 누리면서 급속한 양적인 팽창을 거듭해 왔다. 이는 한국의 정치학 관련 대표적인 학술지인 『한국정치학회보』, 『국제정치논총』에 중국 관련 논문이 실리는 빈도가 점차 증가하고 있다는 점을 통하여 알 수 있다. <표 1>에서 볼 수 있듯이 1990년대 중반 이후 중국정치 관련 논문이 주요 학회지에 실리는 편수가 증가하기 시작하다가 2000년부터는 급속하게 증가하였다. 구체적으로 2000년부터 2006년 6월 현재 『정치학회보』 20편, 『국제정치논총』 39편으로 모두 59편에 달하는 논문이 게재되었다.

〈표 1〉『한국정치학회보』『국제정치논총』에 실린 중국정치 논문수

연도	『한국정치학회보』	『국제정치논총』
1991	0	2
1992	2/1	1
1993	0	1
1994	3	1
1995	5/1	1
1996	5/3	1
1997	2/2	2
1998	2/1	5
1999	4/1	4
2000	4	5
2001	5	6
2002	2	6
2003	3	4
2004	2	8
2005	2	8
2006(6월 현재)	2	2

출처 : 『한국정치학회보』(2000－2006) ; 『국제정치논총』(2000－2006) ; 1991－1999년까지 조사는 김도희, 2006 : 69 참조. */는 정치학회보의 정치사상 논문수.

물론 이들 잡지에 실린 글이 모두 질적으로 가장 우수한 논문이라고 볼 수만은 없겠지만, 한국 정치학계의 가장 수준 높은 대표적인 잡지에 중국 관련 논문의 게재 편수가 증가되었다는 것은 국내 정치학 연구에서 중국정치 연구가 차지하고 있는 비중이 빠른 속도로 증가하고 있음을 나타내 주는 좋은 사례라고 볼 수 있다.

또한 연구주제와 연구영역의 다양화가 이루어지고 있다. 즉 상술한 59편의 논문을 연구영역별로 나누어 보면 국가와 사회와의 관계에 대한 연구가 18편, 대외정책 분야가 24편, 지방과 지역정치가 10편, 중앙정부가 1편, 문화와 이데올로기와 관련된 논문이 1편, 그 외 연구동향 분석이 2편, 사상논문이 1편, 산업정책이 2편 있다(아래 <표 2> 참조).

〈표 2〉『한국정치학회보』, 『국제정치논총』의 중국정치 관련 논문의 영역별 분포도

영역	세부현황	총계
중앙정부	정책결정방식(1)	1
지방과 지역정치	중앙과 지방관계(2), 지역격차(2), 지방정치(6)	10
국가와 사회	노동자(2), 농민과 농촌정치(3), 인민군(1), 소수민족(2), 도시기층사회(2), 기타(8)	18
정치문화	이데올로기(1)	1
대외관계	양자관계(8 : 한중관계 ; 3, 북중관계 ; 1, 중미관계 ; 2, 중국-EU 관계 ; 1,양안관계 ; 1), 다자관계(2), 국내정치와 대외관계의 연계성(4), 쟁점과 현안분석(10 : 대외정책방향과 특징 ; 4, 에너지 ; 1, 환경 ; 2, 외교정책이론소개 ; 1, 세계화 ; 2)	24
기타	연구동향 및 현황(2), 정치사상(1), 산업정책(2)	5

출처 : 2000-2006. 6월 현재 『국제정치논총』과 『한국정치학회보』.

그러나 이같은 연구영역의 다양화에도 불구하고 연구가 주로 중국의 대외관계, 국가와 시민사회, 그리고 지방과 지역정치에 관한 연구에 편중되어 이루어지고 있으며, 정치문화와 중앙정부에 관한 연구는 거의 이루어지고 있지 않은 상황이다. 이같은 결과는 우선 중국사회가 시장경제 체제로 전환되면서 다원적인 이익갈등 사회로 진입하고, 이에 따른 사회적 모순이 본격적으로 표출되면서 시민사회의 성장 및 국가와 시민사회의 관계 등이 매우 중요한 연구영역으로 부상되었음을 의미한다.

둘째, 분권화에 기초한 개혁개방정책의 진행으로 중앙과 지방과의 관계가 주요한 연구주제로 주목받아 왔으며, 또한 분권화의 결과 초래된 지방의 자율성과 지방의 정치·경제적 역할에 대한 연구가 중요한 주제가 되고 있음을 알 수 있다.

셋째, 다른 한편, 중앙정부와 정치문화에 대한 연구가 적은 것은 이 분야가 중국정치 연구에서 매우 중요한 위치를 점하고 있지만 자료수집이나 연구설계 등에서 상대적으로 난점이 많아 이 분야에 대한 연구가 등한시되고 있다고 볼 수 있다.

넷째, 대외관계에 대한 연구가 가장 높은 비중을 차지하고 있는 것은 국내에서 현실적으로 이 분야에 대한 수요가 가장 많은 점을 반영해 주고 있다고 볼 수 있다.

2. 각 영역별 대표논문 및 주요 쟁점

(1) 중앙정부와 중앙정치

중앙정부에 대한 연구는 중앙정부의 상층 리더십의 이데올로기 노선, 조직형태, 파벌투쟁, 최고 엘리트층의 권력동학, 정치지도자, 전국인민대표대회 등 중앙의 정치제도 등에 대한 총괄적인 연구를 의미한다. 중앙정부와 정치에 대한 연구는 서구에서 1960년도 중반에서 1970년대 말까지 문화대혁명에 대한 연구가 매개가 되어 번성기를 맞이하였으며, 이 시기 주요 연구쟁점은 노선투쟁, 파벌투쟁, 최고 엘리트층의 권력동학 등에 대한 연구가 중심을 이루었다(腓特烈·泰伟斯 2004). 그러나 최근 이 분야에 대한 서구의 연구가 과거에 비하여 상대적으로 적게 이루어지고 있으며, 연구주제들은 주로 지식인과 이데올로기적 담론에 대한 연구를 통하여 노선투쟁의 범위를 넓혀서 이해하고자 하거나(Joseph Fewsmith 2001) 당중앙위원회나 인민대표대회 등 중앙권력 단위의 엘리트들에 대한 세대교체에 대한 분석(Cheng Li 2001), 인민대표대회에 대한 연구(Kevin J. O'Brien 1990) 등이 주로 행해지고 있다.

한편, 국내의 두 학술지에 2000년 이래 실린 논문 중 이 분야에 해당되는 논문은 단지 1편에 불과하였으며, 이는 국내에서의 이 영역에 대한 연구가 심각하게 부족한 상황임을 말해준다. 상술한 1편의 논문은 중앙 당정부문의 정책결정 방식에 관한 연구로 이 논문에서 필자는 중국의 개혁정책 초기의 정책결정 방식이 제도나 절차에 근거하여 이루어지지 않았다는 기존의 주장과 달리, 개혁개방 초기 중국의 정책결정 과정은 민주집중제 원리에 기초한 규범과 제도가 존재하였으며, 바로 이 원칙에 근거하여 다수결의 원칙을 넘어 합의를 우선으로 하는 정책결정 문화가 형성하였다고 주장한다. 그는 집중의 전제조건으로서 민주의 방식을 요구하고, 개인보다 집단제도 체제를 선호하며, 민주의 구체적인 실천방안으로 합의와 타협을 보다 중시하는 정책결정 방식으로 민주집중제에 대해 새로운 정의를 내리고 있다.

이같은 민주집중제는 개혁 초기 권력관계가 불안정하고 개혁의 청사진을 제시할 수 없는 상황에서 정책갈등이 어떻게 정치적 투쟁으로 진화되지 않고 유의미한 정책들로 입안 조정되었는지, 그리고 중국의 개혁정책이 왜 점진적인 방식으로 전개되었는지를 이해하게 한다고 주장하고 있다(김흥규 2004). 이 연구는 중앙정치와 관련된 드문 연구결과라는 점에서 중요한 의의가 있지만 여전히 여러 가지 쟁점을 남기고 있다. 합의를 중시하는 안정화된 제도적 틀로서 민주집중제를 정의함으로써 민주집중제의 개념정의와 관련하여 논쟁의 여지가 있다. 또한 개혁정책 초기에 중앙의 정책결정이 제도화되고 규범화되었는가에 대한 충분한 경험적인 근거를 제시하고 있지 못하다는 점에서 여전히 한계가 있다.

중국정치 연구에서 중앙국가와 중앙정치 영역은 중국정치를 이해하는 데 있어서 매우 핵심적인 연구영역이다. 비록 이 분야에 대한 연구가 자료수집이나 연구설계 등에서 상대적으로 어려움이 따르고 있지만 보다 많은 연구자들이 최고 엘리트층의 정책노선, 정치제도, 정책결정 과정, 권력동학 등 다양한 주제에 관심을 기울이면서 연구성과를 축적해 가야 할 것이다.

(2) 지방과 지역정치

중앙정부와 중앙정치에 대한 연구가 거의 부재한 상황과는 달리 지방과 지역정치에 대한 연구는 비교적 활발하게 이루어지고 있다. 이는 중국의 개혁개방정책이 분권화와 지방정부로의 권력의 양도를 통하여 이루어짐에 따라 지방정부와 지방정치에 대한 관심이 증가하였기 때문이라고 볼 수 있다. 또한 개혁개방정책이 일정한 성과를 이룩하면서 나타난 지역별 다양한 편차, 이에 대한 해결을 모색하고자 하는 시도가 매우 중요한 관심대상으로 부상한 것도 중요한 원인으로 볼 수 있다.

국내의 지방정치에 대한 연구성과들은 크게 3가지로 구분할 수 있다. 우선, 중앙과 지방 사이의 권력균형 관계에 대한 연구로 2편의 논문이 있다. 한 편은 개혁기 중앙과 지방의 관계는 여전히 중앙의 선호나 영향력에 따라 결정된다는 가정에 기반을 둔 연구로, 지방자율성의 확대를 단지 중앙의 요인과 위임, 그리고 정책실험의 결과로 간주한다. 따라서 중앙의 영향력 감소는 단지 중앙에 의한 자발적 자기 제약의 결과이며, 중앙의 의지에 따라 언제든지 권력회수가 가능하다는 주장을 하고 있다(김흥규 2004). 다른 한 편은, 기존의 중앙과 지방과의 관계에 대한 연구들이 통합된 하나의 지방을 통해 중앙 지방관계를 이분법적으로 해석하며, 중앙 지방관계와 중앙, 성급정부 관계를 명확한 개념구분 없이 사용하고 있다는 비판을 제기하고 있다. 즉 중앙과 다원화된 각급 지방정부들 간의 다자관계에 기초하여 분석하면서 중앙과 성급정부는 각각 상대방에게 영향을 미치거나 상대방이 대체할 수 없는 권력자원을 가지게 되었고, 자신의 권력자원을 활용하여 상대방에 대한 보상과 처벌을 행사하며 필요한 경우에 타협과 교환을 하게 된다는 것이다(이종화 2006).

두 번째로, 지방정치에 관한 연구로, 다양한 영역에서 다양한 쟁점이 제기되고 있다. 우선, 권위적인 중앙과 지방관계라는 제도적 한계 속에서 지역발전을 위한 리더십 내부의 다양한 노력과 중앙정부의 노력으로 급속한 경제사회적인 발전을 이끌어낼 수 있으며, 따라서 중앙의 강력한 지배체제 하에서도 지방수준에서 민주화가 가능할 수도 있다는 주장이 있다(정해용 · 박재욱 2001). 또한 정치경제적인 관점에서 지방경제의 발전과정 중 지방정부의 주도적인 역할과 특징에 대한 연구도 지방정치 연구의 중요한 한 부분을 차지하고 있다(이정남 2000 ; 정환우 2000 ; 2003). 다음으로 지방인민대표대회의 역할과 기능, 그리고 그 한계에 대한 연구를 통하여 지방정치제도에 대한 연구도 이루어지고 있다(조영남 2000).

세 번째로, 지역격차에 관한 연구를 들 수 있다. 중국의 지역 간 경제발전 격차의 등장원인과 현황, 그리고 해결방안에 대한 연구로, 특히 소수민족 지역과 한족 지역 간의 경제적 격차에 대한 연구를 통하여 지역격차를 민족문제와 결합시켜서 연구하고자 하였다(박병광 2002).

이처럼 지방과 지역정치에 대한 연구는 비교적 다양한 영역에서 고른 연구가 진행되고 있는 것으로 나타나고 있다. 그러나 중국 각 지방의 경제발전과 정치적인 상황이 매우 다양성을 띠고 있는 점에 비추어 볼 때, 지역별 비교연구를 통하여 지역정치와 경제의 다양성을 보다 부각시킬 필요가 있을 것이다. 또한 지금까지의 연구가 중앙과 지방과의 권력관계나 지역 경제발전 중의 지방정부의 역할에 주로 초점이 맞추어져 있지만 지방정치, 즉 지방선거, 기구개혁, 지방엘리트의 특징과 권력동학 등으로 연구영역을 넓혀가야 할 것이다.

(3) 이데올로기와 문화

최근 서구의 중국연구에서 이데올로기나 정치문화에 대한 연구 역시 그 비중이 급속하게 줄어들고 있으며, 또한 중국정치 연구에서 그다지 주목을 받고 있지 못한 실정이다(Lowell Dittmer and William Hurst 2002 ; 20−24). 이같은 상황은 국내의 중국정치 연구에서 더욱 더 뚜렷하게 나타나고 있다. 두 개의 학술지를 통해서 볼 때, 지난 2000년 이래 단 한편의 논문만이 게재되었을 뿐이다. 이 논문은 이데올로기에 대한 논문으로, 필자는 논문에서 21세기 중국의 이데올로기의 전환은 단순히 부분적 전환과 질적으로 다른 전면적인 전환으로 간주하고 있다. 그러나 필자는 중국의 이데올로기 변화수준과 폭은 기존 이데올로기를 전면적으로 폐기하기보다는 대안이데올로기를 모색하는 과정에서 기존의 이데올로기를 수정하는 방식을 통하여 이루어지고 있다고 주장하고 있다. 또한 그는 현재 중국의 이데올로기에 대한 논의는 사민주의를 명시적으로 수용하는 데까지 발전하지 못하고 있는 수준으로 평가하고 있다(이희옥 2005).

그동안 중국공산당은 지속적으로 새로운 이데올로기를 발굴해 왔고, 그리고 현재 중국에서는 중국의 체제의 진로를 둘러싸고 그 어느 때보다도 심각하게 이데올로기적인 대립과 논쟁이 격화되고 있다. 또한 중국은 지속적으로 중국의 특수성을 강조하고 중국 특유의 정치문화에 근거한 발전경로에 대한 모색을 강조해 왔다. 이런 점에 비추어 볼 때 이데올로기나 중국의 독특한 정치문화에 대한 연구는 중국정치를 이해하는 데 매우 핵심적인 주제들이다. 그럼에도 불구하고 국내에서 이 분야에 대한 논문이 단 한편에 불과하다는 것은 이 분야에 대한 관심과 연구의 활성화가 시급하다고 볼 수 있다.

(4) 국가와 사회

이 영역은 국내 중국정치 연구에서 가장 활발한 영역 중의 하나이다. 다양한 논자들이 다양한 사례들을 통하여 많은 성과들을 내고 있다.

• 안전부문 종사자 : 인민해방군

국가 안전부문 종사자에 대한 연구는 인민해방군이나 경찰 등 국가 안전부문에 종사하는 집단에 대한 연구를 의미한다. 그러나 이 분야에 대한 연구는 매우 부족한 실정이다. 두 학술지에 게재된 이 분야와 관련된 논문은 단 한 편에 불과하였다. 논문에서 필자는 1998년 7월 군의 경제활동에 대한 전면적인 금지조치의 배경에 대한 분석을 통하여 당과 군의 관계를 분석하고 있다. 필자는 군의 경제활동의 금지는 당군관계적 맥락에서 군의 파벌주의와 재정적 독립을 통한 충성의 일탈을 경계하고 예방하기 위한 것이며, 경제활동 과정에서 발생한 군의 단결과 충성의 이완현상에 대하여 당의 대군 통제를 회복하기 위한 정책이라고 주장하고 있다. 즉 군의 경제활동 금지를 통해 군이 국가재정에 전적으로 의존하는 조직으로 전환시킴으로써 당의 군에 대한 통제를 더욱 더 강화시킬 수 있다는 것이다(나영주 2001). 이 연구는 개혁정책의 진행과 함께 나타난 당의 군에 대한 통제방식의 변화에 대한 분석을 통하여 당과 군의 관계를 설명해주고 있다는 점에서 매우 의미있는 논문이다.

• 노동자

최근 서방의 노동자에 대한 연구들은 노동자의 정치·사회·경제적 지위의 상대적인 하락에 대해서 동의한다. 그리고 주요 연구쟁점은 노동자 집단행위의 잠재력, 권리의식의 정도, 노동시장에 위치하고 있는 자신의 존재에 대한 인식 등에 대한 연구가 주를 이루고 있다.

두 학술지에 나타난 국내에서의 노동자층에 대한 연구는 두 편의 논문이 있는데, 한 편은 비공식 노조 및 노동운동에 대한 연구이고, 다른 한 편은 공식노조의 구조와 역할에 대한 연구라는 점에서 흥미로운 대조를 이루고 있다. 먼저 공식적인 노조에 대한 연구에서 필자는 중국의 노조는 시장화와 함께 자신의 역할을 조정해 가고 있으며, 노조는 기존의 체제 내에서 향유하던 독점적 권력을 포기하지 않는 전제 하에 노동자의 이익대표자 역할을 강화해 가고 있다고 보고 있다. 이는 현실적으로 취약한 대중적인 기반을 가지고 있는 노조가 취한 우회적이고 실용적인 전략적 선택이지만, 이를 통하여 노조는 갈등을 해소하고 안정을 유지하는 기능적인 역할을 하고 있다고 주장하고 있다(장윤미 2004). 다른 한편 비공식 노동운동에 관한 연구에서 필자는 중국의 개혁이 심화되면서 비공식적 조직적 노동운동이 점차 강화되고 있지만, 이들은 국가의 강력한 탄압과 각 부문 간 이해구조의 근본적인 차별성 및 분절화로 인하여 제약을 받고 있다. 그러나 이러한 불리한 조건에도 불구하고 개개인의 희생으로 중국의 비공식적 노동운동은 점차 조직적이고 체계적인 모습으로 발전되고 있다고 주장하고 있다(김영진 2000).

이들 두 연구는 모두 서구에서와 마찬가지로 중국의 노동자들의 정치·사회·경제적인 지위가 점차 하락하고 있다는 것에 동의하며, 공식적·비공식적 영역에서 노동자의 집단행위의 잠재력과 권리의식의 발전을 다루고 있다는 점에서 공통점을 가지고 있다고 볼 수 있다. 그러나 노동자 계층에 대한 연구는 상술한 분야에 대한 연구 외에도 현재 개별 작업장 수준에서 산발적으로 폭발하고 있는 노동자 시위의 현황과 특징, 그리고 정부의 대응, 노동자의 경제사회적인 조건 등에 대한 연구가 보충되어야 할 것이다.

• 농민

최근 서구에서의 농촌정치와 농민에 대한 연구는 주로 농민과 지방국가와의 관계에 초점이 맞추어져 있다. 그리고 지방정부의 세금징수를 둘러싼 농민과의 갈등, 촌민선거, 농민의 집단행동, 농민공의 시민권 문제 등이 주요 연구내용이 되고 있다.

그러나 두 학술지에 농민 및 농촌정치와 관련된 논문이 3편이 있으며, 이 3편의 논문을 통해서 볼 때 국내의 농민층에 대한 연구는 촌민위원회를 통한 농민의 정치참여, 그리고 농민공 문제에 한정되어 있음을 알 수 있다. 우선, 촌민위원회와 촌민선거에 대한 두 편의 논문에서 필자들은 모두 공통적으로 촌민위원회의 설립 및 농촌지역에서의 직접선거 도입이 진정한 의미의 농촌지역에서의 민주주의 확대와 도입이라기보다는 당과 향진정부로부터 다양한 실질적인 통제를 받음으로써 자치의 의미가 퇴색되고, 따라서 촌민위원회와 촌민선거는 농촌지역에 대한 통제방식의 일환으로 간주하고 있다. 다만, 이같은 시도는 간접적으로 농민의 정치의식의 각성에 영향을 미칠 것으로 보고 있다(이정남 2001 ; 김재관 2003).

그리고 다른 한 편은 농민공에 대한 연구로, 필자는 시장화에 따라 중국사회가 변화되었음에도 불구하고 호구제도는 법적으로 농민공을 도시의 정당한 거주자가 아니라 임시거주자로 만들고, 경제적으로 도시거주자들보다 고비용을 지불하며 도시에 거주해야 하며, 저임금을 강요받도록 하고 있다고 보고 있다. 그리고 바로 이같은 점으로 인하여 농민공은 도시 빈민층을 형성해 가고 있으며, 따라서 농민공의 사회적 주변화의 원인은 개인의 능력 차이라기보다는 제도적 차별이 중요한 원인이라고 보고 있다(이민자 2001).

농민과 농촌정치에 대한 상술한 연구 외에도 현재 중국의 농촌에서 조세징수를 둘러싼 농민과 지방정부의 갈등, 그리고 농민폭력시위문제 등이 중요한 정치적인 현안이 되고 있음을 고려할 때, 이들 영역으로 연구주제를 확장시켜 가야만 할 것이다.

• **소수민족**

소수민족 문제 역시 국가와 사회와의 관계에 대한 연구의 핵심범주이다. 티벳이나 신장지역에서 전개되는 분리주의 운동은 국가에 대한 공개적이고 명시적인 도전으로서 시민사회의 어느 집단보다 강한 저항의 태도를 보이고 있다. 두 학술지에 발표된 이 분야에 대한 연구는 모두 두 편으로, 한 편은 신장지역 소수민족의 분리주의 운동의 현황과 그 영향력에 대한 연구이다. 다른 한 편은 국가의 소수민족정책의 특징과 전개과정에 대한 분석을 하고 있다. 개혁 이후 중국의 분리주의 운동이 보다 활발하게 전개되고 있기는 하나 중국정부의 분리주의에 대한 대응 역시 부분적인 문제와 반작용에도 불구하고 전반적으로 억지력과 통제력을 유지하고 있다. 따라서 현재의 분리주의 운동의 강도와 정부의 이에 대한 대응을 고려할 때, 분리주의 운동 자체가 아직은 중국의 국가분열을 초래할 수 있는 직접적인 변수는 아니라고 주장하고 있다. 그러나 분리주의 운동의 근본적 원인이 해결이 되지 않은 조건에서 분리주의 운동은 지속적으로 중국의 체제불안 요인으로 남을 것이라고 주장하고 있다(이동률 2003). 다른 하나는 중국의 소수민족정책의 형성과 전개를 동화와 융화라는 관점에서 살펴본 연구이다. 필자는 중국의 민족정책이 최종적으로는 민족동화를 목적으로 하지만, 그것을 실현하기 위한 과정에서 급진적인 동화와 온건적인 동화를 반복하여 전개해 왔으며, 이러한 민족정책의 변화는 각 시기별로 국가통합을 추진하는 민족정책의 목표와 국내정치 상황의 영향을 받으면서 전개되어 왔다고 주장하고 있다(박병광 2000).

• 도시기층사회

도시기층사회에 대한 연구 역시 국가와 사회와의 관계에 대한 연구의 중요한 한 부분이다. 이 영역에 대한 연구는 시장화와 함께 기존의 사회통제 구조의 변화와 도시 지역사회의 자율성의 확보라는 점에 주로 집중되어 왔다. 두 학술지에 이 분야와 관련하여 두 편의 논문이 있으나 이 두 편은 그 시각이 분명하게 대조되고 있다는 점에서 매우 흥미롭다. 즉 하나는 도시 주민위원회와 관련된 연구로, 필자는 개혁개방정책 이후에도 중국의 공산당과 정부는 주민들의 자치조직인 주민위원회를 통하여 주민들의 일상생활과 사회활동을 일일이 통제하고 있기 때문에 중국에서 시민사회가 출현하기 어려울 것이라고 주장하고 있다(조수성 2001). 반면에, 1990년대 말부터 단위제도의 해체와 함께 도시지역 사회의 조직단위로서 등장한 사구(社區)에 대한 분석을 통하여 시민사회의 성장 가능성을 강조하고 있다. 즉 개혁 이후 도시사회의 급속한 변화로 기존의 통치기제였던 가도판사처와 주민위원회의 역할의 한계로 사구라는 거버넌스 기제가 등장하였으며, 이를 통하여 거리지역에서 권력의 재조정을 시도하고 사회참여를 유도하고자 하였다. 그 결과 지속적인 경제발전과 사회안정을 유지하면서 도시기층에서의 국가와 사회관계를 변천시켰다고 주장하고 있다(김도희 2004).

• 기타 쟁점

상술한 사회적인 행위자 외에도 다양한 쟁점들을 통하여 시장화에 따른 중국의 시민사회의 성장과 이에 대한 정부의 통제에 대한 분석을 통하여 시민사회의 성장과 정치변화에 대하여 분석하고 있다. 우선 시장화에 따라 사회단체가 급속하게 성장하고 있지만, 당과 국가가 이처럼 급속하게 성장하는 사회단체에 대하여 3중의 통제를 가함으로써 자율적인 시민사회의 성장이 방해받고 있다는 분석이 있다(하도형 2005). 또한 파룬궁을 사례로 하여 대정부 저항의 수단으로서 인터넷의 역할, 그리고 이에 대한 정부의 강력한 통제에 대한 분석을 통하여 인터넷이 시민사회의 저항과 정부 통제의 중요한 매개변수가 되고 있다는 점을 지적한 연구도 있다(정재호 2000). 셋째, 인민대표대회와 촌민위원회 등 기층단위에서 이루어지는 선거에 대한 분석을 통하여 시민권 형성이라는 개념을 통하여 시민사회의 성장 및 이를 위한 과제를 규명하는 연구나 선거를 통한 시민사회의 성장 가능성을 강조한 연구들도 있다(이정남 2005 ; 2006 ; 김도희 2000). 마지막으로, 중국의 정치변화에 대한 전반적인 평가와 향후전망에 대한 연구도 주목된다. 즉 국가의 정치개혁과 시민사회의 저항운동, 그리고 해외의 체제압력 등 3가지의 주요 영역을 중심으로 중국의 정치변화를 개관하고, 향후 중국의 정치변화는 단기적인 관점에서 볼 때 지도부 내부의 균열이 결정적이라는 연구결과도 있다(전성흥 2001). 상술한 국가와 사회와의 관계에 대한 연구가 대부분 미시적인 분석에 치중하고 있는 점에 비추어 볼 때, 이 연구는 그동안의 중국의 정치변화를 한눈에 개관하고 향후 변화에 대한 전망을 이끌어내는 거시적인 접근을 하고 있다는 점에서 눈에 띈다.

• **평가**

상술한 바와 같이 중국의 국내정치에 관한 연구는 압도적으로 국가와 시민사회에 관한 연구로 집약되고 있다. 노동자, 농민, 군, 기업가 및 기업정책, 민족문제, 기층사회에 대한 미시적인 연구가 이루어지고 있고, 국가와 사회관계 및 정치변화에 대한 연구 등 다양한 영역에서 이루어지고 있다. 따라서 이 분야의 연구성과는 그 어느 분야보다도 눈에 두드러진다.

그러나 한계점 또한 있다. 첫째, 여전히 보다 다양한 영역과 주제로 연구를 넓혀가야 한다는 점이다. 즉 종교집단, 기업가와 경제단체, 관료나 경찰, 지식인과 의사, 변호사 등의 전문가 집단에 대한 연구가 아직까지 이루어지지 못하고 있다는 점에서 과제가 부각되고 있다. 둘째, 다양한 분야에 대한 미시적인 연구에 치우쳐서 국가와 사회의 관계에 대한 보다 포괄적이고 거시적인 모델의 모색이 과제로 부각되고 있다. 구체적이고 세부적인 주제에 대한 연구에 지나치게 치우친 나머지 각 세부적 주제를 연결시켜 분석하는 거시적인 연구가 부족하며, 따라서 특정 분야에 대한 세부적인 이해는 가능하나 사회 전체에 대한 보다 거시적인 이해가 어렵다는 난점이 있다. 따라서 다양한 세부적인 연구영역들을 포괄적으로 연결시켜서 이해할 수 있는 이론 모델의 설립이 주요한 과제로 제기되고 있다.

(5) 외교정책

단일 연구영역으로서 대외정책에 대한 연구는 한국의 중국정치 연구 중 가장 활발하게 진행되고 있는 연구영역이라고 볼 수 있다. 다양한 주제와 쟁점이 활발하게 연구되고 있으며, 또한 가장 많은 연구자층을 보유하고 있다. 구체적으로 연구를 영역별로 나누어 보면 한중관계, 북중관계, 중미관계, 중국과 EU관계 등 양자관계에 대한 연구가 8편으로 압도적인 비중을 점하고 있다. 두 번째로는 중국의 대외정책과 관련된 쟁점과 현황에 대한 분석이다. 즉 대외정책의 방향, 에너지, 환경문제, 세계화 등 구체적인 쟁점을 중심으로 한 연구가 10편으로 가장 중요한 비율을 점하고 있다. 세 번째로, 중국의 다자주의 외교에 대한 분석으로 두 편이 있다. 네 번째로, 중국의 국내정치와 대외정책과의 관련성에 대한 연구로 4편이 있다.

• 양자관계 연구

우선 한중관계에 대한 연구로, 중국의 경제적 부상에 대해 한국에서는 군사적인 측면의 중국위협론보다는 경제적 차원에서의 중국기회론을 바탕으로 지나치게 낙관적으로 평가하는 경향이 있는데, 이는 한중관계의 정립에 옳지 않은 결과를 초래할 것이라고 주장하는 연구가 있다(한석희 2003b). 또한 역으로 중국의 한반도 문제 전문가들의 연구에 대한 분석을 통해 중국의 한반도 문제 전문가들은 한중수교와 중국 내 학문적 자율성이 향상됨에 따라 한반도 전체로 연구범위를 넓히고 연구주제의 폭도 다양해지고 있으며, 이는 중국 내에서 한국에 대한 긍정적인 인식을 제고시키는 역할을 한다고 주장하는 연구도 있다(한석희 2003a). 무엇보다 눈에 띄는 것은 신현실주의 이론에 기초하여 중국의 대한반도 군사개입 논리를 설명한 논문이다(박홍서 2005). 논문에서 필자는 지난 5세기 동안 발생하였던 중국의 대한반도 군사개입(1592년, 1627년, 1894년, 1950년)의 논리를 신현실주의를 통하여 설명하고 있다. 이를 위해 그는 체제수준, 단위수준, 그리고 정책결정자의 인식수준을 포괄하는 구체적인 신현실주의 분석모형을 상정하였다. 그 결과 그는 중국의 대한반도 군사개입은 역내 세력변화와 정치화된 이슈들이 정책결정자들의 위협인식을 제고시키는 상황에서 제3국이 한반도에 군사침공을 하거나 또는 한반도 정치세력이 경쟁국과 연합하는 경우 감행되었다고 분석하고 있다. 이 논문은 대다수의 외교정책 관련 논문이 사실에 대한 설명이거나 기술적인 연구에 치우친 것과는 달리, 거시이론을 설립하고자 한 시도라는 점에서 매우 중요한 의의가 있다.

두 번째로 북중관계에 대한 연구로, 양빈사건을 사례로 하여 북한과 중국 간에 양국이 사건에 협의할 수 있는 합의채널이 없어 위기시 이를 타개하기 위하여 양국 간에 소통이 원활하게 진행되지 못하였다고 지적하고 있다(김흥규 · 최명해 2005).

세 번째, 중미관계이다. 중국의 급속한 성장이 세계체제의 힘의 분포에 끼치는 영향과 이러한 영향에 대응하거나 이를 이용하려는 미국과 중국의 시도, 그리고 이러한 요인들이 종합적으로 작용한 결과 나타난 중미 간의 상호작용 등에 대한 고찰을 통하여, 탈냉전기 중국과 미국의 갈등이 단순히 구체적 이익을 둘러싸고 두 국가 간의 갈등을 넘어 세계체제의 구조와 작동방식에 관한 경쟁의 성격을 띤다는 분석이 있다(김재철 2002). 또한 동맹안보 딜레마 개념을 통하여 북핵위기시 중국의 대미관계의 변화가 어떻게 일어나는지를 설명하고 있다. 강대국 약소국이 동맹관계를 형성하고 있는 상황에서 약소국이 제3국과 분쟁상황에 직면한다면, 강대국은 제3국으로부터 자국의 전략적 이익이 침해되는 수준에 따라 자국의 안보동맹 딜레마를 관리하려는 경향이 보인다는 이론적인 주장에 근거하여, 북핵위기시 중국의 대응 역시 북핵으로 인한 연루가능성과 북한의 동맹관계 이탈가능성을 동시에 최적화하는 방식으로 전개된다고 주장하고 있다. 즉 한반도의 비핵화와 아울러 대북제재 반대라는 두 가지 중국의 입장은 바로 이러한 의도를 나타내는 것이다(박홍서 2006).

네 번째, 중국과 EU관계에 대한 연구로, 나토군의 베오그라도주재 중국대사관에 대한 폭격사건 이후 1년간의 중국과 EU관계를 살펴보고, 필자는 중국과 EU관계가 피폭사건까지의 전면적 발전에서 피폭사건 후 일견 후퇴하는 양상을 보였으나 중국의 주도 하에 큰 영향을 받지 않고 계속 발전해 갈 것으로 보고 있다. 특히 필자는 이후의 중국과 EU간 관계의 변화를 이끌어낼 주요 변수로 EU의 대외정책에서 미국 변수의 재등장, 그와 연관된 인권문제의 재거론, 그리고 중국 서부개발과 연관된 무역과 투자문제를 들고 있다(이진영 2001).

• 다자관계 연구

1990년대 중반 이후 중국이 다자주의 외교에 대한 관심이 증가하고 다자주의 외교에 대한 참여가 본격화되면서 국제정치에서 중국의 다자주의 외교에 대한 연구가 본격화되어 왔다. 바로 이같은 맥락에서 두 학술지에서 두 편의 논문이 발표되었으며, 한 편은 상하이협력기구(Shanghai Cooperation Organization : SCO)에 대한 중국의 외교를 사례로 하여 다자외교에 대한 중국의 인식과 실천의 성격에 대한 분석을 하고 있다(류동원 2004). 다른 한 편은 동아시아 포럼(ASEAN Regional Forum : ARF)에 참여하고 활동하는 과정에서 나타난 중국의 외교형태를 분석하면서, 중국은 제도주의자들이 주장했던 바와 같이 외부의 영향에 의하여 자국의 안보이익을 제한하거나 타협하기보다는 오히려 ARF 내의 활동을 강화해 가면서 자국의 안보이익을 도모하려는 태도를 보여왔다고 평가하고 있다. 따라서 중국의 ARF에 대한 참여와 활동은 중국 대외형태의 주요한 변화이긴 하지만, 중국의 변화는 제도주의자들이 말하는 수용적인 변화라기보다는 현실적인 상황에 따른 전략적인 변화에 가깝다고 주장하면서, 중국의 다자주의 기제에의 참여는 자국의 전략적인 이익을 실현하기 위한 수단에 불과하다는 주장을 하고 있다(한석희 2002).

• 국내정치와 대외관계의 연계

중국의 대외관계 연구에서 대내의 정치 · 사회 · 경제적 요인과 중국 지도자의 대외인식은 국제환경적 요인과 더불어 대외정책의 결정과정에 영향을 주는 3대변수로 간주되고 있다(신상진 2000). 따라서 두 학술지에서도 대내적 요인과 대외적 요인을 상호 연계시켜 대외정책의 특징을 분석하고자 한 논문이 4편이 있다. 1950년 중국의 한국전 참전을 국내정치적인 요인을 통하여 설명하는 논문이 있다(김옥준 2002). 또한 1990년대 후반 반미와 반일을 중심내용으로 한 중국의 대중민족주의 추세의 폭발적인 성장에 대하여 분석하고 이것이 중국의 대외관계, 특히 중미관계에 어떠한 영향을 미칠 것인가에 대한 분석도 있다(이동률 2001). 이들 논문들이 모두 국내정치적인 요인이 어떻게 대외관계와 대외정책에 영향을 미치고 있는가에 대한 분석이라면, 한편 중국의 국제체제의 편입이 국내적으로 어떠한 영향을 미치고 있는가에 대한 분석도 있다. 즉 개혁개방 이후 중국의 국제군축 및 군비통제 기구 및 레짐에의 참여와 편입이 이 문제를 다룰 중국 내 군축전문가들의 양성과 국내제도들의 발전을 가져왔다는 것이다. 구체적으로 1980년대 후반 국제군축이 중요한 어젠다가 된 이래 중국 내 안보 관련 관료조직과 연구기관들은 연구와 교육 프로그램을 발전시켜 왔으며, 외교부, 인민해방군, 국방과학기술공업위원회가 군축관련 관료조직의 주된 행위자로 부상하였다는 것이다(차창훈 2002).

• 쟁점과 현안분석

중국의 대외정책 연구는 상술한 분야 외에도 다양한 현안과 쟁점에 대한 연구가 이루어졌다. 이 분야에 대한 연구에서 가장 많은 비중을 차지하고 있는 것은 중국의 대외정책의 방향과 성격에 관한 연구이다. 구체적으로 후진타오 체제의 대외정책의 방향과 성격을 분석하는 논문으로 화평굴기론에 대한 연구가 있으며(김애경 2005), 후진타오 체제의 한반도정책을 대북통일관과 6자회담에 대한 중국의 입장을 중심으로 분석한 논문이 있다(김재관 2005 ; 한석희 2005). 이처럼 중국의 정치지도자가 변화되면서 나타난 대외정책의 변화에 대한 연구는 중국의 대외정책 연구에서 단골 주제들이다. 그러나 중국이 WTO에 가입하고 세계체제로의 편입이 본격화되면서 이른바 중국의 대외정책 연구의 어젠다는 점점 확대되고 있다. 가령, 중국의 에너지정책과 동북아시아 협력문제를 다루는 논문이 있으며, 이는 기존의 중국의 대외정책의 연구에서 등한시해 온 에너지 문제를 외교정책이라는 관점에서 분석하고 있다는 점에서 매우 의미 있는 시도라고 볼 수 있다(주재우 2004). 또한 환경문제를 둘러싼 중국의 외교적 노력과 환경외교정책을 분석하고자 한 시도도 돋보인다(신상범 2005 ; 원동욱 2004). 마지막으로 세계화에 대한 중국의 입장과 시각, 특히 국가주권에 대환 시각에 대한 분석을 통하여 중국이 어떻게 국제질서와 공존을 모색하고 있는지에 대한 분석도 돋보인다(김재철 2000 ; 박사명 2002).

• 평가

상술한 검토에 기초해 볼 때, 지난 2000년 이래 국내 중국의 대외정책에 대한 연구는 양적으로 뿐만 아니라 질적으로도 엄청나게 성장해 왔다고 볼 수 있다. 우선 성과로서 다음과 같은 점을 들 수 있다. 첫째, 연구주제의 다양화와 새로운 어젠다의 발굴을 통하여 대외정책에 대한 이해의 폭을 확장시켰다는 점이다. 즉 전통적인 대외정책의 연구영역으로 외교와 안보영역뿐만 아니라 환경, 에너지 문제, 다자외교, 세계화의 문제 등 다양한 쟁점들을 통하여 이른바 세계화와 탈근대화의 흐름 속에서 중국의 변화되고 있는 대외정책의 성격과 특징을 분석하고자 하였다는 점이다.

둘째, 이론화의 필요성을 강조하면서 이 분야에서 일반 모델의 정립을 통하여 중국의 대외정책을 설명하고자 한 시도가 돋보인다. 우선 중국의 대외정책 연구와 관련된 기존의 이론적인 시도들을 총괄하고, 일반이론의 정립이라는 시각으로부터 출발하여 중국의 대외정책을 연구할 필요성을 강조한 논문은 기존의 중국의 대외정책과 관련된 이론적인 시도들을 한눈에 볼 수 있도록 하고 있다는 점에서 의미 있는 시도라고 볼 수 있다(차창훈 2003). 특히 박홍서의 신현실주의 이론과 안보동맹의 딜레마 이론을 통한 중국의 한반도 개입 및 중-미-북 간의 관계변화를 설명하고자 한 시도는 이론화의 시도가 거의 없는 국내의 중국 대외정치 연구에서 매우 돋보이는 성과라고 볼 수 있다.

그러나 상술한 긍정적인 요인과 달리 중국의 대외관계 연구는 여전히 많은 한계와 과제를 안고 있다. 첫째, 우선 각 영역별 연구에서 아직도 많은 주제와 쟁점에 대한 연구가 충분히 이루어지고 있지 못하다는 점이다. 특히 양자관계 연구에서 중일관계나 중러관계 등에 대한 연구는 그 중요성에 비해 연구가 전혀 이루어지지 않았다. 또한 다자주의 외교에 대한 연구도 ARF, SCO에 대한 연구로 한정되어 있으며, UN이나 WTO 등 지역적인 차원의 다자기제가 아닌 세계적인 차원의 다자기제에서의 중국의 활동과 역할 등에 대한 보다 확대된 연구가 이루어질 필요가 있다. 그 이외에도 세계화와 함께 나타난 외교행위자의 다원화, NGO 외교 등에 대한 보다 확대된 연구가 요구된다. 또한 대외정책 결정과정과 특징에 대한 연구가 전무하여 이 분야에 대한 연구의 개척이 시급히 요구되고 있다.

둘째, 특정 문제, 지역, 국가에 대한 중국의 인식과 행위에 대한 전망과 분석, 그리고 대중정책 고려사항 등이 주요한 관심영역으로 부각되고, 이에 대한 연구가 거의 모든 연구주제를 점하고 있다는 점이다. 이는 중국의 대외관계에 대한 연구가 사회과학으로서 학문적인 기여보다는 국가정책적인 고려에서 연구되고 있는 현실적 특징으로부터 그 원인을 찾을 수 있다.

셋째, 중국사회와 중국의 주변환경 등 여러 변수들을 종합적으로 연계시켜서 중국의 대외관계를 이론화하고자 한 시도가 매우 미흡하다. 지역연구자들에 의해 지역연구 차원에서 연구가 주도된 결과에서 기인한다고 볼 수 있다. 따라서 국제정치 일반이론의 정립이라는 관점에서 중국의 대외관계에 대한 연구에 더욱 더 집중해야 할 것이다.

Ⅳ. 평가와 과제

1. 평가

지금까지 지난 6여 년에 걸친 기간 동안 국내의 중국정치 연구동향을 연구주제와 영역을 중심으로 살펴보았다. 물론 『국제정치논총』과 『한국정치학회보』에 발표된 논문이 국내의 모든 중국정치 관련 연구성과를 대표할 수 있는가라는 의문을 제기할 수 있겠지만, 적어도 국내의 가장 권위 있는 대표적인 정치학 관련 학술지라는 점에서 여기에 발표된 논문들은 각 영역에서 중국정치 연구의 성과를 가장 질적으로 대표할 만한 논문들이라고 할 수 있다. 그렇다면 상술한 평가에 기초해 볼 때, 국내 중국정치 연구의 가장 큰 성과와 한계는 무엇인가.

우선, 중국정치 관련 논문이 두 학술지에 게재되는 비율이 급속하게 증가함으로써 양적으로 볼 때 여타 지역연구에 못지않게 한국의 정치학 연구에서 중요한 비중을 차지하게 되었다는 점이다.

둘째, 다양한 주제와 쟁점에 대해 구체적인 사실들에 근거하여 실증적인 연구를 수행함으로써 급속하게 변화하고 있는 중국의 경제와 사회의 변화, 이에 따른 정치적인 변화과정에 대한 포괄적인 이해를 제공해 주고 있다는 점이다.

셋째, 보다 세부적인 주제에 대한 미시적인 분석을 통하여 특정 사실이나 주제에 대하여 매우 생생한 이해와 정보를 제공하고 있다는 점이다.

그러나 이같은 성과에도 불구하고 최근 국내의 중국연구는 여전히 많은 문제점을 지니고 있다.

첫째, 우선 연구주제나 영역이 지나치게 특정 부문에 편재되어 있다는 점이다. 대부분의 연구성과가 국가와 사회의 관계 및 대외관계에 대한 연구에 집중되어 있다. 특히 정치문화나 이데올로기, 중앙정부와 중앙정치에 대한 연구는 매우 중요한 연구영역임에도 불구하고 관련 연구가 단지 1편에 불과할 정도로 연구성과가 부재한 실정이다. 이는 이 분야에 대한 연구가 여타 연구분야에 비하여 그만큼 자료의 발굴이 어렵고 시간과 노력 면에서 많은 비용이 들기 때문일 것이다. 따라서 이 분야에 대한 연구는 공동 프로젝트 수행 등의 방법을 통하여 공동으로 연구를 수행함으로써 초보적 수준이나마 연구성과를 축적해 나갈 필요가 있다고 본다.

두 번째, 최근 국내의 중국정치 연구는 당이나 중앙국가로부터 멀어져서 사회집단, 혹은 지방정부 등 보다 작은 단위에 대한 미시적인 분석에 집중하고 있다. 그 결과 특정 주제에 대한 아주 세밀하고 구체적인 이해는 가능하지만 구체적인 행위자와 전체를 아우르는 전체적인 이해, 즉 거시적인 정치·경제문제에 대한 설명을 제공하고 있지 못하다는 점이다. 다시 말하면 나무를 보되 숲을 보지 못하는 결과를 초래하고 있다는 점이다.

세 번째, 이론화를 위한 시도가 매우 부족한 실정이다. 중국에 대한 구체적인 분석을 희생함 없이 일반이론의 정립을 통하여 사회과학연구로 중국정치 연구를 통합시켜 가야 한다. 그러나 최근 6여 년 동안 국내의 중국정치 연구는 이론화의 시도라는 점에서 거의 어떠한 성과도 내고 있지 못하다고 볼 수 있다. 비록 대외정책 연구에서 일부 논자가 이론 정립의 중요성을 강조하고 이론 모델의 수립을 시도하고 있지만 대다수의 논문들은 특정 쟁점이나 현상, 주제에 대한 사실 분석에 기초한 기술적인 연구에 집중되어 있다. 이는 그동안 지역연구인가 정치학으로서의 중국연구인가 등 국내의 중국정치 연구 방향을 둘러싸고 무수히 많은 평가들이 등장하고, 정치학으로서의 중국정치 연구의 필요성이 강조되었지만 여전히 정치학으로서 중국정치 연구보다 지역연구로서 중국정치 연구에 더욱 더 치중하고 있음을 나타내 주는 것이라고 볼 수 있다. 결국 중국정치의 이론화를 강조한 제2세대와 비교할 때, 제3세대는 사회과학으로서 중국정치 연구, 즉 이론화 작업에 있어서 취약성을 드러내고 있다고 볼 수 있다.

네 번째, 연구쟁점을 둘러싼 논쟁이 부재하다는 점이다. 연구자의 수가 증가하고 연구논문의 수가 양적으로 팽창하면서 연구쟁점을 둘러싼 논쟁이 발생하는 것은 연구의 질을 제고하기 위하여 필수적이다. 그러나 국내의 중국연구는 쟁론이 부재하다. 이는 체면이 중요시되는 동양문화에서 쟁론을 통한 연구가 쉽지 않은 것도 하나의 이유가 될 것이다. 그러나 쟁론의 부재는 새로운 주제의 발굴과 선점이 곧 연구능력과 연구의 우수성을 뒷받침하는 것으로 간주되는 결과를 낳고 있다. 또한 연구자들 사이에 연구의 질을 둘러싼 상호 견제도 어렵게 만드는 결과를 초래하고 있다.

2. 과제

상술한 평가에 기초해 볼 때, 국내의 중국정치 연구는 그동안 양적으로 엄청나게 성장하면서 국내정치학 연구에서 그 비중이 점차 높아져 가고 있음을 알 수 있다. 그러나 이같은 발전에도 불구하고 중국정치는 사회과학으로서의 일반 이론의 정립을 목표로 하기보다는 여전히 중국과 관련된 특정 주제나 쟁점에 대한 특수한 연구에 집중함으로써 지역연구에 몰입되어 있는 상황이다. 따라서 질적인 측면에서 볼 때, 국내 정치학 연구와 발전에서 중국정치 연구가 점하고 있는 위치는 그다지 높지 않다고 볼 수 있다.

따라서 필자는 향후 국내의 중국정치 연구의 발전 및 정치학 연구의 발전을 위하여 중국정치 연구가 다음과 같은 방향을 지향해야 한다고 본다.

우선, 특정 주제에 편중되어 진행되고 있는 현재의 연구추세로부터 벗어나 다양한 주제와 쟁점에 대한 보다 포괄적인 연구를 진행해야 할 것이다. 이를 위하여 특히 기존에 소홀히 한 연구분야에 대한 관심을 증가시키고, 자료이용의 공유 및 적절한 연구방법론의 모색 등 이 분야에 대한 연구를 할 수 있는 조건을 만들어 가야 할 것이다. 특히 개인이 하기에는 너무나 많은 비용과 시간이 소모되는 연구영역들에 대해서는 공동 프로젝트의 수행을 통하여 연구의 영역들을 확장시켜 가야 할 것이다.

둘째, 지나치게 지역연구에 편중된 현재의 상황으로부터 사회과학 연구로써 중국정치 연구의 필요성에 대한 공감대를 확대해 가야 할 것이다. 현재의 중국정치 연구는 주로 중국에 대한 특정 쟁점이나 현안에 대한 특수한 연구에 몰입하고 있는 경향이 있으며, 따라서 일반이론의 정립과 모색을 목표로 한 사회과학연구로써 중국정치 연구가 상대적으로 소홀히 되고 있다. 이는 바로 중국정치 연구가 정치학의 발전을 선도하는 학문분야로 발전해 가는 데 장애요인이 되고 있다. 이 문제를 극복하기 위해서는 우선 국내의 연구자들이 정치학 연구로서 중국정치 연구에 대한 공감대의 형성을 이끌어내고, 그 지향점을 명확히 하는 작업이 선행되어야 할 것이다.

셋째, 분석수준에서 과도한 일반화나 지나친 미시적인 분석을 피해서 중범위수준의 분석을 통하여 각 영역들에 대한 구체적인 분석을 희생함 없이 사회과학적인 연구로서 중국연구를 통합시켜 가야 할 것이다. 또한 이를 가능하게 할 수 있는 적절한 방법론에 대한 연구도 확대해 가야 할 것이다.

넷째, 중국정치 연구자 집단 내에서 연구쟁점에 대한 논쟁을 활성화시켜 연구의 활력을 도모하고, 상호 비판과정을 통하여 연구의 질의 제고를 도모해야 한다.

다섯째, 중국이라는 특수한 문제에만 얽매이지 말고 다른 분야의 연구자들과 활발한 공동 연구활동을 모색해야 할 것이다. 이를 위해서는 정치학회 내의 다른 다양한 연구분과에 대한 관심을 증가시키고, 필요하다면 관련 분과에 참여하여 공동연구를 통해 다른 분야와 연구성과들을 적극적으로 공유할 수 있도록 해야 할 것이다.

참고문헌

김도희. 2000. "중국의 기층선거와 국가 사회관계." 『국제정치논총』 40집 2호.

______. 2003. "중국의 성장과 대만기업의 역할." 『한국정치학회보』 37집 5호.

______. 2004. "중국의 도시개혁과 기층거버넌스." 『국제정치논총』 44집 1호.

______. 2006. "중국의 한국연구 : 시각과 쟁점." 『동아연구』 50집.

김애경. 2005. "중국의 화평굴기론 연구 : 논쟁과 함의를 중심으로." 『국제정치논총』 45집 4호.

김영진. 2000. "중국의 비공식 노동운동 : 인적조직 전개를 중심으로." 『한국정치학회보』 34집 2호.

______. 2003. "중국정치 연구의 정체성에 관한 시론." 『국제지역연구』 6권 4호.

김옥준. 2002. "중국의 한국전 참전과 국내정치 : 참전의 대내적 요인과 영향을 중심으로." 『국제정치논총』 42집 1호.

김인 · 전병곤. 1996. "중국연구의 현황과 과제." 한국외대대학원지역연구회 편, 『지역학의 현황과 과제』. 서울 : 한국외대 출판부.

김재관. 2003. "중국 공산당의 새로운 농촌지배방식에 대한 연구 : 촌위와 촌당지부의 권력 관계를 중심으로." 『한국정치학회보』 37집 2호.

______. 2005. "중국 신지도부의 대한반도정책의 변화 : 대북정책과 남북통일관을 중심으로." 『국제정치논총』 45집 2호.

김재철. 2000. "세계화와 국가주권 : 공존을 향한 중국의 탐색." 『국제정치논총』 40집 3호.

______. 2000. "패권, 다극화, 그리고 중미관계 : 세계질서를 둘러싼 경쟁?" 『국제정치논총』 42집 4호.

김정호. 2004. "19세기 중국 중체서용적 개혁론의 의의와 한계 : 위원(魏源)의 정치사상을 중심으로." 『국제정치논총』 44집 3호.
김흥규. 2004a. "등소평시대 중앙-지방 관계: 재정부문에서의 정책 의도, 감찰, 보상 및 인사의 동학." 『한국정치학회보』 38집 2호.
______. 2004b. "중국이 정책결정과 민주집중제: 1980년대 합의의 정치형성과 제도화." 『국제정치논총』 44집 1호.
김흥규 · 최명해. 2005. "양빈사건과 북한, 중국관계." 『한국정치학회보』 39집 1호.
나영주. 2001. "중국 인민해방군의 경제활동과 당의 대군통제." 『국제정치논총』, 41집 4호.
류동원. 2004. "중국의 다자안보협력에 대한 인식과 실천: 상하이협력기구를 중심으로." 『국제정치논총』 44집 4호.
박병광. 2000. "중국 소수민족 정책의 형성과 전개: 민족 동화와 융화의 변주곡에 대하여." 『국제정치논총』 40집 4호.
______. 2002. "개혁기 중국이 지역격차문제: 한족지구와 소수민족 지구간 경제편차를 중심으로." 『국제정치논총』 42집 1호.
______. 2003. "중국의 정상외교와 강대국 관계 조정: 강택민시기를 중심으로." 『국제정치논총』 43집 2호.
박사명. 2002."세계화와 중국화: 세계화에 대한 중국의 시각." 『한국정치학회보』 36집 4호.
박홍서. 2006a "신현실주의; 이론을 통한 중국이 대한반도 군사개입연구: 1592, 1627, 1894, 그리고 1950년 사례를 중심으로." 『한국정치학회보』 40집 1호.
______. 2006b. "북핵위기시 중국의 대북안보동맹 딜레마 관리연구: 대미관계 변화를 주요 동인으로." 『국제정치논총』 46집 1호.
신상범. 2005. "경제적 세계화와 환경정책; 중국의 사례." 『한국정치학회보』 39집 2호.
신상진. 2000. "중국의 대외관계연구." 정재호 편. 『중국정치 연구론: 영역, 쟁점, 방법 및 교류』. 나남출판.
원동욱. 2004. "중국 환경외교: 역사, 원칙, 실제." 『국제정치논총』 44집 2호.
이계희. 2000. " 중국의 정치학과 정치개혁." 『한국정치학회보』 34집 3호.
이동률. 2000. "중국 서북 소지역 경제협력권의 형성추세의 대외전략적 의미: 신장자치구를 중심으로." 『국제정치논총』 40집 1호.

______. 2001. “중국의 민족주의가 대외관계에 미치는 영향－중미관계를 중심으로.” 『국제정치논총』 41집 3호.

______. 2003. “중국의 신장의 분리주의운동 : 현황과 영향력.” 『국제정치논총』 43집 3호.

이민자. 2001. “중국의 시민권의 제한정책과 농민공의 동화 : 북경과 주강삼각주를 중심으로.” 『한국정치학회보』 35집 3호.

이문기. 2004. “중국의 통신산업 자유화정책의 전개와 특징.” 『국제정치논총』 44집 3호.

이재훈. 2005. “1949－50년 중국 인민해방군내 조선인부대의 ‘입북’에 대한 북, 중, 소 3국의 입장.” 『국제정치논총』 45집 3호.

이정남. 2000. “중국의 시장화과정 중 향진기업의 발전과 지방정부의 역할 : 수난지역과 원저우지역을 사례로.” 『한국정치학회보』 34집 4호.

______. 2001. “개혁기 중국 농촌의 정치참여와 통제 : 촌민자치제를 중심으로.” 『국제정치논총』 41집 2호.

______. 2005. “중국의 기층선거와 정치적 시민권의 형성.” 『국제정치논총』 45집 1호.

______. 2006. “근대중국의 공화주의 정치체제의 등장과 정치적 시민권의 형성 : 제한된 정치적 시민권의 제도화를 중심으로.” 『한국정치학회보』 40집 1호.

이종화. 2006. “중국의 중앙성급 정부간 관계 변화에 관한 교환네트워크분석.” 『국제정치논총』 46집 1호.

이진영. 2001. “중국과 EU관계의 발전에 관한 연구.” 『국제정치논총』 41집 1호.

이호철. 2006. “중국 국유상업은행의 개혁 : 시장과 개혁간 이중게임으로서의 금융개혁.” 『국제정치논총』 46집 1호.

이희옥. 2005. “체제전환과 중국의 새로운 이데올로기의 모색.” 『국제정치논총』 45집 1호.

장윤미. 2004. “개혁시기 중국의 노조모델 : 구조와 역할 변화를 중심으로.” 『한국정치학회보』 38집 3호.

전병곤. 1994. “중국연구의 방법과 과제.” 『중국연구』 15집.

전성흥. 1996. “중국 국내정치 분야에 관한 연구의 동향과 발전 방향.” 백권호 · 이문형 · 이태환 · 전성흥. 『중국 정치경제에 관한 국내연구의 현황과 과제』. 서울 : 대외경제정책연구원,

______. 1998. "한국의 중국연구 : 현황과 과제." 이상섭 · 권태환 편. 『한국의 지역연구 : 현황과 과제』. 서울 : 서울대학교 출판부.

______. 2000. "중국의 국가와 사회관계연구." 정재호 편.

______. 2001a. "중국 정치체제 변화의 회고와 전망 : 주요영역과 추동 요인." 『한국정치학회보』 35집 4호.

______. 2001b. "중국 지방소유제구조와 정부와 기업관계 : 우석과 온주비교." 『국제정치논총』 41집 4호.

______. 2006. "지역연구로서 중국정치 연구 : 우리는 무엇을 어떻게 해야 할 것인가." 중국정치 연구회 발표문. 4월.

전성흥 · 이민자. 2000. "한국과 중국정치 연구." 정재호 편.

정재호 편. 2000. 『중국정치 연구론 : 영역, 쟁점, 방법 및 교류』, 서울 : 나남출판.

정재호. 2001. "파룬궁, 인터넷과 중국 내부통제의 정치." 『한국정치학회보』 35집 3호.

정재호 외. 2005. "한국에서 중국정치 연구의 재고찰 : 자료 방법론 및 담론을 중심으로." 『국제정치논총』 45집 2호.

정해용 · 박재욱. 2001. "시장체제하의 중국의 도시통치와 민주화." 『국제정치논총』 41집 1호.

정환우. 2000. "중국 농촌에서 발전과 낙후의 정치경제 : 강소성 내 낙후지역과 발전지역의 비교." 『한국정치학회보』 34집 3호.

______. 2003. "중국의 분권화개혁과 지방주도의 정치경제." 『국제정치논총』 43집 2호.

조수성. 2001. "정치변동하의 베이징 n통지역사회 : 주민위원회 활동을 중심으로." 『한국정치학회보』 35집 1호.

조영남. 1997. "중소연구를 통해서 본 한국에서 중국정치 연구." 『지역연구』 6집 1호.

______. 2000. "개혁기 중국 지방인대의 대정부감독." 『국제정치논총』 40집 2호.

주재우. 2004. "중국의 에너지 정책과 동북아 협력문제." 『국제정치논총』 44집 1호.

차창훈. 2002. "중국 국제체제편입의 국내적 영향 : 중국의 군축 및 군비통제인식과 제도변화." 『국제정치논총』 42집 4호.

______. 2003. "중국외교정책에 대한 이론적 평가." 『한국정치학회보』 37집 1호.

하도형. 2005. "중국의 사회단체에 대한 통제방식의 변화." 『국제정치논총』 45집 3호.

한석희. 2002. "ARF와 중국 : 중국이 안보적 구속에 대한 논의." 『국제정치논총』 42집 4호.

______. 2003a "중국에서 한반도연구 : 한반도문제 전문가들의 연구를 중심으로." 『국제정치논총』 43집 2호.

______. 2003b. "중국의 경제적 부상에 대한 한국의 새로운 시각." 『한국정치학회보』 37집 3호.

______. 2004. "중국의 부상과 책임대국론 : 서구와 중국의 인식적 차이를 중심으로." 『국제정치논총』 44집 1호.

______. 2005. "6자회담과 중국의 딜레마", 『국제정치논총』 45집 1호.

Joseph Fewsmith. 2001. *China since Tiananmen : the politics of transition*. New York : Cambridge University Press.

Cheng Li. 2001. *China's leaders : the new genreation*. Lanham. MD. : Rowman & Littlefield.

Lowell Dittmer and William Hurst. 2003. "Analysis in Limbo : contemporary Chinese politics amid the maturation of reform." *Issues & Studies* 38(4)/39(1) (December 2002/March 2003).

Harry Harding. 1994. "The contemporary study of Chinese politics : an introduction." *The China Quarterly*, No. 139(Sep).

Kevin J. O'Brien. 1990. *Reform without liberalization : China's National People's Congress and the Politics of Institutional Change*. New York : Cambridge University Press.

腓特烈・泰伟斯. 2004. "西方的当代中国研究." 『当代中国史研究』 12月号.

祝灵君. 2004. "中国研究 : 美国政治学界的几种新视角." 『国外社会科学』 第2期.

17 동남아 지역연구의 현황과 과제

이동윤(연세대학교)

Ⅰ. 문제제기

일반적으로 지역연구의 역사는 타지역에 대한 관심과 정보를 수집하는 과정에서 점진적인 진화와 발전을 거듭하여 왔다. 근대적 의미에서 지역연구는 '민족국가(nation state)' 개념이 확립되고 여행을 위한 교통수단의 발전이 이루어지면서 자신이 살고 있는 지역이 아닌 다른 지역에 대한 역사나 지리, 문화와 풍물 등을 아마추어적인 수준으로 탐구하는 것으로부터 시작되었으며, 제국주의 시대의 식민지 개척과 지배를 위한 정보와 자료를 축적하는 과정에서 역사적 발전이 이루어졌다고 평가할 수 있다(정해조 1998, 318). 지역연구를 굳이 "제국주의 시대를 잇는 '추악한 신조어(ugly neologism)'"(Said 1978, 53)라고 비난하지 않더라도 근대적 의미를 지닌 지역연구의 토대는 식민지 지배와 경쟁이 한창이던 19세기 말이나 20세기 초반부터 식민지 지역의 이름으로 명명된 학제가 등장하고 이들 지역에 대한 보다 심층적인 관심과 연구가 집중되면서 오늘날과 같은 본격적인 학문의 기반이 형성될 수 있었다.

동남아와 관련된 지역연구의 역사도 일반적인 지역연구의 역사적 진화과정과 크게 다르지 않아 그 형성과 발전의 길을 같이 하여 왔다. 아직까지도 지역연구는 그 학문적 역사가 짧아 혼잡스럽고, 덜 정돈되어 있으며, 미몽을 깨우치는 미지의 학문적 영역임에 틀림이 없지만(Reid 2004, 555), 지역연구가 근대적 의미에서 하나의 학문적 영역으로 자리잡아 나가는 과정 속에는 동남아 지역연구의 발자취도 함께 찾아볼 수 있다. 특히 현실적으로 지역연구가 현대적 의미의 학제적 영역으로 발전됨에 있어서 동남아 연구는 매우 중요한 역할을 담당하였으며, 오늘날에 있어서도 동남아 연구는 지역연구의 다양한 지역 범주들 중 가장 건전하고 흥미로운 영역을 형성하고 있는 것으로 평가되고 있다. 동남아 지역은 지역 자체가 내포하고 있는 정치적 변화와 경제적 역동성, 사회·문화적 다양성과 상대적 특수성, 인권과 환경문제, 그리고 역내 국가들 사이에 내재되어 있는 잠재적 갈등과 협력의 가능성까지 지역연구를 전공하고자 하는 학생들과 연구자들에게 매우 매력적인 지역 중 하나로 인식되고 있다(Halib *et al.* 1996, 1).

한편 한국에 있어서 동남아 지역연구의 역사는 비교적 일천하여 아직도 다양한 학문적 영역과 주제들에 대한 보다 심층적인 연구를 필요로 하고 있다. 한국에서의 동남아 연구가 아직도 뚜렷한 연구영역으로 자리를 잡지 못하고 미진한 까닭은 물론 서구 선진국들과 강대국들의 이론이나 연구경향만을 쫓는 한국의 학제별 연구·교육과정과 내용에도 주요한 원인이 있지만, 미국이나 유럽 등지에서 동남아 연구가 크게 활성화되었던 시기가 있었음에도 불구하고 한국이 그러한 연구경향을 따라가지 못하였다는 점은 의문스럽지 않을 수 없다. 이와 관련하여 동남아 지역연구의 한국적 상황과 연구경향을 파악한 연구들이 일부 존재하기는 하지만(조흥국 외 1998, 73-115 ; 조흥국 2001, 47-67 ; Park 2004), 현실적으로 해외 지역의 동남아 연구현황과 최근 경향들을 심층적으로 고찰한 기존 연구가 없다는 사실은 이러한 의문점에 대한 설명의 작은 실마리를 제공해 줄 수 있을 것이다.

이에 따라 본 연구는 한국적 상황에 국한되지 않고 보다 포괄적인 차원에서 동남아 지역연구의 현황과 문제점을 파악해 보고자 한다. 특히 본 연구에서는 지역연구로서 동남아 연구의 형성과 진화과정을 개괄적으로 살펴보고, 해외 지역에서 발간되는 주요 학술지의 최근 5년간 동남아 연구동향을 고찰하여 제반 문제점을 파악함으로써 이것이 과거 경향과 비교하여 어떤 변화와 지속성을 표출하고 있는가를 분석하고자 한다. 물론 동남아 연구의 최근 흐름과 연구경향을 고찰함에 있어서는 이것에 대한 옳고 그름에 대한 토의나 판단보다는 사회과학의 실용적 성질에 대한 자각과 이것의 목적이 연구기관이나 교육제도에 의해 얼마나 적실하게 이루어져 왔는가에 대한 논의가 우선적으로 토의되어야 할 것이다(Ooi 2004, 559). 이를 통하여 본 연구는 학문적 연구영역의 한 분과로서 동남아 지역연구가 향후 추진해야 할 새로운 연구방향과 과제를 보다 거시적인 관점에서 모색해 보고자 한다.

Ⅱ. 동남아 지역연구의 형성과 진화

현재의 동남아 지역이 하나의 지역이자 연구단위로서 일반화되기 시작한 것은 제2차 세계대전이 진행중이던 1943년에 미군이 군사적 고려에 입각하여 스리랑카 지역에 동남아 사령부(South-East Asia Command)를 설치한 이후부터이다(McVey 1995, 1 ; Hemmer *et al.* 2002, 591). 물론 그 이전에도 '동남아(Southeast Asia)'라는 지역적 명칭이 전혀 낯선 것은 아니었으나,[1] 이것이 지정학적으로 공식적인 개념으로 받아들여진 것은 이때부터이다. 당시 미국은 전쟁 이전인 1930년대부터 남미나 극동지역을 중심으로 한 학술 프로그램이 창설되어 동양문명사나 남미연구 등과 같은 프로그램이 운영되고 있었으나, 이러한 연구경향은 제2차 세계대전의 발발과 더불어 보다 본격적으로 지역연구의 형성과 발전으로 이어지게 되었다(Hall 1949, 1). 특히 전쟁을 수행하기 위해, 혹은 전쟁을 통해 습득된 정보와 지식의 축적은 근대 지역연구의 모태가 되었으며, 분과학문 사이의 폐쇄성을 뛰어넘는 연구방법의 발전을 가져오기도 하였다(정해조 1998, 319).

두말할 필요도 없이 지역연구를 학문적 영역으로 정착시키는 데 결정적인 공헌을 한 것은 미국이었으며, 미국의 지역연구 형성에 있

---

1 지정학적 개념으로서 '동남아(Southeast Asia)'라는 명칭은 이미 1839년경 미국인 목사인 말콤(Howard Malcom)이 쓴 여행기에 "South-Eastern Asia"라는 표현으로 등장하였고, 1923년 독일인 인류학자 겔더른(Robert Heine-Geldern)이 쓴 『동남아시아(*Sudostasien*)』에도 이러한 표현이 등장한 바 있다(조흥국 1999, 3).

어서 결정적인 의미를 지니는 시기는 제2차 세계대전이다(Reynolds *et al.* 1998, 39). 제2차 세계대전의 발발로 미국은 자국이 전쟁을 수행하는 지역에 대한 전문적인 지식과 정보를 필요로 하게 되었으며, 이러한 가운데 미국의 전략사무국(Office of Strategic Services)은 전쟁 수행을 위한 특수한 목적을 지니고 미국의 대학교들을 통해 다양한 지역연구 프로그램을 개발하게 되었다(Hall 1949, 1). 이에 따라 1943년 12월 컬럼비아대학교(Colombia University)가 일찍이 '지역연구'라는 표현을 처음으로 사용하기 시작하였으며, 같은 해에는 사회과학연구협의회(Social Science Research Council : SSRC)가 "사회과학에서의 세계지역(World Areas in the Social Science)"이라는 보고서를 제출하기도 하였다(야노 토루 1997, 22).[2] 냉전기간 동안 미국은 세계 여러 지역의 전문가들을 양성하기 위해 전국 대학교들 내에 특별교육 프로그램을 마련하였으며, 여기서 양성된 전문가들은 정보요원이나 군사장교로 활용되었다. 특히 1958년 '국가방위교육법'의 제정으로 미국은 보다 원활하게 지역연구와 관련된 다양한 교육 프로그램과 연구센터들을 각 대학교들 내에 설치할 수 있었으며, 이러한 교육 및 연구기관의 확대는 미국의 지역연구 발전에 커다란 밑거름이 되었다(이상환 2002, 111).

이러한 상황에서 동남아 지역은 제2차 세계대전 당시 미국이 일본과 태평양 전쟁을 수행했던 격전지였고, 이후 공산주의 확산의 위협에 따라 심화된 냉전의 한 축을 형성하였던 미국의 입장에 의해

---

2 1951년 출간된 자료에 의하면, 당시 미국 전역에는 28개 대학에 29개의 지역연구 프로그램이 운영되고 있었으며, 이후 1958년 의회에서 '국가방위교육법'이 통과됨으로써 지역연구 프로그램 숫자는 1964년에 146개, 1960년대 말에는 600여 개로 크게 늘어나게 되었다(정해조 1998, 319).

전략적 요충지이자 지역연구의 핵심적인 연구대상으로 부각되었다. 이에 따라 1947년에는 예일대학교(Yale University)가 처음으로 그동안 분화되어 추진되던 동남아 관련 각종 연구들을 종합하여 동남아 연구 프로그램을 설치하였으며, 1951년에는 코넬대학교(Cornell University)가 동남아 프로그램을 발족하였다(야노 토루 1997, 24). 1950년대 말부터 1970년대 초까지 미국에서는 미시간대학교(University of Michigan), 북일리노이대학교(Northern Illinois University), 메디슨의 위스콘신대학교(University of Wisconsin-Madison) 등을 중심으로 동남아 연구를 위한 주요한 연구 프로그램들이 설치되었다(Halib *et al.* 1996, 2).

그러나 그 이후 지금까지 미국의 지역연구, 특히 동남아 지역연구는 "학문으로부터 심리전으로(From Scholarship to Psy-War)"라는 추락과정을 거치면서 학문적 연구가 아닌 '국가정책의 시녀'로 전락하는 결과를 맞게 되었다(Duncanson 1971, 591-5). 제2차 세계대전의 수행이나 냉전을 위해 추진되었던 각종 정부 지원의 연구 프로그램이 운영되는 과정에서 학문적 존엄성은 상실되고 지역연구 자체가 오히려 비판적 검토의 대상이 되고 말았던 것이다. 특히 베트남전쟁을 거치면서 지역연구는 그 자체를 국책수행의 한 방편으로 보는 불행한 결과로 연결되어 '추악성'을 조장하는 요인으로 간주되었다는 사실을 부인할 수 없다(야노 토루 1997, 24). 또한 1960년대 사회과학의 주요한 연구풍토였던 행태주의적 접근방법의 부상은 전통적인 지역연구의 옹호자들과 현대적 사회과학자들 사이의 거리감을 증폭시켰다. 이른바 질적 연구와 양적 연구로 구별되는 이들 연구자들 사이의 방법론적 차이점은 지역연구의 영역과 방법론을 둘러싼 새로운 논쟁을 불러일으키기에 충분한 것이었다(이상환 2002, 113).

한편 유럽국가들의 지역연구와 동남아 연구는 과거 식민지 지배의 역사적 연원에 따라 미국의 그것보다 더 오랜 역사성을 형성하고 있다. 영국의 경우 1917년 동양학대학원(School of Oriental Studies)이 설립된 이래 1938년에는 동양·아프리카학대학원(School for Oriental and African Studies : SOAS)으로 전환되었으며, 1945년 이후 전반적인 교육 프로그램이 개편될 때까지 식민지에 근무할 관리와 민간인들에게 이들 지역의 언어교육을 실시하여 왔다(Wood 1968, 401 ; Halib *et al.* 1996, 2). 1945년 이후 동양·아프리카학대학원은 교육 프로그램을 개편하여 언어교육뿐만 아니라 해당 지역의 정치와 경제, 사회, 문화에 관한 교육을 병행하여 수행하였다. 1961년에 작성된 한 보고서에 따르면, 영국의 지역연구는 1945년을 기점으로 기본적인 언어교육 이외에도 아시아, 슬라브, 동유럽, 아프리카 지역연구의 확장이 강조되었으며, 미국의 지역연구 경향에 영향을 받아 지역연구 규모와 범위 확장, 지역연구소 설립, 지역에 대한 현대적 연구방법의 강화가 추진되었다(홍순호 1996, 355). 특히 제2차 세계대전 이후 미국을 중심으로 현대적 의미의 지역연구 경향이 확산되자 영국은 대규모 국가지원과 더불어 지역연구센터를 설립하고 미국식의 지역연구를 확대하였으며, 이에 따라 헐대학교(University of Hull)에 아시아지역연구센터가 설립되어 동남아 관련 지역연구가 활성화되기도 하였다(조기숙 1998, 12).

영국과 달리 프랑스의 지역연구는 고등교육기관이 국가 소유로 운영됨에 따라 국가 중심적 연구체계로 발전하게 되었으며, 특히 1955년 사회과학고등연구원이 미국의 록펠러 재단(Rockfeller Foundation)의 지원을 받아 아시아, 러시아, 인도, 이슬람 등에 대한 연구를 시작하면서 현대적 지역연구의 기틀을 마련하게 되었다(홍순호 1996, 354 ; 송도영 1998, 541-68). 프랑스의 사회과학고등연구원은 국립고등교육기관으로서 인문·사회과학 분야가 모여 있으며, 산하에 전문화된 부설연구소들과 더불어 국립과학연구원과도 긴밀한 관계를 유지하며 지역연구의 질적 향상을 위해 노력하였다. 이 연구원은 전공 중심의 편성과 지역연구를 위한 지역권별 편성이라는 이중구조의 운영방식을 갖추고 있으며, 박사과정만을 대상으로 하기 때문에 다른 곳에서 학부와 석사를 마친 사람들이 전공과 지역을 선택하여 지역전문가로서 교육을 받게 된다. 최근 사회과학고등연구원의 지역연구 동향은 서유럽과 동아시아, 중앙아시아, 중동 및 아프리카 지역 등에 관한 것이며, 이들 지역은 대부분 프랑스가 과거 식민지 지배를 통해 관계를 맺어온 지역이거나 새롭게 눈을 돌리고 있는 관심지역이다(조기숙 1998, 12).

지리적으로나 정치적으로나, 그리고 경제적인 이유에 기인하여 호주 또한 동남아 지역연구에 지대한 관심을 기울여 온 국가들 중 하나이다. 1965년에 호주는 멜버른(Melbourne)에 위치한 모나쉬대학교(Monash University)에 동남아연구센터(Centre for South-East Asian Studies : CSEAS)를 개설하였으며, 캔버라(Canberra)에 있는 호주국립대학교(Australian National University : ANU)에도 동남아 지역연구와 관련된 모든 학과에 동남아 출신 학생들을 유입하여 연구를 활성화시켰다. 호주국립대학교의 아시아·태평양학 연구대학원(Research School of Pacific and Asian Studies)은 대학원 교육과 연구지도를 맡고 있으며, 특히 아시아학과는 동남아 국가들의 언어 습득을 위한 학부교육도 제공하고 있다. 1980년대 이래 호주의 많은 대학교들이 아시아 연구와 관련된 각종 교육 프로그램들을 개설하였으며, 보다 최근 들어서는 머독대학교

(Murdoch University)의 아시아연구센터(Asia Research Centre)가 양질의 동남아 연구를 수행하고 있는 것으로 알려져 있다(Halib *et al.* 1996, 4).

동남아 지역과 지리적으로 가까운 또 다른 국가인 일본의 경우 대학교가 기존의 지역연구기관을 국가나 정부가 원하는 방향으로 재편하는 과정에서 절충적인 형태로 지역연구를 진행시켜 왔다(조기숙 1998, 13). 일본의 지역연구는 전후 복구사업이 어느 정도 진척되고 1960년대부터 도쿄(東京) 올림픽대회를 전후하여 국내 경제상황이 호전되자 아세아경제연구소를 신설하여 동아시아 국가들을 중심으로 한 경제적 동향 분석과 연구를 추진하면서 자리를 잡게 되었다(홍순호 1996, 356). 특히 일본의 지역전문가 양성제도는 일본사회의 국제화 논의와 더불어 1970년대 후반 이후 일본경제의 강력한 국제경쟁력과 누적된 무역흑자를 기반으로 하여 빠르게 발전할 수 있었다(이종구 1998, 509). 이에 따라 일본정부의 공적 개발원조(Official Development Assistance : ODA)를 보다 효율적으로 분배하고 해당 국가에 대한 각종 기술교육 및 개발, 여성문제 등을 담당하는 해외 전문가들을 양성하기 위해 1973년 설립된 일본국제협력사업단(Japan International Cooperation Agency : JICA)이나 국제협력사업단의 각종 프로그램을 지원하기 위해 1977년 설립된 일본국제협력센터(Japan International Cooperation Center : JICE) 등이 지역전문가를 양성하는 실무기관으로서의 주요한 역할을 수행하였다.[3]

지역연구와 관련하여 일본의 동남아 연구는 이미 1940년대 초 태

3 Http://www.jica.go.jp(검색일 : 2006/05/30) ; Http : //sv2.jice.org/index.php(검색일 : 2006/05/30).

평양전쟁을 수행하던 과정에서 연구의 토대가 수립되었으며, 이후 일본의 개발원조가 추진되던 1960년대부터 본격적인 연구가 수행되었다. 1963년 일본은 동남아 지역연구자들의 모임인 '동남아연구회'를 모체로 교토대학교(Kyoto University)에 동남아연구센터(Center for Southeast Asian Studies : CSEAS)를 설립하였으며, 이를 중심으로 동남아 지역에 대한 총괄적인 연구와 관리를 추진하고 있다. 동남아연구센터는 운영예산 전액이 문부성으로부터 지원되고 있는데, 동남아 지역의 현실적인 연구와 더불어 동남아 관련 각종 정보와 자료들을 보관하는 도서관과 후속세대 연구자들을 길러내기 위한 아시아·아프리카 지역연구대학원을 함께 운영하고 있다. 또한 동남아연구센터는 동남아 현지조사와 활동을 위해 태국의 방콕과 인도네시아의 자카르타에 연락사무소를 운영하고 있기도 하다(이종구 1998, 531-3 ; 이동윤 2002, 156-9). 이와 더불어 1974년 오사카(Osaka)에 설립된 국립민속학박물관(National Museum of Ethnology)은 산하에 지역연구센터(Japan Center for Area Studies)를 갖추고 세계 각지의 지역연구를 수행하기 위한 기초적인 학술연구를 진행시키고 있다. 특히 국립민속학박물관 지역연구센터는 인문·사회과학뿐만 아니라 지리학, 생태학, 토양학 등 지역연구에 필수적인 이학 분야의 연구를 함께 수행함으로써 지역연구의 모범을 보이고 있으며, 동남아 지역과 관련된 다양한 연구 프로그램들도 운영하고 있다(이동윤 2002, 162-5).

동남아 국가들에 있어서 동남아 연구로 불리는 지역연구가 성장하기 시작한 것은 각 국가들에 사회과학이 도입되어 성장하게 된 것과 그 역사적 맥락을 같이 하고 있다(Shamsul 2001, 179). 동남아 국가들에 있어서 동남아 연구 프로그램과 연구기관은 보다 다양한 요구를 충족시키기 위해 추진되었는데, 1960–1970년대 동남아 주요 국가들의 정부는 각국의 경제성장과 발전을 추진하기 위해 정치학과 경제학을 비롯한 사회과학의 주요 학문분과를 지원하기 시작하였다(Halib *et al.* 1996, 4 ; Saravanamuttu 2005, 88). 1973년 미국과 베트남 사이의 비밀조약으로 베트남으로부터 미군 철수가 결정되고 인도차이나 반도의 공산화가 본격화되자 아세안(Association of Southeast Asian Nations : ASEAN)을 중심으로 역내 국가들은 그들 상호 간의 이해와 협력을 증진시키기 위한 일환으로 동남아 연구를 활성화시키게 되었다. 특히 1971년에 설립된 싱가포르의 동남아연구소(Institute of Southeast Asian Studies : ISEAS)는 역내 지역은 물론 아시아권 내에서 동남아 지역을 포함한 세계 지역연구를 활성화시키기 위한 가장 체계적인 전문 연구기관으로 자리를 잡게 되었다.[4] 이와 더불어 1980년대 후반부터 1990년대에 이르러 민간부문의 연구소와 학제 간 연구가 늘어나게 됨으로써 동남아 국가들의 동남아 지역연구는 보다 다양한 목적과 주제들로 확산될 수 있었다(Shamsul 2001, 188–9).

1940–1950년대 지역연구의 초기 형성과정을 거쳐 1960년대에 이르자 지역연구와 관련된 다양한 연구 결과물들이 쏟아져 나오기 시작하였다. 이러한 경향은 동남아 연구에 있어서도 예외가 아니어서 1960년대 이래 정치, 경제, 사회, 문화 등 다양한 학문분과에서 동남아와 관련된 많은 연구 결과물들이 발표되었다. 그러나 이들 연구들

---

4 동남아연구소는 싱가포르국립대학교(National University of Singapore : NUS)와 연계하여 국내외 학생들에게 동남아 연구와 관련된 다양한 교육 프로그램을 제공하고 있으며, 동남아를 연구하는 국내외 학자들에게도 매우 중요한 연구기관으로 자리를 잡고 있다(Halib *et al.* 1996, 4–5 ; 홍순호 1996, 356).

의 대부분은 아직까지도 정치문화(political culture)나 근대화론(modernization theory)에 입각한 기초적인 설명과 국가의 특수성을 강조하는 수준에 머물러 있었다. 1970년대에는 인류학과 같은 현지조사와 정성적 접근방법을 강조한 연구 결과물들이 나타나기 시작하였으며, 이들 연구들은 정량적 접근을 통해 과학화와 이론화를 추진하던 사회과학의 당시 연구경향과 맞서기도 하였다. 1980년대 초반부터 고전적이고 비(非)마르크스주의적인 지적 전통 속에서 정치경제에 관심을 갖는 새로운 연구경향이 등장하였으며, 이들 연구들은 일본, 한국, 대만, 홍콩, 싱가포르에 뒤이어 말레이시아, 태국, 인도네시아 등 동남아 국가들의 급격한 경제성장에 주목하여 경제발전을 위한 국가의 역할을 강조하는 동아시아 발전국가론(developmental state theory)을 주창하기도 하였다. 또한 1986년 필리핀 민주화를 필두로 동남아 국가들 사이에서 민주화과정이 확산되자 이 시기를 전후하여 국가-시민사회 논쟁과 더불어 민주화와 정치체제 논의가 활성화되기도 하였다(McCargo *et al.* 1996, 214-20).

미국을 중심으로 볼 때 1960년대까지 활기를 띠었던 지역연구는 1970년대 말부터 점차 쇠퇴의 조짐이 나타나서 1990년대부터 전통적 의미의 지역연구는 사라질 운명에 처하게 되었다. 사실상 미국의 지역연구가 냉전과 함께 활기를 띠게 되었다는 역사성을 고려한다면, 이러한 현상은 어떻게 보면 자연스러운 현상일지도 모른다. 실제로 1996년에는 미국의 사회과학연구협의회와 학술단체협의회(American Council of Learned Societies : ACLS)에 합동으로 설치되었던 지역연구위원회가 폐지되었으며, 미국 국무부나 록펠러 재단, 포드 재단(Ford Foundation) 등의 재정지원이나 연구지원도 축소되기 시작하였다(홍순호 1996, 355 ; 조기숙 1998, 14). 결과적으로 미국의 지역연구가 위기를 맞이하게 된 것은 우선 태생적으로 근본적인 이유였던 국제체제의 냉전이 종식되면서 이와 함께 지역연구에 대한 정부의 예산 삭감이 이루어졌기 때문이다. 이와 더불어 시작부터 논란이 되었던 지역연구의 정성적 연구방법론에 대한 주류 학자들의 불신이 증폭되어 갔으며, 그동안 활발하게 이루어졌던 지역연구를 통하여 이제는 이차 분석이 가능할 정도로 일차자료의 축적이 어느 정도 이루어진 점도 무시하지 못할 원인이었다(조기숙 1998, 19-20).

그럼에도 불구하고 탈냉전 이후 1990년대를 전후하여 동남아 지역연구는 새로운 관심이 집중되고 있다. 그것은 탈냉전을 전후하여 동남아 역내 국가들의 민주화와 자유화, 경제성장과 경제위기, 그리고 이를 통한 정치·경제적 지역협력과 통합, 공동체 형성에 관한 논의들이 다양하게 확산되고 있기 때문이다(Huxley 1998, 234-7). 이와 더불어 2000년대에 이르러 미국의 '9·11 테러'가 발생하고 국제적으로 테러나 인권문제의 방지를 위한 다양한 정책들이 강화되자 동남아 지역의 다양한 갈등과 분쟁요인에 대한 또 다른 관심이 증폭되고 있다. 이에 따라 미국을 중심으로 한동안 축소되거나 중단되었던 동남아 연구 프로그램에 대한 재정적 지원과 관심이 다시금 확충되기 시작하였으며, 연구범위와 주제를 넓힌 보다 심층적인 고찰과 비교분석이 촉진되고 있다.

Ⅲ. 동남아 지역연구의 현황 : 최근 5년을 중심으로

2001년부터 2005년까지 최근 5년간 동남아 지역연구의 새로운 연구경향과 현황을 파악하기 위해 본 연구는 <표 1>에서 보는 바와 같이 아시아 지역을 연구대상으로 미국에서 발행되는 세 종류, 영국에서 발행되는 두 종류, 호주에서 발행되는 한 종류, 그리고 동남아(필리핀)에서 발행되는 한 종류의 학술지 등 모두 일곱 종류의 지역연구 전문학술지에 게재된 동남아 관련 연구논문들을 연구 대상으로 선정하여 개괄적인 분석을 시도하고자 한다.[5] 이들 학술지들은 많게는 연 6회, 적게는 연 3회에 걸쳐 정기적으로 발행되고 있는 학술지들이며, 동남아 연구논문들이 각호마다 다수 수록되어 있는 지역연구 전문지이다. 전체 세계지역을 포괄적으로 다루는 지역연구 학술지가 아닌 아시아 지역만을 연구대상으로 하는 학술지를 일차자료로 활용한 까닭은 이들 학술지들이 동남아 연구와 관련된 보다 전문적인 연구논문들을 많이 게재하고 있기 때문이다. 아울러 이들 학술지들은 지역적 범주가 동남아 국가나 지역으로만 한정된 동남아 전문학술지들과 달리 동남아 지역을 포함하여 동아시아 혹은 아시아 전반으로 지역 범주를 확산시킨 연구들의 주요 내용과 경향을 함께 파악할 수 있다는 장점이 있다. 이들 학술지들의 연구대상 선정 기준

5 여기서 *Asian Survey*의 각년 제1호(January/February)는 아시아 각 국가별 연간 현황이 종합적으로 게재되기 때문에 제1호의 논문들을 모두 제외하고, 제2호부터 제6호 사이에 게재된 동남아 관련 논문들을 연구대상으로 조사하였다.

〈표 1〉 동남아 지역연구의 현황 분석에 이용된 학술지 목록

발행국	학술지명	발행기관	발행횟수
미 국	*Asian Survey*	Institute of East Asian Studies, U. C. Berkeley	격월간
	The Journal of Asian Studies	Association for Asian Studies	계간
	Asian Affairs : An American View	Heldref Publications	계간
영 국	*Asian Affairs*	The Royal Society of Asian Affairs	연 3회
	Critical Asian Review	Routledge Press	계간
호 주	*Asian Studies Review*	Asian Studies Association of Australia	계간
필리핀	*Journal of Contemporary Asia*	Journal of Contemporary Asia	계간

은 동남아 지역연구를 전공으로 하는 국내외 몇몇 연구자들과 지인들에게 이메일을 통하여 그들이 자주 찾아보거나 인용하는 동남아 지역연구 관련 학술지 목록을 추천받아 활용하였으며, 이들이 추천한 학술지 목록 중 게재 논문들에 대한 접근이나 내용분석이 비교적 용이한 학술지들을 선택하여 연구대상으로 선정하였다.[6]

우선 <표 2>에서 보는 바와 같이 2001년부터 2005년까지 일곱 종류의 학술지에 게재된 동남아 관련 논문의 편수는 전체 게재논문 편수인 771편 중 201편을 차지하여 26.1%의 점유율을 형성하였다.

---

6 이와 더불어 이들 학술지들은 대부분 SCI(Science Citation Index)급 학술지들로서 그 이름이나 공신력이 국내외적으로 잘 알려져 있기도 하다.

〈표 2〉 동남아 관련 논문 게재편수 비교(2001–2005년)

		2001년	2002년	2003년	2004년	2005년	합계
미국	AS	6(40)	19(38)	12(35)	3(36)	8(40)	48(189)
	JAS	7(20)	3(27)	4(20)	2(21)	2(20)	18(108)
	AA	2(15)	2(12)	3(18)	3(12)	2(12)	12(69)
소 계		15(75) 20.0%	24(77) 31.2%	19(73) 26.0%	8(69) 11.6%	12(72) 16.7%	78(366) 21.1%
영국	AA	0(11)	0(10)	3(17)	2(15)	3(17)	8(70)
	CAR	5(23)	12(25)	4(22)	12(27)	12(22)	45(119)
소 계		5(34) 14.7%	12(35) 34.3%	7(39) 17.9%	14(42) 33.3%	15(39) 38.5%	53(189) 28.0%
호주	ASR	5(19) 26.3%	8(18) 44.4%	5(18) 27.8%	3(18) 16.7%	4(21) 19.0%	25(94) 26.6%
동남아	JCA	7(23) 30.4%	13(27) 48.1%	8(23) 34.8%	8(27) 29.6%	9(22) 40.9%	45(122) 36.9%
총 계		32(151) 21.2%	57(157) 36.3%	39(153) 25.5%	33(156) 21.1%	40(154) 26.0%	201(771) 26.1%

참고 : 괄호( ) 안의 숫자는 전체 논문편수

연도별로 비교해 보면 2002년 당시의 게재 비율이 36.3%로 가장 높은 비율을 차지하고 있는데, 이것은 2002년 출간된 *Asian Survey* 제42권 4호(July/August)가 "인도네시아 폭력의 유증(The Legacy of Violence in Indonesia)"이라는 특집 주제로 인도네시아의 폭력과 관련된 8편의 논문과 동티모르의 분리·독립을 다룬 1편의 논문을 수록하였고, 영국에서 발간되는 *Critical Asian Review*의 2002년도 제34권 4호가 캄보디아 특집으로 7편의 논문을 게재하였기 때문이다. 비교적 단기간에 걸친 5년 간의 연구동향이기 때문에 동남아 관련 연구논문 편수의 증감 추이를 정확하게 파악하기는 어려웠으나, 영국에서 발행되는 *Asian Affairs*를 제외하고 비교적 꾸준하게 동남아를 다룬 연구논문들이 수록되고 있음을 알 수 있었다. 한 가지 주목할 만한 사항은 역시 다른 지역에서 발간되는 학술지보다 동남아에서 발간되는 학술지인 *Journal of Contemporary Asia*에 동남아 관련 논문들이 보다 많이 게재되었다는 점이다.

동남아 관련 게재논문들의 연구대상에 있어서는 최근 5년간 인도네시아에 대한 연구와 동아시아 일반에 관련된 연구들이 가장 많이 이루어졌다는 사실을 알 수 있었다. 인도네시아 연구의 경우 물론 *Asian Survey*의 2002년도 제42권 4호가 특집으로 인도네시아와 관련된 8편의 논문을 수록하였기 때문이기도 하지만, 이들 논문들을 제외하더라도 29편으로 상대적으로 많은 수의 논문들이 인도네시아를 연구대상으로 다루고 있음을 알 수 있었다. 동아시아를 포함하여 아시아 일반에 관한 논문들도 같은 편수를 차지하였는데, 이것은 근래 들어 동남아나 아세안(ASEAN)을 포함하여 동아시아 지역협력 및 공동체 형성에 관한 논의들이 심화되어 다루어지고 있기 때문이다.

국가별 연구의 빈도수는 인도네시아, 태국, 베트남, 필리핀, 말레이시아 등의 순으로 많은 연구가 이루어지고 있는데, 이것은 동남아 지역에 있어서도 정치·경제적으로 중요한 비중을 차지하고 있는 국가 순으로 연구가 이루어지고 있음을 나타내는 결과이다. 특히 라오스나 브루나이의 경우 최근 5년간 한 편의 연구논문만이 등장하였으며, 동티모르의 경우 분리·독립이 확정되어 새로운 국가가 수립된 2002년을 기점으로 연구논문이 등장하였다. 이와 더불어 최근 5년간 동남아 지역연구에 있어서 국가 간 비교연구는 동남아 일반을 포괄

〈표 3〉 동남아 관련 논문의 연구대상(2001-2005년)

	2001년	2002년	2003년	2004년	2005년	합계
필리핀	3	1	4	1	5	14(7.0)
태국	2	5	8	3	5	23(11.4)
인도네시아	8	16	2	6	5	37(18.4)
말레이시아	3	5	2	0	3	13(6.5)
싱가포르	2	2	3	3	2	12(6.0)
베트남	2	5	4	2	2	15(7.5)
캄보디아	0	9	1	1	0	11(5.5)
라오스	0	0	0	0	1	1(0.5)
미얀마	0	0	1	1	5	7(3.5)
브루나이	0	0	1	0	0	1(0.5)
동티모르	0	2	2	0	0	4(2.0)
동남아 일반 (비교 포함)	3	1	3	2	4	13(6.5)
국제관계 (아세안 포함)	1	4	3	3	2	13(6.5)
아시아 일반 (동아시아 포함)	8	7	5	11	6	37(18.4)
합 계	32	57	39	33	40	201(100.0)

참고: 괄호( ) 안의 숫자는 전체 논문편수에 대한 백분율(%)

적으로 다룬 연구논문을 포함하여 13편으로 전체 연구의 6.5%에 불과하여 매우 미약한 수준임을 알 수 있었다. 또한 동남아 역내 국가들 사이의 외교정책과 국제관계를 다룬 연구논문 역시 13편으로 최근의 연구 관심이 동남아 역내관계보다는 역외관계에 집중되어 있음을 알 수 있었다.

최근 5년간 동남아 관련 논문의 연구주제는 다음의 <표 4>에서

〈표 4〉 동남아 관련 논문의 연구주제(2001-2005년)

	2001년	2002년	2003년	2004년	2005년	합 계
국내정치	9	18	16	5	8	56(27.9)
국제관계	3	9	7	8	11	38(18.9)
경제 일반	7	8	7	8	6	36(17.9)
사회 일반	9	16	4	10	13	52(25.9)
문화·예술	0	0	1	1	2	4(2.0)
역사	2	5	2	1	0	10(5.0)
문학	1	1	1	0	0	3(1.5)
지리	1	0	1	0	0	2(1.0)
합 계	32	57	39	33	40	201(100.0)

참고: 괄호( ) 안의 숫자는 전체 논문편수에 대한 백분율(%)

보는 바와 같이 국내 정치문제와 사회문제에 관련된 주제가 각각 56편과 52편으로 1, 2위를 차지하였다. 그러나 국제관계에 관련된 주제들 또한 정치학과 관련된 내용들이 대부분을 차지하여 국내정치 관련 주제와 국제관계 관련 주제를 합하면 모두 94편(46.8%)의 논문 주제들이 정치학에 편중되어 있음을 알 수 있었다. 1997년 경제위기 이후 한 동안 동남아와 관련된 연구주제로 많이 다루어졌던 경제(정치경제 포함)문제는 이제는 그 편수가 많이 줄어들고 있었으며, 세부 주제들 또한 과거 경제발전이나 위기를 내용으로 하는 주제들보다 역내·외 경제협력이나 통합과 관련된 주제들이 대부분을 차지하고 있었다. 연구주제와 관련하여 한 가지 흥미로운 점은 최근 5년간 동남아 관련 연구주제 중 지리학과 관련된 연구논문이 *Journal of Contemporary Asia*와 *Journal of Asian Studies*에 각각 1편씩 수록되었으며, 최근 들어 찾아

보기 어려웠던 문학과 관련된 주제의 논문들도 3편을 찾아볼 수 있었다는 점이다. 또 한 가지 흥미로운 점은 문화·예술과 관련하여 4편의 연구주제 중 일상적인 문화·예술 주제가 아닌 TV 미디어 관련 주제 1편과 태국 영화를 주제로 한 연구논문 1편이 각각 *Asian Studies Review*에 게재되었다.

최근 5년간 일곱 종류의 아시아 관련 학술지에 게재된 동남아 연구논문들을 살펴보면, <표 5>에서 보는 바와 같이 비(非)아시아인, 이른바 서구인으로 지칭될 수 있는 미국과 유럽 등지의 연구자들이 전체 연구자들의 과반수 이상인 66.7%로 가장 높은 비율을 차지하였다. 과거 연구자들의 연구현황과 관련된 기초자료가 없기 때문에 단언하기는 어려우나, 이러한 조사결과는 동남아와 관련된 연구가 여전히 서구 연구자들을 중심으로 이루어지고 있음을 알 수 있는 한 가지 단면이라고 생각된다. 다음으로는 동남아 연구자들이 전체 연구자들의 비율 중 22.4%를 차지하였으며, 동남아인이 아닌 다른 아시아 연구자들이 6.0%를 차지하였다.[7] 한 가지 아쉬운 점은 동남아인과 다른 지역 연구자들 사이의 공동연구 비율이 미약하다는 사실이다. 물론 최근 들어 특정한 연구주제를 중심으로 동남아인 연구자들과 다른 지역 연구자들 사이의 합동연구를 통한 다양한 연구서들이 출간되고 있지만, 이러한 연구서들 역시 공동으로 논문을 작성하기보다는 공동의 문제에 대한 각자의 시각을 서술하거나 각 국가별 분석을 개별적으로 진술한 논문들을 하나로 엮어 놓은 것에 불과하여 진정한 의미의 공동연구로 보기는 어려운 실정이다.

---

[7] 이들 연구자들의 대부분은 인도인과 일본인, 한국인들이 차지하고 있었다.

〈표 5〉 동남아 관련 논문의 연구자 구분(2001-2005년)

	2001년	2002년	2003년	2004년	2005년	합 계
비(非)아시아인	20	39	25	22	28	134(66.7)
아시아인	2	4	4	2	0	12(6.0)
동남아인	7	11	10	8	9	45(22.4)
공 동	3	3	0	1	3	10(5.0)
합 계	32	57	39	33	40	201(100.0)

참고 : 괄호( ) 안의 숫자는 전체 논문편수에 대한 백분율(%)

Ⅳ. 동남아 지역연구의 과제 : 변화와 지속성

최근 5년간 아시아와 관련된 일곱 종류의 지역연구 학술지에 게재된 동남아 연구논문들의 현황을 살펴본 결과, 동남아 지역연구와 관련하여 과거부터 지적되었던 몇 가지 문제점들의 변화와 지속성을 발견할 수 있었다. 우선 첫 번째로 동남아 연구와 관련된 연구 시각과 연구자들의 지역적 편중성 문제이다. 흔히 지역연구는 기본적으로 '강한 공간'의 지성주의적 문화에 입각하여 만들어진 학문이라고 말할 수 있다. 그런 의미에서 지역연구는 20세기의 시대적 요청에 의해 태어났다고 하는 피구속성을 지니고 있으며, 20세기 최고의 강한 공간인 미국이 동시대적 상황의 세계적 흐름에 대응하기 위해 만들어낸 정책과학인 셈이다(야노 토루 1997, 21). 이에 따라 동남아 지역연구에 대한 서구적 이론과 시각의 편중성은 아마도 당연한 현상이며, 특히 전후 동남아 연구에 대한 미국적 시각의 영향력이 지대하게 작용하여 왔다는 사실을 부정할 수 없다(McCargo *et al.* 1996, 212-3). 이른바 '근대화'로 명명된 동남아 국가들의 정치·경제적 성장과정과 이에 대한 연구는 이미 연구의 초기 과정부터 강한 공간으로부터의 시각적 편향성과 왜곡에 직면할 수밖에 없었다.

물론 제2차 세계대전 이후 탈식민화와 국가형성의 진전에 따라 과거 서구적 시각에 입각한 제국주의적 오리엔탈리즘(Orientalism)의 구조적 기반은 이미 와해되었으며, 최근에는 미국의 패권적 위상이 약화되고 동남아의 국제적 위상이 강화됨에 따라 동남아 연구의 중심이 종래의 미국으로부터 동남아 각국은 물론 유럽, 일본, 호주 등으로 광범위하게 다극화되고 있다는 주장도 있다(Anderson 1992). 사실상 사회적·경제적 근대화가 정치적·문화적 서구화를 의미하는 것은 아니며, 근대화로 인한 정체성의 위기의식이 오히려 서구화에 대한 반동으로 종교적·문화적 토착화를 추동한다는 논의 또한 일면 가치 있는 주장이다(박사명 1999, 83). 오늘날 냉전체제의 붕괴와 패권구조의 약화라는 지역외적 변화와 경제발전 및 지역협력이라는 지역내적 변화는 동남아에 관한 역사적 타율성을 강조하는 '외재적' 시각으로부터 역사적 자율성을 강조하는 '내재적' 시각으로의 전환을 가져왔다는 것이다(조흥국 외 1998, 96).

그러나 이러한 연구관점과 시각적 변화에도 불구하고 동남아 지역연구가 여전히 서구 중심적 관점과 시각에 편중되어 있다는 비판은 동남아를 연구하는 연구자들의 인적 구성이나 국적, 그들의 소속 등을 통해서도 쉽게 찾아볼 수 있다. 물론 동남아를 연구하는 대다수 연구자들은 서구 중심의 외재적 시각이 아닌 동남아 중심의 내재적 시각을 강조하고 있으며, 그동안 서구가 아닌 동남아 출신 연구자들의 숫자가 상대적으로 증가해 온 것도 사실이다. 하지만 이들 동남아 출신 연구자들도 마찬가지로 미국 등 서구 국가들로부터 서구식 관점과 접근방법을 이용한 교육을 받게 됨으로써 시각적으로 서구화되었다는 비판을 면할 수 없다(McVey 1995, 2-4 ; Reynolds *et al.* 1998, 13).[8] 최근에는 동남아인 스스로가 다른 동남아 국가들을 알기 위한 지역연구를 점진적으로 확산시켜 나가고 있으나, 인식론적 차원에서 이들의 이론적 접근방법이나 시각들도 대부분 미국적인 혹은 서구적인 차원으로 편중되어 나타나고 있다는 것이다(Shamsul 2001, 177-178). 그래도 한 가지 다행스러운 사실은 근래 들어 미국에서 동남아 연구가 다시 부활되고 동남아 지역을 연구하는 학생들도 지역적으로 분산되어 나타나고 있다는 점이 긍정적으로 평가될 수 있을 것이다(Ooi 2004, 560).

두 번째로 지적되고 있는 동남아 지역연구의 문제점은 연구방법의 모호성과 연구분야의 편중성 및 한정성이다. 지역연구는 당초 명확한 과학적 규준을 갖춘 연구 프로그램으로 출발했다기보다는 지극히 모호한 연구풍조에 따라 비교적 산만하게 전개되어 왔다고 해도 과언은 아니다. 즉, 정치학 · 사회학 · 인류학 등 사회과학 전반에 걸쳐 특정 지역이나 국가 내에서 표출되는 다양한 정치 · 사회적 현상들에 대한 비교연구 내지는 국가 사례연구를 지역연구라는 명칭으로 포괄적으로 지칭하였기 때문에 그 영역과 방법에 있어서도 과학적

---

[8] 예를 들어 지역연구의 주요한 부문을 차지하는 정치학의 경우에도 동남아 많은 국가들의 정치학이 미국으로부터 그대로 유입되어 발전되었다는 점은 부정할 수 없는 사실이다(Limmanee 2005, 127 ; Caoili 2005, 138).

경계성이 모호한 문제점이 있다는 것이다(김웅진 2002, 23). 특히 지역연구는 학문으로서의 위상이나 기존 학문분과들과의 관계가 아직까지 불명확하며, 무엇보다도 기존 학문들과의 이해관계 때문에 당분간 확정적인 학문분과로서 인정받기는 어려울 것으로 보인다. 이러한 가운데 비교적 '느슨한' 학문적 분석틀과 방법론을 가진 지역연구는 학제간 폭넓은 연구의 장(場)을 제공하면서도 다른 한편으로 연구결과의 질적 한계와 문제점을 야기시키고 있다(조흥국 2001, 48). 지역연구의 이러한 문제점은 동남아 연구에 있어서도 예외가 아니어서 연구방법이나 분석틀, 연구의 기준과 해석방법 등을 둘러싼 다양한 논쟁이 지속되고 있다.

이와 더불어 지역연구에 있어서는 오래 전부터 학제간 연구의 필요성이 강조되어 왔지만, 그 방법론적 한계로 인하여 여전히 학문적 정체성이 확립되지 못하고 있다. 전후 미국에서의 지역연구는 대학교에서보다 군사학교에서 정책적·전략적 차원으로 점령지 또는 새로이 미군이 주둔될 지역에 대한 종합과학적 연구와 상이한 학문분과 사이의 협동연구를 통해 이루어짐으로써 학제간 연구의 성격을 강하게 표출하여 왔다(홍순호 1996, 336). 문제는 그동안 지역연구의 학제간 연구를 위한 다양한 연구방법이 모색되었지만, 기존 학문분과들 사이의 존재론적 한계로 인하여 큰 진전이 이루어지지 못하였다는 사실이다. 지역연구는 사회과학의 학문분과들뿐만 아니라 언어학, 역사학을 포함한 인문학은 물론 박물학이나 농학, 생태학 등과 같은 다양한 학문분야의 총체적 결합을 통해 구성되어진다(쓰보우치 요시히로 1997, 81-3). 그러나 전통적인 연구방법과 패러다임 속에서 다소 산만하게 진행되고 있는 지역연구의 느슨한 방법론 속에서 각각의 연계성을 찾아 이것을 체계적으로 통합하는 것은 근본적으로 불가능한 작업으로 여겨지고 있다(권세은 2004, 144-5). 이에 따라 동남아 연구에 있어서도 기존의 학문분과들과 지역연구 사이에 제반 접근방법과 시각을 둘러싼 다양한 충돌현상이 나타나고 있다(Shamsul 2001, 182).

또 한 가지 우려스러운 사실은 지역연구가 지니고 있는 현실주의적 성향이 지나치게 강조되어 학문적 편중성이 야기되고 있다는 점이다. 과거 지역연구의 초기 과정에서는 인문학적 접근방법이 우세했지만, 점차 시간이 지남에 따라 사회과학적 연구방법이 우세하게 되었다(권세은 2004, 131). 지역연구를 사회과학으로 한정하는 것은 지역연구에 대한 관심이 고조된 베트남전쟁 당시 다른 사회에 관한 종합적인 정보제공자로서 미국 학계가 대처한 현실주의적 상황의 영향일 것이다. 제2차 세계대전 이후 베트남전쟁의 종결에 이르기까지 '동남아 연구의 메카'를 자처하던 미국의 동남아 연구는 기본적으로 자국의 국가이익에 의해 규정되었다. 이에 따라 동남아 연구의 정책지향적 편향은 정치학과 인류학을 비롯한 사회과학의 과대성장과 문학과 예술을 비롯한 인문학의 과소성장을 초래하였다(Keyes 1992 ; Scott 1992 ; McVey 1995, 4-5). 특히 미국의 동남아 연구에서 나타나는 이러한 현실주의적 편향성은 동남아에 대한 전략적 이해관계가 약화되는 1970년대 후반부터 동남아 연구의 정체를 초래하였고, 냉전이 와해된 1990년대에 이르러서는 연구 자체의 위기의식이 고조되는 상황에까지 이르게 되었다(Hirschman 1992). 결국 지속적으로 요구되는 정책적 필요성이나 현실주의적 한계를 극복하고 보다 폭넓은 학문분과 내에서 다양한 연구주제를 개발하는 것만이 동남아 지역연구의 지속성과 보다 알찬 연구 성과를 담보하는 방법일 것이다(McVey 1995, 7

−8).

마지막으로 동남아 지역연구에서 나타나는 또 다른 문제점은 비교연구에 대한 지역적 경직성과 제한성이다(McCargo *et al.* 1996, 213; Reynolds 1998, 51−3). 현실적으로 동일한 지역 내의 연구대상을 골라 국가 간 사례 비교를 추구하는 비교연구와 달리 지역연구는 한 국가의 사례만을 다루는 사례연구(case study)가 대종을 이룬다. 물론 지역연구가 반드시 단일 사례만을 다루는 것은 아니며, 지역연구 자체가 비교연구의 한 범주로서 이론화와 관련된 연구전략의 일환으로 간주되기도 하지만,[9] 현실적으로 대부분의 지역연구는 하나의 국가를 단일 사례로 하는 사례연구에 집중하고 있다(신윤환 1998, 446−7). 특히 인류학자들은 객관적 평가기준이 결여되어 있는 해석의 자의성에 대한 실증주의자들의 강력한 비판에도 불구하고 지역연구만이 가진 장점을 최대한 활용하여 인식론적 공감을 통해 현실 세계를 이해하고 그 의미구조를 밝히는 자유로운 '해석'작업을 확장시켜 왔다(Dallmayer *et al.* 1977). 이에 따라 동남아 지역연구에 있어서도 이러한 연구방법의 지적 전통은 지속적으로 확장되어 정량적 분석이나 비교연구가 지양되고, 오히려 인류학적 접근방법에 의한 정성적 연구방법만이 지역연구의 본질인 양 주장되어 왔다.

현실적으로 지역연구가 갖는 가장 큰 문제점은 지역 간 혹은 지역 내 교차적 비교연구를 허용하지 않는 연구방법의 경직성에 있다. 지

---

9 한 국가에 초점을 맞춘 사례연구는 비교연구가 아니라는 주장도 존재한다. 그러나 한 국가 내에서 하위단위들 사이의 비교분석, 단일 단위 내의 시계열적 분석, 단일 사례에 대한 가설 검증 등의 연구도 비교분석에 포함될 수 있다(Sigelman *et al.* 1983, 275−305; 신윤환 1998, 455 재인용).

역연구가 처음 탄생할 즈음 미국의 정치학자들은 실증적이고 정량적인 연구방법을 추구하여 정치학의 과학화를 추구하였다. 이러한 가운데 지역연구에 참여한 또 다른 정치학자들은 인류학적 참여관찰을 통한 정성적 연구방법을 추구하였으며, 이러한 연구방법은 기본적으로 언어에 대한 이해, 1년 이상의 현지조사, 문화와 역사에 대한 이해 등을 바탕으로 내부자적 관점에서 연구대상인 지역이나 국가를 이해하고 연구하는 것이었다(조기숙 1998, 17-8). 이러한 연구방법의 차이는 궁극적으로 연구시각과 밀접한 상호 관계 아래 제기된 문제로서 보편주의(universalism)와 상대주의(relativism) 논쟁을 불러일으키게 되었다(Buck 1991, 29-34). 즉, 보편주의가 문화적 가치나 사회적 특징의 보편성을 강조하여 주로 교차문화적(cross-cultural) 비교를 통한 이론적 일반화를 추구한다면, 상대주의는 문화적 가치의 특수성을 부각함으로써 주로 해석학적 방법을 통한 심층적 이해를 추구하는 것으로서, 결국 이러한 연구방법의 대립은 동남아 지역연구에 있어서도 교차적 비교연구를 지양하고 한 국가를 중심으로 한 심층적 사례연구에만 치중하게 만들었다(조흥국 외 1998, 97).

물론 어떠한 연구자도 한 지역에 포함된 모든 국가들에 대한 실질적인 전문가가 될 수 없으며, 선택된 지역의 모든 국면에 관한 전문가가 될 수도 없다(Ooi 2004, 557). 특히 다양한 민족, 언어, 종교, 그리고 역사적 경험을 포함하는 동남아를 하나의 지역적 단위로 포괄할 수 있는가에 대한 근본적인 의문이 제기될 수 있다. 불교문화권이자 오랜 중앙집권적 왕조사의 전통을 갖는 동남아 대륙부와 이슬람 문화권이자 수많은 부족국가 혹은 술탄왕국으로 균열된 정치적 전통을 갖는 동남아 도서부를 어떻게 하나의 지역으로 연결시킬 수 있느냐는 근본적인 의문이 그것이다(조흥국 외 1998, 73). 현실적으로 문화와 종교, 정치, 경제 등 동남아만큼 다양한 분화가 이루어지고 통합된 체제나 공통점이 희박한 지역도 별로 없을 것이다. 따라서 동남아를 하나의 일반화된 용어나 이론적 시각으로 설명하는 것 자체는 많은 어려움이 따르고 있는 것이 사실이다(McCargo *et al.* 1996, 207-8).

그럼에도 불구하고 지역연구의 이러한 연구방법은 너무 지나치게 협소한 문제에만 치중하여 지역적·국가별 특수성만을 강조하게 되고, 사회과학적 이론화의 한계를 노정하게 된다는 비판을 받고 있다. 즉, 문화적 상대주의는 상호 비교가 가능한 문화의 상대적 차별성까지도 상호 비교가 불가능한 문화의 절대적 차별성과 동일화함으로써 문화의 보편성은 간과한 채 특수성만을 과장한다는 비판이 그것이다(조흥국 1998, 73). 따라서 동남아 지역연구는 동남아가 지닌 보편성과 특수성에 대한 문제의식을 바탕으로 변화와 연속성을 함께 고려해야 할 것이다. 즉, 정치학적 지역연구의 핵심적 문제의식은 다양한 문화적 전통에 적실한 이상적 정체체제의 모색에 있는바, 문화적 특수성과 정치적 보편성의 상호관계가 재정립되어야 한다는 것이다. 문화적 다원주의가 변호하는 문화적 특수성과 정치적 다원주의가 대변하는 정치적 보편성은 모든 문화적 전통의 또 다른 측면인 문화적 보편성을 통해 매개될 수 있다. 문화적 보편성과 특수성 가운데 상대적으로 보편성은 축소되고 특수성이 과장될 경우, 이것은 오히려 문화적 충돌과 같은 곤경에 직면할 수 있다. 이러한 곤경은 결국 보편성과 특수성의 문제로 환원되며, 그러한 문제는 정치체제에 천착하지 않을 수 없는 정치학의 경우에 더욱 더 심각하다(박사명 1999, 69-70).

결과적으로 지역연구에 있어서 지역이라는 공간은 시간과 공간을 향해 한없이 열려 있기 때문에 결코 완결될 수 있는 성질의 것은 아니다. 따라서 지역연구는 '일반화된 특수화(general particularlization)'를 강조하기보다는 '특수화된 일반화(particular generalization)' 및 '구체적인 보편성'을 함께 고려하고 시도하는 것이 바람직하다(권세은 2004, 144). 특히 동남아 지역연구에 있어서 그동안 다량으로 축적된 특수성의 국가별 사례들은 오히려 국가 간 비교연구와 지역적 보편성을 추진하기 위한 효과적 자료로도 활용될 수 있을 것이다. 역내 국가별로 천착되어 있는 연구자들의 개별적 경험이나 잘못된 고정관념을 상쇄시킬 수 있는 연구방법 또한 결국 국가 간·지역 간 비교연구를 통해 지역적 공통점과 보편성을 확립하는 것으로 귀착되고 있는 것이다.

V. 맺음말

일반적으로 동남아 연구는 지역연구의 역사적 형성 및 발전과정과 그 맥을 같이 하여 왔다고 논의되고 있다. 특히 현대적 의미의 지역연구가 제2차 세계대전을 거치고 냉전체제와 베트남전쟁을 수행하는 과정에서 미국의 정략적 이해관계에 따라 확립되고 확산되었다면, 동남아 지역연구는 분명히 현대적 의미의 지역연구를 선도해 왔다고 주장하여도 과언이 아닐 것이다. 그럼에도 불구하고 지역연구는 다른 학문분과들과 비교하여 그 역사가 일천하고 아직까지도 완전하게 정리되지 않은 미완의 학문이기 때문에 많은 문제점들이 지적되고 있는 것 또한 사실이다. 따라서 동남아 지역연구와 관련하여 최근의 연구동향을 살펴보고 제반 문제점들을 진단하는 것은 단순히 동남아 지역연구의 현황을 파악하는 것뿐만 아니라 지역연구 자체의 현황과 문제점을 점검한다는 차원에서도 많은 도움이 되리라 생각된다.

최근 5년간 미국, 영국, 호주, 동남아(필리핀) 등지에서 발간되는 아시아 지역연구 전문학술지에 게재된 동남아 연구논문의 근황을 살펴본 결과 동남아 지역연구는 연구시각 및 연구자의 지역적 편중성, 연구방법의 모호성과 연구분야의 편중성 및 한정성, 그리고 비교연구에 대한 지역적 경직성과 제한성 등의 문제점을 노정하고 있음을 발견할 수 있었다. 우선 연구시각 및 연구자의 지역적 편중성에 있어서 서구적 관점의 연구시각은 많이 사라졌다고 주장되고 있으나, 아직까지도 연구자의 과반수 이상이 서구 출신의 학자들로 편중되어 있었다. 연구방법의 모호성이나 연구분야의 편중성 또한 지역연구 자체가 추구하는 학제간 연구방법에도 불구하고 정치학이나 사회학, 인류학 등 사회과학의 특정 학문분과로 편중되어 학문적 정체성을 확립하는 문제가 시급한 과제임을 알 수 있었다. 그리고 마지막으로 비교연구에 대한 제한성은 그동안 지역연구 자체가 강조하여 온 연구방법의 지적 전통에 기인한 결과이기도 하지만, 그럼에도 불구하고 특수성에 대한 보편성, 사례연구에 대한 비교연구의 필요성을 새롭게 인식할 수 있었다.

이제 동남아 지역연구에 있어서 제기되는 새로운 연구과제는 세계화라는 국제환경의 변화와 지역적 협력과 통합이라는 역내환경의 변화에 따라 동남아 연구 자체도 점진적인 변화와 진화가 모색되어야 한다는 것이다. 이것은 물론 지역연구 내에서 동남아 연구의 고유 영역을 확보하고 진작시키는 것도 중요한 과제로 논의될 수 있지만, 보다 근본적으로는 아직까지도 지역연구 내에 내재되어 있는 서구 중심적 가치관이나 자문화 중심적 시각을 탈피하여 보다 객관적이고 심층적인 연구가 추진되도록 노력해야 한다는 것이다. 그동안 동남아 지역연구에 내재되어 온 특수성이나 정책적 실용성의 한계를 극복하고 보다 보편적인 관점에서 동남아가 지니는 이론적 가치나 학술적 중요성을 발견하는 것도 한 가지 방법으로 제시될 수 있다. 아울러 특정 학문의 시각이나 연구방법에 귀착되지 않는 지역연구 본연의 연구방법을 모색하는 것은 동남아 연구뿐만 아니라 지역연구의 진화와 발전을 위해서도 반드시 추진되어야 할 당면과제인 셈이다.

참고문헌

권세은. 2004. "지역연구의 패러다임으로서 복잡성에 대한 시론." 『국제지역연구』 8권 1호, 127-51.

김웅진. 2002. "지역연구의 목적·영역·전략: 경험과학적 재구성." 이상환·김웅진 외. 『지역연구: 영역·대상·전략』. 서울: 형설출판사, 21-42.

박사명. 1999. "보편성과 특수성: 정치학적 지역연구의 문제의식." 『한국정치학회보』 33집 1호, 69-87.

송도영. 1998. "프랑스 사회과학고등연구원의 지역전문가 양성체계." 이상섭·권태환 편. 『한국의 지역연구: 현황과 과제』. 서울: 서울대학교 출판부, 541-68.

쓰보우치 요시히로(坪内良博). 1997. "전문분야와 지역연구." 야노 토루 편. 아시아지역경제연회 역. 『지역연구의 방법』. 서울: 전예원, 71-93.

신윤환. 1998. "한국의 비교정치연구와 지역연구: 비판적 검토." 이상섭·권태환 편. 『한국의 지역연구: 현황과 과제』. 서울: 서울대학교 출판부, 445-67.

야노 토루(矢野暢). 1997. "지역연구란 무엇인가?" 야노 토루 편. 아시아지역경제연회 역. 『지역연구의 방법』. 서울: 전예원, 19-41.

이동윤. 2002. "일본의 동남아 관련 지역연구소 탐방: 교토대학교와 국립민족학박물관을 중심으로." 『동아연구』 43집, 155-65.

이상환. 2002. "미국에서의 지역연구와 정치학: 현황과 전망." 이상환·김웅진 외. 『지역연구: 영역·대상·전략』. 서울: 형설출판사, 109-27.

이종구. 1998. "일본의 지역전문가 양성과 지역연구체제." 이상섭·권태환 편. 『한국의 지역연구: 현황과 과제』. 서울: 서울대학교 출판부, 509-40.

정해조. 1998. "지역연구의 연구방법론(Ⅰ)." 『국제지역연구』 2권 2호, 317-34.

조기숙. 1998. “한국에서의 지역연구 : 정체성과 방법론.”『세계지역연구논총』 제12집, 7-34.

조흥국. 1999. “동남아시아 역사에 대한 분석적 이해.”『종족과 도시』 3호.

조흥국. 2001. “동남아시아 연구의 문제와 과제.”『국제지역연구』 5권 1호, 47-67.

조흥국 · 오명석 · 박사명. 1998. “동남아연구의 현황과 과제.” 이상섭 · 권태환 편.『한국의 지역연구 : 현황과 과제』. 서울 : 서울대학교 출판부, 73-115.

홍순호. 1996. “한국 세계지역연구의 반성과 과제.”『세계지역연구논총』 10집, 333-66.

Anderson, Benedict R. 1992. “The Changing Ecology of Southeast Asian Studies in the United States, 1950-1990.” in Charles Hirschman, Charles F. Keys, and Karl Hutterer, eds. *Southeast Asian Studies in the Balance : Reflections from America*. Ann Arbor : Association of Asian Studies.

Buck, David D. 1991. “Forum on Universalism and Relativism in Asian Studies : Editor's Introduction.” *Journal of Asian Studies* Vol. 50, No. 1(February), 29-34.

Caoili, Olivia C. 2005. “The Discipline of Political Science in the Philippines.” *Political Science in Asia* Vol. 1, No. 1(Winter), 135-72.

Dallmayer, Fred R. and Thomas A. McCarthy. 1977. “Introduction : The Crisis of Understanding.” Fred R. Dallmayer and Thomas A. McCarthy, eds. *Understanding and Inquiry*. Notre Dame and London : University of Notre Dame Press.

Duncanson, Dennis J. 1971. “From Scholarship to ‘Psy-War’ in the Vietnam Story.” *Pacific Affairs* Vol. XLIV, No. 4, 591-95.

Halib, Mohammed and Tim Huxley. 1996. “Introduction.” in Mohammed Halib and Tim Huxley, eds. *An Introduction to Southeast Asian Studies*. London and New York : Tauris Academic Studies, 1-9.

Hall, Robert B. 1949. *Area Studies : With Special Reference to Their Implications for Research in the Social Science*. Michigan : Edward Brothers, Inc.

Hemmer, Christopher and Peter J. Katzenstein. 2002. “Why Is There No

NATO in Asia? Collective Identity, Regionalism, and the Origin of Multilateralism." *International Organization* Vol. 56, No. 3(Summer), 575–607.

Hirschman, Charles. 1992. "The State of Southeast Asian Studies in American Universities." in Charles Hirschman, Charles F. Keys, and Karl Hutterer, eds. *Southeast Asian Studies in the Balance : Reflections from America.* Ann Arbor : Association of Asian Studies.

Huxley, Tim. 1996. "International Relations." in Mohammed Halib and Tim Huxley, eds. *An Introduction to Southeast Asian Studies.* London and New York : Tauris Academic Studies, 224–46.

Japan International Cooperation Agency. Http://www.jica.go.jp(검색일 : 2006/05/30).

Japan International Cooperation Center. Http://sv2.jice.org(검색일 : 2006/05/30).

Keyes, Charles F. 1992. "A Conference at Wingspread and Rethinking Southeast Asian Studies." in Charles Hirschman, Charles F. Keys, and Karl Hutterer, eds. *Southeast Asian Studies in the Balance : Reflections from America.* Ann Arbor : Association of Asian Studies.

Limmanee, Anusorn. 2005. "Political Science in Thailand : A Brief Survey of Its Development and Current Status." *Political Science in Asia* Vol. 1, No. 1 (Winter), 115–33.

McCargo, Duncan and Robert H. Taylor. 1996. "Politics." in Mohammed Halib and Tim Huxley, eds. *An Introduction to Southeast Asian Studies.* London and New York : Tauris Academic Studies, 209–23.

McVey, Ruth. 1995. "Changes and Continuity in Southeast Asian Studies." *Journal of Southeast Asian Studies* Vol. 26, No. 1(March), 1–9.

Ooi Kee Beng. 2004. "Book Review : Southeast Asian Studies : Pacific Perspectives. Edited by Anthony Reid. Tempe, Arizona, USA : Monograph Series Press, Program for Southeast Asian Studies, Arizona State University, 2003. Soft cover : 375pp." *Contemporary Southeast Asia* Vol. 26, No. 3(December), 557–60.

Park, Seung Woo. 2004. "Korean Researchers in Southeast Asian Studies :

Who They Are and What They Do." Paper presented at the International Workshop on "*Korean Studies in ASEAN and Southeast Asian Studies in Korea*" under ASEAN−Korea Academic Exchange Program, Universiti Sains Malaysia, Penang, Malaysia(June).

Reid, Anthony. 2004. "Book Review : *Southeast Asia over Three Generations : Essays Presented to Benedict R. O'G Anderson.* Edited by James T. Siegel and Audrey R. Kahin. Ithaca, New York : Southeast Asia Program, Cornell University, 2003. Softcover 393pp." *Contemporary Southeast Asia* Vol. 26, No. 3(December), 554−556.

Reynolds, Craig J. and Ruth McVey. 1998. *Southeast Asian Studies : Reorientations.* Ithaca and New York : Southeast Asia Program, Cornell University.

Said, Edward W. 1978. *Orientalism : Western Concepts of the Orient.* New York : Pantheon Books.

Saravanamuttu, Johan. 2005. "Political Science in Malaysia." *Political Science in Asia* Vol. 1, No. 1(Winter), 87−113.

Scott, James C. 1992. "Foreword." in Charles Hirschman, Charles F. Keys, and Karl Hutterer, eds. *Southeast Asian Studies in the Balance : Reflections from America.* Ann Arbor : Association of Asian Studies.

Shamsul, A. B. 2001. "Social Science in Southeast Asia Observed : A Malaysian Viewpoint." *Inter−Asia Cultural Studies* Vol. 2, No. 2, 177−98.

Sigelman, Lee and George H. Gadbois, Jr. 1983. "Contemporary Comparative Politics : An Inventory and Assessment." *Comparative Political Studies* Vol. 16, No. 3, 275−305.

Wood, Bryce. 1986. "Area Studies." in David L. Sills, ed. *International Encyclopedia of the Social Science,* Vol. 1. New York : Macmillan Co. and Free Press, 401−7.

18

지역, 지역주의, 동아시아*

손 열(연세대학교)

1

Ⅰ. 서론

동아시아는 21세기 들어 한편으로 미국의 단극패권 질서 속에서 일방주의(unilateralism)를 겪고 있는 동시에 다른 한편으로는 세계화의 한 현상으로서 다자주의적 지역통합의 흐름과 마주하고 있다. 이제 지역주의는 경제적·안보적으로 하나의 시대적 대세, 즉 메가트렌드(megatrend)로 자리잡고 있는 것으로 보인다. 유럽국가들은 유럽연합(EU)을 결성하여 시대를 선도하는 모습이고 미주, 아프리카, 아시아에서도 지역통합의 움직임이 적극적으로 전개되고 있다. 한국 역시 예외는 아니다. 이미 김대중 정부 시절 동아시아 협력구상에 적극적이었고, 현 정부는 "평화와 번영의 동북아 시대"를 3대 국정목표의 하나로 설정하고 있다. 과연 한국은 지역통합이란 메가트렌드에 제대로 적응해 가고 있는가?

한국의 현실을 보면 20세기 말 세계화(globalization)란 시대적 추세

---

* 이 글은 필자의 편집본인 『지역주의와 동아시아: 지역의 인식, 구상, 전략』(2000) 제1장의 수정·확대본임을 밝혀둔다.

에 적응하느라 엄청난 고통을 겪었던 것처럼 21세기 초 지역통합 혹은 지역주의의 흐름에 후수로 좇아가기 바쁜 형편이다. 한국은 2005년 11월 '아시아태평양경제협력체(APEC)' 총회를 부산에서 개최하였고, 곧이어 12월 말레이시아에서 '아세안(ASEAN)+3(한중일)' 회의(APT)와 함께 '동아시아정상회의(EAS)'에 참석한 바 있다. 그러나 그 어느 하나도 한국이 비중 있는 일원으로서 주체적으로 참여한다고 볼 수는 없다. '동북아 중심', '동북아 허브' 등을 주창해 왔지만 이들은 구체적인 비전, 주체적 역량, 실현 가능성 등에 대한 체계적 고려와 준비 없이 시작된 사실상 정치적 구호를 넘는 의미를 갖기 어려운 것들이다. 지역주의 전략을 추구하려면 보다 근본적인 고민이 요청된다. 우선적으로 우리가 추구해야 할 지역은 어디인지, 즉 지역의 범위는 어디인지에 대한 고려, 지역에 포함되는 상대국들의 전략에 대한 이해, 어느 수준의 지역통합을 이루어 낼 것인지에 대한 고민, 어느 부문에서 어떤 행위자가 주도하는 통합을 꾀할 것인가에 대한 전략의 수립이 선행되어져야 한다.

이 글은 이상과 같은 실천적 고민을 학문적 성찰을 통해 풀어보려는 시도이다. 이를 위해 이 글은 지역주의 혹은 지역통합과 관련된 개념과 이론을 동아시아라는 차원에서 검토해 본 후 동아시아 지역주의의 과거와 현재, 미래와 관한 저작과 담론을 비판적으로 분석하고, 이를 바탕으로 향후 연구방향과 관련된 몇 가지 어젠다를 제안하고자 한다. 첫째, 방법의 차원에서 이 글은 역사적 전망과 전략적 민감성을 강조하고자 한다. 본래 지역의 구상과 지역주의는 근대 주권국가의 성립 이후 전개되는 프로젝트, 즉 근대국가 체제의 일정한 보완 혹은 극복을 위한 시도이므로 동아시아의 지역구상 및 지역주의의 분석은 이들이 근대세계로 편입되는 19세기 후반부터 시작되어져야 한다. 둘째는 주변국의 전략에 대한 철저한 이해이다. 지역주의란 지역을 구성하는 국가들이 일정한 정도로 그들이 갖고 있는 주권을 이양하고 공유하는 과정이므로 상대방의 마음과 행동을 철저히 읽어야 하는 실천적 과제가 주어진다. 자기중심적 지역구상은 자기의 힘이 우월하지 않는 한 실패하기 마련이다. 이런 점에서 한국이 지역의 일원으로 간주하고 있는 일본과 중국이 어떤 지역전략을 갖고 있는지, 또한 세계 초강대국으로서 이 지역에 심대한 영향을 미치고 있는 미국은 어떠한 전략을 갖고 있는지, 그리고 이런 속에서 한국은 어떠한 인식과 전략을 표출하였는지를 역사적 견지에서 정밀하게 분석하는 작업이 요구된다. 이 작업이 이루어진 후에는 현재 동아시아의 지역주의 혹은 지역성의 수준은 어디이며 향후 어느 수준의 지역주의를 추구할 것인가, 그리고 어떤 컨텐츠(i.e., 정체성)를 갖는 지역을 원할 것인가에 대한 고민이 뒤따라야 한다.

Ⅱ. 개념의 정리 : 지역, 지역화, 지역주의

지역주의가 21세기의 메가트렌드로 간주되면서도 막상 지역주의가 무엇인가에 대해서는 통일된 정의가 마련되어 있지 않다. 또한 지역주의의 무엇을 어떻게 연구할 것인가에 대한 뚜렷한 합의도 이루어져 있지 않다. 그렇다면 우선적으로 지역(region), 지역주의(regionalism), 지역화(regionalization), 지역협력(regional cooperation), 지역통합(regional integration) 등의 개념에 대한 논의가 필요해진다.

먼저 지역이란 무엇인가? 지리학에서 지역이란 국가의 하위에 있는(subnational) 단위체를 의미하며, 미시지역(micro-region) 혹은 지방이라 불리는 것이라 할 수 있다. 반면 정치학/국제정치학에서 지역은 국제체계의 하위단위이나 초국가적(supranational) 단위체를 의미한다. 여기서 지역이란 거시지역(macro-region), 즉 국민국가 영역과 지구 혹은 국제체계의 사이에 존재하는 공간을 뜻하게 된다. 이 공간은 국민국가들의 합이 될 수도 있고 지리학적 지역, 즉 국경을 넘는 지방들의 합이 될 수도 있다. 한국, 중국, 일본이 동북아라는 하나의 지역을 형성한다면 이는 전자의 예이고, 한국의 동해연안 지방, 일본의 동해연안(우라니혼), 러시아의 연해주라는 지방이 결합되어 초국가적 공간을 만들게 될 때 이는 환동해권이라 불리는 지역, 즉 후자의 예가 되는 것이다.

이러한 지역관념은 일정하게 지리학적 편향을 반영해 왔다. 특정 지역을 지리적으로 주어진 것으로, 인간 활동의 물리적 경계가 존재한다고 믿는 경향이 그것이다. 여기서 지역은 자연 조형물(natural artifacts)로서, 역사적으로 지속적인 경계와 영속적인 특질을 갖는 고정적인 집합체로 설정된다. 지역은 일정한 특성(trait), 이를 테면 가치, 언어, 외모, 생태적 적응에서 나오는 지리적, 문명적, 혹은 문화적 일체성을 갖는 존재가 된다.[1] 그러나 이러한 전통적 지역 개념은 도전받고 있다. 지역은 인간 활동의 공간적·시간적 움직임을 국민국가

1 Arjun Appadurai, "Regional Worlds", mimeo.

와 지구 혹은 국제체계의 중간에 물리적으로 담아두려는 추상적 시도일 뿐이라는 인식이 대두되었기 때문이다.[2] 지역은 무역, 갈등, 전쟁, 식민화 등 인간 사이에 발생하는 다양한 상호작용의 결과로 드러나는 조직영역이 된다. 모든 지역은 사회적으로 구성되고 정치적으로 경합된다.[3] 그런 만큼 지역의 경계와 구조는 가변적이며 이해관계를 반영하는 전략적 공간이다.

구체적으로 역사적 사례를 들여다 보면 가변적·전략적 공간으로서 지역의 성격은 자명하다. 일본이 근대세계에 진입한 이래 지역인식은 지정학적 조건의 변화에 따라 변화해 갔다. 19세기 중반부터 20세기 중반의 시기를 놓고 보면 일본의 지역은 애당초 유교문명권인 '한-중-일' 삼국이란 지리적 범위에서 출발하여 19세기 후반에는 아시아 전체로 확장된 지리적 범위를 지역으로 인식하게 되고, 20세기 초반 '한-중-일'의 영역으로 축소되었다가 1940년 이후 동남아를 포괄하는 대영역(대동아공영권)으로 확장되는 공간적 변화를 겪는다. 일본에게 지역은 신축적인 공간인 것이다. 또한 이 신축성의 이면에는 그들의 전략적 고려가 담겨져 있다. 지역의 범위의 변화는 일본이 처한 지정학적 조건의 변화와 밀접하게 관련된 것이다.[4] 중국의 지역인식과 정책 역시 '지리 개념'이라기보다는 '상황 개념', 즉

---

2 아리프 딜릭, "아시아 태평양권이란 개념", 『창작과 비평』 31권 2호(1993).

3 Andrew Hurrell, "Regionalism in Theoretical Perspective", in Louise Fawsett and Andrew Hurrell eds., *Regionalism in World Politics*(Oxford : Oxford University Press 1995), 38-9.

4 손열, "일본의 지역은 어디인가?", 손열 편, 『동아시아와 지역주의 : 지역의 인식, 구상, 전략』(지식마당 2006).

지정학적 상황변화에 따른 전략적 고려에 근거하여 탄력적으로 전개되어 온 것으로 이해될 수 있다.[5] 중국의 지역인식과 정책은 주변국 정책의 차원에서 제기되었고, 스스로의 국력신장에 따른 주변국의 위협/견제의식을 완화하는 동시에 '책임있는 대국'으로서 지역적 영향력을 확대하려는 전략적 의도를 반영한다.[6] 현재 중국이 아세안(ASEAN)을 중심으로 하는 지역과 상하이협력기구(SCO)를 중심으로 한 지역을 중층적으로 추구하고 있음은 그들의 전략적 상황을 드러내는 것이라 하겠다.

반면, 한국의 지역인식은 '한-중-일'이란 지리적 영역에 고정되어 왔다. 근대 한국의 경우, '동양'은 아시아란 지리적 공간이 아니라 '한-중-일'로 구성되는 '동문(同文)', '동교(同敎)', '동종(同種)'의 문명적 · 인종적 공간이었다. 해방 후 역시 이런 인식은 지속되어 왔다. 19세기 이래 동양, 동아, 동아시아, 동북아 등 지역을 부르는 이름은 변화해 왔지만 한국인이 인식하여 온 지역적 범위는 대체로 불변이었던 것이다.[7] 1990년대 이래 미국의 영향으로 '아시아-태평양'이란 이름의 지역이 투사되어 들어왔지만 이 공간은 한국에게 내면화되지 못한 공간이었다. '한-중-일'을 엮는 공간이 우리의 공간이란 현실인식은 한국의 지역통합 혹은 협력연구들 사이에 자연스레 공유되어 왔다. 이들은 한-중-일을 자명한 공간으로 미리 설정하고 그 속에서 협력의 장애물과 조건을 탐색해 왔다.[8] 현 정부의 '동북아시대론'

---

5 조영남, "중국의 동아시아 인식과 정책", 손열 편(2006).

6 김재철, "중국의 동아시아정책", 『국가전략』 제9권 3호(2003), 28.

7 정용화, "근대한국의 동아시아인식과 동양평화구상", 손열 편(2006) ; 박명림, "현대한국의 동아시아인식과 구상 : 김대중을 중심으로", 손열 편(2006).

역시 이러한 지적 경향을 그대로 반영한다.

그렇다면 한국, 중국, 일본은 서로 다른 지역을 갖고 있는 것이 된다. 현재 일본은 '동아시아공동체론'을 적극적으로 주창하고 있다. 여기서 동아시아는 한-중-일의 '동북아'와 아세안의 '동남아'를 합한 지리적 영역을 지칭하며 최근 인도, 호주, 뉴질랜드를 이 공간에 넣으려는 시도를 보이고 있다. 중국은 앞서 언급한 대로 동북아와 동남아의 합인 '동아시아'와 함께 중앙아시아로 확장되는 SCO의 공간을 중층적으로 운영하고 있는 반면, 한국은 '동북아'를 삶의 공간으로 잡고 있다. 또한 '동북아'에 대해서도 이 언어는 삼국 간에 서로 다른 의미작용을 보이는 경향이 있다. 전통적으로 중국은 '동북아'를 자신의 일부로 생각하는 경향이 있으며 일본은 '동북아'를 환동해권(일본식으로 환일본해권)으로 인식하는 경향이 있다.[9] 다시 말해서 '동북아'란 언어는 삼국에게 서로 다른 의미를 갖고 있는 것이다.

서로가 공유하는 지역(지역의 범위)을 갖는다는 것은 지역협력 혹은 지역통합의 출발점인 동시에 핵심 과제이다. 지역은 주어지는 것이 아니라 만들어지는 것이기 때문에 이 작업은 결국 서로 간의 전략적 이해를 조정하고 공유하며 인식적 합의를 이루어가는 과정이 되는 것이다. 이런 점에서 중국과 일본이 동북아에 동남아를 합친 동아시아란 공간을 지역—혹은 지역의 하나—으로 설정하고 있는 것

---

8 예컨대, 박제훈, "동북아 지역경제권과 동북아공동체", 『사회과학논평』 22호(2002) ; 이창재, "동북아 비즈니스거점 건설전략", 제1차 한국학술연구원, 코리아포럼, 『동북아 경제중심 건설을 위한 한국의 전략』(2003) ; 경제사회연구회 편, 『동북아중심국가 건설 연구』(경제사회연구회 2003) ; 한국동북아지식인연대 편, "동북아공동체를 향하여"(동아일보사 2004).

9 NIRA, 『北東アジアのグランドデザイン』(東京：日本經濟評論社 2003).

이 현재의 국제상황을 반영하는 지역인식이 되겠다. 한국이 추구하는 동북아는 일단 지리적으로 좁으며, 중국과 일본이란 두 강대국 사이에서 우리가 확보/활동할 수 있는 공간이 지나치게 협소하다는 비판, 양국의 경쟁구도 속에서 한국에게 보다 넓은 후방공간 혹은 우회공간(detour)이 필요하다는 인식, 중국과 일본이 추구하는 지역공간에 한국이 맞추어 가야 한다는 현실적 고려 등이 제기되는 것은 이런 까닭이다.

한편, 지역통합(regional integration)의 개념은 오랜 역사를 갖고 있다. 이른바 구지역주의(old regionalism)를 대표하는 기능주의와 신기능주의 등에서 지역통합은 주로 시장의 힘에 의한 장기간에 걸친 점진적 통합의 과정으로 일컬어진다. 지역통합이 주권적 경계를 넘는 변화를 의미하는 것이라면, 지역협력(regional cooperation)은 주로 지역적 범위에서 자국의 이익을 추구하기 위한 주권국가 간의 교섭과 협상의 과정으로 인식된다.[10] 동아시아에서 지역협력이란 언어를 더 많이 쓰는 이유는 역내 국가들이 주권을 이양·공유하려는 의지가 상대적으로 미약하기 때문일 것이다.[11]

---

10 Björn Hettne, "Beyond the New Regionalism", *New Political Economy*(Forthcoming issue), p. 2. 유럽의 사례를 중심으로 지역통합 및 협력을 개괄한 국내 저술로는 구갑우, "지역통합이론의 재검토", 『한국과 국제정치』 제14권 1호(1998) ; 강원택, "유럽통합과 다층통치체제", 『국제정치논총』 제40집 1호(2000) ; 장훈, "유럽통합과 다층적 체제의 등장", 『한국과 국제정치』 제16권 1호(2000) ; 최영종, "지역통합의 비교론적 연구", 『평화연구』 9호(2000) ; 최영종, "현실주의 지역통합이론 : 그 가능성과 한계", 『한국정치학회보』 제35집 2호(2001) ; 최진우, "지역통합의 국제정치이론", 우철구·박건영 편, 『현대국제관계이론과 한국』(사회평론 2004).

11 현 정부의 대통령자문기구인 '동북아시대위원회'의 영문명칭은 'Northeast Asian Cooperation Initiative'으로서 지역통합보다는 동북아국가 간 협력의 추진이란 의미를 담고 있다.

반면 지역주의와 지역화는 비교적 새로운 개념이다. 일반적으로 지역주의는 특정한 지역공간을 구성하려는 국가 주도의 프로젝트로 개념화된다. 이는 이른바 '위에서 아래로(top-down)'의 과정으로서 '아래에서 위로(bottom-up)'의 지역화와 대조된다. 또한 전자가 국가 중심의 공식적(de jure) 제도화의 과정이라면 후자는 비국가행위자가 중심이 된 사실상(de facto)의 제도화 과정이 될 것이다.[12] 물론 지역주의가 국가의 프로젝트로 한정되는 것만은 아니다. 다양한 행위자들이 그들의 이해관계에 따라 정부를 움직여 공식적 제도를 만들어낼 수 있다면 이는 국가행위자와 민간행위자 간의 상호작용의 결과가 되기 때문이다. 또한 다국적 기업의 초국적 생산 네트워크가 지역의 범위에서 짜여질 때 국가가 제공하는 인프라나 금융 인센티브의 제공이라는 공적 지원이 지역화의 원동력이 될 수도 있다. 요컨대 지역주의와 지역화는 국가와 민간, 공식과 비공식 제도화의 상대적 비중/배합의 차원에서 이해되어져야 하는 개념이다. 유럽연합(EU)의 경우 지역주의와 지역화 공히 높은 수준에서 이루어져 있다면, 남미공동시장(MERCOSUR)은 지역주의의 수준은 상대적으로 높으나 지역화의 수준은 낮은 반면, 동아시아의 경우 지역주의의 수준은 낮으나 지역화의 수준은 대단히 높은 특징을 보인다. 결국 지역통합 혹은 그 결과로서 지역공동체의 형성은 지역주의와 지역화의 두 과정이 복합되어 이루어지는 것으로 이해되는 것이다.

---

12 Shaun Breslin, Richard Higgott, and Ben Rosamond, "Regions in Comparative Perspective", in Shaun Breslin *et al.* eds., *New Regionalisms in the Global Political Economy* (London : Routledge 2002), pp. 13–14 ; T. J. Pempel, "Introduction" in idem ed., *Remapping East Asia*(Ithaca : Cornell University Press 2005), 19.

Ⅲ. 지역주의의 조건과 동아시아

지역주의는 외부적 요인의 영향을 받는다. 거시적으로 냉전의 종식은 자유진영과 공산진영으로 나뉜 세계를 보다 다양한 지역적 공간의 모습으로 재편시켰다. 동아시아에서 지역의 의미가 본격적으로 찾아지기 시작한 것도 바로 1990년대란 탈냉전의 시공간이었다. 이 시기는 냉전종식에 의해 국제정치에 있어서 지구적 요인(미소대립)의 영향이 축소되고 지역의 동학이 부상한 동시에 미국 중심의 21세기적 단극질서가 전면에 부상하기 이전의 시기였다. 적어도 1997년 가을 금융위기가 동아시아를 뒤덮기 전까지 일본에서는 동아시아 담론이 붐을 이루었고, 한국 역시 예외는 아니었다.[13]

세계화(globalization)는 또 다른 외적 요인이다. 지역주의와 지역화가 세계화의 방해물(stumbling block)인가 아니면 디딤돌(stepping stone)인가에 대한 논의는 전자가 후자의 확산에 밀접히 관련되어 있음을 보여주는 사례이다. 양자 간 혹은 지역 자유무역협정(FTA)의 경제적

13 이 시기 일본에서는 동경대학이 중심이 되어 아시아 담론이 줄이어 등장하였다. 대표적으로 荒野泰典 外 編, 『アジアのなかの日本史(全8巻)』(東京大學出版會, 1992-3) ; 溝口雄三 外 編, 『アジアから考える(全7巻)』(東京大學出版會 1993-4) ; 山田辰雄 監修, 『講座現代アジア(全4巻)』(東京大學出版會 1994). 약간의 시차를 두고 한국에서도 인문학계를 중심으로 동아시아 담론이 등장한다. 예컨대 정문길 · 최원식, 『동아시아, 문제와 시각』(문학과지성사, 1995) ; 백영서 · 최원식 편, 『동아시아인의 '동양 인식 : 19-20세기』(문학과지성사, 1997) ; 정문길 · 최원식 외, 『발견으로서의 동아시아』(문학과 지성사, 2000) ; 백영서, 『동아시아의 귀환』(창작과 비평사 2000).

효과와 관련된 논의를 보면, 애당초 지역주의가 배타적 경제통합의 모습을 띠었던 반면, 최근의 흐름은 지구적 경제통합의 한 단계로서 평가되어지고 있다. 즉, 방해물에서 디딤돌로 인식의 전환이 이루어지고 있는 것이다.[14] 지역주의의 일환으로서 한일 FTA, 한중 FTA 및 동아시아 FTA를 주창하는 논의들은 이런 시각을 깔고 있다.[15] 지역을 단위로 한 시장을 확보하여 타지역의 시장통합 움직임에 대처하는 한편, 이를 통해 글로벌 경쟁력을 갖추겠다는 전략이 그것이다. 또한 무역을 넘어 생산, 연구개발(R&D), 기술표준의 제정에 있어서 지역 단위의 협력 노력 역시 세계화란 추세 속에서 지역을 단위로 해 성장을 꾀하는 사례이다. 정재용은 이동통신 제조부문에서의 한－중－일 협력, 배영자는 반도체 연구개발(R&D) 부문에서의 한－중－일 협력, 김웅희는 이동통신 기술표준의 지역화(지역표준화)를 위한 한－중－일 협력의 가능성을 탐색하고 있다.[16] 이러한 시도들은 동아시아를 세계의 IT허브로 발전시키고자 하는 전략적 목표를 담고 있다.[17]

반면, 지역주의는 시장주의적 세계화에 대한 사회의 반발이란 모

---

14 예컨대 Robert Lawrence, "Emerging Regional Arrangements : Building Blocks or Stumbling Blocks?" in Richard O'Brien ed., *Finance and the International Economy : 5, The AMEX Bank Review Prize Essay*(1991), 22－35.

15 예컨대 浦田秀次郎 編, 『日本のFTA戰略』(日本經濟新聞社 2002) ; 浦田秀次郎 編, 『東アジアのFTA戰略』(日本經濟新聞社 2004) ; 渡邊利夫, 『東アジア經濟連携の時代』(東洋經濟新報社 2004) ; 박제훈, "동북아경제공동체, 쟁점과 제안", 『동북아공동체를 향하여』(2004), 81－120.

16 정재용, "동아시아 이동통신사업 발전전략 : Co－evolution의 관점", 배영자, "동아시아 지역혁신체제 : 반도체 생산네트워크를 중심으로", 김웅희, "한중일 IT협력의 성과와 과제", 미래전략연구원/손열 편, 『정보화와 동아시아』(한울 근간).

17 김웅희, "동북아 IT협력의 정치경제", 『일본연구논총』 제17집(2003) ; 김상배, "동북아 IT협력 : 2020년 국가전략의 시각", 『한국의 국가전략 2020』(2005).

양새로 나타나는 경우도 있다. 폴라니(Karl Polanyi)적 해석에 따르면 사회의 지지 없는 시장의 질주는 필연적으로 사회적 유대를 지키려는 정치적 반발과 개입을 가져오기 마련이다.[18] 지역의 형성에 의해 시장주의적 세계화를 길들이려는(taming) 논의는 이 범주에 속한다. 동아시아 금융위기는 대표적인 사례이다. 위기 속에서 동아시아의 개별 국가들은 APEC이나 ASEAN 등 기존의 지역기구가 전혀 작동하지 못하는 속에서 국제금융시장과 국제통화기금(IMF)의 채찍에 신음하였다. 일본의 주도 하에 아시아통화기금(AMF)을 창설하려는 시도 역시 미국의 반대로 손쉽게 무산되었다. 이러한 일련의 사태는 한편으로 패권국의 축복 없이는 지역차원의 자구책이 성립되지 못함을 인식하게 된 동시에, 오히려 지역주의에 대한 동아시아인들의 사고를 심화시키게 한 계기로 작용하였다. 김호섭의 연구에서 보듯이 동아시아 금융위기는 일본정부가 본격적으로 지역주의적 전략을 모색하게 하는 중대한 계기이었다.[19] 일본의 FTA전략은 이런 맥락에서 등장한 것이었고, 한국의 FTA전략 역시 외환위기 극복을 위해 일본과의 협력이 긴요하다는 상황인식에서 비롯된 것으로 알려져 있다.[20]

지구적 차원에서 확산·심화되는 금융화(financialization)에 대한 안전망으로 지역적 틀을 구축하려는 시도는 동아시아 금융협력의 모

---

18 폴라니(Karl Polanyi)의 1930년대 대변환은 시장의 질주에 대한 사회의 반작용이 특정국(미국, 독일, 일본, 소련)을 중심으로 한 배타적 지역의 형성으로 드러나는 역사적 과정을 분석하고 있다. Karl Polanyi, *The Great Transformation*(N.Y. : Beacon 1944).

19 김호섭, "아시아 경제위기 이후의 일본의 지역주의: 한일자유무역협정 논의의 전개를 중심으로", 『한국정치학회보』(2001 봄), 253-67.

20 최태욱, "대외통상정책의 국제정치와 국내정치", 『한국정치학회보』 제35집 3호(2001), 489.

습으로 드러난다. 이는 금융의 세계화를 일정하게 받아들이되 그 과잉에 대한 방화벽을 설정하려는 노력으로서 외환 스와프 협정, 아시아 채권시장 창설 등 새로운 지역기제를 만들어내어 왔다.[21] 또 하나의 흥미로운 사례는 동아시아 IT협력이다. 김상배의 연구는 동아시아 IT담론이 미국 주도의 세계화와 정보화에 대한 일종의 대항담론적 성격을 띠고 있음을 지적하고 있다.[22] 이른바 '윈텔리즘'이란 미국 지식의 제국적 영향력에 대항하기 위해 공개 소프트웨어인 리눅스 등 몇몇 부문에서 동아시아 국가들이 협력하여 독자적인 지역표준을 제정하려 하고 있다는 것이다.

다른 한편으로 지역주의/지역화는 국제경제적 조건뿐만 아니라 국제안보 상황에 좌우된다. 제2차 세계대전 후 유럽에서 지역통합의 계기는 안보적 고려였다. 석탄과 철강이란 전략물자를 6개국이 공동생산·관리하는 데에서 출발하여 확산효과(spillover effect)의 촉발에 의해 점차 경제통합의 범위가 확대되고, 나아가 공동안보 외교정책 등 정치적 영역으로 이어지는 기능주의 혹은 신기능주의적 통합과정의 출발점은 미트라니(David Mitrany)와 같이 새로운 안보체제를 짜려는 시도였다.[23] 유럽통합이 기본적으로 독일(서독)의 재부상을 방지·관리하기 위한 고려, 그리고 대공산권 봉쇄를 위한 다자질서의

21 T.J. Pempel, "Firebreak : East Asia Institutionalizes its Finances", Paper presented for the Conference on Regionalization and the Taming of Globalization(CSGR) at the University of Warwick, October 27−29, 2005.

22 김상배, "동아시아지역주의와 IT협력의 미래", 손열 편(2006).

23 David Mitrany, *A Working Peace System*(Quadrangle Books, 1943). 기능주의와 신기능주의에 대해서는 Ernst Haas(1958, 1964) ; Leon Lindberg(1966).

구상에서 비롯되었다고 보면 특정한 안보상황은 역내 행위자에게 통합을 추동하는 주요한 요인이다. 아세안의 결속 역시 1960년대 동남아 국가들의 공통된 위협인식(반공산주의)에 근거한 것이었다.

지역주의에 대한 패권국(global hegemon)의 향배 역시 주요한 외부적 관건이다. 미국이 전후 유럽의 정치적 불안정, 경제침체, 독일의 군국주의 문제를 해결하기 방편으로 유럽의 지역주의를 지지하였음은 주지의 사실이다.[24] 동아시아에서 미국의 역할 역시 중요하다. 제2차 세계대전 직후 미국은 다자주의 원칙에 충실한 대유럽정책과 대조적으로 동아시아에서는 양자주의적 안보정책을 추구하였다.[25] 이런 속에서 미국은 안보영역에서 '견고한 양자주의', 경제영역에서는 '느슨한 다자주의'를 추구하여 지역주의 움직임에 대한 일정한 관여와 견제를 해왔으며, 이런 점에서 APT나 EAS에 대한 미국의 비판적 시각은 동아시아가 유럽과 다른 상황적 조건에 놓여 있음을 의미하는 것이다.[26]

끝으로 지역주의는 역내 세력균형과 관련될 수 있다. 역내 패권국의 존재 유무는 주요한 논의대상이어 왔다. 예컨대 페더슨(Pedersen)은 지역패권국이되 연성권력(soft power) 자원을 보유하고 있는 "협조적

---

24 예컨대 Ernst H. Van Der Beugel, *From Marshall Plan to Atlantic Partnership*(Amsterdam : Elsevier 1966).

25 Michael Schaller, *The American Occupation of Japan*(New York : Oxford University, 1985) ; John Dower, *Empire and Aftermath*(Cambridge : Harvard University Press 1988) ; John Lewis Gaddis, *Strategies of Containment*(New York : Oxford University Press 1982) ; Bruce Cumings, "Japan and Northeast Asia", in Peter Katzenstein and Takashi Shiraishi eds., *Network Power*(Ithaca : Cornell University Press 1997).

26 박인휘, "미국의 동아시아구상과 전략", 손열 편(2006).

패권(cooperative hegemony)"이 존재할 때 지역주의의 가능성이 높아진다고 보는 반면,[27] 그레코(Grieco)에 따르면 지역주의는 역내 지역패권의 존재와는 무관하고, 오히려 국가 간의 상대적 세력편차의 전환(relative disparity shift)과 관계가 있다.[28] 역내 세력의 편차가 빠르게 변화할수록 약화세력은 지역협력에 반대한다는 것이다. 어느 쪽이든 동아시아의 경우 그 전망은 그다지 밝지 않다. 페더슨의 기준에서 볼 때 일본과 중국 공히 협조적 패권을 행사할 수 있는 자원과 능력을 보유하지 못하고 있으며, 중국의 빠른 부상에 따른 역내 세력전이 현상은 급격한 세력편차의 전환을 가져와 지역주의에 부정적 요소로 작용하게 되는 것이다.

동아시아의 경우, 특히 한-중-일을 중심으로 볼 경우 냉전적 대립이 해소되자 오히려 냉전기 잠복되었던 새로운 안보갈등들이 현재화되기 시작하였고, 두 차례에 걸친 북한의 핵개발, 미중 그리고 미일 간 패권적 경쟁의 가시화, 역사 및 영토문제를 둘러싼 갈등 등을 통해 서로에게 서로 다른 위협인식이 표출되고 있다. 물론 핵위기 등에 의한 갈등의 지역화가 역내 국가들에게 공통의 위협으로 다가와 협력을 추동하는 유인으로 작동할 수 있지만, 다양한 안보갈등으로 말미암아 공통의 안보적 이해에 근거하여 주권적 결정을 초국가적 차원으로 일정부분 이양할 수 있을 만한 지정학적 조건은 별로 갖추

27 Thomas Pedersen, "Cooperative Hegemony : Power, Ideas, and Institutions in Regional Integration", Review of International Studies, 28(2002), 677-96.

28 Joseph Grieco, "Systemic Sources of Variation in Regional Institutionalization in Western Europe, East Asia, and the Americas", in Edward Mansfield and Helen Milner eds., *The Political Economy of Regionalism*(NY : Columbia University Press 1997), 164-87.

어지지 않았다고 볼 수 있다.[29]

한편, 지역주의와 지역의 형성은 이러한 외부적(exogenous) 조건, 즉 대외경제, 안보환경에 의한 결과일 뿐만 아니라 내부적(endogenous) 과정을 통해 이루어진다. 대외개방과 관련된 경제정책이 국내집단에 미치는 분배효과(distributional consequence)에 주목하거나 국내 정치제도의 구성과 능력, 이념적 요인을 강조하는 연구들이 이에 속한다.[30] 최태욱의 연구는 한국과 일본에 있어서 시장개방을 둘러싼 국내정치 및 제도적 요인을 지적하면서 특히 한국의 경우, 지역통합에 따른 국내적 구조조정과 보상의 정치경제가 가능할 수 있는 정당체계의 개혁, 선거제도의 개혁, 나아가 권력구조의 전환을 요청하고 있다.[31] 지역주의 추진에 있어서 역내 두 강대국인 중국이나 일본의 리더십 역할이 필수적이라면 적어도 국내적 관점에서 그 전망은 그다지 밝지 않다. 링컨(Lincoln)은 일본의 경우 보호주의 제도가 여전히 지속되고 있다는 사실, 중국의 경우는 시장자본주의 제도로의 전환이 불충분하며 공산당 일당독재의 정치제도를 고수하고 있다는 국내 제도적 결함을 지적하여 동아시아 지역주의의 장래를 회의적으로 전망하고 있다.[32]

---

29 최근의 저작으로, Gilbert Rozman, *Northeast Asia's Stunted Regionalism*(Cambridge : Cambridge University Press 2004) ; 한용섭 편 『동아시아안보공동체』(나남 2005).

30 예컨대, Robert Keohane and Helen Milner eds., *Internationalization and Domestic Politics*(Cambridge : Cambridge University Press 1996).

31 최태욱, 『세계화시대의 국내정치와 국제정치경제』(한국학술정보 2003), 특히 제3부. 또한 일본의 FTA를 둘러싼 국내정치적 구조의 분석에 대해서는 김호섭, "일본의 FTA 정책과 국내정치", 『일본연구논총』 제19호(2004).

32 Edward Lincoln, *East Asian Economic Regionalism*(DC : Brookings Institution 2004), chap-

Ⅳ. 동아시아 지역주의의 특징

1. 지역주의의 중층성

동아시아 지역주의는 중층성을 띠고 있다. 유럽의 경우, EU 구성원이란 범위 속에서 다양한 협력과 통합이 전개되는 반면 동아시아란 지역적 범위는 이슈영역과 정치경제적 상황에 따라 변화하고, 따라서 중층적으로 존재하고 있다.[33] 다시 말해서 이 지역에서 협력과 통합은 고정된 행위자(국가) 간에 이루어지는 것이 아니다. 아세안은 동남아의 10개국으로 구성된 조직공간이고, 여기에 한-중-일이 포괄되면 APT의 공간이다. 또 여기에 인도, 호주, 뉴질랜드를 더하면 새로이 등장하고 있는 '동아시아정상회의'란 공간이 된다. APEC은 미국, 캐나다 등 태평양 국가들을 포괄하는 보다 확장된 공간이고, 아세안지역포럼(ARF), 상하이협력기구(SCO), 동북아협력회담(NEACD) 등은 각각 특정 이슈를 다루는 지역기구로서 그 구성원은 제각각이다. NEACD의 구성원은 한국, 북한, 일본, 중국, 러시아, 미국이고, SCO는 중국, 러시아, 카자흐스탄, 키르기스스탄, 타지키스탄, 우즈베키스탄으로 구성되며, ARF는 아세안 국가를 중심으로 24개국으로 구

---

ter. 9.

33 Etel Solingen, "East Asian Regional Institutions : Characteristics, Sources, Distinctiveness", in Pempel ed., *Remapping East Asia*, 31-53.

성된 가장 큰 조직이다.

2. 지역주의의 이중성

동아시아 지역주의는 이중성(dualism)을 띠고 있다. 지역주의가 지역을 구성하는 주권국가들이 일정한 정도로 '주권의 이양과 공유(pooling and sharing of sovereignty)'에 합의하는 것이라면 동아시아 국가들, 예컨대 한국, 중국, 일본 등은 여전히 민족주의에 근거한 근대적 주권국가의 모습을 갖추고 있다. 그러나 이들을 다른 측면에서 보면 한국은 남과 북으로 분단되어 있고, 중국은 대만문제를 안고 있으며, 일본은 1945년 패전과 함께 헌법에 의해 군사주권을 스스로 제약하고 이를 미국에 할양한 상태로서 이 역시 불완전 주권국가의 모습이다. 제국주의와 식민지 통치의 유산으로서 과거사 문제가 상존하고 있는 점 역시 이런 차원에서 고려된다. 전재성의 연구가 지적하듯이 동아시아 정치단위들은 근대로의 이행, 근대적 국제정치, 탈근대적 국제정치로의 이동이란 '삼중의 구성원리'에 내장된 공간에 위치하고 있기 때문에 국가가 국가단위를 넘어서는 지역을 생활공간으로 추구하는 일은 지난한 과제이다.[34]

그럼에도 불구하고 지역화의 수준은 대단히 높다. 예컨대, 한-중-일과 아세안 국가들을 포함하는 지역의 경제통합도는 이미 대단히 높은 수준이다. 2003년도 역내 무역의존도는 54.5%에 달하여

---

[34] 전재성, "동아시아지역주의와 안보협력의 미래: 유럽과의 비교", 손열 편(2006).

NAFTA의 47.2%를 넘어 EU의 58.1%에 육박하고 있다. 또한 아세안의 경우 해외 직접투자 유치 중 역내 비중이 44.8%, 중국의 경우는 무려 66.8%로서 무역재와 자본의 역내 자기 순환의 비율이 대단히 높은 모습을 보여주고 있다. 그 이면에는 지역수준에서의 초국적 생산 네트워크(global production network)가 촘촘히 짜여지고 있는 현실이 존재한다. 일본의 다국적 기업이 중심인 이 분업 네트워크는 동남아에서 중국으로 확산되어 양적·질적 향상의 모습을 보이고 있다. 다시 말해서 동아시아 통합이 부진하다는 평가는 정부 간 관계에 주목했을 때 나오는 이야기이며, 비국가행위자 간의 상호 연계, 특히 시장차원에서의 통합의 정도는 대조적으로 대단히 높다.[35] 동아시아 지역주의는 이러한 이중성을 띠고 있다고 하겠다.

3. 안보관념과 지역주의

앞서 언급하였듯이 동아시아 지역주의는 경제적 요인에 의해 촉발되었다는 것이 일반적 인식이다. 달리 말해서 이 지역의 지역성은 경제적 측면에서 형성되었다는 것이다. 1985년 플라자협정(Plaza Accord)에 의해 급격한 엔고(엔의 평가절상)가 이루어지면서 일본의 수출기업들은 생산비 절감을 위해 동남아 직접투자를 통해 역내 분업 네트워크를 구축하게 되었다는 점, 또한 1980년대 미국의 대일 무역압

---

35 이를 강조하는 저작으로는 Peter Katzenstein and Takashi Shiraishi eds., *Network Power : Japan and Asia*(Ithaca : Cornell University Press 1997) ; T. J. Pempel, ed., *Remapping East Asia*(Ithaca : Cornell University Press 2005).

력이 강화되면서 일본기업들은 해외생산을 통해 미국시장으로의 우회수출을 시도하기 시작한 점 등 경제적 요인이 지역주의와 지역화의 원동력이었다는 것이다.[36] 나아가 동아시아 외환위기는 지역통합의 더 큰 계기였다. 1997년 외환위기가 역내 급속히 확산되는 가운데 기존의 지역제도, 예컨대 APEC이나 APT는 전혀 기능하지 못하였고, 그해 가을 일본의 아시아통화기금(AMF) 구상은 미국과 중국의 반대로 무산되었다. 결국 위기를 맞은 동아시아 국가들은 IMF의 구제금융과 함께 가혹한 이행조건에 고통을 겪어야 했던 것이다. 이러한 경험은 이들 국가들에게 지역적 협조체제와 안전망이 구축되어야 한다는 인센티브로 작용하였다. 이를 계기로 치앙마이 이니셔티브와 같은 통화 스와프 협정, 자유무역협정 등이 줄이어 등장하게 되는 것이다.[37]

플라자협정이나 동아시아 외환위기 등 국제경제적 요인이 21세기 동아시아 지역주의의 주요한 계기였음은 물론이지만 동아시아 국가들의 지역인식과 전략을 보다 긴 역사틀 하에서 따져보면 또 다른 모습이 부각된다. 이들의 지역인식은 구성원의 안보인식과 강하게 연계되어 왔다. 정용화의 연구에 따르면 근대 한국의 지역인식은 전통적 · '예의적 시야'에서 '지정학적 시야'로의 전환과정에서 획득되는 것이었다.[38] 이는 구체적으로 서양의 위협, 특히 러시아의 위협에

---

36 Walter Hatch and Kozo Yamamura, *Asia in Japan's Embrace*(Cambridge : Cambridge University Press 1996).

37 Pempel 2005 ; Kevin Cai, "Is a Free Trade Zone Emerging in Northeast Asia in the Wake of Asian Financial Crisis?" *Pacific Affairs*(Spring 2001) ; Richard Higgott, "From trade-Led to Monetary-Led regionalism", UNU/CRIS e-Working papers 2002-1, Bruges.

대한 동양 3국의 연대란 관념이 표출이었다. 안중근의 '동양평화론'이 이를 대표한다. 전전 일본 역시 서양문명이나 서양인종(백인종)의 압력에 대항하는 지역연대의 구상이 지배적이었다. 그 극단인 '대동아공영권'은 서양에 대항하는 지정학적 고려가 강하게 깔려 있는 공간구상이었다. 1967년 아세안의 결성이 공산중국에 대한 안보위협의 공유란 매개로 이루어진 사실, 중국의 경우 자신의 부상에 따른 주변국, 특히 미국의 견제를 피하기 위한 기제로 지역주의를 활용하고 있는 사례 역시 동아시아 지역주의에 있어 안보적 요인이 중심적 역할을 하고 있음을 보여주고 있다.

4. 상황적 지역주의

동아시아 공간은 강대국 간의 이익의 충돌과 세력균형의 정치가 치열하게 전개되고 있다. 중국과 일본 간의 지역패권 경쟁이 대표적이다. 양국은 '자기 중심적 지역주의'를 추구하고 있다. 일본은 오래 전부터—심지어 토쿠가와 막부 시절부터—자신이 동양의 중심에서서 지도적 역할을 해야 한다고 주장해 왔으며, 중국은 더 나아가 이중 정체성, 즉 밖으로는 아시아 의식의 수립을 주장하지만 안으로는 천하관념에 근거해 아시아를 넘는 위계질서 속의 중심으로 스스로를 인식하고 있다. 오늘날 중국의 지역주의는 중심의 입장에서 주변국 관리의 의미를 지니는 측면이 있는 것이다. 어떻게 보면 21세

[38] 정용화, "근대한국의 동아시아인식과 동양평화구상", 손열 편(2006).

기 한국도 중심에 경도되고 있다. '동북아 중심 국가', '동북아 경제 중심', '동북아 비즈니스 허브', '동북아 IT허브' 등 근래 등장해온 슬로건이 말해주듯 한국도 지역의 중심과 허브가 되고자 하는 것이다. 모두가 중심이나 허브가 되고자 할 때 이익의 충돌은 필연적이며, 특히 중국과 일본 간 지역 다자제도에서의 영향력 확대 경쟁은 점차 치열해지고 있다.

이러한 자기 중심적 지역관념은 이들이 상황적 맥락에 따라 지역주의를 전략적으로 추진하는 결과를 가져오고 있다. 일본은 군사적으로 양자주의, 경제적으로 다자주의를 혼용하고 있으며, 그 배합은 상황에 따라 달리하고 있다.[39] 이런 속에서 지역의 범위 역시 상황적으로, 즉 자신의 영향력을 확대하는 방향 혹은 경쟁자의 영향력을 축소하는 방향으로 설정하고 있다. 인도, 호주, 뉴질랜드가 EAS 구성원으로 가입된 것은 미국의 이해를 고려하고 중국의 주도권을 희석시키려는 일본의 전략이 작용한 것이다. 반면, 중국의 아세안에 대한 급속한 접근, EAS 창설에 대한 초기의 적극성, 최근 EAS에서 APT로의 전략적 중점의 전환 등은 중국의 전략적 상황의 변화, 그에 따른 이해관계의 변화를 반영하는 행보이다.[40] 지역을 신축적으로 생산하고 복수의 지역을 중층적으로 추구하는 '상황적 지역주의'는 자기 중심적 경쟁의 소산이라 평가할 수 있다.

---

39 예컨대 Ellis Krauss and T. J. Pempel, eds., *Beyond Bilateralism*(Ithaca : Cornell University Press 2004).

40 배긍찬, "제1차 동아시아정상회의 개최(1)(2)(3)", 미래전략연구원.
(http://www.kifs.org/new/Dbview_c4.html?sec_sort=7)

V. 동아시아 지역주의 연구의 쟁점과 방향: 지역성의 관점에서

이 글은 지역을 개념화하는 일로부터 시작하였다. 지역을 발견/정의하는 일은 곧 특정한 공간이 국민국가의 경계, 그리고 지구공간과 대별되는 별도의 지리적/영토적 단위공간으로 존재하는지를 판단하는 작업이다. 이 특정한 공간을 지역으로 부르게 된다면 이는 단순히 지리적·행정적 대상이 아니라 역내 구성원들을 하나로 묶는 공통의 것(commonality)으로 존재하는 대상이 됨을 의미하게 된다. 국가(state)가 정치적으로 의미 있는 존재로 기능하려면 국가성(stateness)이 필요하고 국민국가로 존재하려면 국민성(nationhood 혹은 nationness)이 요구되는 것처럼 지역이 하나의 "능동적 주체"로서 존재, 기능하려면 지역성(regionness)이 요구된다.[41] 국가성이 현저히 약화되면 '실패한 국가'가 되듯이 지역성이 약화되면 지역으로서 의미를 잃게 된다. 즉, 지역성의 수준은 증가되거나 감소될 수 있다. 또 이 지역성의 내용이 변하게 되면 지역의 모습(즉, 경계와 구조) 역시 변하게 되는 것이다. 이런 점에서 지역주의 연구에 있어서 지역성이란 분석 개념을 동원하게 되면 지역은 만들어지고 사라지는 것이란 차원에서 지역주의의 동태적 성격을 포착할 수 있게 된다.

---

41 Bjorn Hettne and Fredrik Soderbaum, "The Rise of Regionness", in Shaun Breslin *et al.* eds., *New Regionalisms in Global Political Economy*(Routledge 2002), 38.

19세기 동아시아가 근대세계로 진입하면서 일본이 중심이 되어 지역을 설정하려는 전략적 노력이 표출된 이래 지역성의 수준은 변화해 왔다. 지역주의가 제국주의와 맞물리면서 21세기 전반은 일본을 중심으로 상대적으로 높은 지역성을 보이는 공간이 창조되었던 반면, 일본제국의 패망과 함께 냉전의 도래는 지역을 그야말로 지리적 구분의 의미 이상의 것을 갖지 못하게 하였다. 이후 냉전종식과 세계화의 진전, 그리고 동아시아 금융위기를 거치면서 동아시아는 일정한 지역성의 향상을 감지하면서 21세기를 열고 있다. 지역성의 향상은 곧 지역이 만들어지고 있다는 의미를 갖는 것으로서 그 요인은 앞서 언급하였듯이 지극히 다양하다. 지정학적 변수, 세계경제적 변수, 국내적 변수들이 중첩되면서 지역성의 변화를 이끌고 있는 것이다.

동아시아를 단위로 한 지역의 지역성에 대해 우리는 어떻게 접근하고 어떤 평가를 내릴 수 있는가?

1. 지역성의 방법 : 역사적 전망과 전략적 민감성

동아시아 통합 혹은 동아시아 공동체에 관한 대부분의 연구들은 대체로 냉전종식 혹은 동아시아 금융위기 이후의 짧은 역사를 대상으로 하고 있다.[42] 이 두 역사적 사건이 시대의 큰 획을 그었음은 부

42 최영종, 『동아시아 지역통합과 한국의 선택』(아연 2003) ; 배긍찬 외, 『동아시아공동체』(한양대학교 출판부 2005) ; 한용섭 편, 『동아시아안보공동체』(2005) ; 山影進, 「東アジア地域主義と日本外交」(日本國際問題研究所 2003) ; NIRA, 『北東アジアのグラン

인할 수 없으나 지역의 인식, 구상, 전략은 보다 긴 역사적 흐름 속에서 형성된 "마음의 습관(habit of mind)"이 작용한 결과이기도 하다. 본래 지역의 구상과 지역주의는 근대 주권국가의 성립 이후 전개되는 프로젝트이다. 즉, 근대국가 체제의 일정한 보완 혹은 극복을 위한 시도인 것이다. 그렇다면 동아시아 지역주의 담론의 분석은 일본과 여타 국가들이 근대세계로 편입되는 시점에서 시작되는 보다 긴 역사틀 속에서 이루어져야 한다. 그 중심은 한-중-일이 19세기 근대세계로 진입한 이래 지역적 사고와 행위의 과거를 파악하는 일이다. 물론 냉전 이전의 과거가 오늘(냉전종식 이후)의 지역주의에 재현됨을 주장하는 것은 결코 아니지만 역으로 현재적 고려가 과거(전전)와의 단절 속에서 이루어지는 것은 아니다. 과거의 사상적 실타래들이 또 다른(현재적) 시공간 속에서 어떤 조합으로 진화하여 드러나고 있는지를 파악하는 역사적 전망이 필요하다는 것이다.

그러나 역사적 전망에 근거한 연구들은 결국에는 규범론이나 낙관론으로 그치는 경우가 적지 않다. 현실정치의 치열함을 역사적 교훈에서 도출한 규범성으로 치환하려는 경향이 그것이다. 사실 동아시아 구성원의 중심주체는 여전히 국민국가이며, 이들은 국익 혹은

ドデザイン』(東京：日本經濟評論社 2003)；渡邊利夫, 「東アジア經濟連携の時代」(東洋經濟新報社 2004)；添谷芳秀, 田所昌幸 「日本の東アジア構想」(慶應義塾大學出版會 2004)；谷口 誠, 『東アジア共同體』(岩波新書 2004)；小原雅博, 『東アジア共同體』(日本經濟新聞社 2005)；伊藤憲一 編, 『東アジア共同體と日本の針路』(NHK出版 2005)；Walter Hatch and Kozo Yamamura, *Asia in Japan's Embrace*(Cambridge：Cambridge University Press 1996)；Gilbert Rozman, *Northeast Asia's Stunted Regionalism*(Cambridge：Cambridge University Press 2004)；Edward Lincoln,. *East Asian Economic Regionalism*(DC：Brookings Institution Press 2004)；T. J. Pempel, ed., *Remapping East Asia*(Ithaca：Cornell University Press 2005).

정권의 이익을 추구하는 방편으로 지역주의를 인식하는 경향이 강하다. 다시 말해서 동아시아 지역주의의 제도화는 각 국가들의 세력균형을 인정하고 이에 기반한 속에서 마련되어야지 현실적으로 존재하는 이익을 초월하는 새로운 지역이념과 지역이익의 창조로 얻어지기는 대단히 어려운 것이 현실이다.[43] 앞서 서술하였듯이 한-중-일은 서로 다른 지역을 관념해 왔다. 그리고 여기에는 각자의 역사적 경험과 전략적 이해가 투영되어 있다. 동아시아는 서로 다른 지역을 놓고 전략적 경쟁을 벌이고 있는 장인 것이다. 따라서 동아시아 지역주의의 분석은 각국의 지역인식, 구상, 전략을 냉철히 분석하는 일로부터 출발되어야 한다. 최근 저작으로서 『동아시아의 지역질서 : 제국을 넘어 공동체로』는 이런 점에서 시사적이다.[44] 이 책은 19-21세기란 긴 역사틀 속에서 동아시아에 있어서 시기별 주요국가의 지역구상과 전략을 치밀하게 분석하고 있으나 과거(제국으로서의 지역)가 현재 및 미래(공동체로서의 지역)에 어떻게 연결·투영되는지에 대한 고민이 상대적으로 약하며, 과거와 현재에 놓인 서로 다른 지역구상 간의 충돌과 경쟁을 입체적으로 파악하지 못한 결함을 노정하고 있다. 다시 말해서 19세기로부터 21세기까지의 동아시아 지역인식의 역사를 조망하면서도 역사의 통시적(diachronic)·공시적(synchronous) 이해가 부족하다는 것이다. 그렇다면 동아시아 지역주의의 이해는 통시적으로 중국, 일본, 한국, 그리고 미국의 지역인식과 구상, 전략이 철저하게 파악될 때, 그리고 공시적으로 이들 간의 경쟁과 협력이 조

43 전재성, "현실주의 국제제도론을 위한 시론", 『한국정치학회보』, 제35집 2호(2000).
44 백영서 편, 『동아시아의 지역질서 : 제국을 넘어 공동체로』(창비 2005).

직적으로 이해되어질 때 비로소 가능하게 되는 것이다.

2. 지역성의 수준 : 어느 수준의 지역주의인가?

지역성과 관련된 또 다른 중요한 이슈는 지역성의 수준 혹은 정도이다. EU는 고수준의 지역성을 지니고 있다면 현재 추진되고 있는 '동아시아정상회의'는 저수준의 지역성을 갖는 사례가 될 수 있다. 왜냐하면 EAS는 아세안 10개국, 한-중-일 3개국에 더하여 인도, 뉴질랜드, 호주가 포함되어 있는 만큼 이들을 조직화해낼 수 있는, 즉 공간적 통일성을 줄 수 있는 특질을 만들어 가기 쉽지 않은 까닭이다. 그럼에도 불구하고 지역성은 주어진 것이 아니라 만들어질 수 있는 것이기 때문에 동아시아 역내 행위자들의 전략과 협조의 결과에 따라 지역기구의 결속력 혹은 조직력의 정도는 충분히 달라질 수 있다. 가령, 동아시아 안보협력(체)의 장래는 결코 밝지는 않지만 일단 구성원 간 안보가 일정하게 확보될 때 지역성의 확보와 통합의 질적 심화를 가져오는 중대한 계기가 될 수 있다. 역내 행위자 간의 안보가 증진되면 동아시아 혹은 구성원들의 정치적 안정성이 향상될 것이고, 따라서 국제투자 및 무역 측면에서 매력 있는 지역 혹은 국가로 등장할 수 있으며, 그 결과 자연스런 개발협력(역내 분업에 의한 산업구조의 고도화)으로 부를 창출하고 문화적 교류의 심화가 뒤따름으로써 안보협력의 강화를 가져오는, 이른바 지역성 강화의 선순환 구조를 만들 수 있게 된다.

동아시아의 경우 주목할 만한 이슈는 경제적 상호 의존의 심화와 안보와의 관계이다. 동아시아란 상황조건 하에서 양자 간의 관계가 어떻게 규정되는가에 따라 지역성의 정도는 크게 차이를 보일 수 있다. 기존의 연구들은 부정적 평가와 긍정적 평가 양면으로 나뉘어져 있다. 대체로 부정적 평가는 안보적 요인(안보갈등)을 강조하는 연구에서 주로 발견할 수 있다면 긍정적 평가는 주로 경제적 요인(경제적 상호 의존의 심화)을 강조하는 저작들이다. 또한 서구의 연구들이 대체로 후자를 강조하는 반면 국내 및 일본의 연구들은 전자를 강조하는 경향이 있다.[45] 그리고 주지하다시피 이론적으로는 후자가 자유주의에 근거한다면 전자는 현실주의에 근거한 관측이다.[46] 자유주의가 옳다면 동아시아의 지역성 수준은 상승할 것이고 현실주의적 판단이 옳다면 정체 혹은 하강할 것으로 전망할 수 있다. 전근대, 근대, 탈근

---

45 경제적 상호 의존의 영향을 강조하는 긍정론은 대표적으로 Katzenstein and Shiraishi (1997) ; Pempel (2005).

46 자유주의적 관점에서 보면, 무역은 서로에게 이득이 되는 것이므로 교역당사자들은 군사적 분쟁에 반대하게 된다. 군사적 분쟁은 상품이나 재화의 수출 혹은 수입을 어렵게 만들며, 분쟁상대국의 수입이나 수출을 대체하는 데에는 상당한 비용이 부과되기 때문이다. 이 경우 다른 교역상대국으로의 전환에 상당한 비용을 치러야 한다는 점에서 해당 국가는 무역의 장애/교란에 대해 취약성(vulnerability)이 증대되게 되고, 따라서 보다 협조적 대외관계를 희망하게 된다. 여기서 특히 민주국가는 이러한 자유주의적 관계를 촉진시킨다고 본다. 왜냐하면 민주주의는 경제적 상호 의존을 촉진시키기 때문이다. 민주체제에서 경제적으로 강력한 집단은 정치적으로 강력한 집단이기도 하며, 이들은 자유로운 경제활동(무역)을 위해 군사적 분쟁에 대한 강력한 반대자이라는 것이다. 반면 현실주의자는 양자 간 경제적 상호 의존은 기본적으로 불균등하게 이루어져서 그 정치적 민감성과 취약성 역시 불균등(uneven)하게 배분된다고 본다. 이런 점에서 무역/투자는 정치적 영향력의 원천이 될 수 있다. 경제적으로 우월한 국가는 무역/투자를 사용하여 상대방에 대한 정치적 지배를 심화시킬 수 있으며, 역으로 무역상대국이 정치적 경쟁상대가 될 경우 그와의 무역규모를 축소시키고자 하며, 이런 흐름이 심화될 때 양국은 걷잡을 수 없는 분쟁상태로 돌입할 수 있다고 본다.

대의 3중의 안보 고민을 안고 있는 동아시아에 있어서 경제적 상호 의존의 심화는 어떤 영향을 미쳐왔으며 또 미칠 것인지에 대한 정밀한 분석은 향후 주요한 연구과제이다.

이런 고려 속에서 동아시아는 현재 어느 수준의 지역성을 보이고 있으며 또 어느 수준의 지역성을 지향할 것인가? 헤트니(Hettne)는 지역성의 수준을 지역공간(regional space), 지역복합체(regional complex), 지역사회(regional society), 지역공동체(regional community), 지역국가(regional state)란 다섯 단계를 설정해 놓고 있다.[47] 지역공간이란 그야말로 영토적 공간으로서 의미를 갖는 지리적 단위이다. 유럽, 북아메리카, 아시아, 아프리카 등이 이에 속한다. 여기서 좀더 나아간 것이 지역복합체이다. 부잔(Buzan)이 안보복합체를 구성원들이 서로 간 뿐만 아니라 지역 시스템 전체의 안정을 의식하고 이에 구속되는 단위로 정의한 것처럼 지역복합체는 구성원이 사회적 접촉과 교류의 증대로 말미암아 일정한 사고 및 행동패턴을 보이는 수준, 즉 저수준의 지역성의 사례가 된다. 영국학파의 '국제사회론'을 원용한 지역사회 개념은 구성원 간 관계에 있어 일정한 규범과 규칙을 공유함으로써 상호 이해와 예측가능성(predictability)을 갖는 단위로 성격규정을 할 수 있고, 지역공동체는 역내 가치와 행동규범의 수렴이 이루어져 지역이 수동적 객체에서 능동적 주체로 변모하여 일정한 정체성을 갖게 되는 단계를 의미한다.[48] 끝으로 지역이 제도화된 정책결정 구조와 행위능

---

[47] Hettne, ibid., 39－45.

[48] 영국학파의 이론적 구성에 대해서는 Hedley Bull, *The Anarchical Society : A Study of Order in World Politics*(New York : Columbia University Press, 1977) ; Martin Wight, *International Theory : The Three Traditions*. in Gabriel Wight and Brian Porter, eds.(New

력을 보유하게 될 때 이는 지역국가 혹은 지역정체(polity)가 되는 것으로서, 현재 유럽연합(EU)은 이 단계에 접근하고 있다고 볼 수 있다.

동아시아는 어느 수준에 와 있으며 또 한국은 어느 수준의 지역주의를 추구할 것인가? 이 질문은 현실적으로 대단히 큰 의미를 갖는다. 이는 마치 자유무역협정(FTA)을 놓고 대상국과 교섭을 벌일 때 어느 수준의 FTA를 원할 것인가(고수준의 FTA인가, 저수준의 FTA인가)란 문제와 동일한 문제제기이다. 여기에는 한국이 놓인 현실적 여건, 국가이익과 목표, 실현가능성, 주변국의 동향이 함께 고려되어야 한다.

3. 지역성의 컨텐츠 : 지역의 매력찾기

지역성의 향상을 꾀하는 것은 결국 공간적 통일성을 찾는 작업 즉, 역내 행위자들 간의 공통의 것(commonality)을 찾는 과제가 된다. 동아시아란 지역이 현실적 주체로서 의미를 가지려면 한국, 중국, 일본의 사람(주로 엘리트)들에게 이 공간이 유리하거나 친숙, 매력적이어야 한다. 다시 말해서 지구를 하나의 단위로 삼는 세계화(globaliza-

York : Holmes & Meier, 1992). 이들의 비교사적 접근에 대해서는 H. Bull and A. Watson, eds., *The Expansion of International Society*(Oxford University Press, 1984); B. Buzan and R. Little, *International Systems in World History*(Oxford University Press, 2000). 이를 동아시아적 맥락에서 고찰한 저작으로는 장인성, "동아시아의 문명과 국제사회 : 구성원리와 존재방식", 『한국정치외교사논총』 제24집 2호(2002).

tion)의 공간, APEC으로 대표되는 아시아-태평양의 공간이 아닌 동아시아란 공간이 우리의/그들의 지역이 되려면 이 공간이 주는 매력이 계발, 발견, 재발견되고 서로 간에 공유되어야 한다. 그렇다면 역내 서로가 공유하는, 서로에게 통용될 수 있는, 서로에게 매력적인 지역인자(DNA)는 무엇인가? 지역적으로 통하는 매력요소는 무엇인가? 각국(한국, 일본, 중국)이 제시하는 지역성 혹은 지역정체성은 상대방에게 매력적인 것인가? 일본과 중국이 제시하는 지역성은 과연 한국에게 유익한 것인가?

과거 일본은 다양한 지역인자를 창조하여 지역성을 만들어 가려 하였다. 유교문명이란 지역인자를 내세운 동양연대론, 황인종이란 지역인자를 공유한 인종적 연대로서 대동합방론, 협동주의적 문화인자로서 동아협동체론, 지정학적 인자로서 대동아공영권 등이 그 예이다.[49] 결과적으로 이들이 예외 없이 매력을 얻지 못하였고 사멸되었다면 21세기 현재 일본의 또 다른 지역성 구축작업은 바로 '동아시아공동체'론이다. 앞서 언급한 5단계 중 '지역공동체'를 강조하는 자세로 전환하고 있는 것이다. 최근 일본이 생산하고 있는 담론은 공동체를 내걸면서 특정한 가치와 이념을 공유하는 지역단위체를 지향해야 함을 강조하고 있다.[50] 유럽의 경우 부전(不戰)공동체와 민주주의를 내건 것처럼 동아시아 지역은 평화, 번영, 자유주의, 민주주

49 손열, "일본의 지역은 어디인가?"(2006).

50 예컨대 谷口 誠, 『東アジア共同體』(岩波新書 2004) ; 小原雅博, 『東アジア共同體』(日本經濟新聞社 2005) ; 伊藤憲一 編, 『東アジア共同體と日本の針路』(NHK出版 2005). 이들은 모두 전·현직 외무성관리들이다. 또한 麻生外務大臣演説(17. 17. 2005), "わたくしのアジア戰略 : 日本はアジアの實踐的先驅者 Thought Leaderたるべし."

의, 인권이란 가치를 추구한다는 "방향성"이 확립해야 한다는 것이다. 이와 함께 일본은 지역의 범위를 동북아와 동남아의 합으로서 동아시아의 영역으로부터 위의 가치를 공유하는 호주, 뉴질랜드, 인도를 포함시키는 대영역을 설정하고 있다. 반면 중국은 '화평굴기(和平崛起)', '베이징 컨센서스(Beijing Consensus)', '조화로운 세계(和諧世界)' 등을 띠우면서 그들의 매력을 전파하려 노력하고 있다.[51] 이러한 중국의 연성권력 강화전략은 중국의 굴기/평화발전을 문명의 부흥으로 해석하는 야심찬 문명론으로도 포장되고 있으며, 따라서 지역을 넘는 지구적 수준에서의 신질서 모색의 측면도 담고 있다.[52]

21세기 동아시아 지역주의의 향배는 결국 누가 지역성의 요소로서 어떤 컨텐츠를 제공하여 역내 구성원의 매력을 끌 수 있는가에 달려 있다. 이것이 실패할 때 지역주의의 장래는 어두울 것이다. 그렇다면 동아시아를 놓고 벌이는 일본과 중국 간의 머리싸움, 연성권력 싸움 속에서 한국의 길은 어디인가? 한국이 내걸었던 동북아 중심, 동북아 허브 등 자기 중심적 컨텐츠는 지역의 매력을 끌 수 없었던 사실을 반성하면서 한국이 앞으로 추구해야 할 방향을 모색해 보면 첫째, 지역주의는 지역성의 창조라는 작업임을 인식하고 둘째, 이는 역내 구성원에게 매력 있는 컨텐츠를 제공하는 일이라는 점, 따

---

51 Joshua Cooper Ramo, *The Beijing Consensus*(London : The Foreign Policy Centre, 2004); Hongying Wang, "National Image Building and Chinese Foreign Policy", *China : An International Journal*, Vol. 1, No. 2(March 2003), pp. 46–72; Jean A. Garrison, "China's Prudent Cultivation of "Soft" Power and Implications for U.S. Policy in East Asia", *Asian Affairs : An American View*, Vol. 32, No. 1(Spring 2005), pp. 25–30.

52 Zheng Bijian, "China's Peaceful Development and Chinese Civilized Revival", *People's Daily*(4/10/2006).

라서 자기 중심적 컨텐츠는 통용되기 어렵다는 점을 유념하면서 일정한 보편성을 띠는 컨텐츠를 계발하되 셋째, 국가 간, 국민 간 매력의 작동 메커니즘을 파악하여 이를 전략적으로 활용하는 일이 될 것이다.[53] 이는 곧 매력의 발신 네트워크를 어떤 모습으로 어떻게 구축할 것인가와 관련된 과제가 될 것이다.

---

53 매력론에 관해서는 『매력국가 만들기: 소프트 파워의 미래전략』(서울: 21세기 평화재단·평화연구소 2005). 또한 이근, "국제정치에 있어서 말, 상징의 연성권력이론: 이론화를 위한 시론", 『국제지역연구』 제13권 1호(2004년 봄), 1-18.

참고문헌

강원택. 2000. “유럽통합과 다층통치체제.” 『국제정치논총』 40집 1호.

경제사회연구회 편. 2003. 『동북아중심국가 건설 연구』. 경제사회연구회.

구갑우. 1998. “지역통합이론의 재검토.” 『한국과 국제정치』 14권 1호.

김상배. 2005. “동북아 IT협력 : 2020년 국가전략의 시각.” 『한국의 국가전략 2020』.

_____. 2006. “동아시아지역주의와 IT협력의 미래.” 손열 편. 『동아시아와 지역주의 : 지역의 인식, 구상, 전략』. 지식마당.

김웅희. 2003. “동북아 IT협력의 정치경제.” 『일본연구논총』 17집.

_____. “한중일 IT협력의 성과와 과제.” 미래전략연구원 · 손열 편. 『정보화와 동아시아』. 한울 근간.

김재철. 2003. “중국의 동아시아정책.” 『국가전략』 9권 3호.

김호섭. 2001. “아시아경제위기 이후의 일본의 지역주의 : 한일자유무역협정 논의의 전개를 중심으로.” 『한국정치학회보』 35집 1호.

_____. 2004. “일본의 FTA정책과 국내정치.” 『일본연구논총』 19호.

박명림. 2006. “현대한국의 동아시아인식과 구상 : 김대중을 중심으로.” 손열 편. 『동아시아와 지역주의 : 지역의 인식, 구상, 전략』. 지식마당.

박인휘. 2006. “미국의 동아시아구상과 전략.” 손열 편. 『동아시아와 지역주의 : 지역의 인식, 구상, 전략』. 지식마당.

박제훈. 2002. “동북아 지역경제권과 동북아공동체.” 『사회과학논평』 22호.

_____. 2004. “동북아경제공동체, 쟁점과 제안.”『동북아공동체를 향하여』, 81-120.

배긍찬. “제1차 동아시아정상회의 개최 (1) (2) (3).” 미래전략연구원(http://www.

kifs.org/new/Dbview_c4.html?sec_sort=7) (검색일 : 2006년 5월 1일).
배긍찬 외. 2005. 『동아시아공동체』. 한양대학교 출판부.
백영서 · 최원식 편. 1997. 『동아시아인의 '동양' 인식 : 19-20세기』. 문학과 지성사.
_____. 2000. 『동아시아의 귀환』. 창작과 비평사
백영서 편. 2005. 『동아시아의 지역질서 : 제국을 넘어 공동체로』. 창작과 비평사.
배영자. "동아시아 지역혁신체제 : 반도체 생산네트워크를 중심으로." 미래전략연구원 · 손열 편. 『정보화와 동아시아』. 한울 근간.
손 열. 2006. "일본의 지역은 어디인가?" 손열 편. 『동아시아와 지역주의 : 지역의 인식, 구상, 전략』. 지식마당.
_____. 2005. "일본의 지역은 어디인가?" 『매력국가 만들기 : 소프트 파워의 미래전략』. 서울 : 21세기 평화재단 · 평화연구소.
아리프 딜릭. 1993. "아시아 태평양권이란 개념." 『창작과 비평』 31권 2호.
이창재. 2003. "동북아 비즈니스거점 건설전략." 제1차 한국학술연구원, 코리아포럼, 『동북아 경제중심 건설을 위한 한국의 전략』.
이 근. 2004. "국제정치에 있어서 말, 상징의 연성권력이론 : 이론화를 위한 시론." 『국제지역연구』 13권 1호
장인성. 2002. "동아시아의 문명과 국제사회 : 구성원리와 존재방식." 『한국정치외교사논총』 24집 2호.
장 훈. 2000. "유럽통합과 다층적 체제의 등장." 『한국과 국제정치』 16권 1호.
전재성. 2000. "현실주의 국제제도론을 위한 시론." 『한국정치학회보』 35집 2호.
_____. 2006. "동아시아지역주의와 안보협력의 미래 : 유럽과의 비교." 손열 편. 『동아시아와 지역주의 : 지역의 인식, 구상, 전략』. 지식마당.
정문길 · 최원식 외. 1995. 『동아시아, 문제와 시각』. 문학과 지성사.
_____. 2000. 『발견으로서의 동아시아』. 문학과 지성사.
정용화. 2006. "근대한국의 동아시아인식과 동양평화구상." 손열 편. 『동아시아와 지역주의 : 지역의 인식, 구상, 전략』. 지식마당.
정재용. "동아시아 이동통신사업 발전전략 : Co-evolution의 관점." 미래전략연구원 · 손열 편. 『정보화와 동아시아』. 한울 근간.
조영남. 2006. "중국의 동아시아인식과 정책." 손열 편. 『동아시아와 지역주의 :

지역의 인식, 구상, 전략』. 지식마당.
최영종. 2000. "지역통합의 비교론적 연구." 『평화연구』 9호.
_____. 2001. "현실주의 지역통합이론 : 그 가능성과 한계." 『한국정치학회보』 35집 2호.
_____. 2003. 『동아시아 지역통합과 한국의 선택』. 아연.
최진우. 2004. "지역통합의 국제정치이론." 우철구 · 박건영 편. 『현대국제관계이론과 한국』. 사회평론.
최태욱. 2001. "대외통상정책의 국제정치와 국내정치." 『한국정치학회보』 35집 3호.
_____. 2003. 『세계화시대의 국내정치와 국제정치경제』. 한국학술정보.
한국동북아지식인연대 편. 2004. 『동북아공동체를 향하여』. 동아일보사.
한용섭 편. 2005. 『동아시아안보공동체』. 나남.

Andrew Hurrell. 1995. "Regionalism in Theoretical Perspective." in Louise Fawsett and Andrew Hurrell eds. *Regionalism in World Politics*. Oxford : Oxford University Press.
Arjun Appadurai. "Regional Worlds." mimeo.
Bjorn Hettne and Fredrik Soderbaum. 2002. "The Rise of Regionness." in Shaun Breslin *et al.* eds. *New Regionalisms in Global Political Economy*. Routledge.
_____. "Beyond the New Regionalism." *New Political Economy*. Forthcoming issue.
Bruce Cumings. 1997. "Japan and Northeast Asia." in Peter Katzenstein and Takashi Shiraishi eds. *Network Power*. Ithaca : Cornell University Press.
B. Buzan and R. Little. 2000. *International Systems in World History*. Oxford University Press.
David Mitrany. 1943. *A Working Peace System*. Quadrangle Books,
Edward Lincoln. 2004. *East Asian Economic Regionalism*. DC : Brookings Institution Press.
Ellis Krauss and T. J. Pempel. eds. 2004. *Beyond Bilateralism*. Ithaca : Cornell University Press.

Ernst H. Van Der Beugel. 1966. *From Marshall Plan to Atlantic Partnership.* Amsterdam : Elsevier.

Etel Solingen. 2005. "East Asian Regional Institutions : Characteristics, Sources, Distinctiveness." in Pempel ed. *Remapping East Asia.* Ithaca : Cornell University Press.

Gilbert Rozman. 2004. *Northeast Asia's Stunted Regionalism.* Cambridge : Cambridge University Press.

Hedley Bull. 1977. *The Anarchical Society : A Study of Order in World Politics.* New York : Columbia University Press.

H. Bull and A. Watson. eds. 1984. *The Expansion of International Society.* Oxford University Press.

Hongying Wang. 2003. "National Image Building and Chinese Foreign Policy." *China : An International Journal* 1(2).

Jean A. Garrison. 2005. "China's Prudent Cultivation of 'Soft' Power and Implications for U. S. Policy in East Asia." *Asian Affairs : An American View* 32(1).

John Dower. 1988. *Empire and Aftermath.* Cambridge : Harvard University Press.

John Lewis Gaddis. 1982. *Strategies of Containment.* New York : Oxford University Press.

Joseph Grieco. 1997. "Systemic Sources of Variation in Regional Institutionalization in Western Europe, East Asia, and the Americas." in Edward Mansfield and Helen Milner eds. *The Political Economy of Regionalism.* NY : Columbia University Press.

Joshua Cooper Ramo. 2004. *The Beijing Consensus.* London : The Foreign Policy Centre.

Karl Polanyi. 1944. *The Great Transformation.* NY : Beacon.

Kevin Cai. 2001. "Is a Free Trade Zone Emerging in Northeast Asia in the Wake of Asian Financial Crisis?" *Pacific Affairs*(Spring).

Martin Wight. 1992. *International Theory : The Three Traditions.* in Gabriel Wight and Brian Porter eds. New York : Holmes & Meier.

Michael Schaller. 1985. *The American Occupation of Japan.* New York : Oxford

University.

Peter Katzenstein and Takashi Shiraishi. eds. 1997. *Network Power : Japan and Asia*. Ithaca : Cornell University Press.

Richard Higgott. 2002. "From trade-Led to Monetary-Led regionalism." UNU/CRIS e-Working papers 2002-1. Bruges.

Robert Keohane and Helen Milner. eds. 1996. *Internationalization and Domestic Politics*. Cambridge : Cambridge University Press.

Robert Lawrence. 1991. "Emerging Regional Arrangements : Building Blocks or Stumbling Blocks?" in Richard O'Brien ed. *Finance and the International Economy*. 5, The AMEX Bank Review Prize Essay.

Thomas Pedersen. 2002. "Cooperative Hegemony : Power, Ideas, and Institutions in Regional Integration." *Review of International Studies* 28.

T. J. Pempel. 2005. "Introduction" in idem ed. *Remapping East Asia*. Ithaca : Cornell University Press.

_____. 2005. "Firebreak : East Asia Institutionalizes its Finances." Paper presented for the Conference on Regionalization and the Taming of Globalization (CSGR) at the University of Warwick (October).

_____. ed. 2005. *Remapping East Asia*. Ithaca : Cornell University Press.

Shaun Breslin, Richard Higgott, and Ben Rosamond. 2002. "Regions in Comparative Perspective." in Shaun Breslin *et al.* eds. *New Regionalisms in the Global Political Economy*. London : Routledge.

Walter Hatch and Kozo Yamamura. 1996. *Asia in Japan's Embrace*. Cambridge : Cambridge University Press.

Zheng Bijian. "China's Peaceful Development and Chinese Civilized Revival." *People's Daily* (4/10/2006).

麻生外務大臣演說(17. 17. 2005), "わたくしのアジア戰略 : 日本はアジアの實踐的先驅者、Thought Leaderたるべし."

伊藤憲一 編. 2005.『東アジア共同體と日本の針路』. NHK出版.

浦田秀次郎 編. 2002.『日本のFTA戰略』. 日本經濟新聞社.

_____. 2004.『東アジアのFTA戰略』. 日本經濟新聞社.

小原雅博. 2005.『東アジア共同體』. 日本經濟新聞社.
荒野泰典 外 編. 1992-3.『アジアのなかの日本史(全8卷)』. 東京大學出版會.
添谷芳秀・田所昌幸. 2004.『日本の東アジア構想』. 慶應義塾大學出版會.
NIRA. 2003.『北東アジアのグランドデザイン』. 東京: 日本經濟評論社.
溝口雄三 外 編. 1993-4.『アジアから考える(全7卷)』. 東京大學出版會.
谷口 誠. 2004.『東アジア共同體』. 岩波新書.
山影進. 2003.『東アジア地域主義と日本外交』. 日本國際問題研究所.
山田辰雄 監修. 1994.『講座現代アジア(全4卷)』. 東京大學出版會.
渡邊利夫. 2004『東アジア經濟連携の時代』. 東洋經濟新報社.

••• 지은이 약력(논문 순서)

■ 김웅진

University of Cincinnati 정치학 박사(1982)
정치학연구방법론, 사회과학철학 전공
한국정치학회 연구이사, 편집이사
한국외국어대학교 사회과학대학 학장
(현) 한국외국어대학교 정치외교학과 교수

[주요 논문 및 저서]

『과학 헤게모니의 정치적 영상』(서울 : 청목출판사, 2005).
『신화와 성화 : 과학방법론의 패권정치』(서울 : 전예원, 2001).

■ 정준표

University of Rochester 정치학 박사(1990)
형식이론(Formal Theory) 전공
미국 State University of New York at Stony Brook 정치학과 조교수
동아시아국제정치학회 회장
대한정치학회 부회장
(현) 영남대학교 정치외교학과 교수

[주요 논문 및 저서]

"Black and Farquharson on Order of Voting Effects : An Extension", *Social Choice and Welfare* 7, 1990.
"집단행동과 게임이론", 『한국정치학회보』 27집(1994).
"합리적 선택이론에 있어서 합리성의 개념", 『대한정치학회보』 11집 2호(2003).
『성공전략 협상』, 영남대학교 출판부(공저, 2003).

■ 김기석

UC, Los Angeles 정치학 박사(1997)
일본 정치경제, 대외경제정책 전공
법정대학교 방문교수
동경대학교 객원연구원

(현) 강원대학교 교수

[주요 논문 및 저서]

"반응국가에서 지역패권 국가로? 패권체제변화, 경제위기 그리고 일본의 대외 경제정책", 『한국과 국제정치』.

『동아시아 공동체 건설의 조건과 가능성』(서울 : 한울, 2006, 김영작과 공편).

■ **전재성**

Northwestern University 정치학박사(1997)

국제정치이론, 국제관계사 전공

숙명여자대학교 정치외교학과 교수

(현) 서울대학교 외교학과 교수

[주요 논문 및 저서]

"1960년대와 1970년대 세계적 데땅뜨의 내부구조", 『국제정치논총』(2005).

■ **민병원**

The Ohio State University 정치학박사

국제정치학 전공

세종연구소 연구원

미국 Mershon Center 연구원

(현) 서울산업대학교 IT정책전문대학원 교수

[주요 논문 및 저서]

"세계화 시대의 국가 변환 : 네트워크국가의 등장에 대한 이론적 고찰"(2006).

"불확실성 속의 질서 : 복잡계이론과 국제정치학"(2006).

"네트워크 사회의 속성 : 패러독스를 통해 본 이론적 구조와 정책적 제안"(2003).

"복잡계로서의 국제정치 : 새로운 패러다임의 모색을 위한 실험"(2002).

『복잡계로 풀어내는 국제정치』(2005).

■ **문 돈**

University of Chicago 정치학박사(2002)

국제정치경제, 국제기구(WTO) 전공

Florida Atlantic Univeristy Assistant Professor

(현) 경희대학교 국제학부 교수

[주요 논문 및 저서]

"Equality and Inequality in the WTO DS System", *International Interactions*(2006).
"국제무역체제의 탄력장치", 『국가전략』(2005).

■ **김비환**

케임브리지 대학 정치학박사(1995)
현대정치사상, 정치와 법치의 상호관계 전공
한국정치사상학회 편집이사
(현) 정치학회 무임소이사
(현) 성균관대학교 정치외교학과 교수

[주요 논문 및 저서]

"The Liberal Communitarian Debate and the Preconditions for a Viable Political Theory in a Technologically Advanced World"(박사논문 1995).
"A Critique of Raz's Liberal Perfectionism"(Government & Opposition, vol. 31).
『축복과 저주의 정치사상 : 20세기와 한나 아렌트』(서울 : 한길사, 2001).
『포스트모던 시대의 정치와 문화』(서울 : 박영사, 2005).

■ **부남철**

한국외국어대학교 대학원 정치학 박사(1990)
한국정치사상 전공
『정치사상연구』(한국정치사상학회) 편집위원장
한국정치학회 이사
(현) 영산대학교 학부대학 교수

[주요 논문 및 저서]

"조선유학자가 불교와 천주교를 배척한 정치적 이유", 『한국정치학회보』 제30집 1호(1996).
"학자 군주 정조의 종교정책", 『한국정치학회보』 제37집 2호(2003).
『조선시대 7인의 정치사상』(서울 : 사계절, 1996).
『현대사회와 정치사상』(번역서, 서울 : 한울, 1994).

■ **김수진**

UC 버클리대학교 정치학박사(1991)
유럽정치(정치과정 및 정치경제) 전공

유럽정치연구회 회장
한국정당학회 회장
(현) 이화여자대학교 교수

[주요 논문 및 저서]

"민주주의와 계급정치 : 서유럽정치와 정치경제의 역사적 전개."
"한국정치 균열구조의 전개와 담합정당체제" 등 다수.

■ **김장수**

State University of New York at Stony Brook 정치학박사(2004)
미국정치, 선거, 여론조사 전공
(현) 고려대학교 평화연구소 연구교수

[주요 논문 및 저서]

"비대칭적 활성화와 정당에 대한 상충적 태도", 『한국정치학회보』 39집 2호(2005).
"정당일체감에 따른 인식의 양극화 : 기제와 완충요인을 중심으로", 『국제정치논총』 45집 4호(2005).

■ **정무권**

Indiana University 정치학 박사(1992)
복지국가론, 비교정책론, 행정학 이론 전공
한국행정학회 편집이사
한국정책학회 상임이사
(현) 연세대학교 행정학과 교수

[주요 논문 및 저서]

"김대중 정부의 복지개혁과 한국복지제도의 성격 논쟁에 대하여."
"한국복지제도의 초기형성에 관한 연구."
"Korean Developmental Welfare Regime : In Search for a New Regime Type in East Asia."

■ **김희강**

University of Chicago 정치학 박사(2005)
여성/미국정치, 정치이론 전공
(현) 경희대학교 인류사회연구원 학술연구교수

[주요 논문 및 저서]

"Equality as an Evaluation of Social Relations."
"운평등주의에서의 '자율'에 대한 페미니스트 비판."

■ **이정희**

University of Missouri-Columbia 정치학 박사(1987)
한국정치, 정치과정 전공
한국세계지역학회 회장
(현) 한국외국어대학교 정치외교학과 교수

[주요 논문 및 저서]

Foreign Lobbying in American Politics(서울대 미국학 연구소, 1988).
『마음의 정치』(한국외대 출판부, 2005) 외 다수.

■ **양오석**

Warwick 대학교 정치 및 국제학 박사(2003)
국제정치경제(금융 부문) 전공
영국 Lees 대학교 국제경영 MBA
(현) 고려대 연구교수

[주요 논문 및 저서]

『알을 깨고 날아 오른 아프락사스』(서울: 오름출판사, 2004).
"1980-1990년대 금융자유화에 대한 영국의 대응: 국제정치경제내 구조적 힘을 위한 서유럽 국가들의 전략적 선택", 『국제정치논총』, 제43집 3호(2003).

■ **김미경**

Texas A&M 대학(2003)
국제정치경제, 유럽정치
(현) 고려대학교 아세아문제연구소 연구조교수

[주요 논문 및 저서]

"무역자유화의 국내정치제도적 조건"(2006).
"초국가적 수준에서의 다원주의적 민주주의와 유럽연합의 민주적 결핍"(2005).

■ **이이범**

오사카대학 국제공공정책연구과 박사(1999)
국민대 일본학연구소 연구원 전공

(현) 국민대학교 일본학연구소 연구원

[주요 논문 및 저서]

"2005년 일본총선의 결과분석과 투표성향의 변화", 『일본연구』 제29호(2006).

"포퓰리즘 현상의 한일비교 : 노무현 대통령과 고이즈미 수상의 지지형태 비교", 『일본연구논총』 제23호(2006).

■ **이정남**

베이징대학교 정치학박사

중국정치, 비교정치 전공

고려대 정치외교학과 BK-21 동아시아교육연구단 박사후과정

(현) 고려대평화연구소 연구교수

[주요 논문 및 저서]

"Revival of Chinese Nationalism Since the 1990s and Its Characteristics : Perspectives of Chinese Intellectuals"(2006).

"근대 중국의 공화주의 정치체제의 등장과 정치적 시민권의 형성"(2006).

"중국의 기층선거와 정치적 시민권의 형성"(2005) 외 다수.

■ **이동윤**

연세대학교 대학원 정치학 박사(2002)

정치과정(동남아 비교연구), 동아시아 국제관계 전공

태국 쭐라롱껀대학교(Chulalongkorn University) 정치학부 객원연구원

서강대학교 동아연구소 상임연구원

(현) 연세대학교 정치외교학과 BK 21 연구교수

[주요 논문 및 저서]

"태국의 정당정치와 민주주의 : 변화와 지속성", 『한국정치학회보』 37집 3호(2003).

『동북아 문화공동체와 유럽 문화공동체의 공통성과 차별성』(서울 : 통일연구원, 2004) [3인 공저].

"경제위기와 정치적 선택 : 인도네시아 사례를 중심으로", 『한국정치학회보』 39집 1호(2005).

■ **손 열**

University of Chicago 정치학박사(1995)

일본 및 동아시아정치경제 전공

(현) 연세대학교 국제학대학원 교수

[주요 논문 및 저서]

Japanese Industrial Governance(Routledge, 2005).

『일본-성장과 위기의 정치경제학』(서울: 나남, 2003).

『동아시아와 지역주의』(서울: 지식마당, 2006, 편저).

현대 정치학 이론의 발전

초판1쇄 / 2007년 2월 28일
지은이 한국정치학회 편
펴낸이 여국동
펴낸곳 도서출판 인간사랑
인 쇄 백왕인쇄
제 본 은정제책사

(411－815) 경기도 고양시 일산구 백석동
1178－1
대표전화(031) 901－8144, 907－2003
팩시밀리(031) 905－5815
e-mail / igsr@yahoo.co.kr
igsr@naver.com

출판등록 1983. 1. 26. 제일－3호

정가 35,000원

ISBN 978－89－7418－209－0 93340